厚积薄发

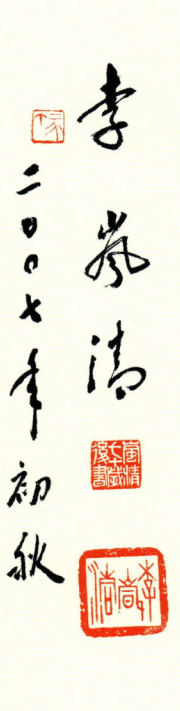

李岚清

二〇〇七年初秋

以厚积薄发四字篆印一方

赠高等教育出版社

生也有涯

学无止境

任继愈

清代词学观念史论

陈水云 —— 著

教育部哲学社会科学研究
后期资助项目

中国教育出版传媒集团
高等教育出版社·北京

内容简介

　　清代是中国古代文学史的集大成时期，也是千年词史的中兴时期。本书是第一部从观念史角度考察清代词学的专著，以"观念"作为全书核心，梳理清代重要词学观念的来龙去脉，考察其形成过程和发展趋向，由小及大、见微知著，揭示其或显或隐的意义价值；并从学术、政治等层面入手，在历史语境和文化语境下探寻影响词学观念嬗变的因素。本书是作者在清代词学领域耕耘二十余年的最新成果，是一部不断变化的生生不息的词学观念史，具有学理深度与文化情怀，开拓了清词研究的新路径。

图书在版编目（CIP）数据

　　清代词学观念史论 ／ 陈水云著 . -- 北京 ： 高等教育出版社，2024. 12. -- ISBN 978-7-04-063262-0

　　Ⅰ. I207.23

中国国家版本馆CIP数据核字第2024P9B410号

清代词学观念史论
QINGDAI CIXUE GUANNIANSHI LUN

策划编辑　郑韵扬	责任编辑　郑韵扬	封面设计　姜　磊	版式设计　杜微言
责任校对　刘娟娟	责任印制　高　峰		

出版发行	高等教育出版社	咨询电话	400-810-0598
社　　址	北京市西城区德外大街 4 号	网　　址	http://www.hep.edu.cn
邮政编码	100120		http://www.hep.com.cn
印　　刷	固安县铭成印刷有限公司	网上订购	http://www.hepmall.com.cn
开　　本	787 mm×1092 mm　1/16		http://www.hepmall.com
印　　张	28.75		http://www.hepmall.cn
字　　数	450千字	版　　次	2024 年 12 月第 1 版
插　　页	2	印　　次	2024 年 12 月第 1 次印刷
购书热线	010-58581118	定　　价	98.00元

本书如有缺页、倒页、脱页等质量问题，请到所购图书销售部门联系调换
物 料 号　63262-00

序

学术的要义在于创新。然欲创新谈何容易！要创新，既要超越前人，超越同侪，还要超越自己。而且相较之下，往往是超越他人易，超越自己难；特别是当自己在某一领域已取得相当成就而欲再作突破，或想改变长期形成的思维习惯、说出些此前未曾说出的话时，就越发困难了。陈水云教授的词学研究及新著，即可作为此一情形的例证。

熟悉水云的友人都知道，他自 1999 年写出博士学位论文《清代前中期词学思想研究》后，在词学特别是清代词学领域辛勤耕耘二十多年，先后发表近百篇相关学术论文，出版《二十世纪清词研究史》（2007）、《唐宋词在明末清初的传播与接受》（2010）、《中国古典诗学的还原与阐释》（2013）、《中国词学的现代转型》（2016）、《清代词学思想流变》（2018）等多部论著，成绩是非常突出的。不过，回到前面的话头，这些论著，固然为水云奠定了词学研究的深厚基础，但同时成为他进一步推进和提升的障碍。也就是说，他要在自己反复耕耘的清词领域再开新局，在基数已高的情况下超越故我，不花费深心大力是很难做到的。然而，水云知难而上，于近期推出历时十多年、不断积累打磨而成的新著《清代词学观念史论》，其视角，其立意，其格局，其创获，读来均令人眼前一亮。

这是第一部从观念史角度考察清代词学的专著，其突出亮点，即在于以

I

"观念"作为全书的核心,点面结合,纵横贯通,对旧领域予以新审视,从旧材料解读出新问题,由此开拓了清词研究的新路径。观念,是人们对事物的某些看法、观点,它与思想、理论相关而又有不同。一般来说,思想、理论较具稳定性、系统性,观念则多呈零散性、变易性。前者是显在的,宛如浮出水面的冰山;后者是隐藏的,犹如潜于水下的暗礁。前者多为知识精英的专利,显得高端大气,引人注目,便于把握,故研究者众;后者在普通人那里即有表现,星星点点,似乎微不足道,需用心收罗方可集腋成裘,故关注者寡。然而,风起于青蘋之末,流成于涓滴之积,观念虽零散、变动、细微,却是形成思想、理论的基础,从观念到思想再到理论,是一个逐步深入的过程。换言之,只有先从观念的考察入手,才能了解思想、理论之早期渊源和形成路径,才能确定哪些观念最为重要并由微而著、给予词学史以大的影响。正是有鉴于此,作者将考察的对象锁定"观念"这一核心元,并为自己定下了三个基本目标:一要厘清思想史、理论史生成的历史语境和思想渊源,二要描述和辨析一种词学观念内涵变化的历史轨迹,三要考察词学史上哪些词学家对重要词学观念进行了系统的理论总结。这三个目标,较之此前盛行的词论研究或思想史研究,无疑更为具体实在,也更能反映清代词学的细节或全貌。

为了较好地实现以上目标,作者着眼整体,以七章二十四节结构全书:第一章交代清代词学观念生成的历史语境,爬梳相关词学观念的源流嬗变;第二、第三章分别考察明清词学较为盛行的三个观念(诗余、词调三分、诗词辨体)和观念论争背后的影响因素;第四章注目内部探索和外部影响,讨论清代词学观念的时代特色,以及流派意识淡化、典范意识凸显的发展趋向;第五、第六章以审美追求与理论总结为题,围绕"词统""词史""词教""词境",以及"意内言外""重拙大""厚""涩"等重要词学观念作具体考索;第七章通过思考、总括,揭示词学观念与诗学观念渐趋合流、观念开始向理论转化两大现象。以上七章,或总或分,或点或面,使得全书脉络清晰,详略得当。同时,这种结构安排打破了传统研究多以朝代为序、以人为目的方式,而以发生、展开、拓新、深化为逻辑顺序,呈现出清代词学观念在不同时段的发展新貌和最终走向。

当然，陈著重点考察的是观念史，所以，努力寻找"单元观念"并予以深入解析，指出其在清代词学史上的功用和价值，乃首要之务。以我的阅读体会而言，以下几个小节较能见出作者的爬梳之功和独到眼光：

如第二章"词调三分与词学转型"一节，作者注目"词调三分"观念的源流变化，通过对以事类为主、以调类为主、以调名相近为主、以字数多寡为主几种不同分类方式的比较分析，将目光聚焦于《诗余图谱》和《类编草堂诗余》二书，认为其以小令、中调、长调分类的"三分法"，改变了明末清初词坛的发展格局，使人们对词谱的认识，从唐宋的音乐谱时代，进入明清的格律谱时代。这是一种观念的变化，这种三分观念的出现，是中国词学转型的重要标志，由它引发的一系列理论话题，成为清代词学继续发展的方向。

又如，第四章"典范重塑与嘉道词坛观念之转向"一节，作者敏锐地发现，道光时期出现了三部以入选词人数量命名的词选，即《宋四家词选》《宋七家词选》《心日斋十六家词录》。在他看来，这不是偶然现象，而是当时词坛观念发生变化的一种表征，其意义在于通过典范的重塑达到引领风气的目的。为了说明这一点，作者对三种选本之以词法为中心、以韵律为中心、以令慢为中心的特点加以分析，指出通过词史典范的重塑，一种新的观念在道光词坛已经形成，即在时人心目中，合乎文体规范的声律之美、蕴含词人情志的比兴寄托、不主一格自成一家的外在风貌诸要项，大致构成典范词人所应具备的美学品格。

再如，第六章"晚清常州词派之'尚涩'"一节，作者首先梳理了从尚"清"到尚"涩"的观念变化，指出清初浙西派词人一味倡导"清醇雅正"，把主要精力放在字句雕琢和声律讲求上，导致作为文学基质的情感被抽走，作品只剩下没有灵性的无意味的形式，因而，此一观念势必随着乾隆末年经世思潮之再度复兴，而成为新兴常州派集矢之的；嘉道之后，过去以"涩"为填词大忌的观念也渐被解构，"涩"被赋予表哀情、达厚境之新义，而吴文英遂成为后期常州派推崇的兼具"涩意""涩笔"的新的范型。从词史发展看，这种由主清转向主涩的审美倾向，以及浓厚的推尊吴文英的风气，既是词学观念的嬗变，也是常州派思想发展的必然归趋。

以上几节文字，多从细微处着眼，通过对某一二选本的编选倾向或某种观念的拈举，展示其特点，发露其隐而未显却事关重大的意义价值，而后草蛇灰线，前后勾连，落脚于某一时段之词学思潮或整体走向。这种由小及大、见微知著的研究方法，既需要功力，更需要眼光，而从根本上说，得益于作者以"观念"为考察对象的视角挪移和思维方式的改变。

除了细密梳理一些重要"观念"的来龙去脉，考察其形成过程和发展趋向，陈著还放开视野，从更广阔的社会、政治、文化层面入手，为词学"观念"及其嬗变寻找外部动因和客观依据。以学术、政治两端为例，即可见出作者在这方面所作努力：

与前代相比，清代考据学独盛。明末清初崛起的实学思潮逐渐放弃了对社会的批判精神，走上朴学的考证经史的治学途径，形成了代表有清一代之学术的乾嘉学派，并在发展过程中迭生出吴派、皖派、扬州学派、浙东学派等重要的学术支脉，这些学术派别均与清代词学存在关联，并不同程度地呈现出地域的共同性和身份的双重性特征。如扬州学派重要成员凌廷堪、江藩、焦循等人，其身份既是学者，又是词人，这种情况，使得他们一身而二任，其词学观念与学术观念共生共存，很难不趋同。与之相类，其他地域的学术思想与词学观念也不乏交互影响，诸如以考证、崇古为特色的治学观念逐步向词学领域渗透，其结果便是对"复雅""诗教"的过度强调，对唐宋词古韵旧律的痴迷和执着。在作者看来，乾嘉学者只注重学问的手段，忽视了学问的目的，他们试图以知识吞并思想，表现出一种根深蒂固的知识优先理念，以致研讨词学而脱离创作实际，标举几位古人为楷模而不敢稍有移易，最后只能落得个"性灵不存，寄托无有"的结果。

学术因素之外，政治因素也对词学观念发生影响。在中国文学史上，词向被视为小道，多以婉曲之语达内在情致，似与政治无甚关联。但作者认为，清人对词的认识，有一个从强调人之"才"到关注人之"遇"的过程，在传统的"穷而后工"观念外，又生出"达而后工"的观念，这是一个重大转变。在这一转变中，"达而后工"的观念更为人所接受。其原因即在于一些词人欲借词以发盛世之音，歌咏太平，这样就把词与政治关联起来了。就此而言，"穷而后工"，隐含着对现实的批判；"达而后工"，表征着对政治的颂美。针对此一情形，作者慨然指出："从明末清初逃避现实的避风港，到康熙中叶主动与政治关联，鼓吹盛世元音，词在文坛的地位也从小道末技，一跃成为'千秋大业'，这是词之大幸，也是词人之大不幸。从此，词人成为威权的奴仆，屈从于政治，迷失了自我。……从此，词与诗一样成了政治教化的工具，无论浙西派的标榜醇雅，还是常州派的崇尚比兴，都是在性情与政治之间寻求合适的平衡点，寻找词对于情感表达的适度出口而已。"这段话说得有见地，有力度，如老吏断案，直指世道人心，而政治对词人、词学观念的影响和左右，也于字里行间清晰地展示出来。

由此可见，这是一部具有学理深度的著作，也是一部蕴含着文化情怀的著作。所谓学理深度，是指全书以传统的实证手法为主，兼采历史分析法、关键词研究法、推源溯流法、比较分析法等多种手段，对源于词话、序跋、词律、作法等各类文献、文本中或显或隐的观念多有到位的揭示，对其中重要观念的内涵、外延及其功用、价值有着多层面的梳理分析，作者既关注某些观念所受影响的思想之源和文化语码，又考察其渐进的形成过程和制约因素，力求在准确认知的基础上，获得一种动态的、多元的把握。所谓文化情怀，是指作者于考察清代词学观念过程中，时时充溢着一种对那段历史的透视和理解，对观念生发之主体的人及其与政治、学术诸方面的关联，怀有一种设身处地的认知和同情，并为之营造一个恰如其分的历史语境。大概正是这样一种理解同情和历史语境，能于不经意间跃出纸面，令人在会心颔首的同时，领略到作者带有温度的心性、情怀，以及不无睿智的史家眼光。

说这部书具学理深度和文化情怀，既是我的阅读感受，也源于我对作者陈水云教授的了解。水云是我多年的同事，也是志趣相投的好友。而且细论起来，我们还有学缘上的关联。他读博士研究生时的导师，是南开大学的王达津先生，而我拜识达津先生，还要稍早一些。记得 20 世纪 80 年代初，达老到西安主持答辩，我始得领略风采。此后我博士研究生毕业，答辩委员会主席便是达老，而且他还为我的学位论文写下相当细致的评语，在答辩会上鼓励有加，因而他理所当然地成了我的座师。也因了这层关系，我与水云便有了日后常常提及的"同门"之谊，在珞珈山相处的日子里，自然就多了一份亲切；而水云对学问的执着，对人生世事的态度，与我有较多契合，亦使我们的交往日趋深入。我们曾一起举家出游，也常聚会小饮，爱琴海畔，荆州城下，新县郊野，大悟山间，都留有我们漫游、畅聊的记忆，也成为我们学术情谊的一份见证。今水云书成，匆读之下，即受益良多，也使我对他的学问、见识及心性、情怀有了进一步的了解。感佩之余，写下这篇小序，既述所知所感如上，也借以表达对老友的祝愿：希望水云于学术一途不断超越自我，不断有创新性成果问世；也希望这部花费了大量心力的著作，能够对当下的清词研究发挥大的影响和促进作用。

尚永亮
辛丑末匆草于珞珈山寓所

目　　录

绪言

清代是中国古代文学史的集大成时期，也是千年词史的中兴时代，一时作者纷纭，作品宏富，流派众多，理论成熟。近四十年来，清代词学已成为词学研究的热点，相关成果有着眼于词史变迁的（严迪昌《清词史》、莫立民《近代词史》），有总结词学理论成就的（孙克强《清代词学》、张宏生《清代词学的建构》、皮述平《晚清词学的思想与方法》、杨柏岭《晚清民初词学思想建构》），有专事清代词选研究的（李睿《清代词选研究》、高春花《清代唐宋词选研究》），也有专门考察清代词体词律之学的（鲍恒《清代词体学论稿》、刘少坤《清代词律批评理论史》、昝圣骞《晚清民初词体声律学研究》），但从文学观念的立场、从观念变迁的角度审视清代词学的尚不多见。本书试图将上述几个研究领域贯通起来，从词学观念角度考察清代词学发展史。

一、主旨说明

何谓观念？一般说来，是指人对某一问题或某一事物的看法，"是人类在日常生活中随时随地出现的生活态度、价值评判"[①]，它反映了人对于世界认知

---

① 高翔《近代的初曙：18 世纪中国观念变迁与社会发展》，社会科学文献出版社 2000 年版，第 1 页。

的基本立场和总体看法。美国学者洛夫乔伊认为，观念还是一种思维习惯，决定一个人或一代人的思想和行为，能够改变人的信仰、价值观和趣味。[①] 在英国学者伯瑞看来，"观念并非一种纯粹的智力上的构想，其自身内部即蕴涵着一种动态的力量，激发个体和民族，驱使个体和民族去实现目标并建构目标中所蕴涵的社会制度"[②]。这就是说观念是一种思想力量，体现着人们的精神追求。在过去，人们对于"观念"的认识还停留在人的意识层面，其实它还涉及时代和制度。

在笔者看来，"观念"是一个涵盖面比较宽泛的语词，既指一般人对于世界的态度和看法，也指观念成熟的思想家或理论家对于世界认知的专门论述。因此，"观念"有时与"思想""理论"相联系甚至缠夹不清，在日常生活中经常会出现"思想观念""理论观念"之类的表述。但是，这并不等于说"观念"就是"思想"，就是"理论"。观念是"思想""理论"成型的基础，从观念到思想再到理论，是一个逐步深入的过程。"观念"为一般人所共有，它是人看待世界的态度与立场，会随时随地发生变化；"思想"则是观念定型后在人头脑中形成的比较稳定且成体系的看法；"理论"是以语言的方式表达出来的为他人所共同感知的关于世界认知的知识体系。"理论"是浮出水面的冰山，"观念"则是潜在水下的冰山。

研究者过去对于文学问题的认识，比较重视"思想"和"理论"，对于一般人所抱持的"观念"关注不多，重视不够，在 20 世纪文学研究史上出现过数量可观的中国文学思想史、中国文学理论史、中国文学批评史，但在 90 年代以前还未见一部比较系统成型的中国文学观念史，这也直接影响到中国词学史的研究。直到 1991 年章亚昕《近代文学观念流变》出版，这一局面稍有改观，之后相继出现以"文学观念"冠名的专著，如袁进《中国文学观念的近代变革》、王彬《中国文学观念研究》、张方《中国诗学的基本观念》、王齐洲《中国文学观念论稿》《中国古代文学观念发生史》、罗立刚《史统、道统、文统：论唐宋时期文学观念的转变》、李春青《宋学与宋代文学观念》、彭亚非

---

① 方维规《什么是概念史》，生活·读书·新知三联书店 2020 年版，第 222 页。
② ［英］约翰·伯瑞《进步的观念》，范祥涛译，上海三联书店 2005 年版，第 1 页。

《中国正统文学观念》等。目前虽有数部中国词学理论史，或断代性的词学批评史（词学思想史），但还未见以"观念"作为研究视角的词学史。

当然，也有一些以"词学观念"为名发表的专题论文，如王华《由宋人词学观念的演变看宋词的命运》（《文学遗产》1988年第5期），陈学广《论"词为艳科"的词学观念》（《求是学刊》1999年第4期），许总《论理学与宋代词学观念》（《青海社会科学》2000年第1期），彭玉平《选本批评与词学观念——陈廷焯的词选批评探论》（《汕头大学学报》2005年第5期），刘庆云、蔡厚示《从〈白香词谱〉透视舒梦兰的词学观念——兼评〈白香词谱〉的文学价值》（《文学遗产》2009年第3期），刘庆云《沈祖棻先生词学观念探视》（《长江学术》2009年第4期），雷磊《明代词学观念的演变与〈草堂诗余〉》（《阅江学刊》2010年第5期），叶帮义《宋人对秦观词的接受与宋代的词学观念》（《文艺理论研究》2011年第4期），薛青涛《论阳明心学与晚明词学观念的新变》（《内蒙古社会科学》2015年第4期），胡建次、叶国云《中国传统词学的四大批评观念》（《山西师大学报》2017年第2期），彭玉平《论罗庄〈初日楼稿〉及其词学观念》（《江海学刊》2017年第2期），张宏生《学术走向与创作选择——姚鼐弃词不作与乾嘉年间的词学观念》（《中华文史论丛》2018年第3期）等。这些论文或是研究宋人观念（尚未出现成熟的理论），或是研究对象并非理论家（没有专门的理论著述），或是研究词学家的非理论著述（主要是选本或词谱、创作），这说明观念研究的主要内容是以非理论形态出现的却又在社会上普遍存在的思想观念。

界定词学观念的内涵，必须把握三点要义：其一，它是泛众化的概念，即它是比较普遍化的，并不指向专门的思想精英，有些人并没有比较系统的理论表述，但他们在一些言辞或行为中传递了一些信息，表述了一些观念，这些信息或观念也是应该关注的，有些思想家或理论家对相关问题的表述当然是本书考察的重心所在。其二，它是变动性的概念，正如宇文所安所说："我们为什么一定要把一个批评家与某种观念联系起来，为什么不把这个观念视为一个不断成长的各种观念和立场的总汇，以考察哪些观念和立场在某些具体条件下被抽取出来，并因为哪些条件的挤压而改变？"①观念与思想、理论最大的区别就在于，观念是变动不居的，它会随着主体生活情境或文本传播语境的变化而发生变化，这种变化或是把原有认识进一步深化，或是生成与原有文本意义迥然相异的看法，本书研究的目标就是把这些认识变化的情境或语境进行历史还原，找到观念表达的具体情境和观念生成的变化动因。其三，观念为思想的最终定型、理论的体系建构输入了有效的基因，研究观念不能完全撇开思想和理论，也就是说观念研究和思想研究、理论研究是相辅相成的，研究观念必须涉及思想或理论，本书的任务就是要考察观念是如何转变为理论或思想的，理论或思想是由哪些观念构筑起来的。把握了这三点要义，就能比较清晰地区分词学观念史与词学思想史、词学理论史、词学批评史的任务和目标了。词学观念史的研究目标就是：（1）厘清思想史、理论史、批评史生成的历史语境和思想渊源；（2）描述和辨析一种词学观念自身内涵变化的历史轨迹；（3）词学史上有哪些词学家对哪些重要的词学观念进行了系统的理论总结。

二、本书结构

本书提出词学研究的观念史视角，是鉴于过去词学批评史或词学思想史研究存在的不足。传统的批评史研究主要以人为对象，着眼于梳理理论家的思想观念，而思想史研究虽能结合创作进行讨论，以问题为中心，但关注的重心还是在词学思想自身的变化，对于外在社会思潮影响词学观念则往往有所忽视。还有一点，过去的批评史或思想史研究，往往只看到一个时期的新思想新理论，却于潜在的新观念重视不够，使人们无法了解一种新观念或新思想形成的根源。一种新观念或新思想形成有一个由潜而显的过程，而观念史研究能紧紧扣住这一主题，厘清每一种观念形成的来龙去脉，并着力发掘一种思想或理论形成之前在社会上存在的观念形态。观念史研究的另一个特点是不以朝代更迭为界分的依据，而是以从观念到思想再到理论的逻辑演进历程为线索，着力考察一种观念如何从萌芽到生发、再到成熟为思想或理论的全过程，因此，本

---

① ［美］宇文所安《中国文学思想读本：原典·英译·解说》"中译本序言"，王柏华、陶庆梅译，生活·读书·新知三联书店 2019 年版，第 5 页。

书对于清代词学观念演进史的描述，并不以朝代为序，也不以人为目，而是以发生、展开、拓新、深化为章节结构，力图呈现清代词学观念在不同时段的发展新貌和最终走向。

第一章主要从三个方面描述清代词学观念生成的历史语境。一是着力呈现清词中兴的局面、清词的发展脉络、清词的时代特征。二是叙述清代词学观念形成的思想渊源。笔者认为词自南宋开始已出现"唱""写"分离的趋势，讲求作法，崇尚协律，在明代中叶制作词谱、编辑词选大盛，表征着在唐宋词乐消亡后人们为维护词体规范所作的巨大努力。三是讨论在元明时期发展起来的词学观念，比如雅正论、主情论、词体观、词史观等，这些是清代词学观念形成的基础。

第二章梳理在明末清初比较流行的三个观念——诗余、词调三分、诗词辨体，以说明词学观念从明到清的变化。诗余观念产生于宋代，在明代成为词的专有称谓，代表着明人对于词之体性和价值的认识。词调三分是指明人把词按字数多少分为小令、中调、长调三类，这种字数分类法对宋代令、引、近、慢的分类法而言是一种观念的变化，表明人们对于词的认识已由音乐谱时代进入格律谱时代。因此，也就在明末清初出现了大量关于"辨体"与"立派"的言论。体派之分的讨论，是由南宋以来"唱""写"分离趋势发展而来的结果。

第三章着重讨论清初词学观念形成过程中表现出来的几种倾向。一是有鉴于明词的中衰及清词振兴的要求，清初词坛提出了恢复唐宋词传统的诉求，比如对词的音乐性的强调、对词的立意的要求，以及对南宋醇雅品格的恢复等。二是清词在向唐宋词借用历史资源的同时，从古代诗歌传统那里借鉴了"诗教"思想，要求词与诗一样发挥教化作用，表现出政治对于文学的干预越来越明显的趋势。三是注重对历史经验的总结，试图从中找出词史盛衰变化的规律以服务于"当代"，因此，就有了南北宋之争、明词是否中衰、清词是否中兴的讨论，在这些观念论争的背后却是时代发展、政治诉求、流派意识、审美观念等诸种因素在推波助澜。

第四章，在树立起自己的时代观念后，清代词学有一种什么样的时代风貌？笔者认为这一时期的词学观念开始展现自己的时代特色，既修正了明人疏于词律之弊，又重视艺术创作上的字锤句炼，还发展了自晚明以来的比兴寄托论，使得寄托论由晚明的潜在状态进入显在状态。因为受到自晚明以来实学思潮的影响，这时以考据实证见长的乾嘉朴学（亦称"汉学"）渐已渗入词坛，不仅以填词见长的词人多以学者的身份出现，而且他们治词的思想与方法都带有乾嘉朴学的明显印记。在嘉庆、道光时期，词坛的发展又呈新走向，即常州词派（亦称"常州派"）对于词坛的影响日渐强大，浙西词派（亦称"浙西派""浙派"）在词坛的影响亦未完全消退，浙、常两派的观念呈现互补的态势，流派意识逐步淡化，典范意识日渐凸显。

第五、第六章，在道光以后，词学观念渐呈理论化的发展态势，一些在清初提出的观念如"词统""词史""词教""词境"等，在这时已形成比较系统的理论主张。这些观念在清初虽有萌芽，但不够成熟。到了晚清，经过一百五六十年的发展，这些观念在各种流派思想的激荡下逐渐走向成熟，并且得到了晚清词坛众多词派的一致认同。随着浙西派对于明代词风的强力反拨，常州派对于乾嘉词坛意旨枯寂的有效修补，到了同光之际在成熟的创作经验基础上逐渐形成了一些新的主张，比如"意内言外""重拙大""厚""涩"等，这些概念范畴大多是由常州派及其后继者提出来的。它们反映了末世社会知识分子的心理诉求，体现了传统词学向现代过渡转化进程中的变革色彩，对于深化词的审美内涵、提升词的创作技巧有重要意义，因而在近代词坛产生了巨大的影响力，具有鲜明的时代特征。

第七章对清代词史的发展进程进行全面总结。全书的最后，将重点讨论晚清词学关于词的起源、尊体论、正变观等理论问题的看法。晚清词学在两个方面是值得关注的。一是对唐宋词学的继承与发展，把唐宋时期立足于音乐的词学观转变为以文学为中心的词学观，词学观念与诗学观念形成合流的趋势。二是试图将观念转化为理论，把在清代曾经出现过的各种理论主张进行有效整合，对传统词学进行体系建构的初步尝试。这两大迹象表明晚清词学具有集大成的特征，传统词学走向终结，现代词学即将出发。

本书对清代词学观念的叙述，并不是按时代顺序逐步描述，而是遵照词学观念自身发生、发展、拓新、总结与深化的内在逻辑推衍下来，因此，在前面的论述里会提到后一时段的观念，在后面的论述里有时也要追溯到前一时段的观念。这样的叙述方式是不想切断一种观念发展的来龙去脉，也是想着力呈现一种观念怎样由小芽萌生到苗长为一棵理论大树的，特别是第五、第六章着重讨论了一些晚清时期的词学理论，目的是说明因为有了前面潜意识的观念才有了后面的理论总结，这些在晚清出现的理论成了整个清代词学观念的总结和思想的承载。

三、路径与方法

目前，学界对于比较重要的清代词学观念有一定的清理。本书在已有研究基础上，通过对清代社会思潮的考察，并联系中国文化传统（文化、文学、思想等），提出清代词学研究的新思路：一是把所有的观念放在特定文化语境下进行考察；二是强调一种观念的形成是一个渐进的过程，受到多种因素的影响与制约；三是通过思想之源的追溯找到影响清代词学观念形成的文化语码，以期说明清代词学观念与传统文化观念之间的一致性。这样的研究路径其实就是洛夫乔伊倡导的观念史研究思路。他说："我用观念史这种说法所表达的东西，与哲学史相比较，它既更加特殊一些又范围更为宽泛一些，它主要是借助那些与它自身相关的单元的特征使自己区分开来。虽然在大部分情况下它和思想史的其他分支运用的是同样的资料，而且在很大程度上依靠在先的劳动者的劳动，但是，它以特殊的方式划分这些资料，使这一资料的各部分参与到新的组合和关系中去，并且从不同的目的、立场出发去观察它。它最初的方法可能被认为有点类似于分析化学的方法——虽然这种类比有其危险性。例如，在处理各种哲学学说的历史时，它按照自己的目的，把它分割成固定的独立体系，并且把它们分解成它们的组成成分，即分解成可称为单元 - 观念（unit-ideas）的东西。"这里特地提到一个核心概念"单元观念"，它构成思想表达的基础，其意义虽然在不同情境中有变化，但其基本义是不变的。观念史研究的任务就是把这个"单元观念"找出来，追溯其生成的历史语境和当下意义。所以说："观念历史学家，当他最经常地寻求某种概念或假定在某种哲学的或宗教的体系，或科学理论中的最初起源时，他将寻求它在艺术，以及尤其在文学中最有意义的表现。"① 自唐宋以来的词学批评也有为数不少的这样的"单元观念",如诗余、词史、词境等,经过元明的发展演化,这些"单元观念"逐渐生成新的衍生义,在清代参与到词学理论体系的建构当中,或是与清词创作相联系,或是与清代诗学相融合,产生出新的观念,推动着清代词学朝纵深发展。更重要的一点是,正如高瑞泉所说:"观念史不仅研究思想的结构,而且研究思想的过程;不仅分析人们应该如何思考,而且关注人们事实上如何思考。"② 因此,本书对清代词学观念的考察,将把研究重心放在思想形成的过程上,放在人们面对词学问题时如何思考上。

在具体研究方法上,本书也有独到的考虑,运用的方法主要有:(1)历史分析法。结合相关的时代背景、文化史及思想史研究成果,考察清代词学观念的演进历程及文化底蕴,以更全面地了解清代词学观念与文化传统之间的内在联系,并将其与各种文化要素相关联,力图寻找清代词学观念生成的思想之源。(2)关键词研究法。通过对清代词学重要观念的清理,以及文学、史学、艺术学不同领域相关观念的分析,找出它们所使用的概念在思想内容上的相似性及在不同领域的歧义所在,在比较中辨析这些概念、范畴之本源及其变化之义。(3)推源溯流法。即对每一种清代词学观念,通过语境还原的工作,推衍出其思想生成的本源,然后考察是哪些因素起关键性作用,哪些因素起次要作用,以求找到决定一种词学观念形成的本根所在,从而说明一种观念的本义及其衍生义。(4)比较分析法。比较不同领域诸如哲学、史学、诗学、辞赋学的同类观念,通过辨析它们的不同内涵,以明确继承、新变及创发之路径。

笔者在 20 世纪 90 年代进入清代词学研究领域,最初按照传统的批评史研究思路,以主要理论家为线索,对清代前中期代表性词学家或词学流派的思想进行个案研究,撰成博士学位论文《清代前中期词学思想研究》(1999 年由武汉大学出版社出版),但这种研究思路有割裂问题的嫌疑。笔者 21 世纪初开始转换视角,从理论出发梳理了一些词学史现象,比如词学话语、选本批评、接

① [美]阿瑟·O.洛夫乔伊《存在巨链——对一个观念的历史的研究》,张传有、高秉江译,商务印书馆 2015 年版,第 5、22 页。
② 高瑞泉《观念史何为?》,《华东师范大学学报》2011 年第 2 期。

受理论、学术思潮的影响等，但流派思维依然是当时思考问题的出发点，具体成果是《清代词学发展史论》（学苑出版社 2005 年版）。随着清代词学研究的深入，特别是各种文献史料的大量披露，学术界相关的研究成果也越来越丰富。2008 年由南京大学张宏生教授主持的"清词研究丛书"出版，是清词研究进入新的发展阶段的重要标志。该丛书把创作与理论相打通，揭示了许多新的词史现象，比如江合友《明清词谱史》是对词之本体研究的重要成果，其他成果则比较关注地域性的词史研讨，如李丹《顺康之际广陵词坛研究》、巨传友《清代临桂词派研究》、谢永芳《广东近世词坛研究》等。这些成果发掘了一些过去不太被留意的理论问题，对推进清代词学研究有重要意义，也引发了21 世纪以来清词研究的热潮，出现了像李惠玲《清代岭西词人群研究》，袁志成《晚清民国福建词学研究》《晚清民国湖湘词坛研究》，刘红麟《晚清四大词人研究》等词人词派研究成果。在清代词学研究方面，则有孙克强《清代词学批评史论》、杨传庆《郑文焯词及词学研究》、孙维城《千年词史待平章》、陈慷玲《清代世变与常州词派之发展》、卓清芬《清末四大家词学及词作研究》等成果问世。[1] 在这样的背景下，在已有研究的基础上，笔者试图寻求清代词学研究新的突破口，特别是受到高翔《近代的初曙》一书的启示，觉得从"观念"的角度进入清代词学是重要的关口，不单纯重视一些有影响的词人或词派，更关注一些在当时未必有影响却体现了社会普遍性认识的一般人的论述，这些论述是一个时代社会大众的共同认知，更真实地体现一种观念的形成与发展的来龙去脉。因此，本书论述的立足点是一般性的观念和认识，并不着意强调一些著名思想家或理论家的重大贡献，但也不是要着意淡化思想与理论，而是认为一种思想或理论有一个逐步形成的过程。本书的任务就是要把这一"过程"描述出来，力图呈现一部不断变化的生生不息的词学观念史，而不是一些理论家相串联或观念相叠加而没有内在逻辑的理论史。

---

[1] 关于 21 世纪以来清词研究成果，可参见拙文《近百年来清词研究范式的形成与发展》，《中国诗学研究》第 19 辑，凤凰出版社 2021 年版。

第一章　观念生成的历史语境

一种观念或思想的出现必定有其赖以生成的"土壤"，清代词学观念的形成是以繁荣的创作和丰富的经验为基础的。对于清词史的总体扫描能让我们较快地进入清词研究的前沿，准确地把握清词创作的总体特征。但是，清代词学观念面对的不只是丰富的清词创作实践，还有唐宋以来所形成的词学观念，是对其进一步的完善和发展。因此，在进入对清代词学观念的论述之前，有必要对南宋以来词史上存在的词学观念及其发展走向作一个概貌性描述。

第一节　词史上的中兴时代

词作为一种重要的诗歌体裁，从唐五代兴起，到两宋走向繁荣，然后是元明的中衰，再到清代的中兴，经过了一千多年的发展历程。胡适认为词的历史分三个大的时期：从晚唐到元初为自然演变时期，自元到明清之际为曲子时期，自清初到清末为模仿填词的时期。①这一分期实际上揭示了千年词史从民

---

① 胡适选注《词选》"序"，河北人民出版社 1999 年版，第 2 页。

间走向书斋、从俗文学到雅文学的历史进程。作为千年词史之中兴的清词，不同于以流行歌曲在社会上流传的唐宋词，它已蜕变成一种以抒怀言志为主要功能的雅文学，一种以纸本形式在文人之间流传的案头文学。清词如长川大河汇纳众流，博大宽广、横无际涯、汪洋恣肆，作品丰富、流派众多、风格多样，虽然没有了唐五代词的清新活泼，没有了两宋词的绚丽多姿，却有了一种历经灿烂之后的成熟醇厚之美。

一、清词中兴的表现

过去，有一种比较流行的说法：唐后无诗，宋后无词。诚然，一种文体的出现必有盛有衰，但正如人的生命，不同阶段会呈现不同的特征。钱仲联说："就词来说，宋代，譬如人的少壮期，生命力正当旺盛，但也未必没有疾病。清代，譬如人已在中年以后，日趋于老。老当益壮，原因在于生命之火未到衰竭，光焰还是万丈。"[①]那么，清词的"光焰万丈"又表现在哪些方面呢？

首先，作品数量惊人。据南京大学《全清词》编纂研究室统计，在目前已出版的各断代词总集中，唐五代有词人170余人，词作2500余首；宋代有词人1430余人，词作28600余首；金代有词人70余人，词作3570余首；元代有词人210余人，词作3720余首；明代有词人1390人，词作2万余首。至于清代，目前已出的"顺康卷"有词人2105人，词作超过5万首；"雍乾卷"有词人959人，词作近4万首；"嘉道卷"有词人近2000人，词作约7.5万首；初步估计，有清一代，词人有1万余人，作品数量超过25万首。

其次，流派众多。唐宋词派有花间派、江西派、婉约派、豪放派、典雅派等称谓，但它们大多是不自觉的流派，清词流派则是非常自觉的文学流派。从明末清初的云间派、西泠派、柳洲派，到在清代颇有影响的阳羡派、浙西派、常州派，都有非常明确的词派意识。如陈维崧为《浙西六家词》作序，强调在浙西词派之外应该重视江东词派——阳羡派。朱彝尊也认为对浙西词派不

---

① 钱仲联选注《清词三百首》"前言"，岳麓书社1992年版，第3页。

能以地域来界定，"犹夫豫章诗派，不必皆江西人，亦取其同调焉尔矣"①。周济也说过"江浙别派，是亦有故"的话，他追攀的就是由张惠言开创的常州词派："吾郡自皋文（张惠言）、子居（恽敬）两先生开辟榛莽，以《国风》《离骚》之旨趣，铸温、韦、周、辛之面目，一时作者竞出。"②这些词派不但有阵营比较强大的创作队伍，而且有明确的理论主张，对推动清词发展都作出了重要的贡献。

再次，在清代，词已摆脱了小道、末技的地位，成为"与诗赋之流同类而风诵之"③的文类。在唐宋，受词为艳科观念的影响，当时作品大多局限于写男女艳情，虽然也有李煜、苏轼、周邦彦、辛弃疾等人的开拓，出现了一批表现相思、惜别、悼亡、羁旅、怀古、咏史、咏物等内容的词作，然总体未能摆脱一己之悲欢的狭小格局，以致人们对词形成了一种"狭而深"的美感认知。但是，这一狭小格局，在明末清初有了较大的突破，当时的社会大动乱为词的中兴提供了良好的契机，词坛上也充斥着一种类似于晚唐五代的秾艳风气，然多能托体风骚、寄意甚深，蕴含着深沉的情感内涵，有写亡国之哀的，有抒个体之悲的，还有写民生之苦的。正是在这样的创作前提下，"词史"的观念被提出来了。到晚清时期，列强的入侵，外侮的加重，更激发了词坛对现实的关怀，或导扬盛烈，或慨叹时艰，出现了林则徐、邓廷桢、周星誉、张景祁、叶衍兰等写海防题材的作品，从而极大地拓展了词的表现空间，使词走出了尊前花间的狭小格局，也抬高了词在传统文类中的文体地位。

最后，清代还是词史上理论最为成熟的时期。词在唐宋已取得了巨大成就，但还未能上升到一定的理论高度。在清代，因为要从唐宋词中借鉴成功的创作经验，对唐宋词史进行理论总结也就势所必然，清代也就成为中国词学史上词话写作最为丰富的时期。据统计，见存清代词话已达 140 余种，孙克强主编《清代词话全编》已收入 128 种。④在这些数量相当可观的词话作品里，可

---

① 朱彝尊《〈鱼计庄词〉序》，《曝书亭集》卷四〇，朱彝尊著，王利民、胡愚、张祝平等校点《曝书亭全集》，吉林文史出版社 2009 年版，第 455 页。

② 周济《味隽斋词》"自序"，陈乃乾辑《清名家词》，上海书店 1982 年版，第 7 册。

③ 张惠言编选《词选》"词选叙"，南京大学出版社 2011 年版，第 2 页。

④ 谭新红《清词话考述》，武汉大学出版社 2009 年版；孙克强主编《清代词话全编》，凤凰出版社 2019 年版。

以看到清代词学家闪光的思想和智慧，他们或是对唐宋词创作经验进行总结，或是明确打出自己的理论旗帜，提出了尊词体、辨体性、区正变等一系列的词学主张，并建构起有异于传统诗学的理论体系。然而，无论云间派推崇晚唐五代的秾艳，还是阳羡派标榜苏辛的豪情壮慨；无论浙西派宗法姜张的醇雅作风，还是常州派推尊温庭筠的深美闳约和周邦彦的沉郁顿挫，都是在试图探索一条适合时代需要的清词发展道路。

以上所述，未必能概括清词中兴的方方面面，但能说明清词相对唐宋词而言有继承，有发展，更有超越。

二、清词的发展流变

有清一代，经过了近三百年的历史进程，清词的中兴也与时代的发展同步，经过了从明末初兴，到顺治、康熙全盛，再到雍正、乾隆跌入低谷，然后是嘉庆、道光再度振起，到同治、光绪走向辉煌的终结，直至民国初年还不时迭现着清词的余波微澜。

正如吴熊和所说，"清词之盛，肇于明末"[①]。明末云间派的出现，是有清近三百年词坛复兴的起点，它的领袖人物陈子龙，虽在顺治四年（1647）为国捐躯，但他在崇祯时期和李雯、宋征舆的幽兰草唱和，对清词中兴产生了重要的推动作用。陈子龙提倡以晚唐五代的高浑境界为追求目标，也奠定了清初词坛的基本格局和发展方向，像李雯和宋征舆入清以后的作品都有浓郁的悲凄情调。在云间派的影响下，江浙地区比较有影响的词派还有西泠派、柳洲派、广陵派，比较有代表性的词人是沈谦、丁澎、曹尔堪、吴绮、彭孙遹、邹祗谟、王士禛等，他们大致认同云间派的理论主张，在创作风格上也与云间派比较接近。

在上述词派之外，还有一些重要词人，他们历经明亡的历史惨痛，有的志向故国，积极参与反清复明运动，当复国无望后，便隐居不仕，做了遗民；有的则投入清廷怀抱，效忠于新兴的王朝，然而清初尖锐的民族矛盾冲突，使

---

① 吴熊和《〈柳洲词选〉与柳洲词派》，《吴熊和词学论集》，杭州大学出版社1999年版，第371页。

得他们在仕途上大多有过屡起屡踬的经历。前者有万寿祺、归庄、今释、王夫之、屈大均等，他们大都通过创作表达了亡国的悲哀，也抒发了自己矢志不渝的情操，在作品风格上有婉约也有豪放。后者则以吴伟业、曹溶、龚鼎孳、宋琬、尤侗为代表，他们在清初词坛有较大的影响力，尽管入清出仕，却也不忘故国，作品不时流露对亡明的怀思之情，甚至还表达了对自己出仕行为之忏悔，也有的在作品中表达了对清廷不道行为的谴责和愤慨，在创作风格上或凄婉悲凉，或凌厉豪纵，是清初词坛风格多样化的具体表现。

清初词坛影响最大的是阳羡派和浙西派，前者领袖为陈维崧，后者领袖为朱彝尊，二人词集曾合刻为《朱陈村词》。

陈维崧为明末四公子之一陈贞慧之子，入清后家道中落，不得不依人生活，先是寄食在冒襄家，后到京师寻求政治出路，一直郁郁不得志，曾得到过龚鼎孳的资恤。特殊的家庭背景和落拓坎坷的生活际遇，使得他胸中积压着太多的郁郁不平之气，于是发而为词，便有了沉雄悲壮之慨、纵横博大之气。他还突破词为小道的传统观念，提出"为经为史，曰诗曰词"的主张，词在他的笔下呈现的是一个丰富的情感世界，有慨叹故国之沦亡的，有哀痛民生之多艰的，也有抒写怀才之不遇的。他的词在风格上以雄豪见长，以才力取胜，但也有"一览无遗"的不足。这一派词人还有史惟圆、任绳隗、徐喈凤、曹亮武、蒋景祁等。

朱彝尊曾祖朱国祚在明熹宗朝为大学士，但到朱彝尊少年时，家道已经中落，因家贫而入赘冯氏为婿。他早年也参加过抗清斗争，事败后，避难广东，后至山西，依附山西按察副使曹溶为幕僚，后转至潞河通永道佥事龚佳育幕。这南北漂游、依人作幕的生活，丰富了朱彝尊的人生阅历，促成他写下了传世之作《江湖载酒集》。他自称"把平生、涕泪都飘尽。老去填词，一半是、空中传恨"（《解佩令·自题词集》）。在游幕期间，他与李良年、李符、沈岸登、沈皞日、龚翔麟互相唱和，在康熙十八年（1679）结集为《浙西六家词》，这是浙西词派形成的一个重要标志。这一年，汪森把自己与朱彝尊合编的《词综》一书刊刻行世，并通过这一词选打出了尊南宋、宗姜张、尚醇雅、重清空的理论旗帜。也是在这一年，朱彝尊应试博学鸿词，授以翰林院检讨，参与修明史，从此，他的思想和词风发生了较大变化。他主张词宜于宴嬉逸乐时歌咏盛世升平，后期作品主要有咏物词《茶烟阁体物集》和集句词《蕃锦集》。

在阳羡、浙西两派之外，尚有一些创作成就颇为突出的词人，他们是被称为"京华三绝"的曹贞吉、纳兰性德和顾贞观。曹贞吉为清初诗坛"金台十子"成员之一，诗风悲歌慷慨，词风亦风华掩映，雄浑豪宕。其咏史、咏物之作寄托遥深，在当时即甚得诸家好评。他的《珂雪词》是唯一被收入《四库全书》的清词别集。纳兰性德是清初著名的满族词人。他是康熙朝前期权相明珠之子，生在豪门却倦于仕禄，自称"我是人间惆怅客"，愿做清时之贺知章，不愿学汉室之东方朔。他心向江湖，常有山泽鱼鸟之思，所交往者多是落落寡合、不肯媚俗的江南文人，如朱彝尊、陈维崧、姜宸英、严绳孙等。他的爱情词清新活泼，悼亡词哀感顽艳，边塞词清壮悲凉，在当时词坛皆卓荦特出，被王国维称为"北宋以来，一人而已"①的大词人。顾贞观与朱彝尊、陈维崧有"词家三绝"之称，他对朱彝尊论词取法南宋表示不能认同，主张填词当自出机杼，推崇晚唐五代清新自然的作派。他的《金缕曲》二首，以词代书，用家常话的表达方式，倾吐了自己为朋友在所不惜的心声，悲之深，愍之至，可以泣鬼神矣！当时，比较著名的词人还有秦松龄、高士奇、曹寅等，他们都各有自己的创作特色，值得关注。

清代中叶的词坛，基本上为浙西词派所笼罩。在康熙末年，厉鹗登上词坛，扬浙派之波，导清雅之风，在乾隆初年掀起一股推尊南宋的热潮。他坐馆在扬州马氏小玲珑山馆，组织邗江吟社，与金农、汪沆、陈皋等相唱和，其他成员还有闵华、陈撰、陈章、赵信、赵昱、江昱、江炳炎、张四科等。这是一个生活在雍乾盛世的"寒士"群体，"大抵皆淹雅恬退之人，阒寂荒凉之辈，拟之以贺知章、陆龟蒙、陶岘，洵无愧色，……以视疏泉架石，游人阗集，篇索当途题句，笔舌互用，以惊爆时人耳目者，迥不侔矣"②。他们没有显赫的家庭出身，也没有从政的经历和热情，有的只是热衷搜寻古董、探访山林古迹的野趣，在审美趣味和社

---

① 王国维《人间词话》，人民文学出版社 2018 年版，第 36 页。
② 伍崇曜《沙河逸老小稿跋》，马曰琯《沙河逸老小稿》，《丛书集成初编》，中华书局 1985 年版，第 99 页。

集方式上迥异于唐宋时期的文人雅集。正如厉鹗所主张的一样，他的词以清婉深秀见长，有一种幽香冷艳的审美特征，写景、咏物、抒怀均能净洗铅华、力除俳鄙，但也存在着好用僻典、凿虚镂空的不足。

与厉鹗同时还有一些不逐时趋的词派或词人，比如王时翔、王策、王辂等的小山词社，以晚唐北宋为宗；陆震、郑燮、蒋士铨等，接续阳羡派，推崇豪放；史承谦、史承豫、储国钧等阳羡词人，由外放而内敛，变雄健为幽凄。在厉鹗之后，到乾嘉之际，浙派的影响还在持续，但其弊端渐现，以咏物为能事，性灵不存，意旨枯寂，这时求变的思想开始出现。先是在浙派内部苗头渐现，正如谭献所说，"枚庵（吴翌凤）高朗，频伽（郭麐）清疏，浙派为之一变"[1]。像吴锡麒不再唯姜、张是尊，对周、柳、苏、辛也有肯定；郭麐强调学习古人，应做到作者之心思才力与古人深相契合，然后自抒胸襟，写自己心之所欲出，这样方能被称为"作者"。

接着，在浙派之外，在常州地区出现新兴的词人群体，像洪亮吉、黄景仁、赵怀玉、左辅、恽敬、张惠言等，不再以南宋为宗，不再只取姜、张一派清空醇雅之风。有的取法阳羡一路，以奇崛取胜，如洪亮吉；有的出入辛弃疾、柳永之间，以激楚悲凄见长，如黄景仁；有的出入秦观、苏轼之间，清俊内敛，含蓄隽永，如赵怀玉；左辅、恽敬、张惠言诸人，人生经历大多比较坎坷，在科场和仕途上历经艰辛，所作主要是表达贤人君子幽约怨悱之情，但受儒家传统诗教观念的影响，呈现出来的是"低徊要眇"的审美风貌。特别是张惠言与其弟张琦（合称"二张"）合选的《词选》一书，提出尊词体、区正变、主比兴的理论主张，对嘉道以还的晚清词坛产生了极其深远的影响。近人徐珂说："浙派至乾嘉间而益敝，张皋文起而改革之，其弟翰风和之，振北宋名家之绪，阐意内言外之旨，而常州词派成。"[2]

二张虽打出了常州词派的旗帜，但扩大常州词派影响的是周济、董士锡、宋翔凤诸人。周济先后编选有《词辨》和《宋四家词选》，把张惠言主张的"贤人君子幽约怨悱"，发展为"感慨所寄，不过盛衰"的"词史说"，把张惠

---

① 谭献《复堂词话》，唐圭璋编《词话丛编》，中华书局2005年版，第4册第4009页。
② 徐珂《清代词学概论》，大东书局1926年版，第6页。

言"意内言外"说，修正为"非寄托不入，专寄托不出"的"寄托出入"说，对二张的思想作了进一步的阐发，从理论上完善了常州词派的思想体系。不仅如此，他们还将常州词派的理论主张落实到创作实践中，如周济的《蝶恋花》（络纬啼秋啼不已）、董士锡的《兰陵王》（水声咽）便是代表性作品。

值得注意的是，乾嘉两朝也是清代学术最为繁荣的时期，这时词坛还出现了一批学人之词，像凌廷堪、江藩、焦循等扬州学派学者，以学为词，注重音律，讲究四声，颇有时代特色。

进入道光时期，衰世病象渐现，近代思想的先驱龚自珍在《乙丙之际箸议第九》一文中明确提到衰世已经到来。他称自己填词，"不能古雅不幽灵，气体难跻作者庭"（《己亥杂诗》其七十五），如《台城路·赋秣陵卧钟》一词，既暴露了清末社会的死气沉沉，也抒发了作者革旧图新、挽救危局的豪情壮慨。

道光二十年（1840）鸦片战争的爆发，是中国历史的一个转折点。邓廷桢、林则徐作为鸦片战争时期两位抗英主将，在唱和词《高阳台》（鸦度冥冥）和《高阳台》（玉粟收余）里，既揭示了鸦片给中华民族带来的深重灾难，也表达了禁烟运动初胜的快意和兴奋。作品既充满浓郁的忧国情怀，也表达了力不从心的悲哀和感慨。在道光、咸丰、同治时期，由于晚清政局的复杂性，由于生活内容的丰富性，这时词坛有一种浓厚的写实之风，像蒋春霖写太平天国，张景祁写中法战争，叶衍兰写甲午战争，由周济提出的"诗有史，词亦有史"之说通过他们的作品得到了印证。

总的说来，晚清词坛，词人众多，流派纷呈，唱和频繁，呈现出一片繁荣的景象，以至有"清人词至嘉道而复盛"[①]的说法。叶恭绰说："有清二百数十年，词之造诣，实超乎其他文艺之上，至末造尤然，盖几乎与唐诗、宋词继轨，故可称为此类韵文之一大后劲，亦可云即其一大结穴。"[②]

在当时，浙西词派与常州词派并存发展，相互吸纳，具有包容色彩的地域性词人群体渐现。像以"后吴中七子"为代表的吴中词人群体，以谨守声律

---

① 刘毓盘《词史》，上海书店 1985 年版，第 189 页。
② 叶恭绰编《全清词钞》"后记"，中华书局 1982 年版，第 2068 页。

相号召，引导出晚清研讨声律的新风尚；以蒋春霖、杜文澜、丁至和为代表的淮海词人群体，用凄怨幽咽的词笔，叙写动荡不宁的社会现实，在晚清词坛可谓独树一帜；以许赓皥、谢章铤、刘家谋为代表的闽中词人群体，标榜深情真气，扬辛弃疾、刘过之波；以叶衍兰、陈澧、梁鼎芬为代表的岭南词人群体，兼取浙常两派，或清雅隽秀，或雅健劲直；还有以庄棫、谭献、冯煦、陈廷焯等为代表的晚清常州词派，通过《箧中词》《词则》《宋六十名家词选》等选本，推扬二张倡导的"意内言外之旨"，提出"折衷柔厚""沉郁顿挫""忧生念乱"的创作主张，在清末民初词坛产生了广泛而深远的影响。此外，姚燮、蒋敦复、项鸿祚、吴藻、顾太清也是这一时期创作颇有成就者。

到清末民初，文廷式、王鹏运、朱祖谋、况周颐、郑文焯、王国维是这一时期重要词人，特别是"清末四大词人"王鹏运、朱祖谋、况周颐、郑文焯，"本张皋文意内言外之旨，参以凌次仲、戈顺卿审音持律之说，而益发挥光大之"[①]，融汇浙西派、常州派、吴中派的创作主张，把清词上推到一个前所未有的高度。

文廷式祖籍江西萍乡，出生在广东潮州，曾从岭南大儒陈澧问学，为光绪十六年（1890）恩科进士，在甲午战争时期力主抗战，支持帝党，主张变革，与盛昱、黄遵宪、志锐等交往密切。他论词反对浙派宗法南宋，主张要广泛涉猎百家，其创作则以雄劲的作风为人所称道，人称："文道希词，有稼轩、龙川之遗风，惟其敛才就范，故无流弊。"[②]

王鹏运为"清末四大词人"之首，他在光绪年间官居内阁期间，与端木埰、况周颐、许玉瑑相唱和，结集为《薇省同声集》，后与况周颐、缪荃孙、宋育仁等举"咫村词社"，朱祖谋、郑文焯亦先后加入，清末四大词人渐以形成。特别是在光绪二十六年（1900），八国联军进京期间，王鹏运与朱祖谋、刘福姚在四印斋避难，约为词课，喁于唱酬，写下了悲愤惨恻的《庚子秋词》，既表达了对列强入侵的愤慨，也抒写了哀国悯民的心曲。

至于清末四大词人的其他三人，在思想上都受到王鹏运的影响，但各人

① 蔡嵩云《柯亭词论》，《词话丛编》，第 5 册第 4908 页。
② 陈锐《袌碧斋词话》，《词话丛编》，第 5 册第 4198 页。

在创作上也表现出鲜明的特色，如况周颐的秾艳、郑文焯的清雅、朱祖谋的密丽等等。值得一提的是，他们四人在词学研究上的重大贡献主要表现为，王鹏运启动的《四印斋所刻词》，经过朱祖谋的推衍，引发了 20 世纪以来的词籍校勘之风；王鹏运提出的"重拙大"思想，经过况周颐的阐发，成为 20 世纪以来影响甚巨的理论主张。

王国维的《人间词》是清词在终结之际的一道曙光。他是在哲学上思考无法得到解脱时转而填词的，他以"人间"命名其词集，表明他是把填词作为一种人生求索的特殊方式。

三、清词的时代特征

清词在发展过程中逐渐有了自己的时代特色和时代标志。

第一，地域色彩鲜明。蒋寅说："文学史发展到明清时代，一个最大特征就是地域性特别显豁起来，对地域文学传统的意识也清晰地凸显出来。"[①] 著名词学家刘扬忠也说过："在词的'中兴'期——清代，词的地域性特征更加突出，甚至成了划分和识别词派的主要标志。"[②] 无论清初的云间派、西泠派、柳洲派，还是中期影响较大的阳羡、浙西、常州三大派，以及晚清在岭南、扬州、吴中、粤西、闽中、湖湘等地出现的众多词人群体，他们在创作和理论上都有比较鲜明的地域性特征，既继承了这一地域的固有传统，也适应时代的需要对旧有传统作了改造和发展。

第二，群体性特征明显，唱和活动较为频繁。清代曾经出现过众多的词社，这些词社少则三五人，多则几十人，甚至上百人，他们同题拈韵，彼唱此和，并结集刊行，影响一时，至今流传下来的有《倡和诗余》《红桥唱和集》《秋水轩唱和词》《庚子秋词》《薇省同声集》等，目前已有万柳《清代词社研究》专门讨论这一问题。清代词人结社对于民国词坛有深远的影响，据曹辛华统计，清末民国各类诗词社多达 134 个[③]，马大勇认为其中比较重要且有影响

① 蒋寅主编《中国古代文学通论·清代卷》，辽宁人民出版社 2005 年版，第 290 页。
② 刘扬忠《略谈对词史的地域文化研究》，《刘扬忠学术论文集》，江西教育出版社 2016 年版，第 976 页。
③ 曹辛华《民国词史考论》第四章，人民出版社 2017 年版，第 73～124 页。

的词社有 13 个①，查紫阳则认为应该有 23 个②，可见清词群体性在近代的延续。

第三，在才子之词、词人之词外，又增入学人之词一派。"学人词的创作并不始于清代，而大量出现学人词作，并将词人之词与学人之词进行有机结合，使词体得以推尊，词的艺术境界得到进一步拓展与深化，则自清代始。"③钱仲联说过，清代词人之主盟坛坫者多是学人，如朱彝尊是撰写《经义考》的经学家，洪亮吉是经学、史学、地理学家，张惠言是《周易》虞氏学家，张琦是舆地学家，周济是史学家，龚自珍是公羊学家……"盖清贤惩明人空疏不学之弊，昌明实学，迈越唐宋，诗家称学人之诗与诗人之诗合，词家亦学人之词与词人之词合。"④

第四，形式和风格多样。在清代，不但有同调同题同韵唱和词，还有以词代书的寄赠词，这是唐宋词史上不曾出现过的新形式。清人在创作风格上也是多样化的，绝不局限于一家一派。陈维崧以豪放见长，也有秾丽婉约风格的作品；朱彝尊以清雅之风为主，也有激昂豪宕之作；张惠言的作品有鲜明的学人之词的特色，读来却情韵悠然，绝不刻板；等等。

总之，清词特色鲜明，流派众多，作品数量庞大，在中国词史上占有非常重要的地位，在中国文学史上也是不能忽视的一环，这说明词作为一种抒情文学样式进入清代以后获得了新的生机和活力。

第二节　走向文本的元明词学

清代词学的发展，不仅立足于清词创作的全面繁荣，而且是对元明词学及其观念的传承。一般说来，词在元明已进入后音乐时代。所谓"后音乐时代"，是指词赖以生存的音乐环境——唐宋燕乐逐渐消亡，词已由音乐谱时代

---

① 马大勇《近百年词社考论》，《二十世纪诗词史论》，时代文艺出版社 2014 年版，第 74 页。

② 查紫阳《晚清词社知见考略》，《中国韵文学刊》2010 年第 2 期。

③ 沙先一《推尊词体与开拓词境：论清代的学人之词》，《江海学刊》2004 年第 3 期。

④ 钱仲联《全清词序》，南京大学中国语言文学系《全清词》编纂研究室编《全清词·顺康卷》，中华书局 2002 年版，第 2 页。

进入格律谱时代，不再是文坛的流行元素，而是文人抒写性情或展示才情的一种载体。词的创作方式由倚声为词转向按谱填词，传播方式由歌女传唱为主转向案头阅读为主。文学性已经越过音乐性成为词的主导因素，人们多是把词作为一种文学载体来看待。从南宋末年开始出现了关于作词法的论述，在明代还涌现了大量的制谱订律的图谱，有了宗宋与复古的观念，有了对唐宋词典范的追寻之旅。词在明末清初虽由衰而复盛，实未能改变自己与音乐渐行渐远的命运，像唐宋那样在社会上广泛流行只是一个永远无法追寻的梦，明清词学所确立的目标就是对唐宋典范的追寻。

一、唱写分离，讲传词法

在唐宋时代，作为音乐文学，词是用来演唱的。所谓"名高白雪，声声而自合鸾歌；响遏行云，字字而偏谐凤律"①是也。像当时流行的词集《云谣集》《花间集》《尊前集》《乐章集》《草堂诗余》，都是人们演唱时所用的底本，制作方式是作者按曲谱词，演唱方式是歌者倚丝竹而歌，亦即音乐性为第一要素，以"唱"为主，以"写"为辅，"写"是为了更好地"唱"。

据记载，宋代唱词，首重女音，偏尚婉媚，这是时代风尚。"古人善歌得名，不择男女"，"今人独重女音，不复问能否"②。"盖长短句宜歌而不宜诵，非朱唇皓齿，无以发其要妙之声。"③以女音为贵，除了声音的甜美，还包括容颜的姣好和舞姿的曼妙，达成视觉与听觉的双重美感。"唱歌须是，玉人檀口，皓齿冰肤。意传心事，语娇声颤，字如贯珠。"（李鹰《人月圆》）宋词描述了这些歌者的美好形象："纤腰妙舞萦回雪，皓齿清歌遏住云。"（袁去华《思佳客》）"妍歌艳舞，莺惭巧舌，柳妒纤腰。"（柳永《合欢带》）这些演唱的主体——歌伎，通过歌舞表演，以求娱宾遣兴，宋代诗词亦记载有观赏者的美感享受："不然何得肤如红玉初碾成，眼似秋波双脸横。舞态因风欲飞去，歌声遏云长且清。有时歌罢下香砌，几人魂魄遥相惊。"（张咏《筵上赠小英》）"锦

---

① 欧阳炯《花间集叙》，赵崇祚辑《花间集》，辽宁教育出版社1998年版，第1页。
② 王灼《碧鸡漫志》卷一，《词话丛编》，第1册第88页。
③ 王炎《双溪诗余》"自叙"，王鹏运辑《四印斋所刻词》，上海古籍出版社1989年版，第793页。

茵上、娇抬粉面，浅蛾脉脉。鸾觑莺窥秋水净，鸿惊凤翥祥云白。看妖娆、体态与精神，天仙谪。"（吕胜己《满江红·郡集观舞》）

"唱"强调音乐性，首先考虑的是协律与否，对于作词不协律者则持批评态度。最著名的是陈师道对苏轼和秦观的评论："子瞻以诗为词，如教坊雷大使之舞，虽极天下之工，要非本色。今代词手，唯秦七、黄九耳。"[①] 何以谓苏轼之词非本色？晁补之的解释是："苏东坡词，人谓多不谐音律。然居士词横放杰出，自是曲子中缚不住者。"[②] 原来是苏轼的词不协律。秦观的词则不然，释惠洪云："少游小词奇丽，咏歌之，想见其神清在绛阙、道山之间。"[③] 叶梦得也说："秦观少游亦善为乐府，语工而入律，知乐者谓之作家歌，元丰间行于淮楚。"[④] 可歌与不可歌，协律与不协律，是秦观被肯定苏轼被批评的主要原因。一般说来，填词作曲是为着演唱需要的，是为了"付与雪儿歌，娇莺啭"（曹冠《满江红》其二），词人往往根据歌伎的需求作词填曲。周煇《清波杂志》卷五载："东坡在黄冈，每用官妓侑觞，群姬持纸乞歌词。"[⑤] 文莹《湘山野录》卷下载："（寇准）早春燕客，自撰乐府词，俾工歌之。"[⑥] 岳珂《桯史》卷三载，辛弃疾每宴客，"必命侍妓歌其所作"[⑦]。此类逸事，在宋人笔记中在在有之，南宋姜夔有诗云："自作新词韵最娇，小红低唱我吹箫。"（《过垂虹》）因为重视"唱"的效果，对于有碍演唱的"词"，则宁愿改变词意也要务求协诸口吻，这样就出现了"唱"与"写"的矛盾。沈义父《乐府指迷》云："前辈好词甚多，往往不协律腔。所以无人唱。如秦楼楚馆所歌之词，多是教坊乐工及市井做赚人所作，只缘音律不差，故多唱之。求其下语用字，全不可读。甚至咏月却说雨，咏春却说秋。如《花心动》一词，人目之为一年景。又一词之中，颠倒重复，如《曲游春》云：'脸薄难藏泪。'过云：'哭得浑无气

① 陈师道《后山诗话》，何文焕辑《历代诗话》，中华书局 1981 年版，第 309 页。
② 吴曾《能改斋词话》卷一引晁补之语，《词话丛编》，第 1 册第 125 页。
③ 释惠洪《冷斋夜话》，胡仔《苕溪渔隐丛话》前集卷五○，人民文学出版社 1962 年版，第 342 页。
④ 叶梦得《避暑录话》卷三，孙克强编著《唐宋人词话》，南开大学出版社 2012 年版，第 396 页。
⑤ 周煇撰，秦克校点《清波杂志》，上海古籍出版社 2012 年版，第 88 页。
⑥ 文莹撰，郑世刚、杨立扬点校《湘山野录 续录》，中华书局 1984 年版，第 44 页。
⑦ 岳珂撰，吴企明点校《桯史》，中华书局 1981 年版，第 38 页。

力.'结又云:'满袖啼红.'如此甚多,乃大病也."① 在宋代,知音识律者如柳永、周邦彦、姜夔、张镃,在填词时选曲往往"择声律谐美者用之","每作一词,必使歌者按之,稍有不协,随即改正","当以歌者为工,虽有小疵,亦庶几耳"②.

"唱"重在协律,"写"追求词美,两者之间不能完全协调."唱"与"写"的矛盾,在词的初起之际,文学性是让位于音乐性的,而当词摆脱演唱的环境,成为一种案头之物时,文学性必然优先于音乐性.从苏轼开始,词人已作出了"写"挣脱"唱"之束缚的尝试,他自称所作小词,"虽无柳七郎风味,亦自是一家"③.正如施议对所说,苏轼将自己的才华、性情、学问、襟抱,都搬用到词中来,"大量用典、用事、议论,将诗、文、经、史,通通融化入词",摆脱了歌词对音乐的依赖关系,这种以作诗作文的态度与方法填词,改变了宋词合乐可歌的面貌.④ 到南宋时期,填词逐渐形成"应歌"与"应社"两大系列,"应歌"之词以协律为尚,"应社"之词以琢辞为美,"唱"与"写"出现了由合而分的趋势.

据史料记载,南宋时期唱词娱乐的风气,实不减于北宋.一般士大夫、官僚,家中多蓄伎乐,画楼丝竹,新翻歌舞,日置酒相乐.叶梦得《石林燕语》卷五曰:"公燕合乐,每酒行一终,伶人必唱'嚯酒',然后乐作."⑤ 周密《癸辛杂识》续集下记载,张孝祥为王佐新修多景楼书匾额,王为之大宴宾客,张孝祥赋词,命歌伎唱之⑥;又张世南《游宦纪闻》卷一载,刘过在绍熙间,所作赠老娼《贺新郎》一词曾广为传唱,"至今天下与禁中皆歌之"⑦.像姜夔填词,每每注明谱字,在"旧谱零落"之时,是为倚声而歌者提供曲谱,也是为不甚深明乐理的歌词作家提供"样板".这些作家对于词的认识,

① 沈义父《乐府指迷》,《词话丛编》,第 1 册第 281 页.
② 张炎《词源》,《词话丛编》,第 1 册第 256 页.
③ 苏轼《与鲜于子骏三首》其二,苏轼撰,茅维编,孔凡礼点校《苏轼文集》卷五三,中华书局 1986 年版,第 1559 页.
④ 施议对《词与音乐关系研究》,中国社会科学出版社 1985 年版,第 229 页.
⑤ 叶梦得撰,田松青、徐时仪校点《石林燕语》,上海古籍出版社 2012 年版,第 44 页.
⑥ 周密撰,吴企明点校《癸辛杂识》,中华书局 1988 年版,第 209 页.
⑦ 张世南《游宦纪闻》,上海进步书局 1912 年版,第 3a 页.

还是坚持倚声而歌、按曲谱词的观念。或曰："词当叶律，使雪儿、春莺辈可歌，不可使气为色。"① 或云："音律欲其协，不协则成长短之诗。"② 但在南宋时期，"应社"之制渐成主流，社友分题赋咏或同题而歌，或咏物，或祝寿，以词为酬酢工具。据《碧鸡漫志》记载，向子諲用《满庭芳》曲赋木樨，"约陈去非、朱希真、苏养直同赋，'月窟蟠根，云岩分种'者是也。然三人皆用《清平乐》和之"③。赵以夫《扬州慢》序："诸贤咏赏琼花之次日，复得牡丹数枝，方兹溪又以词来索和，遂并为二花着语。"吴文英《声声慢》序："友人以梅、兰、瑞香、水仙供客，分韵得风字。"周密《秋霁》(重到西泠)序："乙丑秋晚，同盟载酒为水月游。商令初肃，霜风戒寒。抚人事之飘零，感岁华之摇落，不能不以之兴怀也。酒阑日暮，怅然成章。"因为不太在意"唱"的效果，词人多用心于字句雕琢和句法研讨，"南宋后期论词，重点转向讲习与传授词法"④。

在这样的创作背景下，面对着"旧谱零落"的环境，南宋词学逐渐朝着探求词法的方向发展。这一趋势从姜夔就开始了，他虽未有作词之法的专论，但在清代学者谢章铤看来，《白石诗说》就是一篇以诗说为词说的重要文字，《赌棋山庄词话》卷一二逐条分析了姜氏所论诗法与词法的相通之处，现代文学批评史家郭绍虞也说："姜氏论诗，见到此而未能进乎此；姜氏作词，不必见到此，而可说已能进乎此。"⑤ 据现存史料记载，杨缵应该是专论词法的第一人，张炎《词源》谈到他精于琴，深知音律，与周密、施岳、李彭老等相往还，"每一聚首，必分题赋曲"，遂有"作词五要"。这作词五要为：第一要择腔，第二要择律，第三要填词按谱，第四要随律押韵，第五要立新意。⑥ 尽管所论主要是审音协律，着眼点已在"写"而非"唱"，注意到文字上"要立新意"，强调措辞用意作不经人道语。

① 刘克庄《跋刘澜乐府》，张惠民编《宋代词学资料汇编》，汕头大学出版社 1993 年版，第 239 页。
② 沈义父《乐府指迷》，《词话丛编》，第 1 册第 277 页。
③ 王灼《碧鸡漫志》卷二，《词话丛编》，第 1 册第 88 页。
④ 吴熊和《唐宋词通论》，浙江古籍出版社 1985 年版，第 305 页。
⑤ 郭绍虞《中国文学批评史》，百花文艺出版社 1999 年版，下册第 54 页。
⑥ 张炎《词源》，《词话丛编》，第 1 册第 267~268 页。

沈义父《乐府指迷》与张炎《词源》在宋元之际的出现，标志着词学史上对词法研讨的第一个高峰的到来。沈义父有论词四标准之说——"音律欲其协""下字欲其雅""用字不可太露""发意不可太高"。黄雅莉认为，这四个标准用现代的说法就是：协律、典雅、含蓄、柔婉。[①]蔡嵩云对其意蕴作了这样的论述："盖音律关乎词之歌唱，律协则词可歌。发意关乎词之结构，意高则词可诵，惟太高亦是一病。……下字欲其雅，就字面之文俗言；用字不可太露，就字面之深浅言。词之工拙，良系乎此。"[②]必须说明的是，沈义父的这四个标准传授的是"梦窗家法"，是对南宋婉约词特别是吴文英一派创作经验的总结，正如吴梅所说："宋末词风，梦窗家法，均于是编窥见一斑。"[③]因为这一派专主清真，以为《清真词》最合上述四标准，所以沈义父把周邦彦树为两宋词人典范："凡作词，当以清真为主。盖清真最为知音，且无一点市井气，下字运意，皆有法度，往往自唐宋诸贤诗句中来，而不用经史中生硬字面。"[④]如果说杨缵"作词五要"还是以知音为主，那么，沈义父"论词四标准"就主要以作法见长，因而在起句、过处、结句、咏物、用事、字面、造句、押韵、大词小词作法等方面提出具体要求，以为初学者填词之门径。

在沈义父之后，张炎把南宋典雅词派词法之论又向前推进了一大步。他的《词源》由上、下两卷组成，上卷论词乐，下卷论作法。像沈义父一样，张炎论词不但强调协律，而且重视作法："音律所当参究，词章先宜精思。"作为南宋典雅词论的总结之作，《词源》首先提出要"尊雅黜俗"——"词欲雅而正，志之所之，一为情所役，则失其雅正之音。耆卿、伯可不必论，虽美成亦有所不免。"接着，张炎提倡要"清空"，不要"质实"。"清空则古雅峭拔，质实则凝涩晦昧。姜白石词如野云孤飞，去留无迹。吴梦窗词如七宝楼台，眩人眼目，碎拆下来，不成片段。"[⑤]这里将"清空"与"质实"相比对，以姜夔为清空之典范，以吴文英为质实的代表，表明张炎所取法的是姜夔清空一派，对于

① 黄雅莉《宋代词学批评专题探究》，文津出版社 2008 年版，第 268 页。
② 沈义父著，蔡嵩云笺释《乐府指迷笺释》"引言"，人民文学出版社 1963 年版，第 39 页。
③ 吴梅《乐府指迷笺释序》，沈义父著，蔡嵩云笺释《乐府指迷笺释》附录，第 90 页。
④ 沈义父《乐府指迷》，《词话丛编》，第 1 册第 277~278 页。
⑤ 张炎《词源》，《词话丛编》，第 1 册第 265、266、259 页。

吴文英质实一派持保留态度，这是他与沈义父在作词之论上的最大不同之处。在张炎看来，"清空"既是一种创作风格，也是一种审美理想，它是作者审美趣味在具体作品上的体现。如何使作品有"清空"的境界？有学者将张炎的论述归为四个方面：一是章法要空灵，二是句法要"平妥精粹"，三是下字用语要"深加锻炼"，四是用事强调融化不涩，咏物而不留滞于物。① 张炎所论也不全是为清空一派说法，像"制曲"论全篇，像"句法""字面""虚字"论结构，像"咏物""节序""离情"论题材，对初学者而言都有切实的指导意义。在张炎的影响下，他的学生陆辅之撰为《词旨》，以"词说七则"总领全书，充实了张炎"清空""雅正"之说，又以唐宋词句为例证将《词源》作法论进一步细化，使填词者有所依凭，也为南宋以来的词法论画上一个圆满的句号。

二、由音律而格律，图谱之学兴起

在两宋，作者要知音，作品要协律，这是人们对倚声为词的基本认知。像柳永、周邦彦、万俟咏都是知音识律的北宋词人，或变旧声作新声，或自度新曲，"一时绮制，可谓极盛"②。李清照在著名的《词论》一文中更提出填词要协律的主张，如果说诗还只是分平仄的话，那么，词要分五声、六律、清浊、轻重，这就是词不同于诗、"别是一家"的基本要求。

协律在南宋以后被作为词学批评的首要标准，像杨缵"作词五要"中择腔、择律、按谱填词、随律押韵等，都是针对当时词坛"作词者不晓音律"而提出来的。沈义父《乐府指迷》开篇第一条即是"音律欲其协，不协则成长短之诗"，谈到填词协律是第一个也是最基本的要求。作词者亦特别注意对音律的推敲，姜夔《湘月》序云："予度此曲，即《念奴娇》之鬲指声也，于双调中吹之。鬲指，亦谓之过腔，见《晁无咎集》。凡能吹竹者，便能过腔也。"周密《志雅堂杂钞》载："余向游紫霞翁门，翁精于琴，善音律。时有画鱼周大夫者善歌，间令写谱参订，虽一字之误，必随证其非。余尝叩之云，五凡上尺，有何义理，而能暗诵如流，且既未按管，安知其误？翁笑曰：君特未究此

---

① 黄雅莉《宋代词学批评专题探究》，第313～317页。
② 玄烨《御选历代诗余序》，沈辰垣等编《御选历代诗余》，浙江古籍出版社1998年版，第1页。

事耳，其间义理，更有甚于文章。不然，安能记之？"① 又张炎《词源》亦载其父度曲之事，在填写《瑞鹤仙》（卷帘人睡去）一词时，于字声选择尤为讲究。"此词按之歌谱，声字皆协，惟'扑'字稍不协，遂改为'守'字，乃协。始知雅词协音，虽一字亦不放过，信乎协音之不易也。"② 这三个例证表明，在南宋时期，填词必协律已成为一种共识，正如沈义父所说的"不协则成长短之诗"。

"词以协音为先，音者何，谱是也。"③ 这是张炎在入元以后的著作《词源》里所讲的话。所谓"谱"实际上是音谱，即乐谱，它与今之五线谱、简谱等本质上是一样的，"都是以特定的符号体系记录或表示乐调、高低、强弱、快慢等音乐要素的"④。据周密《齐东野语》记载："《混成集》，修内司所刊本，巨帙百余。古今歌词之谱，靡不备具。只大曲一类凡数百解，他可知矣。"⑤ 因此，杨缵在"作词五要"中提出"填词按谱"的要求，指出："自古作词，能依句者已少，依谱用字者，百无一二。词若歌韵不协，奚取焉。"⑥ 张炎《词源》上卷专论词乐，讨论了宫调、谱字、节拍、讴曲等问题，下卷也有"音谱""拍眼""制曲"等条目讨论词乐，"腔、谱、拍三者，虽歌词者之事，然欲制为可歌之词，则作词者亦须通晓"⑦。在宋代，人们都知道填词协律就是要遵循音乐谱，但在元代以后，随着"写"与"唱"渐行渐远的发展趋势，"按谱填词"实际上已成为一种历史想象，在现实创作中是难以实践的。⑧ 据陶然分析，因为曲乐兴盛，词乐渐废，一来词乐失去它的生存环境，元人作词所用词调颇多贫乏，二来歌词之法失坠，元代的词大部分是不可合乐歌唱的。⑨ "元世北曲登场，人尚新制。歌词既废，谱法渐亡，前代雅音，遂成坠响。"⑩ 这说

---

① 周密《志雅堂杂钞》卷七，曹溶辑，陶樾增订《学海类编》，江苏广陵古籍刻印社1994年版，第7册第247页。

② 张炎《词源》，《词话丛编》，第1册第256页。

③ 张炎《词源》，《词话丛编》，第1册第256页。

④ 朱崇才《词话学》，文津出版社1995年版，第487页。

⑤ 周密撰，黄益元校点《齐东野语》卷一○，上海古籍出版社2012年版，第104~105页。

⑥ 张炎《词源》附录，《词话丛编》，第1册第268页。

⑦ 蔡桢（蔡嵩云）疏证《词源疏证》"导言"，中国书店1985年版，第2页。

⑧ 江合友《明清词谱史》"前言"，上海古籍出版社2008年版，第2页。

⑨ 陶然《金元词通论》，上海古籍出版社2001年版，第256~260页。

⑩ 王煜编注《清十一家词钞》"自叙"，正中书局1947年版，第1页。

明词乐在元代已基本失传。那么，元人在实际创作过程中如何填词？一方面是以曲为词，另一方面则是依唐宋词之平仄而填之，至于是否协律则不太顾及。虞集《叶宋英自度曲谱序》云："近世士大夫，号称能乐府者，皆依约旧谱，仿其平仄，缀缉成章，徒谐俚耳则可。乃若文章之高者，又皆率意为之，不可叶诸律，不顾也。"① 这一趋势在明代以后得到进一步发展，"自元以还，声律渐远。明兴，间有作者，益不类矣"②，像以曲为词、词曲不分、音律舛误等情况比比皆是。陈霆《渚山堂词话》卷三云："我朝文人才士，鲜工南词。间有作者，病其赋情遣思，殊乏圆妙。甚则音律失谐，又甚则语句尘俗。"③ 吴衡照《莲子居词话》卷三云："盖明词无专门名家，一二才人如杨用修、王元美、汤义仍辈，皆以传奇手为之，宜乎词之不振也。其患在好尽，而字面往往混入曲子。昔张玉田论两宋人字面，多从李贺、温歧诗来，若近俗近巧，诗余之品何在焉。"④ 他们一致提出音律失谐、词曲不分、语词尘俗是明词的弊病所在。

据田玉琪研究，在明初宫廷还有演奏词乐的，《明集礼》中"九奏乐歌""十二月按律乐歌"都是词体，在音乐形式上应该属于宋代词乐，有可能是北宋大晟乐的遗存，少数填词者亦能倚声为词，如王行以林钟商填制《清风八咏楼》。另一种情形则是明词创作出现了新的词调，包括以诗体入词调、以曲牌入词调、自度曲三种现象。这三种现象又以自度曲较为常见，这也是效仿南宋以来的作词惯例。⑤ 但有的学者认为演奏宋乐和自制新曲两类填词方式在明代都较少见，最常见的是倚词填词和倚谱填词两种方式。在《诗余图谱》出现以前，倚词填词的方式占主流，李蓘说："盖士大夫既不素娴弦索，又不概谙腔谱，谩焉随人后，而造次涂抹，浅易生硬，读之不可解，笔之冗于简册。"⑥ 所谓"随人后而造次涂抹"，就是按照唐宋词的外在形式来仿作，因为"既不素娴弦索，又不概谙腔谱"，所以只能按既有唐宋词的平仄来填写了，这

---

① 李修生主编《全元文》卷八二二，江苏古籍出版社 1998 年版，第 26 册第 145 页。

② 王兆云《挥麈诗话》，《丛书集成初编》，第 17 页。

③ 陈霆《渚山堂词话》，《词话丛编》，第 1 册第 378~379 页。

④ 吴衡照《莲子居词话》，《词话丛编》，第 3 册第 2461 页。

⑤ 田玉琪《词调史研究》，人民出版社 2012 年版，第 214~219 页。

⑥ 李蓘《〈花草粹编〉叙》，陈耀文辑，龙建国、杨有山点校《花草粹编》，河北大学出版社 2007 年版，第 2 页。

种比较呆板的填词方式不免显得浅易生硬，读之不可解了。在《诗余图谱》出现以后，倚谱填词比较普遍。《诗余图谱》在嘉靖年间的出现标志着明词创作进入一个规范化的时代。它不但对唐宋词的创作经验进行了比较系统的总结，也为明词创作提供了一个切实的可资镜鉴的样本，实现了词史认识从音乐谱到格律谱的转变。在它的影响下，先后出现了《啸余谱》及大量的《诗余图谱》增订本或扩编本。①

从音乐谱到格律谱标志着明人对词之形体认知的转变——从音乐到文学，词已经完全进入格律化时代。从"音"到"文"是这种认识的第一表征，而"图"与"文"的结合则是这种认识的第二表征。所谓"图"就是用〇●标示平或仄，半白半黑圈"◖"表平而可仄，半黑半白圈"◗"表仄而可平，▲表押韵或叶韵；所谓"文"是选取唐宋词史的经典作品作为图谱的对应物。把第二表征推向词坛并影响明代词史的是张綖的《诗余图谱》。这一尝试从弘治年间周瑛的《词学筌蹄》就开始了，此谱过于简略，选调过少，还有重复，编排无序，这既与它的选调主要来自《草堂诗余》有关，也反映了词谱初创期编纂的不规范性和随意性。这部词谱在当时及后世均未见刻本，在社会上流传不广，有学者认为像这种个人性的小型词谱应该还有一些，它们是明代词史从倚词填词到倚谱填词的过渡性产物，反映出明人在进入倚谱填词之前所作的一种尝试和努力，为《诗余图谱》在嘉靖十五年（1536）的出现作了较好的铺垫。②《诗余图谱》也是以《草堂诗余》为基础编纂而成的，尽管我们不能断定张綖是否阅读过《词学筌蹄》，想必他也看过《词学筌蹄》之类曾在社会上流传的词谱，因此，《诗余图谱》的图谱标识、体例设计、例词选择都比较科学且具有代表性，它分词调为小令、中调、长调三类更是确立了词作为文学而非音乐的体性。《诗余图谱》被反复刊刻和广泛传播，仿效之作也越来越多，相继有谢天瑞"补遗本"、游元泾"增正本"、王象晋"重刻本"、毛晋"补略本"等。这些词谱在体例及理论上都是参照了张綖嘉靖本的，这标志着一门新兴的学问——图谱之学的正式形成，明末清初在社会上流传的主要就是《诗余图

① 张若兰《明代中后期词坛研究》，中国社会科学出版社 2010 年版，第 164~165 页。
② 张若兰《明代中后期词坛研究》，第 168 页。

谱》、程明善《啸余谱》及赖以邠《填词图谱》。

三、选本的流行与经典的生成

当明人填词进入格律谱时代，对于词体的认识必然会注重它的文学性，一方面借助词谱作为填词的轨范，另一方面则是选择较有典范性的作品形成选本，作为创作时的借鉴。诚然，词谱所附作品也可以是重要的借鉴，但它的主要任务是提供形式规范，在文学上未必属于经典名篇，格律合乎要求，辞章未必优美，选本则承担了遴选名篇塑造经典的重任，也就是说选本与词谱一起成为明人从事填词所依凭的两大基石。因此，在刊刻、补订、增修词谱之外，明代词坛的另一个特殊景观就是选词之风的大盛，或翻印，或新编，涌现了一大批唐宋词选。

在明代，最流行的唐宋词籍是《花间集》（简称《花间》）和《草堂诗余》（简称《草堂》），所谓"《草堂》之草，岁岁吹青；《花间》之花，年年逞艳"（徐士俊语）是也。据李一氓统计，至今尚见载于各种官私著录或传存的明本《花间集》有 12 种之多。① 《花间集》在金元两朝未见刻本传世，迟至明正德初年才由杨慎刊行于南方，但《草堂诗余》早在明初的洪武年间就有了"遵正书堂刻本"，之后版刻不断，一代接一代，重编重印的同名或同类版刻达数十种之多，成为明代流行时间最长的一部宋词选本。"自有明三百年来，人竞帖括，置此道勿讲。即一二选韵谐声者，率奉《草堂诗余》为指南。"② 但是，明人并不满足于对《花间集》和《草堂诗余》的简单传播，而是在充分吸收《花间集》和《草堂诗余》精华的基础上，根据自己的词学观念，通过新编唐宋词选，对《花间集》和《草堂诗余》未收词作进行扩容和增编。

率先对《花间集》和《草堂诗余》进行扩编荟萃的是吴承恩。据《吴承恩集》整理者蔡铁鹰、孔繁婷介绍③，吴承恩在嘉靖十八年（1539）前后已编有《花草新编》一书，这部唐宋词选长期未得刻印，目前只有上海图书馆所藏

---

① 李一氓《花间集校后记及补记》，《一氓题跋》，生活·读书·新知三联书店 1981 年版，第 9~32 页。
② 柯崇朴《重刻绝妙好词序》，周密辑，张丽娟校点《绝妙好词》，辽宁教育出版社 2001 年版，第 1 页。
③ 孔繁婷、蔡铁鹰《明钞本吴承恩词选集〈花草新编〉整理札记》，《淮阴工学院学报》2013 年第 4 期。

残本（仅存卷三至卷五，卷一、卷二已亡佚），从现存三卷来推测，卷一、卷二似收小令，卷三为中调，卷四、卷五为长调。后三卷共收词 394 首，出自《花间集》者 9 首，出自《草堂诗余》者 157 首，其他均为《花间》《草堂》所未收，这说明吴承恩已作出了突破《花间集》《草堂诗余》的努力。"益以诸人之本集，诸家之选本，记录之所附载，翰墨之所遗留，上溯开元，下断至正，会通铨择，录而藏之。"① 在吴承恩《花草新编》的基础上，其友人陈耀文又继续增补，经过二十多年的时间，将原书由五卷扩展为十二卷，共辑得唐宋金元词 3280 余首，并在万历十一年（1583）刊刻行世。据编者自序可知，该书的选词标准有两条，一是备调，"上溯开、天，下讫宋末，曲调不载于旧刻者"，收小令 329 调、中调 201 调、长调 345 调，共 875 调；二是"丽则兼收，不无有乖于大雅，文房取玩，略窥前辈之典型"②。它所选虽以婉约柔媚为主，但大多为唐宋词中的经典名篇，对于开阔明人眼界有极其重要的意义。近人陈匪石《声执》还逐条列述其严谨厘定之功："明人辑刊之书，多无足取。如杨慎《词林万选》、卓人月《词统》、茅映《词的》及《草堂续集》之类，等诸自郐。独陈氏此书，有特色焉。一、所录皆唐五代宋元之词，不屑明词，不杂元曲，足见矜严之处。二、取材以《花间》《草堂》为主，益以《乐府雅词》《花庵词选》《梅苑》《古今词话》《天机余锦》《翰墨大全》及名家词集，旁采说部词话，间附本事，虽无甚抉择，然今已绝版之书，藉以存者不少。三、依原书移录，缺名者不补。名字亦先后参差，并无校改。所据旧籍，可以推见。校勘辑佚，资以取材，故颇为前人所称。"③

　　其次是杨慎的《词林万选》和《百琲明珠》，"从两部词选的编纂可以看出，杨慎在逐步走出《草堂诗余》的包围圈，有意向人们展现《草堂诗余》之外的词学风景。"④《词林万选》凡四卷，卷首有嘉靖二十二年（1543）任良幹序，共选唐五代至元明词作 233 首。此选本体例，"非依类编排，非按调编次，

① 吴承恩《花草新编序》，蔡铁鹰笺校《吴承恩集》，中国社会科学出版社 2014 年版，第 169 页。

② 陈耀文《〈花草粹编〉叙》，《花草粹编》，第 1 页。

③ 陈匪石《声执》卷下，《词话丛编》，第 5 册第 4962 页。

④ 岳淑珍《从〈词林万选〉到〈百琲明珠〉——杨慎词选论》，《绍兴文理学院学报》2008 年第 5 期。

亦非就作者罗列"，"编录错乱，失之无序"①，向来评价不高。但它有一个重要特征，即任良幹序所说的"皆《草堂诗余》之所未收者也"②，据当代学者岳淑珍分析，《词林万选》所收 233 首中只有 2 首与《草堂诗余》（闵映璧刻本）重复，更重要的是这部选本还一改当时词坛崇尚婉约的风气，选录了相当数量的豪放词，这与杨慎在《词品》中肯定辛弃疾的豪放作风是一致的。③《百琲明珠》也应该是成于嘉靖年间，今存万历四十一年（1613）刻本，卷首有杜祝进《刻杨升庵〈百琲明珠〉引》。此选本体例上基本以时代为序，卷一录六朝民歌、唐五代词，卷二录北宋词，卷三录南宋词，卷四杂录南北宋词，卷五录女词人词作及金元明词，共收词 159 首。其规模较小，所选尽量避免与《词林万选》重复，更是有意避开《草堂诗余》，意图与《词林万选》一样，选录不被《草堂诗余》选录的词作，以正《草堂诗余》选词之缺失。它拉长了入选作品的时间跨度，改易了传统的复古观念。④ 其时，尚有抄本《天机余锦》，也是一部成于嘉靖年间、意在拓展《草堂诗余》选词范围的选本。对于《天机余锦》的版本，学界尚有争论，有学者认为该书成于元代⑤，但本书只讨论明抄本《天机余锦》。明抄本《天机余锦》原藏台北，后经黄文吉、王兆鹏、童向飞三位学者整理，由辽宁教育出版社 2000 年出版。此选本凡四卷，录唐五代至元明词作 1042 首，以南宋为最多，482 首；北宋居第二，196 首；元代居第三，152 首；明代居第四，104 首。它对元明两代并不轻视，所选比例分别占了全部的 12% 和 8%，这与《草堂诗余》以北宋为主（占 55%）的比例大不相同，反映了它与《草堂诗余》"应歌"需求的不同目标。"辨析《天机余锦》编选之因，或欲摆脱《草堂》自宋以来应歌娱乐、说唱采择之局限，并冀能拓展初学模习之范畴，以接续《词林万选》。"⑥ 在笔者看来，它正反映编选者在词学观念上的一大变化，认识到词已由音乐时代进入文学时代，力图打破

---

① 陶子珍《明代词选研究》，秀威资讯科技股份有限公司 2003 年版，第 124 页。
② 任良幹《〈词林万选〉序》，杨慎辑，刘崇德、徐文武点校《词林万选》，河北大学出版社 2006 年版，第 3 页。
③ 岳淑珍《从〈词林万选〉到〈百琲明珠〉——杨慎词选论》，《绍兴文理学院学报》2008 年第 5 期。
④ 陶子珍《明代词选研究》，第 135 页。
⑤ 朱志远《〈天机余锦〉新考》，《文学遗产》2012 年第 2 期。
⑥ 陶子珍《明代词选研究》，第 152 页。

《草堂诗余》的观念束缚。

但是到万历、崇祯以后，词坛情况又有较大变化，《草堂诗余》的影响力越来越大。一方面是《草堂诗余》被反复刻印，或注释，或评注，或批注，或增修，在社会上广泛流传[①]；另一方面是出现了大量以《花间》《草堂》为选词基准的新词选，如《词的》《词菁》《古今词统》《精选古今诗余醉》等，基本上都是在《花间》《草堂》基础上展开的。像《词的》入选作品有一半出自《花间》《草堂》，《词菁》所选均来自沈际飞编选的《草堂诗余四集》，但它们不是要恢复《花间》《草堂》的"应歌"传统，而是试图从文学性上发扬《花间》《草堂》的"写情""写艳"传统。《古今词统》《精选古今诗余醉》两书还极力张扬了自万历以来在文坛上风起云涌的性灵思潮，《古今词统》从《草堂诗余》"应歌"的演唱标准里跳脱出来，以能否"动人心魂"为选录目标："在应歌环境下写作出来的唐五代北宋词的入选比率，要大大地低于在文人应社唱和环境下写作出来的南宋词的比率，北宋只有 224 首，南宋却高达 437 首，是北宋词的近两倍。"[②]《精选古今诗余醉》的选词标准是"备极情文，而饶余致"，在该选本的编者看来，"诗余"乃诗歌韵味之余、诗情之余，"今夫人情之一发而无余者，非其情之至焉者也"（自序），"然则古人作诗，已留一有余不尽之法以待我辈，何者？ 窈窕者淑之余，好者述之余，倩者巧之余，盼者美之余，故诗者情之余，而词则诗之余也"（陈埏玉序），因此，他们大力倡导"真情"，认为"情为真情，而诗为真诗"，而"余味"则是"情真"的一个必不可少的因素。在潘游龙看来，诗中之绝句、歌行，词中之小令就是典型的备极情文、饶有余致，能够体现至情真理的佳作，而词之兴起之时其地位不在儒家经典之下。"盖唐以诗贡举，故人各挟其所长以邀通显，性情真境，半掩于名利钩途。词则自极其意之所之，凡道学之所会通，方外之所静悟，闺帏之所体察，理为真理，情为至情，语不必芜，而单言只句，余于清远者有焉，余于挚刻者有焉，……令人抚一调，读一章，忠孝之思、离合之况、山川草木郁勃

① 邓子勉《两宋词集的传播与接受史研究》，华东师范大学出版社 2015 年版，第 130~150 页。
② 陈水云等《唐宋词在明末清初的传播与接受》，中国社会科学出版社 2010 年版，第 97 页。

难状之境，莫不跃跃于言后言先，则诗余之兴起人岂在三百篇之下乎！"[1]在这种宗旨下，潘氏选词，虽以艳词为主，但情味盎然，颇具特色，颇见识力。

综上所述，大约可知，在嘉靖以前，词坛只有《花间》《草堂》两种唐宋词选，进入嘉靖渐有突破《花间》《草堂》的意图，相继出现《天机余锦》《词林万选》《花草粹编》等新编选本，万历以后《花间》《草堂》又开始流行起来，并对这一时期其他选本的"选目"与"选域"有深刻的影响，明代词选从嘉靖到万历的变化反映了明人对于词体认识的变化。

在明初，对于词的认识保留着宋元时代的观念，人们还是追求词的"美听"效果，音乐性要优先于文学性。嘉靖以后，随着词乐的衰亡，音乐性退居后台，文学性走向前台，人们更加重视词的形式美、辞章美、意境美，而不只是它的音乐美，对于词的形式要求，也不是它是否协音（音律），而是它是否合律（格律）。到万历以后，虽然《花间》《草堂》再度盛行，但词在人们心目中是"写情""写艳"的范本，已经不被视作流行歌曲。

明代词选在嘉靖以后的变化也反映了明人经典观的变化。在嘉靖以前，受当时文坛复古之风的影响，《花间》《草堂》被人们一致推崇为唐宋词经典，代表着唐宋词史的最高水平。这一点在《花草粹编》中便得到鲜明的体现，李蓘认为自古以来，某一艺术的创始之人殚精竭虑，其艺术成就"精美莫逾"，后世发展亦日新月异，可创鬼斧神工、不可模拟之业绩，而一旦"其道大行于世"，"传习者众"，则"率以烂恶相尚，而其法浸衰，又久则法遂蔑，不可追矣"。《花草粹编》的编者陈耀文亦"博雅好古"之人，对古之《花间》《草堂》兴味盎然，搜罗增纂《花草粹编》之目的，就是"使夫好古之士得其书而学焉，则庶乎窥昔人之梱域，拾遗佚于千百，而为雅道之一助也"[2]。在嘉靖以后，随着心学思潮的崛起，汤显祖的"至情"论、李贽的"童心说"呈现一种席卷之势，掀起一股强烈的"尊情""主情"热潮，潘游龙《古今诗余醉》正是在这样的背景下应运而生。"是集也，选自潘子鳞长，刻自胡子曰从。或问：诗余矣，曷以醉？余请以酒喻：乐府古风，中山酒也，可醉千日。律绝歌行，

---

① 潘游龙辑，梁颖校点《精选古今诗余醉》"自序"，辽宁教育出版社 2003 年版，第 6 页。
② 李蓘《〈花草粹编〉叙》，《花草粹编》，第 2 页。

仙浆酒也，可醉十日。诗余则村醪市沽也，薄乎云尔，恶得无醉！"①在这里，陈垞玉将诗、乐府、词等喻之以酒，酒能醉人，情亦能醉人，并且纵观明代，以"情"选词的选本较少见，"独惜向有选较者，每以杂体硬牵附于时序，殊失作者之旨。……盖无俟较高平，分南北，按篇目。而余之醉心于古今词者久矣，遂记其言之余而为引"②。于是，潘氏分类征选古今"主情"之词，在他们心目中，只有言情之作才是经典。因此，李煜、柳永、欧阳修、秦观、苏轼、周邦彦、陆游、辛弃疾、刘基、杨慎、王世贞、陈继儒等成为作品入选较多的人，正如管贞乾所说："盖诗自三百篇递创格诗余，可谓情文之至矣乎，……先生取宋彦之所集与国朝名胜之所作，合而编之曰'诗余醉'。"③所谓"醉"，就是指其所选作品能让人沉醉其中，难以忘怀，其核心内涵则是因其所选"谓情文之至矣"。"主情"成了崇祯时期选词的新标准，以写情或写艳为主旨的作品纷纷走进了《古今诗余醉》。据陶子珍统计，该书入选数量排在前10位的词人是：苏轼、王世贞、周邦彦、欧阳修、杨慎、秦观、刘基、陈继儒、蒋捷、王微，这标志着明末词坛已形成以"主情"为内核的经典观。

通过以上论述可知，从南宋末年开始，传统词学逐渐走向文本化——由"唱"而"写"，出现了音乐形式文本化和曲词文本经典化的两种趋向。所谓"音乐形式文本化"，就是明代嘉靖以来形成的浓厚的制谱订律的风气，所谓"曲词文本经典化"，则是通过唐宋元明词选的编纂，初步确立了典范的词人与词作，为清词复兴大势的全面到来作了较好的铺垫。

第三节　元明时期的词学观念

自1234年至1279年，金、宋政权相继覆亡，这标志着元朝统治中原的开始，也给元代的文学带来新的变化，过去在宋金时期盛行的词渐为曲所取代。

---

① 陈垞玉《诗余醉叙》,《精选古今诗余醉》, 第3页。
② 潘游龙辑，梁颖校点《精选古今诗余醉》"自序"，第6~7页。
③ 管贞乾《诗余醉附言》,《精选古今诗余醉》, 第4页。

但宋金遗民在入元之后的创作也把词推向一个新的境界，北方以元好问为代表崇扬苏辛词风，南方以周密、张炎为代表承续典雅词风。在元朝统治稳定之后的元中期，随着经济、文化中心的南移，南北词风趋向一致，词坛上吹起强势的清雅之风，在宋金末年甚有影响的苏辛之风逐渐退场，这时最有影响的是赵孟頫、程钜夫、虞集、张翥、许有壬、吴镇等南方词人，他们接续姜、张的词脉，体现了元代中后期文人词的风雅之趣，有学者认为有元一代，词基本上是"宋金词的延续和余波"①。入明以后，初期尚承元季之余绪，"沿伯生、仲举之旧，犹能不乖风雅"②。中叶以后，因为戏曲大盛，词坛渐趋消歇。"南北九宫曲既盛，而绮袖红牙不复按度，其用既少，作者自希，宜其鲜工也。"③到万历、崇祯时期，东南词坛再度振起，一时名家辈出，流派纷呈，出现了"中兴"气象。虽然史称明词"中衰"，但在词谱制订和词学理论建设上却不为无功，成为明代词学观念传播的重要载体，并为清词的全面中兴起到了奠基铺路的作用。

一、宋金遗民的情性论与雅正说

靖康二年（1127），金兵南下攻取汴京，掳走徽、钦二帝，结束了北宋王朝。北宋亡后，苏学行于北，由宋入金的文人大多是苏轼的仰慕者。"或是与苏轼有着各种各样的联系，或得苏门沾溉，或在创作上师法东坡。"④推崇豪放词风是贯穿金代词坛始终的主旋律，王世贞《艺苑卮言》卷四云："宇文太学虚中、蔡丞相松年、蔡太常珪、党承旨怀英、周常山昂、赵尚书秉文、王内翰庭筠，其大旨不出苏、黄之外。要之，直于宋而伤浅，质于元而少情。"⑤金朝灭亡后，作为遗民文人的王若虚、赵秉文、元好问等，亲历世变沧桑，或感物是人非之变，或存激昂慷慨之气，蹈扬苏、辛凌厉劲健之风，对苏辛词派以诗为词的观念颇为推崇。

① 陶然《金元词通论》，第52页。
② 吴梅《词学通论》，华东师范大学出版社1996年版，第124页。
③ 陈子龙《〈幽兰草〉题词》，陈子龙、李雯、宋徵舆撰，陈立校点《幽兰草》，辽宁教育出版社2000年版，第1页。
④ 刘锋焘《宋金词论稿》，中国社会科学出版社2002年版，第45页。
⑤ 王世贞著，罗仲鼎校注《艺苑卮言》，齐鲁书社1992年版，第227页。

早在北宋时期，陈师道就说过，苏轼以诗为词要非本色，王若虚对陈师道的看法甚不以为然，认为"大是妄论"，在他看来，苏轼是"古今第一"的大手笔："公雄文大手，乐府乃其游戏，顾岂与流俗争胜哉！"对于陈师道批评苏轼的以诗为词，他予以强力回击，抨击了长期流行于词坛的婉媚之风："自世之末作，习为纤艳柔脆，以投流俗之好；高人胜士，亦或以是相胜，而日趋于委靡，遂谓其体当然，而不知流弊之至此也！"①在这里，王若虚特地提出"诗词只是一理"的新说，对苏轼以诗为词的作法予以理论辩护，清代学者吴衡照为之评价说："此条论坡公词极透彻，髯翁（苏轼）乐府之妙，得滹南（王若虚）而论定也。"②在王若虚看来，苏轼作诗填词的最大特点是：出于性情，自然天成，无矫揉造作之态。"盖其天资不凡，辞气迈往，故落笔皆绝尘耳！""为四六而无俳谐偶丽之弊，为小词而无脂粉纤艳之失。……此其所以独兼众作，莫可端倪！"③这一评价很符合苏轼关于自己创作状态的真实表达，其《文说》云："吾文如万斛泉源，不择地而出，在平地滔滔汩汩，虽一日千里无难。及其与山石曲折，随物赋形，而不可知也。所可知者，常行于所当行，常止于不可不止。"④

对于"诗词一理"之"理"，王若虚未作具体解释，该如何理解？当结合其他论述来谈。在谈到诗之体性时，他说："哀乐之真，发乎情性，此诗之正理也。"很显然，所谓"诗词一理"之"理"，就是发自作者内心的性情。当读到晁补之批评苏轼"短于情"之论时，他不由发表意见说："呜呼！风韵如东坡，而谓不及于情，可乎？彼高人逸才，正当如是。"在一般人心中，诗言志，词传情，苏轼之词多表现作者的喜怒哀乐，与柳永、秦观等表现儿女私情的词史传统不符，晁补之说苏轼"短于情"就是指其没有写儿女私情。在王若虚看来，诗词本一理，词与诗一样应该表现士大夫的自我情怀。"东坡，文中龙也；理妙万物，气吞九州，纵横奔放，若游戏然，莫可测其端倪！"⑤苏轼是以文

① 王若虚《滹南诗话》卷下，人民文学出版社1962年版，第71页。
② 吴衡照《莲子居词话》卷一，《词话丛编》，第3册第2412页。
③ 王若虚《文辨》，《滹南遗老集》卷三六，《四部丛刊初编》，商务印书馆1936年版。
④ 苏轼撰，郎晔选注《经进东坡文集事略》，文学古籍刊行社1957年版，第947页。
⑤ 王若虚《滹南诗话》卷下，第71页。

章余事而为诗为词的，他的诗词不免带有为文"不择地而出"的特点，"高处出神入天，平处尚临镜笑春，不顾侪辈"①。就像南宋词人刘辰翁所说的那样："词至东坡，倾荡磊落，如诗如文，如天地奇观，岂与群儿雌声学语较工拙！"②在这一点上，元好问的论述更为明确，认为诗与文之区别只是语言表达不同而已，"有所记述之谓文，吟咏情性之谓诗"③。苏词的主要特征就是吟咏情性，并在后世产生深远影响。"自东坡一出，情性之外，不知有文字，真有'一洗万古凡马空'气象，虽时作宫体，亦岂可以宫体概之。"所谓"情性之外，不知有文字"，讲的就是作者所作乃情性使然，而非有意以文字求工拙，亦即情性为诗词之本，工拙为诗词之末。正如《诗经》所载，多"小夫贱妇幽忧无聊赖之语"，"时猝为外物感触，满心而发，肆口而成者尔"。同样，像黄庭坚、晁补之、陈与义、辛弃疾诸公，"俱以歌词取称，吟咏情性，留连光景，清壮顿挫，能起人妙思；亦有语意拙直，不自缘饰，因病成妍者，皆自坡发之"④。诗如此，词亦如此，元好问把情性论从苏轼一人之创作特征，拓展到对一般诗词创作的要求，也就把情性论作为他谈诗论词的立论之本，这也是他为诗词创作所指明的方向："诗家圣处，不离文字，不在文字。唐贤所谓'情性之外，不知有文字'云耳。"⑤其后，作为南宋遗民刘辰翁之后裔的刘将孙，也是从这一角度入手谈情性的。针对有的人轻视作诗填词，以其为"文章之小技""巷陌之风流"，他不禁大声疾呼："概不知本末至此！"在他看来，诗不应只求其格律工整，词也不在其协乎里巷之讴，这不是作诗填词之本，其本在于发乎情性。"余谓诗人对偶，特近体不得不尔，发乎情性，浅深疏密，各自极其中之所欲言！"⑥

德祐二年（1276），元兵攻陷临安，南宋王朝成为历史。南宋的灭亡使一大批词人成了遗民，他们有的投身抗元活动，有的隐居湖山，有的仕于学官。

① 王灼《碧鸡漫志》卷二，《词话丛编》，第 1 册第 83 页。
② 刘辰翁《辛稼轩词序》，辛更儒编《辛弃疾资料汇编》，中华书局 2005 年版，第 123 页。
③ 元好问《杨叔能小亨集引》，周烈孙、王斌校注《元遗山文集校补》卷三六，巴蜀书社 2013 年版，第 1244 页。
④ 元好问《新轩乐府引》，《元遗山文集校补》卷三六，第 1248 页。
⑤ 元好问《陶然集诗序》，《元遗山文集校补》卷三七，第 1255 页。
⑥ 刘将孙《胡以实诗词序》，《养吾斋集》卷一一，《景印文渊阁四库全书》，台湾商务印书馆 1986 年版，第 1199
册第 98 页。

其中，又以后两类词人为多，他们以结社唱和的方式，凭吊故国沦亡，感喟世事沧桑，最著名的是由周密、张炎、仇远等发起的"乐府补题唱和"。他们受张枢、杨缵等人的影响，承续自姜夔而来的清雅词风，比较重视声律研讨，讲论词的作法，编著《乐府指迷》《绝妙好词》《词源》等，这些论词选词之作对北宋以来的创作经验做了总结，也顺应时代需要彰显了典雅词派的审美主张。

南宋遗民词人最重要的词学观念是雅正说，这是自南宋初年以来词坛所反复标举的，像典雅词派的早期代表姜夔、张镃即在不同场合表示过对雅词的推尊之意，而《乐府雅词》《典雅词》《复雅歌词》的相继推出也说明在南宋词坛有一股浓厚的尊雅之风。他们所谓"雅词"，是在北宋婉约、豪放之外的第三种形态。詹博《笑笑词序》云："近世词人如康伯可，非不足取，然其失也诙谐；如辛稼轩，非不可喜，然其失也粗豪。惟先生（郭应祥）之词，典雅纯正，清新俊逸，集前辈之大全，而自成一家之机轴！"[1] 在南宋末元朝初年，沈义父《乐府指迷》、周密《绝妙好词》、张炎《词源》进一步发扬了这一尊雅思想。《乐府指迷》开篇第一则，提出作词四标准："音律欲其协，下字欲其雅，用字不可太露，发意不可太高。"这都是从创作技法上对"雅词"所作的具体规定。《绝妙好词》通过选本的方式确定了南宋雅词的创作典范，不选俚俗侧艳或悲凉慷慨之作，入选作品较多的词人是：姜夔 13 首、史达祖 10 首、高观国 9 首、卢祖皋 10 首、吴文英 16 首、陈允平 9 首、李彭老 12 首、施岳 12 首、李莱老 13 首、王沂孙 10 首等。对于南渡以后作风豪放之人，如张孝祥、陆游、辛弃疾、刘过、陈亮、刘克庄等，入选作品不但数量少，而且风格偏于柔婉，从而落实了周密承自杨缵而来的尚雅主张。正如戈载所说："采撷菁华，无非雅音正轨。"[2]《词源》则是对南宋以来词坛上尊雅思潮的理论总结，一方面把词的源头上溯到《骚》《雅》，另一方面树立了"骚雅"在宋代的典范——秦观、高观国、姜夔、史达祖、吴文英。开篇序文第一句是："古之乐

---

① 詹博《笑笑词序》，郭应祥《笑笑词》，吴讷编《百家词》，天津古籍出版社 1992 年版，第 1225 页。
② 戈载《宋七家词选》卷五，清光绪十一年曼陀罗华阁重刊本。

章、乐府、乐歌、乐曲，皆出于雅正。"①这一句开宗明义，打出尊雅的旗帜，接着说是周邦彦奠定了词坛尚雅的基调，然后讲到作者自己陪侍父亲张枢，听闻杨缵、毛敏仲、徐天民等商榷音律，"生平好为词章，用功四十年"，对于填词之道略有所知，最后表示自己撰写《词源》之动机就是"嗟古音之寥寥，虑雅词之落落"，力求恢复南宋时代所确立的雅词传统。何以谓"雅词"？他说："词欲雅而正，志之所之，一为情所役，则失其雅正之音。耆卿、伯可不必论，虽美成亦有所不免。"②这是说"雅词"最基本的一条，就是不要为情所役，也就是要发乎情，止于礼义，有温厚之风。"若邻乎郑、卫，与缠令何异也！"他对于词的要求是屏去浮艳，乐而不淫，这样才是有汉魏乐府之"遗意"的典范之作。雅词不但排抵俗艳，而且力斥粗豪，"辛稼轩、刘改之作豪气词，非雅词也"，但像元好问之《双莲》《雁丘》等，"风流蕴藉处，不减周、秦"，也算是真正的"雅词"。当然，他心目中的雅词典范是姜夔的《暗香》《疏影》《扬州慢》《一萼红》等，"不惟清空，又且骚雅，读之使人神观飞越"。他还在其他地方提到"骚雅"一词，认为美成词如能以白石骚雅句法润色之，真天机云锦也；又称辛稼轩《祝英台近》一词"景中带情，而有骚雅"。这表明，"骚雅"较之一般雅词有更高的要求，即讲究用典炼句，不但善于赋物言情，而且立意高远，别有寄托。③

元代后期，随着北曲兴盛局面的形成，词坛基本处于衰落状态。正如王世贞所说："元有曲而无词，如虞、赵诸公辈，不免以才情属曲，而以气概属词，词所以亡也。"④进入明代，词的中衰之势更为强烈，"及永乐以后，南宋诸名家词皆不显于世"⑤，当时最为盛行的是《花间》《草堂》，它在人们心目中的印象是香弱称艳，托体不尊，难言大雅。"盖明词无专门名家，一二才人如杨用修、王元美、汤义仍辈，皆以传奇手为之，宜乎词之不振也。"⑥

---

① 张炎著，夏承焘校注《词源注》，人民文学出版社 1963 年版，第 9 页。

② 张炎《词源》，《词话丛编》，第 1 册第 266 页。

③ 丁放《金元词学研究》，中国社会科学出版社 2002 年版，第 125 页。

④ 王世贞《艺苑卮言》，《词话丛编》，第 1 册第 393 页。

⑤ 王昶《〈明词综〉自序》，王昶著，陈明洁、朱惠国、裴风顺点校《春融堂集》卷四一，上海文化出版社 2013 年版，第 741 页。

⑥ 吴衡照《莲子居词话》卷三，《词话丛编》，第 3 册第 2461 页。

二、明代词学的主情论与体性观

明词中衰局面的形成，原因是多方面的：有南北曲的流行，有唐宋词籍的失传，更有词为小道观念的广为传播，有诸如"词曲于道末矣"[①]、"词于不朽之业，最为小乘"[②]的种种说法。这一观念在一定程度上是对于南宋以来尊雅思潮的反拨，通过对艳词的提倡和《花间》《草堂》的传播，达到瓦解程朱理学禁锢人心的效果。"不少文人在通俗文艺中公开声言反对理学思想对人性的桎梏，为人的情欲需要作大胆的辩护。明人也沿袭五代和北宋人将词体作为表现私人生活场景的工具，所以，他们在论词时公然反对南宋人'雅正'的论词主张。"[③]

在明代，统治者为了巩固政权的需要，大力提倡程朱理学，也使理学成为制约人们思想的桎梏，严重地影响到文学对人之性情的抒发。然而，自明代中叶以来，随着城市经济的繁荣，市民阶层势力逐渐壮大，他们要求满足正常欲望的呼声愈来愈强烈，所以当时思想界的激进分子如李贽等皆猛烈地抨击程朱理学，要求摆脱旧礼教的束缚，肯定人的正常情欲。"盖声色之来，发于情性，由乎自然，是可以牵合矫强而致乎？故自然发于情性，则自然止乎礼义，非情性之外复有礼义可止也。"[④]它反映到文学上就是重视文学对人之真性情的表现，如著名戏曲家汤显祖即旗帜鲜明地反对理学对人之性情的束缚，强调文学应传达出自人之本心的真情实感。他说："世总为情，情生诗歌，而行于神。"[⑤]"人生而有情，思欢怒愁，感于幽微，流于啸歌，形诸动摇。"[⑥]情是人与生俱有之物，"思欢怒愁"也是人天然而有的表现，一旦受到外物感发，必然会通过歌舞的方式表现出来，因此有了诗歌、舞蹈等艺术形态。

在这样的时代背景下，主情论在明代中后期的词坛大行其道，如沈际飞

① 陈霆《渚山堂词话》"序"，《词话丛编》，第 1 册第 374 页。

② 俞彦《爰园词话》，《词话丛编》，第 1 册第 399 页。

③ 谢桃坊《中国词学史》，巴蜀书社 2002 年版，第 141 页。

④ 李贽《读律肤说》，《焚书》卷三，中华书局 2009 年版，第 132 页。

⑤ 汤显祖《耳伯麻姑游诗序》，汤显祖著，徐朔方笺校《汤显祖诗文集》卷三一，上海古籍出版社 1982 年版，第 1050 页。

⑥ 汤显祖《宜黄县戏神清源师庙记》，《汤显祖诗文集》卷三四，第 1127 页。

《古香岑草堂诗余四集序》："情生文，文生情，何文非情？而以参差不齐之句，写郁勃难状之情，则尤至也。……故诗余之传，非传诗也，传情也，传其纵古横今，体莫备于斯也。"①又周逊《刻词品序》："大较词人之体，多属揣摩不置，思致神遇。然率于人情之所必不免者以敷言，又必有妙才巧思以将之，然后足以尽属辞之蕴。……是故山林之词清以激，感遇之词凄以哀，闺阁之词悦以解，登览之词悲以壮，讽谕之词宛以切。之数者，人之情也。属辞者，皆当有以体之。夫然后足以得人之性情，而起人之咏叹。"②他们说的意思基本一致，词是用以传情的，这是人心所不能免之事，正因为它发自人心之不得不发，故能起到感发人心的美感效果。在他们看来，程朱理学极力倡导以礼节情，以理抑情，是一种违背人性的行为。他们也认识到防情不但不能压抑人之本性，反而使情更需要借助某种途径充分地展示出来："禅家有为绝欲之说者，欲之所以益炽也。道家有为忘情之说者，情之所以益荡也。"像杨慎即对理学之徒的防情之论深表不满，指出："大抵从自情中生，焉能无情，但不过甚而已。"认为与其像宋儒那样强调寡欲养心，执礼节情，还不如其友朱良矩之论更合乎人之天性，这就是："天之风月，地之花柳，与人之歌舞，无此不成三才。"③如果说杨慎时代还只是着眼于"情"与"理"的对立，那么，到了陈子龙时代，则明确将宋诗与宋词相比对，强调宋词之言情与宋诗之言理的重大差异。陈子龙说："宋人不知诗而强作诗，其为诗也，言理而不言情，故终宋之世无诗焉。然宋人亦不免于有情也，故凡其欢愉愁怨之致，动于中而不能抑者，类发于诗余。故其所造独工，非后世可及。"④陈子龙极力反对理学对文学之制约，曾在《答胡学博》一信中批评万历时期文人所作诗，缺乏出自本心的真情实感："非祖述长庆，以绳枢瓮牖之谈为清真；则学步《香奁》，以残膏剩粉之资为芳泽。是举天下之人，非迂朴若老儒，则柔媚若妇人也。"⑤他还在《青阳何生诗

① 沈际飞《古香岑草堂诗余四集序》，丁放、甘松、曹秀兰《宋元明词选研究》附录二，商务印书馆2012年版，第453~454页。
② 周逊《刻词品序》，杨慎《词品》，《词话丛编》，第1册第407页。
③ 杨慎《词品》卷三，《词话丛编》，第1册第467页。
④ 陈子龙《王介人诗余序》，《安雅堂稿》卷三，陈子龙著，王英志辑校《陈子龙全集》，人民文学出版社2011年版，第1081页。
⑤ 陈子龙《答胡学博》，《安雅堂稿》卷一八，《陈子龙全集》，第1408页。

稿序》中说："今也既无忠爱恻隐之性，而境不足以启情，情不足以副境，所纪皆晨昏之常，所投皆行道之子，其不情而强为优之啼笑乎？"① 又在《诗经类考序》中批评宋代理学家"所论者理，所考者事，所释者名物，于性情之际，概未之有得也"，他认为："夫言诗者与作诗者之旨殊，论诗者若其诗语焉而太详，泥于古人之所偶然而以为必然。宋人说经，宋人之言诗，一也。至于作诗则不然，用意必周，取象必肖，然后可以感人而动物。"② 对于词，他的看法更是如此，所以他在《王介人诗余序》中发挥了反对宋诗言理不言情的观点，特别赞美宋词能言人之欢愉愁怨之致，把宋词之能言情提到了一个新的高度。

但是，这里的"情"不是一般意义上的性情，更多指向的是儿女私情。陈子龙说："夫风骚之旨，皆本言情，言情之作，必托于闺襜之际。"③ 周永年也说："诗余之为物，本缘情之旨，而极绮靡之变者也。……真至之情，必本于性；奇逸之情，必乘于才。"④ 他们认为言情必以闺襜之情为其外在表征，因为儿女私情是人类最基本的情感，其他类型情感都是立足在这一情感基础上的。沈际飞谈词对于人之情感表达的优长时，特地提到孔子删诗却不忍抹去《将仲子》《狡童》之类作品，就是因为他认识到儿女私情乃人类最基本的情感："'人之情，至男女乃极。'未有不笃于男女之情而君臣、父子、兄弟、朋友间反有钟吾情者。"⑤ 因此，他们大张旗鼓地为词写艳情正名，为词写艳情发声，指出写情是从《诗经》时代就已有的行为："夫子删诗，即今人选诗之祖。其风首《关雎》也，必于窈窕好逑之句再四击节，然后取为压卷。至于未得而辗转反侧，既得而琴瑟钟鼓，直是用情真率，可思则思，可乐则乐，文王绝不妆腔做样，宫人因得从旁描画。以故情为真情，而诗为真诗。"⑥ "天下无无情之人，则无无情之诗。情之所钟，正在吾辈，然非直吾辈也。夫子删《诗》裁

① 陈子龙《青阳何生诗稿序》，《安雅堂稿》卷二，《陈子龙全集》，第 1060 页。

② 陈子龙《诗经类考序》，《安雅堂稿》卷三，《陈子龙全集》，第 1088 页。

③ 陈子龙《三子诗余序》，《安雅堂稿》卷三，《陈子龙全集》，第 1080 页。

④ 周永年《艳雪篇原序》，葛一龙《艳雪篇》，赵尊岳辑《明词汇刊》，上海古籍出版社 1992 年版，第 1779 页。

⑤ 沈际飞《古香岑草堂诗余四集序》，《宋元明词选研究》附录二，第 453 页。

⑥ 陈垣玉《诗余醉叙》，《精选古今诗余醉》，第 3 页。

赢三百，周、召二南厥为风始。彼所谓房中之乐、床笫之言耳。推而广之，江滨之游女，陌上之狂童，桑中之私奔，东门之密约，情实为之，圣人宁推波而助之澜，盖直寄焉。"①他们自己的创作亦表现出对真情的发露和张扬，如陈子龙说："吾等方少年，绮罗香泽之态，绸缪婉娈之情，当不能免。若芳心花梦，不于斗词游戏时发露而倾泻之，则短长诸调与近体相混，才人之致不得尽展，必至滥觞于格律之间。西昆之渐流于靡荡，势使然也。故少年有才，宜大作词。"②少年时代多写艳词是人性之所使然，也是少年才情的自然表现，这一点施绍莘讲得更为明白。他说自己作词："不用之于名场呫哔，而用之于韵事风流；不用之于诘语酸言，而用之于雄词藻句；不用之于雌黄恩怨，而用之于啸咏吟谐；不用之于政牍刑书，而用之于花评艳史；不用之于歌功佞德，而用之于惜粉怜红；不用之于书算持筹，而用之于风人骚雅；不用之于北阙封章，而用之于东皋著述；不用之于青史编年，而用之于春衫记泪；不用之于诔辞表墓，而用之于艳句酬香；不用之于枉驾高轩，而用之于过溪枯衲。庶几无负于柔管哉！"③填词与世俗功名了不相关，只是为了表现自己的性情和才华，这就是词人为词之初衷。

在主情论基础上，明人对于词之体性也有特定的认识："纤言丽语，大雅是病。"④在明人看来，词相比于诗，最大的特点是婉艳与俚俗。"词号称诗余，然而诗人不为也。何者，其婉娈而近情也，足以移情而夺嗜。其柔靡而近俗也，诗啴缓而就之，而不知其下也。"⑤婉娈是就内容而言，柔靡乃就形式而言，在这两个方面诗与词都有较大差别。何良俊说："乐府以曒径扬厉为工，诗余以婉丽流畅为美。"⑥又徐士俊云："诗如康庄九逵，车驱马骤，易为假步；

---

① 张师绎《合刻花间草堂序》，钟人杰笺校《花间集草堂诗余》卷首，明天启四年读书堂刊本。
② 彭宾《二宋倡和春词序》引陈子龙语，《彭燕又先生文集》卷二，《四库全书存目丛书》，齐鲁书社1997年版，集部第197册第345页。
③ 施绍莘《秋水庵花影集》"序"，《四库全书存目丛书》，集部第422册第102页。
④ 陈霆《渚山堂词话》"序"，《词话丛编》，第1册第347页。
⑤ 王世贞《艺苑卮言》，《词话丛编》，第1册第385页。
⑥ 何良俊《草堂诗余序》，卓人月汇选，徐士俊参评，谷辉之校点《古今词统》卷首，辽宁教育出版社2000年版，第12页。

词如深岩曲径，丛筱幽花，源几折而始流，桥独木而方渡。"①他们从风格与词境的层面谈到两者的差异，前者风格豪迈，后者风格婉媚；前者境界阔大，后者境界幽深。这样的观念在明末清初词坛广有影响，像王世贞、徐师曾、卓人月、王士禛等都接受了这样的说法。当然，这样的认识只是就两种文体比较而言，实际创作中有的人诗近于词，有的人词近于诗，正如有人比较苏轼、秦观创作特色："少游诗似小词，先生小词似诗。"②这就涉及对于词之本色问题的认识。何良俊说："如周清真、张子野、秦少游、晏叔原诸人之作，柔情曼声，摹写殆尽，正词家所谓当行、所谓本色者也。"③王骥德也说："词曲不尚雄劲险峻，只一味妖媚闲艳，便称合作。是故苏长公、辛幼安并置两庑，不得入室。"④所谓"当行""本色""合作"，就是以婉约为正宗、豪放为变体，这一观念是对张綖有关说法的具体落实："婉约者欲其辞情酝藉，豪放者欲其气象恢弘。盖亦存乎其人，如秦少游之作多是婉约，苏子瞻之作多是豪放。大抵词体以婉约为正。"⑤张綖这一观念在晚明甚为流行，并被词坛广为接受，如："词贵香弱，雄放者次之。"⑥"幽俊香艳，为词家当行，而庄重典丽者次之。"⑦"词须宛转绵丽，浅至儇俏，……至于慷慨磊落，纵横豪爽，抑亦其次，不作可耳。"⑧"'杨柳岸、晓风残月'与'大江东去'，总为词人极致，然毕竟'杨柳'为本色，'大江'为别调也。"⑨

三、明代词学的代变论与词史观

时间推进至明代，传统韵文已经历了一个漫长的过程，从《诗经》《离骚》，到汉魏乐府、六朝诗歌、唐代近体诗、宋元词曲。如何认识这些文体所

① 沈雄《柳塘词话》卷四引徐士俊语，屈兴国编《词话丛编二编》，浙江古籍出版社 2013 年版，第 1 册第 558 页。
② 王直方《王直方诗话》引晁补之语，《苕溪渔隐丛话》前集卷四二，第 284 页。
③ 何良俊《草堂诗余序》，《古今词统》卷首，第 12 页。
④ 王骥德著，陈多、叶长海注释《曲律注释》卷四，上海古籍出版社 2012 年版，第 363 页。
⑤ 张綖《诗余图谱》"凡例"，明万历二十七年谢天瑞刻本。
⑥ 沈际飞《草堂诗余四集》正集卷二，明古香岑刻本。
⑦ 茅映《〈词的〉凡例》，彭志辑校《明人词籍序跋辑校》，浙江大学出版社 2021 年版，第 503 页。
⑧ 王世贞《艺苑卮言》，《词话丛编》，第 1 册第 385 页。
⑨ 姚希孟《媚幽阁诗余小序》，《响玉集》卷之余，明崇祯刻本。

取得的成就和存在的缺失，也是明人经常思考的。正如有学者所言，明人长于宏观思考①，有一种长时段思维意识，对文学史的观察也是如此，明人喜欢把明代文学放在中国文学发展的历史长河中定位，这样的思维和眼光使得明人超出时代局限，以大视野观察问题，并提出"一代之独艺"的新观念。

较早提出这一观点的是陆深，他认为"事之始者，后必难过"，并从文体代盛角度考察了中国文学发展的主脉，突出了"一代文学"后世莫及的历史地位："左氏、庄、列之后而文章莫及，屈原、宋玉之后而骚赋莫及，……李陵、苏武之后而五言莫及，司马迁、班固之后而史书莫及，……沈佺期、宋之问之后而律诗莫及。宋人之小词，元人已不及；元人之曲调，百余年来，亦未有能及之者。"②这样的观念到茅一相、钱允治更明确为"一代之艺"的观点："窃意汉人之文、晋人之字、唐人之诗、宋人之词、金元人之曲，各擅所能，各造其极，不相为用。"③"夫一代之兴，必生妙才；一代之才，必有绝艺。春秋之辞命，战国之纵横，以至汉之文，晋之字，唐之诗，宋之词，元之曲，是皆独擅其美而不得相兼，垂之千古而不可泯灭者。"④两家所论是把文、字、诗、词、曲等放在一起考察，着眼点在于"一技"或"一艺"，王骥德则落实到纯韵文上："后三百篇而有楚之骚也，后骚而有汉之五言也，后五言而有唐之律也，后律而有宋之词也，后词而有元之曲也。代擅其至也，亦代相降也，至曲而降斯极矣！"⑤这段文字指出韵文的发展是从诗到骚、汉五言、唐律、宋词、元曲的代嬗过程，一代有一代之所擅，一代也有一代之所降，前兴之文体必将被后兴之文体取代。

不仅如此，词作为一种文体，自身发展也有一个过程，从唐五代到两宋，再到元明，何者为最擅？在代有其胜观念的指导下，明人确定宋词是"一代之艺"的典范，指出："夫诗变而为诗余，惟宋人最工。"⑥"夫词至宋人，而词

---

① 岳淑珍《明代词学批评史》，社会科学文献出版社2014年版，第178页。

② 陆深《中和堂随笔》，《俨山外集》卷二二，上海古籍出版社1993年版，第126页。

③ 钱允治编《类编笺释国朝诗余》"序"，《明词汇刊》，第1484页。

④ 茅一相《题词评曲藻后》，王世贞《曲藻》，中国戏曲研究院编《中国古典戏曲论著集成》，中国戏剧出版社2020年版，第4册第38页。

⑤ 王骥德《〈古杂剧〉序》，吴毓华编《中国古代戏曲序跋集》，中国戏剧出版社1990年版，第137页。

⑥ 王祖嫡《师竹堂词》"奉旨拟撰词曲有序"，《明词汇刊》，第1712页。

始霸，曼衍繁昌，至宋而词之名大备。"① 宋词不但作者多，成就高，而且创作繁荣，是一代文学的标志。那么宋词为什么能成为"一代文学"的标志呢？王世贞认为是社会上大众审美趣味和文体自身体制的变化造成的："三百篇亡而后有骚赋，骚赋难入乐而后有古乐府，古乐府不入俗而后以唐绝句为乐府，绝句少宛转而后有词，词不快北耳而后有北曲，北曲不谐南耳而后有南曲。"② 张仲谋认为这一句的潜在之意是，"乐府亡是因为清乐亡，而词兴是因为燕乐兴"③。但从整体句意看，它是说：影响一种文体兴衰的因素是多样的，包括"不入俗""少宛转""不谐耳"等。在胡应麟、钱允治看来，一种文体被新兴文体取代的决定因素是"时"与"势"。胡应麟云："四言不能不变而五言，古风不能不变而近体，势也，亦时也。""诗至于唐而格备，至于绝而体穷，故宋人不得不变而之词，元人不得不变而之曲。"④ 钱允治云："词至于宋，无论欧、晁、苏、黄，即方外、闺阁，罔不消魂惊魄，流丽动人，如唐人一代之诗，……何哉？时有所限，势有所至，天地元声，不发于此，则发于彼。"⑤ 前者认为唐诗之体穷，故词起而代之；后者认为唐诗有所限，宋词有其特殊优势。因此，在宋代出现了"文人才士，交相矜尚""舐墨吮毫，竞相雄长"的局面。

既然宋词是一代之擅，那么，明词状况如何？作为亲历者，明人又是怎样认识明词价值的？陈霆说："予尝妄谓我朝文人才士，鲜工南词。……求所谓清楚流丽，绮靡酝藉，不多见也。"⑥ 他认为明词有三弊，一是浅率直露，二是音律舛乱，三是语词俚俗。但在嘉靖以后，词坛渐由衰敝转向复兴，创作上显现复归两宋传统的趋势。李康化有"词学中兴，始于嘉靖"之说，并从词人、词选、词评等方面举证。⑦ 那么，对于嘉靖以后的词坛创作该作怎样的评价？

在这一问题上，明代学者形成了两种截然相反的看法。一种看法认为明

① 夏树芳《刻宋名家词序》，毛晋辑《宋六十名家词》，上海古籍出版社 1989 年版，第 1 页。

② 王世贞《曲藻》，《中国古典戏曲论著集成》，第 4 册第 27 页。

③ 张仲谋《明词史》，人民文学出版社 2002 年版，第 346 页。

④ 胡应麟《诗薮》，上海古籍出版社 1958 年版，第 21、1 页。

⑤ 钱允治编《类编笺释国朝诗余》"序"，《明词汇刊》，第 1484 页。

⑥ 陈霆《渚山堂词话》卷三，《词话丛编》，第 1 册第 378~379 页。

⑦ 李康化《明清之际江南词学思想研究》，巴蜀书社 2001 年版，第 25~26 页。

词已恢复宋代传统，取得了可喜成绩，应予肯定。如王兆云说："尝谓宋人敝
神此体，深入要眇，自元以还，声律渐远，明兴，间有作者，益不类矣。间
尝稍为编集，其中陈大声铎、王浚川廷相、张南湖綖、夏桂洲言、杨升庵慎为
多，而夏颇称胜。"① 对于陈铎、王廷相、张綖、夏言、杨慎等明代中叶的词人
给予一定好评，但总体上是"间有作者，益不类矣"的否定意见。而钱允治不
仅认为明代中叶的词恢复了宋代传统，还认为它在成就上大有超出宋人的势
头："嗟乎！有一代之兴，必有一代之制，而我朝监于二代，郁郁之文，炳焕
宇内，即填词小技，遂出宋元而上，几欲篡其位，兹非国家文运之隆，人才之
盛，何以致是哉！"② 另一种看法是将明词与宋词相比较，认为明词远不及宋
词之成就，如王世贞说："我明以词名家者，刘诚意伯温，秾纤有致，去宋尚
隔一尘。杨状元用修，好入六朝丽事，近似而远。夏文愍公谨，最号雄爽，比
之辛稼轩，觉少精思。"③ 陈子龙说："本朝以词名者，如刘伯温、杨用修、王
元美，各有短长，大都不能及宋人。"④ 郑以伟也说："我明作者，如青田始开其
奥，时艺既专，情为理掩，才与趣违。而烂熟之程式，终不尽关蕴藉之手，于
是藻曲填塞，亦不免词兴诗亡之讥。"⑤ 文人"才""情"既失，创作兴趣转向
其他文体，明词成就不及宋词亦理所当然。

　　平心而论，从词史发展的角度看，明词无疑是千年词史的中衰。但是中
衰并不等于消亡，况且明词从嘉靖以后逐步走出低谷，应该说以上两种看法
中前一种有其合理之处，后一种指出明词不及宋人亦是事实。问题的关键是，
何以明词中衰而不及宋人？有人认为是由于词乐的失传，如李菱说："北曲起，
而诗余渐不逮前。其在于今，则益泯泯也。盖士大夫既不素娴弦索，又不概谙
腔谱，谩焉随人后，而造次涂抹，浅易生硬，读之不可解，笔之冗于简册。"⑥
有人认为是由于明代推行科举及轻视词体创作，钱允治说："我朝悉屏诗赋，

① 王兆云《挥麈诗话》，《丛书集成初编》，第 17 页。

② 钱允治编《类编笺释国朝诗余》"序"，《明词汇刊》，第 1484 页。

③ 王世贞《艺苑卮言》，《词话丛编》，第 1 册第 393 页。

④ 陈子龙《王介人诗余序》，《安雅堂稿》卷三，《陈子龙全集》，第 1081 页。

⑤ 郑以伟《灵山藏诗余》"自序"，《明词汇刊》，第 1828 页。

⑥ 李菱《〈花草粹编〉叙》，《花草粹编》，第 2 页。

以经术程士，士不囿于俗，间多染指，非不斐然，求其专工称丽，千万之一耳。……迨乎成、弘以来，李、何辈出，又耻不屑为，其后骚坛之士，试为拈弄，才为句掩，趣因理湮，体段虽存，鲜称当行。"① 有人则认为是由于作者不能专力于词的创作及南北曲在元明盛行，陈子龙说："明兴以来才人辈出，文宗两汉，诗俪开元。独斯小道有惭宋辙，……此非才之不逮也，巨手鸿笔既不经意，荒才荡色时窃滥觞。且南北九宫既盛，而绮袖红牙不复按度。其用既少，作者自希，宜其鲜工也。"② 这些论述从文化政策、作者创作及文体因革等方面分析明词中衰，非常中肯，正因为认识到中衰的症结所在，明代才能为词史中兴开出一条新路，从陈铎到陈子龙都是从唐宋词传统中寻求变革的方法，最终在明末走出中衰困境，为清初词坛百派回流局面的形成铺平了道路。

除上述几个方面外，元明时期词学观念还对声律问题进行了探讨，张炎《词源》上卷对于音律的精辟论述、张綖《诗余图谱》的出现，都是元明词学的重要贡献。元明词学对于词的创作问题也有深刻论述，像张炎论词的句法、用事、咏物、赋情、节序等，俞彦论词的立意、命句，陈子龙论词的用意、铸调、命篇、设色等，均不为无见。③ 关于这些问题学术界已有较多涉及，兹不赘述。总而言之，元明时期提出的词学话题，既是对唐宋词创作的理论总结，也是对元明词坛的具体指导，在中国词学史上应占有一席之地。

---

① 钱允治编《类编笺释国朝诗余》"序"，《明词汇刊》，第 1484 页。

② 陈子龙《〈幽兰草〉题词》，《幽兰草》，第 1 页。

③ 方智范、邓乔彬、周圣伟等《中国词学批评史》，中国社会科学出版社 1994 年版，第 176~179 页。

第二章　从明到清的观念变化

在考察元明词学走向及其观念之后，还有一点也是需要注意的：一些在清代非常流行的词学观念在明代实际上已出现过，像"诗余"说、词调三分论及词的体派之辨等，在明代曾经被有些词学家讨论过，他们的思想对于清代词学的建构发挥过重要作用。本章将择要论述这些明代观念对于清初词坛的影响，以及它们在清初词学发展过程中出现的新变化。

第一节　"诗余"说在明末清初的新变

在宋代，人们比较重视词的音乐性，称其为"乐府""琴趣""歌曲""乐章""长短句"。明代最流行的词籍是《草堂诗余》，以词为诗余的观念在当时非常流行。据施蛰存考证，以"诗余"作为词的专有名称是从明代才开始的，明代以词为"诗余"强调其作为诗之补充能表现诗所不能表现的情感内容，当时人们刊刻词集多以"诗余"命名，如曾灿《六松堂诗余》、陈继儒《陈眉公诗余》、王立道《具茨诗余》、李天植《蜃园诗余》、张綖《南湖诗余》、陈龙正《几亭诗余》、吴绡《啸雪庵诗余》、胡介《旅堂诗余》、来镕《倘湖诗余》、杨宛《钟山献诗余》、陈钰《射山诗余》，等等。^①但是，自万历末年起，以"词"直称词逐渐盛行起来，当时出现的重要选本《词的》《唐词纪》《唐宋元明酒词》，便不再使用"诗余"的称谓，明末清初编选的《词菁》《古今词统》《古今词汇》《词综》《词洁》《词靓》《古今词选》《词鹄初编》径直以"词"称之。^②这一现象反映了人们对于词之独立性及其价值认识的变化，从明末开始不再视词为"小道""末技"。

一、"诗余"说在明代的盛行

关于"诗余"，词在最为流行的两宋时期，虽未有其"名"却有其"实"。^③归结起来，当时对"诗余"之义理解有二。一种说法认为词乃诗人以余力而为之，此论发端于北宋苏轼和李之仪。苏轼《题张子野诗集后》称张先："诗笔老妙，歌词乃其余技耳。"^④李之仪《跋吴思道小词》云："长短句于遣词中最为难工，……晏元献、欧阳文忠、宋景文，则以其余力游戏，而风流闲雅，超出意表。"^⑤王灼《碧鸡漫志》卷二也说："东坡先生以文章余事作诗，溢而作词曲，高处出神入天，平处尚临镜笑春，不顾侪辈。"^⑥他们均从创作主体角度立论，认为词是诗人余力而为之事，这也表明当时词只是一种游戏笔墨，并不具有诗文等传统文类言志载道之功能。另一种说法认为词是诗之绪余，是一种代诗而起的新文体，此论在南宋时期颇为流行。胡寅《酒边集序》云："词曲者，古乐府之末造也；古乐府者，诗之傍行也。……其发乎情则同，而止乎礼义则异，名之曰曲，以其曲尽人情耳。"^⑦王炎《双溪诗余》自叙云："古诗自风雅以降，汉魏间乃有乐府，而曲居其一。今之长短句，盖乐府曲之苗裔也。古律诗至晚唐衰矣，而长短句尤为清脆，如幺弦孤韵，使人属耳而不厌也。"^⑧陆游

① 施蛰存《北山楼词话·词学名词释义》，华东师范大学出版社 2012 年版，第 15 页。
② 祁志祥《从"小道""诗余"到"尊体"：中国古代词体价值观的历史演变》，《文艺理论研究》2010 年第 2 期。
③ 清人吴衡照《莲子居词话》卷一提到"诗余"之名始见王灼《碧鸡漫志》，但今存本并无此语。
④ 苏轼《题张子野诗集后》，《苏轼文集》卷六八，第 2146 页。
⑤ 李之仪《跋吴思道小词》，《姑溪题跋》，中华书局 1985 年版，第 49 页。
⑥ 王灼《碧鸡漫志》，《词话丛编》，第 1 册第 83 页。
⑦ 胡寅《酒边集序》，施蛰存主编《词籍序跋萃编》，中国社会科学出版社 1994 年版，第 169 页。
⑧ 王炎《双溪诗余》"自叙"，《四印斋所刻词》，第 793 页。

《花间集跋》云:"唐自大中后,诗家日趋浅薄,……历唐季五代,诗愈卑,而倚声者辄简古可爱。盖天宝以后,诗人常恨文不逮;大中以后,诗衰而倚声作。"① 这类说法看到了词是继诗而起的文体,并强调词不同于诗的特性——从作者看能"曲尽人情",从读者言则"清脆不厌"。

在上述观念影响下,宋人编刻文集往往会在诗集之后附刻"词"(诗余),如《于湖居士文集》卷三一至卷三三为"乐府",《重校鹤山先生大全文集》卷九四至卷九六为"长短句",《可斋杂稿》卷三〇至卷三四为"词",《后村居士集》卷一九、卷二〇名"诗余";或是另编词集称"诗余",据刘少雄考证,南宋以"诗余"名词集者有《樵隐诗余》《求定斋诗余》《清真诗余》《梅屋诗余》《省斋诗余》《定斋诗余》《泠然斋诗余》等。② 而真正把"诗余"一词作为词的专有名称,不再附着于文集或书斋或词人之字号,则始自《草堂诗余》《群公诗余前后编》两部宋人词集的汇编。王楙《野客丛书》卷二四有《草堂诗余》的记载,陈振孙《直斋书录解题》卷二一"歌词"也有上述两书的著录。前书成于南宋宁宗庆元(1195—1200)年间,后书刊刻在南宋理宗淳祐(1241—1252)末年后③,这说明"诗余"一词至迟在1252年以前就已成为词之专有称谓。《草堂诗余》现存有元至正三年(1343)庐陵泰宇书堂刊本、至正十一年(1351)双璧陈氏刻本,然后就是明初洪武二十五年(1392)的遵正书堂刻本,之后版刻不断,一刻再刻,重编重印的同类版本达数十种之多。据刘少雄、孙克强、刘军政、邓子勉统计④,流传至今的明刻本仍有30余种之多。

在《草堂诗余》影响下,各种形式的衍生本也层出不穷,不但有人对《草堂诗余》作注、点评、校辑等,还有人为《草堂诗余》作续编、扩编、新

① 陆游《花间集跋》,金启华、张惠民、王恒展等编《唐宋词集序跋汇编》,台湾商务印书馆1993年版,第36页。
② 刘少雄《东坡以诗为词论题新诠》,里仁书局2006年版,第215~216页。
③ 据李飞跃《唐宋词体名考newcn》,成书于淳祐四年(1244)的魏庆之《诗人玉屑》卷二一列"诗余"一门,录有词话十四则,"首次将词话从诗话中分出"。(文化艺术出版社2015年版,第220页)
④ 刘少雄《词学文体与史观新论》第六章"《草堂诗余》的版本、选旨和影响",里仁书局2010年版,第167页;刘军政《词学研究路径的探索》第三章第二节"明代《草堂诗余》的版本",社会科学文献出版社2021年版,第112页;邓子勉《两宋词集的传播与接受史研究》第六章"明刊《草堂诗余跋》的接受",第132页。

编的工作①，使得《草堂诗余》一书成为有明一代最有影响的宋词选本，以至明代词坛群奉之为圭臬。"宋元间词林选本，几屈百指，惟《草堂》一编飞驰。几百年来，凡歌栏酒榭，丝而竹之者，无不拊髀雀跃；及至寒窗腐儒，挑灯闲看，亦未尝久伸鱼睨。"②正德、嘉靖间词人陈铎对《草堂诗余》更是顶礼膜拜，曾效仿南宋方千里追和周邦彦，而作《草堂余意》，《渚山堂词话》卷二云："江东陈铎大声，尝和《草堂诗余》，几及其半，辄复刊布江湖间。论者谓其以一人心力，而欲追袭群贤之华妙，徒负不自量之讥。盖前辈和唐音者，胥以此，故为大力所不许。"③进入清初，《草堂诗余》的影响仍然强盛不衰，填词者以《草堂诗余》为宗旨，论词者亦以《草堂诗余》为正始。陈皋说："江左言词者，无不以迦陵为宗，家娴户习，一时称盛，然犹有《草堂》之余。"④张其锦云："我朝斯道（指填词）复兴，若严荪友、李秋锦、彭羡门、曹升六、李耕客、陈其年、宋牧仲、丁飞涛、沈南渟、徐电发诸公，率皆雅正，上宗南宋，然风气初开，音律不无小乖，词意微带豪艳，不脱《草堂》前明习染。"⑤《草堂诗余》的盛行，使"诗余"一词成为词的专有称谓已无疑义，或谓："唐人长短句，宋人谓之填词，实诗之余也。"⑥或曰："（李白）《忆秦娥》《菩萨蛮》二阕，为诗之余，而百代辞曲之祖也。"⑦

如果说《草堂诗余》将"诗余"确定为词的专有称谓，那么，《诗余图谱》则将"诗余"由名称概念落实为具体的文学形式，使"诗余"一词不但有其名更有其实。《诗余图谱》是继《草堂诗余》之后，在明代词坛有影响力的第二部词书，这是一部供人们填词时使用的词谱之作，曾在社会上广为流行。《诗余图谱》对"诗余"一体而言有两大意义：一是确定了它的形式，调有定格，句有定数，字有定声，此乃词与诗在形体上的最大不同处；二是确定

---

① 孙克强《清代词学》，中国社会科学出版社 2004 年版，第 94 页；邓子勉《两宋词集的传播与接受史研究》，第 132~140 页；凌天松《明编词总集丛刻述评》，上海古籍出版社 2014 年版，第 102~172 页。

② 毛晋《草堂诗余跋》，毛晋撰，潘景郑校订《汲古阁书跋》，古典文学出版社 1958 年版，第 113 页。

③ 陈霆《渚山堂词话》，《词话丛编》，第 1 册第 365 页。

④ 冯金伯《词苑萃编》卷八引陈皋语，《词话丛编》，第 2 册第 1951 页。

⑤ 张其锦《梅边吹笛谱跋》，凌廷堪《梅边吹笛谱》，《清名家词》，第 6 册。

⑥ 周复俊编《全蜀艺文志》卷二五"诗余"类提要，《景印文渊阁四库全书》，第 1381 册第 248 页。

⑦ 杨慎《草堂诗余序》，《词籍序跋萃编》，第 665 页。

了它的风格，婉约为正，豪放为变，以秦观为词之作手，沿袭了少游作词乃其余绪的宋代观念。"盖其逸情豪兴，围红袖而写乌丝，驱风雨于挥毫，落珠玑于满纸，婉约绮丽之句，绰乎如步春时女，华乎如贵游子弟，此特公之绪余者耳。"[①]值得注意的是，嘉靖年间云间顾从敬运用《诗余图谱》"词调三分"的理论重编《草堂诗余》，把"诗余"作为一种文体形式定型下来，使得分调本《草堂诗余》在万历以后风行一时，"此本既出，而旧本渐废"[②]，《诗余图谱》与《草堂诗余》的叠合也让"诗余"的观念深入人心。随着"诗余"观念的流行，对"诗余"之义的理解也逐渐丰富起来，大家各抒己见，新解一时迭出。

二、"诗余"之义在明代的变化

明代"诗余"观念的变化，是一个与波澜起伏的社会思潮相关联的话题，一种新义的阐说往往是一种新的思潮在"诗余"上的投射。众所周知，明代文坛从弘治、正德年间开始脱离台阁文风，走上健康发展的正道，先后有前七子、唐宋派、吴中四才子、后七子和公安派等文学流派，从复古到崇尚性灵，从重视法度到强调才情，他们提出"真诗在民间""文必秦汉，诗必盛唐""独抒性灵，不拘格套"等创作主张，这些新观念对于明代词学思想特别是"诗余"说是有影响的，"诗余"也在不同作者手中被赋予了新的意蕴。

首先，明人接受了宋代诗人以余力为词的观念，但在宋代以词为诗余的第一义中，有指词乃"德之余"之义。彭国忠分析苏轼《文与可画墨竹屏风赞》所言"与可之文，其德之糟粕；与可之诗，其文之毫末"一句，说："他把文与可的书法、绘画都当作诗之余，而诗又是文之末，文则是德之糟粕，那么，诗是德之糟粕之糟粕，书、画可谓糟粕之糟粕之糟粕"，以此意向前推一步，那词也应该是糟粕之糟粕之糟粕了。[③]在宋代，人们以道德标准理解"诗余"之义，而在明代，情况稍有变化，即对诗余之"余"的理解由德业向才力转变。

① 张綖《秦少游先生淮海集序》，秦观撰，徐培均笺注《淮海集笺注》，上海古籍出版社1994年版，第1774页。
② 施蛰存《北山楼词话·历代词选集叙录》，第139页。
③ 彭国忠《元祐词坛研究》，华东师范大学出版社2002年版，第58页。

嘉靖以来的明代诗学有崇尚才力的倾向，王世贞《艺苑卮言》卷一云："才生思，思生调，调生格。"[①]认为诗人之"思"，以及诗之"格"与"调"，其本源于诗人之"才"。他为宗臣文集作序称其才高而气雄，"当其所极意，神与才傅，天窍自发，叩之泠然中五声，而诵之爽然风露袭于腋而投于咽"[②]。从这样的观念出发，明人对于"诗余"的理解是，诗人以余力而为词，是其才力的表现。王祖嫡说："夫诗变而为诗余，惟宋人最工，然多托意闺闱，寄情花鸟，雅致俊才，得以自运，故凄婉流丽，能动人耳。"[③]王象晋为《淮海词》作序，指出诗余所以能盛于宋时，盖因其时能文之士，"靡不舐墨吮毫，争吐其胸中之奇，竞相雄长"，秦观之为词"即苏黄且为逊席"，是其才力余之于词的结果。[④]对于古人的认识是如此，对于今人之评价亦如此。如朱日藩为张綖《南湖诗余》作序，说："予读之竟叹曰：真才人哉！固诗人之雄也。"[⑤]杨南金为《升庵长短句》作序，称杨慎在辞赋、诗律之外，亦能填词作曲，不减秦七、黄九，"噫，一何多能哉"[⑥]。顾梦圭为《玉霄仙明珠集》作序，称海峰吴公才情逸迈，"复以余兴制新词若干首，……余爱其意流动，似艳而实雅"[⑦]。

其次，明人也接受了宋人认为词起源于诗、词乃诗之余的观点，这里宋人所理解的"诗"主要指的是汉魏乐府，而明代更侧重于指六朝乐府，认识较宋人更为切合实际。

何良俊说："夫诗余者，古乐府之流别，而后世歌曲之滥觞也。……则诗亡而后有乐府，乐府阙而后有诗余，诗余废而后有歌曲。"[⑧]王九思也说："夫诗余者，古乐府之流也。后人谓之诗余云。汉魏以上，乐府拘题而不拘体，作者发挥题意，意尽而止，体人人殊。至于唐宋始定体格，句之长短，字之平仄，咸循定体，然后协音，乃若情之所发，随人而施，与题意漫不相涉，故亦谓之填

---

① 王世贞著，罗仲鼎校注《艺苑卮言》，第39页。

② 王世贞《宗子相集序》，《弇州四部稿》卷六五，《景印文渊阁四库全书》，第1280册第134页。

③ 王祖嫡《师竹堂词》"奉旨拟撰词曲有序"，《明词汇刊》，第1712页。

④ 王象晋编《秦张两先生诗余合璧》"序"，《四库全书存目丛书》，集部第425册第262页。

⑤ 朱日藩《南湖诗余序》，张綖《南湖诗余》，《明词汇刊》，第84页。

⑥ 杨南金《升庵长短句序》，杨慎《升庵长短句》，《明词汇刊》，第345页。

⑦ 顾梦圭《〈玉霄仙明珠集〉序》，《明人词籍序跋辑校》，第87页。

⑧ 何良俊《草堂诗余序》，《古今词统》卷首，第11~12页。

词云。"[1]前者认为词是由诗到曲的过渡，亦即从乐府而来，朝词曲方向发展；后者则强调了词与乐府的差异，认为乐府受题意的限制较大，诗余则受形式的限制较多。在这一问题上，宋人以词为汉魏乐府之流变，一是因为入乐可歌，"古歌变为古乐府，古乐府变为今曲子，其本一也"[2]。二是因为能曲尽人情，"长短句命名曰曲，取其曲尽人情，惟婉转妩媚为善"[3]。明人则更重视词婉艳柔靡的文体品性，认为这才是词之所以被称为"诗余"的本色，王骥德《曲律》卷四云："词曲不尚雄劲险峻，只一味妩媚闲艳，便称合作。"[4]这一观念决定明人多把词的源头推向六朝乐府而不是汉魏乐府。一般说来，汉魏乐府以浑厚醇朴为美，六朝则以绮艳秾丽为工，明人推源六朝乐府亦有别意。陈霆说："南词始于南北朝，转入隋而著，至唐宋昉制耳。"[5]杨慎《词品序》云："诗词同工而异曲，共源而分派。在六朝，若陶弘景之《寒夜怨》、梁武帝之《江南弄》，陆琼之《饮酒乐》，隋炀帝之《望江南》，填词之体已具矣。……孟蜀之《花间》、南唐之《兰畹》，则其体大备矣。"[6]王世贞《艺苑卮言》云："词者，乐府之变也。昔人谓李太白《菩萨蛮》《忆秦娥》，杨用修又传其《清平乐》二首，以为词祖。不知隋炀帝已有《望江南》词。盖六朝诸君臣，颂酒赓色，务裁艳语，默启词端，实为滥觞之始。"[7]因为陈霆之论发表于嘉靖九年（1530），所以，杨慎、王世贞的观点无疑受到陈氏之说的影响。[8]尽管杨慎与王世贞在文学主张上并不相同，一为六朝派，一为汉魏派，但二人在词的起源问题上看法高度一致，反映了嘉靖时期承平盛世的词学观念。"复古乐之绝响，其在文明之世乎！"[9]

但是，也有人认为词非承自乐府而是直接近体之律绝，顾梧芳说："古乐

① 王九思《碧山诗余》"自序"，《明词汇刊》，第 1858 页。

② 王灼《碧鸡漫志》卷一，《词话丛编》，第 1 册第 74 页。

③ 王炎《双溪诗余》"自叙"，《四印斋所刻词》，第 793 页。

④ 王骥德著，陈多、叶长海注释《曲律注释》，第 363 页。

⑤ 陈霆《渚山堂词话》"序"，《词话丛编》，第 1 册第 347 页。

⑥ 杨慎《词品》"词品序"，《词话丛编》，第 1 册第 408 页。

⑦ 王世贞《艺苑卮言》，《词话丛编》，第 1 册第 385 页。

⑧ 张仲谋《明代词学通论》，中华书局 2013 年版，第 148 页。

⑨ 李开先《西野春游词序》，《闲居集》卷六，李开先著，卜键笺校《李开先全集》，文化艺术出版社 2004 年版，第 597 页。

府触类于古诗，而填词抽绪于近体。"[1] 徐师曾说："盖自乐府散亡，声律乖阙，唐李白氏始作《清平调》《忆秦娥》《菩萨蛮》诸词，时因效之。厥后行卫尉少卿赵崇祚辑为《花间集》，凡五百阕，此近代倚声填词之祖也。"[2] 陆深认为小词由律诗而来，小词之变即为诗余，大约小词与律体在形式上最相近，而诗余则是句式长短不齐的歌曲了。[3] 徐渭认为唐之律绝是可以歌咏的，如"渭城朝雨"可以演为三叠，至唐末鉴于虚声难寻，遂被人们实之以字，因此就有了"长短句"这样的新形式，至五代转繁，逮宋引而伸之，至一腔而数十百字，周、柳诸子衍之为"侧犯""二犯""三犯""四犯"，已非唐人之旧貌也。[4] 胡震亨也认为乐府诗多四言、五言，"有一定之句，难以入歌"，只有在中间添加和声才能可歌；初唐歌曲多是在五七言绝句的基础上减字添声，方成腔调，后渐行法则，不复利用和声，"此填词所由兴也"。[5] 这一观点明显来自宋人沈括"和声"说、朱熹"泛声"说，应该说这一观点是比较接近词之起源实际的说法，以李白《忆秦娥》《菩萨蛮》为后世词曲之祖的说法也得到了历史的支撑。

最后，有的人着眼于"诗余"的文体品格，强调诗词之间的体性承传，认为古之诗即今之词，诗词之分际不在雅俗之别，而在于词在宋诗主理的时代接续了唐诗言情的功能。

前文说过，明代是程朱理学与阳明心学同时流行的时代，程朱理学主格物致知，强调外在"理"对于人的制约；而阳明心学主致良知之说，极力张扬主体的个性精神。这两种思想在对"诗余"之义的解释上也有体现，或认为词由诗来，当承担教化的责任；或认为词代诗而起就是主情，主情思潮的泛滥造成了"诗余"之义的新变。前者可称为"复古"论，如任良幹认为古之《雅》《颂》为"有义理之词"，今之诗余为"无义理之词"，正如扬雄所说的"诗人之赋丽以则，词人之赋丽以淫"，在诗有《溱洧》、《桑中》、"鹑奔"、"雉鸣"等，在词也有张孝祥《六州歌头》、辛弃疾《永遇乐》、岳飞《小

① 顾梧芳《尊前集引》，唱春莲校点《尊前集》，辽宁教育出版社 1998 年版，第 64 页。
② 徐师曾著，罗根泽校点《文体明辨序说》，人民文学出版社 1962 年版，第 164 页。
③ 陆深《跋龙江泛舟曲》，《俨山集》卷九〇，《景印文渊阁四库全书》，第 1268 册第 584 页。
④ 徐渭《南词叙录》，《中国古典戏曲论著集成》，第 3 册第 240 页。
⑤ 胡震亨《唐音癸签》卷一五，上海古籍出版社 1981 年版，第 170 页。

重山》等，"填词之不可废者以此"①。陈继儒也认为诗自《诗经》而来，词作为诗之余也当恪守《诗经》的诗教传统，他特别称扬万惟檀拈诗为词，"既不必望晏叔原之小谨，又非笔墨劝淫、犯绣铁面佛法所诃戒，发乎情，止乎礼义，其得词之中声、正声乎！"②所以，在当时有人干脆提出"发乎情，止乎礼义"的创作主张——"诗余即香奁、玉台之遗体，言闺阁之情，……作者虽多，要之贵乎发乎性情，止乎礼义！"③但在心学盛行的晚明时期，在主情思潮泛滥的江南地区，人们大都还是认同诗之"余"乃在"情"之一字。如陈埏玉认为"诗之有余，犹诗之有风也"，从诗而讲是《雅》，是"清庙明堂"，从词而讲是《风》，是"村疃闾巷"，"三百篇要以道性情而止，然无情则性亦不见。……故诗者情之余，而词则诗之余也"④。而周永年的论述更具辩证色彩，认为诗与词是一种离合的关系，在唐诗主情兴，其时词与诗合；在宋诗主事理，其时词与诗离；故论词之士不但要观其音律之用，更要观其比兴之义，这样才能会通诗词通变之理。⑤在范文英看来，诗余就是用以宣泄人之情性的，诗在唐尚能"情无不剖，体无不备"，"至宋则理多情寡"，"诗之一道无复存者，而人心中精华要眇之所存，遂旁溢于词"，从这个角度看诗余就是用来"尽天地之气"的。⑥陈子龙也是从这一角度肯定诗余价值的，他说："宋人不知诗而强作诗，其为诗也，言理而不言情，故终宋之世无诗焉。然宋人亦不免于有情也，故凡其欢愉愁怨之致，动于中而不能抑者，类发于诗余，故其所造独工。"⑦沈际飞的观点可以说是这一类说法的代表，他认为诗余之所传，"非传诗也，传情也"，亦即词所传的是诗所不能传的"情"。他不由感叹道："於戏！文章殆莫备于是矣。非体备也，情至也。情生文，文生情，何文非情？而以参差不齐之句，写郁勃难状之情，则尤至也。"⑧这里完

① 任良幹《〈词林万选〉序》，《词林万选》，第3页。
② 陈继儒《诗余图谱序》，万惟檀《诗余图谱》，《明词汇刊》，第886页。
③ 梁桥《冰川诗式》，吴文治主编《明诗话全编》，江苏古籍出版社1997年版，第5242页。
④ 陈埏玉《诗余醉叙》，《精选古今诗余醉》，第3页。
⑤ 周永年《艳雪篇原序》，葛一龙《艳雪篇》，《明词汇刊》，第1779页。
⑥ 范文英《诗余醉序》，《精选古今诗余醉》，第2页。
⑦ 陈子龙《王介人诗余序》，《安雅堂稿》卷三，《陈子龙全集》，第1081页。
⑧ 沈际飞《古香岑草堂诗余四集序》，《宋元明词选研究》附录二，第453页。

全抛弃了复古论者的教化观念，全力高扬词之言情体性，传统诗余论也被他彻底地解构了。

由上所述可知，在明代不但"诗余"之名得到了落实，而且"诗余"之义也得到了进一步的充实。更重要的是，"诗余"之义在明代有了新变，除了着眼于主体的才力，还体现在文体流变及功能互补的认知上，在宋代是为了凸显它"别是一家"的体性，在明代则试图拉近词与诗的距离，强调诗词之别有类《诗经》的"风""雅"之分，当然也特别地突出了诗词在表现人之性情方面的一致性，指出了宋诗之言理而宋词之言情的体性之异。

三、"诗余"说的理论困境及其在清初的际遇

一种观念的提出，往往是时代呼唤与文体发展双向互动的结果，"诗余"说在明代的流行也可以从这两方面找到它的生成动因。但是，在心学思潮泛滥的晚明时代，以词为"诗余"之说也遭到了质疑和解构。"诗余"说从本质上讲是一种根深蒂固的诗本位论，以诗的标准权衡词的得失，但在宋诗主理的新形势下，诗实际上已放弃了它言情的责任，词代之而起也是必然，以宋诗之言理作为评判词的标准无疑站不住脚，"诗余"说已无法解释这一诗史现象。明代复古诗学的崛起正是针对台阁体和性气诗而来，它特别呼唤诗歌要重视对于真情的表达，在这样的逻辑推衍下才会有"诗亡而词起，词亡而曲兴"的论调。从文体发展流变看，由《诗》而《骚》，由乐府而近体，由诗而词曲，并不是一种先后替代的关系，后起之文体亦非前者之余绪，此乃历史之必然，所谓"一代有一代之文学"，亦即明人所说"风会使然"。这表明明人已经清醒认识到：词作为一种文体，既不是对诗的替代，也不是诗的余绪，它有自身的品格——"以婉丽流畅为美"。无论就词的言情本质而言，还是从文体流变而言，"诗余"说都无法给予比较圆满的解答。

在晚明，首先尝试对这一问题作出解释的是俞彦，他说："词何以名诗余，诗亡然后词作，故曰余也，非诗亡，所以歌咏诗者亡也。词亡然后南北曲作，非词亡也，所以歌咏词者亡也。谓诗余兴而乐府亡，南北曲兴而诗余亡者，否也。"他从能否入乐可歌的角度谈到诗词代兴，是因为古今音乐的变化造成歌

咏技能的失传，这一说法既考虑到词作为音乐存在的可歌性，也暗示词作为文学存在的合理性，有一定的说服力。在我们看来，俞彦之论的精辟之处是从音乐文学的角度看待词，把是否可歌作为评判词的最高标准。"故宋时一调，作者多至数十人，如出一吻。今人既不解歌，而词家染指，不过小令中调，尚多以律诗手为之，不知孰为音，孰为调，何怪乎词之亡已。"[①]这也启示后来者从乐的立场而不仅仅从诗的立场看待词，还原其作为音乐文学的真实面貌。众所周知，词作为音乐文学最大的特征就是"倚声"，先有曲，后有词，在隋唐燕乐消亡后，填词者只能按谱填词，从这个角度讲词显然不能称作"诗余"。毛先舒说："填词者，填其词也，不得名诗余。填词不得名诗余，犹曲自名曲，不得名词余。又诗有近体，不得名古诗余，楚骚不得名经余也。盖古歌者皆作者随意造之，歌者寻变入节，传之以声而歌，故乐有谱歌无谱也。后世歌法渐密，故作定例而使作者按例以就之，平平仄仄，照调制曲，预设声节，填入辞华，盖其法自填词始。故填词本按实得名，名实恰合，何必名诗余哉？"[②]不过，这只是问题的一个方面。问题的另一方面则是，在唐代以诗入乐也是很普遍的现象，它与倚声填词之词有没有什么关系呢？在浙派词人汪森看来，在唐代，诗之可唱与词之可歌是并行发展的关系，并不存在一种诗在先而词在后的联系。他说："当开元盛日，王之涣、高适、王昌龄诗句，流播旗亭，而李白《菩萨蛮》等词亦被之歌曲。古诗之于乐府，近体之于词，分镳并骋，非有先后。谓诗降为词，以词为诗之余，殆非通论矣。"[③]和汪森同时期的顾贞观也认为，词既不附属于近体诗，也不从属于古乐府。他说："诗之体至唐而始备，然不得以五七言律绝为古诗之余也。乐府之变，得宋词而始尽，然不得以长短句之小令、中调、长调为古乐府之余也。词且不附庸于乐府，而谓肯寄闰于诗耶？"[④]这一解释得到了田同之、李调元的积极回应，到乾嘉年间还为中期浙派词人王昶所发扬，王昶提出了"词乃《诗》之苗裔，且以补诗之穷"的新

① 俞彦《爰园词话》，《词话丛编》，第 1 册第 399~400 页。
② 毛先舒《填词名说》，《潠书》卷四，《四库全书存目丛书》，集部第 210 册第 676 页。
③ 汪森《词综序》，朱彝尊、汪森编《词综》，岳麓书社 1995 年版，第 1 页。
④ 鲁超《今词初集题辞》引顾贞观语，顾贞观、纳兰性德辑《今词初集》，《续修四库全书》，上海古籍出版社 2002 年版，第 1729 册第 453 页。

论。王昶认为《诗经》风、雅、颂有一二字为句及八九字为句者，所以和以人声而无不协也。"三百篇后，楚词亦以长短为声，至汉郊祀歌、铙吹曲、房中歌莫不皆然。"词之句式长短实继古诗而来，它适应了诗歌应歌的要求，李白、张志和始为词正是以之继乐府而后兴的。"不知者谓诗之变，而其实诗之正也。由唐而宋，多取词入于乐府，不知者谓乐之变，而其实词正所以合乐也。"他从词的入乐可歌角度立论，指出词之可歌源自《诗》、《骚》、汉乐府，与后起之律绝无关，相反律绝之入乐反倒是要取资于词，所以说，"词可入乐，即与诗之乐无异也。是词乃《诗》之苗裔，且以补诗之穷"。①

但是，词在明清以后实不可歌，对于入乐的要求基本停留在按谱填词的层面，自从张綖《诗余图谱》问世以来，人们多能做到按谱填词了，因此，对于"诗余"的理解不能看其外在形体的近似，还要考察诗词之间的内在关联。在这一点上，清初许多词论家主要从寻绎长短句或应歌入乐的源头入手，把词与《诗》、《骚》、乐府联系起来，认为诗词同源不仅表现在体制和入乐上，更表现在内容和表达上，即词同诗一样能传情述志。他们一方面认同词为"诗余"的通行说法，另一方面又对"词为诗余"说进行内涵的改造。如丁澎提出诗词同源在诗词同于言志，以"德业之余"来界定诗余的含义。他说："诗余者，《三百篇》之遗，而汉乐府之流系也。其源出于《诗》，诗本于文章，文章本乎德业，即谓'诗余'为德业之余，亦无不可者。"②这一观念来自传统"三不朽"说，认为诗余等同于"立言"的文章，是人立德修身的重要途径，这是要求词表现人的道德理想。毛奇龄强调诗词同源在于"温柔""绮靡"，将词推源于《国风》《离骚》。"《经解》曰：温柔敦厚，诗教也。夫诗尚温柔，而况其余乎？《文赋》曰：诗缘情而绮靡。夫诗尚绮靡，而况其余乎？然则诗余者，温柔绮靡之余焉者也。其言厄匦，其音曼俞，驰情于华滋藻饰，而寄旨于闺帏窈窕之间，似组纟川纂绘，壮夫不为。而自昔才人如龙标、辋川、青莲、香山辈，犹且争唱新声，互为标的，则以诗余者，其流为曲，而其源直本于《国

---

① 王昶《〈国朝词综〉自序》，《春融堂集》卷四一，第 742~743 页。
② 丁澎《定山堂诗余序》，龚鼎孳《定山堂诗余》，《清名家词》，第 1 册。

风》《离骚》。"①尽管词在表达上"其言厄匦，其音曼俞"，但因其源于《风》《骚》，故实亦不可废。浙派论词也推源到《风》《骚》，则将上述两者的要求糅合起来，重视词对《风》《骚》醇雅品格的承传。曹溶说："诗余起于唐人而盛于北宋，诸名家皆以春容大雅出之，故方幅不入于诗，轻俗不流于曲，此填词之祖也。"②强调"春容大雅"是北宋诸名家的创作传统。朱彝尊也认为"诗降而为词，取则未远"，"体制虽异，而兴会所发，庸讵有异乎"？③在浙派思想影响下编纂成书的《御选历代诗余》也持守这样的理念，由玄烨撰写的序文称"诗余之作"要皆昉于诗，诗之谐于声是近代词曲之滥觞，而孔子之删诗为"三百篇"，使雅正各得其所，群臣编选《御选历代诗余》也是为了"风华典丽，悉归于正"。④这一观念在乾嘉时期已成为人们对"诗余"的通行认识，如厉鹗认为"词源于乐府，乐府源于《诗》"，"由《诗》而乐府而词，必企夫雅之一言而可以卓然自命为作者"，"词之为体，委曲啴缓，非纬之以雅，鲜有不与波俱靡而失其正者矣"⑤。王昶也认为词"乃《三百篇》之遗"，在词对《诗经》"乐而不淫，哀而不伤"传统的继承上，如李白"西风残照，汉家陵阙"，有《黍离》行迈之意；张志和"桃花流水"，含《考槃》《衡门》之旨。"嗣是温岐、韩偓诸人稍及闺襜，然乐而不淫，怨而不怒，亦犹是《摽梅》《蔓草》之意。至柳耆卿、黄山谷辈，然后多出于亵狎，是岂长短句之正哉。"⑥认为尚雅才是词之正轨，也是词被称为"诗余"之本义。

很显然，从形式上看，清初与明末对于词的认识并无大的差别，在内容上却有较大的变化，即诗教之论在清初得到崇扬，而主情之说则走向消解。这一观念的转变使得"诗余"之"名"不能副其"实"了，在康熙中叶以前尚有部分词集以"诗余"来命名，到康熙中叶以后这样的做法基本退出词坛，因为词与诗在内容上并无实质性区别，只是形式上还保留着长短句的体貌，以"诗

① 毛奇龄《峡流词序》，《西河文集》卷六，《清代诗文集汇编》，上海古籍出版社2010年版，第87册第235页。
② 聂先辑《名家词钞·碧巢词》附评语，《四库全书存目丛书补编》，齐鲁书社2001年版，第46册第239页。
③ 聂先辑《名家词钞·艺香词》附评语，《四库全书存目丛书补编》，第46册第81页。
④ 玄烨《御选历代诗余序》，《御选历代诗余》，第2页。
⑤ 厉鹗《群雅词集序》，厉鹗著，董兆熊注，陈九思标校《樊榭山房集》文集卷四，上海古籍出版社2012年版，第755页。
⑥ 王昶《〈国朝词综〉自序》，《春融堂集》卷四一，第742页。

余"来特地标明词与诗之间的那种形式上的联系已无必要了。

第二节 词调三分与词学转型

明末清初，词调"三分法"也是一个重要的词学议题，当时有人支持，有人反对，然而无论站在什么样的立场说话，都会对词的体性及词集编排问题发表看法，这些看法不仅反映了明末清初词学观念的变化，也体现出明末清初对于词体审美特性认识的深入。

一、"三分法"在明代的提出

所谓词调"三分法"，就是将词调划分为小令、中调、长调三类。这一做法是从张綖《诗余图谱》开始的。《诗余图谱》编成于嘉靖十五年（1536），它对于词学史的贡献有三：一是创为图谱，二是词调三分，三是分词为婉约豪放两体。尤其是它将词调分为小令、中调、长调的做法，经过顾从敬刊本《类编草堂诗余》的运用和传播，在后代产生了广泛而深远的影响。

在明代，唐宋词乐谱多已消亡，明人填词亦无所归依，主要是从唐宋词体式上寻求出路。在当时，最为流行的词籍是《草堂诗余》，这样就出现了以《草堂诗余》为基础编纂而成的词谱之作——《词学筌蹄》。《词学筌蹄》编成于弘治七年（1494），它来自《草堂诗余》，却不是简单扩编，而是将以事类为主改为以调类为主，在每调之前都有该调的谱式，但它在调类的排序上不是按音乐的宫调划分，而是把调名相近的归类在一起。比如第一卷的"瑞龙吟""水龙吟""丹凤吟""塞翁吟"，第二卷的"青门引""华胥引""梅花引""江城梅花引""千秋岁引""阳关引"，第三卷的"斗百花""蝶恋花""雨中花""满路花""解语花"，第四卷的"天仙子""江城子""卜算子""捣练子""风流子""更漏子""何满子"，等等。这说明它虽已注意从词调的角度看问题，认为明代填词已从"以事为主"进入"以调为主"的时代，但还是没有从根本上认识到唐宋词调的特殊性，亦即不同词调是属于不同宫调的，调名的相近并不是词调划分的根本标准，该书的归类很显然是有较大的随意性的。

在嘉靖十五年编纂而成的《诗余图谱》，承袭了《词学筌蹄》以调类为主的做法，但进一步改进了对词调归类的标准，即以字数多少作为划分词调的标准，并指出"调有定格"，字数、平仄、韵脚都有相对的规定性；而《词学筌蹄》以调名为主的做法是存在问题的，亦即"盖调有定格，不可易，名则可易"①。《诗余图谱》这种以字数为主的做法，较之以调名为主的归类法也更为切实可行。《诗余图谱》凡三卷，共收词调150调，以字数多少为序，分为小令、中调、长调三大类。卷一为"小令"65调，从"上西楼"（三十六字）到"夜游宫"（五十七字）；卷三为"中调"49调，从"临江仙"（六十字）到"鱼游春水"（八十九字）；卷三为"长调"36调，从"意难忘"（九十二字）到"金明池"（一百二十字）。这一分类法，将150调简化为三大类，便于初习者了解和把握。②因此，《诗余图谱》在当时颇受欢迎，亦被反复刊刻，先后有万历二十二年（1594）王象乾刻本、万历二十九年（1601）游元泾增正本、崇祯八年（1635）毛氏汲古阁刻本。王象晋说："万历甲午乙未间，予兄霁宇刻之上谷署中，见者争相玩赏，竟携之而去。今书簏所存，日见寥寥，迟以岁月计，当无剩本已。海虞毛子晋，博雅好古，见予雠校此编，遂请归而付之剞人，使四十年前几案间物，顿还旧观，亦一段快心事也。"③"见者争相玩赏"，说明该书在当时受欢迎的程度，而该书被反复刊刻也证明它在体例上的创新得到了社会的普遍认同。

词调"三分法"虽为张綖所首创，但将其推广，并引起人们关注的是顾从敬刊本《类编草堂诗余》。众所周知，《草堂诗余》在明代广为流行，曾被反复刊刻，但在嘉靖二十九年（1550）顾从敬刊本以前，诸刻本只是对宋编本作修补增订的工作，在体例上基本沿袭南宋原编本以题材分类的编排法，这一基于歌唱需求编纂而成的选本，已很难适应在词乐消亡之后明人填词的

---

① 张綖《诗余图谱》"凡例"，明万历二十七年谢天瑞刻本。

② 沈际飞《草堂诗余四集》"发凡"："维扬张世文作《诗余图谱》三卷，每调前具图，后系词，于宫调失传之日，为之规规而矩矩，诚功臣也。"（明古香岑刻本）

③ 王象晋《重刻诗余图谱序》，张綖《诗余图谱》，《四库全书存目丛书》，集部第425册第202页。

需求。"自明以来，（填词）遂变为文章之事，非复律吕之事。"① 以题材分类的做法，盖因南宋时代人们对乐谱熟稔在心，对于某词某调的平仄、协韵、字数多少，无须一一标注说明，但在词乐已经消亡的明代，如果不作注明，则会出现率意填词的乱象。这一情况在明代实际上已经出现了，为了保持词体自身特有的体性，就必然要强调词调在平仄、协韵、字数上的相应规定性，《诗余图谱》以词调分类的编纂法正好满足了人们这一审美期待。

然而，《诗余图谱》所收词调非常有限，只有区区 150 调。顾从敬顺应时势所趋，利用《诗余图谱》开创的"三分法"理论，对《草堂诗余》作了重新改编，将分类本改易为分调本。《类编草堂诗余》共四卷：卷一为"小令"46调，自"捣练子"（二十七字）至"小重山"（五十八字）；卷二为"中调"45调，自"一剪梅"（五十九字）至"夏云峰"（八十字）；卷三、卷四为"长调"102 调，自"东风齐着力"（九十二字）至"戚氏"（二百一十二字），共193 调 443 首。《类编草堂诗余》不但补足了《诗余图谱》在字数划分上的空白，而且词调多出 42 调，特别是长调多出 66 调，对张綖的"三分法"有较大的推进。《草堂诗余》本来只是一种词选，《诗余图谱》也只是一种词谱，各有分工，各有侧重，但《类编草堂诗余》将这两者有机结合起来，成为一种亦谱亦选的新型选本，从而形成取代《诗余图谱》的优势，并风行一时。"自此书始，后来词谱，依其字数以为定式。"②

虽说《诗余图谱》于"词调三分"有开创之功，但将三分之法推而广之者，则非《类编草堂诗余》莫属。它改变了明末清初词坛的发展格局，使人们对词谱的认识，从唐宋的音乐谱时代，进入明清的格律谱时代。赵万里说："自分调本行而分类本渐微，嘉靖后所刻《草堂诗余》，如李廷机本、闵映璧本、《词苑英华》本，皆直接间接自此本出。即钱允治、卓人月、潘游龙、蒋景祁辈所著书，亦无不标小令、中调、长调之目，故欲考词集之分调本，不得不溯此本为第一矣。"③ 因为《类编草堂诗余》影响深远，《诗余图谱》渐从人

① 永瑢等《四库全书总目》卷一九九"碧鸡漫志提要"，中华书局 1965 年版，第 1826 页。
② 永瑢等《四库全书总目》卷一九九"类编草堂诗余提要"，第 1824 页。
③ 赵万里校辑《校辑宋金元人词》"引用书目"，"中研院"历史语言研究所 1931 年铅印本，第 4b 页。

们的视野里淡出，以致后来人们都以为词调"三分法"是从《类编草堂诗余》开始的。

二、"三分法"在明末清初的反响

从严格意义上讲，顾从敬的词调"三分法"是不尽完善的，比如字数的界限尚未有明确的规定。到清初，毛先舒《填词名解》明确规定：凡五十八字以内为小令，自五十九字始至九十字止为中调，九十一字以外者为长调。[①]然而，"三分法"的理论内涵，不仅指小令、中调、长调的划分，还包括以字数多少为序的词集编排方式，以及它所象征的词谱由音乐谱转向格律谱的词史意义。"三分法"对后代的影响，正是从这三个方面体现出来的。

"三分法"的出现，最直接的结果是带来词集编刻体例的变化。在宋元时期，词集的编刻目次分两种：一种是别集，有以词曲宫调分类的，如柳永《乐章集》；有以作品创作年代为序的，如辛弃疾《稼轩词》。一种是总集，有以词人年代先后为序编次的，如《花庵词选》；有以题材内容分类编次的，如《草堂诗余》。在明代，《草堂诗余》最为流行，以题材内容作为分类标准的做法也最为大家所熟悉，像董逢元《唐词纪》、陆云龙《词菁》均袭用了这一做法，徐师曾《词体明辨》以及由其而来的程明善《啸余谱》部分词调分类，也采用了此类编排法。自从顾从敬刊本《类编草堂诗余》出来后，"三分法"的编排体例迅速传播开来。

这首先表现在其后出之《草堂诗余》的编排方式上。据有关学者统计，自顾从敬刊本出，在晚明一百多年间刊刻的《草堂诗余》有24种，其中分类本共10种，分调本则达14种，已有超过分类本之势。[②]更有意思的是，一些分类本也明显受到顾从敬刊本的影响，比如宗文书舍刻本，表面上用的是分类法，但其词作全部出自顾本《草堂诗余》。还有，在晚明出现的《草堂诗余》重编、续编、扩编本，如长湖外史《续草堂诗余》、钱允治《类编笺释续选草堂诗余》《类编笺释国朝诗余》、沈际飞《草堂诗余四集》之"正集""续

---

① 毛先舒《填词名解》，查继超辑，陈果青、房开江校订《词学全书》，贵州人民出版社1990年版。
② 刘军政《明代〈草堂诗余〉版本述略》，《南阳师范学院学报》2004年第2期。

集""余集""新集"；其他选本如陈耀文《花草粹编》，吴承恩《花草新编》，茅映《词的》，卓人月、徐士俊《古今词统》，潘游龙《精选古今诗余醉》，均采用的是顾本"三分法"体例。当时，一些别集也开始使用"三分法"的编刻方式，如施绍莘《秋水庵花影词》，俞彦《近代乐府》，丁澎《扶荔词》，徐士俊、卓人月《徐卓晤歌》等。清初，"三分法"的影响逐步扩大，像顾璟芳等《兰皋明词汇选》，陈淏《精选国朝诗余》，邹祗谟、王士禛《倚声初集》，蒋景祁《瑶华集》，张砚铭《词坛妙品》，吴绮《选声集》《记红集》，周篃《词纬》，陆次云《见山亭古今词选》，沈时栋《古今词选》，沈谦、毛先舒《古今词选》，卓回《古今词汇》，顾彩《草堂嗣响》，曹亮武等《荆溪词初集》，戈元颖等《柳洲词选》，陆进等《西陵词选》，佟世南《东白堂词选》，无一不用"三分法"标目，可见"三分法"在清初已成为词集编排的通行体例，影响深远。

　　"三分法"虽然简便易行，但也存在着一些负面影响，即难以完整地体现出词的音乐性。比如，同一调名，可能会归属不同的宫调，因此有了字数上的区别，但很可能被划入不同的调类，或将小令划入中调，或将中调划入长调，反之亦然。毛奇龄认为，宋人填词比较重视宫调的差异，其时多以四十八调分别之，其调亦不拘短长，有属黄钟宫者，有属黄钟商者，皆不相出入。"非若今之谱诗余者，仅以小令、中调、长调分班部也。"[1] 在他看来，今人填词注意以字数多少为分割点，只看重小令、中调、长调的部类区别，这些却并非唐宋词在音乐上的核心问题，以字数多少为分割点的"三分法"有较大的随意性。朱彝尊也说："宋人编集歌词，长者曰慢，短者曰令，初无中调、长调之目。自顾从敬编《草堂词》，以臆见分之，后遂相沿，殊属牵率。"[2] 他认为顾从敬以"三分法"区别部类，乃以臆见分之，过于随意，比较合理的做法应该是钱芳标的《词暎》，以字数多少作为先后顺序，不再有小令、中调、长调之分。这一主张也得到了万树的响应，他纂修的《词律》一书，即是以字数多少作为先后顺序排列的，并对毛奇龄以小令、中调、长调的界分标准表示不满："愚谓此亦《草堂》所分而拘执之，所谓定例，有何所据？若以少一字为短，多一

① 毛奇龄《西河词话》卷二，《词话丛编》，第 1 册第 588 页。
② 朱彝尊《词综发凡》，《词综》，第 13～14 页。

字为长，必无是理。"①

在万树的影响下，康熙四十六年（1707）编纂而成的《御选历代诗余》，即是以词调字数多少为序，不再特别标明"小令、中调、长调"之类目，它录自唐至明之作凡1540调9000余首，成为迄当时为止规模最为宏大的选本。"自有词选以来，可云集其大成矣。若夫诸调次第，并以字数多少为断，不沿《草堂诗余》强分小令、中调、长调之名，更一洗旧本之陋也。"②康熙皇帝本想以选代谱，不再"另立图谱"，但大约是发现《御选历代诗余》并未达到预期效果，所以，在次年又启动了《钦定词谱》的编纂工作，意在补足《御选历代诗余》"没有附录图谱而另外制作"③。《钦定词谱》在体例的编排上，也是以词调字数多少作为先后顺序的，并不强分小令、中调、长调之名，取得了恢复唐宋词原始状貌的积极效果："所谓填词必当遵古，从其多者，从其正者，尤当从其所共用者，舍《词谱》则无所措手矣。"④

《词律》及《钦定词谱》的出现，特别是它们在词调辑佚、校勘、考辨方面取得的重大成就，使得清代填词有所依归，在明末清初出现的以选代谱的现象逐步淡退，以存史和立派为宗旨的词选开始大量涌现。这一新的选词倾向是从朱彝尊《词综》开始的，它一方面改过去以调为中心为以人为中心，以词人带动作品，以作品呈现词史的变迁，达到了以词存史的目的；另一方面又通过不同风格作品的选择，以及作品入选数量的多少，表达自己的审美立场——崇尚清雅，从而张扬了浙西词派的理论主张。在朱彝尊《词综》影响下，不但有《明词综》《国朝词综》《词综补遗》等系列性选本，而且涌现出一大批以宣扬理论主张为导向的词选，如先著《词洁》、张惠言《词选》、周济《宋四家词选》、戈载《宋七家词选》、冯煦《宋六十一家词选》、朱祖谋《宋词三百首》等，以选调为中心建立起来的"三分法"理论，已不再是人们热议的中心话题。

---

① 万树编著《词律》"发凡"，上海古籍出版社1984年版，第9页。

② 永瑢等《四库全书总目》卷一九九"御定历代诗余提要"，第1825页。

③ ［日］清水茂《钦定词谱解题》，《清水茂汉学论集》，蔡毅译，中华书局2003年版，第562页。

④ 田同之《西圃词说》，《词话丛编》，第2册第1474页。

三、"三分法"对于词学转型的意义

在"三分法"出现以前，人们关注较多的是诗与词的体性差异，是雅与俗的美学分野。但在"三分法"出现以后，词的音乐性问题成了人们关注的中心，亦即词乐失传以后，应该怎样保持它在文体上的音乐性？还有，小令、中调、长调在体制上有哪些不同的要求？

"三分法"是建立在以调类为中心的理论基础上的。茅映说："词协黄钟，倘只字失律，便乖元韵。故先小令，次中调，次长调，俱输宫合度，字字相符，以定正的。"[1] 这表明，"三分法"的出现，是为了使填词者更好地"输宫合度，字字相符"。在明代，唐宋词乐失传已成为不争之事实，更重要的是时人已不能倚声为词了。刘凤说："词自唐始，元其变也。……然词今亦不能歌，惟曲用焉，则因所习以求声律不易耶！第所谓九宫十七调，惜知者益寡。虽吴越之间，夫人而能为曲，然夫人而不昧于所谓宫与调也。"[2] 因为不了解唐宋宫谱，"勿论不能创调，即按谱征词，亦格格有心手不相赴之病"[3]，这样就有了以诗律为之的现象，甚至出现了妄为自度曲的乱象。俞彦说："今人既不解歌，……尚多以律诗手为之，不知孰为音，孰为调，何怪乎词之亡已。"[4] 毛奇龄说："近人不解声律，动造新曲，曰自度曲。试问其所自度者，曲隶何律，律隶何声，声隶何宫何调，而乃撊然妄作，有如是耶？"[5] 徐釚也说："自姜白石辈间为自度曲，于是作者纷然，金元以后，遂不复能谱旧词矣。传至今日，放失益滋，染指者愈多，则舛谬者愈甚，余故以为极衰也。"[6] 于是，编订词谱也就势在必然，《诗余图谱》《词体明辨》《啸余谱》等相继涌现，并明确提出了协音守律的要求。《诗余图谱》"凡例"第一条曰："词调各有定格，因其定格而填之以词，故谓之填词。今著其字数多少、平仄、韵脚，以俟作者

---

① 茅映《〈词的〉凡例》，《明人词籍序跋辑校》，第 503 页。

② 刘凤《词选序》，《刘子威集》卷三七，《四库全书存目丛书》，集部第 120 册第 361 页。

③ 王士禛《花草蒙拾》，《词话丛编》，第 1 册第 684 页。

④ 俞彦《爰园词话》，《词话丛编》，第 1 册第 400 页。

⑤ 毛奇龄《西河词话》卷二，《词话丛编》，第 1 册第 588 页。

⑥ 徐釚《词觏序》，《南州草堂集》卷二一，《续修四库全书》，第 1415 册第 375 页。

填之，庶不至临时差误，可以协诸管弦矣。"①强调字数多少、平仄、韵脚，主要是为了保持唐宋词调的音乐性。俞彦也说："词全以调为主，调全以字之音为主。音有平仄，多必不可移者，间有可移者。仄有上去入，多可移者，间有必不可移者。倘必不可移者，任意出入，则歌时有棘喉涩舌之病。"②

"三分法"就是在这样的背景下产生的。过去《草堂诗余》以事类为中心，词调并没有凸显出来，在词乐消亡后，填词当以调为主，以事类为主的做法便不能适应时势所趋。"今所编以小令、中调、长调分为之类，每阕尽揭作者之意为题，各卷首列诸调之次为目录，以便观者。"③尽管朱彝尊《词综》和万树《词律》对"词调三分"的做法并不认同，但是，正如蒋景祁所说，"字数多少，必加编次，而长短以序，庶便观览"④，后来编纂之词谱亦多以字数多少为序。

过去，人们谈词的体性，主要着眼于诗与词的比较，到明末清初，因为"三分法"的出现，讨论的话题转向对小令、中调、长调体性差异的讨论，从而将明末清初词学的理论建设推进到一个新的高度。

在宋元，张炎也曾谈到大词与小词有不同的要求："大词之料，可以敛为小词；小词之料，不可展为大词。若为大词，必是一句之意，引而为两三句，或引他意入来，捏合成章，必无一唱三叹。"⑤沈义父也说过类似的话："作大词，先须立间架，将事与意分定了。第一要起得好，中间只铺叙，过处要清新。最紧是末句，须是有一好出场方妙。作小词只要些新意，不可太高远，却易得古人句，同一要练句。"⑥但他们谈的都比较简略，初习者也难以准确地把握和领会。在明代，"三分法"的提出，使词调字数多少有比较明确的认定，对小令、中调、长调也就有了不同的要求。

较早谈到这一话题的是俞彦，他说："小令佳者，最为警策，令人动塞裳

① 张綖《诗余图谱》"凡例"，明万历二十七年谢天瑞刻本。
② 俞彦《爰园词话》，《词话丛编》，第1册第400页。
③ 鳙溪逸史《汇选历代名贤词府全集》"叙略"，明嘉靖三十六年刻本。
④ 蒋景祁编《瑶华集》"刻瑶华集述"，中华书局1982年版，第3页。
⑤ 张炎《词源》，《词话丛编》，第1册第266页。
⑥ 沈义父《乐府指迷》，《词话丛编》，第1册第283页。

涉足之想。第好语往往前人说尽，当从何处生活。长调尤为亹亹，染指较难。盖意窘于侈，字贫于复，气竭于鼓，鲜不纳败。比于兵法，知难可焉。"[1] 这里只是谈到小令、长调在前人基础上创新的难度较大，比较系统谈小令、中调、长调不同要求的有沈谦、李东琪、张星耀等。比如：

> 小调要言短意长，忌尖弱。中调要骨肉停匀，忌平板。长调要操纵自如，忌粗率。能于豪爽中，着一二精致语，绵婉中着一二激厉语，尤见错综。[2]

> 小令叙事须简净，再着一二景物语，便觉笔有余闲。中调须骨肉停匀，语有尽而意无穷。长调切忌过于铺叙，其对仗处，须十分警策，方能动人。设色既穷，忽转出别境，方不窘于边幅。[3]

> 短调须取意，如一丘一壑，安置得宜。其间烟云变幻，令人寻绎无穷。长调须取势，如长江大河，安流千里，遇风生澜，随势转折，而不失自然之妙。[4]

> 长调敷景排偶，超于赋之摭实；中调语短情长，远于近体之严板；小令拍促噭峭，优于绝句之隽永。所以，协律和声，长短协节，词善兼诗赋之长，而猎诗赋之美。[5]

综合诸家所论，可以推知，小词"以含蓄为佳"，讲究言短而意长，在音乐上是"拍促噭峭"，在审美上是"柔情曼声"。这些决定着它有自身的一些特

---

① 俞彦《爰园词话》，《词话丛编》，第 1 册第 401 页。
② 沈谦《填词杂说》，《词话丛编》，第 1 册第 629 页。
③ 王又华《古今词论》引李东琪语，《词话丛编》，第 1 册第 606 页。
④ 张星耀《词论》，佟世南选《东白堂词选初集》，《四库全书存目丛书》，集部第 424 册第 519 页。
⑤ 逸史蝶庵《〈牖日谱词选〉序》，《明人词籍序跋辑校》，第 514 页。

殊要求，亦如顾璟芳所说："淡而艳，浅而深，近而远，方是胜场。"① 先著亦有言曰："轻而不浮，浅而不露。美而不艳，动而不流。字外盘旋，句中含吐。小词能事备矣。"② 反之亦然，作者亦当知三忌："一不可入渔鼓中语言，二不可涉演义家腔调，三不可像优伶开场时叙述。偶类一端，即成俗劣。"③ 这是从用语角度讲的，所谓"渔鼓中语言"是指其粗，"演义家腔调"是指其俗，"优伶开场时叙述"是指其滑。一般说来，小令篇幅较短，患于易尽，故多用转韵，"层折多端，姿态百出"，有含蓄蕴藉之美。中调介于小令与长调之间，既不能过于纤弱，也不能过于铺陈。胡应宸说："宋梅以小令仿绝句，则中调者犹诗近体乎？修短中程，浅深合度，有和鸾节奏之音焉。"④ 这里"修短中程"讲的是它在形式上的要求，"浅深合度"讲的是它在内容上的要求。总的来说，就是要求"骨肉停匀"，"语有尽而意无穷"，切忌平板直露。至于长调，章法有类于赋法，又不能过于铺张，在上下阕相接处要留有虚空。王士禛说："长调之妙，在于不冗不复，顿接处有游丝飏空之意。"⑤ 这一点，通过与小令的对比，看得尤为分明，亦即小令多柔情曼声，而长调则须慷慨淋漓，沉雄悲壮。一般说来，小令多用转韵，长调则忌转韵。李葵生说："其不转韵，以调长，恐势散而气不贯也。"⑥ 在他们看来，长调篇幅较长，容量较大，须有气贯串其中，有气则全篇生机盎然。"长调之难于小调者，难于语气贯串，不冗不复，徘徊宛转，自然成文。"⑦ 不过，毛先舒并不同意这一看法，认为长调亦不可使气："填词长调，不下于诗之歌行。长篇歌行，犹可使气，长调使气，便非本色。高手当以情致见佳。盖歌行如骏马蓦坡，可以一往称快。长调如娇女步春，旁去扶持，独行芳径，徙倚而前，一步一态，一态一变，虽有强力健足，无所用之。"⑧ 当然，这也只是就一般情况而论，具体到一些作品来讲，有时偶

① 顾璟芳、李葵生、胡应宸编选《兰皋明词汇选》卷一，辽宁教育出版社1998年版，第1页。

② 先著、程洪辑，刘崇德、徐文武点校《词洁》卷一，河北大学出版社2007年版，第16页。

③ 贺裳《皱水轩词筌》，《词话丛编》，第1册第711页。

④ 顾璟芳、李葵生、胡应宸编选《兰皋明词汇选》卷四，第76页。

⑤ 冯金伯《词苑萃编》卷二引王士禛语，《词话丛编》，第2册第1795页。

⑥ 顾璟芳、李葵生、胡应宸编选《兰皋明词汇选》卷六，第122页。

⑦ 彭孙遹《金粟词话》，《词话丛编》，第1册第725页。

⑧ 王又华《古今词论》引毛先舒语，《词话丛编》，第1册第609页。

作翻新之处，亦体现出打破常规的奇崛之美。如吴激"南朝千古伤心事"，范仲淹"塞下秋来风景异"，是"小令中调有排荡之势者"。周邦彦"衣染莺黄"，柳永"晚晴初"，是"长调极狎昵之情者"也。①

以上所论，虽然看似谈的只是作法问题，但亦可以看出人们对词之体性的认识已经进入一个本体论的层面，亦即从文学性的角度审视词的体性特征。这正好印证了先著所说的这样一句话："盖宋人之词，可以言音律，而今人之词，只可以言辞章。"②

"三分法"的出现是明清词学转型的重要标志，虽然在理论上尚有未尽完善处，但由它而引发的一系列理论话题，成为清代词学继续发展的方向。比如词谱的编订成为一种常态，小令、中调、长调的称谓成为一种习用话语，人们在思想观念上对中国词史的认识有了一个重大的转变，亦即由以音乐谱为中心的时代转向以格律谱为中心的新时代。

第三节　从"辨体"到"立派"

明末清初还有一个核心议题——辨体与立派。众所周知，以五代时期结集的《花间集》为标志，词初步显露出它纤丽娇艳的姿容，到两宋经过晏殊、柳永、周邦彦、姜夔、吴文英等人的逐步完善，渐渐形成以合乐为主要特征、以婉约为基本体性、不同于诗而"别是一家"的美学品格。这一点虽在北宋末年及南宋时期已为人们所关注，还为此展开过激烈的论辩，有本色非本色、当行不当行之说，但真正全面揭示词之审美意蕴，表征着人们对词之体性意识自觉的，则是在词学走向全面复兴的清代。在清初，人们不仅以极大的热情致力于词的创作，而且敏锐地意识到词有不同于诗也有别于曲之微妙处，分别从不同角度、不同层面比较辨析了词与诗与曲的异同，尝试把握词之美学品格，确证词之独立价值，抬高词之文体地位。当时，词坛上还出现了由辨体到分派的理

---

① 沈谦《填词杂说》，《词话丛编》，第 1 册第 630 页。
② 先著《词洁发凡》，《词洁》，第 3 页。

论倾向，以致清初词学形成了比较浓厚的流派意识和尊体观念。

一、清初词坛的辨体批评

词在唐宋时期主要以曲子的形式存在，到元明时期，因为词所依存的音乐环境渐已消亡，娱宾遣兴不再是它的追求目标，言志抒情或展示才思才是其主要功能，故而逐渐衍变成为一种与格律诗没有太大区别的抒情文体。但是，作为一种有别于诗的文体，词的音乐性也不能被完全忽略，而在明代大多数从事填词者偏偏忽略了这一点，以致当时有人发出"词之亡矣"的耸听危言："今人既不解歌，而词家染指，不过小令中调，尚多以律诗手为之，不知孰为音，孰为调，何怪乎词之亡已。"[1] 为此，他们一方面努力钩稽、整理、制订词谱，另一方面又通过诗词辨体达到让一般人了解和认识唐宋词体性——"本色"的目的。

所谓"辨体"，是辨析词与其他文体（主要是诗与曲）的不同，确认词体自身所固有而非与其他文体所共有的特性。辨体的渊源可以追溯到北宋年间陈师道、晁补之的本色当行论，李之仪"自有一种风格"论，及李清照"词别是一家"说，但对清初词学辨体批评产生直接影响的则是明代词学有关词之体性特质的探讨。在明代，出于对南宋词学诗化倾向的反拨，人们尤为重视词体自身的品格，强调词之婉娈近情、柔靡近俗（王世贞《艺苑卮言》）、婉丽流畅、柔情曼声（何良俊《草堂诗余序》）的特点。但较为系统总结词之体性特征的是明末云间词人陈子龙。他认为词"为体也纤弱"，"为境也婉媚"，当有纤刻之辞、婉娈之趣、妍绮之境、流畅之调，而要做到这点必须在用意上以沉至之思出之必浅近，在铸调上以儇利之词制之实工练，设色上有鲜妍之姿而不借粉泽，命篇上以警露取妍却含蓄不尽[2]，从用意、铸调、设色、命篇四个层面揭示了词的体性要求。到清初康熙年间，词坛辨体之风大盛，曹溶、沈谦、曹尔堪、王士禛、邹祗谟、刘体仁、彭孙遹、李渔、先著等，围绕诗词的不同体性展开辨析，使人们对词之特质的认识较明代更为明晰、全面和具有总结性。

---

① 俞彦《爰园词话》，《词话丛编》，第 1 册第 400 页。
② 陈子龙《王介人诗余序》，《安雅堂稿》卷三，《陈子龙全集》，第 1081 页。

首先，深化了自宋以来的本色当行论。宋代论本色当行，以秦观为典范，推崇其婉艳纤丽的词风，清初词学基本上沿袭了这一观念。如沈谦评秦观《满园花》"一向沉吟久"曰："铲尽浮词，直抒本色。"又称："男中李后主，女中李易安，极是当行本色。"① 不但拓展了本色当行的典范词人，而且全面地揭示了本色当行的审美意蕴。从题材上讲，认为词以男女艳情为表现对象。如彭孙遹称词以艳丽为本色，是体制使然，就连韩琦、寇准、赵鼎这样的重臣都写艳情，可见是词的体制决定着其表现内容为人之性情柔婉的一面。② 邹祗谟《远志斋词衷》还记载了彭孙遹为沈谦《云华词》、董以宁《蓉渡词》的艳词所作的回护之辞："自山谷来，泥犁尽如我辈，此中便无俗物败人意。"③ 沈谦《填词杂说》也转载了这段话，并表示了对彭孙遹观点的认同态度："夫韩偓、秦观、黄庭坚及杨慎辈，皆有郑声，既不足以害诸公之品，悠悠冥报，有则共之。"④ 从语言表达上讲，主张要自然真切，切忌雕琢镂刻。如宗元鼎表示词当以艳丽为工，但艳丽中须自然本色。⑤ 贺裳也认为词虽以险丽为工，实不及本色语之妙，还以李清照、萧淑兰、魏夫人、孙光宪、严仁自然贴切的词句，反衬宋祁"红杏枝头春意闹"是"安排一个字，费许大力气"⑥。李渔《窥词管见》专门列有"词语贵自然"一条："若复追琢字句，而后出之，恐稍稍不近自然，反使玉宇琼楼，堕入云雾，非胜算也。"⑦ 当然，自然与雕琢并非绝然对立，只是强调雕琢而不露痕迹，天巧与人工相济为美。比如贺裳认为和凝、贺铸、欧阳修、孙光宪、晏几道的词"真觉俨然如在目前，疑于化工之笔"⑧。所谓"化工之笔"显然是指经过雕琢之后达到巧夺天工的艺术效果。王士禛的有关论述是这一观点的代表，《花草蒙拾》云："前辈谓史梅溪之句法，吴梦窗之字面，固是确论。尤须雕组而不失天然，如'绿肥红瘦''宠柳娇花'，人工天巧，可

---

① 沈谦《填词杂说》，《词话丛编》，第 1 册第 631 页。

② 彭孙遹《金粟词话》，《词话丛编》，第 1 册第 723 页。

③ 邹祗谟《远志斋词衷》，《词话丛编》，第 1 册第 657 页。

④ 沈谦《填词杂说》，《词话丛编》，第 1 册第 635 页。

⑤ 徐釚著，王百里校笺《词苑丛谈校笺》卷四，人民文学出版社 1988 年版，第 254 页。

⑥ 贺裳《皱水轩词筌》，《词话丛编》，第 1 册第 716 页。

⑦ 李渔《窥词管见》，《词话丛编》，第 1 册第 552 页。

⑧ 贺裳《皱水轩词筌》，《词话丛编》，第 1 册第 700 页。

称绝唱。若'柳腴花瘦''蝶凄蜂惨',即工,亦巧匠琢山骨矣。"①在王士禛看来,前者本色自然,故生动形象;后者镂刻雕琢,故堆积饾饤。

其次,发展了明代有关诗词体制异同的辨析,总结出诗庄词媚、诗直词曲、诗雅词俗的体性特征。本色当行论从题材及语言方面大致界定了词的审美内涵,但作为一种特殊的文体,词与诗相比又有什么明显的不同呢?前引王世贞、何良俊的论述已涉及这点,清初词学对他们的观点作了进一步的补充。先著从形式体制方面来区分诗与词,指出:诗自三言四言、多至九言十二言,往往是"一韵而止,未有数不齐、体不纯者。词则字数长短参错,比合而成之"②。然而在尤侗看来,以长短句作为区别诗词的依据是很肤浅的认识,"词之异于诗者,非句之有长短也。盖因调之高下、音之清浊、风格之浅深浓淡而分之"③。这已触及词的入乐问题,当然是词区别于诗的重要特征。但诗词的根本性差异更表现在兴象风神即神理、气味、意境方面,清初词学研讨的重心,也可以说是它的主要成就,正体现在这些方面,不过因神理、气味、意境比较复杂且难于以语言来表达,所以清初学者的表述方式或观察视角也不尽相同。有的人从总体风貌上来比较,如李东琪即明确表述诗词的差别在"庄"与"媚",但对"庄"与"媚"的具体表现未能展开论述。曹尔堪是借形象的比喻来说明庄媚之别的:"词之为体如美人,而诗则壮士也。如春华,而诗则秋实也。如夭桃繁杏,而诗则劲松贞柏也。"④有的人从表达技巧的角度谈诗词的差别,如王岱云:"诗以温柔含蓄、怨不怒、哀不伤、乐不淫为旨,词则欲其极怒、极伤、极淫而已。"⑤这里已经涉及诗词在品格上的雅俗之分,及表达上的含蓄与直露之别。后来田同之的看法,是对这一时期有关论述的总结。他说:"诗贵庄而词不嫌佻,诗贵厚而词不嫌薄,诗贵含蓄而词不嫌流露。之三者,不可不知。"⑥指出诗词差别体现在庄雅与佻薄,含蓄与直露,其原因则又是诗

---

① 王士禛《花草蒙拾》,《词话丛编》,第1册第683页。

② 先著《词洁序》,《词洁》,第1页。

③ 尤侗《南耕词序》,《艮斋倦稿》文集卷三,尤侗著,杨旭辉点校《尤侗集》,上海古籍出版社2015年版,第1160页。

④ 田同之《西圃词说》引曹尔堪语,《词话丛编》,第2册第1450页。

⑤ 王岱《词集自序》,《了葊文集》卷二,清康熙刊本。

⑥ 田同之《西圃词说》,《词话丛编》,第2册第1452页。

是文生于情，而词则是情生于文。

最后，将词放在诗、词、曲文体发展演变的历史进程中分析考察，揭示出词上不可似诗、下不可似曲、处于雅俗之间的审美特点。曹溶云："上不牵累唐诗，不下滥归元曲，此词之正位也。"[1]周永年云："词与诗曲，界限甚分，惟上不摹香奁，下不落元曲，方称作手。"[2]除此之外，还有以例句来印证诗、词、曲的界限，如刘体仁称杜甫诗"夜阑更秉烛，相对如梦寐"，晏几道以词写之则为"今宵剩把银釭照，犹恐相逢是梦中"，尽管二者所用意象相同，但呈现的境界大不相同，他认为这就是诗词之间的分界。这样以例句来说明的方法，只能让读者获得感性的体验，却无法获得理性的认识。李渔对诗、词、曲界限的辨析则更为具体也较深刻，他是从创作（填词）的角度来谈的："作词之难，难于上不似诗，下不类曲，不淄不磷，立于二者之中。"怎样才能做到这点呢？他提出以摹腔的方法来分别，因为诗有诗之腔调，曲有曲之腔调，"诗之腔调宜古雅，曲之腔调宜近俗，词之腔调，则在雅俗相和之间"。所谓腔调实指语言风格，词之腔调即词的风格是雅俗相兼，处在诗之雅与曲之俗之间。如果不会摹腔的话，他又教初学者从字句入手（炼字炼句）来分别："取曲中常用之字，习见之句，去其甚俗，而存其稍雅，又不数见于诗者，入于诸调之中，则是俨然一词，而非诗矣。"同样地，"有同一字义，而可词可曲者。有止宜在曲，断断不可混用于词者。……一字一句之微，即是词曲分歧之界"[3]。这虽未免流于八股，倒也揭示出词雅俗相济的审美特点。

二、词体分类的三种标准

随着辨体观念的自觉和强化，清初学者已不满足于诗词曲之间的体性比较，有的人还能转换视角，从创作主体的角度，从词体内部判分唐宋词，将词划分为"诗人之词""词人之词""文人之词""英雄之词"等类型。王士禛云："有诗人之词，唐蜀五代诸人是也；有文人之词，晏、欧、秦、李诸君子是也；

---

① 曹溶《词话序》，沈雄《古今词话》，《词话丛编》，第 1 册第 729 页。

② 沈雄《古今词话》词品卷下引周永年语，《词话丛编》，第 1 册第 874 页。

③ 李渔《窥词管见》，《词话丛编》，第 1 册第 549~550 页。

有词人之词，柳永、周美成、康与之之属是也；有英雄之词，苏、陆、辛、刘之属是也。"①这一划分其实是按作者身份来确定的，较之传统的婉约与豪放两分法有其合理性。他的这一做法也得到了其词友邹祗谟的认可，并将之作为清初词派划分的重要依据："阮亭尝云：有诗人之词，有词人之词。诗人之词，自然胜引，托寄高旷，如虞山、曲周、吉水、兰阳、新建、益都诸公是也。词人之词，缠绵荡往，穷纤极隐，则凝父、遐周、莼僧、去矜诸君而外，此理正难简会。"②这不仅对词体自身品格有了细致的区分，而且对于清初的辨体批评也有较大的推进作用，将清初词学的批评观念引向了深入。

虽然王士禛并没有把不同创作主体之词作为对待性范畴来看，但我们可以依其分类依据分两类来论述之。此外，尤侗还提出了"伶人之词"与"文人之词"的区别，这里亦对此一并论述。

（一）诗人之词与词人之词

一般说来，所谓"诗人之词"，当是指以诗人身份来填的词。一方面，作者主要精力放在作诗上，填词只是余事；另一方面，这些以余力为词的诗人对于词的协律要求有时不太经意。他们通常以作诗的方式来填词，借以表达自己的襟怀，但王士禛所列举的是唐蜀五代诸人，这说明他的重心放在了以余事为词的角度。而"词人之词"一般指的是作者对于词的音律颇为熟悉，所填之词合乎演唱的要求，亦即协律，还有一层意思是说，"词人"相比"诗人"而言，他们专力于词的创作，对于作诗则不甚措意，以至他们在后代流传的作品主要是词而不是诗，像柳永、姜夔、吴文英、周密即是这样的代表。他们为世人所认可的身份是"词人"，宋人也通常是在这一意义上理解他们的。但是，在清代，词已不可歌，填词与作诗实无多大差别，这时人们对诗人之词与词人之词界分的认识，并不在它们协不协律（演唱的要求），也不在意填词者是专力为之，还是以余事为之。他们认为诗人之词与词人之词的差别，在于表现之物与作者之情关系处理上，是一致关系（文生于情），还是非一致关系（情生于文）。田同之说："从来诗词并称，余谓诗人之词，真多而假少，词人之词，假

---

① 王士禛《倚声初集序》，邹祗谟、王士禛辑《倚声初集》，《续修四库全书》，第 1729 册第 163 页。
② 邹祗谟《远志斋词衷》，《词话丛编》，第 1 册第 656 页。

多而真少。如邶风《燕燕》《日月》《终风》等篇，实有其别离，实有其摈弃，所谓文生于情也。若词则男子而作闺音，其写景也，忽发离别之悲；咏物也，全寓弃捐之恨。无其事，有其情，令读者魂绝色飞，所谓情生于文也。此诗词之辨也。"① 原来，诗是文生于情，真多假少；词则是情生于文，假多真少。刘庆云进一步解释说，这种差异也体现在表现手法上。所谓"真多而假少"即是指写实者为多，用赋的方法较多；所谓"假多而真少"是指较多地运用比兴寄托方法，虽未必实有其事却实有其情。② 这样以赋比兴手法的差异来解说确为新见，但是也有学者从"传统诗歌"与"民间诗歌"对比的角度来谈，对邹祗谟"自然胜引，托寄高旷"与"缠绵荡往，穷纤极隐"作了完全相反的解释："所谓'诗人之词'，乃'自然胜引，托寄高旷'，就是文人将意象呈现、比兴寄托等传统诗歌笔法，自觉或不自觉地引入到词体的创作中，诗词一脉相承，使词体向传统诗体靠拢、回归，基本上与学者们批评苏轼的'以诗为词'的创作模式相近。所谓'词人之词'，则是'缠绵荡往，穷纤极隐'，就是文人学习并继承了民间诗歌铺叙写实的创作笔法，并充分地将其典雅化、精致化，形成了深情往复、极尽铺陈之能事的创作模式。"③ 所谓"铺叙写实"，即为赋法，至于"比兴寄托"自不待言，理解上虽有分歧，但都注意到了表现手法的差异。

（二）文人之词与英雄之词

对于文人之词，王士禛所举例证是晏、欧、秦、李诸君子，这几家在创作上的一个共同特征是"雅"。晁补之评本朝乐章，称晏殊《珠玉词》"不蹈袭人语，而风调闲雅"④；李之仪亦称晏殊、欧阳修等以余力为词，"字字有据，而其妙见于卒章"，"语尽而意不尽，意尽而情不尽"⑤；王灼《碧鸡漫志》卷二："晏元献公、欧阳文忠公，风流蕴藉，一时莫及。"⑥ 那么，秦观、李清照怎

① 田同之《西圃词说》，《词话丛编》，第 2 册第 1449 页。

② 刘庆云《词话十论》，岳麓书社 1990 年版，第 34 页。

③ 李东宾《"诗人之词"与"词人之词"：诗词之辨的语言视角》，《郑州大学学报》2016 年第 2 期。

④ 吴曾《能改斋词话》卷一引晁补之语，《词话丛编》，第 1 册第 125 页。

⑤ 李之仪《跋吴思道小词》，《姑溪题跋》，第 49 页。

⑥ 王灼《碧鸡漫志》，《词话丛编》，第 1 册第 83 页。

么样呢？周必大称秦观："借眼前之景，而含万里不尽之情；因古人之法，而得三昧自在之力。"①张炎《词源》曰："秦少游词体制淡雅，气骨不衰，清丽中不断意脉，咀嚼无滓，久而知味。"②又王灼《碧鸡漫志》卷二称李清照："作长短句，能曲折尽人意，轻巧尖新，姿态百出。"③朱彧《萍洲可谈》云："本朝妇女之有文者，李易安为首称。……诗之典赡，无愧于古之作者；词尤婉丽，往往出人意表，近未见其比。"④在清初，人们也是基于宋人的认识看待各家词的。如邹祗谟《远志斋词衷》："欧、晏蕴藉，秦、黄生动，总以不尽为佳。"⑤世经堂本《词综》评秦观："《淮海词》秀润和雅，能言人意中事，而不趋尖刻一路，北宋自以此君为第一。"⑥王士禛《分甘余话》卷二："凡为诗文，贵有节制，即词曲亦然。正调至秦少游、李易安为极致，若柳耆卿则靡矣。"⑦他们一致认为这几家作为文人之词的典范，一是风调闲雅，或秀润和雅，或贵有节制；二是字字有据或是因古人之法；三是以不尽为佳，有蕴藉之美。何谓"英雄之词"？王士禛列举的词人是苏、陆、辛、刘四人，在一般人心目中，他们都是通常意义上的豪放词人，这里所谓的"英雄"并不是在前线冲锋陷阵者，而是指他们有英雄一样的豪迈气度。在明代，受传统观念的限制，他们的创作大多被贬低，以为不协律，要非本色，是词之变体，"不作可耳"⑧。但王士禛对于苏轼的"觉酒气拂拂，从十指间出"、辛弃疾的"大丈夫磊磊落落，终不学曹孟德、司马仲达狐狸"等给予高评⑨，其他词人对于这些"英雄词人"也有好评，如彭孙遹赞美辛弃疾"胸有万卷，笔无点尘，激昂措宕，不可一世"⑩。邹祗谟也称美辛、刘、陈、陆诸家，"乘间代禅，鲸呿鳌掷，逸怀

① 周必大《跋米元章书秦少游词》，《唐宋词集序跋汇编》，第 44 页。
② 张炎《词源》，《词话丛编》，第 1 册第 267 页。
③ 王灼《碧鸡漫志》，《词话丛编》，第 1 册第 88 页。
④ 朱彧《萍州可谈》，清光绪十八年抄本。
⑤ 邹祗谟《远志斋词衷》，《词话丛编》，第 1 册第 651 页。
⑥ 薛瑞生《世经堂康熙十七年残本〈词综〉批语选录》，《词学》第 18 辑，华东师范大学出版社 2007 年版，第 301 页。
⑦ 王士禛撰，张世林点校《分甘余话》卷二，中华书局 1989 年版，第 28 页。
⑧ 王世贞《艺苑卮言》，《词话丛编》，第 1 册第 385 页。
⑨ 王士禛《花草蒙拾》，《词话丛编》，第 1 册第 681 页。
⑩ 彭孙遹《金粟词话》，《词话丛编》，第 1 册第 724 页。

壮气，超乎有高望远举之思"①。陈维崧说："东坡、稼轩诸长调，又骎骎乎如杜甫之歌行与西京之乐府也。"②他们在创作上也有追攀英雄之词倾向，如"阮亭、金粟、艾庵唱和，偶兴数阕，以笔墨牢骚，写胸中块垒，无意摹古，而提刘攀陆"③。在他们眼中，英雄之词就是作者有豪迈的气概，作品有直抒性情的特质。周在浚说："辛稼轩当弱宋末造，负管乐之才，不能尽展其用，一腔忠愤，无处发泄。观其与陈同父抵掌谈论，是何等人物。故其悲歌慷慨抑郁无聊之气，一寄之于词。"④但是，他们注意到英雄之词也有不足，这就是大多未经锻炼，不免粗率，"徒为壮语"，这一点与词的体性总要求不一致。因此，对于英雄之词虽未否定，也不是他们的理想所在。

（三）伶人之词与文人之词

这是由尤侗首先提出来的。他在为曹亮武《南耕词》所作序中说："然则论词云何？曰协律而已。夫词者，古乐府之遗也。无论大晟乐章并奏教坊，即今出引子，率用词名。登场一唱，筝琶应之，虽宫谱失传，若使老教师分刌节度，无不可按红牙对铁板者。……然律协而语不工，打油钉铰，俚俗满纸，此伶人之词，非文人之词也。文人之词，未有不情景交集，声色兼妙者。"他特地提到词作为一种特别文体在协律上的要求，这是对自北宋以来协律观念的继承和发展，强调协律对于填词而言的重要性——"填词家务令阴阳开阖，字字合拍，方无鳌拗之病"⑤。对于这一点，王士禛也曾有过精辟论述，指出今人填词协律有心手不相应之憾，并通过王九思作词求正于乐工之事，说明"欲与古人较工拙于毫厘，难矣"。"王渼陂初作北曲，自谓极工，徐召一老乐工问之，殊不见许。于是爽然自失，北面执弟子礼，以伶为师。"⑥先著也有类似慨叹，"今之词但征才笔，不入歌喉"，因而发出了这样的呼吁："诚得一娴于音律解事慧心之人，与之讲求其委曲，选声按拍，取新词而被之管弦，复还宋之人旧

① 邹祗谟《倚声初集序》，《倚声初集》，《续修四库全书》，第 1729 册第 166 页。
② 陈维崧《词选序》，《陈迦陵散体文集》卷二，陈维崧著，陈振鹏标点，李学颖校补《陈维崧集》，上海古籍出版社 2010 年版，第 54 页。
③ 邹祗谟《远志斋词衷》，《词话丛编》，第 1 册第 652 页。
④ 徐釚著，王百里校笺《词苑丛谈校笺》卷四，第 250 页。
⑤ 尤侗《南耕词序》，《艮斋倦稿》文集卷三，《尤侗集》，第 1161 页。
⑥ 王士禛《花草蒙拾》，《词话丛编》，第 1 册第 684 页。

胜。"①但是，在尤侗看来，文人填词不能只求协律可歌，其实文人之词较之伶人之词要求更高，在大多数情况下伶人之词只是满足于律协，存在着"律协而语不工，打油钉铰，俚俗满纸"之弊端，文人之词则"情景交集，声色兼妙"，亦即追求文字表达的"工"与"美"，也就是说，词在协律之外还有文学上的追求，这正是文人之词的优长所在。其后，田同之相关论述亦可为之佐证。他说："诗不过四五七言而止，词乃有四声五音均拍重轻清浊之别。若言顺律舛，律协言谬，俱非本色。或一字未合，一句皆废，一句未妥，一阕皆不光采，信戞戞乎其难矣。古人有言曰：'铅汞炼而丹成，情景交而词成。'指迷妙诀，当于玉田、梦窗间求之。"②光求协律与唯求言顺各有其弊，他的意思是言顺与律协应该协调一致，文学与音乐达到完美结合才是最高境界，而能达到这一境界的当推南宋词人张炎、吴文英等，后之填词者自当以张炎、吴文英为师法的榜样。他们的这一提法，应该说为人们在词乐失传之后如何填词指明了方向——"言顺律协"，这也是文人之词的特色所在：在语言上追求遣词造句的"工"，在词律上追求文字声韵之"美"。

王士禛、尤侗以词人身份划分词类的做法，对于从新角度认识词的创作特征确有积极意义，即词派的划分涉及的内容非常广泛，有作者的因素，也有技巧的因素，有音乐的要求，也有文学的要求，不能以一种风格抹杀其他风格，也启示着后来者以词人身份去认识词体与词派。如蒋景祁谈到诗人之词与词人之词并无差别云："词于文章家为一体，而今作者率趋焉。纵横凌厉，往往举其全力赴之，固不必专尊词人之词为当行本色也。"③到了晚清，这一观念得到进一步强化。如李佳《左庵词话》卷上："诗词之界，迥乎不同。意有词所应有而不宜用之诗。字有词所应用而亦不可用之诗。渔洋山人诗，用'雨丝风片'，为人所疵，即是此义。故有能诗而不能词者，且有能词犹是诗人之词，非词人之词，其间固自有辨。"④谭献《箧中词》今集卷五："阮亭（王士

---

① 先著《若庵集词序》，程庭《若庵集词》，清雍正刻本。
② 田同之《西圃词说》，《词话丛编》，第 2 册第 1469 页。
③ 聂先辑《名家词钞·横江词》附评语，《四库全书存目丛书补编》，第 46 册第 289 页。
④ 李佳《左庵词话》，《词话丛编》，第 3 册第 3104 页。

禛）、葆酚（钱芳标）一流为才人之词；宛邻（张琦）、止庵（周济）一派为学人之词；惟三家（指纳兰性德、蒋春霖、项廷纪）是词人之词，与朱（彝尊）、厉（鹗）同工异曲，其他则旁流羽翼而已。"① 王国维在论述五代北宋词风转变时指出："词至李后主而眼界始大，感慨遂深，遂变伶工之词而为士大夫之词。"②

三、流派意识的凸显与尊体意识的形成

从词之特质辨析，到词体类型区分，表征着清人对词之美学品格的认识渐趋深入。特别值得一提的是，当时的体性辨析还引发人们对于词派问题的关注，并以正变亦即豪放、婉约二元对立的观念作为唐宋词派划分的重要依据。由"辨体"走向"立派"，由一般性文体观念的讨论转向对普遍性文学史现象的总结，这是清初词学走向成熟的重要标志之一。

较早以正变之论讨论唐宋词史的是宋征舆，他在《唐宋词选序》中提出太白词有两种不同的风格，"《菩萨蛮》以柔淡为宗，以闲远为致，秦太虚、张子野实师之，固词之正也"，"《忆秦娥》以逸逸为宗，以悲凉为致，于词为变，而苏东坡、辛稼轩辈皆出焉，谈者病其形似而失神检矣"③。这里把李白词分为"柔淡""逸逸"两类风格，并以之作为划分唐宋词风格的重要标准，特地提到唐宋词人对李白词风的学习与效法（"实师之""皆出焉"），实际上已有很明确的词派意识了。到康熙年间，王士禛更是鲜明地打出了"词派"的旗帜，把张綖的正变论改易为词派论。他说："张南湖论词派有二：一曰婉约，一曰豪放。仆谓婉约以易安为宗，豪放惟幼安称首。"④ 论词以"派"对于论词以"体"来说是一大转变，张綖以"体"论词着眼于词的自身体性，王士禛以"派"论词则着眼于词史的演进历程，而张綖论词分正变多少有区分优劣的意味，王士禛论词分两派则不再有优劣高下之别，强调不同词派只是词风有别而已，豪放与婉

① 谭献辑，罗仲鼎校点《清词一千首：箧中词》今集卷五，浙江古籍出版社1996年版，第254页。
② 王国维《人间词话》，第9页。
③ 宋征舆《唐宋词选序》，《林屋文稿》卷三，《四库全书存目丛书》，集部第215册第290页。
④ 王士禛《花草蒙拾》，《词话丛编》，第1册第685页。

约皆可。"词如少游、易安，固是当行本色，而东坡、稼轩以太史公笔力为词，可谓振奇矣。……自是天地间一种至文，不敢以小道目之。"①

由于词派意识的自觉，对唐宋词派的讨论也相应地被提上了日程。有的学者认为，在传统的豪放与婉约两派之外，实际还存在着其他风格的词派。比如邹祗谟就特地提出"词有闲淡一派"的看法，指出："诗家有王、孟、储、韦一派，词流惟务观、仙伦、次山、少鲁诸家近似，与辛、刘徒作壮语者有别。"②而李调元指出姜夔之词也应该另立一派，汪森更对这一派的风格与成员作了比较细致的论述："鄱阳姜夔出，句琢字炼，归于醇雅。于是史达祖、高观国羽翼之，张辑、吴文英师之于前，赵以夫、蒋捷、周密、陈允衡、王沂孙、张炎、张翥效之于后。譬之于乐，舞《箾》至于九变，而词之能事毕矣。"③相对说来，闲淡一派实不如醇雅一派阵营庞大，能否独立成派尚可讨论④，而姜、张的醇雅派得到了大家的一致认可。比如顾咸三说："宋名家词最盛，体非一格。苏、辛之雄放豪宕，秦、柳之妩媚风流，判然分途，各极其妙。而姜白石、张叔夏辈，以冲淡秀洁，得词之中正。"⑤不仅如此，有的学者还把眼光由唐宋转向明清，从地域的角度讨论了清初不同词派的创作特征。如邹祗谟《远志斋词衷》既指出柳洲词派的"不纤不诡，一往熨贴"，也点明梁溪词派具有"笔古蕴藉，清艳兼长"的特征；对于广陵词坛作家的个性也有独到的体认，所谓"善百、园次，巧于言情，宗子梅岑精于取境"是也。⑥这表明，人们已有比较明确的流派意识，或是从体性立论，或是从主体立论，或是从地域立论，流派意识已是人们观察词史的重要角度。

因为词派意识的自觉，清初词坛涌现的诸词派均表现出强烈的立派意识。如沈亿年说："吾党持论，颇极谨严，……专意小令，冀复古音"⑦，谈到云间派以复古为革新的主张，而这一词派在发展过程中也俨然形成一阵营壮大、影

---

① 王士禛辑，赵伯陶点校《古夫于亭杂录》卷四，中华书局 1988 年版，第 87 页。

② 邹祗谟《远志斋词衷》，《词话丛编》，第 1 册第 655 页。

③ 汪森《词综序》，《词综》，第 1 页。

④ 当代学者杨仲谋在《评词绝句注》中把词分为婉约、豪放、潇洒三派。（台中市四川同乡会 1988 年版，第 2 页）

⑤ 高佑釲《湖海楼词序》，《陈维崧集》附录，第 1826 页。

⑥ 邹祗谟《远志斋词衷》，《词话丛编》，第 1 册第 657~659 页。

⑦ 沈亿年《支机集·凡例》，《词学》第 2 辑，华东师范大学出版社 1983 年版，第 245 页。

响海内的队伍："吾党之词，见称海内者。陈、李前驱，辕文骖驾，俱已玉树长埋，宿草可悼矣。尚木清华，莼僧香丽，而或乘五马以徙鳄鱼，投三杯而栖白燕。近制寥寥，未易多得。"[①]尽管在入清之后，云间派渐现凋零之势，而曾有的辉煌也影响一时，所谓西泠、广陵、毗陵诸派皆云间之支脉也。而继起之阳羡派、浙西派，无论领袖还是一般成员，都有着强烈的立派观念，试图在清初众派林立的大潮下能独占鳌头。陈维崧为《浙西六家词》作序称："倘仅专言浙右，诸公固是无双。如其旁及江东，作者何妨有七。"[②]言下之意，阳羡派当亦与浙西派并驾齐驱，作为阳羡派的领袖，他也确实引领了一时词坛之风尚。尤侗说："荆溪一派，皆从髯出。"[③]陈维崧以沉雄壮阔的豪宕之风，并通过唱和的方式影响里中众人，"荆溪一派，乍响沧波渚"，阳羡派也因此成了当时颇具影响力的词派，阳羡词人曹亮武在《荆溪词初集序》中非常自豪地表达了要继云间、松陵、武陵、魏里而自张一军的愿望。浙西之立派以《浙西六家词》为标志，浙西派领袖朱彝尊更是从多个方面表达了自立门派的意图。首先，他提出浙西派不以"六家"为限，应该是由本籍词人与侨寓词人共同构成的，亦即只要是生活在浙西地区的词人都应该纳入浙西派的阵营中来。其次，他还把浙西派的渊源追溯到两宋时代，指出两浙地区在两宋时期以词名家者甚夥，他们为清初浙西地区词风的再盛奠定了良好的基础。"三十年来，作者奋起。浙之西，家娴而户习，顾浙江以东鲜好之者。"[④]最后，他通过《词综》的编选，为本派打出鲜明的理论旗帜——以雅为尚，并确立了他心目中的词坛典范——姜夔，所谓"填词最雅无过石帚"是也。"作为一部标举流派主张的选本，《词综》使朱彝尊的统系意识具体化，在浙西派的发展过程中发挥了巨大的作用。"[⑤]《词综》与《浙西六家词》在康熙十八年（1679）同时推出，扩大了朱彝尊在清初词坛的影响，"朱彝尊词名大著，浙西诸彦群起而影从，奉朱

① 曹尔堪《玉凫词序》，冯乾编校《清词序跋汇编》，凤凰出版社 2013 年版，第 85 页。

② 陈维崧《浙西六家词序》，龚翔麟辑《浙西六家词》，《四库全书存目丛书》，集部第 425 册第 2 页。

③ 尤侗《题求夏词》，《艮斋倦稿》文集卷九，《尤侗集》，第 1255 页。

④ 朱彝尊《〈孟彦林词〉序》，《曝书亭集》卷四〇，《曝书亭全集》，第 455 页。

⑤ 陈文新《中国文学流派意识的发生和发展》第一章第十节，武汉大学出版社 2003 年版，第 121 页。

彝尊为共主"①，也把这一词派从浙西一隅推到了词坛的最前沿，使之成为当时大江南北最有影响的词派。

从辨体到立派，清初词学已表现出高度的观念自觉，对于词体地位和价值的认识也较元明时期有了较大的提高，不再把词看作只供尊前花间浅斟低唱而不能登大雅之堂的"小道""末技"，而是尝试通过不同方式从不同层面来提高词的地位，体现出浓厚的尊体意向。

众所周知，词不同于近体诗的最大特点是句式有长短且便于歌唱，这在古体诗尤其是乐府诗里也是很普遍的现象，康熙时期，人们正是基于这样的认识将词的源头上推到乐府诗及《诗经》。宋荦说："填词之名，肇于唐李供奉《忆秦娥》《菩萨蛮》二阕，而其实自雅、颂《繁》《遏》《渠》等篇，已具错综抗坠之法，早为温、韦诸君子滥觞已。"② 丁澎认为《诗经》已有三五言调、二四言调、叠句调、换韵调、换头调，"凡此烦促相宣，短长互用，以启后人协律之原，岂非三百篇实祖祢哉"③。朱彝尊也认为自有诗就有长短句寓于其中，如《南风》《五子之歌》即是，在周代《颂》诗 31 篇中有 18 篇，在汉代《郊祀歌》19 篇中有 5 篇，而《短箫铙歌》18 篇中篇篇都是长短句，这些都可视为词的源头。在他们看来，"诗不即变为词，殆时未至焉"④，到唐五代诗歌格律发展完备，古诗体逐渐演变为近体，乐府诗也相应地转化为词。尤侗也把词的源头追溯到汉乐府，但不是从长短句式或入乐方面考察，而是从词对诗的表现内容承传方面来分析的，认为"小楼昨夜"为《哀江头》之余，"水殿风来"为《清平调》之余，"红藕香残"为《古别离》之余，"将军白头"为《从军行》之余，"今宵酒醒"为《子夜》《懊侬》之余，"大江东去"为鼓角横吹之余。⑤ 钱尔复更从风格传承的角度谈到词对于诗的发扬："填词是小技，实应风雅。其雄深而朴直者，汉魏之余乎？骈丽而尖新者，六朝之余乎？春容绵

---

① 吴熊和《〈梅里词缉〉与浙西词派的形成过程》，《吴熊和词学论集》，第 436 页。

② 宋荦《瑶华集序》，《瑶华集》，第 3 页。

③ 冯金伯《词苑萃编》卷一引丁澎《药园闲话》，《词话丛编》，第 2 册第 1756 页。

④ 朱彝尊《〈水村琴趣〉序》，《曝书亭集》卷四〇，《曝书亭全集》，第 455 页。

⑤ 尤侗《延露词序》，彭孙遹《延露词》，《清名家词》，第 3 册。

邈，矜奇而刻削者，三唐两宋之余乎？"①他们分别从体式、音乐、风格等方面寻根探源，改变了词为卑格的偏见，抬高了词的地位。

　　然而，提高词之地位的关键阻碍是，长期以来人们以词为小道末技，不能入大雅之堂，这在康熙年间仍然是较为流行的说法，如彭孙遹、贺裳、朱彝尊都有类似表述，以陈维崧为代表的阳羡派却对之展开激烈抨击。陈维崧在很多地方反复声明词非小道，认为"彼以填词为小技者，皆下士苍蝇耳"②，"仆每怪夫时人，词则呵为小道，倘非杰作，畴雪斯言"③。最集中阐述阳羡派批驳小道观念的是任绳隗《学文堂诗余序》一文，他在文中批评持小道论者为"此主乎文章风会言之也"，"此较乎立德与立言重轻之异也"④。在他看来，自古以来文体总是处于不断代变中的，一种新文体的出现自有其存在的合理性，而词的价值在于能补古人之所未备，按朱彝尊的说法是"盖诗有所难言，委曲倚之于声也"，所以说"不得谓词劣于诗也"。在这一问题上，陈维崧的有关论述更具理论的深刻性，他从"天之生才不尽，文章之体格亦不尽"角度入手，证明文章体格只是人的创造才能的外在表现，不管鸿文巨轴还是谰语卮言，都必须经过作者的精深自命，亦即"穴幽出险以厉其思，海涵地负以博其气，穷神知化以观其变，竭才渺虑以会其通"。各种文体之间并不存在什么高下、贵贱之分，词与诗、赋、骚一样都可与经史并驾比美，所以说"为经为史，曰诗曰词，闭门造车，谅无异辙也"。⑤在推尊词体的思想指导下，陈维崧提出了存经存史的理论主张，要求词反映时代和现实状况，在评论同时人作品时尤为注意其现实性或历史感。如评任绳隗词："以为《金荃》之丽句也，抑亦《梦华》之别录也。"⑥评曹贞吉的《百字令·咏史》："置此等词于龙门（司马迁）列传、杜陵歌行，问谁曰不如？"⑦存经存史说的提出，不仅仅是对词之表现内容的拓展，更重要的意义是它彻底消解了"小道""末技"的观念，把词抬到与经

① 钱尔复《未边词序》，李符《香草居集》，《清代诗文集汇编》，第 151 册第 654 页。
② 曹贞吉《珂雪词》附评语，《清代诗文集汇编》，第 133 册第 329 页。
③ 陈维崧《曹实庵咏物词序》，《陈迦陵俪体文集》卷七，《陈维崧集》，第 365 页。
④ 任绳隗《学文堂诗余序》，《清词序跋汇编》，第 98 页。
⑤ 陈维崧《词选序》，《陈迦陵散体文集》卷二，《陈维崧集》，第 54 页。
⑥ 陈维崧《任植斋词序》，《陈迦陵散体文集》卷二，《陈维崧集》，第 53 页。
⑦ 曹贞吉《珂雪词》附评语，《清代诗文集汇编》，第 133 册第 329 页。

与史相等的地位。

康熙中后期，随着尚雅思潮逐步统领文坛，尊体观念也由尚意转向尊雅，以儒家诗乐观阐述尊体思想，强调词对古代乐教传统的传承。由玄烨在康熙四十六年（1707）和五十四年（1715）撰写的《御选历代诗余序》和《钦定词谱序》，把唐虞时代的诗作为近代倚声之祖，由词上溯到诗到乐，认为词与诗与乐相通，能继响古代诗乐传统，有助于政教且能裨益身心。这实质上是让词肩负诗一样的教化功能，美人伦，厚教化，移风易俗，从而把词提到前所未有的高度。

第三章　清代词学观念的自觉

在词学领域里，清人从明代接受过来的，一方面是明代的词学成果，另一方面也有明人存在的问题。清初词学观念固然发端于明代，更是对明代词坛创作弊端反思的结果。在清人看来，建设新词学当从恢复唐宋词传统开始，或是探讨词的本原，或是追溯词的源头，力图恢复唐宋词的原貌以服务于"当代"。但是，清人所面对的环境与宋人生存的环境并不相同，这表现为政治对于词坛的干预越来越多，诗教的观念开始在清代词坛粉墨登场，使得清人的词学观念与宋人的词学观念也不完全相同，对于词史盛衰的认识迥异于宋明两代。

第一节　唐宋词传统的恢复与重建

明词"中衰"，诚为不争之事实。这一点，连明人也毫不避讳地说："我朝文人才士，鲜工南词。间有作者，病其赋情遣思，殊乏圆妙，甚则音律失谐，又甚则语句尘俗。求所谓清楚流丽，绮靡酝藉，不多见也。"① 所谓"清楚流

---

① 陈霆《渚山堂词话》卷三，《词话丛编》，第 1 册第 378~379 页。

丽，绮靡酲藉"，当指唐宋词在长期发展过程中形成的传统，"殊乏圆妙""音律失谐""语句尘俗"自然是明词弊端的种种表现，亦即明代词坛已经丢掉了唐宋时期所确立的文体规范。到清初，随着江南词坛复兴大势的到来，对于明词弊端的批评声音越来越多，批评的语气也越来越严厉。有的人将北宋词与盛唐诗、明初词与晚唐诗相比，认为明初词"盖非不欲胜前人，而中实枵然，取给而已，于神味处，全未梦见"[1]；还有人说："至故明惟《写情》《湘真》二集，高朗秀艳，得两宋轨则，余如瞿、王、二杨诸子，惟以追琢字句点染为工，求其风流蕴藉、句韵天然者，渺难观矣！下此，非叫噪怒骂，则淫亵俚俗，不知词之立体何如忽一变至此？真词之厄也！"[2]他们一致认为明词弊端的关键所在，就是失去了唐宋词"句韵天然""风流蕴藉"的传统，因此，在清初要想重现两宋时期的繁盛景观当从恢复唐宋词传统始。

一、词体：音乐性与文学性并重

词是在隋唐燕乐基础上发展起来的音乐文学，其初起之际主要以音乐的面貌出现，唐人谓之"曲子"或曰"曲子词"。当时从事填词者，多能妙解音律，如第一个专力为词的文人温庭筠，"能逐弦吹之音，为侧艳之词"[3]。到北宋，柳永更是尤精乐章，"变旧声作新声"[4]，并创制新的词调；周邦彦也是长于审音度曲，并因之被提举大晟府，与康与之、万俟咏等讨论古音，审定古调，由是八十四调之声稍传，"又复增演慢曲、引、近，或移宫换羽，为三犯、四犯之曲，按月律为之，其曲遂繁"[5]。不过，自李煜变伶工之词为士大夫之词，词的文学性亦逐渐显露出来，再到晏殊写富贵气象、柳永再现都市繁华、苏轼表达士大夫豪气、周邦彦抒写羁旅情怀，表现内容越来越丰富，表现手法亦愈来愈趋于细密精巧，由平铺展衍到讲究曲折回旋、沉郁顿挫，词的文学性得到进一步的拓展。两宋时期，词的音乐性和文学性皆可谓发展到极致，"故

---

① 刘体仁《七颂堂词绎》，《词话丛编》，第 1 册第 618 页。

② 佟世南选《东白堂词选初集》"小引"，《四库全书存目丛书》，集部第 424 册第 516 页。

③ 刘昫等《旧唐书·温庭筠传》，中华书局 1975 年版，第 5079 页。

④ 李清照《词论》，李清照著，徐培均笺注《李清照集笺注》卷三，上海古籍出版社 2018 年版，第 289 页。

⑤ 张炎《词源》，《词话丛编》，第 1 册第 255 页。

论词于宋人，亦犹语书法、清言于魏晋间，是后之无可加者也"①。

然而，到了明代，随着燕乐的消亡和戏曲的兴盛，词已失去它所依存的音乐环境，其音乐性趋向淡化，文学性得到进一步的强化，它已成为一种徒具音乐形式之文学体裁，《诗余图谱》《啸余谱》《词韵》等词书亦应合这一趋势而纷纷出笼。明人填词主要是把词当作一种押韵合辙的格律诗来看的，只注意"一语之艳""一字之工"②，而不知孰为音孰为调，以致有人发出"词之亡已"③的感慨。明末清初词学复兴之际的词坛依然是这样的情形，只求语言之工妙而忽略其声律上的要求。一是填词多据《诗余图谱》《啸余谱》，然而，前者"平仄差核""载调太略"，后者更是舛误益甚，"或列数体，或逸本名"，"甚至错乱句读，增减字数，而强缀标目，妄分韵脚"④。二是好为自度之曲，"自姜白石辈间为自度曲，于是作者纷然，金元以后，遂不复能谱旧词矣。传至今日，放失益滋，染指者愈多，则舛谬者愈甚"⑤。但是，词乐既亡，何从自度，"近人不解声律，动造新曲，曰自度曲。试问其所自度者，曲隶何律，律隶何声，声隶何宫何调。"⑥无论据谱填词，还是妄自度曲，都说明了这样一点：明人对词的音乐性认识不清。因此，恢复唐宋词传统的第一步，当是重新认识它在文体上的音乐性，并提出填词当遵守唐宋词律的创作要求。

在这一问题上，清初各词派是怎么看的呢？

云间派对词的音乐性涉及较少，但他们在创作上"专意小令，冀复古音"，着意恢复唐宋词初起之际的风貌。沈亿年有云："唐词多述本意，故有调无题。以题缀调，深乖古则。吾党每多寄托之篇，间有投赠之作，而义存复古，故不更录。"他们恢复"古音"的思路是对的，但过于泥古，以致认为"五季犹有唐风，入宋便开元曲"⑦，甚至连作为一代之文学标志的"宋调"都否定掉了。所以，王士禛从文学新变的角度指出，云间派"废宋调而宗唐音"

① 先著《词洁序》，《词洁》，第1页。

② 王世贞《艺苑卮言》，《词话丛编》，第1册第385页。

③ 俞彦《爰园词话》，《词话丛编》，第1册第400页。

④ 邹祗谟《远志斋词衷》，《词话丛编》，第1册第643页。

⑤ 徐釚《词苑序》，《南州草堂集》卷二一，《续修四库全书》，第1415册第375页。

⑥ 毛奇龄《西河词话》卷二，《词话丛编》，第1册第588页。

⑦ 沈亿年《支机集·凡例》，《词学》第2辑，第245页。

之论，将使得"古今文章，一画足矣"①，这样的做法只会使清词的发展走进死胡同。

相对说来，西泠派和广陵派的看法则较为通达，他们注意到"诗以律贵，词以声和"②的体制性差异，看到了"词则未有不歌者也"③"要亦不可尽作文字观"④的音乐特性，并指出"工于律吕"对于填词者来说是比较高的要求："宋初周待制领大晟乐府，比切声调十二律，柳屯田增至二百余阕，然亦有昧于音节，如苏长公犹不免铁绰板之讥。"⑤在宋代尚且如此，在清初则表现得更为突出："今人不解音律，勿论不能创调，即按谱征词，亦格格有心手不相赴之病，欲与古人较工拙于毫厘，难矣。"⑥他们认为，尽管词乐已失传，但词的音乐性不可忽视，填词必遵谱协律对填词者来说应该是最起码的要求。

至于阳羡派，对声律问题的重视，更是世所共知。在康熙初年，万树就与陈维崧讨论过词的声律问题，经过长达二十余年的准备和编纂，到康熙二十六年（1687）终于推出收有660调、1180余体、长达20卷的《词律》。在万树看来，唐宋时期已经形成分调择腔、遵调填词的传统："后人不思寻绎古词，止晓遵循时谱，既信分注为尽善，又乐其改顺为易从。人或议其聱牙，彼则援以借口。嗟呼！古音不作，大雅云亡，可胜悼哉！"⑦"古音"当指唐宋词调，"大雅"则是唐宋时代自然蕴藉的传统，吴兴祚亦有言云："阳羡万子有忧之，谓古词本来，自今泯灭，乃究其弊所从始，缘诸家刊本不详专其真，而讹以承讹，或窜以己见，遂使流失莫底，非亟为救正不可。然欲救其弊，更无他求，惟有句栉字比于昔人原词，以为章程已耳。因辑成此集，考究精严，无微不著，名曰《词律》。"⑧以昔人原词作为"章程"，实乃为恢复唐宋词律的原始状貌。

---

① 王士禛《花草蒙拾》，《词话丛编》，第 1 册第 686 页。

② 丁澎《峡流词序》，王晫《峡流词》卷首，清康熙十八年刻本。

③ 丁澎《东白堂词选序》，《扶荔堂文集选》卷一，清康熙五十五年文芸馆刻本。

④ 王士禛《花草蒙拾》，《词话丛编》，第 1 册第 684 页。

⑤ 纳兰性德《纳兰词》卷首"词评"引丁澎语，《丛书集成初编》，第 9 页。

⑥ 王士禛《花草蒙拾》，《词话丛编》，第 1 册第 684 页。

⑦ 万树编著《词律》"词律自叙"，第 7 页。

⑧ 吴兴祚《词律序》，《词律》，第 4~5 页。

浙西派在这一问题上更是持守音乐本位观，以为唐宋词最基本的体制特征就是它的音乐性。朱彝尊在多处表示过对明人填词不守声律的不满，认为杨慎、王世贞等填词是"强作解事，均与乐章未谐"①。他在《〈水村琴趣〉序》中又进一步分析明词之弊说："夫词自宋元以后，明三百年无擅场者。排之以硬语，每与调乖；窜之以新腔，难与谱合。"②他认为填词守律是一个最起码的要求，也是词区别于诗的一个最基本的体制特征，《〈群雅集〉序》亦云："宋之初，太宗洞晓音律，制大小曲，及因旧曲造新声，……仁宗于禁中度曲，时则有若柳永。徽宗以大晟名乐，时则有若周邦彦、曹组、辛次膺、万俟雅言，皆明于宫调，无相夺伦者也。洎乎南渡，家各有词，虽道学如朱仲晦、真希元，亦能倚声中律吕，而姜夔审音尤精。"③尽管在他生活的年代，词已无法改变其格律化的命运，但他不放弃恢复词之音乐性的努力，还特地提到柳永《乐章集》"有同一曲名，字数长短不齐分入各调者"，姜夔《湘月》词序云此调"即《念奴娇》之鬲指声也"，说明《湘月》与《念奴娇》曲同字数同，而调实不同，并以此证明四声二十八调"各有其伦"，不可混淆。④又《词综》辩证苏轼《念奴娇》"赤壁怀古"一词之音律云："他本'浪声沉'作'浪淘尽'，与调未协。'孙吴'作'周郎'，犯下'公瑾'字。'崩云'作'穿空'，'掠岸'作'拍岸'。又'多情应是，笑我生华发'，作'多情应笑我，早生华发'，益非。……至于'小乔初嫁'宜句绝，'了'字属下句，乃合。"⑤正因为这样，田同之在谈到浙西派填词守律这一点时说："浙西名家，务求考订精严，不敢出《词律》范围之外，诚以《词律》为确且善耳。"⑥

但是，在词乐失传的背景下，他们并没有把音乐性要求绝对化，反倒认为对音律不可过于拘泥，以防影响思想感情的表达："陈大樽（子龙）诗首尾温丽，《湘真词》亦然。然不善学者，镂金雕琼，正如土木被文绣耳，又或者

---

① 朱彝尊《词综发凡》，《词综》，第 14 页。

② 朱彝尊《〈水村琴趣〉序》，《曝书亭集》卷四〇，《曝书亭全集》，第 456 页。

③ 朱彝尊《〈群雅集〉序》，《曝书亭集》卷四〇，《曝书亭全集》，第 456 页。

④ 朱彝尊《词综发凡》，《词综》，第 12 页。

⑤ 朱彝尊、汪森编《词综》卷六，第 109 页。

⑥ 田同之《西圃词说》，《词话丛编》，第 2 册第 1474 页。

斫斫格律，不失尺寸，都无生趣。"①"镂金雕琼"是过于追求文字的雕琢，"斫斫格律"是过于讲求音律规范，在他们看来"生趣"才是填词者应该追求的目标。所谓"生趣"就是文学性的最高表现，是通过语言表达呈现出来的美感韵味，亦即毛奇龄所说的词"别有气味在声色之外"②的东西。这一点也为其他清初词人所认可，如松陵词人尤侗说："律协而语不工，打油钉铰，俚俗满纸，此伶人之词，非文人之词也。"③"伶人之词"与"文人之词"的区别，就在前者只求"律协"，后者则要求"声色兼妙"，亦即既求"律协"，更求"语工"，阳羡词人万树也表示过对"为词者往往拘而不能骋"的不满，认为"专在可歌，声律谐矣，虽或言之俚，弗恤也"④的重"音"而轻"意"的创作倾向并不可取。浙西派对于词的文学性也非常重视，朱彝尊在《词综发凡》中提到北宋词人张先、柳永、秦观等，"一篇之工，见之吟咏"，"一句之工，形诸口号"，"世人言词，必称北宋。然词至南宋，始极其工"⑤。这里的"工"也就是汪森在《词综序》中所说"句琢字练，归于醇雅"的意思，所标榜的姜夔"句琢字练"是指姜夔在填词上"审音尤精"，也是姜夔词在文学性上有特别突出的表现，还说张辑、卢祖皋、史达祖、吴文英、蒋捷、王沂孙、张炎、周密、陈允平、张翥等"皆具夔之一体"⑥，也应该是指其文学性而非音乐性。《词综》一书的现实意义，主要是它的文学性，严绳孙在总结清初词学成就时说："以文则竹垞之《词综》，以格则红友之《词律》。"⑦

二、功能：娱宾遣兴与穷而后工兼具

其实，在清初，文人填词多是把词作为一种抒情达意的载体，词的文学性相对于音乐性来说显得尤为重要。诚如先著所言："盖宋人之词，可以言音律，而今人之词，只可以言辞章。宋人之词兼尚耳，而今之词惟寓目，似可

---

① 王士禛《花草蒙拾》，《词话丛编》，第 1 册第 685 页。
② 毛奇龄《西河词话》卷二，《词话丛编》，第 1 册第 579 页。
③ 尤侗《南耕词序》，《艮斋倦稿》文集卷三，《尤侗集》，第 1160 页。
④ 曹亮武《南耕词》卷四附万树跋语，《四库全书存目丛书》，集部第 422 册第 389 页。
⑤ 朱彝尊《词综发凡》，《词综》，第 10～13 页。
⑥ 朱彝尊《〈黑蝶斋诗余〉序》，《曝书亭集》卷四〇，《曝书亭全集》，第 453 页。
⑦ 严绳孙《词律序》，《词律》，第 6 页。

不必过为抨击也。"① 由音乐而文学，由音律而格律，这一文体重心的实质性变化，必然会带来对文体性质和功能认识的相应变化。

自晚唐五代起，词以一种娱乐性文体的面貌出现在绮筵公子"递叶叶之花笺"、绣幌佳人"举纤纤之玉手"②的娱乐场合，它主要写无关大雅的男女私情，甚至还有轻浮浅薄、暗示色情、格调低下的内容，因此，当时对词社会功能的基本定位是"娱宾遣兴"。陈世修说："公（冯延巳）以金陵盛时，内外无事，朋僚亲旧，或当燕集，多运藻思，为乐府新词，俾歌者倚丝竹而歌之，所以娱宾而遣兴也。"③ 至宋初，晏殊、柳永、欧阳修等人亦如是，到苏轼打破词为艳科的传统格局，"一洗绮罗香泽之态，摆脱绸缪婉转之度"④，变词之婉媚为高朗，为清壮。"他的革新开发了词被合乐应歌而掩埋遮蔽了的文学属性，在词这一通俗文艺的形式躯壳中，注入了传统诗歌抒发情性的灵魂，使词从酒楼歌肆走向书斋案头，从歌儿舞女之口走向士大夫的心灵深处，成为一种抒情诗体。"⑤ 这一转变对于词史意义重大，因为苏轼历经人生坎坷，填词自然成为其托怀寄意的重要手段，他不但借词抒发人生感慨，而且寄寓深沉的社会内容。这一点，到南宋，为辛弃疾、姜夔、吴文英、张炎、王沂孙等所发展，或以美人香草抒怀寄慨，寓其缠绵悱恻的情思；或借咏物怀古托家国身世之感，表其漂泊沦落之思。⑥ 在这一创作实践基础上，南宋便形成了在后代影响甚大的比兴寄托说，这正是词之音乐性淡化而文学性强化的必然结果。明末清初，对唐宋词传统的恢复和重建，从文学性的角度来讲是比兴寄托说的重现和流行。

较早提倡寄托之论的是陈子龙，他不仅要求托深情于闺襜之际，而且主张以咏物来抒家国沦亡之感。在清初，进一步发展这一观念的，是追随云间派的西泠、广陵和毗陵诸词派。魏允札说："古之才人，凡其胸中抑郁不平而

---

① 先著《词洁发凡》，《词洁》，第3页。

② 欧阳炯《花间集叙》，《花间集》，第1页。

③ 陈世修《阳春集序》，冯延巳《阳春集》，《四印斋所刻词》，第332页。

④ 胡寅《题酒边词》，向子諲《酒边词》，《宋六十名家词》，第220页。

⑤ 方智范、邓乔彬、周圣伟等《中国词学批评史》，第37页。

⑥ 张惠民《宋代词学审美理想》，人民文学出版社1995年版，第251~254页。

第三章 清代词学观念的自觉

95

不得申者，正言之不可，泛言之不可，乃意有所触以发其端，而抒其莫能言之隐也，作词者亦是志而已矣！"① 曹禾也说："文人之才，何所不寓，大抵比物流连，寄托居多。《国风》《离骚》，同扶名教。即宋玉赋美人，亦犹主文谲谏之义。良以端言之不得，故长言咏叹，随所指以托兴焉。"② 在他们看来，词是用来抒发作者莫能言之隐的重要载体，"托美人香草之词，抒其幽愤；用残月晓风之句，寄彼壮怀"③。因此，他们反对以词写艳情为冶游生活实录的说法，比如陈维崧为董以宁（文友）文集作序谓："彼夫以香奁、西昆之体目文友者，是岂知吾文友者乎？乱离之人，聊寓意焉。"④ 毛际可为顾贞观花间草堂作记称："其曰花间草堂者，兼取昔人词选以颜其室，盖有自所寄托，而岂仅以香奁粉泽为工哉？"⑤ 不仅美人香草有寄托，就是咏物怀古也是有寓意的，朱彝尊在清初刊刻《乐府补题》看重的就是其托意于物的审美效果："诵其词可以观志意所存，虽有山林友朋之娱，而身世之感，别有凄然言外者，其骚人《橘颂》之遗音乎？"⑥ 当时，曹贞吉《珂雪词》刊刻行世，"其词大抵风华掩映，寄托遥深"⑦，集中颇多咏物怀古之作，高珩为之撰文："初读吊古诸作，慷慨悲凉，羽声四起，如逢祖士雅、刘越石诸人；既而读咏物诸作，入微穷变，五色陆离，又若树珠幢于谷王之曲，而百宝鏖赴也已。"⑧

清初词坛重提寄托之论，是对唐宋词传统的恢复和重建，也是清初社会的政治高压所致。清人在初入中原之际，对汉族特别是江南士人，实施恩威并重又以打击为主的策略，从顺治二年（1645）到康熙十七年（1678）先后发生了科场案、通海案、奏销案等，这几场接踵而至的大案大狱，给那些刚刚跨入新朝的汉族士人以严重的心灵打击，他们内心深处也自然会蛰伏着无以言说的激愤、悲慨、凄楚，这样在明末重提的寄托论到清初康熙时期便进一步发展为

① 叶燮《小丹丘词序》，《已畦集》卷八，《四库全书存目丛书》，集部第 244 册第 89 页。
② 曹贞吉《珂雪词》附评语，《清代诗文集汇编》，第 133 册第 329 页。
③ 吴绮《周屺公澄山堂词序》，《林蕙堂全集》卷五，《景印文渊阁四库全书》，第 1314 册第 300 页。
④ 陈维崧《董文友文集序》，《陈迦陵散体文集》卷二，《陈维崧集》，第 43 页。
⑤ 毛际可《花间草堂记》，《会侯先生文钞》卷四，《四库全书存目丛书》，集部第 229 册第 747 页。
⑥ 朱彝尊《〈乐府补题〉序》，《曝书亭集》卷三六，《曝书亭全集》，第 421 页。
⑦ 永瑢等《四库全书总目》卷一九九"珂雪词提要"，第 1823 页。
⑧ 高珩《珂雪词序》，朱崇才编纂《词话丛编续编》，人民文学出版社 2010 年版，第 142 页。

"言愁"之论。康熙十年（1671）由阳羡词人编纂成书的《今词苑》，其编者之一吴本嵩在书前序文中说："大抵诗贵和平浑厚，虽言愁之作古今不绝，而缠绵凄恻，如诉如慕，莫若诗余之言愁，可以绘神绘声。"① 在这里，词已由宜于托情寄意发展为较之诗"言愁"更为绘神绘声，这种思想向前迈进一步就是"穷而后工"之论了。陈维崧在《王西樵炊闻卮语序》中说：

> 王先生之穷，王先生之词之所由工也。……大约维崧之所谓穷者，不过旦夕不得志，及弃坟墓，去妻子，以糊口四方耳，……盖维崧者，愁矣而未穷，故维崧之词，将老而愈不能工。若甲辰三月王先生之穷则何如？拘挛困苦于圄扉间，前后际俱断，彼思前日之事与后日之事，俱如乞儿过朱门，意所不期，魂梦都绝。盖已视此身兀然若枯木，而块然类异物矣。故其所遇最穷，而为词愈工。……虽然，必愁矣而后工，必愁且穷矣而后益工，然则词顾不易工，工词亦不易哉！②

这里所说的"王先生"，是指清初词人王士禄（号西樵），他曾因科场案遭牵连而入狱。陈维崧说他身经磨砺，对现实生活有了更为深切的感受与体验，所以能创作出表达真情实感的作品，并能达到"愈穷愈工"的艺术高度。其实，陈维崧自己的作品又何尝不是"穷而后工"？他的"狂豪"，他的"疏纵"，便是来自他所感受的明清易代的深沉悲哀，更与他在清初求仕的种种坎坷经历密切相关："其年年近五十，尚为诸生。学业最富，又目睹易代之时，其一种抑郁不平之气，胥于诗词发之，而词又其最著者。纵横博大，鼓舞风雷，其气吞天地、走江河。"③ 其弟陈宗石更是深有感触地说："伯兄之词富矣，伯兄之遇穷矣。"不但词富来自"遇穷"，词工亦来自"遇穷"："或孤蓬夜雨，辘轳历落；或风廊月榭，酒枪茶董；或逆旅饥驱，或河梁赋别；或千里怀人，

① 吴本嵩《今词苑序》，陈维崧等辑《今词苑》，清康熙十年南涧书房刻本。
② 陈维崧《王西樵炊闻卮语序》，《陈迦陵散体文集》卷二，《陈维崧集》，第48页。
③ 陈廷焯《云韶集辑评》卷一六，陈廷焯撰，孙克强主编《白雨斋词话全编》，中华书局2013年版，第385页。

或一堂燕乐；或须髯奋张，酒旗歌板，诙谐狂啸，细泣幽吟，无不寓之于词。甚至俚语巷谈，一经镕化，居然典雅，真有意到笔随、春风物化之妙。"① "意到笔随、春风物化之妙"，正是由遇穷而来的艺术至境。朱彝尊在《陈纬云〈红盐词〉序》中也说："词虽小技，昔之通儒巨公往往为之，盖有诗所难言者，委曲倚之于声，其词愈微，而其旨益远。善言词者，假闺房儿女子之言，通之于《离骚》、变雅之义，此犹不得志于时者所宜寄情焉耳。"② 这里指出词之优长在其能言诗之所难言者，这个所难言的东西就是士大夫"不得志于时"的穷愁。在这一段文字后，他接着说自己"近时情状"，与陈维崧、陈维云兄弟"坎坷略相似"，"短衣尘垢，栖栖北风雨雪之间"，极度"羁愁潦倒"，这实际上已暗示词最擅长写身世之悲、发不平之鸣。③

自欧阳修提出"诗穷而后工"之论以来，人们比较重视穷愁坎坷经历对于诗人创作的激发作用。但是，自《花间集》起，词主要产生在绮筵歌畔、尊前花间，陈维崧所说"穷而后工"之论是就王士禄的创作而发的，陈宗石、朱彝尊之论也是针对陈维崧、陈维云的创作而发的。其实，他们也注意到此论对词史发展而言并非通则，特别是相对于诗史而言。唐宋词发展史存在着这样一个客观事实："达而后工"，唐宋时期许多人品高尚、人生顺达、地位显赫者亦写出了不少传世名篇。在尤侗看来，"诗能穷人，非笃论也"④。穷苦之境使人"穷而后工"，逸乐之境也能使人"达而后工"，问题的关键主要在于创作是否是作者真情的流露，亦即"工"与"不工"与作者写作时的情感状态有关，而作者的情感状态又与其所遭之境遇有关。词人遭际不同，其情感亦有哀乐之别，所填之词自然呈现出不同的风貌。在尤侗看来，如果词人不是从自身遭际出发，那么，创作出来的作品自然会"失真"，"使垂绅正笏而述渔樵之话，抱瓮负锄而奏台阁之章，则失其真矣"⑤。"失真"则不可能会有感动人心的效果，当作者处于顺达之境，自然不会去为赋新愁强说愁了。朱彝尊亦持有类似

① 陈宗石《湖海楼词跋》，《陈维崧集》附录，第 1830 页。
② 朱彝尊《陈纬云〈红盐词〉序》，《曝书亭集》卷四〇，《曝书亭全集》，第 453 页。
③ 袁行霈、孟二冬、丁放《中国诗学通论》，安徽教育出版社 1994 年版，第 1113 页。
④ 尤侗《三十二芙蓉词序》，《西堂杂组》二集卷三，《尤侗集》，第 186 页。
⑤ 尤侗《苍梧词序》，《西堂杂组》三集卷三，《尤侗集》，第 333 页。

的看法，他在康熙二十五年（1686）为丁炜写的《〈紫云词〉序》中说："词者诗之余，然其流既分，不可复合。……昌黎子曰：'欢愉之言难工，愁苦之言易好。'斯亦善言诗矣。至于词，或不然，大都欢愉之辞，工者十九，而言愁苦者，十一焉耳。故诗际兵戈侵扰流离琐尾，而作者愈工，而词则宜于宴嬉逸乐，以歌咏太平，此学士大夫并存焉而不废也。"[①] 对于这段话的理解，学术界见仁见智，不过，大家普遍认同严迪昌的看法："他如此立论的归结点是'歌咏太平'，这也就是其后期一再提到的'六义''元音'的真实意图所在。"[②] 朱彝尊这番话是在康熙十八年（1679）中博学鸿词科入明史馆之后讲的，他已由一介布衣成为清廷的显贵，心态发生了变化，由过去的激愤转而为平和，填词也不免要鼓吹盛世元音了。但是，这一段话也是针对丁炜《紫云词》而发的。当时，丁炜以按察司金事分巡赣南道，"构甓园于官廨，且于层波之阁，八景之台，携宾客倚声酬和"，其《紫云词》亦较多和平之音，有歌咏太平之乐。徐釚《紫云词序》对这一点亦有具体说明，认为《紫云词》是可以用来点缀盛世升平的："今天子首重乐章，凡于郊庙燕饷诸大典，其奏乐而有声之可倚者，必命词臣豫为厘定，今先生（丁炜）《紫云词》既已流传南北，异日或有如周美成之为大晟乐正者，间采《紫云》一曲播诸管弦，含宫咀商，陈于清庙明堂之上，使天下知润色太平之有助也，不亦休哉！"[③] 由此看来，清初词坛出现"宴嬉逸乐"和"穷而后工"两种声音，与明末清初社会情势的变迁有着密切的关系，因此，在恢复和重建唐宋词传统问题的认识上有了分歧或变化。

三、审美：从秾艳绮丽到清真雅正

无论为了适应"宴嬉逸乐，歌咏升平"的社会需要，还是为了抒发个体"不得志于时"的穷愁之感，都会涉及对词之体性的认识问题，亦即词与诗相比是应该"秾艳绮丽"，还是应该"清真雅正"？清初各词派在这一问题上，亦是各表己见，存有分歧。

北宋以来，词学就有"诗庄词媚"的文体界分，在词学内部亦有"文人之词"与"伶工之词"的雅俗分野，最著名者为晏殊与柳永关于"作曲子"问题辩论的公案，以及法秀师力劝黄庭坚少作"荡天下淫心"之艳语的坊间传闻。南宋词坛盛行复雅之风，文人填词由"应歌"转向"应社"，论词倡导内容醇正、音律和婉、格调高雅，反对为词率意抒情进而流为淫亵。在明代，出于对南宋雅正之风的反动，"娱宾遣兴"的观念重返词坛，尚俗尚艳之风再度抬头，其代表性言论有王世贞的"宁为大雅罪人，勿儒冠而胡服"之说。明末清初，新旧政权交替更迭，社会风气发生转变，在诗坛有唐宋诗之争，在词坛也有南北宋词之争，或力追北宋之绮丽，或标榜南宋之典雅，清初词坛在如何恢复和重建唐宋词传统的问题上，也经历了一个由主张"秾艳绮丽"到标榜"清真雅正"的思想转变之过程。

晚明词坛崇尚并盛行的是秾艳绮丽的风气。陈子龙表示词虽称"小道"却愿为之濡首而不辞[1]，以他为代表的云间派，在创作上亦体现出秾艳绮丽的风格特征。邹祗谟说："丽语而复当行，不得不以此事归之云间诸子。"[2]这表明"丽语"而"当行"就是他们心目中的唐宋词传统，陈子龙评价李雯、宋征舆时也这样说过："李子之词丽而逸，可以昆季璟、煜，娣姒清照，宋子之词俊以婉，淮海、屯田肩随而已。"[3]这一秾艳绮丽的词风，在清初江南一带非常流行，如云间宋征舆、李雯拈春闺风雨诸什，兰陵邹祗谟、董以宁分赋十六艳词，遁浦沈雄、殳丹生、汪枚、张赤共仿玉台杂体，还有西泠、柳洲、广陵、松陵等地作者，亦多步武《花间》、效法《草堂》。不但创作上是这样，他们在思想上亦为其所作张目，如彭孙遹认为词以艳丽为本色，乃是体制使然，亦是唐宋词的固有传统，比如韩琦、寇准、赵鼎等人，"勋德才望，照映千古"，然所作却有"人远波空翠""柔情不断如春水""梦回鸳帐余香嫩"等语，"皆极有情致，尽态穷妍"[4]。沈谦还对法秀师呵责黄庭坚深致不满："月痕花影，亦

---

① 陈子龙《三子诗余序》，《安雅堂稿》卷三，《陈子龙全集》，第1080页。
② 邹祗谟《远志斋词衷》，《词话丛编》，第1册第656页。
③ 陈子龙《〈幽兰草〉题词》，《幽兰草》，第1页。
④ 彭孙遹《金粟词话》，《词话丛编》，第1册第723页。

坐深文，吾不知以何罪待谗谄之辈。"① 他还表示，自己愿与黄庭坚一起作泥犁中人："夫韩偓、秦观、黄庭坚及杨慎辈，皆有郑声，既不足以害诸公之品，悠悠冥报，有则共之。"②

不过，明末清初虽流行秾艳绮丽的词风，在江南词坛出现的诸词派却是力戒淫亵鄙秽、浅率尘俗的，这表明他们是对唐宋"文人之词"创作传统的继承和恢复。宋征璧云："词称绮语，必清丽相须，但避痴肥，无妨金粉。譬则肌理之与衣裳，钿翘之与环髻，互相映发，百媚斯生。何必裸露，翻称独立。且闺襜好语，吐属易尽，率露之多，秽亵随之矣。"③ 也就是说词虽以绮丽为貌，但"丽"而有则，"媚"而不俗，并以"清"为其补充，正如肌理与衣裳、钿翘与环髻之间，当互相生发，相辅互成，这样才能有"金粉"之美观而无"痴肥"之腻态。很显然，这一提法是有针对性的，是针对明代词坛俗艳秽亵之风而发。毛晋说："近来填词家，辄效颦柳屯田作闺帏秽媟之语，无论笔墨劝淫，应堕犁舌地狱，于纸窗竹屋间，令人掩鼻而过，不惭惶无地耶？"④ 在朱彝尊看来，明词俗艳的代表人物是马洪（浩澜）："钱唐马浩澜以词名东南，陈言秽语，俗气熏人骨髓，殆不可医。"⑤ 这一情况在清初词坛仍然相当普遍。其一是浅俚，"彼杜于皇、沈天羽、李笠湖辈，街谈俚语，填塞满纸，乃自诩为意新句奇，是诚词家之蠹"⑥。其二是淫亵，"宋人亦各竞所长，不主一辙。而今之治词者，惟以鄙秽亵媟为极，抑何谬与"⑦。"今人顾习山谷之空语，仿屯田之靡音，满纸淫哇，总乖正始，此其理未辨，而伤于世道人心者。"⑧ "今之不屑为词者固亡论，其学为词者，又复极意《花间》，学步《兰畹》，矜香弱为当家，以清真为本色，神瞀审声，斥为郑卫。甚或蹩弄俚词，闺襜冶习，

101

音如湿鼓，色若死灰。"① 从云间派到其后的各词派多主张含蓄、蕴藉、以雅为尚。陈子龙便认为词为体也"纤弱"，有鲜妍之姿却不借粉泽；其为境也"婉媚"，以警露取妍却以含蓄为贵。"是以镂裁至巧，而若出自然；警露已深，而意含未尽。"② 柴绍炳说："余则以为指取温柔，词归蕴藉，务全丽则，不失雅宗。"③ 曹溶也强调词当以"本色""当行"为贵，反对"议论""淹博"入词，主张"旨取花明，语能蝉脱"，"用写曲衷，亟参活句"，"务令味之者一唱三叹，聆之者动魄惊心"④。施闰章亦有言云："词固以艳丽为工，尤须蕴藉，始称作手。"⑤ 在清初曾经极为繁盛的广陵词坛，其代表人物王士禛、邹祗谟、彭孙遹，都像施闰章一样是主张以艳丽为本色的，但同时表现出一定程度的亲雅倾向。⑥ 王士禛和邹祗谟在编辑《倚声初集》时对董以宁《蓉渡词》之"少作"便多所删逸，彭孙遹更明确地说："填词之道，以雅正为宗，不以冶淫为诲。譬犹声之有雅正，色之有尹邢，雅俗顿殊，天人自别，政非徒于闺襜巾帼之余，一味儇俏无赖，遂窃窃光草兰苓之目也。"⑦

以艳丽为本色，并有亲雅的倾向，当然是对唐宋文人词创作传统的承续和发扬。不过，这样的观念还是立足在文体立场看词的特征，其后崛起的浙西派则把这一文体特征与社会教化密切结合起来，试图重建在南宋时期就已经广为流行的诗教说。众所周知，康熙十七年（1678）以后，江南地区的社会风气有了较大的变化，随着统治地位的日趋稳固，清朝对思想界的舆论控制也逐渐收缩和拉紧，在晚明时期一度流行的心学思潮逐步淡退，正统的儒学亦即程朱理学取代心学，成为思想界的强势力量并代表着主流走向，特别是这一思想还得到清朝统治者的提倡和鼓励，这时从上到下各个阶层都以清真雅正为美。"凡是乱极思治的时候，文学上的心理，都不觉趋向到这一点，大家的手眼，都趋于扫淫哇而归清正，一心要树立和平的文学。……因此，一切的眼光都注

① 陈维崧《词选序》，《陈迦陵散体文集》卷二，《陈维崧集》，第 54 页。
② 陈子龙《三子诗余序》，《安雅堂稿》卷三，《陈子龙全集》，第 1080 页。
③ 柴绍炳《平远楼外集序》，《柴省轩先生文钞》卷七，《四库全书存目丛书》，集部第 210 册第 285 页。
④ 曹溶《词话序》，《古今词话》，《词话丛编》，第 1 册第 729 页。
⑤ 聂先辑《名家词钞·二乡亭词》附评语，《四库全书存目丛书补编》，第 45 册第 567 页。
⑥ 邬国平、王镇远《清代文学批评史》，上海古籍出版社 1995 年版，第 656 页。
⑦ 彭孙遹《旷庵词序》，《松桂堂全集》卷三七，《景印文渊阁四库全书》，第 1317 册第 302 页。

意在平正不偏不会生出流弊一点上，然后才合于政府教士的宗旨。"① 尚雅的观念是康熙中叶以后的主导审美趋向，它在文学艺术上的表现是：内容空灵，不着实处，有艺术的含蓄隽永之美，又符合发乎情止乎礼的教化原则。这时在词坛大力倡导尚雅主张的就是以朱彝尊为代表的浙西派，这一词派顺应清初社会需要和审美发展走向，提出了"清醇雅正"的审美主张，将康熙以来词坛尚雅黜俗的审美思潮推向顶峰。值得注意的是，朱彝尊倡导"清醇雅正"，并非排斥艳丽，而是反对俚俗，他对明词的不满，对柳永、黄庭坚的批评，对《草堂诗余》的抨击，等等，主要还是在词的"俚俗"的特征，正如李符评朱彝尊《江湖载酒集》所说："集中虽多艳曲，然皆一归雅正，不若屯田《乐章》徒以香草为工者。"② 也就是说，朱彝尊在体性问题上还是以婉艳绮丽为本色，但他也掺入了自己的理解和独到的认识："绮而不伤雕绘，艳而不伤醇雅。逼真南宋风格"③，"秾而不靡，直而不俚，婉曲而不晦，庶几可嗣古人之逸响"④。他认为只有以醇雅为追求，才能达到"逼真南宋"、"嗣响古人"、恢复唐宋词传统的效果。这里的"醇雅"，较之曹溶、王士禛、邹祗谟等着眼于文体立场讨论雅正偏向含蓄不同，他是把词与社会教化密切联系在一起的，这样也就把词与诗在文体性质上拉得更近了，甚至连诗词之间的文体边界也消解了："诗降而为词，取则未远，一自以词香艳为主、宁为风雅罪人之说兴，而诗人忠爱之意微矣！窃谓词之与诗，体制虽别，而兴会所发，庸讵有异乎？"⑤ 朱彝尊并不认同王世贞的风雅罪人之说，认为词与诗一样应该寄寓"诗人忠爱之意"，与诗一样肩负着社会教化的功能："念倚声虽小道，当其为之，必崇尔雅，斥淫哇，极其能事，则亦足以宣昭六义，鼓吹元音。"⑥ "崇尔雅，斥淫哇"只是手段，"宣昭六义，鼓吹元音"才是目的，他尊南宋就是要重建南宋时代已经确立的重诗教的传统，亦如张炎《词源》中所说的"屏去浮艳""删削靡曼"，

---

① 方孝岳《中国文学批评》，生活·读书·新知三联书店 1986 年版，第 200~201 页。

② 聂先辑《名家词钞·江湖载酒集》附评语，《四库全书存目丛书补编》，第 45 册第 635 页。

③ 朱彝尊评沈尔燨《月团词》，沈雄《古今词话》词评卷下，《词话丛编》，第 1 册第 1049 页。

④ 朱彝尊《蒋京少〈梧月词〉序》，《曝书亭集》卷四〇，《曝书亭全集》，第 454 页。

⑤ 聂先辑《名家词钞·艺香词》附评语，《四库全书存目丛书补编》，第 46 册第 81 页。

⑥ 朱彝尊《静惕堂词序》，曹溶《静惕堂词》，《清名家词》，第 1 册。

做到"志之所之"不为情所役，而且是发乎情止乎礼，当然他已将南宋词对家国兴亡的关怀，替换为再现春容大雅的盛世元音。他在康熙十七年以后所写的作品，多是有意识地怀古、咏史、写景、咏物之类题材。他把主要精力放在字句的雕琢和声律之美的讲求上，刻意淡化因明末清初社会大动乱给广大士人造成的心灵伤痛。正如严迪昌所分析的，朱彝尊崇雅黜俗就是为了"鼓吹盛世元音"而"一洗《草堂》之陋"①。

通过梳理清初词坛在体制、创作、风格等方面的诸多观念，可以看出清初各词派在恢复唐宋词传统上提出了许多积极有效的策略和理论主张。尽管他们在这些问题的看法上并不完全相同，但这些观念通过重建唐宋词传统的思想平台展开交流和对话，从而显现出清初词学在理论层面的内在张力，这为清词中兴局面的全面到来在思想观念上做了准备。

第二节　关于词与政治关系之体认

长期以来，关于清代词学"尊体"是人们热议的话题，但在清人"尊体"背后有较多的隐衷：一是明代词体不尊，二是为词争得文学"正宗"地位，三是合理地调适词与政治的关系。对于前两点，目前谈的较多，也较为深入，对于词与政治关系体认这一点，虽有涉及但不成系统，笔者认为清初在词与政治关系的认识上，有一个从疏离到关联的过程。

一、创作的私人化："词之旨本于私自怜"

在清初，很多词学观念都带有明代词学的印记。在晚明最有影响的词学著述是：王世贞《艺苑卮言》、俞彦《爰园词话》、沈际飞《草堂诗余四集》。它们在词学思想上表述的观点大致是相近的：强调词的言情特质，主张诗词体性有别。对于词之言情特质的强调，有沈际飞的"词以传情"说，他认为诗词

---

① 严迪昌《清词史》，第276页。

都是用以传情的，较之其他文体，词是最擅长表达情感的一种文体。"以参差不齐之句，写郁勃难状之情，则尤至也。"① 因此，只有作者摹写情态，让读者展卷动魄，这样的作品才能称为"本色""当行"。不过，"本色""当行"不仅指其极情之致，还在于它用"致语"写"秾情"，以婉丽儇俏为其表征。王世贞说："词须宛转绵丽，浅至儇俏，挟春月烟花于闺襜内奏之。"② 但他所界定的体性——"宛转"，所规定的传播范围——"闺襜"，使填词成为一种个人化的写作行为，只适合在闺襜之内奏之，不宜于表现宏大的场面和进行宏大的叙事。对于唐宋词人，王世贞认为李煜、晏氏父子、柳永、张先、周邦彦、秦观、李清照才是词之正宗，苏轼、辛弃疾之作则为词之变体。"东坡词诗，稼轩词论。"③ 因为词只能在闺襜内奏之，被封闭在狭小的空间里，也就无法走向社会、摆脱其写作的个人化倾向。

王世贞的观念在明末清初有较大的影响。明末云间派领袖陈子龙认为，词以婉畅秾逸为极致，在创作上的具体表现是："思极于追琢而纤刻之辞来，情深于柔靡而婉娈之趣合，志溺于燕惰而妍绮之境出，态趋于荡逸而流畅之调生。"④ 较之王世贞，他对于词之本色的论述更为具体明确，即由"纤刻之辞""婉娈之趣""妍绮之境""流畅之调"构成。在他的影响下，西泠、柳洲、广陵诸词派，亦以婉丽柔媚为工。如西泠词人徐士俊认为，词以清新婉媚为上，"非情之近于词，乃词之善言情也"⑤，亦即词最善于表现人内心深处的婉曲之情。海宁词人彭孙遹认为词以艳丽为宗是由其体制决定的，如韩琦、寇准、赵鼎等，"勋德才望，照映千古"，然所作小词，尽态极妍，极有情致，正像宋广平之赋梅花，"政自无碍"⑥。以王士禛为首的广陵词人群体，在创作上更是踪迹云间以雅丽为宗。"阮亭沿凤洲（王世贞）、大樽（陈子龙）绪论，心摹手追，半在《花间》，虽未尽倚声之变，而敷辞选字，极费推敲。且其平日

① 沈际飞《古香岑草堂诗余四集序》，《宋元明词选研究》附录二，第453页。
② 王世贞《艺苑卮言》，《词话丛编》，第1册第385页。
③ 谢章铤《赌棋山庄词话》续编卷三，《词话丛编》，第4册第3530页。
④ 陈子龙《三子诗余序》，《安雅堂稿》卷三，《陈子龙全集》第1080页。
⑤ 徐士俊《兰思词序》，沈丰垣《兰思词钞》，清康熙吴山草堂刻本。
⑥ 彭孙遹《金粟词话》，《词话丛编》，第1册第723页。

著作，体骨俱秀，故入词即常语浅语，亦自娓娓动听。"①像彭孙遹的小词"啼香怨粉，怯月凄花，不减南唐风格"②，邹祗谟所为诗余"小语曲致，尽态极妍，直可上接青莲《菩萨蛮》诸调，下睨弇州'凤凰桥下'诸词"③。无论从观念上还是从创作上看，他们接续了自王世贞到陈子龙推崇五代北宋的思想统系，并将词视为一种以婉曲之语表现内在情致的文体。

他们还以"小"字称词——"小语""小词""小道"。这一方面说明他们在创作上取法五代北宋，以小令为主；另一方面也表明他们认为词就是一种写作私人化的文体，题材小而轻，用语曲而致，境界狭而深，不登大雅之堂。"词之旨本于私自怜，而私自怜近于闺房婉娈。"④因为词是偏向于个人化的，所以其内容重在表现男女私情，其意象多为"娥眉曼睩""瑶台婵娟"，其语言以逞才竞巧为极致，在狭小的语言空间里表达丰富而多彩的情感内容。亦即他们以斗词为游戏，在语言表达上争奇竞巧，具体说来就是在"用意""铸调""设色""命篇"四个方面多所用心——用意追求以浅近之语出以沉至之思，铸调讲究"圆润明密，言如贯珠"，设色则不借粉泽却有鲜妍之姿，命篇则以警露取妍而实贵含蓄。⑤对于词之表达的技巧性追求，难免会造成其疏远现实的品格，如崇祯二年（1629）云间宋征璧兄弟的家族内部唱和，就是为了逃避战乱而开展的一次"斗词游戏"。宋征璧说："兵火以来，荷锄草间，时值暮春，邂逅友人于东郊，相订为斗词之戏，以代博弈。"⑥康熙元年（1662），由王士禛发端的红桥唱和，也承续了云间诸子所开创的这一"斗词"传统，他们同题竞作，各逞才艺，形成一种唱彼和喁的氛围。如彭孙遹与尤侗同调《巫山一段云》"贺侯大年新婚""为侯大年赋催妆"，邹祗谟评尤侗之作曰："一时名士赋催妆，定当推此压卷。"尤侗则认为彭孙遹之作更胜一筹："大年以王正三日就甥馆于金氏，同时文士咸赋催妆，仆亦有此调一阕，然擅场之目终须属

① 谢章铤《赌棋山庄词话》卷八，《词话丛编》，第4册第3426页。
② 徐珂《清代词学概论》引严绳孙语，第30页。
③ 宗元鼎《丽农词序》，邹祗谟《丽农词》，《清名家词》，第3册。
④ 宋征璧《倡和诗余序》，宋存标等撰，陈立校点《倡和诗余》，辽宁教育出版社2000年版，第3页。
⑤ 陈子龙《王介人诗余序》，《安雅堂稿》卷三，《陈子龙全集》，第1081页。
⑥ 宋征璧《倡和诗余序》，《倡和诗余》，第3页。

之羡门耳。"① 正如有学者所说，这种斗词为戏的唱和，"使作品一般不去表现重大内容，而以表现儿女之情或咏物为主，以绮罗香泽的语言来表达绸缪婉转的情感。"② 宋氏兄弟的云间唱和与王士禛主持的红桥唱和，意在通过词与现实的疏离，把作者引入文字构筑的虚拟世界，使其进入远离现实的精神避风港。

二、词人与现实："系乎时与遇"

然而，无论宋氏兄弟的有心"逃避"，还是王士禛的着意"淡化"，明清易代对于清初文人的心灵冲击，都是一种无法抹去的历史存在。有的人心怀故国，矢志不渝；有的人投向清廷怀抱，却饱受猜忌，郁郁难舒；有的人科途坎坷，有才难展，有志难伸。这样，在清初词坛就形成了多样化的词风，一方面是婉艳柔靡之音盛行，另一方面悲壮慷慨之气亦潜流涌动，词终于走出了"闺襜"。这时，人们对词之体性已有新的认识，认为词与诗一样是用来抒写襟怀的，它不能完全脱离现实。"词虽小道，本乎性情，中乎音节，固有系乎时与遇者焉。"③ 所谓"时与遇"，指的就是时代和际遇，作者的性情与作品的音节，是与其所处的时代和个人遭遇息息相关的。也就是说，作者的创作不只是为了逞才竞巧，更是为了表达其抑塞难平的心绪，这时人们关注的重心已由词人之"才"转到作者之"遇"上。

龚鼎孳说："自昔名人胜士，放废屈抑，往往作为文词，以自表见。即或流连香粉，称说铅华，类宋玉之繁靡，等陈思之旖旎。要其厥指所托，非属苟然，忠爱之怀，于斯而寓；则又不仅歌场舞榭，擘轴题笺，仅作浅斟低唱柳七之伎俩已也。"④ 因为人生坎坷，作者为文，当是其情之自然流露，虽有香艳之态，实则厥旨有托。比如徐灿（湘蘋），因其夫获罪遭谴，她两度随夫谪戍东北，备尝人世苦辛，其《拙政园诗余》表达的就是这样的人生感慨。陈之遴序称："余与湘蘋流离坎壈，借三寸不律，相与短歌微吟，以消其菀结感愤，何

① 《百末词》《延露词》评语，孙默编《十五家词》，清康熙留松阁刻本。
② 李丹《顺康之际广陵词坛研究》，上海古籍出版社 2009 年版，第 38 页。
③ 邹祗谟《溪南词序》，黄永《溪南词》，《十五家词》，清康熙留松阁刻本。
④ 龚鼎孳《广陵倡和词小引》，王士禄等《广陵倡和词》，清康熙留松阁刻本。

遭逢之径庭也！"①再如陈维崧，当有人称其把全部精力放在艳词的创作上时，他说："丈夫处不得志，正当如柳郎中使十七八女郎按红牙拍板，歌杨柳岸晓风残月，以陶写性情，吾将以秦七、黄九作萱草忘忧耳。"②因为强调词的抒怀功能，所以"言为心声"的诗学观念很自然地进入词学领域，这样在明末清初流行的本色之论被赋予了新的含义，不论婉约还是豪放都能得到认可。这就破解了婉约为正豪放为变的传统本色论，使得肯定豪放之论得到合理的解释。

清初词学对于词的认识，由强调词人之"才"，转向关注作者之"遇"，这是一个重大转变。对"才"的强调，作者与作品的关系是人们注目的重心所在；对"遇"的强调，则意味着作者与现实的关系引起了人们的重视。但是，在作者与现实关系的问题上，从来就有两种不同的态度与立场，一种态度认为词是用以抒写性情的，一种态度认为词是用来服务政治的，这种选择的不同，导致理论上也有了"穷而后工"与"达而后工"的分歧。

过去受婉约为正之本色论制约，认为性情之所指是人之情感的婉媚和侧艳，即便是馆阁大臣、理学名士亦不能免也。这是站在文体的立场谈性情，体性观限制了作品的题材和内容，清初人们也认识到这一观念的局限性，试图从风格多样性的角度拓展传统的体性。如王士禛认为豪放、婉约二者各有所长，不可轻此重彼，尤其是抑豪重婉。"词如少游、易安，固是当行本色，而东坡、稼轩以太史公笔力为词，可谓振奇矣。"③彭孙遹在赞赏范仲淹能作艳词的同时，褒奖其《渔家傲》一词"苍凉悲壮，慷慨生哀"；在肯定辛弃疾词有秦、周之佳境的同时，极称其"胸有万卷，笔无点尘，激昂措宕，不可一世"④。但他们始终未能摆脱文体对于性情的束缚，如果能站在性情的立场谈文体，则性情和文体都能得到全面解放，亦即性情决定文体，作品风格的多样化亦得到合理解释。这一点在周在浚、陈维崧等人身上得到了具体的落实，他们认为是性情决定着作品的风格："凡词无非言情，即轻艳悲壮，各成其是，总不离吾之

---

① 陈之遴《拙政园诗余序》，程郁缀编著《徐灿词新释辑评》，中国书店 2003 年版，第 220 页。
② 宗元鼎《乌丝词序》，陈维崧《湖海楼词》，《清名家词》，第 2 册。
③ 王士禛辑，赵伯陶点校《古夫于亭杂录》卷四，第 87 页。
④ 彭孙遹《金粟词话》，《词话丛编》，第 1 册第 723～724 页。

性情所在耳。"① "其心慷慨者，其言必磊落而英多；其心窈爱者，其言必和平而忠厚。偏狭之人其言猜，诙荡之人其言靡，诞逸之人其言乐，沉郁之人其言哀。要而论之，性情之际微也。"② 这一从本色论到性情论的转变，标志着清初词学从文体论到作者论的转向，即把词体从传统本色论中解放出来，使它与诗一样能站在抒写性情的文体系列。

其实，对于"性情"，清初与明末的理解也是有区别的。众所周知，人的存在是自然的也是社会的，人之情也就有个体与群体之分、自然与社会之别。在明末，沈际飞、徐士俊、沈谦所说之"情"，更多指向的是自然之情，由两性相悦而来的男女之情，或人受外物感发而兴起的应感之情。在清初，人们对于"情"的理解，固然不排除这样的个体之情，但也注入了社会性的内涵，即作者有什么样的社会境遇，就会有什么样的情感表现形态。尤侗说："文生于情，情生于境。哀乐者，情之至也。莫哀于湘累，《九歌》《天问》，江潭之故为之也；莫乐于蒙庄，《逍遥》《秋水》，濠上之游为之也。推而龙门之史，茂陵之赋，青莲、浣花之诗，右军、长史之书，虎头、龙眠之画，无不由哀乐而出者，何况于词乎？"③ 这里，"境"指的是作者的境遇，一方面"境"对情与文之生成有决定性作用，另一方面词之能否感人也取决于它是否表现了作者的哀乐之情。对于"情"之社会性内涵的引入，改变了词之写作的个人化倾向，使其成为一种反映作者际遇、寄托词人情思的载体。这时，对于作品优劣高下的评价标准，不是指它是否合乎"本色"，而是指它表达的情感是否真实。尤侗认为，词人如果不是从自身遭际出发，那么，他创作出来的作品自然是"失真"，"使垂绅正笏而述渔樵之话，抱瓮负锄而奏台阁之章，则失其真矣"。万锦雯也说："故论诗者莫贵乎真，而词亦然。真者，性情之所发也。今夫人亦孰不有性情哉？而往往失其真者，外物之为累者众，而所以养之者未至也。"④ 虽然有的作品看似也表达了性情，但它所表达的性情并非出自作者之真心，自

① 徐釚著，王百里校笺《词苑丛谈校笺》卷四，第251页。
② 陈维崧《董文友文集序》，《陈迦陵散体文集》卷二，《陈维崧集》，第42页。
③ 尤侗《苍梧词序》，《西堂杂组》三集卷三，《尤侗集》，第334页。
④ 万锦雯《荫绿轩续集词序》，徐喈凤《荫绿轩词》，清光绪二十六年刻本。

然是"吐之不灵，听之不跃"，不是尤侗所说的"每念李后主'小楼昨夜又东风'，辄欲以眼泪洗面，及咏周美成'低鬟蝉影动，私语口脂香'，则泪痕犹在，笑靥自开矣"①。

三、词人的态度："愤世"与"颂世"

从理论上讲，从本色到性情，从境遇到真实，清初词学一步步向文学本质逼近。但是，任何一种理论都不能超越它的时代，它往往会带有特定时代的印记，在清初出现的"穷而后工"说与"达而后工"说就是这样的。当时，汉族文人的现实处境极其恶劣，生存空间遭到严重挤压，从顺治末年的科场案，到康熙初年的奏销案、通海案，案狱不断，文人动辄得咎，或是被贬，或是流放，或是被革除功名，或是性命堪忧，这种政治的高压便通过他们的作品表现出来了。如丁澎，顺治十五年（1658）遭科场案牵累，被流放尚阳堡五年，生活境遇的变化也带来其词风的变化，由早年的绮昵侧艳而为悲慨激越。"夫时变矣，而情或与之偕移，则必有噍庲之音，与幼眇之响，或亢或坠，或浮或沉，此虽情之变，亦变之正者。"②邹祗谟少时高车驷马，已属长卿得意，但顺治十八年（1661）的奏销案，击碎了他功业上的期盼，"因此词中也多了一些愤世嫉俗之作"③。还有，董元恺在奏销案被黜后，出游秦、越，吊古伤今。"于是万感风生，千端猬集。蘸柘槃而狂噉，墨欲成龙；濡头发以作书，字皆成蚪。每于钟鸣灯炧之余，恒作剑拔弩张之势。狂时漫写，定属神来；醒后详观，不知谁作。"④这些词人在经历人生坎坷之后，其作品中的情感更具深广的社会内涵，从而也就有"穷而后工"之论的出笼。

的确，时有盛衰，境有顺逆，人有穷达，但不能说人在顺境中就写不出上乘之作。从诗词的不同功能看，词较诗更适宜于表现逸乐之情。朱彝尊说："昌黎子曰：'欢愉之言难工，愁苦之言易好。'斯亦善言诗矣。至于词，或不

① 尤侗《苍梧词序》，《西堂杂组》三集卷三，《尤侗集》，第 334 页。
② 沈荃《扶荔词序》，丁澎《扶荔词》，《续修四库全书》，第 1724 册第 601 页。
③ 沙先一、丁玲玲《邹祗谟生平与著述考论》，《中国韵文学刊》2007 年第 4 期。
④ 陈维崧《苍梧词序》，《陈迦陵俪体文集》卷七，《陈维崧集》，第 380 页。

然，大都欢愉之辞，工者十九，而言愁苦者，十一焉耳。故诗际兵戈俶扰流离琐尾，而作者愈工，而词则宜于宴嬉逸乐，以歌咏太平，此学士大夫并存焉而不废也。"① 从词的自身传统看，名公巨卿以词名家者在在有之，所写亦多柔媚侧艳之情。尤侗说："《花间》《兰畹》所载和凝、韦庄、冯延巳之流，皆一时卿相，而《谒金门》《小重山》诸阕，传为佳话。……宋子京'红杏枝头'、晏同叔（应作晏叔原）'桃花扇底'，《草堂》巨公，并艳千古矣！更有进者，以寇平仲之刚而曰'柔情不断如春水'，范希文之正而曰'眉间心上，无计相回避'，欧阳永叔之忠而曰'无人与说相思，近日带围宽尽'，三公名垂宇宙，不以颣其白璧。由斯以谭，岂惟词不能穷人，殆达者而后工也。"② 实际上，"达而后工"之论在清初更为流行，也最能为人们所接受。

为什么词人主张"宴嬉逸乐""达而后工"呢？一方面固然是词的传统使然，另一方面则是因为他们要通过词以表盛世之音，歌咏太平，这样就把词与政治联系起来了，认为这是词作为一种文学载体的社会责任。在他们看来，"穷而后工"通常出现在乱离之世，所谓"乱世之音怨以怒，治世之音安以乐"，在进入和平发展的盛世社会，作者当肩负起鼓吹修明、润色鸿业的使命。陈之遴说："古人有言，和平之声淡薄，愁思之声要眇，将无穷于遇者工于辞欤？抑辞有所以工者而无与于穷达欤？今兵革渐偃，辇下日以清晏，湘蘋试舒眉濡颖，视此帙何如也？"③ 这说明，社会的和平稳定需要词人有所转变。更重要的原因还是统治者的提倡。康熙二十年（1681），玄烨组织了一次大规模的宫廷唱和活动，提出了文学为统治者歌咏升平的要求。他说："今际海内晏安，兵革偃息。首春令序，九陌灯辉，丰穰有征，吾民咸乐，……宜其成篇什，以绍《雅》《颂》之音。朕发端首倡，仿柏梁体，斑联递赓，用昭升平盛事，冀垂不朽。"（《升平嘉宴同群臣赋诗用柏梁体自序》）④ 上有君王提倡，下有群臣赓和，歌咏盛世升平成为康熙中叶一段时期内文学创作的主旋律。王崇简为

---

① 朱彝尊《〈紫云词〉序》，《曝书亭集》卷四〇，《曝书亭全集》，第 454 页。

② 尤侗《三十二芙蓉词序》，《西堂杂组》二集卷三，《尤侗集》，第 186 页。

③ 陈之遴《拙政园诗余序》，《徐灿词新释辑评》，第 220～221 页。

④ 钱仲联主编《清诗纪事·康熙朝卷》，江苏古籍出版社 1987 年版，第 2461 页。

纪昀（仲霁）词作序，谈到对于纪昀词旨的把握当从时代盛衰的角度去理解："二十年来，躬逢盛世，自应引宫和徵，登歌庙堂，而尚为此指物咏怀、偕丝比竹之语，吾知其一往之情，聊以为寄尔。若以为痴，为旷，为悲酸，岂非觌面而失之乎？"①在升平时代，是不适宜表现乖音戾气的，纪昀之作当是聊以为寄，并非真的有什么"痴""旷""悲""酸"。所以，沈泌为陈玉璂（椒峰）词作序，对陈玉璂寄予这样的厚望："今天子右文，留心词赋之学，吾知椒峰他日备顾问，陪侍从，高咏柏梁，挥毫玉殿，如王褒洞箫之颂，宫人成诵；李白沉香之词，妃子怜才。使一时倖为遭逢，千载传为佳话！"②宋荦为《瑶华集》作序称，是康熙的文治带来了词坛的繁盛："今天子右文兴治，挥弦解愠，睿藻炳然，公卿大夫精心好古，诗律之高，远迈前代，而以其余业溢为填词。咏歌酬赠，屡有篇什，骎骎乎方驾两宋。呜呼，其盛矣！"③聂先、曾王孙合辑《百名家词钞》（亦作《名家词钞》），也意在表彰盛世文治，以鸣一代之盛："皇朝定鼎四十余年，礼乐文章蔚然周汉，而长短填词，尤称极盛。……观百家之词，即见百名公于一堂，如延陵季子观六代之乐，至于箫、韶，观止矣，蔑以加矣。安可不公诸海内，以鸣一代之盛而定千秋之业哉！"④从明末清初逃避现实的避风港，到康熙中叶主动与政治关联，鼓吹盛世元音，词在文坛的地位也从小道末技，一跃成为"千秋大业"，这是词之大幸，也是词人之大不幸。从此，词人成为威权的奴仆，屈从于政治，迷失了自我。词人不能在作品中表现自己的"怨以怒"，再现时代的"乖以戾"。

如果说，朱彝尊等倡导"歌咏太平"，蒋景祁编《瑶华集》、聂先等编《百名家词钞》"以鸣一代之盛"，还只是文学对政治的主动献媚；那么，康熙四十六年（1707）的《御选历代诗余》和康熙五十四年（1715）的《钦定词谱》，则完全变成了政治对文学的直接干预，亦即统治者把编纂文学总集当作"润色鸿业"的政治事业，通过诗词总集的编纂推行其政治教化的理念。"词这

① 王崇简《纪仲霁填词序》，《青箱堂文集》卷四，清康熙二十八年刻本。

② 沈泌《学文堂词集序》，陈玉璂《学文堂集》，《四库全书存目丛书补编》，第 48 册第 31 页。

③ 宋荦《瑶华集序》，《瑶华集》，第 4~5 页。

④ 曾王孙《名家词钞序》，聂先辑《名家词钞》，《四库全书存目丛书补编》，第 45 册第 503 页。

一文体也结束比较自在松散不受注视的历史阶段，毫无例外地被置于统管整饬状态。"①

玄烨在《御选历代诗余序》《钦定词谱序》中表达了自己对于两书编纂的指导思想："朕万几清暇，博综典籍，于经史诸书，有关政教而裨益身心者，良已纂辑无遗。因流览风雅，广识名物，欲极赋学之全而有《赋汇》，欲萃诗学之富而有《全唐诗》，刊本《宋金元明四代诗选》，更以词者继响夫诗者也。"他认为古诗是近代倚声之祖，词与古诗之依永和声之道洵有合也，词可以继响古代的诗乐，有裨于政教。过去孔子读《诗经》以"思无邪"来涵盖其旨，"蕙茝可以比贤者，嘤鸣可以喻友生"；同样，"苟读其词而引申之，触类之，范其轶志，砥厥贞心，则是编之含英咀华、敲金戛玉者，何在不可以'思无邪'之一言该之也"。因此，他命词臣王奕清等人，要以"风华典丽悉归于正者"②为准式来编纂《御选历代诗余》。本来在明末清初已有几部词谱问世，如张綖《诗余图谱》和万树《词律》，特别是万氏词谱于词学贡献尤大。而玄烨在此后二十年再修词谱，不仅仅是为了整理词律，更重要的是引导人们去寻觅"古音乐章之遗响"，实质上是要把人们的创作引导至脱离现实、屈从政治的方向。严迪昌说："这对于脱离音乐而成为抒情文体的词来说，不啻是釜底抽薪的一次整肃。"③

当时，参与两书编纂的人员有杨祖楫、王时鸿、吴陈琰、邬维新、吴襄、杜诏、楼俨、吴景果、储在文等，其中有词集传世者为吴陈琰、杜诏、楼俨。这三位词人在进入纂修馆之前均为布衣。康熙四十四年（1705）到五十三年（1714），玄烨曾多次南巡，推行文治，并于江、浙召试特科，这三人承命献词，荷蒙嘉勉，是这几次南巡擢拔录用的受益者。杜诏曾有《沁园春·诏试日纪恩》词表达自己的感戴之情，并在作品中自觉地承担起鼓吹盛世修明的任务，先后撰有《南歌子·梁溪望幸》、《风入松·恭遇圣驾秋猎回銮》、《金缕曲·榜后》、《万寿长春词》十首等。他说："臣夙惭缀学，少习倚声，自知涉

① 严迪昌《清词史》，第305页。

② 玄烨《御选历代诗余序》，《御选历代诗余》，第2页。

③ 严迪昌《清词史》，第306页。

笔荒芜，岂意蒙恩采录。六年应招，三预编摩。始则选录《诗余》，继复订修《词谱》。摩挲兰苑，猥沐余熏，仿佛花开，求工小令。思往岁，迎銮甫奏，重邀天语褒嘉。幸年来，献寿长歌，倍觉臣心喜跃。极太平之盛事，笔不胜书；当普庆之良辰，情乌容已？"①他们还接受并推衍了玄烨所倡导的教化理念，主张风华典雅，力戒浅卑俚俗。如《御选历代诗余·凡例》："今自唐迄明，网罗采择，汇为成书，鼓吹风雅。"②《钦定词谱·凡例》："至元人小令，略仿《词林万选》之例，取其尤雅者，非以曲混词也。"③《书山中白云词后》："张玉田能以翻笔、侧笔取胜，其章法、句法俱超，清虚骚雅，可谓脱尽蹊径，自成一家。"④像玄烨一样，他们也把词的源头追溯到上古时代，作为推衍乐教之说的理论支撑。杜诏说："臣闻《尚书》首载舜德重华，岁在五载，庚寅命作九成韶梁，时则景星出、卿云兴。惟帝乃歌，百工相和，是实肇风诗之首，亦即开乐府之源。雅颂既兴，歌词间出，始则以诗被乐，继且按律填词。虽小部新声，类是缘情之作；而禁庭春昼，争传应制之篇。至于大晟府官，以协律为名；金马门时，以能词待诏。凡遇嘉时燕赏，辄多妙曲流传；或亦卷阿之矢音，如清风而作诵也。"（《清平乐令·庚寅万寿节恭进》）但是，像杜诏这样直接表达政治意向的做法，也使得文学堕落为一种官方意志的代言体。

四、"诗教"：对性情与政治关系的调适

比较"穷而后工"与"达而后工"之论，发现二者都关涉作者的境遇，也就是作者在现实生活中的遭遇——穷通顺逆。二者对于政治的态度和分野是"愤世"与"颂世"："穷而后工"之论隐含着对现实的批判，"达而后工"之论则表征着对政治的颂美。那么，性情与政治之关系是什么样的？是"愤世"，还是"颂世"？怎样才是情感表达的合理出口？

如上所言，人不可能超越自己的时代，人的性情是和他的境遇息息相关

① 杜诏《清平乐令·庚寅万寿节恭进》，《全清词·顺康卷》，第 11173~11174 页。
② 沈辰垣等编《御选历代诗余》，第 3 页。
③ 王奕清等编著《钦定词谱》，中国书店 2010 年版，第 1 页。
④ 楼俨《书山中白云词后》，《洗砚斋集》，《词话丛编二编》，第 2 册第 745 页。

的，"愤世"和"颂世"都是可以存在的，"穷而后工"与"达而后工"之论也可以并存不悖。但是，不同的文学体裁有其特定的体式规范，诗和词对于情感的表现也有限定性："乐府以曒径扬厉为工，诗余以宛丽流畅为美。"① 因此，词对于情感的表现，政治对于文学的干预，亦须遵循艺术的自身法则：贵柔、尚曲。传统诗学在这方面有比较成功的经验。宋人黄庭坚说："诗者人之情性也，非强谏争于廷，怨忿诟于道，怒邻骂坐之为也。其人忠信笃敬，抱道而居，与时乖逢，遇物悲喜，同床而不察，并世而不闻，情之所不能堪，因发于呻吟调笑之声，胸次释然。而闻者亦有所劝勉，比律吕而可歌，列干羽而可舞，是诗之美也。其发为讪谤侵陵，引颈以承戈，披襟而受矢，以快一朝之忿者，人皆以为诗之过，是失诗之旨，非诗之过也。"② 人有喜怒哀乐，情之所不免也，但诗不可成为泄愤的工具，它还承担着社会教化的责任——美人伦、厚教化、移风易俗。诗是这样，词亦如此。"诗亡词乃盛，比兴此焉托；往往欢娱工，不如忧患作。"③ 它接续了自诗而来的比兴传统，当然也包括对情感强度的制约要求。梁清标为丁澎《扶荔词》作序，指出："昔人穷愁著书，如三闾之《骚》，龙门之《史》，皆以牢落嵚崎之感，发为奇崛幽眇之辞，然伤于愤矣。"谈到写诗填词不可流于泄愤，在这一点上，丁澎的处理方式是比较成功的。尽管他处忧患，穷关塞，"身历险巇，备极艰瘁"，但"其气愈益和，神愈益王，所著日益富，亦日益工"，"集中之词，流丽隽永，一往情深，所谓言近指远，语有尽而意无穷者。令人讽咏之余，穆然以思，式歌且舞"，"至其写闺房之委曲，摹旅况之萧森，畅叙樽罍，流连赠答，事存乎闾巷妇子之微，而情系乎君臣友朋之大，寄寓闳而托兴婉，抑何其乐而不淫、怨而不怒耶"④。亦即，丁澎对于情感的表达，"寄寓闳而托兴婉"，不失古人温厚和平之旨，既符合词的文体规范，又遵循了"发乎情，止乎礼义"的诗教原则。在这一方面被认为是典范的还有浙西派领袖朱彝尊，他说："窃谓词之与诗，体制虽别，而兴会所发，庸

① 孟称舜《古今词统序》，《古今词统》卷首，第 3 页。
② 黄庭坚《书王知载朐山杂咏后》，胡仔《苕溪渔隐丛话》前集卷四八，第 328~329 页。
③ 纳兰性德《填词》，纳兰性德著，黄曙辉、印晓峰点校《通志堂集》卷三，华东师范大学出版社 2019 年版，第 46 页。
④ 梁清标《扶荔词集序》，《扶荔词》，《续修四库全书》，第 1724 册第 599~600 页。

讵有异乎？"①在他看来，词与诗一样要表达忠爱之旨，只是自明代以来受王世贞"宁为风雅罪人之说"的影响，"诗人忠爱之意微矣"。从艺术表达的角度看，词较之诗更婉曲，"其辞愈微，其旨益远"②，更易于表达作者的《骚》《雅》之旨。词写儿女之情与《离骚》、变《雅》之义相通，最宜于传达"诗人忠爱之意"，如他的《江湖载酒集》"虽多艳曲，然皆一归雅正，不若屯田《乐章》徒以香泽为工者"③。这表明，人们已经认识到政治对文学的影响，还是要遵守文学自身规律的，"诗教"之论较好地解决了性情与政治的关系。

在这样认识的基础上，诗教观念在康熙后期开始流行起来。比如康熙时期的词人张惣和卢綋，在比较诗词体性异同时，指出诗词之间有一种异体同源的关系："大抵诗之与词异派而同源，其异者不过音调格法之间，而其本之敦厚，而出以温柔，约其旨归，正未尝不同也。"④"虽或（词）稍近柔靡，必本之至情，揆其大旨所存，仍归诸维持风化，激劝人心，出乎忠臣孝子、劳人思妇之苦心，与三百篇之美刺讽喻究不相远也。"⑤他们认为诗词虽有体性之别，但在宗旨上殊途同归——温柔敦厚，维持风化，在本质上与《诗经》之风雅美刺精神是相通的。在乾隆时期，人们更是自觉地运用诗教观念论词，如著名学者邵齐焘称："乐府云亡，词家竞起。韵流于绮语，律贵乎和声。至乃本诸性情，止乎礼义，其于诗教，大旨无殊。"⑥词代诗而兴，也将其"本诸性情，止乎礼义"之传统接续过来，这使人们对词的看法较过去有了较大变化。以前，人们看重的是"语之绮""声之和"，现在却更注重其"诗教"精神。比如沈德潜论诗力主诗教，认为"诗之为道也，以微言通讽喻，大要援此譬彼，优游婉顺，无放情竭论，而人徘徊自得于意言之余"⑦。论词亦以"中正平和"为总体要求，自称："予短于审音，故论词之工，仍以风雅骚人之旨求之，未能吹

---

① 聂先辑《名家词钞·艺香词》附评语，《四库全书存目丛书补编》，第46册第81页。

② 朱彝尊《陈纬云〈红盐词〉序》，《曝书亭集》卷四〇，《曝书亭全集》，第453页。

③ 聂先辑《名家词钞·江湖载酒集》附李符评语，《四库全书存目丛书补编》，第45册第635页。

④ 张惣《付雪词三集序》，《清词序跋汇编》，第57页。

⑤ 卢綋《四照堂诗余序》，《四照堂集》，《清代诗文集汇编》，第19册第770页。

⑥ 邵齐焘《梦田词序》，《清词序跋汇编》，第520页。

⑦ 沈德潜《施觉庵考功诗序》，《归愚文钞》卷一一，沈德潜著，潘务正、李言校点《沈德潜诗文集》，人民文学出版社2011年版，第1314页。

玉笛，按红牙，弹秦筝，击燕筑，倚声于青尊红烛间也。"[1]乾隆时期著名诗人金兆燕也有类似的言论，认为这是自南宋以来而有的传统，他说："古人以温柔敦厚为诗教，至白石、玉田、草窗辈，谨守此四字以为词，而遂集大成于千古。"[2]从此，词与诗一样成了政治教化的工具，无论浙西派的标榜醇雅，还是常州派的崇尚比兴，都是在性情与政治之间寻求合适的平衡点，寻找词对于情感表达的适度出口而已。

很显然，明清词学在词与政治关系的认识上，经历了一个从疏离到结盟的过程。在明末清初，受传统文体本色论的影响，人们认为词是一种娱乐性文体，婉艳、轻倩是其本色，作者创作也是把词作为一种展示才情的方式看待——以斗词为游戏。但在清初康熙年间，人们对词的认识发生了变化，认为词与诗一样都是抒写性情的载体，一种表达社会性情感的载体。这种以性情为本的立场，使人们对词的体性有了新的认识，即不论风格是豪放或婉约，只要是出诸性情皆为"本色"，性情之真伪是评价作品优劣之核心标准。从性情论出发，清初对于词的认识由文体论转向作者论，作者与社会的关系成为人们关注的重心，这时"时"与"遇"亦成为讨论的中心，作者所处的时代与际遇影响着他的性情和创作，因此有了"穷而后工"与"达而后工"之论。在社会走向和平发展的康熙中后期的"盛世"，更倡导一种昌明博大之音，以词为润色鸿业的手段，用以歌咏盛世太平，作品与作者、作者与时代、个人与国家的关系是一时热议之话题，清代词学主张与传统诗学观念形成了合流之势。

第三节　关于词史盛衰的反思及其意义

近三十多年来，关于清代词学的正变之争、雅俗之争、南北宋之争，讨论得比较热烈，但关于词史的盛衰之辨尚未引起足够重视。其实，在清初，关于词史的盛衰之辨，不但争论得十分激烈，而且这一话题既关系到对词之体性

---

[1] 沈德潜《清绮轩词选序》，夏秉衡辑《清绮轩词选》，清乾隆十六年清绮轩巾箱本。
[2] 金兆燕《方竹楼词序》，《棕亭古文钞》卷六，吕贤平辑校《金兆燕集》，人民文学出版社2018年版，第82页。

的认识，也涉及对千年词史的总体估价，把它作为清初词学的一个重要论题提出来展开论述实有必要。

一、盛衰之辨在清初的提出

这里所谓的"盛""衰"，指的是文学发展的繁荣和衰落，盛衰之辨反映着人们对文学发展变化的认识。清初关于词史的盛衰之辨，是从明末著名词人陈子龙关于词之"盛""衰"的思考发展而来的。他说：

> 词者，乐府之衰变而歌曲之将启也。然就其体制，厥有盛衰。晚唐语多俊巧，而意鲜深至，比之于诗，犹齐梁对偶之开律也。自金陵二主以至靖康，代有作者：或秾纤婉丽极哀艳之情，或流畅澹逸穷盼倩之趣。……斯为最盛也。南渡以还此声遂渺，寄慨者亢率而近于伧武，谐俗者鄙浅而入于优伶。以视周、李诸君，即有彼都人士之叹。元滥填词，兹无论已。明兴以来才人辈出，文宗两汉，诗俪开元。独斯小道有惭宋辙，……此非才之不逮也，巨手鸿笔既不经意，荒才荡色时窃滥觞。且南北九宫既盛，而绮袖红牙不复按度。其用既少，作者自希，宜其鲜工也。①

过去，人们通常从这段话里引出陈子龙反思明词的话题，但笔者认为"就其体制，厥有盛衰"一句是关键，陈子龙意在说明词有"盛"亦有"衰"的道理。他把词的发展史概括为由盛转衰的进程，以南唐北宋词为"最盛期"，以南唐二主、周邦彦、李清照为最盛期的典范，目的是寻找明词衰弱不振的根源，以求挽救南渡以来词的衰弱格局，力图恢复"最盛期"——南唐北宋时期词所呈现的自然、蕴藉、宏丽的风貌。

清初以后，刘体仁以"神味"作为区分盛衰的标准，提出"词亦有初、盛、中、晚"的说法，打破了陈子龙以时代先后区分盛衰的旧观念。尤侗又

---

① 陈子龙《〈幽兰草〉题词》，《幽兰草》，第1页。

将刘体仁的提法作了进一步的改造和修正，提出"及吾朝而恢其盛"的新观念。他说："唐诗之后，香奁、浣花稍微矣，至有明而起其衰；宋词之后，遗山、蜕岩亦仅矣，及吾朝而恢其盛。天地生才，若为此对偶文字，以待后人之侧生挺出，角立代兴，恶可存而不论哉？"[①]尽管尤侗的说法有较强的比附性，但他较之刘体仁进步的地方是，改变了退化论，提出了发展论，预见了清词发展的广阔前景。[②]这一说法一经提出，便成为当时的热门话题，在清初词坛有了积极的回应，对于清词的复兴予以积极肯定。如曹溶说："诗余起于唐人而盛于北宋，诸名家皆以舂容大雅出之，故方幅不入于诗，轻俗不流于曲，此填词之祖也。南渡以后，渐事雕绘。元明以来，竞工俚鄙，故虽以高、杨诸名手为之，而亦间坠时趋。至今日而海内诸君子，阐秦、柳之宗风，发晏、欧之光艳，词学号称绝盛矣。"[③]

从陈子龙到刘体仁、尤侗、曹溶，关于词之"盛""衰"的论述，引出了这样三个话题：南北宋何者为"最盛"？明代是否是词的"中衰"时期？清初词坛的繁荣（"盛"）是否是真正的繁荣（"盛"）？

二、宋词：何者为最盛，北宋抑或南宋？

正如前文所说，明代已形成"一代之艺"的观念，宋词成为"一代文学"的标志，到清代经过郭麐、焦循的推衍，影响甚大。王国维说："凡一代有一代之文学：楚之骚，汉之赋，六代之骈语，唐之诗，宋之词，元之曲，皆所谓一代之文学，而后世莫能继焉者也。"[④]但是，宋词经过近三百年的发展，南北两宋形成了不同的时代风格，到底哪个时期能真正地代表宋词的成就？也就是说，南北宋何者为宋词之"盛"的标志呢？

明末，陈子龙把南唐北宋作为词史发展的顶峰，以李璟、李煜父子和周

---

① 尤侗《词苑丛谈序》，《词苑丛谈校笺》，第3页。

② 蔡钟翔、黄保真、成复旺《中国文学理论史》，北京出版社1987年版，第4册第576页。

③ 曹溶的这段话见于《名家词钞》中汪森《碧巢词》所附评语，时间在康熙十七年《词综》刻印之后，康熙二十五年《百名家词钞》刻印之前，而尤侗的《词苑丛谈序》则撰于康熙十七年，据此推断，曹溶的话当发表在尤侗之后。参见聂先辑《名家词钞》，《四库全书存目丛书补编》，第46册第239页。

④ 王国维《宋元戏曲史》"序"，华东师范大学出版社1995年版，第1页。

邦彦为最盛期的典范，认为南宋以后存在着粗率直露和鄙俚浅俗之弊。入清以后，他的思想为后期云间派所承袭，如宋征舆就坚持宗五代北宋的观点，以三李（李白、李煜、李清照）作为词史发展三个阶段的代表，以李清照为"最盛期"的典范。^①宋征璧也特别地标举北宋七大词人——欧阳修、苏轼、秦观、张先、贺铸、晏几道、李清照，认为"词至南宋而繁，亦至南宋而敝"^②，这里"繁"是指南宋词风格的多样，"敝"是指南宋词存在的流弊。

云间派以北宋为"最盛"的观念，深刻地影响着清初西泠、广陵、毗陵诸派。如西泠派填词即踪迹《花间集》，步武《草堂诗余》，论词以北宋秦观、李清照、周邦彦为高，毛先舒还具体分析了北宋词之"盛"的审美表现："北宋词之盛也，其妙处不在豪快，而在高健。不在艳褻，而在幽咽。豪快可以气取，艳褻可以意工。高健、幽咽则关乎神理骨性，难可强也。"^③王士禛及其在扬州唱和的词友，"沿凤洲、大樽绪论，心摹手追，半在《花间》"^④，填词以五代北宋为宗，论词亦以北宋比"盛唐"，把北宋作为词史发展的"最盛期"："词亦有初、盛、中、晚，不以代也。牛峤、和凝、张泌、欧阳炯、韩偓、鹿虔扆辈，不离唐绝句。如唐之初，未脱隋调也，然皆小令耳。至宋则极盛，周、张、柳、康，蔚然大家，至姜白石、史邦卿，则如唐之中。而明初比唐晚，盖非不欲胜前人，而中实枵然，取给而已，于神味处，全未梦见。"^⑤这种四阶段论的划分法，对于后来者有较大影响。

然而，以朱彝尊为代表的浙西派不赞同云间、西泠、广陵诸派的看法。他说："世人言词，必称北宋。然词至南宋，始极其工，至宋季而始极其变。"^⑥为什么说"词至南宋，始极其工"呢？这是因为："窃谓南唐北宋，惟小令为工，若慢词，至南宋始极其变。"^⑦在这一认识的基础上，他提出"小令宜师北宋，慢词宜师南宋"的主张，在当时长调已成为词坛创作的主流，此论重心自

---

① 宋征舆《唐宋词选序》，《林屋文稿》卷三，《四库全书存目丛书》，集部第 215 册第 290~291 页。

② 宋征璧《倡和诗余序》，《倡和诗余》，第 2 页。

③ 王又华《古今词论》引毛先舒语，《词话丛编》，第 1 册第 607 页。

④ 谢章铤《赌棋山庄词话》卷八，《词话丛编》，第 4 册第 3426 页。

⑤ 刘体仁《七颂堂词绎》，《词话丛编》，第 1 册第 618 页。

⑥ 朱彝尊《词综发凡》，《词综》，第 10 页。

⑦ 朱彝尊《书〈东田词〉卷后》，《曝书亭集》卷五三，《曝书亭全集》，第 555 页。

然偏于南宋。长调在北宋末年已经完全走向成熟，出现了柳永、秦观、周邦彦等以写长调见长的大词人，浙西词派为什么唯独推崇南宋呢？李良年是这样解释的："或谓：'北宋诸家尚有温厚之音，豪宕之气，后此，似不逮，子何独偏祖南宋？'予谓：'如君言，论诗近矣，词则否。倚声按拍，在绮筵朱户、香奁秋锦之傍，杂以壮夫庄士，斯婵娟却步矣。'"[1] 原来，他们重婉约、斥豪放，汪森《词综序》对这一点论述得最为明确："西蜀、南唐而后，作者日盛。宣和君臣，转相矜尚。曲调愈多，流派因之亦别。短长互见，言情者或失之俚，使事者或失之伉。鄱阳姜夔出，句琢字炼，归于醇雅。"[2] 尚南宋，就是要取法姜夔句琢字炼的醇雅词风，以抵御柳词的淫艳和辛词的粗豪，从而达到转变清初词坛风气的目的。

朱彝尊虽未明言以南宋为词史发展的"最盛期"，但推崇南宋的主张是明确的，这一主张在清初还产生了强烈的反响，拥护者有之，反对者亦有之。他说："曩予与同里李十九武曾，论词于京师之南泉僧舍，谓小令宜师北宋，慢词宜师南宋，武曾深然予言。"[3] 又说："予尝持论，谓小令当法汴京以前，慢词则取诸南渡。锡山顾典籍不以为然也。魏塘魏孝廉独信予说，频与予唱和。"[4] 前一句所说的武曾就是李良年，李良年及其弟李符为"浙西六家"的重要成员，他们在多种场合表达过与朱彝尊相类似的看法，如："宋固多专于词者，至南宋而盛，白石、玉田、梦草二窗极专家之能事矣。"[5] "词至晚宋极变而工，一时名流，往往托迹西泠，篇章传播最盛。"[6] 后一句所说的顾典籍，指的是清初梁溪词人顾贞观。顾贞观说："南宋词最工，然逊于北。梦窗、白石，闻言俯首。"[7] 这句话是针对朱彝尊之论而发的，所说"南逊于北"表明他不同意朱彝尊以南宋为"最盛"的提法，他主张以五代北宋为词史发展的最盛期。姜

① 李良年《钱鱼山词序》，李良年撰，朱丽霞整理《秋锦山房集》卷一五，上海古籍出版社2011年版，第461页。

② 汪森《词综序》，《词综》，第1页。

③ 朱彝尊《〈鱼计庄词〉序》，《曝书亭集》卷四〇，《曝书亭全集》，第455页。

④ 朱彝尊《〈水村琴趣〉序》，《曝书亭集》卷四〇，《曝书亭全集》，第455页。

⑤ 李良年《钱鱼山词序》，《秋锦山房集》卷一五，第461页。

⑥ 李符《红藕庄词序》，龚翔麟《红藕庄词》，《浙西六家词》，《四库全书存目丛书》，集部第425册第99页。

⑦ 李渔《窥词管见》附顾贞观评批，《笠翁一家言诗词集》，《李渔全集》，浙江古籍出版社1991年版，第2册第510页。

宸英说："梁溪圆美清淡，以北宋为宗，陈（维崧）则颓唐于稼轩，朱（彝尊）则渐洗于白石。"① 受顾贞观的影响，纳兰性德论词亦以南唐北宋为宗："古诗长短，即词之创；南唐北宋，波澜特壮；亦犹诗律，至唐而畅。"② 所谓"南唐北宋，波澜特壮"，讲的就是以北宋为词史发展的最盛期；所谓"亦犹诗律，至唐而畅"，亦类似于刘体仁以盛唐诗比北宋词。姜宸英在墓表中还转述了纳兰性德的一句话："填词滥觞于唐人，极盛于宋，其名家者不能以十数，吾为之易工，工而传之易久。而自南渡以后弗论也。"③ "极盛于宋"一句，把纳兰性德的词史盛衰观鲜明地揭示出来，因此徐乾学《纳兰君墓志铭》说纳兰性德"好观北宋之作，不喜南渡诸家，而清新秀隽，自然超逸"。为什么顾贞观、纳兰性德偏好南唐、北宋诸家呢？这与他们的词学思想有关，因为他们欣赏"清新秀隽，自然超逸"之作，喜欢以表现情韵见长的小令短制，故推崇温庭筠、韦庄的"短音促节，天真烂漫"④，"以南唐二主当苏、李，以晏氏父子当三曹"⑤。

看来，南北宋何者为"最盛"的问题，不仅体现出清初诸派词史观的分歧，而且反映了他们对词之体性的不同认识和审美追求。

三、明词：是否就是"中衰"？

诚然，对南北宋何者为"最盛"，因为观念的差异，存在分歧，在所难免。那么，清初对明词的看法是否就达成共识，认同陈子龙所说的明代是词的衰落期呢？其实，在这一问题上，也存在着截然相反的两种意见。对明词"中衰"的提法，有同意者，亦有反对者。

康熙元年（1662），经过近三年的努力，顾璟芳、李葵生、胡应宸辑成《兰皋明词汇选》一书。他们在整理明词文献过程中发现，明词并非像人们所

---

① 姜宸英《题蒋君长短句》，《湛园未定稿》卷五，《四库全书存目丛书》，集部第 261 册第 709 页。

② 严绳孙、秦松龄《祭文》，《通志堂集》卷一九，第 375 页。

③ 姜宸英《通议大夫一等侍卫进士纳腊君墓表》，纳兰性德撰，赵秀亭、冯统一笺校《饮水词笺校》附录，中华书局 2005 年版，第 504 页。

④ 蒋景祁编《瑶华集》"刻瑶华集述"，第 10 页。

⑤ 况周颐《蕙风词话》续编卷一引顾贞观《十名家词序》，《词话丛编》，第 5 册第 4543 页。

说的那样是"衰落"，他们更不同意词至明转入"中衰"的提法，反而认为词至明乃转而"复振"。胡应宸叙云："宋立大晟府十二律篇目，广至二百余调。猗欤盛矣。未几流为歌曲，其亦词之中衰乎？若夫寻坠绪于茫茫，溯孤音而远绍，上承古乐，下启新声，不得不属之有明矣。"[1]顾璟芳序亦云："而有明一代，……上自帝王，降而卿士大夫，至山林方外、思妇劳人，为忧为乐皆得自言，好色而不淫，怨诽而不怒，且忠孝亦托闺房，温柔要于忠厚，骚坛之意旨不减风诗，盖于今称极盛矣。"[2]基于这样的认识，他们认为明词与宋词相比，并无高低上下的区别："刘（基）、杨（慎）慷慨，未减苏、辛；施（绍莘）、沈（际飞）纤秾，方追秦、柳。问闺帏则王（微）、徐（媛）入室，谭《骚》《楚》则陈（子龙）、夏（完淳）升堂。"[3]从创作角度言，明代刘基、杨慎可比美于苏、辛，施绍莘、沈际飞亦不逊色于秦、柳；从作者角度言，明代既有女性词人王微、徐媛，也有忠烈词人陈子龙、夏完淳，他们在词史上的地位有似于宋代的李清照、朱淑真、文天祥等。更重要的一点是，明代的创作有迥异于宋代的时代特色，胡应宸对这一特色作了一个形象的说明："其间有若太华竦峙，岩崿莫攀者，立格高也；有若黄河曲折，溯源星宿者，命意远也；有若芳兰空谷，黝然以深者，取径幽也；有若带露朝花，香艳袭人者，造语鲜也；有若掷地金声，铿锵协律者，炼字响也。其闺情，则娇花宠柳而不入淫；其赋物，则弄月嘲风而不失远；其赠别，则南浦渭阳而不过伤；其感怀，则击筑悲风而不为怨。"[4]顾璟芳等人的有些提法，尽管有值得商榷的地方，但他们身处明亡之后的康熙朝，是从后代角度审视前代的，对明词的评价绝无明人那种不可回避的"自我美化"因素，恰好说明他们是比较客观地评价明词功过得失的。

与《兰皋明词汇选》编选者同时，对明词给予好评的还有陆求可，其为《月湄词》作序云："近代而还，指不多屈。用修、元美，几同秦、柳升堂；征

① 胡应宸《明词汇选叙》，《兰皋明词汇选》，第3页。
② 顾璟芳《兰皋明词汇选序》，《兰皋明词汇选》，第1页。
③ 李葵生《兰皋明词汇选序》，《兰皋明词汇选》，第2页。
④ 胡应宸《明词汇选叙》，《兰皋明词汇选》，第3~4页。

仲、眉公，亦比欧、苏入室。张右文纂《图谱》，恰在泯绝之日；钱功甫辑《词华》①，适丁散佚之年。各出新声，俱标艳体，多有缘情雅作，宁为累德微词。碧云红叶之章，共推扬于文正（范仲淹）；杨花谢桥之句，犹许可于伊川（程颐）。盖假物而行吟，实贤者所不免。未可呵为蜡屐，奚容等若雕虫。"② 这里特地提到明中叶以来的词人杨慎、王世贞、文徵明、陈继儒，认为他们的创作成就不亚于宋代的秦观、柳永、苏轼、辛弃疾，而张綖的《诗余图谱》和钱允治《类编国朝诗余》于明词的振兴亦功不可没。与陆求可看法相近的还有邹祗谟，他也认为明人词并不逊色于宋人："文成（刘基）之于元献，犹兰亭之似梓泽也；新都（杨慎）之于庐陵，犹宏治之似伯玉也；琅琊（王世贞）之于眉山，犹小令之似大令也；公谨（夏言）之于幼安，犹宣武之似司空也；逮黄门舍人（陈子龙）之于屯田、待制，直如曹、刘之于苏、李，遂觉后来益工。"③ 这里将明代词人与宋代词人相比，不单单是说明他们之间风格近似，更有将他们的创作一比高低的意味。值得注意的是，丁澎在回顾词史发展进程时，将词史之"衰"归于元，充分地肯定明人的振兴词学之功："有声必有词矣，词则未有不歌者也，此诗余之肇于唐而盛于宋者，所以补乐章之散佚，以续古诗之亡乎？逮元人，倡为南昌越石十三调，而诗余之歌法遂埋。其器似而音非，学者鲜能究其根底。明人起而持将坠之绪，季迪、孟载舒清越之音，成都、太仓抗铮吰之调，铿锵盈耳，沨乎可味矣！"④ 不仅如此，邹祗谟还提出词之"中兴"始于明代中叶的新见。他说："近世如用修（杨慎）、元美（王世贞）、元朗（何良俊）、仲茅（俞彦）诸先生，无不寻流溯源，探其旨趣，而词学复明，犁然指掌。"⑤ 杨慎、王世贞、何良俊皆为明代中叶词人，邹祗谟认为，由他们引发的"词学复明"气象，在明末的江南形成了"家娴户习"的风气，这一时期为明词复兴作出过突出贡献的有张綖、卓回、陈子龙等。张綖的《诗余图谱》在"词学失传之日"，创为谱系，"有筚路蓝缕之功"，但其谱中所

---

① 钱功甫指钱允治，《词华》疑指《词苑英华》，但钱允治所编为《类编国朝诗余》，《词苑英华》的编者为毛晋。
② 陆求可《月湄词》"序"，清康熙十八年留松阁刊本。
③ 邹祗谟《远志斋词衷》，《词话丛编》，第1册第661页。
④ 丁澎《东白堂词选序》，《扶荔堂文集选》卷一，清康熙五十五年文芸馆刻本。
⑤ 邹祗谟《倚声初集序》，《倚声初集》，《续修四库全书》，第1729册第166页。

载"俱系习见诸体,一按字数多寡韵脚平仄,而于音律之学,尚隔一尘"。卓回、徐士俊所编《古今词统》可称"词苑功臣",二人所作《蕊渊》《雁楼》二集,"亦复风致淋漓,艳鉽竟响","但过于尖透处,未免浸淫元曲耳"。陈子龙的《幽兰》《湘真》诸集,正如王士禛所说"言内意外,已无遗议",也存在着"长篇不足"的短处。①从邹祇谟对明词的评价看,他既认识到明人之长,也指出其存在的不足,应该说是一种实事求是的态度。

但是,多数学者并不认同丁澎和邹祇谟的上述看法,他们对明词的基本态度是否定,对明词的总体估价是"中衰"。因为他们所站的词学立场不同,对南北宋何者为"最盛"的认识有分歧,所以,他们批评明词的锋芒指向也有了很大的差别。一种倾向是站在北宋为盛期的立场看明词,认为明词缺少的是"天然神韵""风流蕴藉"。如刘体仁将词史的发展进程划分为初、盛、中、晚四个阶段,将北宋词与盛唐诗、明初词与唐晚期诗相比,认为明初的词"盖非不欲胜前人,而中实枵然,取给而已,于神味处,全未梦见"②。所谓"中实枵然"是说明词意旨枯寂,离北宋的天然神韵很远很远了。较之刘体仁,佟世南指责明词的言辞更为严厉:"至故明惟《写情》《湘真》二集,高朗秀艳,得两宋轨则,余如瞿、王、二杨诸子,惟以追琢字句点染为工,求其风流蕴藉、句韵天然者,渺难观矣!"③这里立论的标准还是"两宋轨则",特别是北宋的"风流蕴藉、句韵天然",明词却"以追琢字句点染为工","非叫嗓怒骂,则淫亵俚俗",因此他要痛斥明代为"词之厄也"。另一种倾向是站在南宋为盛期的立场批评明词,浙西词派是这种倾向的代表。如高佑釲说:"词始于唐,衍于五代,盛于宋,沿于元而榛芜于明。明词佳者不数家,余悉踵《草堂》之习,鄙俚亵狎,风雅荡然矣。"④这里指出明词不振的具体表现,是深受《草堂诗余》的影响,充斥"鄙俚亵狎"的习气,失却了宋人的"风雅韵致"。朱彝尊更是在多种场合不遗余力地讨伐明词,他对明词的不满,可以归结为两点,

① 邹祇谟《远志斋词衷》,《词话丛编》,第 1 册第 658、656、651 页。

② 刘体仁《七颂堂词绎》,《词话丛编》,第 1 册第 618 页。

③ 佟世南选《东白堂词选初集》"小引",《四库全书存目丛书》,集部第 424 册第 516 页。

④ 高佑釲《湖海楼词序》,《陈维崧集》附录,第 1825 页。

一是明人填词失律，或是用语不与调谐，或是借用流行的南北曲，与宋代的词律相乖互舛；二是明词用语陈俗浅俚，与他所主张的"醇雅"主张不合。为什么明词会出现上述弊病呢？朱彝尊认为有两个原因：其一，明人视填词为"小道""末技"，从事填词者亦寥寥无几。其二，是《草堂诗余》在明代的广泛流传，在朱彝尊看来，《草堂诗余》的编选者手眼不高，像姜夔这样"填词最雅"的大家却只字不登，"可谓无目也"。应该说，朱彝尊对明词弊端的分析是中肯的，对明词中衰原因的分析也是合理的，但他忽略了一个重要的文学事实，即戏曲文学的兴起、大众审美趣味的转移及明代词乐的失传，这些都是导致明词"中衰"的重要原因。比较而言，朱彝尊对明词弊端及"中衰"原因的分析，比刘体仁、佟世南要深刻得多。

四、清初词坛：是盛，还是衰？

明末清初，由云间派引发的填词风气，蔓延江南，盛极一时。孙治说："夫词滥觞于唐，而盛于宋。……今海内诗人，家家自以为辛、苏，人人自以为周、柳。"① 李渔也说："今十年以来，因诗人太繁，不觉其贵，好胜之家，又不重诗而重诗之余矣。一唱百和，未几成风，无论一切诗人，皆变词客。"② 作者队伍的急剧增加，作品数量也相应地多了起来，计南阳说："诗余之学，至今日而极盛。……数年以来，风流弥繁，收之不胜收，乃前制已工，而新章叠奏，清徽未谢，而妙绪复兴，采芳撷秀者所不能忘矣。"③ 作品的层出不穷，造成这一时期编选刻印词籍的浓厚风气，有单刊本，有选编本，还有汇刻本。汇刻本中影响较大的有孙默《国朝名家诗余》，聂先、曾王孙《百名家词钞》，孔传铎《名家词钞》。选本则有卓回《古今词汇》，傅燮詷《词觏》，周铭《林下词选》，归淑芬《古今名媛百花诗余》，徐树敏、钱岳《众香词》，沈时栋《古今词选》等古今词选；陈维崧等选的《今词苑》，顾贞观、纳兰性德《今词初集》，陆进、俞士彪《西陵词选》，张渊懿、田茂遇《清平初选后集》，侯

---

① 孙治《问柳词序》，《孙宇台集》卷七，清康熙二十三年刻本，第 4b 页。
② 李渔《耐歌词自序》，《笠翁一家言诗词集》，《李渔全集》，第 2 册第 377 页。
③ 计南阳《词坛妙品序》，张渊懿、田茂遇辑《词坛妙品》，上海扫叶山房 1913 年刻本。

晰《梁溪词钞》，佟世南《东白堂词选初集》，曹亮武等《荆溪词初集》，蒋景祁《瑶华集》等。从这时编纂的词集汇刻或选本看，清初特别是康熙词坛的确充满了一种旺盛的生气和活力，这是一个在词史上堪称"中兴"的历史时期。

清代填词风气之盛，不仅表现为作品之多，而且表现为名家之多，表现为各家皆有自己的风格。张星耀说：

> 昭代词人之盛，不特凌铄元明，直可并肩唐宋，如香岩之雄瞻，棠村之韶令，容斋之新秀，衍波之大雅，延露之俊逸，丽农之宏富，东江之绵纱，弹指之幽艳，乌丝之悲壮，艺香之浓鲜，玉兔之清润，兰思之真致，玉蕤之周密，余如秋岳、锡鬯、容若、云士、舒兔、夏珠、昉思诸公，未窥全豹，微露一斑；而二乡、远山、云诵、扶荔、鸳情、南溪、炊闻、百末、含影、支机、蓉渡、锦瑟、柳村、遏云、当楼、青城、蝶庵、秋水、峡流、吹香、椒峰、萝村、菊庄、移春、山晓、梨庄、红蕉、柯亭诸集，可谓家操和璧，人握隋珠，一时群聚。噫！盛矣！①

这段论述可以说把当时主要的词坛名家皆收纳其中，也正因为这样，当时的创作者和批评者都非常自信地认为词已进入"中兴"时期，从而发出了"词学之盛，莫逾今日"②"自有词之体制以来，未有盛于今日者"③的豪迈之音。王庭谓："方今词学大彰，南宋以来，诸幽芳无不毕出。四方之俊，闻声相应，英华斐然，可谓盛矣！"④这是说清代学习宋词能得其体格，恢复了宋词多种风格竞妍的繁荣景观，所谓"南宋以来，诸幽芳无不毕出"是也。蒋景祁亦称："国家文教蔚兴，词为特盛。……词学盛行，直省十五国，多有作者。"⑤

---

① 张星耀《词论》，《东白堂词选初集》，《四库全书存目丛书》，集部第 424 册第 520 页。

② 顾有孝《松陵绝妙词选序》，《词籍序跋萃编》，第 817 页。

③ 李渔《名词选胜序》，《笠翁一家言文集》，《李渔全集》，第 1 册第 35 页。

④ 王庭《秋闲词自序》，沈爱莲编《梅里词辑》卷一，文海出版社 1974 年版，第 14 页。

⑤ 蒋景祁编《瑶华集》"刻瑶华集述"，第 1 页。

这里说的是清初词坛作者之多，地域之广，他所编《瑶华集》便辑有京师、江南、山东、山西、湖广、浙江、福建、广东、江西等地词人507家，词作2467首。那么，为什么会在清初出现这种喜人的景象呢？严沆认为是"风会使然"，是文学自身发展的必然走向（"剥穷而复"）。他说："比年以来，海内骚雅之士，多肆意于词，为之者辄工，虽未审其宫商之悉叶于律，而合之唐宋元人之作无有间焉，盖词失其旨且三百年，剥穷而复，固风会使然尔。"[①] 丁澎和宋荦则认为，清初安定的社会环境和清朝皇帝的"右文兴治"为清词复兴创造了良好的氛围，而自上至下各个阶层的积极参与，终于使得清词走上与宋词并驾齐驱之途："我兴朝建鼎，崇尚正雅，郊歌庙颂，厘定中声。时名臣卿大夫，以及草野微贱之士，靡不竞倡中和之响，以应之于是。填词之盛，轶南唐、北宋而上。"[②] "今天子右文兴治，挥弦解愠，睿藻炳然，公卿大夫，精心好古，诗律之高，远迈前代，而以其余业溢为填词，咏歌酬赠，累有篇什。骎骎乎方驾两宋，呜呼！其盛矣！"[③]

清初词坛的繁荣局面（"盛"），是真实的，还是虚假的？陆次云认为，在这种繁荣的表象背后是内质的"衰落"。他说："诗余方盛，学步之家，纷然鹊起，谓短长诸阕，专咏柔情。娇花解语，竞工桑濮之音；芳草怀人，争染芍兰之色。大雅贻讥，衰藏于盛矣！"[④] 发表过类似看法的还有沈谦和邓汉仪。康熙三年（1664），孙默辑刻邹祗谟《丽农词》、彭孙遹《延露词》、王士禛《衍波词》为"三家诗余"，沈谦读后致书邹祗谟："每读'三家诗余'，辄叹风流之美。……然仆以填词一途，于今为盛，亦为极衰。约者见肘，丰者假皮。学周、柳或近于淫哇，仿苏、辛半入于噍杀。"[⑤] 后来，孙默在"三家诗余"的基础上，继续增刻，终于在康熙十六年（1677）辑成"十五家诗余"，邓汉仪为之序。序云："词学至今日，可谓盛矣。顾理与体有不能不深讲者。夫词而谓之诗余，则犹未离乎诗，而非下等于优伶之杂曲也。感旧思离，追欢赠别，怀

---

① 严沆《古今词汇序》，卓回、严沆编《古今词汇》，清康熙十八年刻本。
② 丁澎《东白堂词选序》，《扶荔堂文集选》卷一，清康熙五十五年文芸馆刻本。
③ 宋荦《瑶华集序》，《瑶华集》，第4~5页。
④ 陆次云《古今词选序》，《北墅绪言》卷四，《四库全书存目丛书》，集部第237册第374~375页。
⑤ 沈谦《与邹程村》，《东江集钞》卷七，清康熙十五年刻本，第14b~15a页。

古忧时，昔人皆一一寓之于词，而今人顾习山谷之空语，仿屯田之靡音，满纸淫哇，总乖正始，此其理未辨，而伤于世道人心者，一也。温、李厥倡风格，周、辛各极才情，顿挫淋漓，原同乐府，缠绵婉恻，何殊《国风》。而摭拾浮华，读之了无生气，强填涩语，按之几欲昼眠。此其体未明，而有戾于《花间》《草堂》遗法者，一也。"①邓汉仪重提"似盛而实衰"的话题，意在揭示清初词坛的两大弊病：在内容上多为淫艳之辞，没有深广的生活基础；在形体上则有乖词之格律要求，不合唐宋词之"遗法"。

清初词坛是否如陆次云、沈谦、邓汉仪所说的那样"似盛而实衰"呢？清初词是否也如他们所说的那样"满纸淫哇，总乖正始""有戾于《花间》《草堂》遗法"呢？

吴绮对这一问题作了比较全面的分析，他在回顾明末清初词的发展进程后指出：明末云间派为重寻五代北宋词传统，作出过一定的历史贡献，但《花间》《草堂》的回归和流行，又使清初词坛弥漫着冶艳淫靡的风气："四百年来，古词几归天上；三十载内，新声空满人间。周郎之顾曲难逢，娘子之记歌谁在？"②这里说的正是新近词坛"似盛而实衰"的具体情形，后来，他对这一思想作了进一步的发挥：

> 因叹今日声音之盛，实为当年骚雅之衰。用考诸家，良由二弊：一则因本房中之体，务雕楮上之文。量五色之真珠，何关窈窕；披千丝之神锦，只益妖淫。宝井琼厨，似入波斯之肆；烟绡雾縠，徒盈织染之坊。宁知人出西家，那用露华遮颊；品高南国，不须黛叶通眉。一则缘写思妇之情，罔顾风人之旨。夷光自好，而偏学其捧心；孙寿何堪，乃独怜其龋齿。本是清赢之疾，回身谬作纤腰；原无袅娜之容，曳足阳称巧步。宁知神如处子，曾何藉于矜持；婢学夫人，只益形其羞涩。于是俳谐杂进，图画

① 邓汉仪《十五家词原序》，《十五家词》，《景印文渊阁四库全书》，第 1494 册第 4~5 页。
② 吴绮《佘文宾蓉镜词序》，《林蕙堂全集》卷五，《景印文渊阁四库全书》，第 1314 册第 305 页。

靡真。①

在吴绮看来，清初人作词有两大弊端：一是误以词为房中之乐，便极力雕琢，增益妖淫；二是误以词为艳体，极写思妇哀怨之辞，失去温柔敦厚，更不用说有"寄托之旨"，人非真美，强加矫饰，失去意义。这一批评归结起来就是，追求绮艳，走入了"误区"。

从陆次云、沈谦、邓汉仪、吴绮等人的论述看，清初词学界不但有着强烈的反思意识，而且有一种想重振两宋兴隆气象的美好愿望，这一愿望又反过来推动和引导他们对清初词作进一步的反思，深入分析清初词"似盛而衰"的原因和症结所在。史惟圆是从少"志"缺"意"的角度来反思清初词的，他说："今天下词亦极盛矣！然其所为盛，正吾所谓衰也，家温、韦而户周、秦，抑亦《金荃》《兰畹》之大忧也。"在他看来，当时天下之词"衰"的表现就是——"夫作者非有《国风》美人、《离骚》香草之志意，以优柔而涵濡之，则其入也不微，而其出也不厚。人或者以淫亵之音乱之，以佻巧之习沿之，非俚侧诬。"②徐釚是从入乐协律的角度谈今日填词之"衰"的，他说："词至今日而极盛，亦至今日而极衰。盖古者里巷讴谣，皆被弦管，南唐北宋以来，凡所见于《花间》《草堂》者，莫不别其源流，严其声格，若圭、景、龠、黍之纤毫无以易也，故其时之作者，代不数十人，人不数十阕，按其音节传于乐部，如周美成所为大晟乐正者，咸是物也。自姜白石辈间为自度曲，于是作者纷然，金元以后，遂不复能谱旧词矣。传至今日，放失益滋，染指者愈多，则舛谬者愈甚，余故以为极衰也。"③强调填词恪守"旧谱"，多少带有复古的意味，但在词乐失传的清代，填词者当恪守词律，以维护词的体性特征，也实有必要。

既然清初词坛"似盛而实衰"的症结已经找到，那么，应该怎样才能转变这一局面呢？陆次云在《古今词选序》中提出了两点纠弊措施。一是辨律。

---

① 吴绮《史云臣蝶庵词序》，《林蕙堂全集》卷五，《景印文渊阁四库全书》，第 1314 册第 306 页。

② 陈维崧《蝶庵词序》，《陈迦陵散体文集》卷二，《陈维崧集》，第 49 页。

③ 徐釚《词靓序》，《南州草堂集》卷二一，《续修四库全书》，第 1415 册第 375 页。

"自风变而骚，骚变而赋，赋变而词，词再变而为南北调，滥觞极矣。然南北调之于词，锱铢间耳，稍一阑入，其体遂失，是宜辨者在格律。"二是斥淫哇，求大雅。"作词者，当以《三百篇》为师；选词者，亦以《三百篇》为法。使不失四始六义之旨，则得矣！"但他编选的《古今词选》还是保留了大量的艳曲，当友人韩子衡问他："既斥淫哇，何以多存艳曲，将无益薪而止沸欤？"他回答说："余之所斥者，惟缋绘登徒之容，刻画河间之态者耳。若空中之语，好色不淫，何敢议闲情为白璧微瑕，效小儿之解事哉？"①吴绮提出的矫弊主张是本于"古意"即风人之旨，在此基础上再创新词。他说："兹则以其古意，用发新声，丽不伤华，清非近弱。都梁、迷迭，熏炉同是荀香；扶荔、鲜支，入苑都成汉树。珊瑚插架，光鲜逸少之毫；琥珀藏衣，响戛丽娟之节。吊鸥夷于胥浦，白马银涛；问帝子之湘灵，青蛾锦瑟。翠翘金雀，皆本于读曲之篇；香草幽兰，无失乎寓言之意。斯固屯田愧其残月，淮海逊其微云者矣。"②这里，"都梁""扶荔"二句讲香色，"珊瑚""琥珀"二句讲光响，"吊鸥夷""问帝子"二句讲怀古，"翠翘""香草"二句讲本之民歌情趣与香草幽兰的寄托，都是强调作词要"丽不伤华，清非近弱"。他认为，只有做到这点，才能取得超越柳永"晓风残月"和秦观"山抹微云"的成就。

清初词坛是"盛"，是"衰"？有的认为清词已进入"中兴"时期，有的认为清词貌似"兴盛"而实呈"衰象"。在众人围绕这一问题争讼不休的时候，顾贞观独辟蹊径，另拓新途。他不像上述学者从横向的角度着眼，而是从纵向的历史发展的角度入手，将清初词坛的"盛""衰"与时代的变化联系在一起。他说：

> 余因窃叹天下无一事不与时为盛衰，试即以词言之，自国初辇毂诸公，樽前酒边，借长短句以吐其胸中。始而微有寄托，久则务为谐畅。香岩（龚鼎孳）、倦圃（曹溶），领袖一时。唯时戴笠故交，担簦才子，并与宴游之席，各传酬和之篇。而吴越操觚

家，闻风竞起，选者作者，妍媸杂陈。渔洋之数载广陵，实为斯道总持。二三同学，功亦难泯。最后吾友容若，其门第才华，直越晏小山而上之。欲尽招海内词人，毕出其奇，远方骎骎渐有应者。而天夺之年，未几辄风流云散。渔洋复位高望重，绝口不谈。于是向之言词者，悉去而言诗古文辞。回视《花间》《草堂》，顿如雕虫之见耻于壮夫矣。虽云盛极必衰，风会使然，然亦颇怪习俗移人，凉燠之态，浸淫而入于风雅，为可太息。假令今日，更得一有大力者起而倡之，众人幡然从而和之，安知衰者之不复盛邪。①

这一段话大约写于陈聂恒《栩园词弃稿》刻印的康熙四十三年（1704），其时正是清初词由前期之极盛转入暂时低落的时期，它清楚地勾勒了清初约六十年时间内词坛的盛衰变化。第一阶段是龚鼎孳、曹溶等领袖词坛，在他们的影响下吴越地区填词蔚然成风，他们由明入清，经受过明清易代的痛苦体验，填词便成为其抒写胸中郁闷的手段，这一时期的作品多少是含有故国之思的。第二阶段是王士禛领袖词坛，在他周围有邹祗谟、彭孙遹等"二三同学"，或是组织诗词唱和，或是编纂各种词选，或是撰写各种词话，使得当时的词坛呈现出繁荣的景象（"盛"）。第三阶段是纳兰性德成为京师词坛的组织者，在他周围有朱彝尊、陈维崧、姜宸英、严绳孙等一大批词人，但由于他的早逝，词坛呈凋零之势（"衰"）。顾贞观把清初词置诸运动变化过程中考察，揭示了清初词坛的"盛""衰"与时代变迁相关联的文学发展规律，指出"风会"（文学自身发展趋向）、"习俗"（时代审美趣味的变化）、"大力者起而倡之，众人幡然从而和之"（杰出领袖的影响力）是影响文学发展"盛衰"的几种重要因素。②

---

① 顾贞观《与栩园论词书》，《饮水词笺校》附录，第513页。
② 顾贞观没有提到当时甚有影响的陈维崧和朱彝尊，其原因，可参见本书第七章第二节的相关分析。

五、清初关于词史盛衰讨论的意义

清初词坛围绕词史发展的"盛衰",对三个核心问题进行了讨论:南北宋何者为"最盛"?明代是否是词的"中衰"时期?清初词坛的繁荣("盛")是否是真正的繁荣("盛")?对这些问题的深入探讨,有助于各词派深化对词史的认识,也让人们的思想在同一问题上展开正面交锋,促使人们对词的体性作进一步的思考,对清初词的创作作进一步的反思,这些"思考"和"反思"的结论在后代便成为新观念形成的思想资源。

首先,对词史发展进程的描述,特别是关于清词"中兴"的提法,因比较符合词史发展的实际,已为后代词学普遍接受。在清代,追宗浙西派者如凌廷堪说:"词者,诗之余也,昉于唐,沿于五代,具于北宋,盛于南宋,衰于元,亡于明。……我朝斯道复兴。"[1]攀附常州派者如陈廷焯说:"词兴于唐,盛于宋,衰于元,亡于明,而再振于我国初,大畅厥旨于乾、嘉以还也。"[2]在近代,如沈修、刘毓盘、陈匪石等皆作如是论,特别是刘毓盘以树木的成长为喻甚为精当:"词者诗之余,句萌于隋,发育于唐,敷舒于五代,茂盛于北宋,煊灿于南宋,剪伐于金,散漫于元,摇落于明,灌溉于清初,收获于乾嘉之际,千三百余年以来,其盛衰之故类能言之,其详则博考而得之。"[3]

其次,对明词"中衰"问题的讨论,尤其是朱彝尊关于明词"中衰"的定性分析,为后代对明词价值的总体估价奠定了基调。如郑方坤说:"粤若昭代以来,尚有余风未泯。试看诚意、高、杨,制作质有其文;仍踵完颜、吴、蔡,手标多而且旨。降及用修、元美,则解事强作,嗾喉罔叶宫商。迨夫祭酒、黄门,斯伪体别裁,咳唾皆成珠玉。"[4]王昶说:"盖明初词人犹沿虞伯生、张仲举之旧,不乖于风雅,及永乐以后,南宋诸名家词皆不显于世,惟《花间》《草堂》诸集盛行,至杨用修、王元美诸公小令、中调颇有可取,而长调则均杂于俚俗矣。"[5]这些看法大体是朱彝尊观点的沿袭,即朱氏所说的明人填词失律和用语俚俗。

---

① 张其锦《梅边吹笛谱跋》引凌廷堪语,《梅边吹笛谱》,《清名家词》,第6册。
② 陈廷焯著,屈兴国校注《白雨斋词话足本校注》卷一,齐鲁书社1983年版,第4页。
③ 刘毓盘《词史》,第213页。
④ 郑方坤《古今词选序》,《蕉尾文集》卷上,《四库全书存目丛书补编》,第8册第377页。
⑤ 王昶《〈明词综〉自序》,《春融堂集》卷四一,第741页。

最后，分析清词"中兴"原因有三点：一是清朝皇帝的"右文兴治"，二是文学自身发展的必然趋向（"风会使然"），三是杰出作家主盟坛坫，引领文学创作风尚。这些分析因符合文学发展变化的规律，也往往成为后代词学论述清词"中兴"的理论武器。

在清代，夏秉衡就认为清词"中兴"是因为清朝的"右文兴治"，他说："我国家右文兴治，历百有余年，文人才士潜心力学，于诗古文外，每精研音律，谱为新声。如曹侍郎秋岳、王司寇阮亭、陈其年检讨……诸先生各有词集行世，骎骎乎方驾两宋矣。呜呼，何其盛欤！"① 在近代，王易分析清代词学振兴之原因时也说："清初风雅之突胜于明者，亦系夫君主之好尚，远过于明之诸宗。观世祖之于尤侗，圣祖之于姜宸英，世宗之于阎若璩，高宗之于沈德潜，或诵其文，或耳其名，或钦其学，或爱其诗，皆以特识殊遇，拔自寒微。……故自康熙至乾隆间，词之作家固远过明代，即词学之著述亦较明为优。"② 更值得注意的是，后代在运用"风会"说的时候，不但强调清词的"中兴"是"风会使然"，还把它提升为文学发展的一般规律，认为它是各种韵文之间嬗变乃至文学发展变化的重要动因。如况周颐说："自昔诗、词、曲之递变，大都随风会为转移。"③ 刘永济更说："文艺之事，言派别不如言风会。派别近私，风会则公也。言派别，则主于一二人，易生门户之争；言风会，则国运之隆替，人才之高下，体制之因革，皆与有关焉。"④ 还有，由顾贞观所揭示的：词坛兴盛局面的形成，必须"得一有大力者起而倡之，众人幡然从而和之"。这一观点在晚清时期也得到了陈廷焯和谢章铤的积极回应。陈廷焯说："万事万理，有盛必有衰，而于极衰之时，又必有一二人焉，扶持之使不灭。"而清词经过近二百年的发展而长盛不衰，就是因为有一二人"扶持之使不灭"。"国初诸老，具复古之才，惜于本原所在，未能穷究。乾嘉以还，日就衰靡，安所底止。二张（张惠言、张琦）出而溯其源流，辨别真伪；至蒿

---

① 夏秉衡辑《清绮轩词选》（又名《历朝名人词选》）"自序"，清光绪二十一年刻本，第 1b~2a 页。

② 王易《词曲史》，东方出版社 1996 年版，第 380 页。

③ 况周颐《蕙风词话》卷三，《词话丛编》，第 5 册第 4460 页。

④ 刘永济《词论》，上海古籍出版社 1981 年版，第 49 页。

庵（庄棫）而规模大定，而词赖以存焉。盛衰之感，殊系人思，独词也乎哉？"①谢章铤也说："昔陈大樽以温、李为宗，自吴梅村以逮王阮亭，翕然从之，当其时无人不晚唐。至朱竹垞以姜、史为的，自李武曾以逮厉樊榭，群然和之，当其时亦无人不南宋。迨其后，樊榭之说盛行，又得大力者负之以趋，宗风大畅，诸派尽微。"②在这里，他们便把清初王士禛、朱彝尊、陈维崧及中晚期的张惠言、庄棫作为推动清词发展的几位关键性人物。

总之，清初关于词史的"盛衰"之辨，最终的落脚点还是为了解决现实问题——"似盛而实衰"。人们提出了"协律"和"求雅"的矫弊措施，在理论上大声疾呼，在实践上亦能积极推行。后来杜文澜总结这一时期的词学成就时，从"矫明词委靡之失"与"独求声律之原"两个方面，指出了清初词学所取得的两大成就，并说："我朝振兴词学，国初诸老辈，能矫明词委靡之失，铸为伟词。……而能于荆棘之内，力辟康庄，实为词家正轨。"③

① 陈廷焯著，屈兴国校注《白雨斋词话足本校注》卷五，第437页。
② 谢章铤《赌棋山庄词话》续编卷三，《词话丛编》，第4册第3530页。
③ 杜文澜《憩园词话》卷一，《词话丛编》，第3册第2852页。

第四章　内部探索与外部影响

　　随着清人的观念"自觉"，在明代发展起来的相关词学观念逐渐走向成熟，对于词体自身的格律要求更加严格，对于词体的文学性要求越来越讲究，形成了清初词学偏重格律和讲求词法的倾向。这些观念的形成还和这一时期的外部环境密切相关，自康熙中期发展起来到乾嘉走向全盛的朴学思潮，便从思想与方法两个方面直接渗透到词学中。这一时期浙派的全盛也暴露出它的各种弊端和问题，以张惠言为代表的常州派起而纠弊，通过重编词选或批点词籍的方式，重新阐释唐宋词的意蕴，试图发掘其中的"微言大义"，确立了新的词史典范。

第一节　清初词坛对词律规范的探求

　　词最初是在隋唐燕乐基础上发展起来的。唐宋时期，人们或是率意为长短句谱之以曲，或是撷取燕乐曲调而实之以词，后来词体与词调形式逐渐定型下来，自度曲而为之者渐稀，倚声者择调填词渐成惯例。到了元明两代，随着词的音谱大量失传，倚声填词者逐渐失去了依凭的标准，大多只能依唐宋词体式而为之，但明人没有认识到词已由音乐文学转换为案头文字，词已由对音律要求变为对格律要求，在创作上普遍存在着词律粗疏的现象。进入清代以后，因为实学思潮的兴起，乾嘉朴学的流行，对于词韵词律的全面整理先后被提上了日程，到道光时期达到鼎盛，谨守词律已成为康熙以降词坛对于初学者的基本要求。

一、疏于词律：明代余波与清人反思

谈到词律问题，还得从清初说起，当时人们普遍认为明人填词是疏于词律的。"明兴之初，余风未泯。青邱（高启）之体裁幽秀，文成（刘基）之风格高华，矩矱犹存，风流可知。既而斯道愈远愈离，即世所脍炙之娄东（王世贞）、新都（杨慎）两家，撷芳则可佩，就轨则多歧，按律之学未精，自度之腔乃出。虽云自我作古，实则英雄欺人。"① 所谓"撷芳则可佩，就轨则多歧"，讲的是明人填词文辞尚有可采之处，而于词之矩律则完全不合，脱离了唐宋词所确立的文体轨范——"词之作必须合律"②。浙西派领袖朱彝尊也认为，明初作手如刘基、高启"皆温雅芊丽，咀宫含商"，进入中叶以后像杨慎、王世贞等"强作解事，均与乐章未谐"③，其具体表现就是以传奇之法而为词，以曲为词，词曲不分，雅俗不辨，诚如吴衡照所说："杨用修、王元美、汤义仍辈，皆以传奇手为之，宜乎词之不振也。"④

嘉靖、万历年间，为适应词体功能转变的新形势，张綖、程明善在纠正前贤之弊和总结宋人创作经验的基础上编成《诗余图谱》《啸余谱》，这两部词书对清初创作的影响很大，如广陵词坛领袖王士禛即是以《啸余谱》作为填词入门之津梁的。田同之《西圃词说》云："宋元人所撰词谱流传者少，自国初至康熙十年前，填词家多沿明人，遵守《啸余谱》一书。"⑤ 万树《词律自叙》云："《啸余谱》一书，通行天壤，靡不骇称博核、奉作章程矣！百年以来，蒸

---

① 万树编著《词律》"词律自叙"，第6页。
② 张炎《词源》，《词话丛编》，第1册第265页。
③ 朱彝尊《词综发凡》，《词综》，第14页。
④ 吴衡照《莲子居词话》卷三，《词话丛编》，第3册第2461页。
⑤ 田同之《西圃词说》，《词话丛编》，第2册第1473页。

尝弗辍；近岁所见，剞劂载新。"①但二书对于清初词坛的影响是不良的，丁
绍仪《听秋声馆词话》卷一云："格调之舛，明词为甚，国初诸家，亦尚不免。
盖奉程、张二家《啸余》《图谱》为式，踵讹袭陋，如行云雾中。"②随着对词
之体性及轨范认识的深入，以及唐宋词籍在明末清初的大量翻印与重编，人
们对《诗余图谱》《啸余谱》的缺点及其误导作用开始有所体认，如邹祗谟认
为张氏《诗余图谱》"平仄差核，而用黑白及半黑半白圈以分别之，不无鱼亥
之讹"，程氏《啸余谱》"则舛误益甚，……或列数体，或逸本名，甚至错乱句
读，增减字数，而强缀标目，妄分韵脚"③。为了克服明末以来存在的疏于词
律之弊，清初学者从两个方面对明人之弊作了修正与完善：一方面重申南宋
张炎、沈义父等人的创作主张，强调填词当"审音协律"；另一方面则对《诗
余图谱》《啸余谱》存在的问题和不足予以修正，这突出地表现在康熙十八年
（1679）由查继超编纂的《词学全书》中。《词学全书》包括毛先舒《填词名
解》、王又华《古今词论》、赖以邠《填词图谱》、仲恒《词韵》等。"凡倚声填
词所用的词调、词法、词谱、词韵，可谓略备于此"，"为学词者提供了一部方
便可用的综合性的词学工具书"④。

　　《词学全书》虽是对他人之书的汇刻，却别有深意，亦即隐含着清初词坛
"重律"与"尚法"的重要观念，它对于转变清初词坛风尚、引导健康的创作
方向有重要意义。

　　何谓"重律"？就是强调作者填词当遵守"古法"——择腔选调，按谱
填词，"既不能以声律求合古人，必以今词之句法、字法求合于古词之句法、
字法"，"以调俪名，以名定体，求其遗志于句读平仄间，思过半矣"⑤。但是，
明末清初之填词者多据《诗余图谱》《啸余谱》而为之，这两部词书不但在
体式上不能满足人们的需要⑥，而且填词择调、选韵的问题也是二书未能涉及

---

① 万树编著《词律》"词律自叙"，第6页。
② 丁绍仪《听秋声馆词话》，《词话丛编》，第3册第2575页。
③ 邹祗谟《远志斋词衷》，《词话丛编》，第1册第643页。
④ 吴熊和《〈词学全书〉校点序》，《吴熊和词学论集》，第323页。
⑤ 傅燮詷《词觏》"序"及"发凡"，赵尊岳《词总集提要》，陈水云、黎晓莲整理《赵尊岳集》，凤凰出版社2016
　年版，第1151、1154页。
⑥ 《诗余图谱》收150调，《啸余谱》收330调，《填词图谱》收545调、682体。

的。清初已有学者在这些方面试作新的探索，如徐石麒撰有《诗余定谱》十卷、《订正词韵》六卷，其目标就是追求"格律不紊，可为楷模"①，但二书今均不传。②吴绮编有《选声集》三卷，选词253阕，每调一体，每体一词，扫除了《啸余谱》的烦琐做法，只注明可平可仄，并特别标明韵脚及对仗，这样是为了改变当时词坛"率意短长，任加损益"的做法，恢复自柳永以来所确立的"调有定格、字有定数、韵有定声"的传统。"是谱所列，俾首尾转换，平仄韵歌，一披楮素，灿若列星。用以纵古横今，旁求博采，失律之诮，庶几免乎！"③对于吴绮此书，当时有人即予以高评，认为它对于《诗余图谱》《啸余谱》二书有重大推进。程洪《记红集序》称："词故有《啸余谱》《诗余图谱》诸篇，然《啸余》烦而寡要，《图谱》略而不详。听翁吴（绮）先生因有《选声》一集，考订精密，为词家之珍久矣！"④正是因为有了这些词人的努力在前，才会有《填词名解》《填词图谱》踵继于后。《填词名解》较好地解决了词人填词择调的问题；《填词图谱》不但在词调收录的数量上有所扩充，而且在例词选择、句法辨析、虚词衬字上也有新的发明⑤，值得重视。

词人填词第一步是选调择腔。"歌词所要表达的喜怒哀乐，起伏变化的不同情感中，也得与每一曲调的声情相谐会，这样才能取得音乐与语言、内容与形式的紧密结合。"⑥"考释调名可以了解创调的本意和它们的乐曲来源，这对于选调作词和研究词曲历史都是有必要的。"⑦《教坊记》《乐府杂录》《碧鸡漫志》均有唐宋词调产生及其流变的叙述与记载，明代杨慎《词品》、董逢元《词名征》、沈际飞《草堂诗余四集》"发凡·疏名"也有考释调名之举，"而有规模地诠解词调名的开山之作应该是毛先舒的《填词名解》"⑧。该书凡四卷，按小令、中调、长调顺序编排，共释381调，所释词调主要来自崔令钦、段安

---

① 徐石麒《坦庵诗余瓮吟》卷首"坦庵续著书目"，上海图书馆藏清抄本。

② 周焕卿《沈谦〈词韵略〉与清初词韵研究》，《中国诗学》第13辑，人民文学出版社2008年版。

③ 吴绮辑《选声集》"序"，《四库全书存目丛书》，集部第424册第437页。

④ 程洪《记红集序》，吴绮、程洪辑《记红集》，清康熙二十五年刻本。

⑤ 江合友《明清词谱史》，第95页。

⑥ 龙榆生《词学十讲》，北京出版社2005年版，第24页。

⑦ 吴熊和《〈词学全书〉校点序》，《吴熊和词学论集》，第323～324页。

⑧ 江合友《明清词谱史》，第95页。

节、王灼、杨慎、都穆、陈耀文、郭绍孔、卓人月、沈际飞等人著作。只是诸家"载记纷如，仍多抵牾"，毛先舒"广搜博籍，参伍钩稽"，"考义就班，谬加蠡测"，"颇积岁月，始获端绪"。因受晚明以来空疏学风的影响，这部《填词名解》也存在"附会支离"的弊端，故而四库馆臣发出了"多不足据"的慨叹，但它对后起之《钦定词谱》《词名集解》有发凡起例之功。《填词图谱》凡六卷，赖以邠撰，查继超辑补，查曾荣、王又华同辑。这是一部在明代及清初所撰诸谱基础上整合而成的新词谱。首先，它在数量上大大超出此前各谱，共得545调，682体，较后来之万树《词律》的660调、1180余体已经相差不远了；其次，它在体例上则综合了《啸余谱》《诗余图谱》二书之长，即遵《诗余图谱》"先列图，次列谱"，循《啸余谱》之例标明"第几体"；最后，它特别注明不同词体的句法差异，指出"长短之句，字数虽同，其读断各别，当详摩之"①，这一点正是《啸余谱》《诗余图谱》所忽略的。因为它搜罗较全，并综合《啸余谱》《诗余图谱》之长，在断句上为初学者提供了可操作的具体规范，因而在康熙十八年刊刻以后，逐渐取代了《啸余谱》《诗余图谱》的地位。不过，它毕竟是在《啸余谱》《诗余图谱》基础上整合而成的，尽管编者声称"博于搜罗，严夫考订，鲁鱼悉正，沧海无遗"，但仍然承袭了《啸余谱》《诗余图谱》的许多弊端。万树说："近复有《填词图谱》者，图则葫芦张本，谱则腔捧《啸余》，持议或偏，参稽太略。……列调既谬，分句尤讹。云昭示于来兹，实大误夫后学。"②又说："《图谱》则既袭旧传之误，而又徇时尚之偏，遂有明知是其而故改新名者，……总因好尚新奇，矜多炫博，一遇殊名，亟收入帙。……至《图谱》之乱分字句，乱注平仄，不可枚举，又不足论。"③当万树《词律》出来之后，它也自然要为人们所摒弃。④

本来词谱已标明每调之韵位，无须赘言，但自宋以来，一直未有韵书传世，元明两代存在着填词用诗韵或曲韵的情况，那么。填词到底以何韵为准？

---

① 赖以邠《填词图谱》"凡例"，《词学全书》。
② 万树编著《词律》"词律自叙"，第6页。
③ 万树编著《词律》"发凡"，第10页。
④ 谢桃坊《中国词学史》，第221页。

是否应该有一个独立的词韵系统？对于这一问题，清初曾经有过激烈的论争，有人认为宋人填词并无韵书，有人认为宋人填词须遵守一定的用韵规则，因此，有人在总结唐宋词用韵规律的基础上编成词韵专书，这就是被称为"清代最早的词韵专书"——沈谦《词韵略》。[1] 该书成于顺治五年（1648），依平水韵 106 韵目，统合平上去三声为十四部，而别立入声为五部，共计为十九部，所取以宋词用韵为准，对于其后词人创作和词韵制作有深刻影响。邹祇谟说："去矜词韵，考据该洽，部分秩如，可为填词家之指南。"[2] 毛先舒更把它上推到一个前所未有的高度，指出："不徒开绝学于将来，且上订数百年之谬矣。"[3] 沈谦之后，赵钥有《词韵便遵》，吴绮有《词韵简》，皆受《词韵略》影响，仲恒《词韵》就是综合上述诸书编纂而成。因为沈氏《词韵略》以诗韵为基础辑成，所以，全本在当时并未刊行，仅以略本传世。首先，仲恒《词韵》的最大特点是按沈氏十九部分法，依韵部把全部韵字罗列出来，便于填词者选用；其次，它对一字多音多义的情况作了适当的解释和说明，"于一音一义者详释本音之下，于数音数义者宁阙而不释，以听用者之自为斟酌可焉"；再次，改变沈氏只以宋韵为准的做法，择要选入唐韵，"庶宽严之间，不碍用者之审择"[4]；最后，较之沈氏《词韵》而言，仲氏词韵实用性更强了，它依韵字使用频率排序，常用者在前，偶用者次之，难用字又次之。从这几个方面看，仲氏《词韵》确实较沈氏词韵更为适用，在戈载《词林正韵》出版之前一直是清代词坛比较通用的韵书。从词调、词谱到词韵，查继超把这几部有关词律的专书合刻在一起，向人们昭示："试披绎是书，吾知其虞夔拊石，卫旷调钟，太始元音，多得不传之秘。"[5]

二、《词律》树立起清人填词的格律规范

在《词学全书》刊刻前后，有两部词书也为扫除明词积弊、确立清词规

---

[1] 周焕卿《沈谦〈词韵略〉与清初词韵研究》，《中国诗学》第 13 辑。

[2] 邹祇谟《远志斋词衷》，《词话丛编》，第 1 册第 663 页。

[3] 冯金伯《词苑萃编》卷一九引毛先舒语，《词话丛编》，第 3 册第 2155 页。

[4] 仲恒《词韵》，《词学全书》，第 726 页。

[5] 查培继《词学全书序》，《词学全书》，第 1 页。

范作出了突出贡献，它们是由朱彝尊、汪森等合辑的《词综》和由万树编纂的《词律》，二书的刊刻表征着康熙词坛对词法与词律的重视，所谓"以文则竹垞之《词综》，以格则红友之《词律》"①。

朱彝尊、汪森编纂《词综》之动机，是有感于《草堂诗余》对清初词坛的不良影响，这一点，孙克强、张宏生、于翠玲等学者已有比较充分的论述，但他们尚未注意到《词综》之编纂也有纠正明人填词疏于词律之弊的意图。朱彝尊说："夫词自宋元以后，明三百年无擅场者。排之以硬语，每与调乖；审之以新腔，难与谱合。"②"周白川、夏公谨诸老，间有硬语，杨用修、王元美则强作解事，均与乐章未谐。"③汪森也说："正嘉诸贤，号称博洽，强名解事，拾《草堂》之坠绪，为风雅之末流。"④所谓"硬语""调乖"，指其不合词律，"强作解事"则谓其不知词律而强为之，其结果当然是"难与谱合""与乐章未谐"。因此，《词综》在词调、字句、用韵的考辨上下了较大功夫，修正了明代以来流行唐宋词籍之讹误。

先说词调的辨析。"朱彝尊论词亦颇重调谱"⑤，认为词是音乐文学，像柳永、周邦彦、万俟咏等，"皆明于宫调，无相夺伦"，南渡以后诸家亦能倚声中律吕，"而姜夔审音尤精"，对于唐宋词调的辨析当坚持"各守其伦"的原则，对词调同名而字数为异者，"悉依集本，不敢更易"。如柳永《乐章集》，有同一曲名而字数长短不齐分入各调者，姜夔《湘月》词序云："即《念奴娇》之鬲指声也"，则曲同字数同，而《湘月》《念奴娇》调实不同，故不将它们合之为一。次说字句的辩证。这方面的工作主要是由周篔完成的。"周布衣青士，隐于廛市，于书无所不窥，辨证古今字句音韵之讹，辄极精当。"⑥如周晴川《十六字令》"眠，月影穿窗白玉钱"，原系"眠"字为句，坊本讹作"明"字，遂以"明月影"为句。欧阳修《越溪春》结语"沉麝不烧金鸭，玲珑月

---

① 严绳孙《词律序》，《词律》，第5页。

② 朱彝尊《〈水村琴趣〉序》，《曝书亭集》卷四〇，《曝书亭全集》第456页。

③ 朱彝尊《词综发凡》，《词综》，第14页。

④ 汪森《选明词序》，《小方壶文钞》卷二，《清代诗文集汇编》，第185册第438页。

⑤ 叶嘉莹《谈浙西词派创始人朱彝尊之词与词论及其影响》，《清词散论》，桂冠图书股份有限公司2000年版，第170页。

⑥ 朱彝尊《词综发凡》，《词综》，第12页。

照梨花"，皆为六字句，坊本讹"玲"为"冷"，"珑"为"笼"，遂以七字五字为句。周笺都对此作了校勘并更正过来。又如苏轼《念奴娇·赤壁怀古》，据《容斋随笔》所载黄庭坚手书本予以更正，他本"浪声沉"作"浪淘尽"，与调未协；"孙吴"作"周郎"，犯下"公瑾"字；"崩云"作"穿空"，"掠岸"作"拍岸"，又"多情应是，笑我生华发"，"多情应笑我，早生华发"，益非；至于"小乔初嫁"宜句绝，"了"字属下句乃合。再说关于用韵。《词综》在这方面虽未作说明，但朱彝尊等对于古今之韵却是深有研究的，比如他的《江湖载酒集》于用韵即多所讲究，或叶音，或借韵，如否之读府，北之读卜，唐诗宋词多用之，朱彝尊亦屡用之，故许昂霄有言曰："秀水先生用韵尤极谨密。"[1]

然而，《词综》毕竟是一部选本，其重心在"文"不在"律"，万树《词律》则从"格"的层面树立了词律的规范。《词律》成书于康熙二十六年（1687），据有关学者研究，《词律》编订经历了两个阶段，第一个阶段是从康熙十三年（1674）到康熙十六年（1677），第二个阶段是在康熙二十一年（1682）到康熙二十五年（1686）间，当时万树在吴兴祚幕中，并最终完成《词律》的编纂。[2] 万树编纂《词律》也是有感于《啸余谱》对于清初词坛的不良影响起而挽之，俞樾说："《词律》之作，盖以有明以来，词学失传，举世奉《啸余》《图谱》为准绳，但取其便乎吻，而不知其戾乎古，于是扫除流俗，力追古初，一字一句，皆取宋元名作，排比而求其律。律严而词之道尊矣！"[3] 更重要的是，其时词坛已存在着严重的失律现象，万树为此感慨说："词至今日为极盛矣，余独曰未也。何也？以古词之所以可歌者多不讲也。词与音比，其法甚严，为词者往往拘而不能骋。宋柳耆卿、周美成辈卓然为填词宗将，然其意专在可歌，声律谐矣，虽或言之俚，弗恤也。此固非也。今之负才者多假声律以工妙其语言，而人尤尚之，转相仿效，初若蚁漏，终于溃堤，而词不可

① 许昂霄《词韵考略》，张思岩（张宗橚）辑《词林纪事》，古典文学出版社1957年版，第624页。
② 江合友《明清词谱史》，第115页。
③ 俞樾《校刊词律序》，《词律》，第2页。

问矣！"①他认为"古词之所以可歌"的根本原因，在于声情谐美，于词亦然，而"今之负才者"只知工妙语言，于声律之事多不措意，实令人扼腕，表达了对于"今日"词学之愈衰的深切忧虑。张宏生曾将万树对于《啸余谱》的批评，当然也包括清初创作在词律方面存在的失误，归纳为七个方面：（1）分类不伦；（2）分体序次无据；（3）辨析调式有误；（4）断句有误；（5）失校而致调舛；（6）不顾普遍创作实践，随意标注平仄；（7）不顾时代先后的逻辑，任意命名词牌。②诚为的论。

然而，万树的贡献不在"破"而在"立"，是为清人填词树立创作的规范。那么，《词律》对于清代词学的贡献何在？第一，树立诗词曲有别的体式观念，指出："词上承于诗，下沿为曲，虽源流相绍，而界域判然。"词曲关系更为密切，在明代以曲为词表现突出，万树特地强调不可援曲以入词。"本谱因词而设，不敢旁及也。""况北曲自有谱在，岂可阑入词谱以相混乎？"第二，强调严守唐宋词格律，并主张字分四声，不可以平仄之法简单处理。"平仄固有定律矣，然平止一途，仄兼上去入三种，不可遇仄而以三声概填，盖一调之中可概者十之六七，不可概者十之三四，须斟酌下字，方得无疵。"其中，上去之分尤得注意，两上两去当力避之。"盖上声舒徐和软，其腔低，去声激厉劲远，其腔高，相配用之，方能抑扬有致。"第三，较好地解决了同调异名与同名异调问题。因为词曲长期流传过程发生变异，出现了大量同调异名的情况，"相沿已久，莫为厘正"，万树在这方面做了大量的辩证工作，并在目录部分特地标明其异名，使览者便于查检。对于同名异调的情况，因问题较为复杂，万树的处理方法，一是将同名者汇在一起，由填词者自行比较而抉择之；二是调名虽同，但实则不同者，则首列正调，而附载兼名者，并以"又一体"以标示之。还有一点值得注意，因为词乐在元明消亡，为保持词体的纯正，《词律》只收唐宋词调，不收明以后的新词调。第四，关于词的句法、章法分断的问题，因为《诗余图谱》《啸余谱》存在大量失误，在分段上，或移前片为后片，或误前词为后词；在分句上，"或因字论而不觉，或因脱落而不疑，

---

① 曹亮武《南耕词》卷四附万树跋语，《四库全书存目丛书》，集部第 422 册第 389 页。
② 张宏生《明人词谱及其在清初的反思》，《清词探微》，上海古籍出版社 2008 年版，第 80 页。

不惟律调全乖，兼致文理大谬"。万树提出的解决办法是，以文意和语法（"理路语气""前后短长"）作为决断的依据，比如苏轼《水龙吟》末句"细看来不是，杨花点点，是离人泪"，原于"是"字、"点"字住句，万树则依文意断定为5-4-4句式，合乎"理路语气"。第五，确立了新的制谱体例，万树既不满于《啸余谱》的题意分类法，也不满于《诗余图谱》的"三分法"，于是提出以字数多少为先后的排序法。"以字少居前，字多居后，既有纂规，亦便检阅"[①]。因为很好地解决了同调异名、同名异调的问题，万树对于《啸余谱》之"第 × 体"的标示作了修正，提出"另一体"的标记方法，为同调异体问题的解决指明了一条新路。

《词律》在订谱制律多个方面的创新，为清人填词树立了新的规范，对于清代词坛产生深远影响。近人张尔田说："胜朝沿胡元余习，淫哇塞聪，知曲而不知词，杨升庵辈又臆造为自度之腔，破规偭律，益紊变而不可纪。万红友氏起，审于五要，精于四上，取宋贤乐句节度而刊比之，标《尊前》之逸唱，正《啸余》之妄作，而后倚声者人知守律。是为词学之一盛。"[②] 应该说，《词律》是从《词学筌蹄》产生以来，经过数代学者的共同努力而形成的巅峰之作。因此，在刊行以后，人们多以其作为填词守律的依据，它对于扭转清初词坛风气发挥了重要的作用。但是，《词律》也是存在着较多问题的，最突出的表现就是不悉宫调乐理。江顺诒说："红友开辟榛莽，二百年来填词家恪遵矩矱，一洗明人之荒谬。……惜不明宫调，仅从四声斤斤比较，究非探源星宿耳。"只明字声，不明音理，就是以词律为格律而非音律，在江顺诒看来，音律乃格律之本，"万红友《词律》虽校勘功深，实未探乎词皆可歌之源"。万树仅斤斤于求上去之必不可误，平仄之必不可移，并不知何调为宫何调为商，"毋亦自昧其途，而示人以前路乎"。所以，他认为万树只着眼于四声，"究非探源星宿耳"。[③]

① 万树编著《词律》"发凡"，第9页。

② 张尔田《彊村遗书序》，张尔田著，段晓华、蒋涛整理《张尔田集辑校》，黄山书社2018年版，第151页。

③ 江顺诒《词学集成》卷一，《词话丛编》，第4册第3220页。

三、对《词律》缺失的修正，对音律的初步探求

对于《词律》存在的失误，曾有人起而驳正，他就是浙西词人楼俨。楼俨，字敬思，号西浦，浙江义乌人。少时曾向朱彝尊、沈皞日等讨教作词之法，后入京师，结识了著名的词学家孙致弥。孙致弥，字恺似，号松坪，江苏嘉定（今属上海）人。著有《枝左堂词集》，并编有《词鹄》一书。楼俨曾协助孙氏校勘补订《词鹄》，并在孙氏荐举下得以参与《钦定词谱》的编纂，也把他的相关思想带入《钦定词谱》。王昶说："西浦居申浦，与缪雪庄（谟）、张幻花（梁）以词倡和。康熙癸丑，诏修《词谱》，被荐与杜紫纶同馆纂修，辨析体制，考订源流，曾驳正宜兴万氏《词律》百有余条，最中窾要。"①

说起楼俨，先须提提他的《群雅集》，这是一部被朱彝尊称之词谱的著述。朱彝尊说："姚江楼上舍俨若，工于词。曩留京师，辑《词鹄》一书，业开雕拓行。既而悔之，告于予曰：'诗变而为词，词变而为曲，历世久远。声律之分合，均奏之高下，音节之缓急过度，既不得尽知。至若作者才思之浅深，初不系文字之多寡。顾世之作谱者，类从《归字谣》，铢累寸积，及于《莺啼序》而止。中有调名则一，而字之长短分殊，安能各得其所？莫如论宫调之可知者叙于前，余以时代先后为次序，斯世运之升降可以观焉。'予曰：'旨哉！子之言词乎。'上舍请易书名，予名之曰《群雅集》。"②这表明楼俨在补订《词鹄》过程中发现，以字数多少编排词谱，不能真切地体现词的音乐属性，他实际上是对万树《词律》的有些做法表示不满。其《宋词四声二十八调考略》一文也说："甲申，俨留京师，为松坪先生校刊《词鹄》，欲发明宫调之说，而寓中藏书甚少，苦无辨证，遂草草卒业。丁亥南归，质之竹垞先生，先生发凡起例，命以四声二十八调为之纲，而以词之丽于各调者分归其部。"③甲申指康熙四十三年（1704），丁亥为康熙四十六年（1707），这段话有几点值得注意，一是他编《群雅集》实发端于校订《词鹄》，二是《群雅集》的编纂是以《词鹄》为基础的，三是《群雅集》的编纂时间起自康熙四十六年，四

---

① 王昶著，周维德辑校《蒲褐山房诗话新编》，齐鲁书社1988年版，第12页。

② 朱彝尊《〈群雅集〉序》，《曝书亭集》卷四〇，《曝书亭全集》，第456页。

③ 楼俨《宋词四声二十八调考略》，《洗砚斋集》，《词话丛编二编》，第2册第725页。

是《群雅集》的编纂得到了朱彝尊的直接指导，五是《群雅集》在结构编排上以声调为纲，以宫调为纬，分属部类。因此，可以这样推断，《群雅集》只是对《词鹄》的结构按宫调的划分作了重新编排，具体入选篇目并没有作大幅度的更换。因为《群雅集》今已不传，但张德瀛对其做过钩稽搜遗的考证，大略还原了其涉及的宫调及词调情况。据《词征》卷二，知《群雅集》涉及宫调为8宫31调，合并其重要者为8宫18调，涉及词牌计381个。《群雅集》的体例应该是先宫后调后词，是一部完全不同于万树《词律》的注重音乐要素的词谱。后来，楼俨对这一情况作了追述和补记："曩在里门辑《群雅集》，一禀秀水先师之训，亦以四声二十八调为之经，而以词之有宫调者为之纬，附于其下，而别俟再考。秀水师作序，其目已传播都门矣。而卷帙颇繁，未遑开雕也。"[1] 这说明这部词谱在当时并未刊行，在后代亦无迹可寻，但《群雅集》的编纂经历，对于楼俨后来参加《钦定词谱》修订有直接的影响，使他比较注意从词乐角度观察词学问题。

楼俨在编纂《群雅集》及后来参与纂修《钦定词谱》过程中，对词律问题形成了自己独到的认识，主要是通过对明清时期词谱、词韵研究成果的系统回顾，提出以宫调乐谱作为词谱制订的标准。"宋修内司所判《乐府混成集》，最为精详，四声二十八调，大曲小曲，有字有谱，前明《文渊阁书目》有之，而今不可得见。若明之《啸余谱》《诗余图谱》，本朝之《词学全书》《词律》，《词律》犹可，而《啸余》三书皆乱道也。曩在里门辑《群雅集》，……未遑开雕也。康熙己丑，被命与修《词谱》，日与杜五吉士辨晰体制，考订源流，自谓可胜《词律》，而傍以红圈、白圈、半红半白圈，作谱犹袭《啸余》之谬，业已奏定，不敢再改，竟不能如《浑成集》之详注工尺，此中至今未安也。"对词韵的探讨是由对词律的研究引申而起的话题，他说："朱敦儒拟颁韵十六条，张辑释之，冯取洽增之，陶九成讥其侵寻监咸廉纤三韵混入，拟为改定，而今亦不及见矣。钱塘沈谦、宜兴曹亮武均撰《词韵》，而约略言之，不知古人之所当然，又安知古人之所以然，分合之间，殊多可议。……嗟乎，六律

① 楼俨《再与友人论词书》，《洗砚斋集》，《词话丛编二编》，第2册第762页。

六吕，五音六十调、七音八十四调，雅乐也。降而俗乐四声二十八调七宫、七商、七角、七羽。宋之教坊又止奏十八调去四高调、四角调不奏。今之宋词宫调可考者，犹存二十一调七宫、七商、六羽、一角。探其源，即旋宫之法，岂小技云乎哉！"①以上所论，表达了楼俨关于词律词韵问题的见解，他既不满于万树《词律》以字数多少、平仄四声为区别部类的标准，又对沈璟《古今词谱》以曲调为词调的作法多有讥议，因此，有志审声定律，"溯旋宫之古法，求黄钟之中声"。他先后撰有《宋词四声二十八调考略》《南曲子考略》《词韵入声考略》《白云词韵考略》《答友人问词遍换头重头》等一系列文章，讨论词乐及词律问题，并对姜夔《暗香》《疏影》，辛弃疾《水龙吟》《贺新郎》，韩玉《卜算子》，毛滂《惜分飞》，无名氏《陇头月》《九张机》，朱敦儒《添声柳枝》等词调作了详细的考辨。想必他也是以这种方法考定《词律》之误的，这方面的成果当体现在《钦定词谱》中，只是《钦定词谱》未标明参修人员的分工，尚不能确定楼俨在哪些词调的考证上做了具体的研究。

　　像楼俨一样从宫调角度入手考定词谱的还有方成培《词榘》一书。方成培，字仰松，号岫云，安徽歙县人，曾博览经传及诸子史百家之言，尤精于乐。据鲍恒介绍，《词榘》原二十六卷，今存十三卷和二十四卷两种，现藏安徽省博物院。《词榘》约成书于康熙五十年（1711）前后，"援据甚博，核谱极精"，②收近800调，近2000体，于《词律》之失多所驳正。"《词榘》既以万树《词律》为模仿对象，更是以《词律》作为比较和批评的对象，……为补《词律》之未备、纠《词律》之遗误而作。"③先说补其未备，他在《词律》的基础上，收录了万树所未发现的词调，较《词律》多出100余调，这与《钦定词谱》的1100余调已经非常接近了。如《醉吟商》，《词律》未收，他据姜夔之自序补入；又《征召》一调，《词律》亦未载，他亦据姜夔补入并予以说明。次说纠其遗误，方成培在有些词调下依音律考证了《词律》之失误，或误同名为异调者，如把万树所录《六幺令》实为《六幺》纠正过来；或误异名实则

---

① 楼俨《再与友人论词书》，《洗砚斋集》，《词话丛编二编》，第 2 册第 761～762 页。

② 许承尧《歙事闲谭》，黄山书社 2001 年版，第 964 页。

③ 鲍恒《清代词体学论稿》，人民文学出版社 2007 年版，第 258 页。

同调者，如万树分列的《胡捣练》《望仙楼》，实为同一调。再说，他对词调的宫调多有发明，这一点是万树所不能的。如何谓犯调，《词律》言之不明，而方成培作了非常详细的说明和辩证；又如对《九张机》的分析，则结合大曲来讨论，说明它的来源。[1]《词榘》一书在当时未得刊行，后世亦未能广泛传播，却说明当时词律研究的进步。

其实，楼俨、方成培这一做法也代表着当时部分学者的看法，如吴颖芳说："词之兴也，先有文字，从而宛转其声，以腔就辞者也。洎乎传播通久，音律确然，继起诸词人，不得不以辞就腔。……盖当时作者述者皆善歌，故制辞度腔，而字之多寡平仄参焉。……操觚家按腔运辞，兢兢尺寸，不易之道也。"[2]田同之也说："倚声之道，抑扬抗坠，促节繁音，较之诗篇，协律有倍难者。……洎宋崇宁间，立大晟乐府，有一十二律、六十家、八十四调，调愈多，流派因之以别，短长互见。迨金、元接踵，遂增至一百余曲。相沿既久，换羽移商，宫调失传，词学亦渐衰矣。"[3]宫调失传，是造成宋代以后词体衰落的原因，若想恢复词的本真面貌当从了解宫调始。正是在这样的认识下，乾隆初年开始出现以宫调声律定谱的新现象。

自清初以来，人们认识到填词倚声而歌的重要性，但在现实层面因为唐宋乐谱的失传，这一认识大多停留于论述而缺乏可操作性。王士禛说："唐无词，所歌皆诗也。宋无曲，所歌皆词也。宋诸名家，要皆妙解丝肉，精于抑扬抗坠之间，故能意在笔先，声协字表。今人不解音律，勿论不能创调，即按谱征词，亦格格有心手不相赴之病。"[4]康熙中叶以后，随着词律研究的深入和《律吕正义》正续编的相继刊刻，特别是乾隆十一年（1746）《九宫大成》的成书，对于词律音乐谱的发掘与整理也被提上了日程。《九宫大成》是一部按宫、商、角、徵、羽分类而编的曲谱，于每一曲牌均标注工尺乐谱，附点板眼，标举韵句，并缀有格律释文，对于词律而言它的重要意义是收录了不少词调。

① 因笔者未见《词榘》一书，本节主要是参考鲍恒的相关论述撰成。
② 吴衡照《莲子居词话》卷一引吴颖芳语，《词话丛编》，第 3 册第 2399 页。
③ 田同之《西圃词说》，《词话丛编》，第 2 册第 1449 页。
④ 王士禛《花草蒙拾》，《词话丛编》，第 1 册第 684 页。

"各宫调牌名，曲本所无，选词以补之。"①这引起了一些有识之士的关注，他们尝试把其中的词调单独摘录出来，编成一部以宫调为分类标准的新词谱。这一工作是由许宝善来完成的，他在《自怡轩词谱自序》中谈到自己公余之际，检读《九宫大成》，得唐宋元人词若干首，分隶宫调，厘然炳然。"因其与曲合谱，翻阅未便，摘而录之，稍事增订，自成一编。"②这部《自怡轩词谱》成于乾隆三十六年（1771），共录南北宫调12类，采择正格162调，变体12调，谱例174首，沿用了《九宫大成》的体例，即一方面用朱色字排列工尺谱，另一方面对韵、句、读作了详细的注解，表现出编选者恢复音乐谱的努力和良好意愿。许宝善认为在两宋时代，学士大夫精研音律，"往往擘笺分韵，各竞新声，或付清歌，或调丝竹"，倚声慧业一时称盛。但自金元以来，词变而为曲，终至不可歌，于是四声二十八调乃专属之曲，而于词却不得其传也。"风雅之士，寄意辞章，亦不过敷扬文藻，藉之抒写性情，而音节之间，每略焉弗讲，日远日疏，旧谱零落。"③他辑录《自怡轩词谱》，便是为了改变这一局面，而力图恢复词可唱的原始面貌。

《自怡轩词谱》乃从《九宫大成》中摘录而来，是按照曲谱的体例编排的，自然存在着以曲谱为词谱的不足，还不是真正意义上的词谱。其一，曲谱有南北之分，词则未有也；其二，词韵与曲韵不同，"填词家自应以词韵为正"；其三，词牌与曲牌名称有重合的情况，故他特意多选《九宫大成》中宋人之词例，虽力图建立一部独立的词谱，但依然保存着浓厚的曲谱印记，直到道光年间谢元淮《碎金词谱》的出现，《自怡轩词谱》这一弊端和缺失才得到了根本克服。据专家研究，《碎金词谱》有道光二十四年（1844）六卷本和道光二十八年（1848）正续编二十卷本，前者只是在数量上对《自怡轩词谱》稍有增补（收词180首），后者则在体例与收词数量上都较《自怡轩词谱》有很大突破（标注四声，收词879首）。"与许宝善有限度地尝试和重在欣赏的态度不同，谢元淮纂订《碎金词谱》是试图为填词重建规范。……从《九宫大

---

① 周祥钰、邹金生等辑《新定九宫大成南北词宫谱》"南词凡例"，《续修四库全书》，第1753册第616页。
② 许宝善《自怡轩词谱》"自序"，清乾隆三十六年朱墨套印本。
③ 许宝善《自怡轩词谱》"凡例"，清乾隆三十六年朱墨套印本。

成》中抽辑音乐谱，并参考《钦定词谱》等格律谱著作，贯彻了融音乐谱和格律谱于一体的思路。"[1]

四、确立词体规范并为清代词坛立法的意义

唐宋时期，人们填词多倚声而为之，词体形式会根据演唱的需要有所调整并发生局部的变化，因此，在后代词谱编纂者看来，唐宋词存在着同调不同体的现象。到明清两代，因为词乐的失传，人们填词则以唐宋词体式为归依，并经历了一个倚词填词到按谱填词的发展进程，按谱填词相对倚词填词而言是一大进步，它表明人们对唐宋词体式已经有了初步的认知——调有定句，句有定字，字有定声。随着清词复兴局面的全面形成，人们对于唐宋词体式特别是词律问题的认识，不再满足于知识性把握，而是朝着规范化和学理化方向推进。

在清初，按谱填词已是一种共识，《诗余图谱》《啸余谱》对于这种共识的达成，功不可没，《填词图谱》可以说是把这种认识作了进一步的强化。如果说《诗余图谱》《啸余谱》对于唐宋词体式的建立厥功至伟，那么，《填词图谱》则把这种"调有定句，句有定字，字有定声"的体式观念作了进一步的完善和充实。但是，相对万树的《词律》而言，它又是《诗余图谱》和《词律》之间的一个过渡环节，还是停留在为初学者提供一部实用的"填词图谱"的认识上。正如吴熊和所说，它是一部适量而居中的中型词谱，"或许更适于实用"[2]。因此，查继超把它与其他论词调、词韵、词法的三种词书汇辑为《词学全书》，明显地表现出一种为初学者提供填词指南的"工具"意识，目的是以这四部词书作为初学者填词的入门读本。由于只是为了满足初学的需求和实用的目的，《词学全书》注重知识的介绍和内容的全面，对于这四部词书知识的正确性和内容的选择性则有所忽略，存在的问题尚有不少。

《词学全书》刊印八年后（康熙二十六年，1687），万树《词律》出现，标志着明末清初人们对于唐宋词体式的认识进入了一个新的阶段，即对自《词学

---

[1] 江合友《明清词谱史》，第162~163页。

[2] 吴熊和《〈词学全书〉校点序》，《吴熊和词学论集》，第327页。

筌蹄》以来词谱制作的无序状态进行了全面的清理。正如周邦彦入大晟府有"正律"之举一样，万树《词律》对明末清初词坛而言也有"正体"的意义，它意在为清初词坛率意而为的无序状态制定一个适用的规范："词律"。他说：

> 仆本鄙人，生为笨伯，睹兹迷谬，心窃惑焉。谓际此熙朝，世隆文运，翕然风会，家擅鸿篇。乃以鲍谢隽才，燕许大手，沉溺于学究兔园之册，颟顸于村伶钉铰之篇，不禁发其嗟吁，遂拟取而论订。夫今之所疑拗句者，乃当日所为谐音协律者也。今之所改顺句者，乃当日所为捩喉扭嗓者也。……且词谓之填，如坑穴在焉，以物实之而恰满。如字可以易，则柄凿背矣，即强纳之而不安。况乎髭断数茎，惟贵在推敲之确否，则毫挥万幅，何难为磅礴之雄，乃后人不思寻绎古词，止晓遵循时谱，既信其分注为尽善，又乐其改顺为易从。人或议其聱牙，彼则援以藉口。嗟乎！古音不作，大雅云亡，可胜悼哉！①

为了恢复唐宋词的本来面目，万树对词坛提出了填词须严守词律的要求，而当时在社会上流行的各类词谱专书"触目瑕瘢，通身罅漏"，因此，他立志要"明腔正格"，"驳谬纠讹"，花了将近二十年的时间（1668—1687）编成这部二十卷的鸿篇巨制。从某种意义上讲，《词律》并不是一部实用性的工具书，而是一部树立规矩与法则的律书，"发凡"可以看作为填词确立的总体法则，而例词及说明则可视作具体的条例和实施的细则。从词史角度而言，它实为清代词坛树立了一个大家共同遵守的"律"和无数可供效法的"例"，贡献不容低估。吴衡照评价说："万红友当缪辗榛楛之时，为词宗护法，可谓功臣。"②

随着《词律》的广泛传播，以及人们对于《词律》观念的认同与接受，填词守律已成为康熙中叶以后词坛的普遍现象。乾隆时期著名词学家田同之在谈到浙西词派的创作成就时说："浙西名家，务求考订精严，不敢出《词律》

---

① 万树编著《词律》"词律自叙"，第 6~7 页。

② 吴衡照《莲子居词话》卷一，《词话丛编》，第 3 册第 2403 页。

范围之外，诚以《词律》为确且善耳。"①但是，正如上文所言，《词律》也是存在着理论认识的局限性的，从乾隆后期开始人们在词律问题的认识上逐渐转向音律方面，出现了凌廷堪《燕乐考原》和谢元淮《碎金词谱》，二书在词乐与音律方面取得新的突破，从此，词律研究开启了新的篇章，进入了一个新的时代。

第二节　清初词坛的"求工"与"尚法"

长期以来，人们对于作词法之类的论述有所轻视，以为它不过是经验性的技巧和作法，并无深刻的理论内涵。其实，在明末清初关于作词法的论述，也表征着其时词坛"求工"与"尚法"的理念，在文学性日渐凸显的大趋势下，语言与技巧已成为词人用心之所在。

一、明末清初论作词之"难"

关于作词法的论述，在宋元之际张炎、沈义父、陆辅之的笔下已有表现，如张炎有"词以意为主"论、沈义父有论词四标准论、陆辅之也有作词"四贵"说，但随着明词中衰局面的全面形成，有关作词法的讨论逐渐消沉。值得一提的是，这一局面在万历以后有所改观，在词体发源的温床——"江南"——再度出现复兴的迹象，吴中、云间、嘉善、梅里、西泠等地都有人数不等、作品众多、唱和频繁的各类词人群体，他们在唯情主义思潮激荡下开展的创作活动，"无非是希望用山林趣味、声色之娱滋养人生，满足其精致清雅的艺术审美享受"②，因此，他们创作不单是抒发性情也是为了展示才艺——以"斗词"游戏"博弈"才思。在这样的创作背景下，关于作词法的论述逐渐多了起来，甚至在清初至于极盛，像沈谦、毛先舒、李渔、邹祗谟、彭孙遹、王士禛、贺裳、刘体仁等都有相关论述。

① 田同之《西圃词说》，《词话丛编》，第 2 册第 1474 页。
② 余意《明代词史》，北京大学出版社 2015 年版，第 295 页。

明末，较早讨论作词法的是俞彦《爰园词话》。俞彦先是提出填词须注意音调，接着讲到立意和命句的要求——命意忌庸、忌陋、忌袭，命句忌腐、忌涩、忌晦，而后谈到"意""句""调"之间的矛盾关系——"屈意以就音，而意能自达者，鲜矣。""屈句以就调，而句能自振者，鲜矣。"①正因有这样矛盾而不易协调的关系，他发出了"此词之所以难也"的慨叹。但俞彦的认识还是停留在音乐与文辞的关系上，顾胤光、陈子龙关于作词之"难"的论述则深入创作过程中构思与表达、形式与内容、作者与读者等多重关系。

　　　　盖词不难填实而难使虚，而花之弄影，妙香色之俱空；词不难琢巧而难写生，而影之取花，妙即离之双；遣词不难繁音之噪耳，而难柔致之感物，而影晕花，花筛影，妙妩眉之无骨，而参差之善随。②

　　　　盖以沉至之思，而出之必浅近，使读之者骤遇如在耳目之表，久诵而得沉永之趣，则用意难也；以儇利之词，而制之实工练，使篇无累句，句无累字，圆润明密，言如贯珠，则铸调难也；其为体也纤弱，所谓明珠翠羽，尚嫌其重，何况龙鸾，必有鲜妍之姿而不藉粉泽，则设色难也；其为境也婉媚，虽以警露取妍，实贵含蓄有余不尽，时在低徊唱叹之际，则命篇难也。③

　　顾胤光之论可称为"三难"说，陈子龙之论可称作"四难说"，他们一致提到作词之"难"在于要处理好创作过程中各种要素的辩证关系。先说顾胤光的"三难说"。顾胤光认为填词当处理好虚与实、琢巧与写生、繁音与柔致的关系，这些涉及作品形象的塑造、技巧的运用、遣词的得当等重要的表现手法。"词人如果做到了这三点，词作就显得含蓄蕴藉，摇曳多姿，给读者留下丰富的想象空间，使词作中所抒发的情感显示出更多的不确定性与模糊性，

① 俞彦《爰园词话》，《词话丛编》，第 1 册第 400 页。
② 顾胤光《〈秋水庵花影集〉序》，《明人词籍序跋辑校》，第 453 页。
③ 陈子龙《王介人诗余序》，《安雅堂稿》卷三，《陈子龙全集》，第 1081 页。

使读者在欣赏词作时有一种驰骋思绪的审美感受。"[1]次说陈子龙的"四难说"。陈子龙的论述较顾咸光更为系统也更为明晰。所谓"用意难"是指用思深至而出语浅近,使读者乍读之情事如在目前,久久玩味而得沉永之趣;所谓"铸调难"是指语言表达流利,但又经过了精心锻炼,于是一篇之中无不妥之字句,做到圆润明密,言如贯珠;所谓"设色难"则是因为词体纤弱,明珠、翠羽、龙鸾之类不宜多用,有鲜艳绮丽的姿容,却不依赖粉泽涂饰;所谓"命篇难"是讲一篇立意设境之难,因为词境婉媚,偶有惊人警露之句,实际贵在立意含蓄而余味无穷。陈子龙详尽地论述了语言浅近与内容深刻的统一,词语自然流利与出自精炼创造的统一,词体纤弱与设色鲜妍的统一,警句动人与含意不尽的统一,全面而周到,辩证而深刻。

值得注意的是,有人还从创作要求的其他角度谈到作词之"忌",这也是关于作词之"难"的另一种表述方式。如贺裳谈到词以风流蕴藉为工时,强调作者还当知"三忌"。

> 作者当知三忌,一不可入渔鼓中语言,一不可涉演义家腔调,一不可像优伶人叙述。其最丑者为酸腐,为怪诞,为粗莽,是不可不禁也。然则险丽者重矣,须泯其刻划之迹。创获者贵矣,尤忌为突兀之辞。[2]

这段话专就语言表达而言,因为过去创作中存在着上述"三弊",所以贺裳才会有针对性地提出"三忌"之论,这里他还特地强调不要出现"刻划""突兀"之弊,以此可见出作词在措辞上的不易。又如朱用纯通过诗、文、词的比对,表达了词以转换为工的思想,并根据词的文体要求提出了一组创作范畴——五"宁"五"无"五"不"。

① 岳淑珍《明代词学批评史》,第211页。
② 沈雄《古今词话》词品卷下引贺裳语,《词话丛编》,第1册第874页。

文欲其条鬯，诗欲其浑成，而填词不然，全以转换为工，直
　　　须层层转换，句句转换，字字转换，乃见能事。故其为道，宁曲
　　　无直，宁陡无平，宁铦无钝，宁新无腐，宁圆无方，然又曲而不
　　　拗，陡而不险，铦而不削，新而不生，圆而不滑。少年尝寝食流
　　　转于古之作者，而窥其所为阃奥，窃以为大约如是。①

　　这段话有三层意思，先是讲到填词要以转换为工，并解释了转换为工在
字、句、篇上的表现，接着运用了五组对立的范畴进一步解释如何能做到转
换为工："宁曲无直，宁陡无平，宁铦无钝，宁新无腐，宁圆无方"，从正反
两方面谈到作词五大要求："曲""陡""铦""新""圆"，最后进一步分析了
填词过程中易出现的十大弊端："直""平""钝""腐""方""拗""险""削"
"生""滑"，这十大弊端都是对上述作词五大要求的反动，因此，朱用纯认为
填词过程中必须力祛上述五"无"五"不"的十弊。但是，朱用纯是用比较
形象的比喻来说明的，其内涵不易把握。顾彩在这一点上讲得比较透彻：

　　　　善于词者，命意欲高，亢激不可；选语欲丽，雕琢不可；措
　　　词欲近，俚俗不可；设色欲鲜，堆砌不可；下字欲隽，纤巧不可；
　　　言情欲深长，淫亵不可；吊古欲慷慨，咆哮不可；咏物欲精细，
　　　穿凿不可；赠答欲婉挚，率直不可；写景欲清新，平弱不可；拟
　　　古欲镕化，蹈袭不可；命意欲贯串，敷演不可；押韵当欲稳，强
　　　叶不可；短调欲简警，庸淡无奇不可；长调欲顿挫，头上安头不
　　　可。至于用字犯重，亦当避之；有意而犯无妨也。②

　　他表达的意思与朱用纯相近，也用到了"欲……，……不可"的表达句
式，但他比朱用纯更明确地点明了这些对立范畴所涉及的问题，如命意、选
语、措词、设色、下字（从篇章上讲）；言情、吊古、咏物、赠答、写景、拟

---

① 朱用纯《书许致远词后》，《愧讷集》卷一二，《清代诗文集汇编》，第104册第154页。
② 顾彩《草堂嗣响》"凡例"，清康熙间辟疆园刻本。

古（从题材上讲）；命意、押韵、短调、长调（从形制上讲）等。

关于作词之"难"的论述，在清初还有唐允甲、徐士俊、李渔等人，他们是从文体体性角度立论的。在唐允甲看来，词自乐府而来，并非人们所说的"小道"，作词者实未可轻亵之。"悲慨用壮者，时邻于伧武；靡曼近俗者，或仳于俳优。两者交讥，求其工也难已。"① 也就是说，激昂者易入于粗，鄙俚者易入于俗，其间的尺度实不易把握。徐士俊也有类似论述，认为较诗而言，词实不易为也。"能按词之谱而得其意与致之难也。"这是因为词与诗在文体形式与风格上都有很大的不同。"盖诗之一道，譬如康庄九逵，车驱马骤，不能不假步其间；至于词，则深岩曲径，丛竹幽花，泉几折而始流，桥独木而方渡。"② 李渔则从词与诗、曲三种文体的体性差异讨论作词如何之"难"。他说："作词之难，难于上不似诗，下不类曲，不淄不磷，立于二者之中。"为什么会出现这样的情形呢？"大约空疏者作词，无意肖曲，而不觉仿佛乎曲。有学问人作词，尽力避诗，而究竟不离于诗。一则苦于习久难变，一则迫于舍此实无也。"又怎样才能摆脱这样的弊端呢？"欲为天下词人去此二弊，当今浅者深之，高者下之，一俯一仰，而处于才不才之间，词之三昧得矣。"③ 就是说，学问浅的加深学问，学问高的降低学问，折中一下，才能上不似诗，下不似曲，在雅俗、才与不才、性灵与学问之间寻找平衡点，这样才能做到词之"三昧"得之矣。很显然，这三人都是从文体论的角度看问题，而不是从创作论立场谈具体的作词技巧。

无论就文体言，还是就作法论，明末清初关于作词之"难"的论述对后来者都有影响。

二、求工：清初关于作词之法的几种观念

从明末云间派到清初西泠、广陵诸词派，不仅对于作词之"难"有精辟论述，对于作词如何求"工"也提出相应的建议，这些论述归纳起来，大致包

---

① 唐允甲《衍波词序》，王士禛《衍波词》，《清名家词》，第 3 册。

② 徐士俊《巢青阁集诗余序》，陆进《巢青阁集诗余》，清康熙刊本。

③ 李渔《窥词管见》，《词话丛编》，第 1 册第 549~550 页。

括含蓄与警策、自然与雕琢、复古与创新这三组既对立又关联的范畴，兹将相关内容稍作展开讨论。

一般认为，"婉曲是词在长期发展过程中形成的传统特色"，也是唐宋时期对于填词者最基本的创作要求。宋王炎说，词所以名之曰"曲"，盖取其曲尽人情之意，故以婉转妩媚为善。明刘凤也说，"（词）以绸缪婉娈、怀思绵邈、酝藉风流、感结凄怨、艳冶宕逸为工"，王世贞认为词须宛转绵丽，为之者当追求"一语之艳""一字之工"，这样才符合其"婉娈而近情""柔靡而近俗"的体貌。清初，受明末复古晚唐五代风气的影响，填词者多以小令见长，对于婉曲的强调亦偏于小令，如贺裳谓"小词以含蓄为佳"，"须风流蕴藉"，邹祗谟谓"小调不学《花间》，则当学欧、晏、秦、黄"，"欧、晏蕴藉，秦、黄生动，一唱三叹，总以不尽为佳"，王士禄也说过"词固以艳丽为工，尤须蕴藉，始号当行"之类的话。盖因小令篇幅短小，易入于尽，故强调言短而意长，有含蓄蕴藉之美。所谓"含蓄蕴藉"之美，就是广陵诸词派经常提到的"神韵"之美，如顾璟芳认为小令"字句虽少，音节虽短，而风情神韵，正自悠长。作者须有一唱三叹之致"；王士禛论欧、晏之妙在于神韵，不在字句，而南渡以后诸子则"神韵天然或减"；邹祗谟评陈子龙词曰："大樽诸词，神韵天然，风味不尽，如瑶台仙子独立却扇时。"这既是他们对于词美的认识，也是他们的创作追求。据董以宁《蓉渡词话》载，黄京问他近时"彭、王、邹、董"并称，他对自己所作应该如何定位？他说自己所作是"神韵偶到"，黄京据此评价说："君乃复以神韵自赏。"

如何才能"含蓄蕴藉""神韵天然"呢？俞彦有"警策"之评，陈子龙

① 刘庆云《词话十论》，第 29 页。
② 刘凤《词选序》，《刘子威集》卷三七，《四库全书存目丛书》，集部第 120 册第 361 页。
③ 王世贞《艺苑卮言》，《词话丛编》，第 1 册第 385 页。
④ 贺裳《皱水轩词筌》，《词话丛编》，第 1 册第 697、711 页。
⑤ 邹祗谟《远志斋词衷》，《词话丛编》，第 1 册第 651 页。
⑥ 曹尔堪、王士禛等《锦瑟词话》，《词话丛编续编》，第 118 页。
⑦ 顾璟芳、李葵生、胡应宸编选《兰皋明词汇选》卷一，第 1 页。
⑧ 曹尔堪、王士禛等《锦瑟词话》，《词话丛编续编》，第 116 页。
⑨ 邹祗谟、王士禛辑《倚声初集》卷一，《续修四库全书》，第 1729 册第 215 页。
⑩ 董文友（董以宁）《蓉渡词话》，《词话丛编二编》，第 1 册第 568 页。

有"警露"之说，刘体仁有"警句"之论，概而言之，他们的意思是，"用凝练新奇的词语，构筑生动传神的意象，使词中的单句或片段具有含蓄隽永的美感"①。"警策"之语，出自陆机《文赋》，指的是一篇之"警句"，给以振起全篇之感。刘体仁借之以释词云："惟片言而居要，乃一篇之警策，词有警句，则全首俱动。"②"警露"原意指鹤性机敏，白露降于草上，相戒以迁徙；陈子龙用以指称词句的卓拔颖秀，有一种表达朦胧宕折、惝恍迷离之美，按邱世友的意见，"警露"实际讲的就是《文心雕龙》所说的"言外之旨"，并引刘永济对于隐秀之论述说："文家言外之旨，往往即在文中警策处，读者逆志亦即从此处而入。"③陈子龙论词曰："其为境也婉媚，虽以警露取妍，实贵含蓄有余不尽，时在低徊唱叹之际。"④对于唐宋词，清初人尤重其"警策"之句，如张祖望论词中艳语、隽语、奇语、豪语、苦语、痴语、没要紧语时举例说，古词中如"秦娥梦断秦楼月""小楼吹彻玉笙寒""香老春芜，偿尽迷楼花债"，艳语也；"对桐阴满庭清昼""任老却芦花，秋风不管""只有梦来去，不怕江阑住"，隽语也；"试问琵琶，胡沙外、怎生风色""河星激滟春云热""月轮桂老，撑破珠胎，柳锁莺魂"；奇语也。"卷起千堆雪""任天河水泻，流干银汁""易水萧萧西风冷，满座衣冠似雪"，豪语也；"泪花落枕红绵冷""黄昏却下潇潇雨""杨柳梢头，能有春多少""断送一生憔悴，能消几个黄昏""断魂千里，夜夜岳阳楼"，苦语也；"海棠开后，望到如今""惟有楼前流水，应念我、终日凝眸""蟋蟀哥哥，倘后夜暗风凄雨。再休来、小窗悲诉"，痴语也；"这次第、怎一个愁字了得""怕无人、料理黄花，等闲过了""一寸相思千万结""人间没个安排处"，则为没要紧语。⑤这些就是他们所理解的"警策"之句。对于时人创作，他们亦时以"警策"之语为评，如沈谦称张綖词："风流酝藉，不减周秦。'雪猫戏扑风光影'，尤称警策。"⑥聂先谈到自己抄写梁清标《棠村词》，认为集

① 孙克强《清代词学》，第 105 页。

② 刘体仁《七颂堂词绎》，《词话丛编》，第 1 册第 620 页。

③ 刘勰著，刘永济《文心雕龙校释》，中华书局 1962 年版，第 155 页。

④ 陈子龙《王介人诗余序》，《安雅堂稿》卷三，《陈子龙全集》，第 1081 页。

⑤ 王又华《古今词论》引张祖望语，《词话丛编》，第 1 册第 605~606 页。

⑥ 沈谦《填词杂说》，《词话丛编》，第 1 册第 633 页。

中佳句美不胜收，如《浣溪沙》之"莺声愁杀画楼人"、《忆王孙》之"细雨孤城尽闭门"、《菩萨蛮》之"茅店闭黄昏，孤灯何处村"、《满庭芳》之"闲消受、幽花文蝶，秋水玉簪香"、《夏初临》之"小立斜阳，映纱厨、笑看残妆"、《苏幕遮》之"天意也知离别苦，片片轻云，遮断人行路"等，"置之《片玉》《漱玉》集中，若相伯仲"①。清初，更有一大批词人因创造出"警策"之句而获得词坛美誉，如毛先舒之为"毛三瘦"、王士禄之为"王三绿"、王士禛之为"王桐花"、沈丰垣之为"沈三笛"，吴绮也因"把酒祝东风，种出双红豆"一句而博得"红豆词人"的雅号。"清初'警策'之句的盛行，被誉为词坛繁盛的表现，也是清初词人推崇北宋词风的表现。"②

然而，明末清初词坛并不满足于对"警策"之句的追求，而是把追求五代北宋的高浑境界作为创作目标。陈子龙曰："自金陵二主以至靖康，代有作者：……皆境由情生，辞随意启，天机偶发，元音自成，繁促之中尚存高浑，斯为最盛也。"③毛先舒也说："北宋词之盛也，其妙处不在豪快，而在高健。不在艳亵，而在幽咽。豪快可以气取，艳亵可以意工。高健、幽咽则关乎神理骨性，难可强也。"④他们一致提到五代北宋的"高浑""高健""元音自成""难可强也"，表明他们对五代北宋作风的推崇，对于自身创作也以此作为追求的目标。如陈子龙论词贵言情，认为言情须出于自然，即所言之情要是人之本心的自然流露。他认为宋人作词"触景皆会，天机所启，若出自然"⑤。这是他论诗谈词的一贯主张，如谓："凡诗之声，发于内心。"⑥"诗以言志，喜怒之情郁结而不能已，则发而为诗。"⑦追求天机自启的自然，自不能不讲经过镂裁至巧、又不露制作痕迹的作法，因为不易全出于自然，他赞扬南宋咏物词巧夺天工，认为宋人词能"镂裁至巧，而若出自然"⑧。所以，他要求词之用语当浅

① 聂先辑《名家词钞·棠村词》附评语，《四库全书存目丛书补编》，第46册第277页。
② 孙克强《清代词学》，第107页。
③ 陈子龙《〈幽兰草〉题词》，《幽兰草》，第1页。
④ 王又华《古今词论》引毛先舒语，《词话丛编》，第1册第607页。
⑤ 陈子龙《王介人诗余序》，《安雅堂稿》卷三，《陈子龙全集》，第1081页。
⑥ 李雯《湘真阁稿序》引陈子龙语，陈子龙撰，方云校点《湘真阁稿》，辽宁教育出版社2001年版，第1页。
⑦ 陈子龙《诗经类考序》，《安雅堂稿》卷三，《陈子龙全集》，第1088页.
⑧ 陈子龙《三子诗余序》，《安雅堂稿》卷三，《陈子龙全集》，第1080页。

近，炼字要无累赘，设色应无粉泽，达到自然天成的效果。据宋征璧《抱真堂诗话》记载，陈子龙十分欣赏"无处说相思，背面秋千下"一句，认为自己"生平竭力摹拟，竟不能到"[1]。此词句语出晏几道《生查子》，陈子龙对此词句的极力模拟，正说明他追求通过镂裁达到自然。邹祗谟评陈子龙《醉桃源·题画》曰："秦、黄佳处，有句可摘，大樽觉无句可摘，总由天才神逸，不许他人掎摭也。"[2]受云间派影响，西泠与广陵诸派不但以婉艳为宗，而且推崇由雕琢而来的自然与本色。沈谦论本色当行，主张白描与修饰兼而取之，指出："白描不可近俗，修饰不得太文，生香真色，在离即之间。"[3]其看法与陈子龙颇多相近处，王士禛论述也有相同处，如谓："《花间》字法，……异纹细艳，非后人纂组所及。"又云："前辈谓史梅溪之句法，吴梦窗之字面，固是确论。尤须雕组而不失天然，如'绿肥红瘦''宠柳娇花'，人工天巧，可称绝唱。"[4]彭孙遹更强调从追琢中来的自然，他说："词以自然为宗，但自然不从追琢来，便率易无味，如所云绚烂之极，乃造平淡耳。若使语意淡远者，稍加刻划，镂金错绣者，渐近天然，则骎骎乎绝唱矣。"[5]这表明他们主张措辞设色与表达自然的统一。

对于创作意义上的雕琢与自然，清初词人更多着眼于语词的选择与表达，而法古与创新则关乎作品的取材。彭孙遹说："作词必先选料，大约用古人之事，则取其新颖，而去其陈因。用古人之语，则取其清隽，而去其平实。用古人之字，则取其鲜丽，而去其浅俗。"[6]他认为对前人作品陈辞旧事的借用，当着眼于生新、清隽、鲜丽，这样才会去因袭、平实、浅俗之弊。在李渔看来，"词取法于古"并没有错，但必须处理好法古与创新的关系。"古人佳处宜法，常有瑕瑜并见处，则当取瑜掷瑕。若谓古人在在堪师，语语足法，吾不信也。"他还批评唐人《菩萨蛮》"牡丹滴露真珠颗"一词，写美人姿态是"戏场花面

① 宋征璧《抱真堂诗话》，郭绍虞编选、富寿荪校点《清诗话续编》，上海古籍出版社1983年版，第122页。
② 邹祗谟、王士禛辑《倚声初集》卷六，《续修四库全书》，第1729册第268页。
③ 沈谦《填词杂说》，《词话丛编》，第1册第629页。
④ 王士禛《花草蒙拾》，《词话丛编》，第1册第673页。
⑤ 彭孙遹《金粟词话》，《词话丛编》，第1册第721页。
⑥ 彭孙遹《金粟词话》，《词话丛编》，第1册第724页。

之态，非绣阁丽人之容"。又批评李煜《一斛珠》结句"绣床斜倚娇无那，烂嚼红绒，笑向檀郎唾"，是"倡妇绮门腔，梨园献丑态"。这些评语虽嫌过度苛求，但上述句子所写形象确实浮荡，是近乎曲的句子。李渔反对泥古不化，特别重视创新，认为新颖是文学作品的首要特征。"人惟求旧，物惟求新。新也者，天下事物之美称也。而文章一道，较之他物尤加倍焉。戛戛乎陈言务去，求新之谓也。至于填词一道，较之诗赋古文又加倍焉。"[①]他讲到求新是人的本性，对文章而言也是这样，对词来说尤须如此。如何创新？李渔在《窥词管见》认为创新有意新、语新、字句新三个方面："文字莫不贵新，而词为尤甚。不新可以不作，意新为上，语新次之，字句之新又次之。"所谓"意新"，不是去追求脱离生活的新奇，而是要置身于现实生活之中，在习见习闻的生活中，去发现前人尚未写过或写得不充分的"情"与"事"。对于词语、字句之新，他认为"亦复如是"，即不出寻常见闻之外。"同是一语，人人如此说，我之说法独异。或人正我反，人直我曲。或隐约其词以出之，或颠倒字句而出之，为法不一。"李渔还认为能做到意新、语新、字句又新是"诸美皆备"，为此，他对词的创新提出了以下几点要求：（1）"意之极新，反不妨词语稍旧。"（2）语新也应近于自然。"新奇未睹之语，务使一目了然，不烦思绎。若复追琢字句，而后出之，恐稍稍不近自然，反使玉宇琼楼，堕入云雾，非胜算也。"（3）字句新要能做到合乎情理。"琢句炼字，虽贵新奇，亦须新而妥，奇而确，妥与确，总不越一理字，欲望句之惊人，先求理之服众。"[②]当然，上述说法有的是从李渔曲论中演绎出来的，如对宋祁"红杏枝头春意闹"的批评，便说明他对词的创新并未有深刻的体会。

关于词的取材，李渔主张即景即事，反对滥用典故。他在《窥词管见》中说："作词之料，不过情景二字，非对眼前写景，即据心上说情，说得情出，写得景明，即是好词。情景都是现在事，舍现在不求，而求诸千里之外，百世之上，是舍易求难，路头先左，安得复有好词。"[③]他所强调的作词之料，实即眼

---

① 李渔《闲情偶寄》卷一，《李渔全集》，第3册第9页。
② 李渔《窥词管见》，《词话丛编》，第1册第551～553页。
③ 李渔《窥词管见》，《词话丛编》，第1册第553页。

前之景与心中之情，这种情景须是作者自己亲身所体验和经历之事，即如他在《闲情偶寄》中所说的："凡作传奇，只当求于耳目之前，不当索诸闻见之外，无论词曲，古今文字皆然。凡说人情物理者，千古相传；凡涉荒唐怪异者，当日即朽。"[1] 李渔还认为作词不出"情""景"二字，情景两者又有主客之分。"情为主，景是客，说景即是说情，非借物遣怀，即将人喻物。有全篇不露秋毫情意，而实句句是情，字字关情者。切勿泥定即景咏物之说，为题字所误，认真做向外面去。"[2] 虽然强调情在作品中的主导地位，但是他自身的创作没有达到这一点，往往是景不美，情不深，语句又近乎他的曲词。这是在考察李渔创作及其理论时必须注意的问题。

从上述诸家所论看，清初词人对于作词法的认识已达到一定理论高度，既从作品结构层面论述作词之要素及要求，也从创作自身的辩证关系论述填词必须处理好的几类关系。

三、尚法：浙派宗法与《词综偶评》

在清初发展起来并在后世产生广泛影响的浙西词派，对于作词之法的讨论，并不满足于技巧层面的论述，而是结合自身的流派观念提出"小令宜师北宋，慢词宜师南宋"的宗法论。所谓"宗法"，就是一个流派的创作法则，凡是认同这一流派之理念者须恪守这一法则。

朱彝尊指出："窃谓南唐北宋，惟小令为工，若慢词，至南宋始极其变"[3]，"世人言词，必称北宋。然词至南宋，始极其工，至宋季而始极其变"[4]。这一说法是把一般性的作法论转换为一种带有派性观的宗法论。众所周知，朱彝尊、汪森都推崇姜夔、张炎的典雅词风，认为"填词最雅无过石帚"，姜夔是南宋典雅词风的代表，所谓"姜尧章氏最为杰出"是也[5]，因此，朱彝尊等人关于作法问题的论述，指向的是如何达到南宋典雅境界，也就是姜夔词

---

① 李渔《闲情偶寄》卷一，《李渔全集》，第 3 册第 13~14 页。

② 李渔《窥词管见》，《词话丛编》，第 1 册第 554 页。

③ 朱彝尊《书〈东田词〉卷后》，《曝书亭集》卷五三，《曝书亭全集》，第 555 页。

④ 朱彝尊《词综发凡》，《词综》，第 10 页。

⑤ 朱彝尊《词综发凡》，《词综》，第 10 页。

的清空骚雅境界。

那么，姜夔之"骚雅"又有哪些具体表现呢？汪森说："读白石词，见其用笔精严，有炉锤而无痕迹，良工刻玉，雕镂极精，更有天然之致，南渡以还，一人而已。"[①]本来白石词具有多方面的指向性，或意境清幽，或用语古雅，或审音尤精，但汪森更强调其"用笔精严"，亦即措辞遣句的骚雅峭拔，字雕句琢后达到的天工至巧，并在《词综》"姜夔"条下引范成大语云："白石有裁云缝月之妙手，敲金戛玉之奇声。"张炎语云："姜白石如野云孤飞，去留无迹。"黄昇语云："白石词极精妙，不减清真，其高处，有美成所不能及。"[②]这几位宋代词人对姜夔的看法，都提到他在艺术上的天工至巧，用心镂裁却不露痕迹。朱彝尊还提出了一套追步词风骚雅的具体方法，他说："词虽小道，为之亦有术矣。去《花庵》《草堂》之陈言，不为所役，俾淬疵涤濯，以孤技自拔于流俗，绮靡矣而不戾乎情，镂琢矣而不伤夫气，夫然后足与古人方驾焉。"[③]所言虽简，却也指明方向，这就是务去陈言，自拔流俗，语绮靡不戾情，辞镂琢不伤气。这里所说的"术"，与上文所说的"工"，在创作理论与追求上是大有区别的。前者指向的是技巧，有可操作性；后者指向的是艺术，带有较强的感性色彩。

当时发扬浙派宗法思想的还有楼俨和杜诏。作为曾经参与官修《御选历代诗余》《钦定词谱》的浙派词人，二人主要从词史、词选、词谱、词韵等方面，对康熙以来的词学史进行较为全面的总结，从创作论而言则是对浙西派的尚雅观念和创作技法作了进一步的阐发。

先说二人对浙西派尚雅观念的弘扬。杜诏说："词盛于北宋，至南宋乃极其工。姜夔尧章最为杰出，宗之者史达祖、高观国、卢祖皋、吴文英、蒋捷、周密、陈允平诸名家，皆具夔之一体，而张炎叔夏，庶几全体具矣。仇仁近谓'叔夏词意度超玄，律吕协洽，当与白石老仙相鼓吹'。顾白石风骨清劲，诚如沈伯时所云，未免有生硬处。叔夏和雅而精粹，读其《乐府指迷》一书，为古

---

① 汪森《与周筜谷书》，《小方壶文钞》卷五，《清代诗文集汇编》，第 185 册第 466 页。
② 朱彝尊、汪森编《词综》卷一五，第 304 页。
③ 朱彝尊《〈孟彦林词〉序》，《曝书亭集》卷四〇，《曝书亭全集》，第 455 页。

今填词准则，夫岂斤斤墨守尧章者？"①他接续朱彝尊所论推尊姜、张，并引其友曹炳曾的话说，姜、张两家词"一归诸和雅，则词之能事毕矣"。但他对于张炎之清雅尤为倾心，认为张炎之作"和雅精粹"，弥补了姜夔之词的"生硬"，实际上是引导人们以张炎为法，并以张氏《词源》为古今填词之准则。楼俨则从源头上确定了词的骚雅品格，指出："词者，诗之余也。诗可以言志，而词独不可言志乎？诗可以观风，而词独不可观风乎？尝谓《国风》好色而不淫，《小雅》怨诽而不乱，惟楚骚有之。若词之感人者深，尤不可不寓此意也。"②接着，他又追溯了唐宋词史的发展进程，认为温韦等人为唐诗之余绪，晏欧等重在被之管弦，"不能不涉以方言俚语，几几乎近于亵狎"；苏轼虽于婉媚之风有变革的意义，但蹈其习者不免有铜琵琶、铁绰板之讥；直到周邦彦出来之后，"模写物态，曲尽其妙"，婉约词风氏于大成，并开启了南宋尚雅之风。"姜夔亦学清真，而能变其面目，独以清虚骚雅起吴越，高观国、史邦卿、吴文英、周密、张炎、王沂孙从而和之，别裁伪体，号称极盛。"③这句话对周邦彦、姜夔有较高评价。然后，他批评明人作词鄙俚、凡猥，称扬朱彝尊、李良年、高层云、孙致弥、沈皞日等，能划削靡曼之习，以大雅为旨归，并号召当世填词者以《词综》为学习雅词之榜样，认为它能承续《乐府雅词》《绝妙好词》的宋人传统。"明人之选唐宋金元词者，则有杨慎之《词林万选》，陈耀文之《花草粹编》，沈际飞之《草堂诗余别集》，卓人月之《词统》。而总不若吾师竹垞先生之《词综》，不芜不秽，一开生面。其别裁伪体，可继周草窗《绝妙好词》。曾端伯《乐府雅词》犹逊其高洁矣。"④

其次，二人还为清人学习雅词指明了一条切实可行的路径。楼俨曾自述其习词历程云："初学稼轩词之雄健，而仅得其粗；继学白石词之清空，而渐流于率；后乃规模乐笑翁，而笔下稍稍知曲折。"现身说法，讲到初习词当从张炎入的必要性。楼俨还通过杜诏的师承及词风的变化，再次重申了朱彝尊

① 杜诏《〈山中白云词〉序》，张炎著，黄畲校笺《山中白云词笺》，浙江古籍出版社1994年版，第491页。
② 楼俨《再与友人论词书》，《洗砚斋集》，《词话丛编二编》，第2册第759~760页。
③ 楼俨《南村词选序》，戴鉴《南村词选》，清道光刻本。
④ 楼俨《再与友人论词书》，《洗砚斋集》，《词话丛编二编》，第2册第761页。

"小令宜师北宋，慢词宜师南宋"的主张。

> 吉士（杜诏）生长梁溪，亲炙华峰（顾贞观）、藕渔（严绳孙）两先生。其倚声入手，能宗仰贺东山、毛东堂、晏小山、周清真。虽欧、秦之婉丽，苏、辛之豪奕，皆所不取，又何有于柳七之绮靡、黄九之浅俚也。故于令词最工。迨我师竹垞先生《词综》本出，吉士又亲成绪论，于是变化于南渡诸家，其瓣香盖在史梅溪、高仰屋、陈西麓、张玉田，而独无白石之生硬，梦窗之晦涩，故于慢词尤工。其亦神而明之，善学宋人者矣。[①]

这里提到杜诏为词从北宋入而从南宋出，不取北宋之婉丽和豪奕，而接近于史达祖、高观国、陈允平、张炎等的典雅作风，并发出"善学宋人矣"的赞叹之辞。为此，楼俨拟合高观国、史达祖、吴文英、张辑、周密、李彭老、王沂孙、张炎、蒋捷、陈允平十位南宋词人词集于一帙，编出一本南宋文人词派总集作为传习"浙派家法"的读本。

那么，浙派家法在词法上有何体现呢？楼俨谈的不多，但也有涉及。比如他强调要学习姜夔的"融情景于一家"，并指出后世诸家多从此入手："填词不可但作景语，尤不可但作情语。但作景语，则浮滑而无味；但作情语，则浅俚而可鄙。不若景中有情，情中有景，情景夹写，不即不离。白石老仙所谓融情景于一家者，真得此中三昧也。南渡诸家，如竹屋、梅溪、梦窗、东泽、草窗、筼房、碧山、白云、竹山、日湖，皆从此悟入，其于姜门不愧具体而微。拟合十词抄为一帙，比例江西诗派，开雕问世，可使毗陵、云间一二友人，借口欧九、黄九、秦七、柳七者，对此能无气索。"[②]再如，他追述其师沈皞日讲述姜张作词之法，要求注意"曲笔、翻笔、侧笔、倒装"："二十年前，问作法之词于柘西先生，云：'曲子要曲，章法曲，句法曲，思路曲。'又云：'要得翻字诀，翻则直者皆曲。'又云：'词中多倒装句法，贵用侧笔，不用正笔，正笔却无意

---

① 楼俨《浣花词序》，《洗砚斋集》，《词话丛编二编》，第 2 册第 766 页。
② 楼俨《书南宋词后》，《洗砚斋集》，《词话丛编二编》，第 2 册第 755~756 页。

味.'……大抵行文有顿挫，有跌宕，一开一合，波澜自生，此句法之曲也。而翻笔、侧笔、倒装诸法，即生于此。若夫章法之曲，全由思路之曲，桃花流水，别有天地，不平铺，不直叙，不描头，不画角，步步侧笔、翻笔，拘折而出，岂惟句法倒装，即章法之亦纯乎倒装矣！南宋词人姜白石外，惟张玉田能以翻笔、侧笔取胜，其章法、句法俱超，清虚骚雅，可谓脱尽蹊径，自成一家。"[1]无论"景中有情，情中有景"，还是章法、句法、思路之"曲"，以及作词过程中对于"翻笔、侧笔、倒装"的合理运用，显然是对南宋典雅词法的提炼和揭示，也是对浙派崇尚骚雅家法的具体发明。

楼俨、杜诏虽有接续朱氏的词派意识，发扬骚雅观念，却没能像后来常州派词人周济那样总结出类似"宋四家词"说的派内家法，这一工作在乾隆年间由许昂霄完成了。[2]

许昂霄，字蒿庐，一字诵蔚，浙江海宁人。康熙时岁贡生，生活年代大约与厉鹗同时，编有《唐人诗选》《词综偶评》《晴雪雅词》《词韵考略》等。曾长期坐馆于海盐涉园张氏，并指导张氏子弟（张宗松、张宗柟、张宗橚、张载华）作诗填词。张宗松说："余少日填词率多俚艳语，及闻蒿庐绪论，稍知抉择，乃变格为之。"[3]张宗柟说："会花溪许蒿庐昂霄先生馆涉园久，课诸弟之暇，晓牖夜檠，辄取公（指王士禛）《诗话》为余拈示。余间有所质，亦相说以解。"[4]张载华说："余自束发喜学为词，而按谱倚声，未能即通其故。蒿庐夫子于课读之暇，谓词肇于唐，盛于宋，接武于金、元。唐词具载《花间集》，宋词散见于《花庵》《草窗》两编。金、元词罕觏选本，唯《词综》一书，竹垞先生博采唐宋，迄于金元，搜罗广而选择精，舍是无从入之方也。乃渐次评点，授余读之。"[5]从弟张柯曰："花溪许蒿庐先生，馆涉园者十余年，先兄思

① 楼俨《书山中白云词后》，《洗砚斋集》，《词话丛编二编》，第 2 册第 745 页。
② 闵丰说："《词综》无朱彝尊评注这一现象，多少令人感到遗憾，至清代中期，《词综》所蕴含的浙派家法，已需要有识之士为笺而出之，以弥补缺失、光大门户，这一使命最终由许昂霄师徒完成。"（《选本评注与词学轨式——论清代中期浙派师法的词史意义》，《文学遗产》2013 年第 3 期）
③ 张宗松《哭许蒿庐兄四首》其三注，《扣腹斋诗钞》卷四，清嘉庆刻本。
④ 张宗柟《带经堂诗话序》，王士禛著，张宗柟纂集，戴鸿森校点《带经堂诗话》，人民文学出版社 1963 年版，第 1 页。
⑤ 张载华《词综偶评跋》，许昂霄《词综偶评》，《词话丛编》，第 2 册第 1579 页。

岩（张宗楠）受业焉，诗古文外兼及填词。先生乃就插架所有者，分类标举，荟萃成帙，自唐宋迄金元，选词若干首，名《晴雪雅词》，意不过为初学津逮，然评骘精当，选择简严。思岩兄间附按语，诠次而甄录之。"①在坐馆张氏期间，许昂霄先后编纂并协助张氏子弟完成了《词综偶评》《词林纪事》《晴雪雅词》，通过这些词书的编纂及点评，揭示了南宋典雅词派的作词之法，也完成了浙西词派派内家法的建构。正如闵丰所言："许昂霄师徒因洞晓浙派绳墨，其评注最重南宋诸大家，解析词法鞭辟入里，且兼擅典故笺疏、本事考订，体现出浙派重视学力的传统。"②

据沙先一研究，《词综偶评》大约成书于雍正末乾隆初，其初衷在于指示初学，示人学词之法。③张载华谈到自己习词之初，许昂霄以《词综》为范本，"渐次评点，授余读之"，"每一阕中，凡抒写情怀，描模景物，以及音韵法律，靡不指示详明，直欲使作者洗发性灵，而后学得藉为绳墨，洵词家之郑笺已"。④具体说来，这些评点包括六个方面的内容。一是字词的释义与考证，主要指字义的解释、字词错讹的辨析、地点的考证等。二是章法结构的分析，包括起结、离合、过渡、递进、转折、比兴等。如评姜夔《暗香》云：

> 旧时月色，算几番照我（倒装起法），梅边吹笛。唤起玉人，不管清寒与攀摘。何逊而今渐老，都忘却、春风词笔（陡转）。但怪得、竹外疏花，香冷入瑶席（陡落）。　江国，正寂寂，叹寄与路遥，夜雪初积。翠尊易泣（一层），红萼无言耿相忆（又一层）。长记曾携手处，千树压、西湖寒碧（转）。又片片、吹尽也，几时见得（收）。⑤

---

① 张柯《晴雪雅词序》，葛渭君编《词话丛编补编》，中华书局 2013 年版，第 2 册第 969 页。
② 闵丰《选本评注与词学轨式——论清代中期浙派师法的词史意义》，《文学遗产》2013 年第 3 期。
③ 沙先一、秦敏《选词批评与词法示范——论许昂霄的〈晴雪雅词〉〈词综偶评〉》，《南京师范大学文学院学报》2013 年第 4 期。
④ 张载华《词综偶评跋》，《词综偶评》，《词话丛编》，第 2 册第 1579 页。
⑤ 许昂霄《词综偶评》，《词话丛编》，第 2 册第 1558 页。

对于文本的分析特别细腻，对全词意脉层次及章法技巧都有比较具体的论析，让人有一目了然之感。三是字法句法的分析，包括措辞的浓淡、用语的雕琢与自然、写景抒情的隐秀等。四是用事用典的分析，主要指化用前代史事或前人诗意，特别是唐诗的意境，也包括宋词的意境等，通过用典用事的点明以助读者把握词境。五是用韵协律的分析，这方面尽管不算多，却也有指示门径之意味，如评张升《离亭燕》："画字、挂字、话字，诗韵收入卦部，词家往往叶入马、祃韵中。"又评陈允平《绛都春》："痕字、昏字，不宜与寒、鹃等字同叶。"皆是比较到位的分析。主要原因是许昂霄对词韵有深入的研究，撰有《词韵考略》一卷，他的研究心得也体现在对唐宋词用韵的点评上。六是风格与意境的分析，他在这方面比较推重姜、张的清空骚雅。如评姜夔《疏影》："别有炉锤镕铸之妙，不仅以檃括旧人诗句为能。……能转法华，不为法华所转。宋人咏梅，例以弄玉、太真为比，不若以明妃拟之，尤有情致也。"评《齐天乐》："将蟋蟀与听蟋蟀者，层层夹写，如环无端，真化工之笔也。"评《琵琶仙》："句句说景，句句说情，真能融情景于一家者也。曲折顿宕，又不待言。"评《暗香》："词中之有白石，犹文中之有昌黎也。世固也以昌黎为穿凿生割者，则以白石为生硬也亦宜。"又如评张炎词云：《南浦》"亦空阔，亦微妙，非玉田先生不能"；《探春》"才放些晴意"四句，"可谓笔如其手，手如口矣，不意于咏物题得之"；《高阳台》"淡淡写来，冷冷自转，此境大不易到"；《绮罗香》"弹丸脱手，不足喻其圆美也"；《清平乐》"淡语能腴，常语有致，唯玉田为然"[①]。对于其他词人的评价亦使用此一标准，表现出他对浙派清雅观念的认同。《晴雪雅词》卷首序云："窃惟文章著述，非雅弗尚。史迁以为文不雅驯，荐绅先生难言。又曰择其言尤雅者，是知兰苕翡翠，碧海鲸鱼，体制各殊，一归于雅，而《乐府指迷》为尤要。昌黎诗云：'绮语洗晴雪。'盖言情之作，每涉于纤，纤则易流于秽，亵语嫚词，法秀道人所指为堕犁舌地狱者，概无取焉。然则以隽永之思，发缠绵之致，巧不伤纤，艳不失秽，洗尽俗谛，赓同白雪，无蹈绮语之戒，此则倚声家所宜奉为圭臬者矣。"[②] 既有具体的

---

① 许昂霄《词综偶评》，《词话丛编》，第 2 册第 1550、1563、1558、1576、1565~1566 页。

② 张柯《晴雪雅词序》，《词话丛编补编》，第 2 册第 969 页。

词法指点，又有明确的习词门径，许昂霄将浙派家法的各个层面讲得都很透彻。吴衡照《莲子居词话》卷三云："词选本以竹垞《词综》为最善，吾乡许蒿庐先生为之评。凡夫抒情之妙，写景之工，以及起结、过换、衬贴之法，靡不指示详明，洵词坛广劫灯也。"①

四、词法论：清初词学观念的重要组成内容

总之，从西泠、广陵诸派之"求工"到浙西词派之"尚法"，恰好构成了一个从学北宋"求工"到学南宋"尚法"的递进关系，北宋词有天然本色之美却不易为之，南宋词偏重雕琢然而有章法可循，这表明清初词坛在创作观念上有了重大进步。为什么这样说呢？

> 词始于唐，盛于宋，南北历二百余年，畸人代出，分路扬镳，各有其妙。至南宋诸名家，倍极变化。盖文章气运，不能不变者，时为之也。于是竹垞遂有词至南宋始工之说。②

这个"文章气运"实际上是由音乐文学向书面文学转变的规律，生活在雍正时期的中期浙西派词人吴焯便明确指出北宋词与南宋词的这一差别："夫词南唐为最艳，至宋而华实异趣。大抵皆格于倚声，有叠，有拍，有换，不失铢黍。非不咀宫嚼商，而才气终为法缚。临安以降，词不必尽歌，明庭净几，陶咏性灵，其指称时事，博征典故，不竭其才不止。且其间名辈斐出，敛其精神，镂心雕肝，切切讲求于字句之间。其思泠然，其色荧然，其音铮然，其态亭亭然，至是而极其工。"③北宋词重在合乐可歌，注意咀宫含商，文字表达大多出于自然天成，但作者才气与性情往往为音律法则所束缚；南宋词多为文人所为，不讲求是否合乐可歌，而重在表现作者性情，作者因抛弃音律束缚就可以尽骋其才，或征事，或用典，讲究语言的雕琢、字句的锤炼、章法的安排

---

① 吴衡照《莲子居词话》，《词话丛编》，第 3 册第 2453 页。
② 田同之《西圃词说》，《词话丛编》，第 2 册第 1454 页。
③ 吴焯《秋林琴雅题辞》，《樊榭山房集》集外词，第 881 页。

等。从追求北宋的本色天然到宗尚南宋的典雅词法也是一种历史进步，从明末清初有关作词法的论述中可以看出其时词学观念的变化。

然而，清初诸派不但在词学观念上有变化，在表述方式上也有进步。浙西派之前诸词派大都只是提出一个总体原则，如陈子龙的"四难"说、王士禛的"神韵"说、彭孙遹的"自然从追琢中来"说等，即便李渔《窥词管见》所论较为系统，也只是提出一些原则性的意见，在创作层面并不具有可操作性，作者在写作过程中也只能见仁见智了。但是到了朱彝尊，他既提出自己的创作主张，更把这一主张与《词综》的编选联系起来，虽然他没有就每位词人的具体作品发表意见，却通过入选篇目及篇目数量传达了自己的观念。实际上，所选篇目本身即是一种词法的呈现：骚雅之作入选较多，粗豪与鄙俚之作被排斥在外。相对清初诸词派只讲大原则而言，《词综》所选作品是具有示范性的，在立意、格律、意境等方面提供了具体的案例，填词者是可依入选的典范之作倚词为词的。不过，《词综》所选作品之词法，并不易为初学者所体会，因此，许昂霄《词综偶评》《晴雪雅词》出现，通过"选""评"结合的方式把词法论作了进一步的落实。相对朱彝尊之"选词"而言，许昂霄之"评词"，对初学者来说具有更强的操作性，亦即借由词作点评较为直观地把握了作品之技法。从这个角度来讲，《词综》从"选"到"评"是清初有关词法问题论述方式的一大进步。

通过上述有关词法论的讨论，我们对于清初词学面貌有了一个较全面的认知，即清人对于词学观念的表达，不但有形而上的"思想"，也有形而下的"技法"，正是通过形而下的"技法"才能把形而上的"思想"落实下来。在词史上人们称清词中兴，多是从文学角度而言的，也就是说词在清代进入鼎盛的时代，对于语言表达技巧的追求和创新成为清词中兴的重要标志，词法论走进清代词学并成为清代词学重要组成内容是历史发展的必然。过去，人们认为浙西派能影响清代词坛百年之久，主要原因是浙西派的创作主张顺应了康乾盛世的审美需求，其实，更现实的原因则是浙西派的词法论为人们提供了可资效法的途径和方法，将明末清初词坛从无序状态引入有法可依、有章可循的有序状态。尽管它所带来的弊端也是非常明显的，但在兴起之初，在词坛处于无序状态下，它对于推动清词中兴功不可没。

第三节　乾嘉学术对清代词学观念的影响

钱仲联在谈到清词特色时，有一句非常精辟的论断："清代词苑，学人云集。"[①]诚哉斯言，清代学术昌明，学派林立，从清初实学勃兴到中叶汉学盛行、今文经学在道光时期全面复兴，许多从事经学研究的学者同时是诗人或词人，谭献曾指出惠栋、江永、段玉裁、焦循、宋翔凤、张惠言等经师"多工小词"[②]，反过来，许多以艺文见长的诗人或词人，治学功力亦不逊色于以经史之学见长的学者，清代学术对清诗或清词的发展走向有着比较深刻的影响。说到清代学术对词学的影响，过去谈的比较多的是今文经学对常州词派的影响，其实在清朝前期盛行一时的乾嘉汉学，对清代词学的建构也产生过极其深刻的影响。本节拟从创作主体、言说方式及思想内容等方面探讨乾嘉汉学向词学渗透的内在理路。

一、互动：乾嘉学派与乾嘉词坛

乾嘉汉学作为清朝前期的主流学术，是以惠栋为首的"吴派"在乾隆中期的出现为其重要标志的。然而，乾嘉汉学实由清初实学发展而来，实学的兴起则是对宋明理学的反动，宋明理学空谈"心性""天理"，造就了众多只会为"明心见性之空言"的儒生，却不能拯救日趋危亡的明末动乱政局。继踵而来的明清易代鼎革，加深和激化了人们对宋明理学的反感情绪，在清初形成了一股声势颇为浩大的批判宋明理学的思潮。清初的学者在批判、反思宋明理学的过程中达成了一种共识，这就是反对空谈心性，强调崇实黜虚，主张经世致用，力求恢复原始儒学朴实淳厚的学风。正是在这样的思想背景下实学思潮蔚然兴起，这一由虚返实的学术路向也是明末清初学术自身发展的结果。诚如清

---

① 钱仲联《全清词序》，《全清词·顺康卷》，第2页。
② 谭献《复堂词话》，《词话丛编》，第4册第3999页。

初著名实学家李塨所言："天地之道，极则必反。实之极必趋于虚，虚之极必归于实。……今之虚学可谓盛矣，盛极将衰，则转而返之实。"[①]另一位清初著名的实学家颜元也认为，明末空疏学风的救弊之道在实学而不在空言，"实学不明，言虽精，书虽备，于世何功，于道何补"[②]。康熙中叶以后，清王朝结束了长达四十余年的战争状态，政局的稳定，国家的统一，经济的恢复，百姓生活的安定，带来的是文化的复苏和繁荣。明末清初崛起的实学思潮逐渐放弃了它对社会的批判精神，走上了朴学的考证经史的治学途径，至雍正末乾隆初完成了由实学到朴学的过渡，形成了表征清代学术的"乾嘉学派"，它还在自身的发展过程中迭生出吴派、皖派、扬州学派、浙东学派等重要的学术支脉。[③]

乾嘉学派形成的时期，也正是清代词学发生蜕变的时期。清初词坛百派回流、百家腾越的繁荣景观，在乾隆初年已趋于消退，主导词坛的是以厉鹗为首的浙派。正如乾嘉学派是由四大学术支脉组成的一样，浙派也主要由杭嘉湖、吴中、扬州三类词人群体组成，这三个地域中的吴中和扬州恰恰也是乾嘉学派进行学术研究的"基地"。浙派成员有的本身就是乾嘉学派的重要成员，有的则与乾嘉学派的其他成员有比较密切的往来，地域的共同性和身份的双重性是乾嘉学术与清代词学形成互动之关系的重要因素。

雍正至乾隆前期的浙派领袖厉鹗，是一位著名的学者，他所交往的密友杭世骏、全祖望是乾嘉学派的先驱人物。他后期生活的主要场所扬州是乾嘉学派的重要发源地之一，当时，徽商马曰琯、马曰璐兄弟"贾而好儒"，致力于文化事业的建设，推动了扬州地区经史之学的研究，还修筑了名闻天下的小玲珑山馆（街南书屋），为全祖望、陈撰、厉鹗、金农、姚世钰等提供最好的著述条件。著名性灵诗人袁枚有诗赞曰："山馆玲珑水石清，邗江此处最知名。横陈图史常千架，供养文人过一生。"（《扬州游马氏玲珑山馆吊秋玉主人》）厉鹗曾馆于马家达三十年之久，不但教授马氏子弟，也从事文史著述，还在马氏提供的优越条件下，先后撰写了《宋诗纪事》一百卷、《南宋院画录》八卷、

---

① 李塨《送黄宗夏南归为其尊翁六十寿序》，《恕谷后集》卷一，中华书局 1985 年版，第 1~2 页。
② 颜元《性理评》，《存学编》卷三，颜元著，王星贤、张芥尘、郭征点校《颜元集》，中华书局 1987 年版，第 76 页。
③ 梁启超《中国近三百年学术史》，东方出版社 1996 年版，第 27 页。

《辽史拾遗》二十四卷、《东城杂记》二卷、《湖船录》一卷等，特别是《辽史拾遗》采摭群书达三百余种，厉鹗常自比之为裴松之《三国注》，可见其在学术上的追求。在进行学术研讨的同时，他们也有传统文人的风雅韵事，或会聚丛书楼畅论治学之道，或泛舟红桥一抒文人雅趣，学术研讨与文学创作的互动成为马氏小玲珑山馆的一大文化景观。

厉鹗之后，浙派在苏州、扬州两地继续传衍，苏州有乾隆中后期的"前吴中七子"和嘉庆、道光时期的"后吴中七子"，扬州有乾隆中后期的江昉、江立、江炳炎和嘉庆、道光时期的凌廷堪、江藩、焦循等，这些词人多是腹笥充盈的乾嘉学者或曰饱学之士。

吴中向来为人文之渊薮，文风昌盛，文化发达。在明末清初有著名的文学家汪琬和诗论家叶燮，还有一个以丁宏度为首的汉学研究群体。[①] 丁氏之学，经过惠周惕四代传授，到惠栋时将其发扬光大，成为以文字、音韵、训诂为其治学主要特色的"吴派"。文坛上，这时也有沈德潜发扬叶燮诗学，鼓吹温柔敦厚之诗教，成为乾隆盛世诗坛上的一支劲旅——"格调派"。乾隆中后期承沈德潜格调之说的是"前吴中七子"，传惠氏之学者为沈彤、余萧客、江声、王鸣盛、钱大昕、王昶等，其中王鸣盛、钱大昕、王昶等又是"前吴中七子"的重要成员，王鸣盛有《谢桥词》二卷，王昶有《琴画楼词》四卷、《红叶江村词》一卷，钱大昕未见有词集传世，但也留下了不少清疏爽朗之作。"前吴中七子"的另外几位成员如赵文哲、吴泰来，主要以诗词名世（赵氏有《媕雅堂词》，吴氏有《昙花阁琴趣》），其研经修史亦有自己特色（赵氏撰有《群经识小录》，吴氏曾纂修《蒲城县志》《同州府志》等）。他们以一身而出入二派的双重身份，正说明这一时期学术与文学互生共成的关系。特别是王昶一生勤于著述，早年受惠栋的影响，同深汉儒之学，是惠氏"通经信古之学"的忠实传播者；后来在京城为官，又与戴震唱为同调，还结交了陆锡熊、周永年、金榜、邵晋涵等汉学名师；治经尊汉儒训诂，兼言宋儒性道。[②] 他的主要成就在朴学，他也热衷于当世诗词的搜集和整理，先后编纂成书的有《湖海诗传》

① 陈居渊《焦循儒学思想与易学研究》，齐鲁书社2000年版，第49页。

② 陈祖武、朱彤窗《乾嘉学派研究》，河北人民出版社2005年版，第460页。

四十六卷、《青浦诗传》三十六卷、《明词综》十二卷、《国朝词综》四十八卷、《琴画楼词钞》二十四卷等，以推衍沈氏格调诗学和浙派的醇雅词学，晚年在主持娄东书院、敷文书院时又培养了一批学术传人和文坛后劲。这一时期还有其他以治经知名的学者，如沈大成（有《栖香词》）、张熙纯（有《昙华阁词》）、邵晋涵（有《南江诗文钞》附词）、陆锡熊（有《篁付词》）等也有词集传世。到嘉庆时期吴中词风发生蜕变，先是吴翌凤以高朗胜，郭麐以清疏见长，"浙派为之一变"。但他们变革浙派词风未能产生较大的影响力，真正推动浙派向前发展的是顾广圻及"后吴中七子"。顾广圻是嘉庆时期著名的校勘家，曾师事江艮庭，受惠氏之遗学，尽通经学小学之精义。其论词受其治经之学的影响，注意从文字、音韵、训诂入手探讨词律词韵。"后吴中七子"在时间上稍晚于"前吴中七子"，与"前吴中七子"有一定的渊源关系。比如戈载之父戈宙襄就曾师事钱大昕，戈载虽未能亲炙，却亦偶得听闻钱氏之教诲："惟自揣音韵之学，幼承庭训，尝见家君与钱竹汀先生讲论，娓娓不倦。予于末座，时窃绪余。"[①] 总的说来，他们还是受顾广圻的影响更大些，论词填词亦类似顾广圻重视审声守律。"其论词之旨，则首严于律，次辨于韵，然后选字炼句，遣意命言从之。（广圻）闻诸子尝尽取凡有词以来专集若干，类选若干，旁及乎散见小说笔记者又若干，博考精究，以求夫律之出入，韵之分合，以暨其字、其句、其意、其言，如是者得之，如是者失之，权衡矩矱，于斯大备；轻重方圆，未之或差，是故诸子之词，平奇浓淡，各擅所长，而无一字无来历，则七家未有不同也。"[②] 值得注意的是，"后吴中七子"已是比较纯粹的文人，填词较"前吴中七子"更为专门化，但在治学方面却远不及"前吴中七子"。

扬州在清中叶是繁华的商业都会，乾嘉学派的三大经师惠栋、戴震、阮元都有在扬州活动的踪迹。自厉鹗、二马逝后，江昉、江立、江炳炎等在扬州继续主持风雅。江昉与其兄江春是著名的徽商，二人著作曾合刻为《新安二江先生集》。"先是论诗有南马北查之誉，迨秋玉（马曰琯）下世，方伯（江春）遂为秋玉后一人。"当时士大夫过扬州者，不是馆于江春的康山草堂，就是馆

---

① 戈载《词林正韵》"发凡"，上海古籍出版社 2009 年版，第 88 页。
② 顾广圻《吴中七家词序》，顾广圻著，王欣夫辑《顾千里集》卷一四，中华书局 2007 年版，第 210 页。

于江昉的紫玲珑馆。一时文人学士如钱陈群、杭世骏、郑燮、戴震、金农皆从之游。"江氏世族繁衍，名流代出，坛坫无虚日。奇才之士，座中常满，亦一时之盛也。"[1]江春未见词集传世，但江昉是当时扬州词坛之主将，有《练溪渔唱》《随月读书楼词钞》《集山中白云词》《学宋斋词韵》等著述。其时卢见曾驻节扬州，江南名儒多集其府中，惠栋、戴震、沈大成亦在其列，江昉、江立、江炳炎等与之往还，这时扬州的学术与文学是并行发展，还未达到互融互渗的程度。到嘉庆时期，主盟扬州学林的凌廷堪、江藩、焦循等，已明显地表露出学者与词人身份的双重性，学者即是词人，词人即是学者，这些词人还是乾嘉时期清代三大学术流派之一"扬州学派"的重要成员。凌廷堪少时失学，居今江苏连云港海州，后因汤惟镜之荐而入两淮盐运司词曲馆，任编校，其间遍览群书，学识大进，成为扬州学派之"重镇"。他填词有一个从"自娱"到精研词乐的过程，尤为服膺精于音律的南宋词人姜夔，故填词严守声律，并注明宫调，其词集名为《梅边吹笛谱》，亦取白石《暗香》句意。自谓："稿中所用四声，非于唐宋人有所本者，不敢辄为假借。所用韵，凡闭口不敢阑入抵腭鼻音，至于抵腭与鼻音亦然。"[2]江藩少居吴门，受业于惠栋、余萧客、江声，博综群经，尤长于史学，其著述主要有《国朝汉学师承记》《国朝宋学源流记》《国朝经师经义目录》等。他亦善填词，有《扁舟载酒词》三卷，其词严于声律，每于调后，喜讨论声律，每有会心之处。焦循与江藩齐名，世称"扬州二堂"。焦循一生未仕，闭户读书，尝从阮元游幕，于学无所不通，于经无所不治，主要著述有《孟子正义》、"焦氏易学三书"（《易通释》《易图略》《易章句》）。他于治经之外，诗、词、医学、形家九流之书，"无不通贯"，有《红薇翠竹词》《仲轩词》各一卷，《词话》一卷。严迪昌认为，焦循的填词在清中叶词坛上亦可谓别树一家，特别是他的小词，"情思活泼，笔墨也灵动，没有丝毫夫子气和头巾气"。[3]很显然，扬州词坛仍然表现出学者之词与词人之词兼容的双重属性。

---

① 李斗《扬州画舫录》卷一二，中华书局 2007 年版，第 194 页。
② 凌廷堪《梅边吹笛谱》"自序"，《清名家词》，第 6 册。
③ 严迪昌《清词史》，第 416 页。

二、考据：朴学风尚与词学研究

乾嘉学派是作为宋明理学对立的学术流派出现的，它在研究对象、治学途径和方法上与宋明理学迥异其趣，推崇的是一种无征不信、证据优先、事实重于义理的朴实学风，有时也被称为"乾嘉朴学"。理学强调"六经注我"，重在发挥自己的思想；朴学则力求屏蔽主体，主张从材料、事实出发，通过文字、音韵、训诂、校勘、考证等手段，探本求源，取真求实。[①] 朴学认为，"义理"不可舍经而空凭胸臆，求之古经，当明训诂，"故训明则古经明，古经明则贤人圣人之理义明，而我心之所同然者，乃因之而明"[②]。这一重考据的学风，因得到清朝最高统治者的重视和提倡，加之四库馆臣的大力推衍和弘扬，逐渐从边缘走向中心，成为清朝前期的主流学术，并且从经学领域向小学、史学、天文、地理、典章制度、文学艺术等其他领域渗透，重视文献的整理、音义的训读、制度的考证成为乾嘉时期的学术风尚，在词学方面则是催生出词籍整理、词韵修订、词律编纂和词乐研讨等重要的研究内容。

清代词学是对唐宋词学的"复兴"，对唐宋词籍的搜集和整理工作，在清初就已经开始了。康熙十七年（1678）由朱彝尊、汪森编辑整理的《词综》，不仅广泛地征辑于公私收藏，共计览观宋元词集一百七十家，传记、小说、地志共三百余家，还详尽地叙述了词籍征集目录及其来源，在校勘词籍、考辨词调、考证词人里爵年代等方面也取得了突出的成就，开了有清一代以考证方法编纂整理词籍的先河。这一研究方法在厉鹗、查为仁、江昱、江炳炎、陆钟辉、张奕枢等词人和学者的努力下得到进一步的充实和完善，如厉鹗和查为仁的《绝妙好词笺》，江昱的《蘋洲渔笛谱疏证》《山中白云词疏证》，江炳炎、陆钟辉和张奕枢等抄校刊刻《白石道人歌曲》就是这方面的成果。但是，真正广泛地运用考证方法整理词籍的还是在考据学风流行一时的乾嘉时期，人们已从辑佚、校勘向版本、目录、提要、笺注等方面进一步深化，全方位地开展词学文献搜集、整理、考订的工作。

---

① 黄爱平《四库全书纂修研究》，中国人民大学出版社1989年版，第300页。

② 戴震《题惠定宇先生授经图》，戴震撰，汤志钧校点《戴震集》文集卷一一，上海古籍出版社1980年版，第214页。

在重考据学风的影响下，在朱彝尊《词综》编选体例的启迪下，乾嘉时期出现了一股编选"词综"系列的潮流。先后成书的有王昶《明词综》、姚阶《国朝词雅》、王昶《国朝词综》、王绍成《国朝词综二集》等，这几本词选都明显地沾染上了这一时期偏重文献考证的风习。比如，王昶是乾嘉时期著名的汉学家，他编选的《明词综》就是这样一部编选精当的明词选本。全本共收明代词人387家，词作604首，大致反映了明代词坛创作的实际风貌。有如张仲谋所言："虽不能说所选皆佳，但明代佳词，多数已被网罗其中。相对于其他词选来说，该书搜求较为完备，选篇亦较为精当。"① 更重要的是王昶在编选《国朝词综》时，应该是花了一番考证功夫的。当时明代词籍流传不广，可以依赖借鉴的前代选本不多，尽管他没有像朱彝尊那样开列一个访书清单，但仍然可以推测他在编选《明词综》时是下了大量的文献爬梳考证功夫的，诸如作品的择录、作者生平著述的考证及评论资料的选辑等，这些都是属于人们通常所说的辑佚、校勘、笺注的文献整理工作。至于词籍的版本、目录、提要工作，比较集中地体现在《四库全书总目》一书中。乾隆三十八年（1773）"四库馆"开馆，在全国各地招纳饱学之士入馆，当时乾嘉学派的主要成员汇聚京师，戴震、周永年、邵晋涵、陆锡熊、金榜、翁方纲等皆在其列。总纂官纪昀也是一位精通诸子百家的汉学家，在治学方法上他以考证为主，其考据学的重要成果就是《四库全书总目》。近代著名学者梁启超说："四库馆就是汉学家的大本营，《四库提要》就是汉学思想的结晶体。"② "总目"（包括存目）凡著录词籍109种，其中别集84种，总集25种，它融版本、目录、提要三者于一体，"对各家利病得失及版本流传时有纠正阐明"③。在《四库全书总目》之后，扬州学派的重要代表阮元在修撰《四库未收书目提要》时，再撰词籍提要十余种，把古典词学目录版本之学推到极致。

这一时期的词话之作也带有很浓厚的考证色彩，由过去单纯记事、品评转而为纪事、品藻、辩证三者兼而有之，还改变了过去词话写作的随意性，转

---

① 张仲谋《明词综研究》，《中华文史论丛》第 78 辑，上海古籍出版社 2004 年版。

② 梁启超《中国近三百年学术史》，第 27 页。

③ 龙榆生《研究词学之商榷》，《词学季刊》第一卷第 4 号，上海书店 1985 年版。

而用严谨的态度进行词话写作，出现了阐述思想与考订训诂并重的新型词话。乾隆四十九年（1784）由李调元撰写的《雨村词话》已较多考辨性的内容，而由扬州学派学者焦循撰写的《雕菰楼词话》几乎全是考证性的话语。屠倬为吴衡照《莲子居词话》作序亦称是书"有校正词律讹缺之处，有考订词韵分并之处，有评定词家优劣之处，有折衷古今论词异同之处。至于博征明辨，蒐罗散佚，信足为词苑有功之书"[①]。从考据学的角度考察，清代词话主要做了考释词义、考订词源、辩证词作、校正词律和考证作者生平等方面的工作。有些考订工作是必要的，也是非常有意义的；有些考订工作则不免流于琐碎，对理解文本的意义并无多大价值。如吴衡照《莲子居词话》为李清照改嫁所作的考证是没有多大意义的，这本来在宋人的许多记载里已有定论，李清照自己所作《上内翰綦公启》亦为之铁证，但吴衡照从封建时代的礼教观念出发极力为李清照辩诬，认为李清照不可能在 52 岁的年龄再嫁张汝舟："岂有就木之龄已过，隳城之泪方深，顾为此不得已之为？"[②] 平心而论，吴衡照及后来持相同看法的卢见曾、俞正燮、陆心源、陈廷焯，都不能从根本上彻底推翻李清照再嫁张汝舟的看法。从作为铁证的《上内翰綦公启》看，清人亦无法提出有力证据说它系伪作；从记载此事的《苕溪渔隐丛话》《碧鸡漫志》看，它们的作者胡仔、王灼都是李清照同时代人，是不会有意去诬蔑李清照的。值得注意的是，在清初由徐釚编纂的《词苑丛谈》和田同之辑录的《西圃词说》带有较大的随意性，还未摆脱明末空疏学风的影响，最突出的表现是引用前人之言多不注出处，倒是乾嘉时期由冯金伯编辑的同类性质词话《词苑萃编》，特别注意所征引之文献的出处和来源，这也是当时考证学风在词话编纂上的一种表现。冯金伯自谓痛感徐釚之书不注出处之弊，"朱竹垞尝语太史（徐釚），捃摭书目，必须备注其下，方不似世儒剿取前人之语，以为己出者。"所以，他编纂的《词苑萃编》一书便力求修正徐氏之书的不足。"引书必注，隶事有序，厘序秩然，俾观者快然有当于心，亦庶几为徐氏功臣云尔。"[③]

① 屠倬《莲子居词话序》，吴衡照《莲子居词话》，《词话丛编》，第 3 册第 2387 页。
② 吴衡照《莲子居词话》卷二，《词话丛编》，第 3 册第 2422 页。
③ 冯金伯《词苑萃编》"序"，《词话丛编》，第 2 册第 1702 页。

乾嘉学派治学的一项重要内容是音韵学和乐曲学，乾嘉考证学风也就顺理成章地进入词韵、词谱、词乐等研究领域。这一时期编纂的词韵有吴烺、江昉、吴镗、程名世合辑《学宋斋词韵》（乾隆三十年刻本），吴宁编《榕园词韵》（乾隆四十九年刻本），郑春波编《绿漪轩词韵》（未见传本），王讷辑《晚翠轩词韵》（嘉庆十三年刻本）。但是，这些词韵"讹谬百端，去取寡当"，多不足为据，只有戈载的《词林正韵》（道光元年刻本）一书："列平、上、去为十四部，入声为五部，共十九部，皆取古人之名词，参酌而审定之，尽去诸弊。"①《词林正韵》在问世后得到一致的好评，并逐渐取代了以前各代的词韵之书，其原因就在于戈载做了非常严密的考证工作，正如杜文澜所说："取李唐以来韵书，以校两宋词人所用，博考互证，辨晰入微，足补箓斐轩之遗，永为词家取法。"②这一时期成书的词谱不是太多，影响也不是太大，但它们的考证学风直接影响到道光时期成书的杜文澜《词律校勘记》和徐本立《词律拾遗》。最值得注意的是这一时期词乐研究的成就，它们分别是皖籍学者江永《律吕新论》、方成培《香研居词麈》和凌廷堪《燕乐考原》等。江永是乾嘉学派之皖派开山祖师，长于历算钟律声韵，其《律吕新论》一书是关于钟律研究的专书。全书分上下两卷，上卷所论包括宋蔡元定《律吕新书》及五声、黄钟、十二律等内容，下卷重点探讨乐调、造律、候气、律吕等内容。其中对前人之说有所辩证，正如梁启超所说，其论声音流变、论俗乐可求雅乐、论乐器不必泥古诸条，颇能发前人之所未发。③但词乐与燕乐密切相关，研习词乐者非得探讨燕乐不可，方成培《香研居词麈》便是这样一部专门论述唐宋燕乐的重要文献。该书广泛地搜集有关论述唐宋燕乐的文献，利用《乐府杂录》《梦溪笔谈》《朱子全集》等，特别是姜夔《白石道人歌曲》中的工尺谱，对唐宋燕乐的许多现象作了比较合理的解释和推断。江顺诒称它"深明音律之源，语多可采"④，著名汉学家程瑶田也说它是"词家之圭臬"⑤。这一点正得益于方成

---

① 戈载《词林正韵》"发凡"，第 41~42 页。

② 杜文澜《憩园词话》卷二，《词话丛编》，第 3 册第 2868 页。

③ 梁启超《中国近三百年学术史》，第 432 页。

④ 江顺诒《词学集成》卷一，《词话丛编》，第 4 册第 3220 页。

⑤ 程瑶田《香研居词麈叙》，方成培撰，杨柳校点《香研居词麈》，辽宁教育出版社 1998 年版，第 2 页。

培有比较扎实的考证功夫，"方君仰松从事于音律之学者十余年，考之经史以导其源，博览百家之言以达其流，举数百年晦蒙之业别白焉而定一尊"①。在方成培研究的基础上，凌廷堪《燕乐考原》一书将清代的燕乐研究进一步推向深入。全书分六卷，第一卷为总论，重点讨论了燕乐二十八调之来源与性质，第二、第三、第四、第五卷分别考证宫、商、角、羽四均各七调共二十八调的具体音位情况，第六卷为"后论"，总结二十八调所涉之诸多问题，末附四声二十八调表备查。"全书条理粲然，不枝不蔓，浑然一体，古人著述中如此严密结构的尚不多见。"②重要的是该书在研究方法上体现出鲜明的朴学色彩，正如王延龄在《燕乐三书》"前言"中所指出的，《燕乐考原》一书的特点，"全在于考证的方法，全在于'取文献证以器数'，从而证明义理的科学方法，二十八调乃至八十四调的理论体系在苏祗婆、郑译、万宝常时代就已建立，琵琶曲也世代传习于手耳之间，其诸项问题也载诸唐、宋历代乐家、文人典籍。而把理论上的各调各音寻迹出它们在琵琶弦上的位置，从而证实声调的理论和文字的记载，这是凌氏的一大发明创造，其精密机巧，胜过同时代音韵学整编声纽、韵母创立拼音方案的成就，直可与后世化学上的'原子序数表'相类比"③。

三、理念：学术思想与词学观念

乾嘉学派有多种称谓，就其治学风格而言，它通常被称为"乾嘉朴学"；而就其反映的时代特征而言，这派学者普遍地推崇汉代的考证之学，甚至在当时有"家家许郑，人人贾马"的说法，因此它也被称为"乾嘉汉学"。④从惠栋开始，乾嘉学派便形成了"凡古必真，凡汉皆好"的理念，从方法到观念几乎是全盘地接受汉儒的思想。这样，乾嘉学派不但为清代词学的建构提供了考证的方法，而且为清代词学的建构提供了思想资源，汉儒的文学思想在乾嘉学

① 程瑶田《香研居词麈叙》，《香研居词麈》，第1~2页。
② 鲍恒《凌廷堪〈燕乐考原〉与词乐研究》，《徽学》第2辑，安徽大学出版社2002年版。
③ 哈尔滨师范大学中文系古籍整理研究室编《燕乐三书》，黑龙江人民出版社1986年版，第13页。
④ 王俊义《乾嘉汉学论纲》，《清代学术探研录》，中国社会科学出版社2002年版，第195页。

者的运用下也逐步地向词学领域渗透。王昶、王鸣盛、沈大成、程瑶田、吴锡麒、凌廷堪、焦循等乾嘉学者，对这一时期的词学贡献尤为突出，他们为清代中叶词坛提供了新的观念——复雅、"诗教"、"论词必论其人"等。

在清初以朱彝尊为首的浙派曾倡导"复雅"，进入清中叶以后中后期浙派（包括"前吴中七子"）继续鼓吹"复雅"。王鸣盛说："北宋词人，原只艳冶豪宕两派，自姜夔、张炎、周密、王沂孙方开清雅一派，五百年以来，以此为正宗。"[①] 他们自己的创作也以"复雅"为其追求的目标，如王昶的词："其选言也新，其立意也醇。缘情体物之作，清新婉约，出入风雅，有一唱三叹之音。"[②] 赵文哲的词："清虚骚雅，皆足与南宋人相上下。"[③] 吴蔚光的词："一以清虚骚雅为归，卓然为当代名家无疑也。"[④] 但是，朱彝尊"复雅"是有感于当时词坛盛行的淫艳和粗厉风气而发，而王昶、王鸣盛、钱大昕等"复雅"实际上是在复古——"复南宋之旧"。王昶有言："然自元、明来三四百年，往往以诗为词，粗厉媟亵之气乘之，不复能如南宋之旧。"[⑤] 正如乾嘉朴学失去了清初实学的批判精神一样，中后期浙派的"尊雅"也失去了清初浙派对现实的批判精神，在雍正以后的词坛已经是一派"清雅"之音，曾经为朱彝尊所不满的淫艳和粗厉之风已经为清雅之气所荡涤，他们所谓"复雅"便只能是复古。这正如清初实学走向考证学一样，它已进入"信古""痴古""迷古"的阶段，其复古的路径是朝两个方向展开的：一是将词的源头追溯到《诗经》，二是将复古的实践目标确定为"复南宋之旧"。王昶说，"词之所以贵，盖诗三百篇之遗也"，"盖辞本于诗，诗合于乐，三百篇皆可被之弦歌"。接着，他根据孔颖达《毛诗正义》对诗歌句式有长短问题的论述，阐述了长短句起于《诗经》的观点，其立论基础是汉儒的复古思维和观念。然而，在六朝以后，五七言律渐起，诗歌已不复被之管弦，故终唐之世诗与乐两者离之为二。"盛唐后，词调兴焉，北宋遂隶于大晟乐府，由是词复合于乐，故曰：'词，三百篇之遗也。'"然而，王

① 王鸣盛《罍塾山人词集题词》，王初桐《罍塾山人词集》，清乾隆刻本。
② 钱大昕《词序》，《春融堂集》卷首，第8页。
③ 王昶《赵升之〈昙华阁词〉序》，《春融堂集》卷四一，第738页。
④ 王昶《吴竹桥〈小湖田乐府〉序》，《春融堂集》卷四一，第738页。
⑤ 王昶《〈琴画楼词钞〉自序》，《春融堂集》卷四一，第741页。

昶将词的源头追溯到"诗三百"，其意图在强调《诗经》的"乐而不淫，哀而不伤"。在他看来，能将这一审美风尚发扬光大的是南宋姜夔、张炎、王沂孙诸人："其旨远，其词文，托物比兴，因时伤事，即酒食游戏无不有《黍离》周道之感，与《诗》异曲而同其工。"[①] 远者不可追，近者犹可法，所以，倚声填词者当以南宋姜、张为其效法实践的目标。在"复古尊雅"的逻辑理路下，乾嘉学者认为"雅"既指向文本（词品），也指向作者（人品），它是文本与作者、词品与人品的复合体，这正是汉儒将人品与作品相关联的思维理路。王昶说："余常谓论词必论其人，与诗同，如晁端礼、万俟雅言、康与之，其人在俳优戏弄之间，词亦庸俗不可耐，周邦彦亦未免于此。至姜氏夔、周氏密诸人，始以博雅擅名，往来江湖，不为富贵所熏灼，是以其词冠于南宋，非北宋之所能及。暨于张氏炎、王氏沂孙，故国遗民，哀时感事，缘情赋物，以写闵周哀郢之思，而词之能事毕矣。世人不察，猥以姜、史同日而语，且举以律君。夫梅溪乃平原省吏，平原之败，梅溪因以受黥，是岂可与白石比量工拙哉。"[②] 他结合作者的人品分析其词品，指出作者的人品与作品的词品关系密切，不能将"高人雅士"之姜夔与"平原省吏"之史达祖等同视之，他的文学批评带有强烈的道德指向性，这也表明当时的经学思想正在向词学批评领域渗透。

以上简略地论述了"前吴中七子"特别是王昶对词学问题的看法。如果说他们的有关看法体现了吴派学者"信古"的理论立场，那么，凌廷堪、焦循、阮元、江藩等论词则表征了皖派学者"求真"和扬州学派"尚通"的学术品格，他们前后师承相继，治学理路大约相近，已有从考证中求义理的治学倾向。一般地说，他们在少年时代，多有过倚声填词的经历，只是有些人后来放弃了填词而专事治经。[③] 但他们并不因此卑薄填词，反而认为词有助于宣泄人

① 王昶《姚莒汀〈词雅〉序》，《春融堂集》卷四一，第740页。

② 王昶《江宾谷〈梅鹤词〉序》，《春融堂集》卷四一，第737页。

③ 凌廷堪说："少时失学居海上，往往以填词自娱，相倡和者，唯同里章君酌亭。后出游，渐知治经，得交仪征阮君伯元，谈说之余，时或及此，盖亦深于词者，其他朋辈多以小道薄之，不敢与论也。年二十许，遂屏去，一意向学，不复多填词。"（《梅边吹笛谱》"自序"，《清名家词》，第6册）段玉裁也说："余少时慕为词，词不逮（龚）自珍之工。先君子诲之曰：'是有害于治经史之性情，为之愈п，去道且愈远。'予谨受教，辍勿为。一行作吏，俄引病归，遂锐意于经史之学，此事谢勿谈者五十年。"（《怀人馆词序》，段玉裁撰，钟敬华校点《经韵楼集》，上海古籍出版社2008年版，第223页）

性情中的"柔委之气"。焦循说:"人禀阴阳之气以生者也,性情中必有柔委之气寓之,有时感发,每不可遏,有词曲一途分泄之,则使清劲之气,长流存于诗、古文。且经学须深思冥会,或至抑塞沈困,机不可转,诗词足以移其情,而转豁其枢机,则有益于经学不浅。文武之道,一张一弛,古人一室潜修,不废弦歌,其旨深微,非得阴阳之理,未云与知也。惟专于是,则不可耳。"① 众所周知,焦循是乾嘉之际重要的易学家,其治《易》言性情之分即在阴阳之别:"性即道之一阳,情即道之一阴。"② 这里借性、情的阴阳之道,以区分不同文学体裁的品性,他正是运用易学思维探讨文学问题,将文学研究与经学研究打通来看。诗、古文是表露人的"清劲之气",词则舒展人的"柔委之气"。应该引起重视的是,焦循还进一步论述了文学与经学内在的逻辑联系,指出,在沉冥经学的思辨百思不得其解时,文学却以其"移情"的特性为其开豁思路,"转其枢机"。之所以如此,是因为性情(性灵)成为沟通经学与文学的枢纽:"盖惟经学可言性灵,无性灵不可以言经学。……词章(文学)之有性灵者必由于经学,而徒取词章者不足语此也。"③ 因此,他反对那种"专言情则道不足"的道学之论,认为文学创作并不妨碍经学:"有学究者痛诋词不可作,余骇而问以故,曰:'专言情,则道不足也。'余曰:'然有道之士必不为词已乎?'曰:'然'。余因朗诵'碧云天,黄叶地'一首,而学究乃愀然背唾矣。余徐问曰:'范仲淹何人也?'曰:'有道之士也。'余乃告之曰:'此词正仲淹所作。'以刻本示之。呜呼,口不言钱者,其蕴利必深,口不言情者,其好色必甚。"他充分肯定了文学言情的必要性,也指出文学言情是文学之为文学所必不可少的内容。"盖诗亡而词作,词亡而曲作。诗无性情,既亡之诗也;词无性情,既亡之词也;曲无性情,既亡之曲也。拾枯骨而被以文绣,张朽革而绘以丹青,且刺刺曰:'吾恶夫人之有性情。'但为此枯骨朽革,不亦灾怪矣乎!"④ 这正是焦循治学的重要特点——"会通",它摆脱了传统汉学家治经偏

---

① 焦循《词说一》,《雕菰集》卷一〇,焦循著,刘建臻点校《焦循诗文集》,广陵书社2009年版,第185页。
② 焦循《易通释》卷五"性、情、才"条,焦循撰,李一忻点校《易学三书》,九州出版社2003年版,第117页。
③ 焦循《与孙渊如观察论考据著作书》,《雕菰集》卷一三,《焦循诗文集》,第246页。
④ 焦循《绦雅词跋》,《雕菰集》卷一八,《焦循诗文集》,第328页。

狭墨守和固执门户的羁绊，试图在考证与义理、经学与文学之间寻找会通之处，体现了扬州学派学者从实证入而从贯通出的学术风格，是一种在博览众说的基础上提出自己真知灼见的治学思路。[①]

在"尊雅""重情"的同时，乾嘉学者特别强调填词当谨守声律。王昶自言："余少好倚声，壬申、癸酉间，寓朱氏蘋华水阁，益研练于四声二十八调。"[②]钱大昕也说："吾友王君述庵，以诗名闻吴会间。酒酣刻烛，拈韵赋诗，缅缅成数千百言。间复倚声乐府，偷声减字，慢词促拍，一一叶于律吕。"[③]虽然吴派学者填词颇能合乎词律，但是他们关于这方面的论述还不多，理论意识也并不太明确，真正在理论上有所建树的是顾广圻、江藩、凌廷堪等扬州学派学者。顾氏的生活年代与江藩同时，较"前吴中七子"稍晚，其论词的主要观点就是要求宫律和词句兼擅。他说："盖闻填词之有宫律，譬则规矩也。其词句之美，譬则巧也。所谓能事者，尽规矩之道以施夫巧者。词家之盛，由两宋以溯唐五季而涉金元，罔有不知此旨者。"[④]当然，他还谈到过要注意情感表达的观点，然而，就词体自身而言，协律应是第一要义，宫律优先于情感和词句。他自称曾留意于《碧鸡漫志》《乐府指迷》诸家之说，戈载亦记载自己尝聆听顾氏论词之言云："词之所以为词，以有律也。词之有律，与人之有五官无异。五官之位次一定不易。若移目为口，置耳于鼻，鲜不骇为怪物者。词之于律亦然。人必五官端正而后论妍媸，词必四声和协而后论工拙。否则，长短句之诗耳，何云词哉！"[⑤]江藩与顾广圻交往密切，论词观点亦相当接近，他曾批评当时词坛声律乖舛的情形："近日大江南北，盲词哑曲，塞破世界，人人以姜张自命者，幸无老伶俊倡窃笑之耳。"他填词严守声律，还喜欢在词后附论声律，对《白石道人歌曲》颇多会心之言，尝与老伶工切磋探讨张炎的《采绿吟》诸调，自谓："乐事板眼，虽乐工之事，然填词家亦当究心，若舍此

① 陈居渊《清代朴学与中国文学》，百花洲文艺出版社2000年版，第280页。
② 王昶《〈琴画楼词钞〉自序》，《春融堂集》卷四一，第741页。
③ 钱大昕《词序》，《春融堂集》卷首，第8页。
④ 顾广圻《扁舟载酒词序》，《顾千里集》卷一四，第208页。
⑤ 戈载《墨薇雅词》"自序"，《吴中七家词》，清道光刻本。

不论，岂能合律哉！"① 张丙炎说："先生研究声律，穷极窈眇，寄之倚声，是集（指《扁舟载酒词》）当与《梦窗甲乙稿》《白石道人歌曲》相颉颃。"② 凌廷堪更是一位对词乐有精深研究的学者。他不满于当世作者填词不问宫调只讲平仄的作法："燕乐廿八调，久则失传；律准六十声，诬而非实。东都识曲，咸推片玉、屯田；南渡知音，竞数尧章、君特。自余词客，罕识宫商；譬彼诗人，但知平仄。……然而夸炉锤匪易，固为学士恒情；视律吕太深，亦属古人通蔽。唐沿而宋，大石本细于正宫；金易而元，仙吕遂归于双调。苟不寻源于千古，仅能按谱于四声，何异扣槃？"③ 他研究燕乐，不仅仅是出自对学术的热爱，更是为了恢复燕乐廿八调之旧貌，指导当世作者按律而填词。正是在他们的倡导和影响下，以戈载为代表的"后吴中七子"乘势而上，打出了"填词以协律为先"的理论旗帜。戈载论词的一个基本观点就是："填词之大要有二：一曰律，一曰韵。律不协则声音之道乖，韵不审则宫调之理失，二者并行不悖。"④ 据董国琛《词林正韵序》记载，戈载填词特别讲究考韵辨律，每遇吟燕，辄取同人词为之正误，如某作某字是某字非，某句韵是律非，某句律是韵非，于是在吴中地区营造出一种填词讲求声律的风气。"近年来填词之学，吾吴为盛。戈氏首发音律之论，（朱）绶与沈闰生氏坚持之，得井叔（吴嘉洤）而知学之未有尽也。于词且然，由此以精究九宫八十一调之变，虽谓大晟雅乐，至今日而复兴可矣！而世之率尔操觚者其亦知所返乎？"⑤

四、影响：汉学余波与理论反思

通过上述讨论可知，乾嘉学派对清代词学的影响是非常深刻的。吴熊和认为，清代词学已成为清代学术繁荣的重要一支。"许多词学家广泛搜讨与利用唐宋词的历史材料，在词学研究的一些重要方面不乏开创之功，取得了可观的成果。词学成为一个略具规模的学术部门，可以说有赖于清代以来数辈学者

① 江藩《词源跋》，《半毡斋题跋》卷上，江藩著，漆永祥整理《江藩集》，上海古籍出版社 2006 年版，第 159 页。
② 张丙炎《扁舟载酒词跋》，《江藩集》，第 254 页。
③ 凌廷堪《书孙平叔雕云词后跋》，凌廷堪著，王文锦点校《校礼堂文集》卷三二，中华书局 1998 年版，第 294 页。
④ 戈载《词林正韵》"发凡"，第 35 页。
⑤ 朱绶《桐月修箫谱序》，王嘉禄《桐月修箫谱》，《丛书集成续编》，上海书店 1994 年版，第 160 册第 285 页。

相继不断的考求与努力。"① 然而，乾嘉汉学发展到晚期，积弊渐生，或支离破碎，或泥古株守，甚至出现以攀附时风、浮夸浅近相尚的不良风气。正如凌廷堪所指出的，其时侈谈康成、高言叔重者，并非"真知而笃好之"，实乃"缘之以饰陋，借之以窃名"，"浮慕之者，袭其名而忘其实，得其似而遗其真"。②嘉庆以后，社会形势发生了巨大的变化，国内各种社会矛盾日益显露，国外列强频频叩关，长期专注于古代经籍的乾嘉学派已无法适应新形势的挑战。③ 这时阐述微言大义、讲求经世致用之学的常州学派在思想肥沃的江南土地上茁壮成长，伴随而生的常州词派也将词学建构目标从文献整理转向阐释比兴寄托④，清代学术对词学的渗透进入了一个新的发展阶段。

　　但是，由乾嘉学者树立起来的务实学风并没有随时代的变迁而销声匿迹，反倒在道光以后成为治学者共同恪守的学术信条，还有许多学者或词学家继续运用考据学方法研讨词学。像"后吴中七子"及杜文澜、黄燮清、俞樾等，秉承乾嘉学派重视考据的治学方法，在词律的修订、词选的整理、词籍的校勘等方面作了进一步的开掘。这里仅选取他们对词律词谱的修订作一具体说明。当时有关这方面的词书主要有秦巘《词系》、杜文澜《词律校勘记》和徐本立《词律拾遗》等，这几部词书都成书于咸丰、同治时期，它们的一个共同特点就是要为万树《词律》做拾遗补阙的工作。其实，在道光年间戈载已有拟辑增订《词律》之意图，并与王敬之议作《词律订》《词律补》等，只是未竟其成。秦巘正好完成了戈、王未竟之事业，所编《词系》一书共收词调 1029 个，词体 2200 余种，比起万树《词律》（660 调，1180 余体）、《钦定词谱》（826 调，2306 体）内容要丰富充实得多。但它不是对万树《词律》《钦定词谱》的简单拼合，而是通过大量翻检古今词籍，也就是说做了大量文献考证的工作编纂成书的。不仅如此，秦巘还做了细致入微的文字校勘工作，他曾批评万树《词律》据本不精，专以汲古阁本《六十家词》和朱彝尊《词综》为主，寓书既

① 吴熊和《唐宋词通论》，第 417 页。
② 凌廷堪《与胡敬仲书》，《校礼堂文集》卷二三，第 206 页。
③ 黄爱平《朴学与清代社会》，河北人民出版社 2003 年版，第 107 页。
④ 于翠玲《朱彝尊〈词综〉研究》，中华书局 2005 年版，第 2 页。

少，故讹误亦多，而《词系》征引文献多达三百余种，故能纠正《词律》及《六十家词》之讹误。杜文澜又在上述数书基础上，作进一步的考证，成《词律校勘记》二卷，自言："余获见王君《词律》校本，亟加采录；又得戈君校刻《七家词选》，及江都秦君玉生（巘）所辑《词系》，其中可以校正《词律》者，亦附载焉。自愧管见未周，不足言补，亦不足言订，谨就校勘所及，勉效一得之愚。自附于笺释之例，藉以求唐宋词人之律度云尔。"① 他遵循的正是乾嘉朴学所倡导的"实事求是""无征不信"的治学原则。杜文澜《词律校勘记》只是在修订万树《词律》方面作了初步尝试，至徐本立"广搜博收，涉书猎史"，成《词律拾遗》八卷，《词律》之书才臻于美善兼备的境界。徐本立在"凡例"开篇谈到自己编纂此书之初衷，就是有感于万树《词律》"成于客舍，插架无多"，故如"五彩结同心"之用仄无可考证，"切切然以挂漏为虑"②。在这样的前提和背景下，在施承基、张鸿卓、马文苑、钱睦等友人的襄助下，他花了十余年的时间，搜辑考证，拾遗补阙，终于编成《词律拾遗》。"卷一至卷六补其未备，原书所未收之调，今为补之，曰补调；原书已收而未尽厥体，今亦补之，曰补体；卷七、卷八则订正原书者居多，曰补注。"③ 此书一出，便得好评，俞樾说："至万氏出而规矩先民，张皇幽渺，为词家功臣。今徐君拾遗补阙，绳愆纠缪，又为万氏功臣。从此两书并行，用示词林正轨，俾后之论词者，知我朝词学之盛直接两宋，亦犹经学之盛直接两汉也。"④ 另外，在道光以后兴盛一时的常州词派在注重对"意内言外"、比兴寄托阐释的同时，非常注意对牢固扎实考据功夫的锻炼和培养，特别是"清末四大家"更是在词籍校勘上取得了辉煌的业绩。⑤ "清末校词之风，盖承乾嘉学派校订经史之余绪，将校雠之学扩展到了集部的词籍。"⑥ 乾嘉学派对清代词学的影响不但深刻，而且深远。

---

① 杜文澜《词律校勘记》"序"，清道光十一年曼陀罗华阁刻本。

② 徐本立《词律拾遗凡例》，《词律》，第 463 页。

③ 俞樾《词律拾遗序》，《词律》，第 462 页。

④ 俞樾《词律拾遗序》，《词律》，第 462 页。

⑤ 清末四大家有关词籍整理方面的业绩，可参见卓清芬《清末四大家词学及词作研究》，第五章"清末四大家对古代词籍的整理及贡献"，台湾大学出版委员会 2003 年版。

⑥ 吴熊和《〈彊村丛书〉与词籍校勘》，《吴熊和词学论集》，第 143 页。

由乾嘉学派对清代词学渗透和影响的讨论引出了这样一个话题，对考据方法和汉学思想向词学领域渗透的现象应该作怎样的价值判断和历史认定？前面说过，乾嘉词坛的作者多具有学者与词人的双重身份，这说明在当时他们没有截然划一的身份意识。在清以前，传统知识分子的身份意识是非常明确的，他们大都持守着"太上立德，其次立功，再次立言"的信念，始终把"建功立业"作为自己的人生目标，以"志于道"为生命的终极追求。但在清代这一情况发生了比较大的变化，自康熙初年就已开始推行的文化高压政策，让当时的知识分子不得不放弃"志于道"的人生目标，转而将生命追求定位在对知识的"博求"上。中国古代的"知识"经过数千年的积累，在清代已经进入总结集成的时期，乾嘉学者所致力的正是将这些"知识"做谱系化的工作，这一工作在康熙年间就已起步了，官修《古今图书集成》《渊鉴类函》《全唐诗》《佩文韵府》就是这方面的成果。到乾隆时期，这一谱系化的工作达到了高潮，"四库馆"的设置及《四库全书》的编纂便是集中体现，还由此催生出不同领域的专家和学者，如惠栋、张惠言、焦循的易学，杭世骏的三礼学，戴震的天文学，汪中的诸子学，凌廷堪的乐曲学，王念孙、王引之父子的小学，全祖望、王鸣盛、钱大昕、章学诚的史学等。虽然这些学者是某一领域的专家，成为这一领域的权威，但他们大多只是满足于对"知识"的掌握（戴震、焦循、章学诚除外），忽视了"知识"作为人类进步的标志，是以"思想"的创新为其价值体现的首要条件，也就是说"知识"只是人类"思想"进步的一个阶梯而已。诚然，惠栋、钱大昕、段玉裁等就主张以知识或曰文献考据为学问之本，这并没有错，但他们的错误在于试图以知识吞并思想，"由考核以通乎性与天道"[1]，这实际上是试图以知识取代思想，表现出一种根深蒂固的知识优先的理念，结果是他们将自己的毕生精力耗费在故纸堆里。

其实，知识与思想在主客观两方面都有不同的品性，知识的特点在于它的正确性和恒定性，人们对知识的了解在于求博求实求稳，对知识的掌握主要靠的是主体的记忆力；相反，思想的特点在它的新颖性和时代性，人们对思想

---

① 段玉裁《戴东原集序》，《戴震集》附录，第452页。

的要求在于求深求专求新，对新思想的探求主要依赖的是主体的辨识力和创造力。作为社会生存的手段，知识是人类必需的，但推动人类进步的却是思想的创新，人类的天性亦在不断求新，在思想的创新过程中促进了自身的进化，也推动了社会的进步，所以，对于新思想的探求是人类的根本性特征，学者从事学术研究的目的亦在创新。但乾嘉学者只注重学问的手段，忽视了学问的目的，最后走上"执一而害道"的穷途末路。当他们运用考据学的方法进行词学研究，固然对传统的词学观念进行了系统的整理工作，出现了诸如《词苑萃编》《词学集成》《词学全书》等总结性的词学著作，在词籍校勘、词律修订、词乐研究等方面取得了傲视前人的成就，但是词学更是对前代创作经验的总结和当代创作实践的指导，乾嘉学者研讨词学问题却脱离了创作实际，表现出对唐宋词古韵旧律的痴迷和执着，创作上则表现为以姜、张为楷模、尺尺寸寸、不敢移易，其结果就是像郭麐所说的那样："性灵不存，寄托无有。"[1]乾嘉学派对清代词学的影响虽深刻且深远，对于清代词学的建构有其积极的一面，但绝不可将其意义无限度地夸大，应该认识到对历史的过分关注也造成了他们对现实的极度漠视。所以，在乾嘉时期，除了郑燮、王时翔、史承谦等少数作者，词坛基本上是一片空寂枯槁之声。

第四节　典范重塑与嘉道词坛观念之转向

如果考察清代"唐宋词选"编纂史，我们可以注意到在道光时期有一种新现象，即出现了三部以入选词人数量命名的词选:《宋四家词选》《宋七家词选》《心日斋十六家词录》，这三部词选集中出现在道光时期不是一个偶然现象，它是当时词坛思想观念发生变化的一种表征，也就是从嘉庆时期对词坛弊端的批判转入道光时期对词史典范的建构，意图通过典范的重塑达到引领词坛风气的目的，为道光以来词坛的健康发展指明一条"向上"之路。

---

① 郭麐《梅边笛谱序》，《灵芬馆杂著续编》卷二，《清代诗文集汇编》，第 485 册第 456 页。

一、雍乾词坛：从批判到建构

清代词坛经过近百年的繁荣，到乾隆中后期，进入一种踟蹰不前的状态。自厉鹗从康熙末年起弘扬浙派词学，并在杭州、扬州两地开坛唱和，一时间浙派清雅词风风靡南北，"几于家祝姜、张，户尸朱、厉"[①]，在江浙地区表现得尤为炽热。在厉鹗的家乡浙西，"言词者莫不以樊榭为大宗"[②]，宗之者有厉鹗门生汪沆，朱彝尊的族孙朱芳蔼，汪森的孙辈汪仲鈖、汪孟鋗，其中最著者为嘉兴严骏孙和钱塘陈文述。在厉鹗长期寓居的扬州，继"扬州二马"（马曰琯、马曰璐）之后有"新安二江"（江春、江昉）。"马氏既衰，有江鹤亭起而承之，其弟橙里辅而翼之，一时翰苑之前辈，南北往来之士大夫，莫不缟纻杂投，觞咏交作，推襟送抱，申旦忘废。"[③]在吴中有被沈德潜称为"吴中七子"的学人群体，他们虽以经史之学著称于时，但在填词上追踪浙派，师法南宋。其中，赵文哲被陈廷焯称为继厉鹗之后的重要词人，王昶先后编有《明词综》和《国朝词综》，是乾隆后期光大浙派思想的关键人物。总体说来，他们在创作上远不如朱彝尊、厉鹗之辈，其主要表现是以搜奇争僻相夸耀，"竞尚新声，务穷纤巧"[④]，正如谢章铤所云："不攻意，不治气，不立格"，忘却创作之初衷，"岂知竹垞、樊榭之所以挺持百辈，掉鞅词坛，在寄意遥深，不在用事生涩"[⑤]。

到乾隆末年，已有人认识到浙派末流之失，并出现了对浙派流弊的批评之声。这样的批评之声来自两个方面：一个是浙派内部，一个是浙派外部。从浙派内部看，他们主要是不满当时词坛之步趋朱、厉者，以姜、张为尚，取其形而遗其神。王初桐说："顾世之学姜、张者，或失之涩，或失之直，袭其末者多，得其神髓者少。"[⑥]吴锡麒也谈到朱彝尊体大学博，"务极驰骋以尽其能"，厉鹗则冥契乎山水之间，"清微要眇，戛然弦外"；但学之者写仿相承，

---

① 彭兆荪《小谟觞馆诗余》"自识"，清嘉庆十一年韩江寓舍刻本。

② 吴锡麒《詹石琴词序》，《有正味斋文续集》卷上，清道光二十年刻本。

③ 吴锡麒《新安二江先生集序》，江春、江昉《新安二江先生集》，清嘉庆十年刊本。

④ 陈廷焯著，屈兴国校注《白雨斋词话足本校注》卷五，第 427 页。

⑤ 谢章铤《张惠言词选跋》，《赌棋山庄文集》卷二，陈庆元主编《谢章铤集》，吉林文史出版社 2009 年版，第 14 页。

⑥ 王初桐《西濠渔笛谱序》，徐乔林《西濠渔笛谱》，清嘉庆刻本。

舍其神明而习其形似，"虽回肠荡气，时亦有之，然主宰既离，附会影响，终归无据"①。郭麐认为出现这样弊病的原因，是不能如姜、张那样有感而发，徒以雕琢字句、谐诸口吻为工。从形式上看，浙派末流在音节、措辞、格调上皆合乎节度，但在内容上性灵不存，寄托无有，"若猿吟于峡，蝉嘶于柳，凄楚抑扬，疑若可听，问其何语，卒不能明"②。他对浙派流弊之认识和反思，已从形式层面上升到意蕴层面，这也说明当时诗坛流行的性灵思潮对于浙派词学的影响。③从浙派外部来看，大约和厉鹗同时，在太湖之滨的阳羡，活跃着一群以史氏、储氏家族为主力的词人群体。他们一方面受浙派观念影响，以为朱彝尊推姜夔为第一"不为无见"；另一方面对浙派末流务为艰涩、全失性情的做法深致不满，指出："浙西后来诸子，惟取纤冷侧艳，遂成一种赝派，此仿南宋而仅窃其肤之故，不得归过于竹垞也。"④在他们看来，浙派末流与朱彝尊有本质区别，浙派本为纠弹明代颓靡萎苶之风而起，朱彝尊等还通过对两宋词史"真面目"的恢复，力图达到转变明末清初词坛风气俗艳的目的。但其末流亦即"不善学之"者，"竟为涩体，务安难字。卒之抄撮堆砌，其音节顿挫之妙荡然"，最后造成了"欲洗花草陋习，反堕浙西成派"的结局。⑤对于浙派末流批评最力者，是在乾隆末年兴起的常州词派，金应珪在《词选后序》中提到，张惠言认为当时词坛有三弊——淫词、鄙词、游词。谢章铤认为这"三弊"对清代词坛而言是指董以宁、陈维崧、朱彝尊三人的流弊。蒋学沂谈到他对张惠言《词选叙》的理解，指出张氏对本朝词家的批评："陈检讨则病其粗，是苏、辛之流弊也；董文学则涉于俚，是秦、柳之遗蘖也；曝书亭选《词综》，为一代巨观，然或驳而不醇，纤而不雅，知之者庶几免此数弊也乎？"⑥周济对于浙派末流的抨击更是不遗余力，指出："近世之为词者，莫不低首姜、张，以温、韦为缁撮，巾帼秦、贺，筝琶柳、周，伧楚苏、辛。一若文人学士

---

① 吴锡麒《梅边笛谱序》，李堂《梅边笛谱》，清嘉庆刻本。

② 郭麐《梅边笛谱序》，《灵芬馆杂著续编》卷二，《清代诗文集汇编》，第 485 册第 456 页。

③ 曹明升《词派统序与郭麐的词史沉浮》，《浙江学刊》2012 年第 2 期。

④ 史承豫《与马绎贤论词书》，《苍雪斋古文》卷上，南京图书馆藏清刻本，第 8 页。

⑤ 储国钧《小眠斋词序》，马大勇编著《史承谦词新释辑评》，中国书店 2007 年版，第 430 页。

⑥ 蒋学沂《有竹居词序》，《菰米山房文钞》，南京图书馆藏清抄本。

清雅闲放之制作，惟南宋为正宗，南宋诸公又惟姜、张为山斗。呜呼，何其陋也！"[1] 在嘉庆时期，已有人试图改变词坛专尚姜、张的偏向，如吴衡照论词兼取南北两宋，赵怀玉有推尊北宋之论，但在周济看来，"近人颇知北宋之妙，然终不免有姜、张二字横亘胸中"，"岂知姜、张在南宋，亦非巨擘乎？"[2]

在批评浙派流弊和清理姜、张影响的基础上，嘉庆时期各家各派已提出相应的纠弊举措，也就是说清代词坛已从批判阶段进入建设阶段。吴锡麒、郭麐从追溯浙派之源——开派领袖朱彝尊——出发，从性情与风格两个方面着眼，对浙派末流的不足予以纠偏。比如吴锡麒反对唯姜、张是尊，对婉约与豪放两种倾向皆予以肯定，"论其正以雅洁为宗，推其变亦以纵横见赏"[3]，并提出"一陶并铸，双峡分流；情貌无遗，正变斯备"[4] 的主张，为词坛指明了发展方向。郭麐从性情论出发，认为自朱彝尊《词综》出，而后倚声者知所趋向，"小令非南唐、北宋，慢词非南宋不道也"。然而，这样的做法并非恒定不变的法则，过去人们所确立的唐宋典范也有不尽如人意之处。"顾《花间》之集，《淮海》《琴趣》之作，亦有庸音俗语；而叔夏、草窗、君特、尧章诸君之词，有过为掩抑屈折，令人不即可得其微旨，当时感慨所由，后来不尽知之也。"[5] 在他看来，今人必须是有自己的生活体验，有与古人相当的心思才力，且能自抒其襟灵，这样方能称为"作者"。因为以性灵为本，"写其心之所欲出，而取其性之所近"，则无论是豪放还是婉约，是秾艳还是清雅，都是应该给予充分肯定的。作为后期浙派成员，他们主要是从浙派源头朱彝尊那里寻找思想资源，把前期浙派与后期浙派区别对待，提出的纠弊举措还是浙派的旧理论，这并不能从根本上清除浙派末流之失，也说明到嘉庆时期浙派在理论上已陷入困境。而新兴的常州词派则截断众流，上溯风骚，直取本源，以意内言外说词，倡导比兴寄托，彻底地摆脱了对于浙派理论的情感依附。他们自树新

① 周济《宋四家词筏序》，周济著，段晓华辑校《周济词集辑校》附录二，华东师范大学出版社 2016 年版，第 154~155 页。

② 周济《介存斋论词杂著》，尹志腾校点《清人选评词集三种》，齐鲁书社 1988 年版，第 192 页。

③ 吴锡麒《董琴南楚香山馆词钞序》，吴锡麒著，叶联芬笺注《有正味斋骈体文笺》卷八，清道光二十五年刻本。

④ 吴锡麒《与董琴南论填词书》，《有正味斋骈体文笺》卷一七，清道光二十五年刻本。

⑤ 郭麐《桃花潭水词序》，《灵芬馆杂著三编》卷四，《清代诗文集汇编》，第 485 册第 529 页。

帜，自创新论，将目标从主格转到尚意上来。张惠言把词与诗之比兴、变风之义、骚人之歌联系起来，认为词是一种"非苟为雕琢曼辞"的新文体。他还否定了朱彝尊标举之姜、张，也否定了郭麐、吴锡麒所确定的宋词典范——秦、柳，辛、刘，姜、张。他从源头立论，以温庭筠为最高，认为温词"深美闳约"，两宋虽称极盛，词人众多，"亦各引一端，以取重于当世"，实无当于宏旨。他编选《词选》，就是为了"塞其下流，导其渊源"，使鄙俗之音"不敢与诗赋之流同类而风诵之"①。周济编选《词辨》亦是如此，"观其去取次第之所在，大要惩猖狂雕琢之流弊，而思导之于风雅之归"②。无论张惠言的"骚雅"，还是周济的"风雅"，其立足点都是强调当有感而发，不为空言。但周济对张惠言思想有所修正，积极地吸收浙派理论的合理成分，将张惠言的重立意与浙派的尚体格融合起来。《词辨》在编选体例上，不是依年代先后为序，也不是依题材或调类编排，而是从风格论角度分正、变二卷，以温庭筠为正之首，以李煜为变之首，在温庭筠一派之外，增入了李煜一派。这一体例的改变有两点意义：一是纠正了张氏重源轻流的做法，梳理了"正""变"二体的源流变化，并展现了唐宋词史两派分流的演进历程；二是目标明确，对正变之作与浅陋淫亵之篇，"亦递取而论断之"。通过良莠之比较，让读者是其所是，非其所非，以达到"祛学者之惑"的目的。

从浙派后期到常州词派，他们都为转变嘉庆词坛风气作出过努力，但有一个趋旧与求新的差异，浙派后期还是从朱彝尊那里寻求救弊之方，而常州词派则另开新篇，再辟新境。

二、典范建构：三种途径和三部选本

嘉庆时期，词坛为转变风气所做的努力，到道光时期初见成效。在吴中出现了以戈载为代表的"后吴中七子"，在常州有以张琦、董士锡、周济为代表的毗陵词人，在金陵有以汤贻汾、秦耀曾、孙麟趾为代表的江东词社，在两浙则有以陶樑、冯登府、黄燮清为代表的浙派词人，也有不为浙、常两派门径

---

① 张惠言编选《词选》"词选叙"，第1~2页。
② 潘曾玮《周氏词辨序》，《清人选评词集三种》，第141页。

所拘牵的刘嗣绾、乐钧、周之琦、董国华、赵庆熺等，他们已摆脱唯姜、张是尊的束缚，兼取两宋，重塑自己心目中的词史典范①，这就有了《宋四家词选》《宋七家词选》《心日斋十六家词录》的出现，这三部选本既保有受浙派思想影响的印记，也含有接受常州派思想影响的成分，体现了一种相容浙常、自出机杼的审美走向。

（一）以词法为中心：周济《宋四家词选》

《宋四家词选》由周济在道光十二年（1832）编选而成，是在综合《词选》《续词选》《词辨》基础上形成的。张惠言编选《词选》一书，意在纠弊，以温庭筠为最高，其他词人皆有不足。这一做法立意虽高，却使初学者无从措手，如何矫正张惠言高置标格的过失，就成了其后继者董士锡、周济努力的方向。董士锡最初提出的方案是学习张炎和周邦彦，后来在与周济相互砥砺过程中，认识到浙派之长，眼界渐开，视野拓宽，逐渐形成了效法"宋六家"（秦、周，苏、辛，姜、张）的思想，指出："六子者，两宋诸家皆不能过焉。"②他对这六家的认识，主要是从体格角度着眼的，认为他们的共同特点是"清"，但也各有其独具的品格——秦、周之丽，苏、辛之雄，姜、张之逸。这六家恰好也是郭麐、吴锡麒等浙派词人所标榜的，很显然，董士锡是借浙派思想来纠正张氏之失。董士锡提出这一思想是在道光七年（1827），三年后，其子董毅又通过《续词选》把他的这一思想进行了具体的落实，对于张氏《词选》少选或不选的六家词多所增补，其入选词作数量居前的分别为：张炎23首、秦观8首、周邦彦7首、姜夔7首。其中姜、张之作增补尤多，占增补总数的四分之一。董士锡"宋六家"之说提出来后，对于周济应该是有触动的，也引发他对相关问题的思考，并对《词辨》之所选予以调整。周济在道光十二年推出《宋四家词选》一书。③该书所选"宋四家"为周邦彦、吴文英、辛弃疾、王沂孙，它与董士锡的"宋六家"相比，不但数量减少了，而且入选词人也发生了变化，

---

① 这里的"典范"，是指一种具示范意义的代表性词人，他的作品吸引了较多的效仿和拥护者，并给予后来者以规则和启示。

② 董士锡《餐华吟馆词叙》，《齐物论斋文集》卷二，《清代诗文集汇编》，第537册第458页。

③ 据朱惠国《周济词学论著考略》考证，本书原名"宋四家词筏"，当时并未刊刻行世，直到同治十二年才由潘祖荫刊刻行世。（《词学》第16辑，华东师范大学出版社2006年版）

北宋只有一家，南宋却有三家，这样也使得其宗旨更趋明确。周济主要是从学习门径的角度着眼，把"宋四家"划分为三个层次，以王沂孙为入门阶陛，进之以辛弃疾与吴文英，最后进入周邦彦之浑成境界，这是一个登堂入室逐步提高的过程：从南宋的"有门径"到北宋的"无门径"。何以是这"宋四家"获得他的青睐？过去多是从词的立意、笔法、境界谈的，但也有传统和时代的因素在起作用。从时代的角度看，他标举"宋四家"是为了对抗浙派所树立的词史典范姜、张，也是为了改变张惠言仅以温、韦为高的做法，他的"宋四家说"不但视野更宽，而且有门径可循，的确为初学者指出了一条"向上"之路。从传统的因素看，他以王沂孙为"入门之阶陛"，是受张惠言思想的影响，张氏《词选》选王沂孙词4首，并说王沂孙有君国之忧，立意高远，所以，周济才会说："碧山故国之思甚深，托意高，故能自尊其体。"[1]他以辛弃疾和吴文英为词家之转境，则是吸收了浙派和阳羡派看法而提出的。在他人看来，吴文英词过于晦涩，这也是浙派末流之失；辛弃疾词过于粗率，这也是阳羡派的不足之处。但在周济看来，前者返清泚为秾挚，后者变温婉为悲凉，是由南追北或由北开南之转境，在词史上有其重要贡献，值得借鉴。最后，他提出以清真之浑厚为努力的目标，则是对浙派与常州派之论的折中与调和。张氏以温、韦为极诣，却无迹可寻；浙派标举姜、张，终而落入空滑；而周邦彦集北宋之大成，又开南宋之无数法门，是北宋"无门径"与南宋"有门径"结合得最好的词史典范，也是后来者应努力的目标和方向。

（二）以韵律为中心：戈载《宋七家词选》

《宋七家词选》由戈载编选，道光十七年（1837）刊印。"宋词选本极多，清空秾挚，各取雅音，而求其律细韵严，则惟戈氏此选为善本。"[2]它的编者戈载，是"后吴中七子"的代表人物，被称为"吴中词人指南"。他既受王鸣盛、顾广圻、秦敦夫影响，论词恪守声律；也与后期浙派词人吴锡麒、郭麐等有直接交往，对吴锡麒、郭麐批评词坛之弊持认同态度。吴锡麒曾对当时词坛之不振发表感慨说："今子耳未倾齐、梁之听，足未涉姜、史之藩，而欲拈法

---

① 周济选评《宋四家词选》卷四，《清人选评词集三种》，第274页。

② 杜文澜《宋七家词选校识》，戈载《宋七家词选》，清光绪十一年曼陀罗华阁重刊本。

秀之槌，弄君卿之舌，必使筝调院落，齐鸣狮子之弦；曲奏房中，尽击麟皮之鼓。其说得无傎乎？"① 戈载也表达了他对当时词坛乖律失韵现象的忧虑之情，"恃才者不屑拘泥自守，而翦陋之士往往取前人之稍滥者，利其疏漏，苟且附和，借以自文其流荡无节，将何底止？予心窃忧之"②。如何改变这一现状？他提出的主张是：审声辨律，协律为先。他先后编有《词林正韵》《词律定》《词律补》，以为填词之指南，并选有《宋六十家词选》《宋八家词选》《宋七家词选》，以示轨范。"凡讹谬舛错之处，参稽博考，惟善是从。庶几古人之名章隽句始见其真，而音与律稍有疏者，必淘去之以见谨严。此真词家之津梁也。"③ 在《宋七家词选》后有一篇戈载的跋文，通过梦境的描述，讲到先后历经堂庑、楼阁、园圃，亦即经过对"七家"的学习步入"司言（词）之正轨"："合之固为全材，分之自成一体，惟在由是路者，择而行之耳。"这表明他编《宋七家词选》，目的也是为初学者指示填词门径，使之成为吴中词派师法之典范。他对宋词典范的建构和重塑，核心是"韵"与"律"："填词之大要有二：一曰律，一曰韵，律不协则声音之道乖，韵不审则宫调之理失，二者并行不悖。"④ 他推举"宋七家"，乃是糅合朱彝尊和厉鹗两家之说而成。厉鹗以周邦彦、姜夔为南宗之典范，朱彝尊则勾勒了一个以姜夔为首的南宗谱系："词莫善于姜夔，宗之者张辑、卢祖皋、史达祖、吴文英、蒋捷、王沂孙、张炎、周密、陈允平、张翥、杨基，皆具夔之一体。"⑤ 在这张 12 人的谱系图中，有 6 人被纳入戈载确立的典范词人之列，只是他在朱彝尊的基础上加入了厉鹗所尊崇的周邦彦，从这个角度看他接受的无疑是浙派思想："近人言词者，推西泠厉氏，近则又以吴门为多才，盖其渊源派别为不二矣。"⑥ 如朱彝尊说："填词最雅无过石帚。"⑦ 厉鹗说："吾乡周清真，婉约隐秀，律吕谐协，为倚声家所宗。"⑧ 戈

---

① 吴锡麒《忏月楼分类词选自序》，《有正味斋骈体文笺》卷三，清道光二十五年刻本。

② 戈载《词林正韵》"发凡"，第 35 页。

③ 王国佐《宋七家词选序》，《宋七家词选》，清光绪十一年曼陀罗华阁重刊本。

④ 戈载《词林正韵》"发凡"，第 35 页。

⑤ 朱彝尊《黑蝶斋词序》，沈岸登《黑蝶斋词》，《浙西六家词》，《四库全书存目丛书》，集部第 425 册第 86 页。

⑥ 姚椿《万竹楼词引》，朱和羲《万竹楼词》，清道光刻本。

⑦ 朱彝尊《词综发凡》，《词综》，第 13 页。

⑧ 厉鹗《吴尺凫玲珑帘词序》，《樊榭山房集》文集卷四，第 754 页。

载也说："词学至宋，盛矣！备矣！然纯驳不一，优劣迥殊，欲求正轨以合雅音，惟周清真、史梅溪、姜白石、吴梦窗、周草窗、王碧山、张玉田七人允无遗憾。"①所谓"雅音"，就是声律谐美，音情婉转，意境绵邈。如他评周邦彦："清真之词，其意淡逸，其气浑厚，其音节又复清妍和雅，最为词家之正宗。"评周密："草窗博闻多识，著述宏富，……所辑《绝妙好词》，采撷菁华，无非雅音正轨。"评张炎："玉田云'词欲雅而正'，'雅正'二字，示后人之津梁。"他认同朱彝尊之尊姜夔，也服膺厉鹗之推周清真，还对吴文英和张玉田给予特别的关注，两家之入选篇目均在百首以上。"宋代名家之词，缜密莫过于梦窗，清空莫过于玉田。之二家者，若相反而实相济也。盖梦窗七宝装成，肉胜于骨，而不免有晦处。玉田一气流转，情生于文，而不免有滑处。能兼擅厥长，斯各去所蔽矣。"②这与清初李良年之论两家词，有异曲同工之妙，也道出他对吴文英与张玉田之典范性的再发现。③他把周邦彦列为"七家"之首，除了时代的原因，更因为周清真"为词家之正宗"，其他六家尚有不同程度的瑕疵。据朱绶所言，《宋七家词选》之前身为《宋八家词选》，在嘉庆年间就已大致成形，到道光十七年刻印时，则删去了陈允平一家。这是一个值得思考的问题，陈允平何以在正式刊刻时被删去？是不是受到周济《宋四家词选》的启发？周济说："西麓和平婉丽，最合世好，但无健举之笔，沉挚之思，学之必使生气泪丧，故为后人拈出。"④戈载曾参加过孙麟趾在金陵组织的江东词社，社友汤贻汾、蒋敦复等是常州词派重要成员，这里还是《宋四家词选》的编选地，戈载对《宋四家词选》或许有所了解，最后他将陈允平删去未尝不是受到周济的影响。

（三）以令慢为中心：周之琦《心日斋十六家词录》

《心日斋十六家词录》（以下简称为《十六家词录》）分上、下两卷，由周之琦在道光二十三年（1843）编成，并于次年在广西刊刻，共选从唐至元词人16家，词作407首。他在这部选本结尾的识语中说："余性好倚声，此皆平生

---

① 戈载《宋七家词选》"识语"，清光绪十一年曼陀罗华阁重刊本。

② 戈载《梦玉词序》，陈裴之《梦玉词》，清道光四年刻本。

③ 曹贞吉《秋锦山房词序》载，"李良年尝谓南宋词人，如梦窗之密，玉田之疏，必兼之乃工"。（李良年《秋锦山房词》，《清名家词》，第 4 册）

④ 周济选评《宋四家词选》卷四，《清人选评词集三种》，第 309 页。

得力所自，辑而录之，取便观览，非谓古人佳制尽于是也。"[1]他还辑有《晚香堂词录》八卷，共录唐、宋、金、元词人123家，词作655首，《十六家词录》所录词人词作均与《晚香堂词录》一致，《晚香堂词录》只有清抄本藏国家图书馆，不能确定其编选的具体年代。《晚香堂词录》选录的范围较广，《十六家词录》选录内容比较集中，从选目看，后者很可能是在前者基础上萃选而成的。[2]《晚香堂词录》可能是编选在周之琦嘉庆十三年（1808）中进士之后，这部选本各卷依词人年代先后为序，系以小传，词下间附本事词话，在体例上参照朱彝尊的《词综》，并引万树《词律》以校律之正误。如论张炎《高阳台》一词曰："玉田词用韵最滥，甚至'真侵''庚青'互见于一阕中，求之片玉、白石诸大家，从无此例，无怪学《山中白云》者多流入率易一路也。此词'莫开帘'句本可不叶，似尚无害，然前段'凄然'用韵，则'帘'字终属微疵。"又考证张矩《陌上花》一词曰："《图谱》以'香'字连上'酒'字作六字，'痕凝'至'相伴'作九字，《词律》已正其误，余见他刻且有删去'香'字，以'满罗衫'为一句，视'酒痕凝处'为一句，其谬愈甚，真红友所谓'苦苦要将好词读坏'者。"从道光元年（1821）起，周之琦离开京城，开始外任的仕宦生涯，先后到过四川、浙江、湖北、广西等地，对于词籍的利用肯定不如在京师那么便利，我们更有理由相信《晚香堂词录》的编选当在京师为官期间，《十六家词录》应该是他在外任期间利用《晚香堂词录》萃选而成的。《晚香堂词录》本来只是为了自己学习前人而辑录的，因此，对于作品的选择便没有明确的目的，但《十六家词录》的编选有着明确的指向性。"盖限定家数之总集，只戈《选》、周《录》。而周之异于戈者，则上起唐代，下迄于元，北宋增小晏、秦、贺。虽似不出温柔敦厚之范围，而门户加宽，且已知崇北宋矣。"[3]该书所录唐五代、宋、元十六家词者，上卷依次为温庭筠、李煜、韦庄、李珣、孙光宪、晏几道、秦观、贺铸、周邦彦、姜夔；下卷为史达

---

① 周之琦《心日斋十六家词录》，清道光二十四年周氏家刻本。

② 据记载，《心日斋十六家词录》最初所选为二十家，正式刻印时才改为十六家。苏汝谦《雪波词自序》："余少不喜倚声，后游周稚圭中丞幕，得读其《金梁梦月词》，并见所选古词二十家。"张祥河《偶忆编》："周稚圭中丞录二十家词，各系一诗。"其《小重山房诗词全集》"桂胜外集"亦有《周稚圭中丞手定二十名家词跋》。

③ 陈匪石《声执》卷下，《词话丛编》，第5册第4966页。

祖、吴文英、王沂孙、蒋捷、张炎、张翥。选词较多者：唐五代温庭筠33首，李珣30首；北宋晏几道46首，贺铸23首；南宋吴文英40首，王沂孙35首；元代张翥30首；这样的排序和入选数量，兼顾了时代、文体、作家等多种因素。从时代看，他试图比较全面地反映词史面貌，将周济、戈载关注的两宋拓展到晚唐和元代；从文体看，在贺铸之前以小令为主，而周邦彦以下则以长调为主，这是该书的主导因素："词之有令，唐五代尚已。宋唯晏叔原最擅胜场，贺方回差堪接武，其余间有一二名作流传，然非专门之学。……大抵宋词闲雅有余，跌宕不足，长调则有清新绵邈之音，小令则少抑扬抗坠之致。盖时代升降使然，虽片玉、石帚不能自开生面，况其下者乎？"① 令曲在北宋之后不再有佳作问世，作之者也不免要受慢曲的影响："填词家自南宋以来，专工慢词，不复措意令曲。其作令曲仍与慢词音节无异，盖《花间》遗响久成《广陵散》矣！"他对令曲特别钟情，对以小令见长的纳兰词亦予好评："容若长调多不协律，小令则格高韵远，极缠绵婉约之致，能使南唐坠绪绝而复续。第其品格，殆叔原、方回之亚乎？"② 从词人看，《十六家词录》兼顾浙、常两派所推崇的词人，上卷主要选录常州派推崇的词人，下卷则以浙派推崇的词人为主，不选常州派不喜欢的柳永，也不选浙派不喜欢的苏轼，对两派都推崇的吴文英尤为赞许。"梦窗词，自张叔夏'不成片断'之论出，耳食者群然和之。余谓梦窗格律之细，方驾清真。意境之超，希踪石帚，断非叔夏所能跂及，《唐多令》一阕，乃梦窗率笔，叔夏以其类己而称之，非知梦窗者也。"③ 这说明他对词史典范的建构吸收了浙、常两派的思想，也渗入了自己的思考和看法，如五代李珣，北宋晏几道、贺铸，元代张翥，都是周济、戈载所忽视的。

三、道光时期的典范重塑与观念更新

道光时期对唐宋词典范的建构，展现了词坛上各种势力相互包容的态势，无论周济还是戈载，以及不属于浙、常两派的周之琦，通过词史典范的重塑，表征

---

① 周之琦《心日斋十六家词录》卷上，清道光二十四年周氏家刻本。

② 金梁外史《饮水词识》，纳兰性德《饮水词》，清道光二十六年金梁外史名选刻本。

③ 周之琦《心日斋十六家词录》卷下，清道光二十四年周氏家刻本。

着新的观念在道光词坛已形成，亦即在他们心目中"典范词人"应具备的美学品格：作品有合乎文体规范的声律之美，包蕴着作者情志的比兴寄托，以及不主一格自成一家的外在风貌等。

先说声律之美。词作为一种不同于诗的文体样式，它在体制上的要求是合乐可歌："飞声尊俎之上，引节丝管之间。"① 作为典范词人，其先决条件当是作品声律合度，分寸不失，无论常州词派的周济，还是吴中词派的戈载，在这一点的认识上是一致的。周济称赞姜夔最为知音，能自谱其词，一字一音，合乎节度。他说："古之歌者，一倡而三叹，一倡者宜其词，三叹者永其声，是以词可知，而声可感。诗之变为乐府，乐府之变为词，其被之声而歌，播之管弦，未有不如是者也。姜夔最为知音！"他认为万树《词律》和凌廷堪《燕乐考原》在词律汇校与词乐考原上贡献至巨，影响深远，"故近世言词者多谨严，视元明为愈矣"②。《宋四家词选》与《词辨》的不同，也表现在对"宋四家"及其他词人声律调情的重视，关注入选之作的字声、句法、用韵等情况。如周邦彦《木兰花》"桃溪不作从容住"，调名下注："《木兰花》之前后仄起者，一名《玉楼春》，其平起者，但可云《春晓曲》《惜春容》耳。"柳永《倾杯乐》"争如憔悴，损天涯行客"一句，旁注："依调损字当属下，依词损字当属上。此类尽多，后不更举。"王沂孙《扫花游》(小庭荫碧)结尾附注："'一别'句本应五字，减一字耳。红友《词律》未及是误，忘检校也。"龙榆生评价说，周济论选声，"深识音理，要言不烦"，足为学者之准则。③ 戈载对于词的声律更是特别讲究，"尝于广座说宋人乐府，某解工某解拙，众论互有异同，及辨析阴阳、清浊、九宫八十一调之变，皆嘿以听君"④。《宋七家词选》开卷有一首《湘月》词，是他这一思想的最好说明："乐章旧谱，论源流本是，骚雅遗意。紫韵红腔，但赋得、秋月春花情思。玉尺难寻、金针莫度，渺矣宫商理。茫茫烟海，古音谁操芸笥。　多少白雪阳春，灵芬尚在，把吟魂呼起。作者登

---

① 金应珪《词选后序》，《词话丛编》，第 2 册第 1618 页。

② 周济《词调选隽序》，《周济词集辑校》附录二，第 157 页。

③ 龙榆生《论常州词派》，《龙榆生词学论文集》，上海古籍出版社 1997 年版，第 400 页。

④ 朱绶《翠薇花馆词序》，戈载《翠薇花馆词》，清嘉庆二十三年刻本。

坛算廿载，一瓣心香惟此。协调笙簧，律精铢黍，始许称能事。词林传播，正声常在天地。"他选录的"宋七家"之作，"律不乖忤，韵不庞杂，句择精工，篇取完善"，堪称雅音之极则。对于不合上述要求的作品则严于去取，如周密："惟用韵则逊于梦窗，是其疏忽之处。……如《木兰花慢》（西湖十景）洵为佳构，大胜于张成子《应天长》十阕，惜有四首混韵者，故仅登六首。"① 再如史达祖："集中如《东风第一枝》《寿楼春》《湘江静》《绮罗香》《秋霁》，皆推杰构，正不独汲古阁所称'醉玉生春''柳发梳月'也。惟《双双燕》一首，亦脍炙人口，然美则美矣，而其韵庚、青杂入真、文，究为玉瑕珠颣。予此选律韵不合者，虽美弗收，故是词割爱从删。"② 对于戈载的这一行为，王国佐是这样赞美的："掇其菁华，归于粹美，凡讹谬舛错之处，参稽博考，惟善是从。庶几古人之名章隽句始见其真，而音与律稍有疏者，必淘去之以见谨严。"③ 戈载的严于去取，以及"后吴中七子"的恪守声律，对嘉道词风的形成起到推波助澜的作用。周之琦亦十分看重万树的《词律》。《周稚圭府君年谱》记载："自得万阳羡《词律》，愈益精进。久之，复有神悟。"④ 又《论词绝句》其九云："宫调精严字字珠，开山妙手讵容诬。后生学语矜南渡，牙慧能知协律无？"作为"海内词宗"，周之琦编选《心日斋十六家词录》，也是有感于当时词坛存在着严重的失律落韵的现象："世多通才，动轻前哲，倦事修择，但知驰骋，不有炼锤，五音顿住，丝豪竹滥，其曰可读，实与古违。"⑤ 他的创作也非常注意词律问题，有人把他与纳兰性德、顾贞观并推为"国朝词人最工律法者"。杜文澜称其词"谐音协律，真意独存，耐人寻味"⑥，程恩泽亦评之曰"声律精严，为词家第一"，"启承转合，竟可作词中八股"⑦。

次言比兴寄托。自张惠言提出"意内言外"之论，强调借男女哀乐以道贤人君子"幽约怨悱不能自言之情"，这一思想经过董士锡、宋翔凤、周济等

---

① 戈载《周公谨词选跋》，《宋七家词选》，清光绪十一年曼陀罗华阁重刊本。
② 戈载《史邦卿词选跋》，《宋七家词选》，清光绪十一年曼陀罗华阁重刊本。
③ 王国佐《宋七家词选序》，《宋七家词选》，清光绪十一年曼陀罗华阁重刊本。
④ 周汝筠、周汝策编《周稚圭府君年谱》，清同治刻本。
⑤ 张祥河《心日斋十六家词录序》，《心日斋十六家词录》，清道光二十四年周氏家刻本。
⑥ 杜文澜《憩园词话》卷二，《词话丛编》，第 3 册第 2867 页。
⑦ 周汝筠、周汝策编《周稚圭府君年谱》，清同治刻本。

的弘扬，表现个体哀乐者有之，关注时代盛衰者有之。这在道光时期成为一时论词之主流观念，比兴寄托被认为是词史典范应有的基本品格。宋翔凤说自己"数年以来，困于小官，事多不偶"，"古之穷士，抚榛莽以兴叹，迭回波而欲泣，考吾所遇，一皆备焉"，所以有这样的感慨："非假途于填词，莫遂陈其变究"，"因本师友相益之议，求诸唐宋诸贤之作"[1]。对于宋代典范词人，他注意抉发其作品中的个人感慨与时代盛衰，如姜夔《齐天乐》"伤二帝北狩也"，《扬州慢》"惜无意恢复也"，《暗香》《疏影》"恨偏安也"[2]。周济对于"寄托"的理解，更是把它与时代盛衰联系在一起，认为周邦彦《解语花》《齐天乐》当作于同时，其时"到处歌舞太平，京师尤为绝盛"，周邦彦这时却流落在荆南，盖胸中有块垒，故借词以浇之，希望能再次得到帝王的启用："身在荆南，所思在关中，故有'渭水''长安'之句。"辛弃疾《贺新郎·别茂嘉十二弟》上阕写"北都旧恨"，下阕抒"南都新恨"；《贺新郎·赋琵琶》上阕寓示"谪逐正人，以致离乱"，下阕暗含"晏安江沱，不复北望"。王沂孙《齐天乐·蝉》第一首（绿槐千树西窗悄）写"身世之感"，第二首（一襟余恨宫魂断）含"家国之恨"；《扫花游·绿阴》第一首（小庭荫碧）乃"伤盛时易去"，第二首（卷帘翠湿）则"刺朋党日繁"。讲究声律的"后吴中七子"，也不轻视"立意"的重要性，戈载追述顾广圻对他所说的："词之合律，贵乎自然。即极难安顿者，亦必婉转谐适，不见有平仄之迹，乃为词家化境。苟为律所束缚，勉强牵制，非病其粘滞，即嫌其生涩。律虽是，而仍不得谓之名作也。"[3]戈载自己也有类似的表述："意旨绵邈，音节和谐，乐府为之正轨也。不善学之，则循其声调，袭其皮毛，笔不能转，则意浅，浅则薄；笔不能炼，则意卑，卑则靡。"[4]吴嘉洤、尤坚也认为守律而不能止于律，"律严而止于律，其亦未造乎诣之极也"[5]，"词固以律为主，否则短长其句而已，然必协律而不为律所束缚，

① 宋翔凤《浮溪精舍词三种》"自序"，《清名家词》，第 7 册。
② 宋翔凤《乐府余论》，《词话丛编》，第 3 册第 2503 页。
③ 戈载《翠薇雅词》"自序"，《吴中七家词》，清道光刻本。
④ 戈载《横经堂诗余序》，张泰初《横经堂诗余》，清光绪二年刻本。
⑤ 吴嘉洤《秋绿词》"自序"，《吴中七家词》，清道光刻本。

方得宋人三昧"①。他们强调填词不可忽视声律，但其最高境界是内在意蕴与外在形式的完美结合。他们认为词由《诗经》而来，其体至卑，其格至尊。"词者，乐府之继声，诗人之别派。悱恻缠绵，原本变雅；哀感顽艳，托体《离骚》。"②"昔唐李文山自序其诗，谓居住沅湘，宗师屈宋，平生服习，首在斯言。矧憔悴幽忧，俛寄所托，美人香草，寻绪无端，有韵之文，词尤善感。准诸六义，亦比兴之道也。"③在他们看来，南宋所以胜于北宋，盖缘于南宋多有寄托："尝论两宋之词，南胜于北，北宋多欢愉之音，南宋如尧章、君特、公谨、叔夏皆有忧思抑郁，若不得已而为言，又不敢尽言。美人香草，三复流连。凡为乐府之新声，实皆《离骚》之变体。遭时隆盛，此调无复弹者。而俯仰一身，岂无今昔？"④这一解释与王昶的论述颇多相通之处。周之琦也非常重视寄托，《心日斋十六家词录》"题辞"第一篇："方山憔悴彼何人，兰畹金茎托兴新。绝代风流干馔子，前生合是楚灵均。"将温庭筠（方城尉）直接比拟为屈原，注重的是温词中的"托兴"和屈原楚辞中借香草美人以寄托寓意之传统的承继关系，这首绝句也深刻反映了周之琦对张惠言比兴说的认同。又如评张炎："但说清空恐未堪，灵机毕竟雅音涵。故家人物沧桑录，老泪禁他郑所南。"再如评蒋捷："阳羡鹅笼涕泪多，清词一卷黍离歌。红牙彩扇开元句，故国凄凉唤奈何？"⑤他不像朱彝尊有意淡化南宋词人作品中的情感内涵，而是把张炎词作为"故家人物沧桑录"来解读，并视蒋捷词为"红牙彩扇开元句"，这与常州词派所标举的"意内言外"的思想是一脉相承的。蒋敦复说："词之合于意内言外，与鄙人'有厚入无间'之旨相符者，近来诸名家指不多屈。周保绪先生外，有周稚圭者。"⑥

再说不主一格，自成一家。在清初，朱彝尊对姜、张的推尊，特别注意他们之间的一致性，对于其他南宋词人亦以同侪而视之。到乾嘉时期，厉鹗和

① 尤坚《玉泌词评跋》，潘曾玮《玉泌词》，清咸丰四年刻本。
② 陆损之《玉壶买春轩乐府序》，高愿《玉壶买春轩乐府》，清道光刻本。
③ 朱绶《湘弦别谱自序》，《知止堂词集》，《清代诗文集汇编》，第563册第112页。
④ 戈载《玉壶买春轩乐府序》，《玉壶买春轩乐府》，清道光刻本。
⑤ 皆引自周之琦《心日斋十六家词录》，清道光二十四年周氏家刻本。
⑥ 蒋敦复《芬陀利室词话》卷一，《词话丛编》，第4册第3639页。

吴锡麒论唐宋词史，已表现出较强的流派意识，如厉鹗的南宗北宗之论，吴锡麒有正体变体之分，郭麐也有四种风格之说，这较朱彝尊唯尊姜、张之清雅已有很大进步，但对每位词人的自身个性重视不够。在嘉庆十七年（1812）编选《词辨》的时候，周济还是以正变为基本的划分方法，到道光十二年（1832）编选《宋四家词》时特别关注词人之间的个性和差异。如谈周邦彦与秦观之异同："少游最和婉醇正，稍逊清真者，辣耳。少游意在含蓄，如花初胎，故少重笔。然清真沉痛至极，仍能含蓄。"论苏轼与辛弃疾之差别："苏、辛并称。东坡天趣独到处，殆成绝诣，而苦不经意，完璧甚少。稼轩则沉着痛快，有辙可循，南宋诸公，无不传其衣钵，固未可同年而语也。稼轩由北开南；梦窗由南追北：是词家转境。"再如论南宋诸家之特点："白石脱胎稼轩，变雄健为清刚，变驰骤为疏宕。盖二公皆极热中，故气味吻合。辛宽姜窄。宽，故容秽；窄，故斗硬。""梅溪才思，可匹竹山。竹山粗俗，梅溪纤巧。""竹屋、蒲江，并有盛名。蒲江窘促，等诸自郐；竹屋硁硁，亦凡声耳。"① 这种对词人个性的强调，必然会使他对浙派独尊姜、张表示不满："词本近矣，又域于其至近者，可乎？宜其千躯同面，千面同声，若鸡之咿咿，雀之足足，一耳无余也。"② 词本来就是一种风格偏弱境界狭深的文体，如果再以姜、张的清雅相律，必然会造成"千躯同面，千面同声"的结果。其实，戈载也是如此看，他曾协助秦敦夫校《词源》，秦敦夫与凌廷堪交好，他们都是对戈载有影响的前辈学者。他们不但于词乐词律之学有很高的造诣，而且在创作上不拘一格、自成一家。张其锦说："吾师（指凌廷堪）之词，不专主一家，而尤严于律。"③ 吴慈鹤也说："戈子宝士少席华阀，长雄艺林。……得其性之所近，遂于词也独工。既短长高下以咸宜，况烟月湖山之狎主？牢笼诸有，不名一家。盖于美成得其芊绵，于公谨得其妍丽，于竹屋、梅溪得其隽巧，于玉田、石帚得其清新矣！"④ 戈载之所以将所选词家由姜、张二家拓展为"宋七家"，或许是受周济启发，更

---

① 周济《宋四家词选序论》，《周济词集辑校》附录二，第149~150页。

② 周济《宋四家词筏序》，《周济词集辑校》附录二，第154~155页。

③ 张其锦《梅边吹笛谱跋》，《梅边吹笛谱》，《清名家词》，第6册。

④ 吴慈鹤《翠薇花馆词序》，《翠薇花馆词》，清嘉庆二十三年刻本。

是其创作上不拘一格使然。他对"宋七家"的看法也是不一样的，如评周邦彦"其意淡远，其气浑厚"；评姜夔"清气盘空，高远峭拔"；评史达祖引前人语云"清和闲婉""奇秀清逸"；评吴文英"貌观之雕绘满眼，而实有灵气行乎其间"，"犹之玉溪生之诗，藻采组织而神韵流转，旨趣永长"；评周密"其词尽洗靡曼，独标清丽，有韶倩之色，有绵渺之思，与梦窗旨趣相侔"；评张炎"其气清，故无沾滞之音；其笔超，故有宕往之趣；真白石之入室弟子也"。[①]这一点也在"后吴中七子"身上得到具体的表现，顾广圻在表彰他们能"权衡矩矱"、审音辨韵的同时，特别指出七子之词"平奇浓淡，各擅所长"。[②]比如朱绶宗法梦窗，沈传桂偏嗜梅溪，王嘉禄钟爱碧山，戈载则"不名一家"，他们是依其性之所近而各有取法的。周之琦在词学宗尚上更是不名一家，其词风亦随着生活经历的变化而不断变化："其词以清切婉丽为宗，乃晚唐、五代以来之正派。前者（指《金梁梦月词》）音节和谐，令人想友朋之乐；后者（指《怀梦词》）情怀悱恻，令人增伉俪之思。李慈铭《受礼庐日记》称其深入南宋大家之室。"[③]他对于唐宋词史的评价，多少有受朱彝尊思想影响的印迹，朱氏说"小令师法北宋以前，慢词则取法南渡"，《心日斋十六家词录》在体例上颇与朱氏所论相契合，上卷专取唐五代之小令，下卷则侧重南宋之慢词。蒋敦复认为周之琦小令"有《花间》风格，下亦不失为小山父子"，长调"得清真家法，下亦不失为草窗"。[④]谢章铤也认为周词"短调学温、李，长调学姜、史"[⑤]，道出了周之琦填词多种风格兼具的特点。

通过以上所述可知，在道光时期，人们既不偏向专尚音律之浙派，也不只取唯尊比兴寄托之常州派，而是试图将这两派的思想融合打通，并形成自立一家的风格和面貌。这表明道光时期的词坛风尚已经转向：推重风格的多元化，标榜创作的自成一家。

---

① 皆引自戈载《宋七家词选》，清光绪十一年曼陀罗华阁重刊本。
② 顾广圻《吴中七子词序》，《顾千里集》卷一四，第210页。
③ 胡玉缙撰，吴格整理《续四库提要三种》，上海书店出版社2002年版，第801页。
④ 蒋敦复《芬陀利室词话》卷一，《词话丛编》，第4册第3640页。
⑤ 谢章铤《赌棋山庄词话》卷二，《词话丛编》，第4册第3339页。

四、典范意识的彰显与流派意识的消解

道光时期对词史典范的重塑，以及表达的新观念，为其时词坛的发展指明了一条向上之路。周济《宋四家词选》和戈载《宋七家词选》在当时及后世都获得了广泛的赞誉和好评。杜文澜认为《宋四家词选》"抉择极精"，"其论深得词中三昧"[1]；又称"宋词选本极多，清空秾挚，各取雅音，而求其律细韵严，则惟戈氏此选为善本"[2]。蒋兆兰说："周止庵《宋四家词选》，议论透辟，步骤井然，洵乎暗室之明灯，迷津之宝筏也。其后戈顺卿氏又选《宋七家词》汇为一编。学者随取一家，皆可奉为师法，就此成名。"[3] 陈匪石认为《宋四家词选》"不仅弥张氏之缺憾，而且开后此之风气"，《宋七家词选》所言"多中肯綮"，所选"均极精粹"，与周济《宋四家词选》形成"桴鼓相应"之势。[4]他们讲到两家所选所论之精粹，还谈到两书对于指示习词门径、转变词坛风气所具有的重要意义。但是，他们的认识还只是看到上述选本的现实意义，从理论上讲，两书集中出现在道光时期，昭示着晚清词学发展的新动向：从流派意识向典范意识的转移，思维转向，观念变化。

在清初，为扭转明词"中衰"的局面，也为恢复被元明两代遗弃的唐宋词统，江南地区出现的诸词派，先后推出其心目中的典范词人，作为本派词人师法或学习的榜样。如云间派标举"天机偶发，元音自成"的晚唐五代词风，以李白、南唐二主为其追慕的对象；阳羡派论词反对因袭模拟，推崇深情真气的豪放作派，故以学习苏轼、辛弃疾相号召；浙西派反对俚俗与亢率，主张"字雕句琢，归于醇雅"，是以效法姜夔、张炎相标榜。但是，他们推举这些典范词人，并非着意在这些词人的创作经验上，而是希望通过这些词人承载其倡导的审美观念。也就是说，这些词人实为这些流派以其所倡导的观念重塑的词史典范。

这样，不同的唐宋词人被他们纳入不同的词派，流派观念决定着词人的典范归属和地位升降。如云间派以"二李"为宗，对于两宋词人，划分为"我辈

---

① 杜文澜《憩园词话》卷一，《词话丛编》，第 3 册第 2853 页。

② 杜文澜《宋七家词选校识》，《宋七家词选》，清光绪十一年曼陀罗华阁重刊本。

③ 蒋兆兰《词说》，《词话丛编》，第 5 册第 4631 页。

④ 陈匪石《声执》卷下，《词话丛编》，第 5 册第 4965 页。

之词"与"当家之词"两类，并特别标举七位典范词人：欧阳修、苏轼、秦观、张先、贺铸、晏几道、李清照。这鲜明地体现了他们推崇高浑之境、宗法五代北宋的观念。自王士禛在扬州主持风雅，对于云间派强调的南北之分着意淡化，特别重视唐宋词史的正变之分，流派意识开始凸显出来，对唐宋词人的创作个性则有忽略。如邹祗谟在《倚声初集序》中既赞美北宋"人工绮语"，也颂扬蒋、史、姜、吴"警迈瑰奇，穷姿构彩"，辛、刘、陈、陆诸家"乘间代禅，鲸呿鳌掷，逸怀壮气，超乎有高望远举之思"①。这实际上是把两宋词人划分为三派，只是北宋为一派，南宋则分两派。汪懋麟也说："予尝论宋词有三派，欧、晏正其始；秦、黄、周、柳、姜、史、李清照之徒备其盛；东坡、稼轩，放乎言之矣。"②这是突出北宋初期的独特风貌，然后将两宋词史划分为正变两体。浙西词派也把两宋词人划分为三大派，但标举南宋，将姜、张一派独立出来："北宋词人原只有艳冶、豪荡两派。自姜夔、张炎、周密、王沂孙方开清空一派，五百年来以此为正宗。"③这就隐去了汪懋麟所突出的宋初，而特别地彰显了姜张一派。从康熙末到嘉庆初，清代词坛基本上为浙西词派所笼罩，人们对于唐宋词人的派别归属基本不出上述划分，流派意识主宰着人们对于唐宋词人风格和词史地位的认识。但是，因为当时浙派一家独大，其他词风基本淡出词坛，造成了"人尊姜张""千人同面"的局面。这时，才会有吴锡麒重提以南宋为宗的姜史与苏辛两派，力图改变其时词风单一的现状，到郭麐更提出包容唐宋打破时代界限的四派说："词之为体，大略有四：风流华美，浑然天成，如美人临妆，却扇一顾，花间诸人是也。晏元献、欧阳永叔诸人继之。施朱傅粉，学步习容，如宫女题红，含情幽艳，秦、周、贺、晁诸人是也。柳七则靡曼近俗矣。姜、张诸子，一洗华靡，独标清绮，如瘦石孤花，清笙幽盘，入其境者，疑有仙灵，闻其声者，人人自远。梦窗、竹屋，或扬或沿，皆有新隽，词之能事备矣！至东坡以横绝一代之才，凌厉一世之气，间作倚声，意若不屑，雄词高唱，别为一宗。辛、刘则粗豪太甚矣。其余幺弦孤韵，时亦可喜。溯其派别，

① 邹祗谟《倚声初集序》，《倚声初集》，《续修四库全书》，第 1729 册第 166 页。
② 汪懋麟《棠村词序》，梁清标《棠村词》，《清名家词》，第 1 册。
③ 王鸣盛《蠖斋山人词集题词》，《蠖斋山人词集》，清乾隆刻本。

不出四者。"① 这时虽仍然推尊姜、张，但对其他词派也能肯定。到张惠言出来后，指斥词坛"三弊"，明确提出以立意为本的创作主张。陆继辂谈到自己在习词之初，读秦、柳、苏、辛之词，觉得皆有让其不能满意之处，从而向张惠言请教为词之道。张惠言回答说："唐之诗人，四杰为一家，元白为一家，张王为一家，此气格之偶相似者也，家始大于高、岑，而高、岑不相似；益大于李、杜，而李、杜不相似。子亦务求其意而已矣。"② 这段话实际上是对传统流派观念的否定，强调要重视词人个性，亦即高、岑、李、杜的"不相似"，反对以家派归属来作为评判词人的标准。这不但超越了浙派的唯姜、张是尊，而且跳出了自明代以来以流派考察词史的思维定式。因此，他在《词选叙》中批评了柳永、黄庭坚、刘过、吴文英，指斥他们"荡而不反，傲而不理，枝而不物"，并树立起他所认可的新典范温庭筠，其作品入选数量居全书之冠（18 首），其次是南唐李煜（7 首）和北宋秦观（10 首），三者之和几近全书总量（44 家116 首）的三分之一，从而引发晚清词学从流派意识向典范意识的潜在转移。在张惠言之后，又有董士锡、周济、戈载、周之琦等，先后提出"六家""四家""七家""十六家"之说，"典范"取代"流派""家法"取代"正变"成为晚清词学建构的理论支点。

作为晚清词学的理论支点，与流派相比，典范在理论上有哪些自身的特色？笔者认为，流派是动态的，典范是静态的；流派重视一致性，典范强调特殊性；流派着眼在风格，典范主要指向法度。某一典范往往是从属于某一流派的，而流派则由无数典范组成，一个时期的词坛风貌又是由多个流派构成的。由于典范意识的凸显，词法成为晚清词学讨论的热点，一个"典范"对当时词坛而言就是它的示范性，它的法度包括音律与词法是人们学习和揣摩的重心所在。比如，周济评周邦彦《兰陵王》（柳阴直）："客中送客，一'愁'字代行者设想，以下不辨是情是景，但觉烟雾苍茫，'望'字、'念'字尤幻。"又《六丑·蔷薇谢后作》："不说人惜花，却说花恋人。不从无花惜春，却从有花惜春。不惜已簪之残英，偏欲去之断红。"又《拜新月慢》（夜色催更）："全是追

① 郭麐《灵芬馆词话》卷一，《词话丛编》，第 2 册第 1503 页。
② 陆继辂《冶秋馆词序》，《崇百药斋文集》续集卷三，《清代诗文集汇编》，第 506 册第 264 页。

思，却纯用实写，但读前阕，几疑是赋也。换头再为加倍跌宕之，他人万万无此力量。"① 这些对于字法、句法、章法，都有非常清晰的解读和分析，初学者当可据此揣摩、领会甚至运用。再如，从周之琦对于词律问题的论述，亦能看出当时词学批评对法度的重视。"《词律》云，今人不知鬲指为何义，填《湘月》仍是填《念奴娇》，故不另列一体。余谓此论未确，今之吹笛者六孔并用，即成北曲。隔第一孔、第五孔吹之，即成南曲。鬲指过腔义或如是。""此调（指《霓裳中序第一》）虽非白石自制词，则创自白石，《词律》引姜个翁、周密等词为式，个翁谬制不足数，周词差近，疏误亦多。且旁注可平可仄之字，又皆以意为之，不免隔膜。"② 像周济、周之琦这样对于法度问题的论述，在晚清已是比较普遍的现象，比如包世臣论词有清、脆、涩之美，蒋敦复则倡导以有厚入无间，杜文澜主张严于审音协律，讲究四声平仄："故今之为词者，必依谱律所定字句，辨其平仄，更于平声中分为入声所代，上声所代，于仄声中分为宜上、宜去、宜入，音声允洽，始为完词。若谓既不能谱入管弦，何妨少有出入。藉宋、元、明人之误声误韵，以自文其失律失谐，则且贻误后人，不如勿作。"③ 谭献提出"荡气回肠，一波三折"之说，所谓"一波三折"，是指词之章法的顿挫之妙，如评欧阳炯《南歌子》（岸远沙平）云"未起意先改，直下语似顿挫。认得行人惊不起，顿挫语直下"，评王允持《解连环》（乱帆零雨）曰"敛抑断续"，评厉鹗《齐天乐·吴山望隔江霁雨》曰"顿挫跌宕"，评毛健《疏影》（秦箫怨咽）曰"玩其断续之妙"。为达到"一波三折"的美感效果，谭献对创作技巧提出两点要求：一是运笔多样化，或平起（正笔），或重笔，或逆入平出（侧笔）。二是将诗文章法引入词中，如评辛弃疾《汉宫春·立春》云"以古文长篇法行之"，评周邦彦《六丑·蔷薇谢后作》曰"以七言古诗长篇法求之，自悟"，评王沂孙《齐天乐·蝉》曰"此是唐人句法、章法"。④ 这样就使词的表现手法更加多样化了。晚清词学从主张"立意"出发最后又回到了文体自身，这

---

① 周济选评《宋四家词选》卷一，《清人选评词集三种》，第 211、212、216 页。
② 均见周之琦《心日斋十六家词录》卷下，清道光二十四年周氏家刻本。
③ 杜文澜《憩园词话》卷一，《词话丛编》，第 3 册第 2852 页。
④ 皆引自谭献辑，罗仲鼎校点《清词一千首：箧中词》。

是一种值得玩味的理论现象，它表明：当人们突破派别意识的障碍或局限，将着眼点放在文学创作上，必然会将关注的目光投射到可知可感的文学典范上。

在道光时期建构起来的典范意识，对于浙派与常州词派的思想对抗起到了消解的作用，也就是说在道光以后浙派与常州词派由对立走向了融合。常州词派在嘉庆初起之际，对浙派可谓大加挞伐，甚至有"考之于昔，南北分宗；征之于今，江浙别派"①的激切言论，他们以推尊北宋的策略对抗浙派以南宋为宗，表现出强烈的派性意识。但从道光年间开始，自周济、戈载、周之琦诸家选本出来以后，浙、常两派之间对抗性言论渐微，对于南北两宋词的评价不再畸轻畸重，而是认为南北两宋词各有短长，难分高下。从音乐来看，"北宋所作，多付筝琶，故啴缓繁促而易流，南渡以后，半归琴笛，故涤荡沉渺而不杂"②。从作者来看，"两宋词各有盛衰：北宋盛于文士，而衰于乐工；南宋盛于乐工，而衰于文士"③。从创作来看，"北宋主乐章，故情景但取当前，无穷高极深之趣。南宋则文人弄笔，彼此争名，故变化益多，取材益富。然南宋有门径，有门径，故似深而转浅。北宋无门径，无门径，故似易而实难"④。因此，对于南北两宋不可偏嗜，当兼取其长而去其短："北宋多工短调，南宋多工长调。北宋多工软语，南宋多工硬语。然二者偏至，终非全才。"⑤ "论词只宜辨别是非，南宋北宋，不必分也。若以小令之风华点染，指为北宋，而以长调之平正迂缓，雅而不艳，艳而不幽者，目为南宋，匪独重诬北宋，抑且诬南宋也。"⑥值得一提的是，在道光以后，无论有何审美宗尚，大家不再坚持派别对抗的理念，而是取彼此包容的态度，对浙、常两派皆能尊重。如杜文澜论词宗法浙西，对常州词派的周济、汤贻汾、宋翔凤亦予以好评；蒋敦复论词取法北宋，追踪常州词派，在表彰周济、汤贻汾的同时，对有浙派宗尚的冯登府、孙麟趾、"后吴中七子"多能肯定，而且他与"后吴中七子"成员来往还非常

① 周济《存审轩词》"自序"，清光绪十八年刻本。
② 宋翔凤《乐府余论》，《词话丛编》，第 3 册第 2498 页。
③ 周济《介存斋论词杂著》，《清人选评词集三种》，第 191 页。
④ 周济《宋四家词选序论》，《周济词集辑校》附录二，第 151 页。
⑤ 谢章铤《赌棋山庄词话》卷一二，《词话丛编》，第 4 册第 3470 页。
⑥ 陈廷焯著，屈兴国校注《白雨斋词话足本校注》卷一〇，第 747 页。

密切，这也能很好地说明晚清词坛两派交融互渗的新动向。因此，在咸丰、同治以后，常州词派虽然风靡天下，却并不像嘉庆时期那样对浙派展开全面攻击，反倒能积极吸纳浙派词学中的合理成分，至光绪时期就出现了融汇浙、常两派之长的"清末四大词人"。"浙、常两派，至道咸而交敝。同光以后，已融合为一体，各去其短而发挥其长，乃集清词之大成。王鹏运力追北宋，而酷好姜夔，寻迹王、吴而醉心苏轼，首开宏域。朱祖谋扩而大之，浸成千古未有之局，实为清词一大结穴。"①在充分体认两派理论利弊基础之上，他们力求纠两派之弊，取两派之长，本张皋文（常州派）意内言外之旨，参以凌廷堪、戈载（浙派）审音持律之说，而益以发挥光大之。"以立意为体，故词格颇高；以守律为用，故词法颇严。"②他们来自常州派，创作上受张惠言、周济思想之沾溉，却能不为常州派所限，积极地汲取浙派理论之优长，打破浙派、常州派一偏之见，取精用宏，从而结束了浙西、常州的派别纷争，使清代词学在清末民初之际走向"集大成"。

　　从乾隆末到嘉庆初，是清词发展的重要转折期，浙派唯姜、张是尊带来一系列问题，这是常州词派崛起的现实基础。张惠言提出以立意为本的主张，顺应了时势，在当时产生了巨大的影响③。但把清代词学推向深入，促使其在理论上走向成熟，则当以《宋四家词选》和《宋七家词选》出现为标志，它昭示着清代词学从流派意识到典范意识的转移。

　　首先，它颠覆了浙派确立的宋词典范，提出多元化的典范观："四家""七家""十六家"，其范围也由南宋拓展到晚唐、北宋、南宋、元代。其次，对宋词典范的关注放在"立意"和"音律"的示范性上，并在道光以后推出了多部讲求比兴和开示门径的词选与词话。最后，超越浙派或常州派的派性观念，力图从"典范"的立场观察词史，对于唐宋词史进行新的建构：以典范为中心。因此，就有了不同模式的选本，或是以"词法"为中心（《宋四家词选》），或是以律韵为中心（《宋七家词选》），或是以令慢为中心（《心日斋十六家词

① 沈轶刘《繁霜榭词札》，香港《大公报》"艺林"新 567 期，1987 年 5 月 4 日。
② 蔡嵩云《柯亭词论》，《词话丛编》，第 5 册第 4908 页。
③ 陈水云《常州词派的"根"与"树"——兼论常州词学的流传路径与地域辐射》，《文学遗产》2016 年第 1 期。

录》）。在道光以后，人们对于唐宋词史的认知尺度发生了变化，从以时代为中心，转向以典范为中心，审声协律、比兴寄托、自成一家，是人们评价词人的"当代"标准。对"当代"词人的评价更加务实，不只是泛泛讲宗南宋或尚北宋，而往往会指出"当代"词人所具体取法的典范词人。如顾翰评张鸣珂："作者从玉田、石帚入手，门径不误，故沉郁雅淡之思，空蒙萧瑟之致，卷中时或遇之。"[①] 蒋敦复评潘遵璈："大著从玉田、草窗入手，却不域于南渡，上推至南唐北宋，所造各有所得，一种芳菲悱恻之情，深得词中三昧。"[②] 易顺鼎评叶衍兰："番禺叶兰雪先生，今之张子野也，……即以词境论之，洁净精微，追踪白石；缠绵悱恻，嗣响碧山。"[③] 这表明，派别归属已不再是人们注目所在，而取径是否遵循轨范才是人们所看重的。

长期以来，人们以流派的眼光梳理道光以后的近代词史，却无法说清浙派观念为什么依然有强大生命力，无法解释为什么许多词人在初入词坛时都有追踪浙派的经历，无法划分蒋春霖、项廷纪、周之琦、龚自珍的派别归属，到底是属于浙派还是属于常州派？也无法说明有浙派倾向的"后吴中七子"何以也主张有寄托，且与常州派成员交往十分密切，更无法理解作为一个以韵律为选词标准的选本《宋七家词选》在当时为什么流行一时。如果从典范意识的彰显与流派意识的淡化去理解，上述无法解释说明的词史现象都将会不证而自明了。

---

① 顾翰《寒松阁词评跋》，张鸣珂《寒松阁词》，清光绪十年江西书局刻本。
② 蒋敦复《香隐庵词跋》，潘遵璈《香隐庵词》，清光绪十一年香禅精舍刻本。
③ 易顺鼎《秋梦庵词钞序》，叶衍兰《秋梦庵词钞》，清光绪十六年刻本。

第五章　审美追求与理论总结（上）

　　随着清代词学朝纵深方向发展，承载观念的载体如词话、词谱、词选等大量涌现。一方面，在清初形成的观念渐呈理论化倾向，如"词统""词史""词教""词境"等，在晚清逐渐完成了对既往观念的总结，其理论内涵得到了进一步的提升；另一方面，在晚清还相继出现了一些关于词法问题的理论表述，像"钩勒""复脱""顺逆""空实"等，像"以无厚入有间""潜气内转""沉郁顿挫"等，这些都是清人在丰富的创作经验基础上总结出来的，带有鲜明的技术化和审美化特征，也是糅合了浙西与常州两派思想精华的结果。理论性和技术化是道光以后晚清词学的重要表征，它表明清代词学已从观念视域迈进理论视域。

第一节　"词统"：统序的传承与观念的变迁

　　在清代词学发展进程中，"词统"观念的形成对于词史的认识与词派的建构有着非常重要的意义。[①]"词统"一词出现在明末崇祯年间[②]，以《古今词统》为其标志，进入清初，因为《古今词统》的重要影响，作为观念的"词统"逐渐成形。它的具体含义也有多种指向：一是指向"过去"，即自唐宋时期形成的创作传统和审美风尚[③]；二是指向"当下"，即清人所持有的统序观念，比照传统文化中的道统、学统、文统、诗统，在文体地位已得到普遍尊崇的清代，词应该也有一个自身的统序——"词统"。[④]因为清初词坛流派众多，地域差异较大，对于词统的认识也就各有各的思考，相互之间还呈现出既传承又变革的特征。

一、立足本色，重变崇今

自陈师道批评苏轼"以诗为词""要非本色"之论出现后，词学史上就形成了"词别是一家""自有一种风格"的本色观念。这一观念在明代中后期仍然有很大影响，如何良俊有"诗余以婉丽流畅为美"之论，王世贞也有"词须宛转绵丽，浅至儇俏，挟春月烟花于闺幨内奏之"[⑤]之说。最有代表性的看法是张綖在《诗余图谱》中所说的："大抵词体以婉约为正。故东坡称少游为今之词手，后山评东坡词虽极天下之工，要非本色。"[⑥]其后，王世贞又以李煜、晏氏父子、柳永、张先、秦观、周邦彦、李清照为词之正宗，因"温、韦艳而促，黄九精而险，长公丽而壮，幼安辨而奇"而将他们视作"词之变体"[⑦]，首次将唐宋词史上重要词人划分为"正宗""变体"两大系统，开始有了较为朦胧的统序意识。《古今词统》"杂说"转录王世贞这一段话后，有一条徐士俊

---

① 当前学界关于"词统"问题的讨论，主要有余意《"六朝"风调与"花间"词统——论〈花间集〉与词体文学特征的历史形成》，《文艺理论研究》2008年第4期；陈文新《论浙西词派的词统建构》（《社会科学研究》2002年第4期）、《论常州词派的词统建构》（《社会科学研究》2004年第2期）；张宏生《统序观与明清词学的递嬗——从〈古今词统〉到〈词综〉》，《文学遗产》2010年第1期；侯雅文《〈古今词统〉的观念与苏辛词选评析论》，《东华汉学》第22期；沈松勤《明清之际的词统建构及其词学意义》，《文艺研究》2022年第6期。
② 万历时期沈际飞《草堂诗余别集小序》已提出"嫡统""闰统"的概念，但只是一种简单的比喻。
③ 参见陈水云《唐宋词统在清初的恢复与重建》，《安徽大学学报》2013年第5期。
④ 参见张宏生《统序观与明清词学的递嬗——从〈古今词统〉到〈词综〉》，《文学遗产》2010年第1期。
⑤ 王世贞《艺苑卮言》，《词话丛编》，第1册第385页。
⑥ 张綖《诗余图谱》"凡例"，明万历二十七年谢天瑞刻本。
⑦ 王世贞《艺苑卮言》，《词话丛编》，第1册第385页。

的按语："余谓正宗易安第一，旁宗幼安第一，二安之外，无首席矣。"① 由"正宗""变体"改称"正宗""旁宗"，首次提出"词宗"的观念，是明代词学进一步把婉约、豪放与典范词人联系起来，使其由一个辨体观念变成一个统序观念的体现。在他们看来，词史上的确存在着一种由婉约、豪放分流共构的统序。

但是，元明以来，词坛上存在着统序不明的情形。清人谢章铤指出："盖明自刘诚意、高季迪数君而后，师传既失，鄙风斯煽，误以编曲为填词。……升庵、弇州力挽之，于是始知有李唐、五代、宋初诸作者。其后耳食之徒，又专奉《花间》为准的，一若非《金荃集》《阳春录》，举不得谓之词，并不知尚有辛、刘、姜、史诸法门。"②"师传既失"指的是唐宋词统在明代的失传，虽然杨慎、王世贞为这一传统的恢复作出了一定的努力，但因他们偏嗜五代、北宋，也造成中晚明词坛对于辛、刘、姜、史诸家之法门昧而不知。正因为这样，卓人月、徐士俊在崇祯二年（1629）共同推出了反映词史全貌、具有集成性质的选本——《古今词统》。

这部选本对明代中叶以来词坛尊婉约、轻豪放倾向的反拨，学界论之较多，但卓人月、徐士俊通过《古今词统》建构婉约与豪放"同体共源"统序的意图被忽略了。徐士俊认为"古今之为词者，无虑数百家"，然而一直以来存在着"谓'铜将军''铁绰板'，与'十七八女郎'相去殊绝"的偏见。在他看来，"豪放"与"婉约"不可绝然分开，"吾欲分风，风不可分；吾欲劈流，流不可劈。非诗非曲，自然风流，统而名之以'词'"③。就像"词"是由内意与外言共同构成的一样，"古""今"词史也应该是由婉约与豪放共同构成的。④在明代，尊婉约抑豪放的观念广为流行，在徐士俊看来，"苏以诗为词，辛以论为词，正见词中世界不小"⑤。他认为只要合乎择腔、应律、按谱、详韵、立新意的要求，无论幽奇淡艳，还是敛放秾纤，种种风格都应予以肯定，它们之

① 卓人月汇选，徐士俊参评，谷辉之校点《古今词统》卷首，第36页。
② 谢章铤《赌棋山庄词话》卷九，《词话丛编》，第4册第3433页。
③ 徐士俊《古今词统序》，《古今词统》卷首，第1~2页。
④ 沈松勤《明清之际词坛中兴史论》，上海古籍出版社2018年版，第393~394页。
⑤ 沈际飞《诗余四集序》附徐士俊评语，《古今词统》卷首，第18页。

间是一种共存互补的关系。对这一观点，卓人月在《古今诗余选序》中也有明确表示，指出："昔人论词曲，必以委曲为体，雄肆其下乎"，他则认为"委曲"（婉约）与"雄肆"（豪放）各有其弊，"夫委曲之弊人于妇人，与雄肆之弊人于村汉等耳"。本来，李白《菩萨蛮》《忆秦娥》以悲慨名世，其中实有"艳骨"，是"雄肆"与"委曲"兼具的典范，只是到了后来才体分两派。"男有后主，女有易安，其艳词之圣乎！自唐以下，此种不绝。而辛幼安独以一人之悲放，欲与唐以下数百家对峙，安得不圣？"①这里"圣"与"宗"意思相近，"词圣"亦即"词宗"，但没有了褒贬之义。在他心目中，应该有两类"词圣"——艳词之圣李煜、李清照，雄词之圣辛弃疾。所以，《古今词统》将"雄肆"与"委曲"并存，使二者互救其弊。据张宏生统计，《古今词统》入选数量居前十位的宋代词人是：辛弃疾141首，蒋捷50首，吴文英49首，苏轼47首，刘克庄46首，陆游45首，周邦彦43首，秦观38首，高观国34首，黄庭坚33首。②这个名单中既有婉约词人，也有豪放词人，二者平分秋色，各占5席。还有一点值得一提，过去多以苏轼为豪放词的典范，卓人月则认为辛弃疾较之苏轼更具典范性，故其中辛弃疾一人之入选数量接近周邦彦、秦观、高观国、黄庭坚之总和，也是苏轼的三倍。卓人月《古今诗余选序》云："选坡词极少，以剔雄放之弊，以谢词家委曲之论；选辛词独多，以救靡靡之音，以升雄词之位置。"③明显地流露出一种推尊稼轩的倾向，并在清初词坛产生了一定的影响。④

卓人月不但主张婉约、豪放并重，而且主张"古""今"并重。众所周知，明代最流行的词选是《花间集》和《草堂诗余》，到中叶杨慎、吴承恩、陈耀文等开始有意打破《花间》《草堂》一统天下的格局，他们所编《词林万选》《花草新编》《花草粹编》等均超出《花间》《草堂》的范围⑤，钱允治《类

---

① 卓人月《古今诗余选序》，《蟾台集》卷二，明崇祯刻本，第68a～68b页。
② 张宏生《经典传承与体式流变：清词和清代词学研究》，南京大学出版社2019年版，第197页。
③ 卓人月《古今诗余选序》，《蟾台集》卷二，明崇祯刻本，第69a页。
④ 参见郑海涛《明代词风嬗变研究》，中国社会科学出版社2013年版，第245～246页。
⑤ 参见陶子珍《明代词选研究》第三章第二节、第四章第二节；孔繁婷、蔡铁鹰《明钞本吴承恩词选集〈花草新编〉整理札记》，《淮阴工学院学报》2013年第4期。

编笺释国朝诗余》、沈际飞《草堂诗余四集》更把选词范围延伸到明代，给予明词一定的空间和位置。特别是沈际飞的《草堂诗余四集》合"古""今"于一体，开启了明代选词"古""今"并重的先河。①《古今词统》就是在这样的选词学背景下出现的，它的选目及选人，以《花间集》《尊前集》《草堂诗余》等为底本，但范围更宽，体例上也改《草堂诗余》分类法为分调法，一调有数体者则标"第×体"②；篇目上则"稍撮诸家之胜"，对南宋至元明时期的词人词作重点采录。据统计，全书共选词作 2037 首，词调 332 个，词人 497 家（不包括无名氏），其中，隋唐五代 53 人，北宋 58 人，南宋 158 人，金代 21人，元代 91 人，明代 105 人。③至于词作的选择，唐五代 230 首，北宋 275 首，南宋 655 首，两宋女性词及其他共 85 首，金元 172 首，明代 475 首，年代不详者 45 首，南宋和明代为选录之重心。孟称舜《古今词统序》云："则自隋、唐、宋、元，以迄于我明，妙词无不毕具。其意大概谓词无定格，要以摹写情态，令人一展卷而魂动魄化者为上，他虽素脍炙人口者，弗录也。"④很显然，《古今词统》改变了《草堂诗余》以征歌选调为择录标准的做法，以创作上的"摹写情态"和接受上的"魂动魄化"为入选标准。⑤南宋以后的词正是在这一方面得到较为充分的发展，故《古今词统》于南宋以后词的选录数量大大超过唐五代北宋。这意味着晚明以后选词重心的一个重要变化，南宋以后词特别是明词得到充分的关注。明代入选词人是唐五代北宋的总和，入选词作占全部总数的四分之一。这不仅体现了"古""今"并重的理念，更传递了一种新的信息——"崇今"。

以上情况表明，《古今词统》在选词上传达了一种新理念——重变崇今，即重视豪放词和明代词。张仲谋指出，这部选本努力超越流行数百年的《草堂诗余》的范围与手眼，试图建立一种大一统的词史统序。"即合古、今为一体，而着意强调'今词'即明词的地位；合婉约与豪放为一体，意在打破嘉

---

① 甘松《明代词学演进研究——以唐宋词选的接受为视角》，安徽大学出版社 2018 年版，第 89~93 页。
②《古今词统》在体式上标"第×体"的做法，当是吸收了程明善《啸余谱》的制谱体例。
③ 此数据乃依辽宁教育出版社 2000 年版《古今词统》"本书说明"及"氏籍"统计而出。
④ 孟称舜《古今词统序》，《古今词统》卷首，第 3 页。
⑤ 陶子珍《明代词选研究》，第 346 页。

靖以后贬抑豪放独尊婉约的倾向；合词史百汇于一体，既开拓了选源也丰富了词史。"①此一看法，诚为有识之见，即在时间上把古今统合起来，梳理出一条从唐五代经两宋再到元明的词史发展脉络②，贯穿在这一发展脉络上的是婉约与豪放两条主线。孟称舜《古今词统序》云："故幽思曲想，张、柳之词工矣，……伤时吊古，苏、辛之词工矣，……两家各有其美，亦各有其病，然达其情而不以词掩，则皆填词者之所宗。"③它反对以婉约一系作为主线来看待词史，主张把婉约与豪放两种风格统合起来，认为它们应该是古今词史之双翼，共同构建了词体统序，这就是《古今词统序》所说的"集大成"。

《古今词统》问世以后，在明末清初产生了较大的影响。丁澎《正续花间集序》说："珂月《词统》之选，海内咸宗其书，垂四十年。"④卓回亦云："余兄《词统》一书，成于壬申、癸酉间，迄兹四十五载。……方今词学大兴，识者奉为金科玉律。"⑤《古今词统》重变崇今的统序观有着两个方面的意义，一是对明代中叶以来崇婉约、抑豪放观念的反拨，二是对晚明文坛求新主变思潮的积极呼应。从西泠词人毛先舒、丁澎、王晫的有关论述，都可看出《古今词统》重变崇今统序观对他们思想的深刻影响。⑥比如毛先舒说："词本参差，本便旖旎，然雄放磊落，亦属伟观，……何必抑彼南辕，全还北辙，抽儿女之狎衷，顿壮士之愤薄哉！"⑦他反对尊婉约、抑豪放的偏见，一并肯定豪放与婉约。丁澎还把辛弃疾抬到与杜甫并驾齐驱的位置，指出："苏子瞻、陆放翁诸君，特以遒丽纵逸取胜。至辛稼轩，其度越人也远甚，余子瞠乎后矣。……唐宋以来，言词必推辛，犹言诗必推杜，横视角出，一人而已。"⑧而最能体现当时词坛对于《古今词统》观念之传承的是广陵词坛邹祗谟、王士禛合作编选的《倚声初集》，这一选本不但沿袭了《古今词统》体分正变的统序观念，指出：

① 张仲谋《论〈古今词统〉的词史建构》，《阅江学刊》2013年第3期。
②《古今词统》卷首的"氏籍"，基本上是按时代先后排列词人的，而且影响到《御选历代诗余》。
③ 孟称舜《古今词统序》，《古今词统》卷首，第3页。
④ 丁澎《正续花间集序》，《扶荔堂文集选》卷二，清康熙五十五年文芸馆刻本。
⑤ 卓回《词汇缘起》，《古今词汇》，清康熙十八年刻本。
⑥ 参见胡元翎、梁雪《徐士俊词学观的发展与明末清初词坛》，《学术交流》2018年第10期。
⑦ 毛先舒《与沈去矜论填词书》，《毛驰黄集》卷五，清康熙刊本，第11a~11b页。
⑧ 丁澎《梨庄词序》，《扶荔堂文集选》卷一一，清康熙五十五年文芸馆刻本。

"语其正则璟、煜为之祖，至漱玉、淮海而极盛，高、史其大成也；语其变则眉山导其源，至稼轩、放翁而尽变，陈、刘其余波也。"而且鲜明地体现了它对《古今词统》"崇今"理念的承续意识。王士禛说："《词统》一编，稍撷诸家之胜，然亦详于隆万，略于启祯。邹子与予盖尝叹之，因网罗五十年来荐绅、隐逸、宫闺之制，汇为一书，以续《花间》《草堂》之后，使夫声音之道不至于湮没而无传，亦犹尼父歌弦之意也。"①《倚声初集》所收为明万历至清顺治约五十年间的作品，其中明末词人151人（万历朝45人，天启朝15人，崇祯朝91人），清初词人362人。它一方面补《古今词统》之未备，另一方面又把选词重点放在《古今词统》所略之天启、崇祯两朝。其中，仅明末崇祯一朝就有91人之多，再加上清初顺治朝的362人，合计达到453人，占比超过全书的九成。

值得注意的是，他们还以这一观念对云间派的统序观进行了调整。从《倚声初集》对明末清初词的选录情况看，它是以云间派为环太湖流域词学之主源，以广陵、毗陵两大词人群体为核心，兼及柳洲、西陵、嘉兴、通州等地各类词人群体，入选作品较多的是云间派的陈子龙、李雯、宋征舆、计南阳，广陵、毗陵词人群的邹祗谟、王士禛、彭孙遹、董以宁，其他则有柳洲词人曹尔堪、通州词人陈世祥、合肥词人龚鼎孳、太仓词人吴伟业、常州词人黄永等。②而云间派领袖陈子龙接受的是王世贞的统序观，标举的是南唐、北宋之旨趣——"境由情生，辞随意启，天机偶发，元音自成"③，追求纯情自然的"高浑"之格，以此推尊李璟、李煜父子，把周邦彦、李清照作为最盛期之典范。"卧子之论词也，探源《兰畹》，滥觞《花间》，自余率不措意。"④创作上多以小令为主，喜为绮艳之篇，对南渡以后之作多所批评："寄慨者亢率而近于伧武，谐俗者鄙浅而入于优伶。"⑤因此，《倚声初集》也秉承了云间派推重五代北宋的统序观，所选作品以小令为主，题材上偏重绮艳之作。全书二十

---

① 王士禛《倚声初集序》，《倚声初集》，《续修四库全书》，第1729册第164页。
② 具体统计数据可参看闵丰《清初清词选本考论》，上海古籍出版社2008年版，第66页。
③ 陈子龙《〈幽兰草〉题词》，《幽兰草》，第1页。
④ 谢章铤《赌棋山庄词话》卷四，《词话丛编》，第4册第3364页。
⑤ 陈子龙《〈幽兰草〉题词》，《幽兰草》，第1页。

卷，小令十卷共 1140 首，中调四卷共 288 首，长调六卷共 442 首，小令数量远远超过中调与长调之和，这与云间派"专意小令，冀复古音"的观念是一致的。然而，云间派标榜晚唐五代，力持复古，虽然在革新晚明词风方面取得了一定的现实效果，但对于其他词风特别是南渡以后的创作持完全否定态度。这一做法既不合乎词史实际，也不利于对唐宋词统的发扬，故遭到王士禛、曹禾、毛先舒等人的批评。如王士禛认为云间派论诗"拘于方幅，泥于时代，不免为识者所少。其于词，亦不欲涉南宋一笔，佳处在此，短处亦坐此"①。因此，他们对于云间派轻视长调的做法有所批评，指出："词至云间，《幽兰》《湘真》诸集，意内言外，已无遗议。……所微短者，长篇不足耳。北宋诸家，大率如是。"② 于是，《倚声初集》对于长调也甚为重视，选入相关作品 442 首，占比超过四分之一，对于清初之学南宋者亦予以肯定。如王士禛评彭孙遹《白纻·春暮》一词时说："词以少游、易安为宗，固也，然竹屋、梅溪、白石诸公极妍尽态处，反有秦、李未到者，……金粟刻意高、史，故多神妙之诣。程村亦首肯余言。"③ 由此可见，王士禛、邹祗谟等对云间派之复古和卓人月、徐士俊之崇今进行了整合，既推尊五代北宋、标榜婉艳，也不反对学习南宋，肯定辛、刘、陈、陆之"逸怀壮气"，赞美蒋、史、姜、吴之"穷姿构彩"，这一观念在清初其他词人词派身上也得到体现。

有必要说明的是，无论《古今词统》还是《倚声初集》，无论陈子龙之复古还是王士禛之崇今，都是立足于词体之"本色"谈论问题。因此，从崇祯到顺治，这一时期对于词统观念的认识，主要是围绕正宗与旁宗、婉约与豪放、北宋与南宋而展开的。

二、性情为本，观念重建

明末清初关于词统的建构，在立足于"本色"的论述模式之外，还有立足于"性情"的论述模式。这一论述模式发端于孟称舜的《古今词统序》，徐

① 王士禛《花草蒙拾》，《词话丛编》，第 1 册第 685 页。
② 邹祗谟《远志斋词衷》引王士禛语，《词话丛编》，第 1 册第 651 页。
③ 邹祗谟、王士禛辑《倚声初集》卷二〇，《续修四库全书》，第 1729 册第 443 页。

士俊在评点之中对此作了具体的落实，到陈维崧、顾贞观、纳兰性德等人，明确以性情为论词、选词、评词之本。

孟称舜在《古今词统序》中先是批评当时词坛流行的尊婉约、轻豪放倾向，接着从抒写性情角度谈到"盖词与诗、曲，体格虽异，而同本于作者之情"，指出："古来才人豪客，淑姝名媛，悲者喜者，怨者慕者，怀者想者，寄兴不一。或言之而低徊焉，宛娈焉；或言之而缠绵焉，凄怆焉；又或言之而嘲笑焉，愤怅焉，淋漓痛快焉。作者极情尽态，而听者洞心耸耳，如是者皆为当行，皆为本色，宁必姝姝媛媛，学儿女子语，而后为词哉？"[1]这是明代词学将性情与本色联系起来的重要体现，认为从言情角度看婉约、豪放都应予以肯定，从而确定了"性情"对于词统认知的重要意义。这一观念也为徐士俊所重视，据丁放分析，徐士俊常以"情"字作为评词的标准[2]，张宏生认为《古今词统》选苏、辛词独多还有突破以律缚情的意图。[3]徐士俊在入清之后为徐喈凤《荫绿轩词》作序时说："词与诗虽体格不同，其为摅写性情，标举景物一也。若夫性情不露，景物不真，而徒然缀枯树以新花，被偶人以祛服，饰淫靡为周、柳，假豪放为苏、辛，号曰诗余，生趣尽矣，亦何异诗家之活剥工部、生吞义山也哉？"[4]这里对"情"又提出了一个"真"的要求，强调无论婉约还是豪放，如果性情"不真"则"生趣尽矣"，失去了灵魂。徐士俊认为，"诗从情生也，而词之为道，更加委曲缠绵。大都胸中自有一段不容遏处，借笔墨以发抒之。故片刻镂心，遂足千古。若强为雕饰，无生趣以行其间，即不作可耳。"因此，当有人讥讽稼轩为词论，东坡为词诗，过于豪放，不类软温，他明确表示："此在有情之人自能辩之。"[5]也就是说从"有情"角度看，以诗为词或以文为词皆未尝不可。

由孟称舜开启、徐士俊发扬的性情论词统论述模式，到陈维崧、顾贞观、纳兰性德等人那里得到更充分的发展。他们一方面接续王士禛变革云间派的理

---

[1] 孟称舜《古今词统序》，《古今词统》卷首，第3页。
[2] 丁放、甘松、曹秀兰《宋元明词选研究》，第344页。
[3] 张宏生《经典传承与体式流变：清词和清代词学研究》，第198页。
[4] 徐士俊《荫绿轩词序》，徐喈凤《荫绿轩词》，清康熙刊本。
[5] 徐士俊《与邵于王》，《雁楼集》卷二〇，《清代诗文集汇编》，第17册第408页。

念，另一方面又从孟称舜、徐士俊等人手中接过性情论词统论述模式，探索并选择合乎自己性情的典范和词统。

从历史的眼光来看，阳羡派领袖陈维崧早年追随云间派，曾拜陈子龙为师，学习作诗填词。据有关学者研究，陈维崧初学词多有模拟《花间集》之痕迹，如王士禛评其《点绛唇·咏枕》有"《花间》句法"，又指出其小令近于《花间》，如"竹枝"之近于孙光宪，《三字令》之近于欧阳炯等。① 这一时期，他接受的是云间派所标举的五代北宋词统，认为："齐梁之乐府，即唐宋之倚声也。自名花倾国，供奉擅俊逸之才；金缕提鞋，后主秉绮罗之质。……词有千家，业归二李；斯则绮袖之专门，红牙之哲匠矣！"他以李白、李煜为婉约之大宗（"词有千家，业归二李"），还把柳永、李清照作为这一词统在后代的传衍："若易安之婉娈清新，屯田之温柔倩媚；虽为风雅之罪人，实则闺房之作者。"② 这些观点也是对云间派统序观的再次弘扬。

陈维崧在康熙初年是广陵词派的重要成员，参加过王士禛、邹祗谟等组织的"题清溪遗事画册"唱和和红桥唱和。"这个唱和圈子的主要词家都是主张词学花间和云间。"③ 使陈维崧这一创作作风发生转向的是康熙五年（1666）的《念奴娇》唱和，其《念奴娇·被酒呈荔裳、顾庵、西樵三公，并示豹人、孝威、梅岑、舟次、方邺、希韩、汝受、散木诸子，仍用原韵》"抒发怀才不遇、老大无成的悲慨，内心的不满和牢骚溢于言表。词意发露，气势张扬，学辛而有自家姿态"④。因为遭际的坎坷和时代的变化，这时他的创作观念起了较大变化。⑤ 他对自己早年所作绮艳之篇表示"大悔恨不止"之意，说"如今纵有疏狂兴，花月前生，诗酒浮名，丈八琵琶拨不成"（《采桑子·吴门遇徐松之问我新词，赋此以答》），表示出对于云间派统序观的反思意识，并在《词选序》中对当时词坛崇奉《花间》《兰畹》之风表示出忧虑之情。⑥ 这一时期

---

① 参见丁惠英《陈维崧及其湖海楼词研究》，复文书局1992年版，第200~201页。

② 陈维崧《金天石吴日千词稿序》，《陈迦陵俪体文集》卷七，《陈维崧集》，第387页。

③ 刘东海《顺康词坛群体步韵唱和研究》，上海古籍出版社2013年版，第87页。

④ 葛恒刚《"江村唱和""广陵唱和"与清初江南词坛稼轩风的演进》，《江苏社会科学》2018年第5期。

⑤ 参见严迪昌《清词史》，第185~193页。

⑥ 陈维崧《词选序》，《陈迦陵散体文集》卷二，《陈维崧集》，第54页。

223

第五章 审美追求与理论总结（上）

他对于豪放之作则多所推崇，例如在写给好友史可程的《贺新郎》一词中说："起从前、欧苏辛陆，为先生寿。不是花颠和酒恼，豪气轩然独有。要老笔、万花齐绣，掷碎琵琶令破面，好香词、污汝诸伶手。"又在读曹尔堪新词后感慨道："老颠欲裂，看盘空硬句，苍然十幅。谁拍袁绹铁绰板，洗净琵琶场屋。击物无声，杀人如草，笔扫麴毫秃。较量词品，稼轩白石山谷。"①表现出对豪放之作的欣赏之意，对姜夔之清空、黄庭坚之苍劲也有所肯定。②

在陈维崧看来，无论婉约还是豪放，无论清空还是苍劲，只要出于真性情，都应予以认可。这一点是对云间派的变革，也是对王士禛、邹祗谟词学观念的发展。他还从性情论角度解释了文体风格多样性之成因，认为文体风格的差异与人的性情密切相关。"夫言者，心之声也。其心慷慨者，其言必磊落而英多；其心缜爱者，其言必和平而忠厚。偏狭之人其言狷，诀荡之人其言靡，诞逸之人其言乐，沉郁之人其言哀。"③对于这一点，其词友徐喈凤也有较为具体的说明："词虽小道，亦各见其性情。性情豪放者，强作婉约语，毕竟豪气未除；性情婉约者，强作豪放语，不觉婉态自露。故婉约固是本色，豪放亦未尝非本色也。"④有意思的是，徐士俊、陈维崧都为徐喈凤《荫绿轩词》作过序，在论词观念上也比较接近，这说明阳羡派对于徐士俊的主情论是有所了解的。不过，陈维崧和徐喈凤在对于性情的认识上，较之晚明词坛对于"情"的强调不尽相同。在《草堂诗余四集》《古今词统》《精选古今诗余醉》等书中，所谓"情"主要指的是"风月""花柳""歌舞"之类男女享乐之情⑤；而阳羡派所谓"性情"则是从生活中引发出来的包含个人经历、民生疾苦、国家兴亡等具有现实感和历史感的"性情"。⑥因此，在《今词苑》序中，吴本嵩提出了"言愁之作古今不绝，而缠绵凄恻，如诉如慕，莫若诗余之言愁，可以绘神绘声"的观点，这也决定着阳羡派在统序选择上更倾向于苏、辛一脉⑦，在他们

---

① 陈维崧《念奴娇·读顾庵先生新词，兼酬赠什即次析韵》，《迦陵词全集》卷一七，《陈维崧集》，第1329页。

② 参见陈宗石《湖海楼词跋》，《陈维崧集》附录，第1380页。

③ 陈维崧《董文友文集序》，《陈迦陵散体文集》卷二，《陈维崧集》，第42页。

④ 徐喈凤《荫绿轩词证》，孙克强主编《清代词话全编》，凤凰出版社2019年版，第341页。

⑤ 丁放、甘松、曹秀兰《宋元明词选研究》，第323页。

⑥ 参见苏淑芬《湖海楼词研究》，里仁书局2005年版，第86~91页。

⑦ 参见邬国平、王镇远《清代文学批评史》，第675页。

心目中，苏轼、辛弃疾才是其师心之所在，故为词应如苏、辛一样直抒胸臆。陈维崧便说过这样的话："东坡、稼轩诸长调，又骎骎乎如杜甫之歌行与西京之乐府也。"①

从直抒胸臆的性情论出发，陈维崧与其词友编选的《今词苑》，着力消解自云间派以来独尊南唐、北宋的复古词学观。②该选是一部在时间上接续《倚声初集》而编的"今词选"，所收皆为康熙最初十年间的作品。全书凡三卷，共收词人 109 家，词作 461 首，其中小令 79 人 214 首，中调 42 人 95 首，长调 60 人 152 首，中长调比例已超过小令。它在规模上不及《倚声初集》宏大，在编选思想上却有着鲜明的特色，一方面秉承《古今词统》的崇今理念，另一方面是对不同地域、词派、风格的肯定。据李康化、闵丰等学者统计，《今词苑》所选包括云间词人 14 家，西陵词人 10 家，柳洲词人 14 家，广陵词人 12 家，兰陵词人 12 家，阳羡词人 15 家。③这六大词人群体构成了清初东南词坛的基本版图，正如徐喈凤所说，"选词者兼收并采，斯为大观"④。从入选作品数量来看，入选较多的是龚鼎孳 31 首，曹尔堪 28 首，邹祗谟 24 首，吴伟业 21 首，陈维崧 18 首，王士禄 13 首，吴本嵩 13 首，吴逢原 12 首，黄永 12 首，朱彝尊 12 首，沈谦 12 首，纪映钟 10 首，王士禛 9 首，彭孙遹 9 首，钱继章 8 首。这些数字大致反映了这些词人在康熙初年的词坛地位，但它把龚鼎孳、曹尔堪、吴伟业提到了前列，取代了《倚声初集》以云间三子为首的排序，是一个很大的变化。⑤这当然与所收作品的时段有关，但更与编选者的选词宗旨的变化有关。这三位词人是当时公认的词坛领袖，也因为他们入清后的作品颇多直抒胸臆之作。例如词集中所收龚鼎孳《沁园春·赠陈其年》、曹尔堪《满庭芳·重九》《凤凰台上忆吹箫·研露堂小集》《念奴娇·客园燕集》、吴伟业《满江红·蒜山怀古》《木兰花慢·过济南》等，都有一股深沉的人生

① 陈维崧《词选序》，《陈迦陵散体文集》卷二，《陈维崧集》，第 54 页。
② 侯雅文《阳羡词派新论》，台湾学生书局 2019 年版，第 236 页。
③ 李康化《明清之际江南词学思想研究》，第 246 页；闵丰《清初清词选本考论》，第 16 页。
④ 徐喈凤《荫绿轩词证》，《清代词话全编》，第 340 页。
⑤ 潘眉在《荆溪词初集序》中对于词史的叙述有意略去了《花间》词与五代词，直接叙述两宋词史。对于明末清初词人虽提到陈子龙、李雯、夏完淳、施绍莘等，但重心放在清初词坛的"宗工郁起"上。

感慨寄寓其中，其他词人作品也有类似的特征。

应该说，从王士禛到陈维崧等人，主要着力在对云间派复古论统序观的改造上，把《古今词统》重变崇今的理念纳入他们的统序观中，为清词中兴的全面到来铺平了道路。但是，纳兰性德、顾贞观不像阳羡派那样对云间派持批评态度，而是通过诗学传统的引进和词学传统的重塑，树立了以师法晚唐五代北宋为导向、以性情论和寄托说为内核的新观念。

其实，顾贞观、纳兰性德对于陈子龙的词统观有着直接的传承关系，杨希闵有言"《饮水》，远溯《握兰》，近揖《湘真》"[1]。他们所编《今词初集》选入陈子龙词29首，居全书之首，可见该书祈向所在。他们论词亦标榜五代、北宋，如纳兰性德说："仆少知操觚，即爱《花间》致语，以其言情入微，且音调铿锵，自然协律。"[2] 这是讲他对《花间集》的推崇，又蒋景祁《刻瑶华集述》谈到纳兰性德和顾贞观对于温庭筠、韦庄的偏爱，他们认为："温韦诸公，短音促节，天真烂漫，遂拟于天仙化人，可望而不可即。"[3] 郭麐评价纳兰性德创作时也说："《饮水》一编，专学南唐五代，减字偷声，骎骎乎入《花间》之室。"[4] 在花间派、南唐、北宋诸家之中，纳兰性德更为推重李后主。在他看来，李煜词兼有花间派"贵重"与宋词"适用"之长，更有"烟水迷离之致"。[5] 他本人亦以南唐二主为追求目标，故陈维崧以为"《饮水词》，哀感顽艳，得南唐二主之遗"[6]。顾贞观谈到自己的审美宗尚时，也说"余则以南唐二主当苏、李，以晏氏父子当三曹，而虚少陵一席"[7]，表示了对于南唐二主、晏氏父子的服膺和推尊之意。由此可见，顾贞观、纳兰性德在统序观上和云间派是一脉相承的。但不同于陈子龙的是，对于其他不同风格的两宋词人，他们亦能予以肯定。如纳兰性德《与梁药亭书》谈到对于选词问题的意见时说："愚意以为，吾人选书不必务博，专取精诣杰出之彦，尽其所长，使其精神风致涌现于楮墨之间。……仆意

---

① 杨希闵《词轨》"总论"，《清代词话全编》，第358页。

② 纳兰性德《与梁药亭书》，《通志堂集》卷一三，第267页。

③ 蒋景祁《瑶华集》"刻瑶华集述"，第10页。

④ 郭麐《灵芬馆词话》卷一，《词话丛编》，第2册第1504页。

⑤ 纳兰性德《渌水亭杂识四》，《通志堂集》卷一八，第343页。

⑥ 冯金伯《词苑萃编》卷八引陈维崧语，《词话丛编》，第2册第1937页。

⑦ 况周颐《蕙风词话》续编卷一引顾贞观《十名家词序》，《词话丛编》，第5册第4543页。

欲有选，如北宋之周清真、苏子瞻、晏叔原、张子野、柳耆卿、秦少游、贺方回，南宋之姜尧章、辛幼安、史邦卿、高宾王、程钜夫、陆务观、吴君特、王圣与、张叔夏诸人，多取其词，汇为一集。"① 虽然这部设想中的《词选》未能编成，但由他们合作编选的《今词初集》也体现出"不必务博，专取精诣杰出之彦"并兼法两宋的新观念。

不同于《今词苑》以调为序，《今词初集》是以人为序，选录清初三十年间 184 位词人 617 首词作。它的最大特点是，"只要某位词人的词风、词作符合顾贞观、纳兰的审美观，他们在采录时是不吝篇幅的，不太考虑入选者之间的平衡问题"，体现出"选家不拘门派，不徒媚于亲爱，惟以词取人"的态度②，这和《与梁药亭书》所言是一致的。这部选本突出了"云间三子"的地位，陈子龙 29 首，宋征舆 21 首，李雯 18 首，分别居第一、第六、第八位，表明"云间三子"对五代北宋词统的传承，"为《兰畹》《金荃》树帜"③；其他入选较多的是，龚鼎孳 27 首，顾贞观 24 首，吴绮 23 首，朱彝尊 22 首，丁澎 19 首，纳兰性德 17 首，严绳孙 17 首，曹溶 16 首，吴伟业 13 首，王士禛 13 首，陈维崧 11 首，彭孙遹 10 首④，这些词人在审美倾向上存在较大出入，或取法北宋，或推尊南宋，或绮艳秾丽，或气格豪迈，顾贞观、纳兰性德对这些词人的"精诣"皆有所推尊，表现出他们对云间派统序观的超越。

什么是顾贞观、纳兰性德所说的"精诣"呢？笔者认为是舒写性灵与寄托深厚。从舒写性灵看，毛际可说："今梁汾、容若两君，权衡是选，主于铲削浮艳，舒写性灵。"⑤ 这和顾贞观、纳兰性德的创作思想是一致的，性灵者，性情也。谢章铤比较纳兰性德与朱彝尊、陈维崧的不同时说："竹垞以学胜，迦陵以才胜，容若以情胜。"⑥ 以情为本，必然反对独尊一格，不为北宋或南宋所限。比如顾贞观的词，其弟子杜诏评曰："若《弹指》则极情之至，出入南

① 纳兰性德《与梁药亭书》，《通志堂集》卷一三，第 268 页。

② 闵丰《清初清词选本考论》，第 36 页。

③ 鲁超《今词初集题辞》，《今词初集》，《续修四库全书》，第 1729 册第 453 页。

④ 张宏生《〈今词初集〉与清初词坛建构》，《清词探微》，第 255 页。

⑤ 毛际可《今词初集跋语》，《今词初集》，《续修四库全书》，第 1729 册第 548 页。

⑥ 谢章铤《赌棋山庄词话》卷一二，《词话丛编》，第 4 册第 3472 页。

北两宋，而奄有众长。"① 从寄托深厚看，无论顾贞观，还是纳兰性德，都力主要有比兴之旨。纳兰性德《填词》云："诗亡词乃盛，比兴此焉托。"顾贞观亦主张填词虽以《花间》《尊前》为尚，但要做到柔者不溺，艳者不浮，"殊有合乎比兴之旨矣"②。比兴之论是从传统诗学中借用过来的，在纳兰性德看来，诗词同源，词是从《诗》《骚》变化而来，继承了"香草美人""比兴寄托"的传统。他指出："自五代兵革，中原文献凋落，诗道失传，而小词大盛。宋人专意于词，实为精绝。"③ 在性灵说、寄托论基础上，纳兰性德还提出了"烟水迷离之致"的要求。何谓"烟水迷离之致"？纳兰性德未作任何说明，晚清的王鹏运、况周颐对此略有解释。王鹏运说："矧填词固以可解不可解，所谓烟水迷离之致，为无上乘耶！"④ 况周颐说："填词口诀，曰自然从追琢中出，……曰事外远致，曰烟水迷离之致。……李太白《惜余春》《愁阳春》二赋，余极喜诵之，以云烟水迷离之致，庶乎近焉。"⑤ 所谓"可解不可解""事外远致"，讲的都是含蓄蕴藉之美；李白二赋或喟叹春天之将逝，或因春日登高而怀远，皆有意在言外之思。综合李白的创作和王鹏运、况周颐的论述，可知"烟水迷离之致"就是以简约的文字传达含蓄隽永之意趣。《今词初集》所选以上述诸要素为准的，一方面将自五代北宋到明末云间词派这一词统接续起来，另一方面也是试图从云间派复古统序观中抽离出来，将清初取向不同的词人词派纳入他所确立的"新"统序中。从这个角度讲，《今词初集》与《古今词统》在统序建构上颇有暗合之处，即"统合""集成"之义。前者以"性灵""比兴"建构清初词坛统序，后者以"婉约""豪放"建构古今词史统序。

综上所述，无论陈维崧代表的阳羡派，还是顾贞观、纳兰性德，进入词坛之初接受的是云间派的统序观，或追随云间派好为婉艳之篇（陈维崧），或认同其标榜的五代、北宋词风（顾贞观、纳兰性德）。他们在后来发展过程中又逐渐形成自身的统序观念，或是对婉约、豪放持二元对立的态度，对不同地

---

① 杜诏《弹指词序》，张秉戌《弹指词笺注》，北京出版社 2000 年版，第 545 页。

② 顾贞观《柳烟词序》，郑景会《柳烟词》，清康熙间红蕚轩刻本，第 2a 页。

③ 纳兰性德《渌水亭杂识》，《通志堂集》卷一八，第 336 页。

④ 况周颐《蕙风词话》卷一，《词话丛编》，第 5 册第 4413 页。

⑤ 况周颐撰，屈兴国辑注《蕙风词话辑注》补编卷一，江西人民出版社 2000 年版，第 356 页。

域、不同词人、不同词风均予认可（《今词苑》）；或是突出性灵，崇尚比兴，反对"逞才""使学"，极力标榜"烟水迷离之致"（《今词初集》）。他们在创作上，一个步趋稼轩，一个追踪后主，成为婉约（"委曲"）、豪放（"雄肆"）两大统序在南北词坛的实际传承者。

三、以周、姜为典范，确立雅正词统

大体说来，从《古今词统》到《倚声初集》存在一个变化，陈维崧和顾贞观、纳兰性德对这一变化又作了进一步推衍：一方面，受《古今词统》"崇今"理念之影响，热衷于"今词选"的编纂，体现了一种特有的"中兴"意识；另一方面，把从《古今词统》或云间派那里推衍而来的统序观转化为一种自觉的理念，并适应时代发展，从不同角度改造旧观念、构建新观念。不仅如此，在为陈维崧、纳兰性德等人提供性情论词统论述模式之外，《古今词统》还为浙西词学群体建构雅正论词统提供了有益的启示，推动清初词坛由崇北宋向尊南宋转变。

上文提到，从选词角度来讲，《古今词统》选南宋词 655 首，居各代之首，入选作品较多的前十位词人中，有四位是被朱彝尊、厉鹗称为格律典雅派的词人，张宏生认为这是明确地表示对典雅格律一派的提倡。[①] 从评词角度看，尚雅黜俗也是徐士俊词学思想的重要方面[②]，如"杂说"摘录有张炎"词欲雅而正，志之所之，一为物所役，则失其雅正之音"一语，他为之评论道："词取香丽，既下于诗矣，若再佻薄，则流于曲，故不可也。"[③] 其实，论词尚雅不但是南宋时代浙西地区的词学传统，也是清初浙西地区许多词人群体的共同追求，如海盐词人彭孙遹说："填词之道，以雅正为宗，不以冶淫为海。"[④] 西泠词人柴绍炳也说："指取温柔，词归蕴藉，务全丽则，不失雅宗。"[⑤] 在这样的历史传统和时代背景下，建构雅正词统也就成了当时浙西词坛的共识，这可以从

---

① 张宏生《经典传承与体式流变：清词和清代词学研究》，第 200 页。

② 丁放、甘松、曹秀兰《宋元明词选研究》，第 349 页。

③ 卓人月汇选、徐士俊参评，谷辉之校点《古今词统》卷首，第 34 页。

④ 彭孙遹《旷庵词序》，《松桂堂全集》卷三七，《景印文渊阁四库全书》，第 1317 册第 302 页。

⑤ 柴绍炳《平远楼外集序》，《柴省轩先生文钞》卷七，《四库全书存目丛书》，集部第 210 册第 285 页。

康熙十四年（1675）以后出现的《见山亭古今词选》《古今词汇》《词综》中得到印证，它们把重心放在对《古今词统》统序观的变革上，其标榜的对象从李煜、辛弃疾转为了周邦彦、姜夔，并将之落实到具体的选目上。

陆次云、章昞辑《见山亭古今词选》，有康熙十四年刻本。这一选本共选唐宋金元明清词362家770首，其中唐宋88家288首，清代208家460首，清代占近六成。唐宋词人中，排在前十二位的是辛弃疾、秦观、苏轼、欧阳修、李清照、蒋捷、周邦彦、李煜、陆游、刘过、贺铸、孙夫人；清初词人中，排在前十二位的是李天馥、梁清标、陆次云、曹溶、严沆、冯云骧、尤侗、陆进、王士禛、曹尔堪、赵进美、朱彝尊。①唐宋词人中，除辛弃疾、苏轼、陆游、刘过外，均为风格婉雅之词人，第一位辛弃疾（17首）与第二位秦观（16首）只有一首之差，可见编者对《古今词统》过重稼轩和豪放的观念有所修正。在词人年代归属上则是南唐1家，北宋5家，南北宋之交1家，南宋5家，大致持平。从唐宋词选目和选人看，似乎南宋典雅词人未能引起重视，但从其清词选录以李天馥、梁清标为首，不选吴伟业、龚鼎孳等公认的词坛领袖，也不选陈维崧、纳兰性德等独具个性的词人等情况看，则又透露出一种新的观念——以雅为宗，确立了清词的新典范——梁清标、李天馥。如许虬评梁清标《棠村词》："春雍和雅，有钧天广乐气象。"②又沈雄评李天馥词："深于意态"，"更有余情"③。陈廷焯评李天馥《菩萨蛮》（落红万片花如雨）："音节自然合拍，温丽和雅。"④值得注意的是，严沆在序文中特地提到这部选本在《古今词统》之后，树立了一个从清真到白石、梅溪的新词统——雅正词统。浙西词人陆次云、曹溶、严沆、陆进、曹尔堪、朱彝尊等，分别列第三、第四、第五、第八、第十位（曹尔堪、朱彝尊并列第十位），这表明浙西派词人正从清初诸词派中脱颖而出，接续了自周邦彦而来的雅正词统。在严沆看来，经过明词中衰之后，清初词坛再度焕发光彩，大有"清真、

---

① 具体统计数据参见闵丰《清初清词选本考论》，第175~176页。
② 梁清标著，梁新顺点校《棠村词》，河北人民出版社2013年版，第5页。
③ 沈雄《古今词话》词评卷下，《词话丛编》，第1册第1043页。
④ 陈廷焯《云韶集辑评》卷一四，《白雨斋词话全编》，第346页。

白石、梅溪之遗调未坠"①的气象。

严沆的这篇序文还表现出对于清真雅词的着意强调，并以之作为南宋雅词之"源"：

> 迨至宋同叔、永叔、方回、叔原、子野，咸本《花间》，而渐近流畅。耆卿专主温丽，或失之俚；子瞻专主雄浑，或失之肆。……故论词于北宋，自当以美成为最醇。南渡以后，幼安奋青兕之力，一意奔放，用事不休，改之、潜夫、经国尤而效之，无复词人之旨。由是尧章、邦卿别裁风格，极其爽逸芊艳，宗瑞、宾王、几叔、胜欲、碧山、叔夏继之，要其源皆自美成出。②

这里提到北宋词人中，柳永之"俚"和苏轼之"肆"，而以周邦彦为"最醇"；南宋词人中，批评辛弃疾"一意奔放"，其追随者"无复词人之音"，高度肯定姜夔、史达祖在辛弃疾之外"别裁风格"。"宗瑞、宾王、几叔、胜欲、碧山、叔夏继之"一句表明，他们之间俨然形成了一个雅词统系——先是周邦彦，后是姜夔、史达祖，再次是张辑、高观国、黄机、蒋捷、王沂孙、张炎。尽管这部选本的选人选目与论词宗旨并不一致，但它首次提出词史上存在着一个雅词统序，这对于汪森《词综序》推尊姜夔、厉鹗《群雅词集序》标举周邦彦应该是有影响的。

《古今词汇》编者卓回（方水），为卓人月之从弟。该书始编于康熙十四年，刊刻于康熙十八年（1679）。共三编二十四卷，选录自唐迄清词人 620 余家，词作近 2500 首，以调编次。从总体上看，它基本上接受了《古今词统》的统序观念：一是进一步强化了卓人月兼重古今、崇今趋新的思想。比如将选词重心放在明清两代，其中唐宋金元入选词人 280 余家 1380 余首，明清两代入选词人 340 余家 1170 余首（截至康熙十八年），清词入选数量（707 首）大

---

① 参见严沆《见山亭古今词选序》，陆次云《见山亭古今词选》，清康熙十四年刻本，第 7a 页。
② 严沆《见山亭古今词选序》，《见山亭古今词选》，清康熙十四年刻本，第 1a～3a 页。

大超出明词的入选量（464首）①。二是与卓人月一样主张婉约、豪放并重，不存高低轩轾之见，只论其是否表达了作者之性情。②不过，据严迪昌介绍，该选初编乃卓回与周在浚合作完成，周氏在词学思想上也是推崇豪放的，故初编中虽然将婉约、豪放并举，但豪放词人词作选录较多，比如排在前十位的词人分别为：辛弃疾89首，苏轼51首，周邦彦45首，吴文英39首，秦观36首，蒋捷30首，程垓28首，刘克庄24首，陆游22首，周密22首。③豪放词人不仅占有半数，而且在入选数量上也远远超过婉约词人。

但卓回的统序观在后来有所调整，"对豪迈之作则因受其时风靡词坛的浙西词派尊姜、张的影响而发生变化"④，正如陆埻所说："宋人偶涉淫亵者，鄙俚不可传，《词汇》严斥此种，然则是编之操三尺法也审矣！……操性情之正而严辨于文字之间，以求当乎声音之道，则《词汇》一书诚发乎情、止乎礼义者也。"⑤很显然，《古今词汇》的编纂对于《古今词统》有匡补纠弊之意，如严斥俚俗、强调性情之正等，在思想上与同期所编之《词综》颇多相通之处。因此，卓回联合家族子孙辈令式、松龄、长龄从事二编、三编的选辑工作，重视婉约，重视雅正，对周邦彦、姜夔、张炎等典雅派词人多所推崇。如《词汇缘起》第三条云：

> 盛宋诸贤如周美成，领大晟乐府，比切声调十二律，各有篇目。柳耆卿加增至二百余调，其时创为体格，方圆莫易，寸黍不爽，专求协律，以为标准，故命意或不高，修词或不工，非所计也。（按，此处颠倒了柳永、周邦彦顺序。）至张叔夏辈，留意文义，擿词选调，风气大别，其所著《乐府指迷》（按，实为《词源》），允为后学津梁矣！⑥

① 统计数据据闵丰《清初清词选本考论》，第182页。
② 卓回《词汇缘起》，《古今词汇》，清康熙十八年刻本。
③ 统计数据据朱丽霞《清代辛稼轩接受史》，齐鲁书社2005年版，第558页。
④ 朱丽霞《清代辛稼轩接受史》，第559页。
⑤ 陆埻《古今词汇序》，《古今词汇》，清康熙十八年刻本。
⑥ 卓回《词汇缘起》，《古今词汇》，清康熙十八年刻本。

这里对柳永命意不高、不计工拙表示不满，而着意肯定张炎等能"留意文义"。卷首"词论"部分首选张炎《词源》，第一则称赞周邦彦"作词浑厚和雅，善于融化诗句"，第六则又称姜夔《疏影》《暗香》《扬州慢》《一萼红》《琵琶仙》《探春慢》《淡黄柳》等词，"不惟清虚，且又骚雅，读之使人神观飞越"，这些对于浙西派尊奉姜、张也有推波助澜的作用。

从《见山亭古今词选》《古今词汇》看，它们都表现出一种超越《古今词统》，树立周邦彦、姜夔、张炎为词史典范，构建雅正词统的新动向。而把这一动向转化为一个时代最强音的是以朱彝尊为代表的浙西词派，《词综》就是其雅正论统序观的集中体现，而《浙西六家词》的刻印，则是其传承雅正词统的具体标志。

朱彝尊初为词时，主要取法五代北宋，小令大抵学《花间集》，长调则兼取周、柳、秦、黄诸家，还只是沿袭云间、广陵、毗陵的创作路数。在后来南北飘零的漫游生涯中，他对生活有了更深刻的体验，逐渐探索出自己的创作道路，提出了"小令宜师北宋，慢词宜师南宋"的主张。他说："予尝持论，谓小令当法汴京以前，慢词则取诸南渡。……魏塘魏孝廉独信予说，频与予唱和。词成，掩其名示人，见者或疑予所作。"[1]又云："窃谓南唐北宋，惟小令为工，若慢词，至南宋始极其变。……读东田小令、慢词，克兼南北宋之长，与予意合。"[2]有学者认为这是朱彝尊早期的填词思想[3]，其实不然，它实际上是朱彝尊中年时代形成的较为成熟的创作观念。他说小令宜师北宋以前，是对云间派及其创作观念的传承，他倡导慢词取诸南渡以后，则是对清初诸词派创作理念的超越。这从《词综》入选词人（以 10 首以上为统计依据）可以得到印证，像晚唐五代词人有温庭筠、李煜、韦庄、欧阳炯、李珣、孙光宪、冯延巳；北宋词人有欧阳修、晏几道、张先、柳永、苏轼、秦观、晁补之、毛滂、周紫芝、周邦彦、吕渭老、蔡伸；南宋词人有朱敦儒、辛弃疾、程垓、姜夔、陆游、张辑、黄机、卢祖皋、高观国、史达祖、吴文英、

---

① 朱彝尊《〈水村琴趣〉序》，《曝书亭集》卷四〇，《曝书亭全集》，第 455 页。

② 朱彝尊《书〈东田词〉卷后》，《曝书亭集》卷五三，《曝书亭全集》，第 555 页。

③ 肖鹏《群体的选择：唐宋人词选与词人群通论》，凤凰出版社 2009 年版，第 475 页。

蒋捷、陈允平、周密、王沂孙、张炎。这一入选名单看似五代两宋著名词人都有入选，但从入选数量看，五代北宋以小令见长的入选较多，慢词特别是以雅词见长的则南宋词人为多，排在前几位的即是其着力弘扬的"浙派宗主"——姜夔、卢祖皋、高观国、史达祖、吴文英、蒋捷、王沂孙、张炎、周密、陈允平等，而辛弃疾（35 首）、程垓（16 首）、陆游（15 首）、刘过（9 首）、刘克庄（8 首）等的入选比例较低。①

可见，朱彝尊想通过《词综》表达一个重要理念——以南宋为宗。他说："世人言词，必称北宋。然词至南宋，始极其工，至宋季而始极其变。"② 这里的"世人"指的就是云间派及其影响下的清初诸词派，他则想从云间派以五代北宋为宗的统序观中抽离出来，建立一种不同于清初诸词派的新统序："词至南宋，始极其工"。张宏生认为，朱彝尊标榜南宋是受到《古今词统》的影响，两者（《词综》《古今词统》）选人与选篇比较接近，有突出典雅格律的意图，确为有识之见。③ 但是，朱彝尊的主要意图还是要以姜夔的清雅作风，去荡涤中晚明以来词坛的淫亵与粗鄙。如果说《古今词统》是以"委曲""雄肆"互救其弊，那么，《词综》则是以醇雅来纠婉约、豪放两者之失。正如汪森所说："盖词本盛于北宋，然或失之妖艳，或间杂俚语，或出以粗豪；至南宋姜白石，始扫除殆尽，称为独绝。"④ 尽管论词尚雅在《古今词统》中也有表现⑤，但朱彝尊是把它作为一种审美主张提出来，并确立南宋为词史正宗（"极其工"），将姜夔树立为南宋雅词的典范，还以姜夔为中心构建了一个南宋雅词谱系。他说："词莫善于姜夔，宗之者，张辑、卢祖皋、史达祖、吴文英、蒋捷、王沂孙、张炎、周密、陈允平、张翥、杨基，皆具夔之一体。"⑥ 这一说法也得到了其他浙派词人的支持。⑦ 对此，有学者评论说："此处以醇雅立义，推姜夔为宗，

---

① 这里的入选比例是指词人作品保存量与其实际入选作品之间的比例。

② 朱彝尊《词综发凡》，《词综》，第 10 页。

③ 张宏生《经典传承与体式流变：清词和清代词学研究》，第 205 页。

④ 汪森《故籀集长短句序》，《小方壶文钞》卷三，《清代诗文集汇编》，第 185 册第 448 页。

⑤ 参见丁放、葛旭芳《从明代词选看词学观念的演变》，《学术月刊》2008 年第 6 期；胡建次、李雪平《徐士俊〈古今词统〉评点叙论》，《西南交通大学学报》2018 年第 4 期。

⑥ 朱彝尊《〈黑蝶斋诗余〉序》，《曝书亭集》卷四〇，《曝书亭全集》，第 453 页。

⑦ 汪森《词综序》，《词综》，第 1 页。

辅之以南宋中晚期与其词风相近的十数家，系为一派，是词学史上明确为南宋姜、吴诸家正式建立宗脉关系的最早一段文字。"① 更为关键的是，朱彝尊"尚雅"不只是提出一种主张，而是把以雅为宗、标举南宋、推尊姜夔等一系列要素组合起来，为浙西词派建构了一个体系周密的雅词统序。他和他的词友们也以传承南宋雅正词统为己任，如李良年"于词不喜北宋，爱姜尧章、吴君特诸家"②，沈皞日"况之古人，殆类王中仙、张叔夏"③，龚翔麟"所制大率以石帚为宗，而旁及于梅溪、碧山、玉田、蘋洲、蜕岩、西麓各家之体格"④。

　　这一统序观念的形成，是当时词坛审美宗尚变化的重要表征，由推崇五代北宋到宗尚南宋，由陈维崧、纳兰性德的标举"性情"（"性灵"）走向浙西词派强调体格的"雅正"。从云间派到陈维崧、纳兰性德，他们在审美观念上还是以自然为尚的，以朱彝尊为代表的浙西词派，更重视对词体范式的确立，朱彝尊指出："词至南宋，始极其工，至宋季而始极其变，姜尧章氏最为杰出。"⑤ 这句话有两点值得注意：一是南宋词以"工"见长，格律精工，词法圆熟；二是将姜夔树为"极其工"的典范，"字雕句琢，归于醇雅"。在朱彝尊看来，尚雅是在宋代已有的一种传统，即所谓"盖昔贤论词必出于雅正，是故曾慥录《雅词》、铜阳居士辑《复雅》也"⑥。因此，他反复声明，作词也要以雅正为宗，指出："倚声虽小道，当其为之，必崇尔雅，斥淫哇，极其能事，则亦足宣昭六义，鼓吹元音。"⑦ 那么，如何做到崇尔雅、斥淫哇呢？朱彝尊又说："词虽小道，为之亦有术矣。去《花庵》《草堂》之陈言，不为所役，俾滓窳涤濯，以孤技自拔于流俗，绮靡矣而不戾乎情，镂琢矣而不伤夫气，夫然后足与古人方驾焉。"⑧ 所谓"去陈言"，就是要求语言的陌生化，讲求"绮靡""镂琢"；所谓"拔于流俗"，就是要摆脱俚俗词风的影响，反对直露浅白

---

① 刘少雄《南宋姜吴典雅词派相关词学论题之探讨》，台湾大学出版委员会 1995 年版，第 35 页。

② 朱彝尊《征士李君行状》，《曝书亭集》卷八〇，《曝书亭全集》，第 740 页。

③ 龚翔麟《柘西精舍集序》，沈皞日著，胡愚、胡刚点校《柘西精舍词》，华东师范大学出版社 2015 年版，第 1 页。

④ 李符《红藕庄词序》，《红藕庄词》，《浙西六家词》，《四库全书存目丛书》，集部第 425 册第 99 页。

⑤ 朱彝尊《词综发凡》，《词综》，第 10 页。

⑥ 朱彝尊《〈群雅集〉序》，《曝书亭集》卷四〇，《曝书亭全集》，第 456 页。

⑦ 朱彝尊《静惕堂词序》，《静惕堂词》，《清名家词》，第 1 册。

⑧ 朱彝尊《〈孟彦林词〉序》，《曝书亭集》卷四〇，《曝书亭全集》，第 455 页。

的作风。他主张要像姜夔那样"字雕句琢",出辞不陈俗,言情不轻佻,"绮而不伤雕绘,艳而不伤醇雅"①。这就是他所确定的雅词规范,一个是内容上的规范("绮靡矣而不戾乎情"),一个是形式上的规范("镂琢矣而不伤夫气")。当然,其根本在于合乎儒家诗教,诚如厉鹗所言:"词源于乐府,乐府源于诗。……由诗而乐府而词,必企夫雅之一言,而可以卓然自命为作者。"②词从乐府来,乐府又从《诗》来,故词传承了《诗》的雅正传统。这一论述不但确定了"雅"为词所固有的审美品格,也从理论上证明了浙派宗法南宋的合法性,使得雅正词统在清中叶以后得到巩固和发展。

综上所述,"词统"是一个从辨体批评发展而来的、与正变观念相关联的、体现着词派审美取向的新观念。它在明末清初有一个被不断建构的过程,对于它的内涵应该从这三个方面去把握:一是自明中叶以来就已经确立的正变两体说(本色论),二是从性情论出发确立的豪放、婉约不存轩轾的统序观(性情论),三是在本色论和性情论两大问题上不同词派又有各自的审美取向和词史观(词派论)。然而,无论从哪个层面去理解,都有两个最核心的要素,即统序的选择和观念的传承,最能体现这两大核心要素的是词派与词选。词选作为一个时期思想或观念的载体,遴选了不同时代的"典范词人"和"经典作品",体现着不同词派的统序观(包括体性观和词史观)。因此,这里从观念史立场出发,以明末清初重要的词选或词派为切入点,力图呈现作为一种观念的"词统",是如何在明末发端再到清初逐步形塑的。它经历了一个从本色论到性情论再到雅正论的建构过程,在这一过程中,《古今词统》和云间派对清初诸词派统序观的形成产生了深刻的影响。

第二节 "词史":从潜在意识到理论主张

"词史"是在传统诗学启发下提出的一个词学观念。众所周知,"诗史"

---

① 朱彝尊评沈尔燨《月团词》,沈雄《古今词话》词评卷下,《词话丛编》,第 1 册第 1049 页。

② 厉鹗《群雅词集序》,《樊榭山房集》文集卷四,第 755 页。

是宋代诗学中的一个非常重要的理论范畴，诗学中的"诗史"说已经成为当前诗学研究关注的热点①，而词学中的"词史"观念只在论述周济词学时才偶有涉及，连最具权威性的《中国词学大辞典》都未能将之作为专门的词条予以单独介绍，这和清词创作中大量存在的以词存史、以史入词、以词史品词的现象颇不相符。近年来，已有学者开始注意到清初词学中的"词史"意识，把清代"词史"观念形成的时间由嘉庆末年上推到康熙初年，这是关于清代"词史"说研究的一大进步②，遗憾的是对清代词学这种"词史"观念仍未能展开充分论述。本节试图在有关论述基础上③，进一步梳理清代词学中的各种"词史"观念，揭示其意蕴，分析其成因。

一、作为观念的"词史"：从清初提出到晚清流行

过去，一般认为"词史"说的提出者是周济，其实"词史"作为一种潜在意识或观念在宋代已有萌芽。当时人们将宋代词人柳永与唐代诗人杜甫相比附，黄裳说：

> 予观柳氏《乐章》，喜其能道嘉祐中太平气象，如观杜甫诗，
> 典雅文华，无所不有。④

对于黄裳这句话该作怎样的理解？有人认同，有人反对。在笔者看来，读柳永《乐章集》亦如观杜诗，主要着眼于柳词的纪实性，是指柳词反映了

---

① 近年论述"诗史"的代表性文章有：王德明《中国古代的"诗史"观》，《传统文化与现代化》1998 年第 6 期；韩经太《传统"诗史"说的阐释意向》，《中国社会科学》1999 年第 3 期；陈望衡《"诗史"辨析》，《东方丛刊》1998 年第 4 辑；陈居渊《清代朴学与中国文学》，上编第二章"文贵益世与诗史观念的拓展"，百花洲文艺出版社 2000 年版。专著有张晖《中国"诗史"传统》，生活·读书·新知三联书店 2012 年版。

② 严迪昌《阳羡词派研究》（齐鲁书社 1993 年版）第四章第一节、《清词史》（江苏古籍出版社 1990 年版）第二编第一章第三节；侯雅文《论清代"词史"观念的形成与发展》，《编译馆馆刊》2001 年第 30 卷第 1—2 期；叶嘉莹《论清代词史观念的形成》，《河北学刊》2003 年第 4 期；张宏生《清初词坛的"词史"意识》，《清词探微》，上海古籍出版社 2008 年版。

③ 笔者的有关论著亦涉及"词史"问题，如《清代诗学》，第九章第三节，湖南人民出版社 2000 年版；《清代词学与杜甫的诗歌思想》，《杜甫研究学刊》2001 年第 2 期；《杜甫与"词中少陵"》，《杜甫研究学刊》2003 年第 3 期。

④ 黄裳《书乐章集后》，《演山集》卷三五，《景印文渊阁四库全书》，第 1120 册第 239 页。

他生活时代的真实面貌，而不是指柳永的人格与杜甫的人格近似。刘熙载说："柳耆卿词，昔人比之杜诗，为其实说，无表德也。……耆卿词细密而妥溜，明白而家常，善于叙事，有过前人。"①"实说"就是指柳词的纪实性，"表德"是指表彰杜甫的人格魅力。杜诗的写实色彩是非常浓厚的，杜甫的诗之所以被称为"诗史"，就是因为它如实地反映了"安史之乱"前后的社会现实，在他的笔下有写开元盛世景象的《忆昔》，也有写唐玄宗发动穷兵黩武战争的《兵车行》，写唐玄宗及杨家兄妹骄奢淫逸生活的《丽人行》和《自京赴奉先县咏怀五百字》等，这些诗已经有非常强的纪实性，而在"安史之乱"中所写的"三吏""三别"更是典型的叙事诗了。当然柳永没有像杜甫那样经历过"安史之乱"之类的社会动乱，他生活的北宋仁宗朝正是太平盛世，他以赋化的笔法展现了当时社会的升平景象和都市繁荣，最具有代表性的作品就是那首名传天下的《望海潮》，它所描述的杭州城是"烟柳画桥，风帘翠幕，参差十万人家"，"市列珠玑，户盈罗绮，竞豪奢"，这些都是当时杭州城繁荣景象的真实写照。正因为柳永词具有强烈的写实性，和他生活年代相近有过相同社会体验的范镇说："仁宗四十二年太平，镇在翰苑十余载，不能出一语歌咏，乃于耆卿词见之。"②黄裳也深有感触地说："是时（指仁宗嘉祐年间）予方为儿，犹想见其风俗，欢声和气，洋溢道路之间，动植咸若。令人歌柳词，闻其声，听其词，如丁斯时，使人慨然有感。呜呼，太平气象，柳能一写于《乐章》，所谓词人盛世之黼藻，岂可废耶？"③他们高度肯定了《乐章集》对北宋年间市井风情的真实呈现，认为通过柳永词能看到北宋仁宗嘉祐年间的太平景象。尽管柳永词在思想深刻性上不及杜甫诗，但在反映社会面貌的真实性方面与杜甫是相通的，这实际上已暗含有柳词实为"词史"的意味。

黄裳"观柳词亦如观杜诗"的观念，在明代还有进一步的发展，出现了"观时""观世"之论。周瑛说："词至宋，纤艳极矣！今考之词，盖皆桑间、

---

① 刘熙载撰，袁津琥校注《艺概注稿》，中华书局 2009 年版，第 496 页。
② 祝穆撰，祝洙增订，施和金点校《方舆胜览》卷一一，中华书局 2003 年版，第 197 页。
③ 黄裳《书乐章集后》，《演山集》卷三五，《景印文渊阁四库全书》，第 1120 册第 239～240 页。

濮上之音也。吁！可以观世矣。"① 宋词以纤丽秾艳见长，朝野上下充斥着桑间、濮上之音，表征着宋代社会歌舞升平的太平景象，所以，周瑛才会说"可以观世矣"。这一观点在顾梧芳那里得到进一步的印证，他说："呜呼！词曲诚小技，一升一降，俗尚音形，可以观时，娱情燕会，兰薰篝变，实藉鸣世，作者权舆尔已也。"② "娱情燕会，兰薰篝变"，体现着盛世社会的升平气象，词曲虽为小道末技，但亦可观时观世。进入清初，这一"观时""观世"的观念，逐步朝"词史"方向转化，像曹尔堪批点吴伟业《满江红·白门感旧》曰："少陵称诗史，如祭酒（指吴伟业）可谓词史矣。"③ 吴伟业的乐府歌行向被称为"诗史"，反映了个体在明末清初社会大动乱中的命运悲剧，他的这首《满江红·白门感旧》呈现了南京城在战乱后的破败，"其中具全部史料，兴会相赴，遂成大观"。从这里可以看出，"词史"说在清初已是呼之欲出，只是尚未上升到对作者创作要求的层面，直到常州词派崛起之后，在血雨腥风的社会情势下，周济对作者明确提出以词为史的创作要求，在《介存斋论词杂著》中说"诗有史，词亦有史"④。

词向来有"艳科"之说，多花间之语、月下之情、尊前之慨，对词表现内容的突破，是由苏轼率先提出，而后由辛弃疾完成的。前者以诗为词，后者以文为词，将自己的悲、喜、哀、乐借词以传达之，冲决了《花间》《尊前》的表达范式。在明代出于对南宋雅正词风的反拨，秾丽绮艳之风再度盛行词坛，这直接影响到明清易代之际的创作风气。清初康熙年间，以陈维崧为代表的阳羡派接过苏辛衣钵，在风格上极力标榜直抒性情的豪放词风，在表现内容上要求拓展词的题材范围。陈宗石称其兄陈维崧"或孤蓬夜雨，辗轲历落；或风廊月榭，酒枪茶董；或逆旅饥驱，或河梁赋别；或千里怀人，或一堂燕乐；或须髯奋张，酒旗歌板，诙谐狂啸，细泣幽吟，无不寓之于词"⑤。陈维崧

① 周瑛《词学筌蹄》"序"，《续修四库全书》，第 1735 册第 292 页。
② 顾梧芳《尊前集引》，《尊前集》，第 64 页。
③ 吴伟业著，陈继龙笺注《吴梅村词笺注》，上海古籍出版社 2008 年版，第 93 页。
④ 周济《介存斋论词杂著》，《清人选评词集三种》，第 192 页。
⑤ 陈宗石《湖海楼词跋》，《陈维崧集》附录，第 1830 页。

在《词选序》中特别强调"选词所以存词,其即所以存经存史"①,"存经存史"在创作上的表现就是反映广阔的社会生活,"诙谐狂啸,细泣幽吟,无不寓之于词"。随着康熙中后期统治地位的稳定和雍乾时期文化高压政策的逐步加强,"存经存史"之论被浙西派鼓吹的清雅词风取代,以雅为尚成为一时之风向标。在清初表现内容非常丰富的词坛,逐渐转向专以咏物为能事,以搜奇征僻相夸耀。

乾隆末年,清朝统治由盛转衰,康乾盛世所潜伏的各种矛盾暴露无遗,重视立意,标榜性情,要求词反映现实生活的呼声再度高涨,在这样的时代背景下,常州词派出现了。作为常州派的开山人物,张惠言首倡"意内言外",其意是要求词把立意作为创作的终极追求。周济更是鲜明地打出"词史"的旗帜,要求表现有关国事民生的重大内容,而不能局限于士大夫自己个人的"离别怀思"与"感士不遇"。鸦片战争以后,清政府面临着内乱与外患的多重危机,"词史"观念已成为晚清词坛的共同心声。像闽籍词人谢章铤考察唐宋以来词史,认为"词之量未尽也","自唐以来,词人日兴而词量则犹未尽。夫曲为词之余,乃传奇,诸作佳者纪事言情,外可考世运之盛衰,内足验人物之邪正,而词反靡靡焉。即素讲宗派,亦止争格调声律之幽眇。古云诗史,岂词毫不足以庀史耶?故曰未尽也"②。浙籍词人谭献评清人作品特别注意其反映世变的内容,如评王宪成《扬州慢》(水国鱼盐)及汪清冕《齐天乐·燹余归里》为"杜诗韩笔,敛抑入倚声,足当词史",或"浩劫茫茫,是为词史"③。

但是,"词史"作为一种观念,它的内涵极其丰富,既指向创作者,也指向批评者。以下拟通过词选与词话、创作与理论等多个角度,试图揭示清代"词史"说的多重内涵。

二、词话与词选:"以词存史","以词观史"

作为一种潜在意识,"词史"首先体现在词话、词选的编纂上。这是从

---

① 陈维崧《词选序》,《陈迦陵散体文集》卷二,《陈维崧集》,第 55 页。
② 谢章铤《〈眠琴小筑词〉序》,刘荣平校注《赌棋山庄词话校注》,厦门大学出版社 2013 年版,第 437~438 页。
③ 谭献辑,罗仲鼎校点《清词一千首:箧中词》,第 206、457 页。

"观时""观世"论发展过来的，词话中的"词史"意识表现为有些词话记录了词的本事，保存着专集中未曾收录的词作与词人史料，读者据此可以了解作品创作的背景，推测作者的书写意图。词选中的"词史"意识表现为编选者通过辑录和评论词作与编辑词人传记材料，保存了大量的历史文献和如实地反映着社会人情世态，具有"以词存史"或"以词观史"的意义。

清代词话和以前的诗话一样，既包括记述古今词人轶事的内容，也指那些探讨关注重大理论问题的词学专著。这里所说的具有"词史"意识的词话，主要是指那些记录作者创作本事的词话，它们比较具体地介绍了作者写作的目的、时间、地点及传播情况，便于读者较为准确地把握作者的书写意图和历代传播接受的情形。尤侗《词苑丛谈序》说：

> 词之见于话者，如后主之"小楼昨夜"，延巳之"一池春水"，子京之"红杏枝头"，子野之"云破月来"，东坡之"大江东去"，耆卿之"晓风残月"，少游之"山抹微云"，……皆其脍炙齿牙者；风流相扇，不乏美谈，顾未有人集其成耳。……（徐釚）今复辑成《词苑丛谈》一书，盖撮前人之标而搜新剔异，更有闻所未闻者，洵倚声之董狐矣！殆与《本事诗》相为表里，予故重为之序。夫古人有"诗史"之说；诗之有话，犹史之有传也。诗既有史，词独无史乎哉？①

尤侗认为词话中的本事，有如史书的人物传记，词话也就有似于史书，记录了作者的创作背景和作品的接受情况，对于后来的读者和研究者有重要的参考价值。正如尤侗所说的那样，徐釚《词苑丛谈》一书的确有着以词存史的意义，该书卷六到卷九大量记录了从唐宋到明末清初词的创作背景，让今天的研究者很清晰地了解到作者的书写意图。还有徐釚自己撰写的《南州草堂词话》一书，更是保存了许多明末清初作者的创作史料，是不可多得的研究清初

---

① 尤侗《词苑丛谈序》，《词苑丛谈校笺》，第3页。

词学的重要文献。在《词苑丛谈》的影响下，记录词本事成为当时词话的一项重要内容，如沈雄《古今词话》、王奕清《历代词话》、冯金伯《词苑萃编》、张宗橚《词林纪事》都体现了这种"以词存史"的词史意识。不过，今天的研究者更注重它们的理论价值，在笔者看来它们在保存词的文献和搜集词的评论方面有着不可忽视的史料价值。

相对词话而言，词选中的"词史"意识更为浓厚，词话中的"词史"指它保存了作品写作的背景材料，词选中的"词史"则指它保存了大量的词作和有关的词评。词选中的"词史"意识可以追溯到南宋初年，当时出版了两部著名词选，一部是《复雅歌辞》，一部是《乐府雅词》。前者所选作品"兼采唐宋，迄于宣和之季，凡四千三百余首"①。卷内载词话本事，卷末附音律宫调，表征了保存一代文献的编选意图。后者在选词及词人的数量上不及前者，但集中地展现了南宋以前曲子词创作的总体风貌。卷首冠以调笑绝句，为大晟乐之遗音，卷末附录之词为"平日脍炙人口，咸不知姓名"者，朱彝尊揭示其意图是"所谓礼失而求诸野也"②，正说明该词选是要保存不见经传的民间文化。其后，元好问的《中州乐府》、黄昇的《花庵词选》把这种潜在的"词史"意识，转化为明确的以词存史的编选意图，有意识地将历来不登大雅之堂的"小词"与庄严的"信史"联系在一起。《中州乐府》的显著特征就是诗词并录，同为证史；《花庵词选》的重要标志是以传隶词，词以人存，毛晋称其"盖可作词史云"③。从有关的词选编纂情况看，词学中的"词史"意识在南宋时期已基本形成，只是还未有人将其明确揭示出来，直到清初才为人们所重视，提出"选词其即存经存史"的主张。

明确提出"选词其即存经存史"的是陈维崧，他在康熙十年（1671）和吴本嵩、吴逢原、潘眉合作编纂了一部大型"当代"词选——《今词苑》。陈维崧在序言中说：

---

① 黄昇编集《中兴以来绝妙词选》"绝妙词选序"，《四部丛刊初编》。
② 朱彝尊《〈乐府雅词〉跋》，《曝书亭集》卷四三，《曝书亭全集》，第 476 页。
③ 赵维江《金元词论稿》第六编第一节，中国社会科学出版社 2000 年版。

嗟乎！鸿都价贱，甲帐书亡，空读西晋之《阳秋》，莫问萧梁之文武。文章流极，巧历难推。即如词之一道，而余分闰位，所在成编；义例凡将，阙如不作。仅效漆园马非马之谈，遑临宣尼觚不觚之叹。非徒文事，患在人心。然则余与两吴子、潘子，仅仅选词云尔乎？选词所以存词，其即所以存经存史也夫！①

陈维崧等人编选《今词苑》的初衷，就是要起到存经存史的作用，让词承担"经""史"一样的责任。"经"在古代是指封建社会里的儒家经典，即《诗》《书》《礼》《易》《乐》《春秋》，这些典籍记载着西周时期的社会习俗、审美思想和典章制度，肩负着记载人类活动踪迹和传播人类文明的使命，故前人有"六经皆史"的说法，其中《诗》和其他文化典籍一样是记载人类活动踪迹的。《孟子·离娄下》云："王者之迹熄而《诗》亡，《诗》亡然后春秋作。晋之《乘》，楚之《梼杌》，鲁之《春秋》，一也。"②《诗》记言记事的功能为《春秋》所承担，这表明《诗》在《春秋》出现之前担当着后来《春秋》的角色。钱谦益说："孟子曰：'《诗》亡然后《春秋》作。'《春秋》未作以前之诗，皆国史。人知夫子删《诗》，不知其为定史；人知夫子之作《春秋》，不知其为续《诗》。"③尽管后来"诗""史"分工，前者言情，后者记事，前者叙述人的心态史，后者记录人的行为史，但它们记载人类活动踪迹的功能是相同的。所以，陈维崧提出"选词其即存经存史"，实际上就是强调"词"和"经""史"一样记载人的行为和心态，有着保存一代历史文献、典章制度的重要功用。

在清代，词选编纂的风气是相当浓厚的，每一词派有自己唱和之篇的结集，如云间派的《倡和诗余》《支机集》，广陵词派的《红桥唱和集》，曹尔堪、宋琬、王士禄的《江村唱和词》及南北词坛的《秋水轩唱和词》。不少地域性创作群体也有意识地从事作品的结集工作，如《柳洲词选》《西陵词选》《松陵

① 陈维崧《词选序》，《陈迦陵散体文集》卷二，《陈维崧集》，第 55 页。
② 杨伯峻译注《孟子译注》，中华书局 1960 年版，第 192 页。
③ 钱谦益《胡致果诗序》，钱谦益著，钱曾笺注，钱仲联标校《牧斋有学集》卷一八，上海古籍出版社 1996 年版，第 800 页。

词选》《荆溪词初集》《国朝常州词录》等，它们采取以词系人的方式展现一时一地的"文采风流"，"是编既成，采风渐广，十五国大观，予将拭目以待"①。从这里可以看出，这些人编辑"当代"词选，实际是想像当年孔子编选《诗经》一样，让君王了解各地风俗民情，起到"可以观"的社会效果，这就将"以词存史"转化为"以词观史"。"以词存史"的观念还表现在清代编纂的大量古今词选上，这些词选在编选宗旨上直接沿袭宋金时期词选的体例，当时著名词选如《词综》《倚声初集》《古今词汇》等，或以传隶词，词以人存，或卷前系以词人爵里，卷内存以词人词作，起着保存"一代文献"的重要意义。像朱彝尊《词综》就鲜明地体现了"以词存史"的观念，该书凡三十六卷，收唐、五代、宋、金、元词2252首，词人659家。尽管朱彝尊在《词综·发凡》中声明自己的编选宗旨是宗奉南宋，以姜、张为准的，但在实际操作过程中还是遵循着以词存史的体例的。该书按照作者年代的先后编排作品次序，选取有关逸闻、本事及往哲评语附录其后，这对于后世无疑有着以词存史的积极意义。因为自元明以来唐宋词籍大量失传，人们对唐宋词的了解大多依赖《花间集》《草堂诗余》二书，对唐宋词的发展进程认识不清，《词综》的编纂刊印澄清了元明以来的混乱局面。朱彝尊"以词存史"的传统为后继者所继承和发扬，如成书于乾隆四十四年（1779）的《词林纪事》，就是一部"以人系词，以词纪事，以事存史"的唐宋词选，陆以谦《词林纪事序》云："纪事者何，有事则录之，否则，词虽工弗录。"②张宗橚以有事为纪的词作为选词的依据，在每首词后或附录本事或系以词评，而不是以作品的艺术性作为入选的标准，这样做的目的是使读者了解作品的写作背景和创作主旨，把文学作品作为记录"历史"的重要载体，对于保存词人词作、理解作者的原始意图有重要意义。

当然，朱彝尊《词综》的"词史"意义，还在于它启迪着后来者通过选词的方式达到存史的意图，像王昶、黄燮清、丁绍仪编纂的历朝词综系列：《明词综》《国朝词综》《国朝词综二集》《国朝词综续编》《国朝词综补》，都是遵循朱彝尊《词综》编选体例，所选词人各系以小传，间附词话、笔记诸评

① 许虬《松陵绝妙词选序》，《词籍序跋萃编》，第819页。
② 陆以谦《词林纪事序》，《词林纪事》，第1页。

语，以体现"一代之词亦有不可尽废者"①的宗旨。

三、创作与实录：以史入词，以词纪事

"词史"作为一种潜在意识，还表现在词人的创作上。它开拓出广泛表现社会生活的新境界，突破了明末词人单纯写情咏景的传统题材，"诸如……与国家民族利益息息相关的时政大事，以及故国之痛、民生疾苦、天灾人祸、战争动乱、洋人入侵、贬谪充军、贫富不均、科举考试、黄河决堤、壮丽山河、天上仙境、民族风情、历史人物、历史陈迹、题画咏物、胸中块垒等等，以及日常生活细故、天伦之乐、朋友情谊、两地相思等都有反映"②。最具有"词史"意味的还是那些以史入词，或以词纪事，或以词咏叹时事的作品，将当时重大的历史事件真实地记录下来，让词发挥着"史"的功用，成为正史之外的另一部"信史"。

前面讲过，黄裳自称读《乐章集》，认为柳词"能道嘉祐中太平气象"③，指出柳词与杜诗一样反映了当时的社会历史风貌。这一观点在清代得到进一步的发展，大多数人认为词也能如诗一样，可以反映社会习俗、时代风貌，在表现题材方面完全可以突破"花间""尊前"的模式，广泛地表现社会生活（历史和现实）。长期以来词被视为小道，乃是因为词的题材（"词量"）局限于"尊前惜别，花底谈心"，如果以现实生活入词就能突破词为小道的观念。前述谢章铤所谓"词量则犹未尽"也是此意。谢章铤身处乱世，耳闻目睹社会动荡不安，特别重视词对重大社会内容的表现。他说："粤乱以来，作诗者多，而词颇少见。是当以杜之《北征》《诸将》《陈陶斜》，白之《秦中吟》之法运入减偷，则诗史之外，蔚为词史，不亦词场之大观欤。……夫词之源为乐府，乐府正多纪事之篇。词之流为曲子，曲子亦有传奇之作。谁谓长短句之中，不足以抑扬时局哉。"④既然称之为"词史"，就必须具备"史"的特征，从中国古

① 王昶《〈明词综〉自序》，《春融堂集》卷四一，第741页。

② 汪泰陵选注《清词选注》"前言"，贵州人民出版社1992年版，第7页。

③ 黄裳《书乐章集后》，《演山集》卷三五，《景印文渊阁四库全书》，第1120册第239页。

④ 谢章铤《赌棋山庄词话》续编卷三，《词话丛编》，第4册第3529页。

代史学传统看，人们对历史的理解是指它的"实录"精神。那么，清代词学的"词史"观是怎样体现史的"实录精神"呢？

第一，以史入词，或叙写历史事件，或咏叹历史陈迹。如吴伟业是清初"江左三大家"之一，在诗的方面擅长歌行体纪事诗，在词的方面则是大量以史入词。王士禛说："娄东吴祭酒长短句，能驱使南北史为体中独创。"[1] 如他的《满江红·白门感旧》，咏叹金陵，实伤故国，感易代之悲，寄亡国之哀。曹贞吉评之曰："少陵称诗史，如祭酒可谓词史矣。"又如《满江红·蒜山怀古》，由蒜山联想到王濬攻入建业，暗喻杨龙友于镇江抵御清军之事，描写清军占领下扬州一片荒凉的景象。邓汉仪评之曰："其声悲激，其情危苦，正须渐离之筑，正平之鼓，雍门之琴，白江州之《琵琶》以和之。"[2] 曹贞吉也是清初一位能以史入词的代表性词人，他曾写有咏物词十首，分别咏隗嚣宫磁盂、灌婴庙瓦砚、延陵季子剑、朱碧山银槎、未央宫铜盦，表面上咏叹历史遗物，却寄寓着深沉的历史感慨，故王士禛称之为"咏一物而具兴废之感"[3]。曹贞吉的《百字令·咏史》五首也是一组咏史词，陈维崧认为可"置此等词于龙门列传、杜陵歌行"[4]，因为该词敢于表现重大的社会题材，具有重要的史料价值。正因为清代创作中存在着大量的咏史词，以"史"的标准来评骘当代创作，便成为清代词学的一个重要特征。如陈维崧为任绳隗词集作序称："然则斯词也，以为《金荃》之丽句也，抑亦《梦华》之别录也已！"[5] 又读曹贞吉《珂雪词》中《满庭芳·和锡鬯李晋王墓作》后评曰："每读《五代史》至《伶官传》，辄为涕下沾襟也。今于此词亦然。"[6] 读史惟圆《蝶庵词》中的《沁园春》（漠漠尘途）后评曰："磊落以取势，苍健以立格，如龙门作《伯夷列传》。"[7] 这两则评语都是把他们的词与史相比附，认为从他们的作品中可以看出一个时代的兴亡变迁，这就达到以"词"存"史"的效果。

---

① 沈雄《古今词话》词评卷下引王士禛语，《词话丛编》，第 1 册第 1035 页。

② 吴伟业著，陈继龙笺注《吴梅村词笺注》，第 93 页。

③ 曹贞吉《珂雪词》附评语，《清代诗文集汇编》，第 133 册第 329 页。

④ 曹贞吉《珂雪词》附评语，《清代诗文集汇编》，第 133 册第 329 页。

⑤ 陈维崧《任植斋词序》，《陈迦陵散体文集》卷二，《陈维崧集》，第 53 页。

⑥ 曹贞吉著，段晓华笺注《珂雪词笺注》，华东师范大学出版社 2018 年版，第 117 页。

⑦ 刘深《陈维崧词评辑录》，《词学》第 20 辑，华东师范大学出版社 2008 年版，第 285 页。

第二，以词纪事，或以词的方式咏叹国事民生，或将自己生平经历词以记之。如陶樑的《红豆树馆词》卷五、卷六，"举生平境遇，自系以词。寓编年纪事于协律中"，即以词的形式记录自己的生平履历。特别是他的《百字令》（刀光如雪），记载了陈爽、陈文魁潜入宫中事，具有很重要的史料价值。丁绍仪《听秋声馆词话》卷一二云："时宗伯（陶樑）以编修在文颖馆编校《全唐文》，贼持刀入，供事倪大铨、苏涛、戴杰暨茶房李得均被戕，家人骆升徒手格斗，贼砍其五指去。仁宗方狩木兰，仓猝间禁兵未集，宣宗留守大内，发枪毙贼，贼始惊。又值雷雨交作，遂遁，巨魁旋即授首。宗伯词作于道光中，故有'当今天授'句。昔人称少陵韵语为诗史，此词正可作词史读也。"[1]这里所说"此词正可作词史读"，正是指陶樑词如实地记载了历史上曾经发生的惊人一幕。不过，这只是以词纪事的一个方面，更重要的还是指词对国破家亡等家国大事的呈现。这比较集中地体现在清初词的创作里。当时社会刚刚经历过大变革，先是李自成起义军推翻腐朽的明王朝，接着是清王朝剿杀了处在萌芽阶段的农民政权，迅即攻入南明福王统治的江南地区。江南文人身经明清易代，亲历清兵大肆屠杀无辜的悲惨场面，沉重地感受着亡国的悲哀和受外族凌辱的伤痛，中国古代重实录的"诗史"传统再次得到崇扬。这不仅仅是思想上或理论上的自觉，更是当时诗词创作的共同表现，如吴伟业的歌行体纪事诗便以其反映了许多历史事件和历史人物而成为这一方面的典范。郑方坤称吴伟业："所作《永和宫词》《琵琶行》《松山哀》《雁门尚书行》《思陵公主挽诗》诸什，铺张排比，如李龟年说开元、天宝遗事，皆可备一代诗史。"[2]诗如此，词亦如此，如陈维崧的《八声甘州·客有言西江近事者，感而赋此》便反映了金声桓在南昌抗清失败的悲痛史实，《贺新郎·新安陈仲献客蜀总戎幕，尝赎一俘妇……》借桓温西征灭蜀的历史来揭露清兵入侵蜀地时对广大百姓特别是妇女的暴行。这一时期诗词创作的一个重要特征，就是具有"史"的纪实性，真实地再现了明清易代之际的社会历史和重大事件。

过去人称杜诗为"诗史"，主要指杜诗形象地反映了"安史之乱"前后动

<hr>

① 丁绍仪《听秋声馆词话》，《词话丛编》，第 3 册第 2722～2723 页。

② 郑方坤《国朝名家诗钞小传》卷一，《清代传记丛刊》，明文书局 1985 年版，第 24 册第 70 页。

荡的社会现实，更指它充满忧国忧民、悲世悯时的深刻内涵，在清代人们也把那些反映社会问题有忧国忧民之情的词称之为"词史"。如汪清冕《齐天乐·燹余归里》，写兵乱之后的破败荒凉，流露出深沉的历史感慨和乱世余哀，被谭献评为"浩劫茫茫，是为词史"①。王宪成《扬州慢》（水国鱼盐），写扬州的往日繁华与今日的冷落，反映了鸦片战争给扬州带来的毁灭性打击，也被谭献称为"足当词史"之作。②还有张景祁的《秋霁·基隆秋感》，写法军侵占基隆，将士无所用命，作者希望有卫青、霍去病那样的英雄为国建功立业，衬托出作者怀思念远的意绪，被谭献称为"笳吹频凉，苍凉词史，穷发一隅，增成故实"③。而那些在作品里如实再现社会现实的词人，也被人们称为"倚声家老杜"。如蒋春霖的《水云楼词》，用大量篇幅描写了太平天国起义以后南京城的颓败和荒凉，谭献认为《水云楼词》是"清商变徵之声""流别甚正，家数颇大"，蒋春霖也因之被谭献称为："咸丰兵事，天挺此才，为倚声家老杜。"④特别是在内外交困的晚清，庶民百姓生活在水深火热之中，外国列强对中国虎视眈眈，这一时期的词坛更涌现出不少表现民生疾苦、揭露社会黑暗的优秀词章。如周闲《范湖草堂词》、黄仁《姑射山房词》、周星誉《东鸥草堂词》、许宗衡《玉井山馆诗余》等有不少篇章直面现实，或控诉帝国主义发动的侵略战争，或谴责清朝统治者丧权辱国的罪恶行径，或真实地反映太平天国起义的壮大声势及清兵将士的腐败无能。⑤谢章铤评价这一时期创作说："今日者，孤枕闻鸡，遥空唳鹤，兵气涨乎云霄，刀瘢留于草木。不得已而为词，其殆宜导扬盛烈，续铙歌鼓吹之音。抑将慨叹时艰，本小雅怨诽之义。人既有心，词乃不朽，此亦倚声家未辟之奇也。"⑥他认为这一时期的创作在题材上有了重大的突破，开创了"词家未辟之奇"，以大量厚重的作品证明词体地位较此前任何时期有了较大提高。

---

① 谭献辑，罗仲鼎校点《清词一千首：箧中词》今集卷三，第165页。
② 谭献辑，罗仲鼎校点《清词一千首：箧中词》今集卷四，第207页。
③ 谭献辑，罗仲鼎校点《清词一千首：箧中词》今集续卷二，第366页。
④ 谭献辑，罗仲鼎校点《清词一千首：箧中词》今集卷五，第254页。
⑤ 张宏生《清代词学的建构》第一章第三节"鸦片战争前后的爱国词"，江苏古籍出版社1998年版。
⑥ 谢章铤《赌棋山庄词话》续编卷五，《词话丛编》，第4册第3567页。

四、词为心史：“诗有史，词亦有史”

在晚清，“词史”更是作为一种理论主张被提倡，周济所说“诗有史，词亦有史”即是这样。不过，周济所谓“词史”，其意是指诗词中反映的士人心态史——心灵史或情感史，是指个体心灵真实感受和体验的历史。《介存斋论词杂著》云：

> 感慨所寄，不过盛衰；或绸缪未雨，或太息厝薪，或己溺己饥，或独清独醒，随其人之性情、学问、境地，莫不有由衷之言。见事多，识理透，可为后人论世之资。诗有史，词亦有史，庶乎自树一帜矣。[①]

这里，“绸缪未雨”语出《诗经·豳风·鸱鸮》，“太息厝薪”语出贾谊《新书·数宁》，是暗喻应预防世乱与挽救危亡的。“己溺己饥”语出《孟子·离娄下》，指拯民于水火之中；“独清独醒”语出《楚辞·渔父》，指坚持清正的操守，不为浊世所污染。这些话都是与时代盛衰相关的，周济强调“感慨所寄，不过盛衰”，便是要求人们通过词去洞悉作者与国事民生相关的“性情、学问、境地”。而要理解周济“词史”说的深层内涵，必须追溯到它的理论源头——张惠言的“比兴寄托说”。在《词选叙》中，张惠言倡导“意内言外”，要求词与“诗赋之流同类而风诵之”，认为唐宋词中皆蕴含着“微言大义”。他的弟子金应珪《词选后序》进而指出，诗词两种文体异体同源：“乐府既衰，填词斯作，……然乃琼楼玉宇，天子识其忠言；斜阳烟柳，寿皇指为怨曲。造口之壁，比之诗史；太学之咏，传其主文。”[②] 说明词中寄托如同诗中“比兴”，有寄托之词可比之“诗史”，蕴含着“主文谲谏”之大义。

周济所谓“词史”，指的就是心灵史或情感史，盖因过去对于“史”的认识只停留在政治史层面，而未能上升到情感史层面。完整意义上的“史”，应

---

① 周济《介存斋论词杂著》，《清人选评词集三种》，第192页。
② 金应珪《词选后序》，《词话丛编》，第2册第1618页。

该包括社会史、政治史、经济史等社会形态的层面，也应该包括民族情感发展史、文化心态史等精神文化的层面。而诗词记录的恰好就是传统史学观念无法囊括的一代代士人的心路历程，是正史所不载的文化心态史，更是一个时代各阶层真实情感的生动展现。因此，对于"诗史"或"词史"的深层内涵可理解为"史外传心之史"，所谓"史外传心之史"，不只是指用客观写实的笔法记录社会现实中发生的具体事件和经历，以弥补正统的历史著作的缺漏，成为后人修史时可资考据的史料；它是指通过个体心灵真实感受体验的表现，所反映出的是一代兴亡盛衰的历史，它不是通常所说的社会史、政治史，更应该是心灵史、情感史。[①]

在清代政治高压的环境下，人们是无法在诗词中直抒性情的，往往借助比兴寄托的方式来曲折地表达自己的隐微曲衷，这就是清代词学比兴寄托说在近代广为流行的社会背景。詹安泰说："能于寄托中以求真情意，则词可当史读。何则？作者之性情、品格、学问、身世，以及其时之社会情况，有非他种史料所得明言者，反可于词中得之也。"[②]认为有寄托之词，映射着人的性情、学问及品格，是人类心态的真实写照。周济的"词史"说虽然是在嘉庆十七年（1812）提出来的，但在《词辨》里还未能充分展示出来，到道光年间他编选《宋四家词选》评论唐宋词，便极为重视唐宋词中作者与国事民生有关的社会内容。如称王沂孙《齐天乐·蝉》表现了"家国之恨"，辛弃疾《贺新郎·赋琵琶》表现了"谪逐正人，以致离乱"的内容，抒写了作者对当政者"晏安江沱，不复北望"的感慨。从周济分析王沂孙、辛弃疾的词中"性情、学问、境地"看，其思想源头可以追溯到清初的陈维崧、吴绮、周在浚。如吴绮分析尤侗的《菩萨蛮·丁巳九月病中有感》八章说："吾友悔庵，文高于命，宦薄于名。艳曲三章，欲醉沉香之酒；奇才两字，不分归院之灯。孤竹崖前，空随射虎；百花洲上，徒共眠鸥。刘公干高卧清漳，王仲宣哀吟荆楚；爰以沉郁之意，写为秾丽之音。此病中八首所由作也。"[③]便从尤侗的词中看出其遭遇的不幸和

① 李世英、陈水云《清代诗学》，第 24 页。
② 詹安泰《詹安泰词学论稿》，广东人民出版社 1984 年版，第 125 页。
③ 转引自陈廷焯著，屈兴国校注《白雨斋词话足本校注》卷三，第 272 页。

命运的坎坷。再如清初词人周在浚分析辛弃疾词时也说："辛稼轩当弱宋末造，负管乐之才，不能尽展其用，一腔忠愤，无处发泄。观其与陈同父抵掌谈论，是何等人物。故其悲歌慷慨抑郁无聊之气，一寄之于词。"[1] 他也是从辛弃疾词来分析辛弃疾的心态，从客观方面讲是南宋处于积弱积贫之状况，民族处在生死存亡的关头；从主观方面讲是辛弃疾生长在战火纷飞金人统治下的北国，对南宋小朝廷有眷念之心，但当他率众投身南宋后却又得不到重用。这主客观两方面的原因使辛弃疾积郁着满腔的怨愤，只好将"抑郁无聊之气，一寄之于词"。但是吴绮、周在浚都未能从理论高度上进行概括和提升，直到嘉庆年间，才由周济提出"诗有史，词亦有史"的主张。

　　一部文学史实际上是一部文人心灵史，一部清词史也可以说是一部清代词人的心灵史。我们从数量浩繁的清词里能读解出一部什么样的清代词人心灵史或情感史呢？

　　在清初，明朝遗民词人身经明清鼎革的社会大变动，改朝换代的痛苦及不甘屈服于异族统治的民族情结，盘桓于心中始终无法消解而被表之于词中。杨凤苞《书南山草堂遗集后》说："明社既屋，士之憔悴失职、高蹈能文者，相率结为诗社，以抒写其旧国旧君之感。"[2] 具体地说，这种"旧国旧君之感"又因为作者的身份及经历的不同而呈现出多样性，一部分人始终坚守民族气节而于词中写亡国的悲哀，一部分人出仕新朝却又后悔不已，故于词中多表现其痛悔失节的心态。代表前一种情况的一大批遗民词人有王夫之、屈大均、金堡、徐石麟等。在清军进入湘中后，王夫之曾组织义兵抗清，后依附于当时在肇庆的桂王永历政权，当复国的希望落空后便隐居于衡山。"（船山）知事不可为，乃退而著书，窜伏穷山，四十余年，一岁数徙其处，故国之戚，生死不忘。"[3] 他的《金人捧露盘·和曾纯甫春晚感旧韵》《绮罗香》《青玉案·忆旧》，便是寄托之词，或咏景、或叹事、或咏物，皆于隐约中表露了他对桂王的伤悼之情。屈大均为明末诸生，在清兵陷广州时，参加了陈邦彦、陈子壮组织的反

---

① 徐釚著，王百里校笺《词苑丛谈校笺》卷四，第 250 页。
② 杨凤苞《书南山草堂遗集后》，《秋室集》卷一，清光绪九年陆心源刻本，第 15b~16a 页。
③ 李元度《国朝先正事略》，岳麓书社 1991 年版，第 828 页。

清起义，失败后辗转至肇庆永历帝行在。后时释时儒，或游或隐，尝远涉秦、赵、燕、代之地，慨然有复兴明室之志，所至均写有痛哭明帝或伤悼故国的词章。他的长调《念奴娇·秣陵吊古》及短调《梦江南》《木兰花慢》，或吊古伤今，或咏物寄怀，皆深托故国之思和伤悼之情，故人称屈大均为"愁绝庾兰成"，其《道援堂词》抒写了"江南哀怨总难成"的意绪。① 代表后一种情况的是以宋征舆、龚鼎孳、吴伟业为代表的江南文人，他们在明末就是才华出众的诗人或词人，却走上了和矢志抗清的故友完全相反的道路，入仕清廷后也大多是历经宦海风波，故而愤懑中有不平之气，伤感中有痛悔之心。如吴伟业少年得志，才华横溢，深得崇祯帝的恩宠。入清后因陈之遴、陈名夏的举荐而出仕新朝，但不久即结束三年左右的再仕生涯，多次在作品中表达自己为世所累、不能以身殉国的愧疚心态。他的《贺新郎·病中有感》正是这种心态的真实写照：上阕以"天年竟夭，高名难没"的龚胜作比照，表达了对自己不能慷慨赴死的痛悔之情；下阕赞死者的奇节，愧生者的偷活，深感自己名节既亏，一钱不值，进一步表白一失足成千古恨的极端痛苦，即使是用"艾灸眉头瓜喷鼻"的奇妙疗法，也无法排解自己失节的过错，最后赞人责己，对自己的失节行为进行深刻反思。从心态写照的角度讲，这首词可以说是一首至情之作。② 吴伟业能从仕途中及时抽身而出，而大多数仕清的江南文人在官场上备受摧折，或贬或迁的经历加深了他们对清朝统治的认识，他们的作品也明显地流露出怨愤及自伤自悼的情思。这最突出地表现在康熙四年（1665）的湖上唱和词里，是年曹尔堪、宋琬、王士禄三位仕清文人都刚从狱中释放出来，相同的经历和感受使他们相遇于西湖，湖上的美景和压抑的心绪绾结起来，三人之间达成共鸣，于是有了这次《满江红》调的湖上唱和活动。徐士俊《三子倡和词小序》称："盖三先生胸中各抱怀思，互相感叹，不托诸诗，而一一寓之于词，岂非以诗之谨严，反多豪放，词之妍秀，有足耐寻幽者乎？"③ 这种"足耐寻

---

① 朱祖谋《望江南·论清名家词》，朱孝臧（朱祖谋）著，白敦仁笺注《彊村语业笺注》，巴蜀书社 2002 年版，第 326 页。

② 艾治平《清词论说》，学林出版社 1999 年版，第 192~193 页。

③ 徐士俊《三子倡和词小序》，曹尔堪、王士禄、宋琬《三子倡和词》，清康熙四年刊本。

幽者"就是"搀和着余悸和庆幸，隐寄以怨愤和颓伤，表现为对尘世的勘透，但求于山水中颐养劫后余生"①，从这里可以看出仕清文人在清初的艰难处境。

到了晚清，接连发生的两次鸦片战争，将清朝统治者从"天朝上国"的迷梦中唤醒；接踵而来的是长达十四年之久的太平天国运动，它不但动摇了清王朝的统治根基，也加速了整个封建制度的崩溃进程。这些社会剧变使目睹时代巨变的道光词人，冲破了词为"小道""末技"的观念束缚，在词中以积极的姿态反映动荡的社会现实，涌现出不少表现民生疾苦、揭露社会黑暗和表现爱国主义精神的优秀词章。如林则徐和邓廷桢的《高阳台》唱和词，写鸦片流入中国后，瓦解了人民的斗志，也耗尽了国家的财力和物力，给百姓和国家带来深重的灾难，流露出他们对国家命运和百姓生活的忧虑与关切之情。但是，受传统词学观念的影响，受词体自身功能的约束，晚清词人更多是以委曲其辞的方式表达个体哀怨和社会衰变。如邓廷桢《双砚斋词》，抒写的多是忧生念乱的情思，也流露出力不从心的悲哀，被谭献称为"将军白发之章，门掩黄昏之句，后有论世知人者，当以为欧、范之亚也"②。还有姚燮道光二十二年（1842）以后所作的《续疏影楼词》，极写兴亡替废的种种惨败景象，如坏城、败邸、冷署、荒关、残村、剩垒、颓楼、衰寺等，着意呈现清朝社会的"衰世"景象。③蒋敦复初作词以南宋为宗，被戈载称为"词家射雕手"，但中年以后的坎坷经历使其穷郁无聊，渐而对浙派"清空""婉约"的观念感到不满，试图在词中求"比兴""寄托"，主张作词"贵得风人比兴之旨"，论词亦极推常州派"意内言外"之说。在评价同时代词人时，他重视这些人作品中的深刻寓意，以"比兴无端""感物比兴""寄托可诵"称赞周济的咏竹词、孙麟趾的吊蒙叟词及评汤贻汾的咏衰柳、衰草二词。④最能说明这一时期词坛风尚变化的是张景祁（韵梅），他从浙派的追随者变成了时代的呼号者，从崇尚婉约到直抒性灵、直面现实，忧国忧民之情不觉溢之于笔端。谭献《箧中词》今集续

---

① 严迪昌《清词史》，第48页。

② 范旭仑、牟晓朋整理《谭献日记》卷六，中华书局2013年版，第126页。

③ 严迪昌《清词史》，第470~471页。

④ 蒋敦复《芬陀利室词话》，《词话丛编》，第4册第3634、3666、3650页。

卷二云："韵梅……填词刻意姜、张，研声刌律，吾党六七人奉为导师。故山兵劫，同好晨星，乱定重见，君已推锋落机，谢去斧藻。中年哀乐，登科已迟，又复屈承明之著作，走海国之靴板，不无黄钟瓦缶之伤。倚声日富，规制日高，骎骎乎北宋之坛宇。"①

笔者认为，一种观念的形成，有一定的社会背景、思想渊源和创作基础，清代词学从"词史"意识的出现到"词史"说的正式提出，是有其生成的具体理论背景的，这就是清代诗学"诗史"说的重新抬头及清代词学尊体观念的广泛流行。

第一，清代词学话语是借鉴了清代诗学话语的，词学中的"词史"说正是诗学中"诗史"说的移用。清初特定的社会背景，为"诗史"说的复兴提供了极好的发展温床，清初诗人钱谦益、黄宗羲、顾炎武、归庄、杜浚都是"诗史"说的倡导者，他们要求诗歌创作反映民生疾苦和暴露黑暗的社会现实。而清代词学正是在"诗史"说的启发下而提出"词史"说的，如尤侗说"诗既有史，词独无史乎哉"②，周济说"诗有史，词亦有史，庶乎自树一帜矣"，丁绍仪说"昔人称少陵韵语为诗史，此词正可作词史读也"③，他们都是联系"诗史"而讲"词史"的，因而"词史"和"诗史"在审美内涵的义界上是等同的。

第二，推尊词体是清代词学对传统词学的一大贡献，而"词史"观念的提出是和尊体说联系在一起的。在宋明时期词是被视为"小道""末技"的，盖因词的表现题材多局限于"花间""尊前"的男欢女爱。谢章铤说："词之兴也，大抵由于尊前惜别、花底谈心，情事率多亵，近数传而后，俯仰激昂，时有寄托，然而其量未尽也。故赵宋一代作者，苏辛之派不及姜史，姜史之派不及晏秦，此固正变之推未穷，而亦以填词为小道，若其量之只宜如此者。"④ 如果拓展词的表现内容，将历史、现实大量阑入词中，就能转变词"小道""末技"的地位，那么，"词史"说的提出正是从题材的拓展方面对尊体意图的强

---

① 谭献辑，罗仲鼎校点《清词一千首：箧中词》今集续卷二，第366页。

② 尤侗《词苑丛谈序》，《词苑丛谈校笺》，第3页。

③ 丁绍仪《听秋声馆词话》卷一二，《词话丛编》，第3册第2723页。

④ 谢章铤《与黄子寿论词书》，《赌棋山庄文集》卷五，《谢章铤集》，第49页。

有力回应。

第三节 "词教"：晚清词坛的尊体与教化

在清代，有一些核心的词学观念为人们所熟知，如"词心""词史""词境"，如"正变""骚雅""尊体"，但关于"词教"之论述，目前尚未引起人们的注意，而这一观念在晚清词坛表现得尤为突出，晚清词学的相关观念多是由"词教"思想引发出来的。包世臣说："意内而言外，词之为教也。"[①] 赵尊岳也说："乾嘉之际，二张先生昌明词教，益振余绪。"[②] "意内言外"本是张惠言对于"词"的释义，何以被包世臣、赵尊岳称之为"词教"？作为词教的"意内言外"与作为诗教的"温柔敦厚"有何内在联系与区别？在晚清词坛，人们对于"词教"话题又是如何论述的？"词教"对于晚清词学又有怎样的理论意义？

一、从"词"的释义出发

在张惠言之前，人们对于"词"的理解，多是从体制或起源角度立论。一种说法认为词是音乐文学，故称之为"倚声"，如邹祗谟、王士禛编选明末清初词选即取名为《倚声初集》。宋荦认为词在形体上有其独特的要求："调有定格，字有定数，韵有定声"，"其音以宫商徵角，其按以阴阳岁序，其法以上生下生，其变以犯调侧调"。这样的要求是与词的音乐属性相关联的，"后之欲知乐者必于此求之"[③]。一种说法认为词为诗余，为诗之余绪，是从唐诗那儿衍生出来的。或云："唐人乐府，元用律绝等诗杂和声歌之，其并和声作实字，长短其句以就曲拍者，为填词。"[④] 或曰："夫古之乐府，皆叶宫调；唐之律诗、

---

① 包世臣《为朱震伯序月底修箫谱》，《艺舟双楫》，中国书店 1983 年版，第 50 页。

② 赵尊岳《课花庵词序》，董川辑《广川词录》，1940 年董氏诵芬室刻本。

③ 宋荦《瑶华集序》，《瑶华集》，第 8~9 页。

④ 彭定求等编《全唐诗》卷八八九"词部"注，中华书局 1960 年版，第 10040 页。

绝句，悉可弦咏，如'渭城朝雨'演为三叠是也。至唐末，患其间有虚声难寻，遂实之以字，号长短句。"① 还有一种说法，以词的体式"长短句"命名，并将它的源头上推到《诗经》时代。如丁澎认为《诗经》中的有些篇目"烦促相宜，短长互用"，"开启后人协律之原"②；宋荦也认为《雅》《颂》中的《繁》《遏》《渠》等篇，"已具错综抗坠之法，早为温、韦诸君子滥觞已"③。

上述这些说法的确抓住了词的某些特征，但多是从外在体制着眼，未能看到词作为一种文学体式的本质特征，特别是在张惠言的时代，词已完全成为一种"句读不葺之诗"，而张惠言的论述正是从体制进入本质。《词选叙》云："词者，盖出于唐之诗人，采乐府之音以制新律，因系其词，故曰'词'。"这句话只是对词的一个基本定义，即从起源的角度说明"词"是由乐配词而成的音乐文学，接着有一段话对"词"的义界作了这样一番解释："传曰：'意内而言外谓之词。'其缘情造端，兴于微言，以相感动。极命风谣里巷男女哀乐，以道贤人君子幽约怨悱不能自言之情，低徊要眇以喻其志。"④ 这里，"词"只是一个阐释观念的符号，其根本指向是表达要有感而发的思想。他曾与陆继辂有一段对话谈道："许氏云：'意内而言外谓之词。'凡文辞皆然，而词尤有然者。"⑤ 凡文辞皆讲"立意"，词较之其他文辞易入于轻浅，更要重视"立意"，张惠言之"意"所指是贤人君子不能自言的"幽约怨悱"之情。

其实，张惠言对于词的释义，来自《说文解字》，是借孟喜对《易》的训释作为论说依据，带有"依经立义"的意味，并有抬高词之文体地位的用意。"若意内言外之说，则词家敷假古义以自贵其体也。词之兴最晚，许叔重之时，安所有减字偷声之长短句者？……乾嘉以来，汉学盛行，学者见此义出于《说文》，遂奉为长短句金针，不知旁训非正训也。虽然，凡为文，皆当意言兼美，则以意内言外论词，未尝不深中肯綮。"⑥ 张惠言的依经立义，是把作为经

① 徐渭《南词叙录》，《中国古典戏曲论著集成》，第 3 册第 240 页。

② 丁澎《西陵词选序》，陆进、俞士彪辑《西陵词选》，清康熙刻本。

③ 宋荦《瑶华集序》，《瑶华集》，第 3 页。

④ 张惠言编选《词选》"词选叙"，第 1 页。

⑤ 陆继辂《冶秋馆词序》，《崇百药斋文集》续集卷三，《清代诗文集汇编》，第 506 册第 264 页。

⑥ 谢章铤《与黄子寿论词书》，《赌棋山庄文集》卷五，《谢章铤集》，第 49 页。

的《诗》之义引入词，指出词的"低徊要眇以喻其致"，"盖诗之比兴，变风之义，骚人之歌，则近之矣。"[1] 因而，要求人们将词与"诗赋之流"同类而讽诵之，将向来被视为小道末技的"词"，提升到与诗、赋平起平坐的地位，从而也让词肩负起厚人伦、美教化的社会责任。"昔人之论赋曰：'惩一而劝百。'又曰：'曲终而奏雅。'丽淫丽则，辨于用心，无小非大，皆曰立言，惟词亦有言矣！"[2] 因为尊体的原因，词的地位提高了；因为词的内涵变化了，人们对词的认识也随之发生变化，从外在的音乐、体制层面上升到内在的意义层面。

在张惠言提出"意内言外"的释义方向后，有赞成者，有反对者，有修正者，有重释者，并引发了晚清关于词的本质及其特征的热烈讨论。赞成者称张惠言《词选》，阐意内言外之旨，于浙派外独树一帜，"别裁伪体，上接风雅"[3]，"真乐府之揭橥，词林之津梁也"[4]。反对者则曰："夫意本无饰，奚别于中；言必有文，何矜于表；此皆声韵之流尊其所学，敷之藻采，托于渊深，设为大雅之辞，以谢小言之累。学者所尚，莫之取焉。近士不察，限于陈言，目睫共趋，心源莫畅，遂尔滥竽骚雅，涂附宫商，金石匪谐，笙簧乖奏，远习相沿，不可方矣！"[5] 认为"意内言外"之论，是张惠言以经论而自高身价，并对后来者造成了不良的影响。但更多论者则是对张氏之论作修正，予以重新阐释，使"意内言外"的意义更加完善丰满。一种看法认为，张惠言以"意内言外"释词，是为了尊体的需要，是出于转变词坛风气的需要。"当浙派横流之时，而有振衣独立之概。皋文（张惠言）晚出，探源李唐。止庵（周济）和之，遂臻正轨。极意内言外之旨，推文微事著之原。"[6] 一种看法认为，张氏之论是为了攀附风骚，是想通过"意内言外"，将"词"与《风》《骚》相对接。"词虽小道，而意内言外，实出入变风小雅之间。"[7] "盖闻意内而言外谓之词，

① 张惠言编选《词选》"词选叙"，第1页。

② 谭献辑，罗仲鼎校点《清词一千首：箧中词》"自序"，第1页。

③ 金武祥《三家词录序》，赵少芬编选《三家词录》，清刻本。

④ 缪荃孙编选《国朝常州词录》"序"，南京大学出版社2011年版，第1页。

⑤ 周仪暐《秋籁吟序》，赵怀玉《秋籁吟》，《清名家词》，第5册。

⑥ 缪荃孙编选《国朝常州词录》"序"，第1页。

⑦ 郑文焯《留云借月庵词赠言》，刘炳照《留云借月庵词》，清光绪十九年刻本。

虽萌芽于唐，烂漫于宋，而其源在《国风》《离骚》及汉人之乐府"①。接续风骚，不仅在于尊体，更在于倡言比兴之义，对词的内质进行改造，或如张惠言所说的"贤人君子幽约怨悱"，或如周济所说的"感慨所寄，不过盛衰"。更多论者的做法，是对张氏之论作新解，即对"意内""言外"之内涵与关系作进一步的辨析。有的强调"意内言外"在内容和表达上的含蓄宛曲，如云："夫意内言外之谓词，必其意之纡回往复，郁焉而无由自达；以言之纡回往复者达之，然后谓之词。"②这里，"郁焉而无由自达"一句，其意与张惠言所说"贤人君子幽约怨悱不能自言之情"是相通的，它不是以直抒的而是以宛曲的方式表而出之，像北宋词以其深美的品格而为世人所赞叹，"正以委曲形容所得感人深也"③。有的则注意到"意内"与"言外"的相互依存关系，认为在内之"意"决定着在外之"言"，但没有在外之"言"，在内之"意"也无法呈现。"凡人闻歌词，接于耳，即知其言。至其调或宫或商，则必审辨而始知。是其在内之征也。唯其在内而难知，故古云知音者希也。"④外在之"言"能通达内在之"意"，只是内在之"意"难于把握，故知音亦难求。也就是说，难于把握内在之"意"，盖缘于没有体会到外在之"言"。有的则偏于对"言外"的要求，如沈传桂说："词之为道，意内言外，选音考律，务在精研。"⑤这是从音乐的角度来论述的，在他看来，内在之意飘忽不定，外在之形却是有迹可寻的，"选音考律"也就很有所必要了。包世臣也认为"意内"不可强致，"言外"非学不成，对"词"而言，"言外"才是应该引起人们高度重视的东西："言成则有声，声成则有色，色成而味出焉。三者具，则足以尽言外之才矣！"⑥有的则是从接受的角度来理解的，如沈祥龙认为"意内言外"就是将内在之意以"迷离之言"出之，"令读者郁伊怆怏，于言外有所感触"⑦。然而，无论有怎么样的理解，大家一致看到"意内言外"之说，在实质上是试图将"词"与

① 吴德璇《朱橘亭词稿题辞》，《初月楼文钞》卷四，清光绪九年花雨楼刻本。
② 姚燮《叶谱滴露斋词序》，《复庄骈俪文榷》卷六，清咸丰六年增修本。
③ 郑文焯《与朱祖谋书》，《大鹤山人词话》，南开大学出版社 2009 年版，第 279 页。
④ 况周颐《蕙风词话》卷四，《词话丛编》，第 5 册第 4488 页。
⑤ 沈传桂《清梦庵二白词》"序"，清道光刻本。
⑥ 包世臣《为朱震伯序月底修箫谱》，《艺舟双楫》，第 50 页。
⑦ 沈祥龙《论词随笔》，《词话丛编》，第 5 册第 4048 页。

《风》《骚》关联在一起，许宗衡谈到包世臣有感于两宋以后词风的"纤屑淫曼"，大声疾呼"须伐沅湘，以大倚声门户"，对这句话之意旨，他是这样理解的："余尝深味其论，以为词虽小道，果其探始左、屈，旨趣深郁，意内言外之妙，固不在字句间。而侔揣声色，其浓淡清浊，亦必神明契合，自然冥悟，意生于悱恻而情极乎缠绵。兴绪所流，心声互答，哀乐之寄，靡间骚雅。"[①] 以骚雅之旨，增强词的情感厚度，以达到张大门户、提升品格的目的。郑文焯也说："词者，意内而言外，理隐而文贵。其原出于变风小雅，而流滥于汉魏乐府歌谣，皋文所谓'不敢同诗赋而并诵之'者，亦以风雅之馨遗，文章之流别，其体微，其道尊也。"[②]

二、意内言外与温柔敦厚

既然"意内言外"指向的是词的"骚雅之旨"，那么，"意内言外"与传统诗学所倡导的"温柔敦厚"在意义上也就非常接近了。"词虽小道，然极其至，何尝不是立言？盖其温厚和平，长于讽喻，一本兴观群怨之旨。"[③] 这样，包世臣所说"意内而言外，词之为教也"，与《礼记·经解》所说的"温柔敦厚，诗之为教也"，在思想宗旨上也就一脉相承了。

其实，在张惠言"意内言外"之论出现之前，也有人以"温柔敦厚"作为论词的宗旨和选词的标准。如康熙时期，陈鼎编有一部明末清初词的重要选本——《同情集词选》，该选"发凡"谈到选词标准说："词以言情，填词而不温柔敦厚以立意，扬风摛藻以为语，循声按节以成格调，概从芟薙。"[④] 在乾隆时期，著名的格调派领袖沈德潜论诗主张"温柔敦厚"的诗教，论词亦以"中正平和"为总体要求，自称："予短于审音，故论词之工，仍以风雅骚人之旨求之，未能吹玉笛，按红牙，弹秦筝，击燕筑，倚声于青尊红烛间也。"乾隆十六年（1751），夏秉衡编成《清绮轩词选》，偏重唐五代北宋的侧艳绮丽，

① 许宗衡《诗余自序》，《玉井山馆文略》卷三，《清代诗文集汇编》，第 640 册第 167 页。
② 郑文焯《四印斋本花间集跋》，《大鹤山人词话》，第 303 页。
③ 蒋兆兰《词说》，《词话丛编》，第 5 册第 4638 页。
④ 陈鼎《同情集词选》"发凡"，《词总集提要》，《赵尊岳集》，第 1129 页。

沈德潜为之作序却称："意不外乎温柔缠绵，语不外乎搴芳振藻，格不外乎循声按节，要必清远超妙，得言中之旨、言外之韵者，取焉。若夫美人香草之遗，而屑屑焉求工于秾丽，虽当时儿女所盛称，谷香（夏秉衡）咸在屏弃之列也。"①从这里可以看出沈德潜的审美祈向，他在词旨上标榜的是"美人香草"之意，至于艺术上的"工于秾丽"则为其摒弃，"温柔敦厚"的诗教是其选词解词的首要标准。沈德潜论词的意见对于其学生王昶是有直接影响的，王昶早年在苏州紫阳书院期间曾随沈德潜习诗，他与王鸣盛、钱大昕、赵文哲等被沈德潜称为"吴中七子"。王昶论词的一个显著特征就是推崇南宋词有《风》《骚》之旨："世以填词为小道，此扪籥叩槃之见，非真知词者。词至碧山、玉田，伤时感事，上与《风》《骚》合旨，小道云乎哉！"②词与《风》《骚》所合之旨，就是温柔敦厚的传统诗教，是从《诗经》而来的"周道之感""周礼之思"。嘉庆三年（1798），王昶为姚阶《国朝词雅》作序称："姜、张诸人，以高贤志士放迹江湖，其旨远，其词文，托物比兴，因时伤事，即酒食游戏无不有《黍离》周道之感，与《诗》异曲而同其工。"③嘉庆七年（1802），王昶为自己所编《国朝词综》作序亦谓，词与《诗经》的异曲同工，这一点实际上在词初起之际就已有迹象了，比如李白之"西风残照，汉家陵阙"暗寓《黍离》行迈之意，张志和之"桃花流水"蕴有《考槃》《衡门》之旨，温庭筠、韩偓诸人虽稍及闺襜，然亦能乐而不淫、怨而不怒，犹是《摽梅》《蔓草》之意。在王昶同时，著名诗人金兆燕也有类似的言论，他说："古人以温柔敦厚为诗教，至白石、玉田、草窗辈，谨守此四字以为词，而遂集大成于千古。"④他们生活在乾隆末嘉庆初，追随的是浙派，这一词派在嘉庆、道光以后渐呈衰微之势，代之而起的是以张惠言为代表的常州词派。张氏年岁稍晚于王昶，但生活年代大致相同，这时词坛虽处在振衰启变之际，然终未能摆脱浙派"滑""薄"之流弊，直至张惠言提出"意内言外"之说，上攀《风》《骚》，崇

---

① 沈德潜《清绮轩词选序》，《清绮轩词选》，清乾隆十六年清绮轩巾箱本。
② 吴衡照《莲子居词话》卷四引王昶语，《词话丛编》，第3册第2467页。
③ 王昶《姚莜汀〈词雅〉序》，《春融堂集》卷四一，第740页。
④ 金兆燕《方竹楼词序》，《棕亭古文钞》卷六，《金兆燕集》，第83页。

扬比兴，词坛风气为之一变，为晚清词坛注入一股新风，在晚清词坛产生广泛而深远的影响。

　　过去，人们过多地关注常州派与浙西派的差异，而忽视了张惠言"意内言外"说与王昶"温柔敦厚"说之间的内在联系。许宗彦说："自周乐亡，一易而为汉之乐章，再易而为魏晋之歌行，三易而为唐之长短句。要皆随音律递变，而作者本旨，无不滥觞楚骚，导源风雅，其趣一也。故览一篇之词，而品之纯驳，学之浅深，如或贡之。命意幽远，用情温厚，上也。辞旨儇薄，冶荡而忘反，醨其性命之理，则大雅君子弗为也。王少寇述庵先生尝言：北宋多北风雨雪之感，南宋多黍离麦秀之悲，所以为高。亡友阳湖张编修皋文为《词选》，亦深明此意。"[①]他认为诗歌的外在形式，会随时而变迁，但作者的本旨——本原骚雅，命意幽远，用情温厚，是不能随意改易的。从这个角度看，张惠言的"意内言外"与王昶的"温柔敦厚"两者"其趣一也"，王昶说"今之词即古之诗"，"词乃《诗》之苗裔，且以补诗之穷"[②]；张惠言也认为，词的"低徊要眇以喻其致"，与变风之义、骚人之歌是非常接近的。可以这样理解，"温柔敦厚"是王昶对诗学话语的借用，"意内言外"则是张惠言对词学话语的创新，他们的主张在精神上是一脉相承的。包世臣在这一点上讲得较为明白："诗、词、赋三者，同源而异流。故先民之说诗也，曰'微言相感，以喻其志'，其说词则曰'意内而言外'，而说赋既曰'古诗之流'，又曰'诗人之赋丽以则，词人之赋丽以淫'。"[③]众所周知，经过清代词学的"尊体"，特别是"正名"与"溯源"，在晚清，人们大多认为诗词之间，除了体制上略有差异，在宗旨上并无任何不同，已基本上摈弃了"词别是一家"的观念。谢章铤指出："词之于诗，不过体制稍殊，宗旨亦复何异？"[④]"词虽与诗异体，其源则一，漫无寄托，夸多斗靡，无当也。"[⑤]所谓"宗旨"，所谓"寄托"，其实就是作者的性情襟抱，但性情也不能无节制地宣泄，而应出之以温厚："其要焉，

---

① 许宗彦《莲子居词话序》，吴衡照《莲子居词话》，《词话丛编》，第 3 册第 2388 页。

② 王昶《〈国朝词综〉自序》，《春融堂集》卷四一，第 743 页。

③ 包世臣《金箧伯竹所词序》，《艺舟双楫》，第 51 页。

④ 谢章铤《赌棋山庄词话》卷一二，《词话丛编》，第 4 册第 3476 页。

⑤ 谢章铤《赌棋山庄词话》卷一，《词话丛编》，第 4 册第 3321 页。

则归于养性情，宅之以忠爱，出之于温厚，意旨隐约，寄托遥深，犹是作诗作文之根柢也，特其体格不同耳！”①这里是说作者对于性情的表达，当合乎"发乎情，止乎礼"的传统诗教，其根本则在于作者要有"忠爱之忧""温厚之性"。所以，他们还提出了"养气""养性"的主张，这与《礼记·经解》所说"其为人也，温柔敦厚"是相通的，把对词作的要求转向对词人的性情要求上。

何以"意内言外"在晚清流行一时，而思想内涵大致相近的"温柔敦厚"，在晚清词学话语系统中并不多见？在嘉庆以前，词坛基本为浙派所笼罩，浙派的审美宗尚是清空雅正，对过于纤秾与粗豪的作风持拒斥态度，其论词重心在词的体格，在字句的修洁，在音节的婉雅。这样的结果使得其后之追随者，"徒字句修洁，声韵圆转，而置立意于不讲"②，"不攻意，不治气，不立格"③，形成"千躯同面，千面同声"④的局面，使清代中叶词坛充斥着一片枯寂之音，性灵不存，意旨尽失。张惠言以"意内言外"论词，在内容上要求有感而发，在形式上主张蕴藉温厚，便是为了力纠当时词坛存在的"三蔽"——淫词、鄙词、游词。谢章铤指出，这"三蔽"分别指向的是周柳、苏辛、姜史之"末派"，但在嘉庆年间最为流行的还是以姜、张为尚的浙派词风，常州派的兴起也主要是为了肃清浙派词风在清代词坛的影响。"皋文之论词，以有怀抱有寄托为归，将以力挽淫艳猥琐、虚枵叫呶之末习，其用意远矣。"⑤周济也说："吾郡自皋文、子居两先生开辟榛莽，以《国风》《离骚》之旨趣，铸温、韦、周、辛之面目，一时作者竞出。"⑥在乾隆时期，比较盛行的"温柔敦厚"说依然是从诗格词律的立场发声，而张惠言的"意内言外"说则明确标榜以立意为本、以协律为末，常州派的"意内言外"与浙西派的"温柔敦厚"也就有了本质性区别。更重要的原因则是，在晚清词人看来，在唐宋以后，诗教失传，词已取代诗肩负起教化的使命。"诗自汉氏分五七杂言，迄唐氏季世，温柔敦厚之教

---

① 谢章铤《词话纪余》，《谢章铤集》，第 609 页。
② 谢章铤《赌棋山庄词话》卷一一，《词话丛编》，第 4 册第 3460 页。
③ 谢章铤《张惠言词选跋》，《赌棋山庄文集》卷二，《谢章铤集》，第 14 页。
④ 周济《宋四家词筏序》，《周济词集辑校》附录二，第 154～155 页。
⑤ 谢章铤《跋周氏词辨二卷》，《赌棋山庄文辑佚》，《谢章铤集》，第 182 页。
⑥ 周济《味隽斋词》"自序"，《清名家词》，第 7 册。

荡然，已而倚声乃出。其体异楚俗，袭词名者，盖意内言外之遗声也。"[1] 上古时代，诗以乐的形式感化人心，但后代诗、乐分离，能起到感化人心之效果的只有"词"："后世之乐，去诗远矣，词最近之。是故入人为深，感人为远，往往流连反复，有平矜释躁、惩忿窒欲、敦薄宽鄙之功。"[2] 从教化的效果而言，"寄托不厚，感人不深；厚而不郁，感其所感，不能感其所不感"。"后人之感，感于文不若感于诗，感于诗不若感于词。诗有韵，文无韵。词可按节寻声，诗不能尽被弦管。飞卿、端己，首发其端，周、秦、姜、史、张、王，曲竟其绪，而要皆发源于《风》《雅》，推本于《骚》《辩》。故其情长，其味永，其为言也哀以思，其感人也深以婉。"[3] 词以《骚》《雅》为本，葆有上古时代"以乐化人"的品格，入人为深，感人为远，故教化因之以成。从理论上讲词为最佳的教化工具，从实践上看又是什么样的情形呢？人们分别以唐宋词史上的一些事实，对这个问题作了比较具体的说明，刘熙载说："张元干仲宗因胡邦衡谪新州，作《贺新郎》送之，坐是除名，然身虽黜而义不可没也。张孝祥安国于建康留守席上赋《六州歌头》，致感重臣罢席。然则词之兴、观、群、怨，岂下于诗哉？"[4] 沈祥龙也说："南唐李后主游宴，潘佑进词曰：'楼上春寒山四面，桃李不须夸烂熳。已失了春风一半。'盖谓外多敌国，地日侵削也。后主为之罢宴。词能如此，何减谏章！"[5] 看来，在晚清，在词的教化问题上，无论从理论还是到实践，大家的看法基本达成一致：词具教化之功能，以词为教，亦有史可征。

三、教化的传衍与审美的生成

既然词为最佳的教化工具，应该怎样去推行教化呢？《论语》载孔子与其子孔鲤的对话，子曰："学诗乎？"对曰："未也。"子曰："不学诗，无以言。"又载孔子教导学生的话："小子何莫学乎诗？诗可以兴，可以观，可以群，可

---

① 包世臣《金筤伯竹所词序》，《艺舟双楫》，第 50 页。

② 周济《词辨序》，《清人选评词集三种》，第 144 页。

③ 陈廷焯著，屈兴国校注《白雨斋词话足本校注》"自序"，第 2 页。

④ 刘熙载撰，袁津琥校注《艺概注稿》，第 571 页。

⑤ 沈祥龙《论词随笔》，《词话丛编》，第 5 册第 4053 页。

以怨。迩之事父，远之事君；多识于鸟兽草木之名。"① 这里所说的"诗"，指的是由孔子编选而成的体现着教化思想的《诗经》。在晚清，以张惠言为代表的常州词派，也是通过选本的方式来推行"教化"的，但在这些选本的编选过程中，他们的思想也在逐步地发生变化。

对于张惠言《词选》，人们关注比较多的是他的思想，而忽视了它作为教材的功能。张琦谈到自己在嘉庆二年（1797）与张惠言在歙县金榜家坐馆为师，金氏诸生好为填词，张氏兄弟遂校录唐宋词人44家、词作116首，"以示金生，金生刊之"。但是，这个选本并不是通常的供初学者使用的入门读物，也不是一般性的词谱类的填词指南，它带有比较明确的思想导向——"纠弊"与"尊体"的选本。"义有幽隐，并为指发，几以塞其下流，导其渊源，无使风雅之士惩于鄙俗之音，不敢与诗赋之流同类而风诵之也。"② 金应珪谈到自己读了这个选本后，领悟到其师编辑此选的用心所在，指出词在乐府衰亡之后承担起教化的功能。"琼楼玉宇，天子识其忠言；斜阳烟柳，寿皇指为怨曲；造口之壁，比之诗史；太学之咏，传其主文。举此一隅，合诸四始，途归所会，断可识矣！"③ 因为它宗旨明确，读之者皆为其高远的识见所折服，或曰："读皋文此选，则词不入于浅。且使天下不敢轻易言词，而用心精求于六义。皋文之有功于词，岂不伟哉？"④ 或曰："张皋文《词选》一编，扫靡曼之浮音，接《风》《骚》之真脉。""去取虽不免稍刻，而扶轮大雅，卓乎不可磨灭。古今选本，以此为最！"⑤ 到道光年间，随着常州派影响的逐步扩大，随着"意内言外"说的深入人心，渐现"同志之乞是刻者踵相接，无以应之"⑥ 的局面，张惠言"词教"思想全面发力的时代已经到来。

比如周济，初入词坛本来是追随浙派的，嘉庆九年（1804）结识张琦、董士锡、包世臣后，遂受法士锡，观念亦发生转变，由浙转常，接受了张惠言

① 杨伯峻译注《论语译注》，中华书局1980年版，第178、185页。
② 张惠言编选《词选》"词选叙"，第1页。
③ 金应珪《词选后序》，《词话丛编》，第2册第1618页。
④ 谢章铤《张惠言词选跋》，《赌棋山庄文集》卷二，《谢章铤集》，第14页。
⑤ 陈廷焯著，屈兴国校注《白雨斋词话足本校注》卷七，第533页。
⑥ 张琦《重刻词选原序》，《词话丛编》，第2册第1618页。

"意内言外"的思想。周济嘉庆十年（1805）中进士，后出任为淮安府教授，因为与上司关系紧张，不到两年便辞职了，这时大约是在嘉庆十二年（1807）。后来，他办过盐务，做过买卖，在嘉庆十四年（1809）的时候，还在宝山知县田钧家做过家庭塾师，其间为指导田氏之子田端填词，编选了一部十卷本的《词辨》。谢章铤说"其选录大意则本于皋文"①，潘曾绶也说《词辨》"辨说多主张氏之言"，"其所选与张氏略有出入，要其大旨，固深恶夫猖狂雕琢之习而不反，而亟思有以厘定之，是固张氏之言也"②。《词辨》一书凡十卷，第一卷为正，第二卷为变，第三、第四卷为"名篇之稍有疵累者"，第五、第六卷为"平妥清通，才及格调者"，第七、第八卷则是"大体纰缪，精彩间出"，第九卷为本事及词论，第十卷之作为"庸选恶札，迷误后生，大声疾呼，以昭炯戒"③。后来，田端将此书携以北行，不慎落入黄河，周济在嘉庆十七年（1812）时根据追忆重写了正、变两卷，并将其与《介存斋论词杂著》一起付印。作为这本词选构建的理论框架——"正变"说，"意仍张氏，言不苟同"，既从张惠言发展而来，也体现了周济自己的思考，这就是，以"教化"为核心，以"蕴藉浑厚"作为"正"，以"骏快驰骛，豪宕感激"作为"变"，目的在于指导田生判断具体作品之优劣（"词辨"）。但对于"变体"，他并不完全否定，以其"委曲以致其情，未有亢厉剽悍之习"，"抑亦正声之次也"。"譬如匡庐、衡岳，殊体而并胜；南威、西施，别态而同妍矣。若其著述未富，可采者鲜。而孤章特出，合乎道揆，亦因时代而附益之。夫人感物而动，兴之所托，未必皆本庄雅。要在讽诵绅绎，归诸中正，辞不害志，人不废言。虽乖缪庸劣，纤微委琐，苟可驰喻比类，翼声究实，吾皆乐取，无苟责焉。"④对于《词辨》用心之所在，谭献有一段话颇能给人以启发："予固深知周氏之意，而持论小异。大抵周氏所谓变，亦予所谓正也，而折衷柔厚则同。"⑤这就是说，《词辨》一书是体现着"温柔敦厚"的诗教思想的，正变之论亦与《毛诗序》

① 谢章铤《跋周氏词辨二卷》，《赌棋山庄文辑佚》，《谢章铤集》，第 182 页。
② 潘曾玮《周氏词辨序》，《清人选评词集三种》，第 141 页。
③ 周济《词辨跋》，《清人选评词集三种》，第 198 页。
④ 周济《词辨序》，《清人选评词集三种》，第 143~144 页。
⑤ 谭献《词辨跋》，《清人选评词集三种》，第 190 页。

所谈变风变雅有内在联系，周济也谈到自己编选《词辨》之初衷，乃是有感于世俗传习，"或辞不逮意，或意不尊体"，因此，将正变之作与夫浅陋淫亵之篇，"亦递取而论断之"，通过良莠之比较，让读者是其所是，非其所非，以达到"祛学者之惑"的目的。

但是，张惠言《词选》存在的问题也是比较明显的，一是入选比例失当，二是选目过隘过严，三是解词失之穿凿。因此，后来常州派之继起者对于张惠言"意内言外"之论，普遍乐于接受并推而衍之，对于张惠言《词选》之失亦有不同程度的修正。比如，张惠言论词主"怨"，对温庭筠《菩萨蛮》的评价是"此感士不遇也"，"篇法仿佛《长门赋》"。董士锡则尚"清"，谈到秦观之长"清以和"，周邦彦之长"清以折"，苏、辛之长"清以雄"，姜、张之长"清以逸"，对浙派的"清雅"思想有所吸收。包世臣则提倡"清""脆""涩"之美，指出："屯田、梦窗以不清伤气，淮海、玉田以不涩伤格，清真、白石则殆于兼之矣，六家于言外之旨得矣。"[1]关注的重心已从"意内"转向"言外"。还有，周济提倡"浑厚"之美，认为花间词之长在"气象浑厚"，周邦彦之长在"于钩勒中见浑厚"，已表现出从教化向审美过渡的倾向。到他编《宋四家词选》时，这一思想转向便表现得非常明确，由编《词辨》时的"区正变"转向此时的"示门径"，由"词旨"的强调转向对"词法"的探求。据有关学者考证，这部选本原名当为《宋四家词筏》，主要是从版本角度分析的[2]，其实从学理角度分析也是合理的，从"词辨"到"词筏"正是一个循序渐进的过程，但它们的编选宗旨已发生重大的变化。如果说《词辨》重在辨优劣的话，那么，这部选本重在导津梁，虽有词旨之揭示，但更多词法之传习。因此，它在编选体例上不同于《词辨》以正变判分，而是以"宋四家"作为词法之示范，"余则以类相从，附列其下"，帮助那些有心为之却不得其途者，以及营营毕生而不能登堂入室者，通过"问途碧山，历梦窗、稼轩以还清真之浑化"[3]的路径，进入"登堂入室"的境界。近人陈匪石说："《宋四家词选》之

① 包世臣《为朱震伯序月底修箫谱》，《艺舟双楫》，第50页。
② 朱惠国《周济词学论著考略》，《词学》第16辑，第175~179页。
③ 周济《宋四家词选序论》，《周济词集辑校》附录二，第148页。

叙与论及眉评，皆指示作词之法"，"其'非寄托不入，专寄托不出'二语，尤为不二之法门"，"不仅弥张氏之缺憾，且开后此之风气矣"，"百余年来词径之开辟，可谓周氏导之。"[①]

在《宋四家词选》之后，对词法的探讨，对"言外"的追求，已成为晚清词坛的热议话题。词在初起之际，其语尚丽，其意偏浅，其态取妍，其境主媚，但自常州派引入"比兴寄托"的观念，传统的诗词有别的体性观念遭到了颠覆，在晚清学者看来，词就是在诗的精神丧失后出现的新体诗，是唐诗在五代两宋时期的替代性文体，张惠言《词选叙》中的一句话最具代表性："词者，盖出于唐之诗人，采乐府之音以制新律，因系其词，故曰'词'。"[②] 很显然，张惠言将词的源头上推到唐诗，不是在形式层面讲的，而是在精神层面讲的，意在说明宋词与唐诗的精神一脉相承。唐诗的精神是什么？曰："兴趣。"严羽说："盛唐诸人，惟在兴趣。羚羊挂角，无迹可求。故其妙处，透彻玲珑，不可凑泊，如空中之音，相中之色，水中之月，镜中之象，言有尽而意无穷。"[③] 何谓"兴趣"？蒋凡说："'兴趣'指诗的兴象和情致结合所产生的情趣和韵味。"[④] 这里的"兴象"是作者感物而动后形成的审美意象，"情致"是指作者的情感体验和审美经验，当这两者"相凑泊"并有机地结合在一起，便产生了一种新质——言有尽而意无穷的"韵味"。在张惠言看来，词与诗之比兴、变风之义、骚人之歌在这一点上是相通的，把诗的比兴观念引入词的世界，把诗的主文谲谏的美学精神引入词的世界，这样就彻底地改变了词以浅、妍、媚而见长的总体风貌，而以求深、求厚、求郁为其内在性要求和本质性追求。谢章铤说："其文绮靡，其情柔曼，其称物近而托兴远且微，聚聆之，若惝恍缠绵不自持，而敦挚不得已之思隐焉。"[⑤] 所谓"称物近"就是重视比兴，所谓"托兴远"就是讲求寄托，后来董士锡主张"以无厚入有间"、周济强调"有寄托入，无寄托出"，以及刘熙载的"寄言"说、谭献的"柔厚"说、陈廷焯的

---

① 陈匪石《声执》卷下，《词话丛编》，第5册第4965页。

② 张惠言编选《词选》"词选叙"，第1页。

③ 严羽著，郭绍虞校释《沧浪诗话校释》，人民文学出版社1961年版，第26页。

④ 顾易生、蒋凡、刘明今《宋金元文学批评史》，上海古籍出版社1996年版，第385页。

⑤ 谢章铤《叶辰溪〈我闻室词〉叙》，《赌棋山庄文集》卷一，《谢章铤集》，第7页。

"沉郁"说、冯煦的"谬悠"说，都是以"言有尽而意无穷"为旨归，从而深化了词的内在意蕴。

其实，晚清对于言外的追求，并没有放弃对"词教"的强调，对词法的探讨也是为了更好地推行"词教"。蒋敦复声称"以有厚入无间"之说，乃是针对当时有人把"意内言外"当作"口头禅"，"饰声绘调，求工于一字一句间，去风人之旨远矣"。"尝论浙派病刻削太甚，吴音病纤软无力，均归于薄而已。故作词话，特标'有厚入无间'五字为宗旨，欲救薄弱之病。"① 谭献自言倡导"折衷柔厚"，也是为了纠正浙派"薄""滑"之失，他说："予初事倚声，颇以频伽名隽，乐于风咏；继而微窥柔厚之旨，乃觉频伽之薄；又以词尚深涩，而频伽滑矣。后来辨之。"② 对于词人的评价，尤为突出其"诗教"之指向，如称陈澧《甘州》"柔厚衷于诗教"，周密《解语花》"柔厚至此，岂非风诗之遗"。陈廷焯《白雨斋词话》力主"沉郁顿挫"，但也特别强调"温柔敦厚"的诗教。他这一时期编选的《词则》，在体例上明显受到周济《词辨》的影响，以《大雅》为正，其余三集副之。"求诸《大雅》，固有余师，即遁而之他，亦即可于《放歌》《闲情》《别调》中求大雅，不至入于歧趋。古乐虽亡，流风未闻，好古之士，庶几得所宗焉。"③《词则》是一部体现着诗教观念的选本，汪懋琨说："予得而阅之，推本《风》《骚》，一归于温柔敦厚之旨。"④ 到后来，王鹏运倡言"重拙大"，从词笔的角度入手抉发词的审美性，但他也注意从教化角度突出词的伦理性，李慈铭为其编选的《南宋四名臣词》作序称，王氏之"志"就是要彰显"兴观群怨之旨"："读南宋诸家之词，贤者当知其谲谏主文，感伤时事；不贤者当知其导谀亡国，陷溺君心。兴观群怨之旨，庶有在焉。"⑤ 当"意内言外"成为一致性认识时，大家会不约而同地把眼光投向它的审美性，由对"意内"之旨的强调转向对"言外"之美的探求，但对"温柔敦厚"诗教的强调却是一以贯之的。

---

① 蒋敦复《篱角闲吟跋》，徐睿周《篱角闲吟》，清光绪五年餐英馆刊本。
② 谭献辑，罗仲鼎校点《清词一千首·箧中词》今集卷三，第129页。
③ 陈廷焯编选《词则》"序"，上海古籍出版社1984年版，第2页。
④ 汪懋琨《白雨斋词话序》，陈廷焯著，屈兴国校注《白雨斋词话足本校注》，第848页。
⑤ 李慈铭《南宋四名臣词序》，王鹏运辑《南宋四名臣词集》，《四印斋所刻词》，第428页。

在晚清，"意内言外"是最为流行的词学话语，这一话语在本质上是通过尊体的方式，弘扬"风骚比兴"之旨，把传统的"诗教"思想引入词学领地，既提升了词的品格和境界，也推进了对词的"言外"之美的探求，并借助词选的策略强劲地影响着近代词坛。

第四节 "词境"：晚清词学的美学追求

在晚清词坛，关于词境的探讨也是一个非常重要的话题，从嘉庆时期郭麐、杨夔生论词品到同治年间江顺诒辑、宗山编订《词学集成》专列"词境"之目，"词境"一词从一般性品词评词术语成为一种美学追求，以词境的创造作为填词之目标，这一趋向进一步发展的结果就是王国维在光绪三十四年（1908）发表的《人间词话》中提出"词以境界为最上"的主张。

一、词境论的演化：从辨体到析品

"境"是在唐代发展起来的一个重要文论范畴，王昌龄首次提出"诗有三境"，到中唐皎然、权德舆、刘禹锡等对其作了充实和发展，发表有"意与境会""境生象外""文外之旨"诸说，而晚唐司空图提出"思与境偕"说，要求有"象外之致""味外之味"，对唐代意境论做了一个较为全面的总结，他的《二十四诗品》更是以形象而富有哲理的方式，对二十四类诗歌境界进行了鲜明而生动的呈现，"使人有涵咏无穷之感"[1]。意境论在宋代基本上是唐代的余绪，并无新创，直到明清才有新的进境，即由诗歌拓展到绘画、小说、戏曲诸多领域，在明清诗学中更时见对诗歌意境的精彩论述，朱存爵、胡应麟、陆时雍、王世贞、王夫之、王士禛、叶燮、沈德潜、翁方纲、袁枚等从不同角度丰富和发展了意境的审美内涵。

以境评词，特标词境，始于明末。陈子龙在谈到词的创作要求时，指出

---

① 郁沅《二十四诗品导读》，北京大学出版社 2012 年版，第 2 页。

"其为体也纤弱""其为境也婉媚"的美学特质，认为五代北宋词可为其典范。明确把纤弱之"体"与婉媚之"境"区隔开来，但体之"纤弱"与境之"婉媚"又是相关联的，在陈子龙看来，作为词史典范的五代北宋词，所表现出来的"高浑"才是词美追求的所在——"境由情生，辞随意启，天机偶发，元音自成，繁促之中尚存高浑。"①清初，在陈子龙的基础上，毛先舒、毛奇龄、王士禛等进一步探讨了"词境"的美学品质，并将晚明时期未遑论述之处较为清晰地展现出来。一方面，从文体差异角度凸显了词境不同于诗境的品性，如刘体仁说："词中境界，有非诗之所能至者，体限之也。"这种体性的限制或曰不同就是，一个要发乎情，止乎礼，一个则是要极情之致，"极怒、极伤、极淫而后已"，亦即"温柔敦厚，诗教也。陡然一惊，正是词中妙境"。②王士禛论诗、词、曲之别亦曰："无可奈何花落去，似曾相识燕归来"，定非《香奁》诗；"良辰美景奈何天，赏心乐事谁家院"，定非《草堂》词。江顺诒认为他这是在讨论"诗词曲三者之意境"③，也就是谈诗词曲在意境上的差异。另一方面，则从美学特质的角度揭示了词境"意义层深"的特征，如毛奇龄说："大抵词必有意、有调、有声、有色，人人知之。若别有气味在声色之外，则人罕知者。"④在声色之外的"气味"，说的就是语言世界之外的多重意蕴，也就是王士禛所说的"神韵"和贺裳所说的"词家三昧"。"欧、晏正派妙处，俱在神韵，不在字句。"⑤"语淡而情浓，事浅而言深，真得词家三昧。"⑥而毛先舒把它具体理解为"意欲层深，语欲浑成"，指出："作词者大抵意层深者，语便刻画，语浑成者，意便肤浅，两难兼也。或欲举其似，偶拈永叔词云：'泪眼问花花不语，乱红飞过秋千去。'此可谓层深而浑成。"⑦也就是说，在清初，人们对于"词境"的理解与认知，既注意到其外在之"体性"，更注意到其内在之"气味"。清初词坛对于词境的关注，表明人们在观念上已把词作为一种文人之词而非伶工

① 陈子龙《〈幽兰草〉题词》，《幽兰草》，第 1 页。
② 刘体仁《七颂堂词绎》，《词话丛编》，第 1 册第 619、826、623 页。
③ 江顺诒《词学集成》卷七，《词话丛编》，第 4 册第 3285 页。
④ 毛奇龄《西河词话》卷二，《词话丛编》，第 1 册第 579 页。
⑤ 曹尔堪、王士禛等《锦瑟词话》，《词话丛编续编》，第 116 页。
⑥ 王又华《古今词论》引贺裳语，《词话丛编》，第 1 册第 602 页。
⑦ 王又华《古今词论》引毛先舒语，《词话丛编》，第 1 册第 608 页。

之词看待，伶工之词强调的是美听效果，并不在意词的意境，文人之词则会把意境的创造作为终极之追求。不过，他们在创作上对于词美的追求大多停留在"婉媚"上，亦即重在外在体格，实未能进入云间派所推崇的"高浑"之境。

在西泠、广陵诸派后，较有声势的词派是阳羡和浙西两派，但阳羡派过于执着于现实关怀，对词境创造未曾着意，而浙西派主张对现实的疏远，特标"清空"之境，影响深远。

实际上，阳羡派在清初的影响范围并未逸出常州，当时最有影响的还是传承云间词风的西泠、广陵诸派，他们创作上追求的是晚唐五代北宋的婉艳作风。"去矜（沈谦）诸词，率从屯田、待制两家浸淫而出，言情浓至，不欲多留余秘，意得处，直欲据秦黄之垒。"[1] 王士禛《衍波词》："香艳惊人耳目，每读一阕，便称词坛大观，不知抹倒海内几许词人！"又如吴绮《艺香词》："香艳异常，词名《艺香》，其果称其实耶！"[2] 但过于沉溺秾情丽景不免流于鄙俗浅俚，因此，有的论者提出"大抵词多绮语，必清丽相须"的主张，有的作者表现出"秾艳中见高华，清新处见本色"的创作倾向。在浙派领袖朱彝尊看来，"惟清之至，乃能丽密"，"清"是诗歌中一种高远境界。像唐代孟浩然、宋代姜夔、明代徐迪功三人，"尽洗铅华，极萧散自得之趣，故独步一时"[3]。特别是姜夔的词，字雕句琢，律和格雅，可谓极词人之能事。朱彝尊的创作亦如其所言，艳情冶思出以清丽典雅，"填词家至与白石、玉田并称，竹垞亦自以为无愧"[4]。在他的倡导与影响下，浙派词人亦着意于对姜、张"清雅"词境的追求，如李良年自称，"布袍落魄，放浪形骸"，故晚年亦如张炎以填词自遣，人谓其诗清峭洒落，其词清丽可诵，"情韵之妙不减白石"[5]。杜诏曾拜朱彝尊为师，"窃闻其绪论"，人称其所作善于言情，曲尽缠绵之致，大要归于风雅。"有白石之清劲，梅溪之清逸，方之竹垞，实有过之无不及也。"[6] 楼俨论

① 邹祗谟、王士禛辑《倚声初集》卷八，《续修四库全书》，第 1729 册第 293 页。
② 聂先辑《名家词钞》附评语，《四库全书存目丛书补编》，第 45 册第 592 页、第 46 册第 81 页。
③ 贾文昭编《姜夔资料汇编》，中华书局 2011 年版，第 124 页。
④ 王初桐《小嫏嬛词话》卷三，《词话丛编二编》，第 2 册第 1085 页。
⑤ 陈廷焯《云韶集辑评》卷一六，《白雨斋词话全编》，第 393 页。
⑥ 杜诏《云川阁词》附徐葆光评语，《四库全书存目丛书》，集部第 266 册第 129 页。

词亦承续朱彝尊"以雅为归",对于他人作品的评价特重其清雅作风,如评贺铸《捣练子》"词极古雅,章法亦清",还极推其师孙致弥词"清空骚雅骎骎乎可追乐笑矣",他之所作《八声甘州》亦被吴衡照称为学姜、张能得用古之诀的典范,"笔意清空不质实,其善用前人诗,殆不减苏公也"①。

到了厉鹗主盟词坛后,把朱氏的清雅之论转为清幽之境,以清为尚成为雍乾词坛的时代风潮。其《论词绝句》其五、其七说:"旧时月色最清妍,香影都从授简传。""玉田秀笔溯清空,净洗花香意匠中。"此二诗一评姜夔的"清妍",一赞张炎的"清空",目的在标榜姜、张清雅之境。相对于朱彝尊的清雅,厉鹗更重视清幽,标举清、婉、深、秀,认为周邦彦的词"婉约隐秀,律吕谐协,为倚声家所宗"②。"近时名胜,大都新绮有余,而深窈空凉之旨,终逊宋贤一筹。"③在他看来,学周而得其神髓者如张云锦:"其词清婉深秀,摈去凡近。"④吴焯词"纡徐幽邃,悄恍绵丽,使人有清真再生之想"⑤。陆培词"清丽闲婉,使人意消"⑥。这表明他论词追求深秀缠绵的弦外余响,受其影响,雍乾时期浙派词人大都以清雅为旨归。如赵文哲词"清虚骚雅,皆足与南宋人相上下"⑦。吴蔚光词"一以清虚骚雅为归,卓然为当代名家无疑也"⑧。朱昂词"浏然以清,矿然以峭,宗法在白石、碧山、玉田、草窗诸家"⑨。

雍乾时期浙派词人以清为尚,并创作了大量境界清幽的作品,对于转变清初秾艳词风有重要意义。不过,"清空"原为众多词境中之一种而已,浙派词人却过于推尊姜夔,但主清空,将其他词境一律抹杀,尽行排诋,这一做法为人所诟病,所以在乾隆末年有吴锡麒重申传统正变之论,郭麐提出"词之为体,大略有四"之说,进而仿效唐人司空图提出了"二十四词品"。这二十四

---

① 吴衡照《莲子居词话》卷四,《词话丛编》,第3册第2472页。

② 厉鹗《吴尺凫玲珑帘词序》,《樊榭山房集》文集卷四,第754页。

③ 厉鹗《陆南香白蕉词序》,《樊榭山房集》文集卷四,第752~753页。

④ 厉鹗《红兰阁词序》,《樊榭山房集》文集卷四,第752页。

⑤ 厉鹗《吴尺凫玲珑帘词序》,《樊榭山房集》文集卷四,第754页。

⑥ 厉鹗《陆南香白蕉词序》,《樊榭山房集》文集卷四,第752页。

⑦ 王昶《赵升之〈昙华阁词〉序》,《春融堂集》卷四一,第738页。

⑧ 王昶《吴竹桥〈小湖田乐府〉序》,《春融堂集》卷四一,第738页。

⑨ 王昶《朱适庭〈绿阴槐夏阁词〉序》,《春融堂集》卷四一,第737页。

词品是：幽秀、高超、雄放、委曲、绵邈、清脆、神韵、感慨、奇丽、含蓄、遒峭、秾艳、名隽（郭麐《词品》）；轻逸、独造、凄紧、微婉、闲雅、高寒、澄淡、疏俊、孤瘦、精炼、灵活（杨夔生《续词品》）。尽管它们不能全部进入境界层面，但确实扩大了人们对于词风多样性的认知，而且确实指出了词境多样化的问题，使得后来者在这一问题上走得更远，像姚燮概括有"五绝"（柔腻、疏秀、明润、俊逸、绵远），陈廷焯提出"十二境"（雄阔、深厚、刻挚、幽郁、疏逸、冲淡、工丽、雅正、奇警、顿挫、纤巧、浑融），等等。需要说明的是，郭麐、杨夔生、姚燮等虽然提出了词境多样化的问题，但是他们都只是以感性而形象的方式呈现了不同的词境，对于词境的本质、类型、特征等并未作深入探讨。

从清初的辨体，到清中叶的析品，有了这样论述的基础，到晚清时期自然进入理论总结阶段——论境。江顺诒、宗山还将以上言论汇集成编，在《词学集成》一书中专列"词境"一目，特别是如山、蔡宗茂更对词境创造与意义生成作了鞭辟入里的论述。

二、空实与寄托：词境表现的艺术手法

在晚清，最有影响的是常州派，他们对于词境的认识是与比兴寄托相联系的，并把这一认识落实到具体的创作上。在常州派看来，意境其实有"空境"与"实境"之别。这也是张炎所说的"清空"与"质实"之意，他在《词源》中把南宋词境归结为"清空"与"质实"两种类型。在清初，浙西派把"清空"与"质实"对立起来，而张惠言不满于后期浙派的唯姜张是尊（"求空"），力主"比兴寄托""意内言外"，但对唐宋词旨的解释又过于执着于现实关怀（"求实"）。有鉴于此，周济在吸取浙派思想合理成分基础上，对于张炎的"清空""质实"之论作了新的解读，提出"初学词求空，既成格调求实"的创作主张。他说：

初学词求空，空则灵气往来。既成格调求实，实则精力弥满。初学词求有寄托，有寄托则表里相宣，斐然成章。既成格调，求无寄托，无寄托则指事类情，仁者见仁，知者见知。①

从周济这一段话，可以看出它有三层意思。首先，"空"与"实"并不是对立的，它们是词境创造的两个不同阶段，是词境在不同阶段表现出来的审美形态。所谓"初学词求空"，就是脱却有限实象的束缚，把作者的情感和思想贯注其中，让有限的实象生发无限的意义，这就是"灵气往来"的意思；所谓"既成格调求实"，讲的是作品内容的充实与形象的饱满，体现出一种浑厚沉着的美，正如孟子所说"充实之谓美"，周济也认为"实则精力弥满"。他自己的创作也是这样，人称其山水画"用笔沉厚，真力弥满"②。其次，词境的"空实"是与寄托的"有无"联系在一起的，它们之间是一种辩证对待的关系，有寄托则词境当"求空"，无寄托则词境当"求实"。所谓"求有寄托"，是说作者当有感而发，他认为"有感而不作者矣，未有不感而作者也"③。所谓"表里相宣，斐然成章"，就是无形的情感与有形的表象相融无间，因为情感表达易流于率，故周济主张"求空"，这样才会有物我为一、形象生动的"空灵"之美。所谓"求无寄托"，也不是要放弃作者的情感，而是要求在艺术形象的塑造上，不能满足于情辞相称与形象生动，而应该追求象外有象，言外多旨，耐人寻味，亦即司空图所说的"超以象外，得其环中"，从有限的形象里超越出来，传达一种言尽意无穷的韵味，给读者以广阔的想象空间，所以周济才会说"仁者见仁，智者见智"。在周济看来，无寄托要高于有寄托，词境的创造"求实"比"求空"更难。最后，改变张炎以清空、质实作为词境类型的划分依据，而是把它作为区分南北词史优劣的标准。他说："北宋词，下者在南宋下，以其不能空，且不知寄托也；高者在南宋上，以其能实，且能无寄托也。南宋由下不犯北宋拙率之病，高不到北宋浑涵之诣。"这句话的意思是说，北宋词的特点在"空"，南宋词的特点在"实"，相对说来，他更喜欢北宋的"浑

---

① 周济《介存斋论词杂著》，《清人选评词集三种》，第192~193页。
② 蒋宝龄撰，程青岳批注《墨林今话》卷一一，上海古籍出版社2015年版，第229页。
③ 周济《丁俭卿颐志斋诗序》，《止庵遗集》，《丛书集成续编》，第134册第130页。

涵",空而能实,它的最大特点是无寄托,"珠圆玉润,四照玲珑"①。周济后来把这一思想发展成为"浑化"说,并在《宋四家词筏序》中把周邦彦作为"空而能实"的典范来标举,指出:"要之以清真,圭方璧圆,琢磨谢巧,夜光照乘,前后举澈。"②为达到这一目标,他指出了一条被称为常州派家法的习词路径:"问途碧山,历梦窗、稼轩以还清真之浑化。"③

在周济之后,刘熙载对词境的空实论又有新发展,在《艺概》中提出"厚而清"说。④指出:"词之大要,不外厚而清。厚,包诸所有;清,空诸所有也。"⑤厚者,实也;清者,空也。他把周济的空实论换了一个说法,提出自己独有的"厚而清"论,空与实在周济那里是分开的,厚而清在刘熙载眼中却是不可分的。相对于"空实"论,"厚而清"论更符合词体的自身特性,周济的"空实"论还有借言说话的成分,刘熙载的"厚而清"论则是地道的就词说词。

众所周知,清空是浙西派倡导的审美主张,这也是晚清许多论词者比较认同的观念,如孙麟趾、江顺诒、沈祥龙、谢章铤都有"词尚清空"的说法,而论词尚厚则是常州派力主的审美主张,这一观念也通过周济、宋翔凤、蒋敦复、谭献等得到进一步弘扬,而刘熙载作为晚清文艺美学的集大成者对上述诸家思想进行了综合。刘熙载一方面强调词尚"清空""妥溜",另一方面认为词也要尚风、尚骨,如何将这两者有机地结合起来?他提出了"寄言"说。何谓"寄言"?就是"寄深于浅""寄厚于轻""寄实于虚",将沉实厚重的内容通过清空婉曲的形态表现出来,因此,当他谈到自己对黄庭坚《跋东坡卜算子》"似非吃烟火食人语,非胸有万卷书,笔下无一点尘俗气"的理解时,指出:"词之大要,不外厚而清。"苏轼《卜算子》(缺月挂疏桐),原题"黄州定慧院寓居作",该词借缥缈无踪的孤鸿抒写作者政治失意的孤独与悲愤,有如缪钺所说:"用比兴之法,借孤鸿衬托,正足以表达其'幽约怨悱不能自言之

① 周济《宋四家词筏序》,《周济词集辑校》附录二,第155页。
② 周济《宋四家词筏序》,《周济词集辑校》附录二,第155页。
③ 周济《宋四家词选序论》,《周济词集辑校》附录二,第148页。
④ 滕福海《〈艺概〉的"寄厚于轻"论》,《广西大学学报》1996年第4期。
⑤ 刘熙载撰,袁津琥校注《艺概注稿》,第562页。

情'。"① 那么，什么是"厚而清"呢？当然指的是《卜算子》一词在艺术表现上的举重若轻，刘熙载说："厚，包诸所有；清，空诸所有也。"这一句出自佛经偈语："但愿空诸所有，慎勿实诸所有。"这里借以比喻苏词"厚"能包诸一切、"清"能空诸一切的美感特质。由厚而清，"寄厚于轻""寄实于虚""寄深于浅"，是较之常州派寄托论更为符合艺术规律的表述，它克服了浙派专于"清空"，也避免了常州派过于"质实"的不足，能从文艺创作自身规律出发把内容的"质实"与表达的"清空"结合起来。其要求是先求"厚"（有寄托），再而求"清"（无寄托），也就是周济"初学词求空，既成格调求实"的意思。它最终指向的是"空"而不离、"包"而不即的美，亦即周济所说的"浑化"。刘熙载还特地引用司空图和严羽所说为证，指出："司空表圣云：'梅止于酸，盐止于咸，而美在酸咸之外。'严沧浪云：'妙处透彻玲珑，不可凑泊，如水中之月，镜中之象。'此皆论诗也，词亦以得此境为超诣。"② 词境亦如诗境，其终极追求也是"透彻玲珑，不可凑泊"的浑化之美。

与刘熙载同时，发展周济思想的还有谭献，他在空实论基础上提出了"虚浑"说。他曾以"运掉虚浑"评张炎《高阳台·西湖春感》"能几番游，看花又是明年"二句，又评蒋春霖《水云楼词》云："婉约深至，时造虚浑，要为第一流矣！"③ 前一句乃就运笔手法而言，后一句则针对蒋春霖整体风格而论。所谓"婉约深至"，就是比兴柔厚的意思；所谓"时造虚浑"谈的是词境的绵渺幽深，有无限感慨却能化实为虚，轻灵而婉约，给人以无限的遐思，正如缪荃孙所说："旨深而词婉，神清而色艳。"④ 何谓"虚浑"？谭献在评王沂孙《高阳台》（残雪庭阴）一词时，引用司空图之语云："返虚入浑，妙处传矣。"司空图《二十四诗品》论"雄浑"一品曰："返虚入浑，积健为雄。……超以象外，得其环中。"郭绍虞解释说："何谓浑？浑，全也，浑成自然也。所谓真体内充，又堆砌不得，填实不得，板滞不得，所以必须复还空虚，才得入于浑

① 唐圭璋、缪钺、叶嘉莹等《唐宋词鉴赏辞典》，上海辞书出版社 1988 年版，第 668 页。
② 刘熙载撰，袁津琥校注《艺概注稿》，第 565 页。
③ 谭献《复堂词话》，《词话丛编》，第 4 册第 3992、3996 页。
④ 缪荃孙编选《国朝常州词录》"序"，第 2 页。

然之境。”“一方面超出乎迹象之外，纯以空运，一方面适得环中之妙，仍不失乎其中，这即是所谓返虚入浑。”[①]王沂孙《高阳台》一词，为和周密寄越中诸友词，他们曾经在杭与越中诸友相与流连山水，该词表面写对周密怀想越中友人的理解，其实质却寄寓着词人对南宋旧游生活的感慨。正如王达津所说：“周密词写的是残冬天气，王沂孙词写的已是冬尽立春的时候，其主题都是写百无聊赖的别愁离恨的，二词大都是有寄托入，即有朦胧的亡国哀感潜存于胸中，又以无寄托出，但只写离情别绪，没有什么明显的寄托。”[②]谭献的“虚浑”之论，过去似未能引起人们足够重视，其实这一思想关涉谭献对于词境的认识。一方面，它与柔厚说互为表里，“柔厚”是对词旨提出的要求，“虚浑”是对于词境的追求；另一方面，它更是对周济“空实”说的发展，“虚”者空也，“浑”者厚也，实也，全也，由“空”到“实”，是一种逻辑递进，其终点是“浑化”或曰“浑厚”。谭献发展周济的“浑化”（“浑厚”）为“虚浑”，凸显了晚期常州派对于艺术创造的审美追求，既要像张惠言那样追求“比兴寄托”，也要像浙西派那样追求“清劲有力”，这就是所谓“返虚为浑”，有如邓廷桢比较姜夔、张炎异同时所说：“盖白石硬语盘空，时露锋芒。玉田则返虚入浑，不啻嚼蕊吹香。”[③]这样才能进入“惝恍迷离”的虚浑境界，如他评周济《蝶恋花》（柳絮年年三月暮）曰“浑灏”，评李符《疏影》（双桡且住）曰“惝恍迷离，意有所指”，评徐瑶《惜红衣》（云母屏前）引尤侗语云“惝恍迷离，得神光离合之妙”，评吴锡麒《望湘人·春阴》曰“迷离悒怏，若远若近”。[④]这些评语指向的皆是词境创造的虚浑境界。

三、词心与词境：词境生成的心理机制

道光以后，以“境”说词品词已是比较普遍的现象，如顾广圻“化境”说、周济“转境”说、张鸿卓“词境”说，等等，但对“词境”论述比较有新

① 司空图著，郭绍虞集解《诗品集解》，人民文学出版社 1963 年版，第 3~4 页。
② 唐圭璋、缪钺、叶嘉莹等《唐宋词鉴赏辞典》，第 2240、2241 页。
③ 邓廷桢《双砚斋词话》，《词话丛编》，第 3 册第 2532 页。
④ 皆引自谭献辑，罗仲鼎校点《清词一千首：箧中词》。

意的当推如山和蔡宗茂。他们对"词境"论的发展是从审美主体的角度揭示了"词境"的生成机制及其审美心理。如山有一篇《心庵词存序》被收入《词学集成》卷七，改称《都转心庵词序》。序云：

> "明月几时有"，词而仙者也。"吹皱一池春水"，词而禅者也。仙不易学，而禅可学。学矣，而非栖神幽遐，涵趣寥旷，通拈花之妙悟，穷非树之奇想，则动而为沾滞之音矣。其何以澄观一心，而腾踔万象。是故词之为境也，空潭印月，上下一澈，屏智识也。清磬出尘，妙香远闻，参净因也。鸟鸣珠箔，群花自落，超圆觉也。

江顺诒在这段文字之后有一句按语："以禅喻词，又为词家辟一途。羚羊挂角，香象渡河，知不仅为诗喻矣！"[1]指明这段话就是以禅喻词，宋代严羽首倡以禅喻诗，清代厉鹗也有词分南北宗之说，如山这里借以喻示词人主体心境的虚静和意境生成之关系，宗白华分析说："澄观一心而腾踔万象，是意境创造的始基；鸟鸣珠箔，群花自落，是意境表现的圆成。"[2]"风乍起，吹皱一池春水"，是冯延巳《谒金门》词中的传世名句，它通过对自然景象的生动呈现状写人之内心情感的婉曲变化，这与禅宗"通拈花之妙悟，穷非树之奇想"有相通暗合之处，都是要求审美主体超越有形之景以达无穷之境。何以致之？先是屏智识，排除外在杂念的干扰，去除逻辑之维对形象之维的屏蔽，这样就会进入"清磬出尘，妙香远闻""鸟鸣珠箔，群花自落"的审美境界，外在之物与内在之心融为一体，这时，心即物，物即心，心物合一，一切为一，一为一切，人与天合，天人合一，这也就是禅宗所谓的"净因""圆觉"的境界。如山还在序文中还特别称颂何兆瀛《心庵词》在心境上能超越有限而入于无限，进入佛教所说即色即相的境界："纡金绾绶，视若无有；现宰官身而说法，澄辟支果而离垢。啸咏则茅压屋头，谈谐则花飞天口。其言情也及情而不

---

① 江顺诒《词学集成》，《词话丛编》，第 4 册第 3294 页。

② 宗白华《中国艺术意境之诞生》，《艺境》，北京大学出版社 1986 年版，第 158 页。

过乎情，其体物也寓物而不滞于物。吾知其游心太空而咒妙莲于飞珠矣！"很显然，如山对词境问题的论述，已深入到审美心理层面而非创作层面或文体层面，这是对以往相关论述的提升和深化。蔡宗茂《拜石山房词序》也被收入《词学集成》卷七，文后有江顺诒按语。序云：

> 夫意以曲而善托，调以杳而弥深。始读之则万萼春深，百色妖露，积雪纴地，余霞绮天，一境也。再读之，则烟涛頮洞，霜飙飞摇，骏马下坂，泳鳞出水，又一境也。卒读之，而皎皎明月，仙仙白云，鸿雁高翔，坠叶如雨，不知其何以冲然而澹，倏然而远也。

江顺诒的按语云："始境情胜也，又境气胜也，终境格胜也。"[1] 在上一段对如山意境三层次论的基础上，江顺诒这里分析了每一层境界构成的内质——情、气、格。过去，对于意境构成之内质的理解，大多认为它就是情景交融，"情景者，境界也"[2]。很显然，蔡宗茂并不满足于这一简单的解释，正如王夫之不满足于以情景交融论解释意境的生成，提出"有形发未形，无形君有形"的观点一样[3]，蔡宗茂也从意境层深的角度描述了意境从较低层次进入较高层次的渐进过程。宗白华结合江顺诒的按语，谈到自己对这一句话的理解，第一层境界，"这是他对直观感相的渲染"，它以情为胜，呈现的是"象内之象"；第二层境界，"是活跃生命的传达"，即诗之情之神之力的活跃，以气为长，是需要通过抽象把握而获得的"象外之象"；第三层境界，"这是最高灵境的启示"，它大象无形，道体光辉，表现的是"象外环中"的生命情调。这是一个"从直观感相的模写，活跃生命的传达，到最高灵境的启示"的过程[4]，亦即由象内之象→象外之象→无形大象，最后步入"环中"自见的境

---

① 江顺诒《词学集成》，《词话丛编》，第 4 册第 3293 页。

② 布颜图《画学心法问答》，于安澜编《画论丛刊》，人民美术出版社 1989 年版，第 288 页。

③ 胡经之《文艺美学》，北京大学出版社 1989 年版，第 246~247 页。

④ 宗白华《中国艺术意境之诞生》，《艺境》，第 155 页。

界。应该说，作为现代美学家的宗白华看到了艺术审美的层深性，而这一艺术审美的层深与主体认识的递进是相关的，也与主体审美的心理过程有联系，审美呈现的是主体的生命体悟。

在这一问题上，况周颐的论述更为深刻，把词境与词心联系起来了。如果说如山、蔡宗茂还只是看到词境生成的心理机制，那么，况周颐则注意到"词心"对词境生成的决定性作用。他对词心与词境关系的论述，立足于性情的"真实"。指出"真字是词骨"，"夫词者，君子为己之学也"。即葆有不俗的襟怀、超脱现实的气质，这是词人所以成为词人的现实基础。他还以主客答问的方式谈到这一点："问：如何乃为有养？答：自善葆吾本有之清气始。问：清气如何善葆？答：花中疏梅、文杏，亦复托根尘世，甚且断井、颓垣，乃至摧残为红雨犹香。"所谓"清气"，就是远俗之襟抱，虽处尘俗之中，却能出淤泥而不染。况周颐认为有了真我之性情与不俗之襟抱，再"优而游之，餍而饫之，积而流焉。所谓满心而发，肆口而成，掷地作金石声矣"①。这是一个从外在之境、到内在之心、再而"吾词"的运思过程。

况周颐关于"意境"的论述正是立足于上述认识基础上，并吸收王昌龄"诗有三境"说，把词境的生成描述为一个由"物境"、到"心境"、再而"意境"的过程。他说：

> 人静帘垂，灯昏香直。窗外芙蓉残叶，飒飒作秋声，与砌虫相和答。据梧暝坐，湛怀息机，每一念起，辄设理想排遣之。乃至万缘俱寂，吾心忽莹然开朗如满月，肌骨清凉，不知斯世何世也。斯时若有无端哀怨，枨触于万不得已。即而察之，一切境象全失。唯有小窗虚幌，笔床砚匣，一一在吾目前。此词境也。②

这段论述基本是以庄子"虚静"论解说艺术构思问题，并将此构思过程描述为由"静"，经"冥"，到"朗"，最后是"境象全失"的四个阶段。"静"

---

① 况周颐《蕙风词话》卷一，《词话丛编》，第 5 册第 4412、4409 页。
② 况周颐《蕙风词话》卷一，《词话丛编》，第 5 册第 4411 页。

是强调外在环境的深静，"冥"是要求主体心境的虚静，进而"湛怀息机""万缘俱寂"，这样审美心理活动自然发生，"吾心忽莹然开朗如满月"，于是"若有无端哀怨怅触于万不得已"，进入艺术构思的最佳状态，产生了一种不能自抑的"创作冲动"，亦即"万不得已者"，况周颐称之为"词心"：

> 吾听风雨，吾览江山，常觉风雨江山外有万不得已者在。此万不得已者，即词心也。而能以吾言写吾心，即吾词也。此万不得已者，由吾心酝酿而出，即吾词之真也，非可强为，亦无庸强求。视吾心之酝酿何如耳。吾心为主，而书卷其辅也。书卷多，吾言尤易出耳。[1]

他认为这种"词心"具有以下两个特点。第一，出自真性情，非可强力而为。"此万不得已者，由吾心酝酿而出，即吾词之真也。"第二，它经过"吾言"表达出来成为"吾词"，这也不是作者有意为之，而是不得不为之的结果。"吾苍茫独立于寂寞无人之区，忽有匪夷所思之一念，自沉冥杳霭中来，吾于是乎有词。"[2] 如此，经过"词境"到"词心"，再到"吾词"，艺术构思与表达活动便告结束，而通过"吾言"呈现出来的情景相融状态就是"意境"。

正如江顺诒所言，晚清词学对于词境的解释，借用了传统美学的相关理论，或以禅喻词（如山），或以诗境释词境（蔡宗茂），而况周颐更是借用庄子的"虚静"说和唐代的"境象"说，深入地分析了词境生成的心理机制及其审美特质，使得传统词境论有了深入的推进。

四、沉郁与静穆：批评标准与审美追求

在以上论述的基础上，词境论在 19 世纪和 20 世纪之交进入集大成阶段。因为有了周济、刘熙载、谭献对于"浑厚"的论述，陈廷焯进一步提出"沉郁"说；因为有了周济、如山、蔡宗茂对于词境生成过程的论述，况周颐才能

---

[1] 况周颐《蕙风词话》卷一，《词话丛编》，第 5 册第 4411 页。

[2] 况周颐《蕙风词话》卷一，《词话丛编》，第 5 册第 4412 页。

对词心、词境、词径等问题展开全面的总结。

据有关研究，陈廷焯对于词境的认识有高度的自觉，《白雨斋词话》使用"词境"有 5 次，"意境"有 22 次，"境界"有 2 次，与"境"相关联组合而成的词语，如"高境""胜境""妙境"等，则达 57 次之多。[①]如果对这些语词所用语境稍作分析，会发现它们大多是用来品评词人词作的，如柳永词，"意境不高，思路微左"；陈与义《无住词》，"未臻高境"；毛滂词，"意境不深，间有雅调"；王沂孙词，"品最高，味最厚，意境最深，力量最沉"；辛弃疾，"词中之龙也，气魄极雄大，意境却极沉郁"；尤侗词，"力量既薄，意境亦浅"；纳兰性德《饮水词》，"意境不深厚，措词亦浅显"；彭羡门词，"意境较厚，但不甚沉著，仍是力量未足"；陈维崧、牛彝尊，"才力雄矣，而意境未厚"；张惠言《水调歌头》五章，"既沉郁，又疏快，最是高境"；等等。这些评语含义不全一致，但有一点需引起注意，这就是作者对"沉郁"词境的推重和标举，而且"沉郁"是决定词境高下的不二标准。

何谓"沉郁"？陈廷焯说："所谓沉郁者，意在笔先，神余言外，写怨夫思妇之怀，寓孽子孤臣之感。凡交情之冷淡，身世之飘零，皆可于一草一木发之。而发之又必若隐若见，欲露不露，反复缠绵，终不许一语道破，匪独体格之高，亦见性情之厚。"[②]第一句是对"沉郁"的总体解释，第二句是第一句的补充说明，它表明"沉郁"在表达上是"意在笔先，神余言外"，在内容上是"写怨夫思妇之怀，寓孽子孤臣之感"。在陈廷焯看来，内容上的有感而发是根本，是性情之"厚"的表现，表达上"若隐若见，欲露不露，反复缠绵"是外在表征。从思想渊源上讲，"沉郁"说是对周济"浑厚"论和谭献"柔厚"论的发展，他不但突出了作品的"体格之高"（温厚），而且特别强调了作者的"性情之厚"（忠厚），也就是说，"沉郁"从一般的为文境界，提升为一种人生境界。不过，陈廷焯认为词境只有"沉郁"一种形态，这是它与诗境的最大不同处。在谈诗境与词境异同时，他说："诗词一理，然亦有不尽同者。诗之高境，亦在沉郁，然或以古朴胜，或以冲淡胜，或以巨丽胜，或以雄苍胜。……

若词则舍沉郁之外，更无以为词，盖篇幅狭小，倘一直说去，不留余地，虽极工巧之致，识者终笑其浅矣。"[1] "诗之高境在沉郁。其次即直截痛快，亦不失为次乘。词则舍沉郁之外，即金氏所谓'俚词''鄙词''游词'，更无次乘也。"[2] 诗境有多种表现形态，词境只以"沉郁"为准的，因此，他对历代词人词作的评价都以"沉郁"为取舍标准。

如果说陈廷焯对词境比较偏重批评实践，那么，况周颐对词境的讨论尤其重视理论分析，把词境与词心、词径、词格等联系起来，并对词境的特质和类型展开了深入的讨论。

对于"意境"的特质和类型，况周颐有自己独到的看法。首先，他认为情景相融是意境的本质特征，他以韩维《胡捣令》过拍"燕子渐归春悄，帘幕垂清晓"为例，云："境至静矣，而此中有人，如隔蓬山。思之思之，遂浅而见深。盖写景与言情，非二事也。盖言情者，但写景而情在其中。此等境界，唯北宋人词往往有之。"[3] 而形成意境的前提条件只是一个"真"字——"情真""景真"。"情真景真，所作必佳。"这与《人间词话》所云"能写真景物、真感情者，谓之有境界"有异曲同工之妙。他还把情景相融作为标准来品评有境界之作。如评贺铸《浣溪沙》"归卧文园犹带酒，柳花飞度画堂阴，只凭双燕话春心"："'柳花'句融景入情，丰神独绝。"[4] 评洪璞《空同词》中《浪淘沙·别意》"花雾涨冥冥，欲雨还晴"："能融景入情，得迷离倘恍之妙。"[5] 评王易简《谢草窗词卷》中《庆春宫》歇拍"因君凝仁，依约吴山，半痕蛾绿"："能融景入情，秀极成韵，凝而不佻。"[6] 其次，他认为作者所创造的意境，只有经过读者的接受才能呈现出来。"读词之法，取前人名句意境绝佳者，将此意境，缔构于吾想望中。然后澄思渺虑，以吾身入乎其中，而涵泳玩索之，吾性灵与相浃而俱化，乃真实为吾有，而外物不能夺。"[7] 作者创造的意境，经过

---

① 陈廷焯《白雨斋词话》卷一，《词话丛编》，第 4 册第 3776 页。
② 陈廷焯《白雨斋词话》卷八，《词话丛编》，第 4 册第 3966 页。
③ 况周颐《蕙风词话》卷二，《词话丛编》，第 5 册第 4425 页。
④ 况周颐《蕙风词话》卷二，《词话丛编》，第 5 册第 4427 页。
⑤ 况周颐《蕙风词话》卷二，《词话丛编》，第 5 册第 4446 页。
⑥ 况周颐《蕙风词话》卷二，《词话丛编》，第 5 册第 4454 页。
⑦ 况周颐《蕙风词话》卷一，《词话丛编》，第 5 册第 4411 页。

读者的"澄思渺虑""涵泳玩索"，作品传达的情感与读者的性灵化合为一，读者通过心理还原过程，使作品所呈现的意境与自己所缔构的意境形成同构，词境即是从作者的构思、作品的语符化、读者的心理还原等过程中呈现出来的。最后，意境的表现形态是多种多样的，有崇高的，有优美的，有雄浑的，也有幽秀的，他所推崇的是高、邃、深、静之境，以穆境为其极致。他说："词境以深静为至。"何谓境之"深静"？说的是作品所呈现的是一派空明静穆的境界，他列举韩维的"燕子渐归春悄，帘幕垂清晓"一句，讲的正是在"风横雨飞狂"之后，庭院里却充满着一种"闲花""燕归""帘垂"的恬淡，其实这也是一种历经风雨的人生修养。他评元遗山词句："写出目前幽静之境，小而不纤。"① 又评段成己词："于情中入深静，于疏处运追琢，尤能得词家三昧。"② 讲的都是词人对深静或幽静的表现，认为这样的境界才算是得词家之三昧。不过，在况周颐看来，"穆境"才是艺术创造之至境，"词有穆之一境，静而兼厚、重、大也"③。这是一种静而兼有厚、重、大的境界，亦即在深静之境基础上生发出来的厚、重、大之美，静者心境之虚静也，厚者情感之醇厚也，重者气格之沉着也，大者托旨甚大也。况周颐还把这种"穆境"分为浓穆和淡穆两种，前者如耶律楚材之《鹧鸪天》写故国之思（"高浑之至，淡而近穆"），后者如《花间集》之写艳情（"蓄艳其外，醇至其内"）。况周颐对"穆境"的推崇反映出他独特的审美趣味，在他生活的晚年，世象纷乱，人心不古，让他生出一种对现实的拒斥和疏远的情绪，他标榜深静、浓穆、淡穆，突出其"离群索居，日对古人"的生活态度，"不入时""不谐俗""与无情世事，日背道而驰"，所为词无非寄寓的是与时代不相协调的"故国之思"与"身世之感"，从这个角度看，这实际上是况周颐作为末代遗民心态的一种审美投射。④

相对陈廷焯"沉郁"说对于现实的关怀，况周颐"穆境"说更多体现出对于现实的逃避态度，但他们都一致把传统的词境追求上推到一个新的高度。

---

① 况周颐《蕙风词话》卷一，《词话丛编》，第 5 册第 4411 页。
② 况周颐《蕙风词话》卷三，《词话丛编》，第 5 册第 4461 页。
③ 况周颐《蕙风词话》卷二，《词话丛编》，第 5 册第 4423 页。
④ 孙维城《千年词史待平章：晚清三大词话研究》，安徽大学出版社 2010 年版，第 50 页。

第一，词境的创造必须有与之相对等的艺术表现手法，"沉郁"之境必须借助"顿挫"的笔法表现出来，"静穆"之境的创造与重拙大的审美追求相关，这表明常州派发展至晚期已非常重视艺术的创造，不只是像其初起之际那样只注重"立意"了。第二，"意境"不但体现为艺术的最高追求，也表征着人生的最高追求，无论陈廷焯对杜甫和王沂孙的推崇，还是况周颐对周邦彦、吴文英的标举，他们都是借助这些诗史或词史典范，以表其人格追求。陈廷焯追求的是"忠爱缠绵"之忧，况周颐追求的是"日对古人"的脱俗襟怀，这一点也为王国维境界说所继承。

五、《人间词话》：传统词境论的现代转化

总而言之，意境论作为古典诗学的美学追求，在诗论中出现较早，在词论中却姗姗来迟，直到清代中叶，随着浙派对清雅词风的大力弘扬，特别是经过厉鹗、王鸣盛、吴锡麒、郭麐、姚燮等浙派词人的创作实践，"词境"问题才被提上日程，并在道光以后得到全面发展，再经过周济、王韬、蒋敦复、谭献、陈廷焯、况周颐等常州派词人的理论探索，"词境"在晚清时期成为词学界的核心话题，《人间词话》"境界"说就是在这样的理论背景下形成的。

对于晚清词学的"词境"论，过去把它简单地理解为一个词学命题，这样的理解固然不错，但是有过于简约化的倾向。笔者认为应该从三个层面去把握。首先，它是一个艺术问题，即在艺术创造过程中怎样把思想形象地表达出来，这就涉及艺术表达的"空"与"实"，既不能执着于现实，又不能脱离现实，而是以"寄托"论将两者绾结起来，从而形成一种不即不离的"美"。其次，它又是一个理论问题，为了弄清"词境"的内在结构，晚清词学家借用禅学和庄学的思想对其生成机制作了比较深入的剖析，描述了"词境"是如何由物境而心境再而意境的生成过程，特别是江顺诒和况周颐的分析尤其具有理论意义。最后，它还是一个历史问题，它实际上是常州派对于浙派思想纠弊的结果，既吸收了浙派思想中合理的成分，比如对清幽境界的追求，又突出了常州派对于"立意"的重视——沉厚或柔厚。其结果就是谭献对于"虚浑"的标榜，陈廷焯对于"沉郁"的标举，况周颐对于"穆境"的崇扬。到王国维出现后，则将传统词境论进行现代性转化，一方面将"词境"升华为一般性的文学理论问题，另一方面吸纳西方的学术思想，并以之阐释中国文论话语，使之走向了现代。

毫无疑问，"境界"是王国维《人间词话》的理论基石，《人间词话》开篇第一句说："词以境界为最上。有境界则自成高格，自有名句，五代北宋之词所独绝者在此。"① 不过，王国维对"境界"的认识也有一个逐步转化的过程，光绪三十一年（1905）在学习接触西方哲学的时候，他接受的是席勒、康德、叔本华的美学思想，认为文学"不外知识与感情交代之结果"，"苟无敏锐之知识与深邃之感情者，不足与于文学之事"②。在他看来，文学是由"景"与"情"二原质构成的，"前者以描写自然及人生之事实为主，后者则吾人对此种事实之精神的态度也"，"故前者客观的，后者主观的也；前者知识的，后者感情的也"③。经过两年多的填词实践，王国维对文学中的情景关系又有新的认知，在托名樊志厚的《人间词乙稿序》中明确提出了"意境"的范畴："文学之事，其内足以摅己，而外足以感人者，意与境二者而已。上焉者意与境浑，其次或以境胜，或以意胜。苟缺其一，不足以言文学。"以"意"与"境"取代"情"与"景"，更加注意到文学构成之原质的有机统一，即"以境胜"的作品有"意"贯注其中，"以意胜"的作品有"境"为其依托，"故二者常互相错综，能有所偏重，而不能有所偏废也"。④ 到1908年9月发表《人间词话》时，王国维更直接以"境界"取代"意境"，以免因"意"与"境"两者各有偏重而造成不必要的误解，这样能更清晰地说明文学作品中构成因素的主客统一，但他也没有完全放弃"意境"，在《人间词话》及其他文学论著《清真先生遗事》《宋元戏曲史》中"境界"与"意境"是交互运用的，"境界"与"意境"的义涵在多数场合是打通的，但"境界"无疑是《人间词话》的主导语词。

---

① 王国维《人间词话》，第1页。

② 王国维《文学小言》，《王国维文集》，线装书局2009年版，第111页。

③ 王国维《文学小言》，《王国维文集》，第111页。

④ 王国维《人间词乙稿序》，王国维著，陈永正笺注《王国维诗词笺注》附录，上海古籍出版社2013年版，第589~590页。

然而，王国维并不满足于"境界"的简单释义，而是要以"境界"为基础，建立一套完整的理论体系，并以之作为文学批评的标准。这就是从过去的"创作"论和"生成"论直接进入对"造境"与"写境"、"有我之境"与"无我之境"、"境界之大小"等话题的讨论。

　　"造境"与"写境"是从创作方法谈境界，着眼于作者与现实的对待关系。所谓"造境"是作者按其主观理想想象虚构出来的，所谓"写境"是作者按照客观自然如实描摹而成的，这两种不同的创作方法便构成了"理想"与"写实"二派。在王国维看来，写实派并非机械照搬"自然"，而是有所取舍的，即"遗其关系限制之处"；理想派也必须向"自然"寻求"材料"，不能完全背离"自然之法则"。"自然中之物，互相关系，互相限制，然其写之于文学及美术中，必遗其关系、限制之处，故虽写实家，亦理想家也。又虽如何虚构之境，其材料必求之于自然，而其构造亦必从自然之法则。故虽理想家，亦写实家也。"①从这个角度看，"造境"与"写境"两种创作方法并不是对立的，而是相互联系的。"故大诗人所造之境必合乎自然，所写之境亦必邻于理想。"②"有我之境"与"无我之境"是从作者感情色彩浓淡谈境界，着眼于作品中作者情感与意象世界的关系。"有我之境"就是鲜明地流露了作者的主观情感，如欧阳修"泪眼问花花不语，乱红飞过秋千去"、秦观"可堪孤馆闭春寒，杜鹃声里斜阳暮"，所写景物带有浓厚的人的主观色彩。"无我之境"则看不出作者的主观态度，情感完全泯化到具体意象中，如陶渊明"采菊东篱下，悠然见南山"、元好问"寒波澹澹起，白鸟悠悠下"，便看不出作者的主观情思，但诗人超然世外遗世独立的胸襟又隐约可见。可见"无我之境"并不是没有作者的思想感情，正如王国维所说"一切景语皆情语也"，只是作者的思想感情比较隐蔽而已，所以，朱光潜认为"有我之境"与"无我之境"反映的是感情的"显"与"隐"。"境界之大小"是从作品取材范围和外在形态谈境界的，有的取材个人生活和家庭伦常，有的取材社会历史和宇宙自然，这两种不同的取材方法使得作品在外在形态上就有"大境"和"小境"之分。像杜甫的

---

① 王国维《人间词话》，第3页。
② 王国维《人间词话》，第7页。

"细雨鱼儿出，微风燕子斜"是"小境"，"落日照大旗，马鸣风萧萧"是"大境"；秦观的"宝帘闲挂小银钩"是"小境"，"雾失楼台，月迷津渡"是"大境"。而"大境"与"小境"之分，也与康德所说"优美"与"崇高"有关。"大的境界，予人以伟大、壮阔、雄浑的感觉，在西洋美学上称为崇高；小的境界，予人以细致、幽美、柔和的感觉，称之为秀美。"①因为美是多样的，优美与崇高也各有优长，故境界之大小并无优劣之分。上述这些话题的引出，是基于王国维对康德、叔本华、尼采哲学思想的理解和阐发。

很显然，王国维对于"境界"问题的论述，并不只是单纯的词学话题，它实际上是一个文学话题和美学话题，对于传统词境论而言有着革命性的意义。第一，以往各种理论诸如"兴趣"说、"神韵"说也涉及情景关系、言情体物及"言有尽意无穷"等，但诸家所论皆偏于感性的体悟而未作知性的分析，王国维将它们统纳到"境界"的范畴内来论述，既注意分析文学构成的本质，又探讨了境界对作者与读者的要求，是比较系统深入的理论体系。第二，王国维"境界"说从哲学的高度分析了意境的本质及类型，把文学作为人类观照现实世界的一种重要方式——美的观照。他引用叔本华的话说："夫美术者，实以静观中所得之实念，寓诸一物焉而再现之。由其所寓之物之区别，而或谓之雕刻，或谓之绘画，或谓之诗歌、音乐。然其惟一之渊源，则存于实念之知识。"②这就是说，文学艺术是一种超功利的存在，即审美无功利的观照方式，对"境界"的把握也应该从超功利立场去理解，这样他的"境界"说就摆脱了常州派执着于现实的情结。第三，王国维对于云间派、浙西派、常州派三大词派影响下的清代词坛进行了理论反思，认为清初诸老其失也纤小而轻薄，浙西派其失也枯槁而庸陋，常州派论词又不免深文罗织，而他则以"境界"说为批评标准对唐宋词史进行了新的衡估。"君之于词，于五代喜李后主、冯正中，于北宋喜永叔、子瞻、少游、美成，于南宋除稼轩、白石外，所嗜盖鲜矣。尤痛诋梦窗、玉田。"③肯定五代北宋，鄙薄南宋，一改晚清以来推尊梦窗的风

---

① 姚一苇《艺术的奥秘》，漓江出版社 1987 年版，第 311~322 页。
② 王国维《叔本华与尼采》，谢维扬、房鑫亮主编《王国维全集》第一卷，浙江教育出版社 2010 年版，第 82 页。
③ 王国维《人间词甲稿序》，《王国维诗词笺注》附录，第 588 页。

气，把词学批评标准由常州派的诗教原则转换到审美原则上来，正如徐兴业所说："《人间词话》在文学批评上为一极有价值之书，一反前人词学为'鼓吹元音，宣昭六义'之观念，而予词曲以一种新估价。"[1]王国维的最大贡献就是对传统词境论进行了现代性转换。

过去，对于王国维"境界"说多从他的西学背景寻找渊源，其实，王国维在撰写《人间词话》前后，既写有《文学小言》，也撰有《词录》，还编有《唐五代二十一家词辑》等，这些研究对于其"境界"说的形成是有深刻影响的，故对王国维"境界"说当注意其创造性转化。

---

① 徐兴业《清代词学批评家述评》，孙克强、和希林主编《民国词学史著集成补编》下卷，南开大学出版社 2018 年版，第 669 页。

第六章　审美追求与理论总结（下）

随着清代词史也进入近代阶段，常州词派在晚清词坛的影响越来越大。现代著名词人黄孝纾说："迄阳湖张皋文辈崛起乾嘉，标举意内言外之旨，一洗侧艳饾饤故习，世益知词学托体之尊。"[1] 在传统词学走向终结、现代词学即将启程之际，作为一个跨越近现代两个时段的词派，常州派提出了一些富有创见的词学见解，如"意内言外""重拙大""厚""涩"等，这些见解或观念不但发展了传统词学，而且对于现代词学的建构也产生了深刻的影响，为中国词学从传统走向现代提供了一条可行的发展之路。

第一节　"意内言外"与晚清词学之解释学

1921年9月，严既澄在词集《驻梦词》"序"中，谈到他与常州派在词学观念上的分歧说：

---

① 黄孝纾《清名家词序》，《清名家词》卷首，第1册。

向者浙中词人某公，尝为吾友言，吾词亦自佳，独惜了无寄托，不耐人寻味耳，是殆年龄所限欤？不知常州诸子所谓主风骚，托于比兴之言，余向目为魔道。温卿之好为侧艳，本传未尝讳言，而张惠言之俦，必语语笺其遥旨。绮罗香泽，借为朝野君臣；荆棘斜阳，绎以小人亡国。自谓能探其奥窔，实皆比附陈言。夫作家之处境万殊，其作又安得咸趋一轨。偶然寄意，固不必无，即兴成文，尤为数见。又岂人人工部，语语灵均，而后能垂诸久远耶？①

他与常州派的分歧有两点值得注意：一是常州派不满他的创作"了无寄托"，他认为"偶然寄意，固不必无，即兴成文，尤为数见"；二是他认为张惠言以微言大义解读温庭筠的词，是"比附陈言"，实际上温庭筠的词本为侧艳之篇，并无深意。这种词学观念的分歧关涉近代词学史上关于文本意义阐释的理论论争问题，即作者进行文学创作之前是否有一个预设的意义。读者对文本的解释是否应该符合作者的原意，或者说读者对文本的解释是否以追究作者的书写意图为终极目的。笔者认为，要澄清这些问题，必须先从常州派的词学观念谈起，然后进一步分析晚清词坛在文本阐释问题上存在的分歧及相关的词学见解。

一、"意在笔先"与"意内言外"

以张惠言为代表的常州词派形成于嘉庆初年，当时词坛上流行的是浙西派所倡导的清醇雅正词风。浙西派标榜清醇雅正的审美理想，适应了康熙、乾隆升平时期封建统治者的审美需要，却存在着形式为工、"性灵不存"的弊端，给清代词坛造成极其负面的影响。正如谢章铤所说："自浙派盛行，大抵挹流忘原，弃实佩华。强者叫呶，弱者涂泽；高者单薄，下者淫猥；不攻意，不治气，不立格。"②所谓"不攻意，不治气，不立格"，是指浙派末流创作丧失文

---

① 严既澄《驻梦词序》，《词学季刊》第一卷第 3 号。
② 谢章铤《张惠言词选跋》，《赌棋山庄文集》卷二，《谢章铤集》第 14 页。

学创作抒情写意的本意，与中国古典诗歌缘情言志传统背道而驰，也与正在悄然兴起的经世思潮格格不入。嘉庆以后，清王朝的统治已明显地由盛转衰，一些有识之士也意识到"衰世"已经降临。以庄存与、刘逢禄、宋翔凤为代表的常州学派，对于现实的关怀意识越来越浓厚，在治学上已由偏重考据转向注意"微言大义"的阐发，这样的社会背景呼唤着新的审美理想和审美观念，当时词坛在创作上渐显向抒情写意传统复归的迹象。

嘉庆词坛"尚意"思潮的回归，先是出现在浙派后期词人吴锡麒、郭麐的有关论述里。如吴锡麒论词虽坚持清雅为尚的宗派观念，正如本书第五章第三节所言，但认为"推其变亦以纵横见赏"，注意到"过涉冥搜，则缥缈而无附；全矜豪上，则流荡而忘归"，他提出的变革主张是："一陶并铸，双峡分流，情貌无遗，正变斯备。"[①]在吴锡麒变革主张的基础上，郭麐又指出学习南宋，要学习其抒情达意的观念："写其心之所欲出，而取其性之所近，千曲万折以赴声律，则体虽异而其所以为词者，无不同也"[②]，已初步破除了浙派在风格上的雅洁中心论，树立起多种风格并存共处的边缘思想，重新确立以尚意为宗旨的话语中心。但真正确立以立意为本、协律为末观念的是张惠言。陆继辂在《冶秋馆词序》中谈到自己在乾隆五十八年（1793）初入词坛之际，向张惠言请教为词之道，张氏教导说："子学诗已久矣！唐之诗人，四杰为一家，元白为一家，张王为一家，此气格之偶相似者也。家始大于高、岑，而高、岑不相似；益大于李、杜，而李、杜不相似；子亦务求其意而已矣。……凡文辞皆然，而词尤有然者。"[③]张惠言这段话里提出的"务求其意"的创作主张，实际上是要求文学创作应有生活基础，唐代诗人之间风格的相似只是一种偶然现象，而作者在作品中抒写自己的真情实感才是必然的规律。他认为文学创作中的"意"来自作者的生活感慨，作者在执笔之前就已经成熟于胸。他在《送钱鲁斯序》中说："夫意在笔先者，非作意而临笔也。……当其执笔也，繇乎其若

---

① 吴锡麒《董琴南楚香山馆词钞序》，《有正味斋骈体文笺》卷八，清道光二十五年刻本。

② 郭麐《无声诗馆词序》，《灵芬馆杂著》卷二，《清代诗文集汇编》，第485册第410页。

③ 陆继辂《冶秋馆词序》，《崇百药斋文集》续集卷三，《清代诗文集汇编》，第506册第264页。

存，攸攸乎其若行，冥冥乎，成成乎，忽然遇之，而不知所以然，故曰意。"①
张惠言认为文学创作的"意"来自平日之所养，故出之而有"物"，"意"随作者生活的变化而呈流动性，作为表达"意"的艺术手段的"法"却是大体定型的，因此文学创作应以立意为本，浙派唯姜、张是尊，是守"法"而失"意"，最终必然走上忽视性灵的穷途末路。

在"意在笔先"的理论前提下，张惠言又提出了"意内言外"的命题。《词选叙》说：

> 传曰："意内而言外谓之词。"其缘情造端，兴于微言，以相
> 感动。极命风谣里巷男女哀乐，以道贤人君子幽约怨悱不能自言
> 之情，低徊要眇以喻其致。②

诚如前文所言，这里将词的定义溯源到东汉许慎《说文解字》，是一种"通套语""门面语"，是张惠言的一种尊体策略。但他将词定义为"意内言外"很符合文学作品的构成实际，即文学作品是由语言构筑的意义世界，外在的语言以生动的艺术形象来传达某种意义，词就是外在的"风谣里巷男女哀乐"与内在的"贤人君子幽约怨悱不能自言之情"的完美结合。外在的"言"是用来构建"象"的，"象"是用来传达"意"的，"言，象也。象必有所寓（意）"③，"言""象""意"组成一个完整的文学作品层深系列，《词选叙》所说"风谣里巷男女哀乐"即"象"，"贤人君子幽约怨悱不能自言之情"即象之所寓（"意"）。张惠言还引进传统诗学中的比兴观念，对"意内言外"的特定内涵作了进一步界定："盖诗之比兴，变风之义，骚人之歌，则近之矣。"④"比兴"是《诗经》中用明喻和暗喻的手段，曲折地对政事进行称美或讽刺的表现手法；"变风"是一种乱世之音，所谓"变风之义"是指作者之所写当合乎

① 张惠言《送钱鲁斯序》，张惠言著，黄立新校点《茗柯文编》二编，上海古籍出版社 2015 年版，第 72 页。
② 张惠言编选《词选》"词选叙"，第 1 页。
③ 张惠言《七十家赋钞目录序》，《茗柯文编》初编，第 18 页。
④ 张惠言编选《词选》"词选叙"，第 1 页。

封建伦理规范。《诗大序》说："至于王道衰，礼义废，政教失，国易政，家殊俗，而变风变雅作矣。国史明乎得失之迹，伤人伦之废，哀刑政之苛，吟咏性情，以风其上，达于政事而怀其旧俗者也。故变风发乎情，止乎礼义。""骚人之歌"是指屈原的《离骚》，王逸《离骚经章句》云："《离骚》之文，依《诗》取兴，引类譬谕。故善鸟香草，以配忠贞；恶禽臭物，以比谗佞；灵修美人，以媲于君。"张惠言治学从惠栋，接受的是汉儒的经学思想，他以"诗之比兴，变风之义，骚人之歌"来阐释词的意蕴，是主张词和《诗经》《离骚》一样要"发乎情，止乎礼"，有"美人香草"之意。其中的"意"具有很明确的指向性，指的是作者的志向和怀抱，是传统诗学中所说的"志"。张惠言《七十家赋钞目录序》说："赋乌乎统？曰：统乎志。志乌乎归？曰：归乎正。夫民有感于心，有慨于事，有达于性，有郁于情，故有不得已者，而假于言。……有动于中，久而不去，然后形而为言，于是错综其词，回互其理，铿锵其音，以求理其志。"[①] 这里所论是赋，其实也通于词，在张惠言看来，诗、词、赋三者在本质上是相通的，《词选叙》中就说过词应该与"诗赋之流同类而风诵之"。张惠言说赋统乎"志"，其实也是说词统乎"志"，所谓"意"也就是为儒家思想所规范的"志"，它把词与政治关联起来，把创作与生活沟通起来，转变了浙西派回避现实的创作态度。

张惠言论词以立意为本，文本的意义要经过读者的解读才能得以还原，而他将词的义界指定为"诗之比兴，变风之义，骚人之歌"，也是进一步说明，作者进行文学创作之前有一个预设的书写意图，文本的意义只有一个，那就是作者的书写意图，而读者的解读活动的任务就是对作者书写意图的本义还原。这实际上是突出作者对文本解释的权威地位，指明作者对读者的解读活动起着导向作用，读者对文本的解读不能背离作者的书写意图。但是张惠言对唐宋词的解读并没有遵循这一原则，如温庭筠《菩萨蛮》（小山重叠金明灭）描写的是妇女晨妆的情形，张惠言却断定"此感士不遇也"；欧阳修《蝶恋花》（庭院深深深几许）写的是思妇由春归而产生青春虚度的闺怨，

---

① 张惠言《七十家赋钞目录序》，《茗柯文编》初编，第18~19页。

张惠言却认为此词深寓北宋庆历新政的失败；苏轼《卜算子》（缺月挂疏桐）借咏孤鸿寄寓孤寂之感，张惠言却征用鲖阳居士的意见，认为该词词旨"与《考槃》诗极相似"[1]。很显然，张惠言不是在文本中寻找作者的书写意图，而是根据自己的思想观念对文本的意义作了新的阐释，也就是说，在他的解读活动中，他取代作者成为文本解释的权威，这样，在创作上他强调作者应有先于文本的书写意图，在接受上却完全抛开作者而把自己的意义带入文本。那么，文本的解释权应该属于作者还是属于读者呢？即读者对文本的处置，是以作者为中心还是以读者为中心呢？围绕这一问题，近代词学展开了激烈的论争，大都认为读者对文本的解释有自主权，但这种解释的自主权到底有多大，作者的意义对于读者的解释是否有限制性？或曰读者的解释是否具有有效性呢？不同的人因为学术见解不同而存在着极大的分歧。

二、"作者之用心未必然，读者之用心何必不然"

以宋翔凤、周济、谭献为代表的常州派后继者，首先积极肯定张惠言以微言大义说词的做法，认为文本的解释权应该属于读者，读者完全可以抛弃作者的书写意图，对文本作自己的解释。宋翔凤说："张皋文先生《词选》，申太白、飞卿之意，托兴绵远，不必作者如是。是词之精者，可以仁者见仁，智者见智。"[2]他认为《词选》对李白、温庭筠词旨的阐释，是张惠言作了发挥，其实作者并非真有此意，完全是张惠言将自己的意义强加于唐宋词。这实际上是承认张惠言曲解了唐宋词作者的原意，但他同时又以"仁者见仁，智者见智"说明张惠言解释唐宋词有其合理的地方。周济也说："夫人感物而动，兴之所托，未必皆本庄雅。要在讽诵绌绎，归诸中正，辞不害志，人不废言。虽乖缪庸劣，纤微委琐，苟可驰喻比类，翼声究实，吾皆乐取，无苛责焉。"[3]周济认为作者感物而发的感情，不必非托之于"庄雅"不可，如果读者在理解的过程中，能持之以中正之心，那么，即使是"乖缪庸劣，纤微委琐"，也可以被视为有中正之意的作品，

① 张惠言《张惠言论词》，《词话丛编》，第 2 册第 1609、1613～1614 页。
② 宋翔凤《论词绝句二十首》，《洞箫楼诗纪》卷三，《清代诗文集汇编》，第 513 册第 100 页。
③ 周济《词辨序》，《清人选评词集三种》，第 144 页。

当然这样的中正之意是读者所赋予的，周济已初步肯定了读者对作品解释的权利和立场。

在宋、周二氏论述的基础上，谭献又提出了"作者之用心未必然，读者之用心何必不然"的观点，进一步地论证了张惠言以微言大义说词的合理性。他说："皋文《词选》以《考槃》为比，言非河汉也。此亦鄙人所谓作者未必然，读者何必不然。"①他还结合自己多年的治词经验，说自己对唐宋的解读经历了一个追寻作者原意到抛开作者趋向尊重读者的过程。"献十有五而学诗，二十二旅病会稽，乃始为词，未尝深观之也。然喜寻其旨于人事，论作者之世，思作者之人。三十而后，审其流别，乃复得先正绪言以相启发。年逾四十，益明于古乐之似在乐府，乐府之余在词。……又其为体，固不必与庄语也，而后侧出其言，旁通其情，触类以感，充类以尽。甚且作者之用心未必然，而读者之用心何必不然。言思拟议之穷，而喜怒哀乐之相发，向之未有得于诗者，今遂有得于词。如是者年至五十，其见始定。"②"寻其旨于人事"是结合作者的人品、生活经历、所处时代来推测作者的书写意图，这说明谭献初入词坛未能深契常州派的寄托之旨，但四十岁以后感悟到词有"侧出其言，旁通其情"的审美特征，故而认识到张惠言的微言大义的真谛是"作者之用心未必然，读者之用心何必不然"。

张惠言以微言大义说词有其合理之处，也存在着"取类比附""强为指发"的弊端，即张惠言以"诗之比兴""骚人之歌"解释词旨往往不合作者原意。李冰若《栩庄漫记》称张惠言："以说经家法，深解温词，实则论人论世，全不相符。""飞卿为人，具详旧史，综观其诗词，亦不过一失意文人而已。宁有悲天悯人之怀抱？……以无行之飞卿，何足以仰企屈子？"③为此，宋翔凤、周济等对张惠言的"意内言外"之说作了某种程度的改造，有意地淡化张氏词学中的政治寓意，而突出"意内言外"的审美内涵。如宋翔凤释"意内言

---

① 谭献《谭评词辨》，《清人选评词集三种》，第178页。
② 谭献纂，罗仲鼎、俞浣萍整理《复堂词录》"自叙"，浙江古籍出版社2016年版，第1～2页。
③ 李冰若《花间集评注》，人民文学出版社1993年版，第10页。

外"为"期敛散越之意，约以宛转之言，出之靡尽，而留其有余"①，要求作者不可将意说尽，要做到意余言外，让人有回味的余地。张惠言所谓"义有幽隐"，是指作者无法说出的意义，而宋翔凤所谓"出之靡尽，而留其有余"，是指作者故意不说出来的意义。前者只可结合作者的背景来理解，后者则完全依赖读者自身的感悟。张惠言的外甥董士锡承传张氏衣钵把"意内言外"解释为"以无厚入有间"，已注意到寄托过程中必须掌握纯熟的艺术技巧。蒋敦复则将之改易为"以有厚入无间"，强调的是运用寄托应追求内在的复意重旨。王韬解释蒋敦复之意说："词之一道，易流于纤丽空滑，欲反其弊，往往变为质木，或过作谨严，味同嚼蜡矣。故炼意炼辞，断不可少，炼意所谓添几层意思也，炼辞所谓多几分渲染也。"②"添几层意思""多几分渲染"，实质上就是为读者提供一个有再度阐释的可能性的空间。

此后，周济进一步指出读者的理解必须以文本建构的艺术形象为依凭，艺术形象自身的多义指涉性给读者提供了再度阐释的空间。他说："初学词求有寄托，有寄托则表里相宣，斐然成章。既成格调，求无寄托，无寄托则指事类情，仁者见仁，知者见知。"③何谓"无寄托"，詹安泰解释说："非不必寄托也，寄托而出之以浑融，使读者不能斤斤于迹象以求其真谛，若可见若不可见，若可知若不可知，往复玩索而不容自已也"④。他认为周济"无寄托"说的实质，就是超越迹象，不落言筌，意余言外，给读者留有再度阐释的文本空间。不仅如此，周济还比较了"有寄托"与"无寄托"在审美意象构成及读者接受方式上的不同。从意象构成方式上看，有寄托要求作者将自己的感受，借助对一物一事的刻画摹状，达到假类毕达、意物相称、表里相宣的效果。亦即张惠言所说的"触类条鬯，各有指归"。无寄托则要求作者秉赋深情，遇境而悟，特定的寄托化为由中而出的感情，它触境而生又包容在生动、具体、血肉丰满的艺术形象里。即如况周颐所云："即性灵，即寄托，非二物相比附也。"⑤

---

① 宋翔凤《浮溪精舍词三种》"自序"，《清名家词》，第 7 册。

② 王韬《芬陀利室词话序》，蒋敦复《芬陀利室词话》，《词话丛编》，第 4 册第 3627 页。

③ 周济《介存斋论词杂著》，《清人选评词集三种》，第 193 页。

④ 詹安泰《詹安泰词学论稿》，第 118 页。

⑤ 况周颐《蕙风词话》卷五，《词话丛编》，第 5 册第 4526 页。

从读者的接受方式看，解读有寄托之词往往是"阅载千百，馨欬弗违"，文本虽经千百年的传播，但读者所取得的认识只是对作者原意的体认而已，读者与文本之间建立的是精确的认知关系。①而解读无寄托之词则有如"临渊窥鱼，意为鲂鲤，中宵惊电，罔识东西"②。读者完全沉浸在文本所营造的艺术境界之中，与文本展开活跃的交流，他不是文本意义的被动接受者，而是文本意义的主动阐释者。他就像赤子随母笑啼，也像乡人缘剧喜怒，带着自己的心灵进入文本世界，与作者作心与心的交流。由此可见，在周济的无寄托理论里，寄托与形象之间的距离被取消了，读者与文本之间的隔阂被解除了，呈现出来的是"金碧山水，一片空蒙"的浑融境界。这与张惠言坚持的取类比附有着本质的不同，前者是主张追寻作者的原意，后者是强调读者对文本意义的主动阐释，从读者立足谈寄托则能避开强为指发的指责。

在周济、宋翔凤强化"意内言外"审美意蕴的基础上，庄棫与陈廷焯又对张惠言以微言大义说词存在的"字字笺其遥旨"之弊作了修正。庄棫说："夫义可相附，义即不深；喻可专指，喻即不广。托志闺房，眷怀君国，温、韦以下，有迹可寻。……又或用意太深，辞为义掩，虽多比兴之旨，未发缥渺之音。"③他认为"自古词章，皆关比兴"，但比兴不是"义可相附""喻可专指"的浅显明喻，也不是"用意太深，辞为义掩"的晦涩暗喻，而应该是"比兴之旨"与"缥渺之音"的完美结合，亦即深厚的思想意蕴与空灵缥缈的音节辞采有机统一。在庄棫有关论述的基础上，陈廷焯又提出"沉郁"说，主张寄托力求深厚，比兴应重含蓄，以纠正张氏"取类比附"之失。什么是陈廷焯所说的"沉郁"呢？《白雨斋词话》卷一云："所谓沉郁者，意在笔先，神余言外，写怨夫思妇之怀，寓孽子孤臣之感。凡交情之冷淡，身世之飘零，皆可于一草一木发之。而发之又必若隐若见，欲露不露，反复缠绵，终不许一语道破，匪独体格之高，亦见性情之厚。"④陈廷焯认为作品有寄托（意在笔先），

---

① 邬国平《常州词派关于词与读者接受的思考》，《文学遗产》1992 年第 5 期。

② 周济《宋四家词选序论》，《周济词集辑校》附录二，第 148 页。

③ 庄棫《复堂词序》，《蒿庵文集》卷六，《清代诗文集汇编》，第 711 册第 217 页。

④ 陈廷焯《白雨斋词话》，《词话丛编》，第 4 册第 3777 页。

作品有余蕴（神余言外），寄托不厚则感人不深，只能感人之所感，不能感人之所不感。怎样才能做到寄托深厚呢？《白雨斋词话》卷二说："感慨时事，发为诗歌，……特不宜说破，只可用比兴体。即比兴中，亦须含蓄不露。"① 陈廷焯理解的比兴，不像张惠言那样理解为"言外"与"意内"的比兴关系，而是突出词所含蓄蕴藉的审美特征。他说："所谓兴者，意在笔先，神余言外，极虚极活，极沉极郁，若远若近，可喻不可喻，反复缠绵，都归忠厚。"② 所谓"神余言外""极虚极活""若远若近"，指的就是艺术形象有极大的包蕴性，具有丰厚的审美底蕴，给人以广阔的想象空间，这正是庄棫所说的"比兴之旨"与"缥渺之音"的完美结合。

三、"断章取义"与"刻舟求剑"

尽管庄棫、陈廷焯对张惠言的词学作了这样或那样的改造和补救，但在他们的思想中，比兴寄托的意识愈来愈坚定。然而，作者从事文学创作，有的确实是偶然寄意，但更多的情况是即兴成文，如果把即兴成文之作硬说成"寄意"之作，就不免有些胶柱鼓瑟了。张祥龄说："词主谲谏，……此固有之，但不必如张皋文胶柱鼓瑟耳。"③ 王国维甚至批评说："飞卿《菩萨蛮》、永叔《蝶恋花》、子瞻《卜算子》，皆兴到之作，有何命意？皆被皋文深文罗织。"④ 谢章铤进一步分析说："虽然，词本于诗，当知比兴，固已。究之尊前花外，岂无即境之篇，必欲深求，殆将穿凿。夫杜少陵非不忠爱，今抱其全诗，无字不附会以时事，将《漫兴》《遣兴》诸作，而皆谓其有深文，是温柔敦厚之教，而以刻薄讥讽行之。"⑤ 那么，应该怎样才能确定何者为寄意之作，何者为即兴成文之作呢？

有的论者提出运用"以意逆志"的解释传统，如刘熙载《艺概·词曲概》中指出文天祥词有"风雨如晦，鸡鸣不已"之意，"故词当合其人之境地以观

① 陈廷焯《白雨斋词话》，《词话丛编》，第 4 册第 3797 页。
② 陈廷焯《白雨斋词话》卷六，《词话丛编》，第 4 册第 3917 页。
③ 张祥龄《词论》，《词话丛编》，第 5 册第 4213 页。
④ 王国维《人间词话》，第 59 页。
⑤ 谢章铤《赌棋山庄词话》续编卷一，《词话丛编》，第 4 册第 3486 页。

之"①。陈廷焯也认为"读碧山词者，不得不兼时势言之"②，提出要结合作者的时代去解释词的意义。但重建作者原意是相当困难的，这是因为读者与作者年代相隔久远，从心境到理解能力诸方面，都不可能完全吻合，读者对文本的解释总是或多或少地偏离作者的原意。刘子春《石园诗话序》说："作者之意，岂能必读者之意"，"作者之意，在一时一事，时事在当代，又不必尽人而合之也。以我之意，推求古人之意，而欲其一一尽合，亦不可必得之数矣。言其所能得者，而缺其所不能得者，古人可作，未必不心许之"③。读者与作者之间有着无法回避的时空差距，读者时代的审美观念与作者时代的审美观念亦不尽吻合，因此说"作者之意，岂能必读者之意"，从这种意义上讲，张惠言的解释偏离作者原意，在某种程度上有他的合理性。

谢章铤论词"与时派不同"，在文本解释的问题上，对肯定与批评张惠言的两派意见持调和态度。他说：

> 读皋文此选（《词选》），则词不入于浅。且使天下不敢轻易言词，而用心精求于六义。皋文之有功于词，岂不伟哉？然而杜少陵虽不忘君国，韩东郎虽乃心唐室，而必谓其诗字字有隐衷，语语有微辞，辩议纷然，亦未免强作解事。若必以此法求之于词，则夫酒场歌板，流连光景，保无即事之篇、漫兴之作，而不必与之庄论者乎？皋文将引词家而进之于古，其立言自不得不尔，学者当观其通焉。④

他认为张惠言以比兴寄托说词有纠弊的意义，《赌棋山庄词话》还肯定张惠言《词选》能补救词坛流行的"淫词""鄙词""游词"三弊，"其大旨在于有寄托，能蕴藉，是固倚声家之金针也"⑤。他在为周济《词辨》所撰跋语里还

---

① 刘熙载撰，袁津琥校注《艺概注稿》，第 525 页。
② 陈廷焯《白雨斋词话》卷二，《词话丛编》，第 4 册第 3809 页。
③ 刘子春《石园诗话序》，余成教《石园诗话》，《清诗话续编》，第 1736 页。
④ 谢章铤《张惠言词选跋》，《赌棋山庄文集》卷二，《谢章铤集》，第 14 页。
⑤ 谢章铤《赌棋山庄词话》续编卷一，《词话丛编》，第 4 册第 3486 页。

进一步阐述了自己的这一观点："皋文之论词，以有怀抱有寄托为归，将以力挽淫艳猥琐、虚枵叫嚣之末习，其用意远矣。虽然，词以温尉为大宗，温尉之诗靡靡，以彼怀抱较之李、杜，不待智者而知其不似也，而谓其词皆遐稽隐讽，字字有着落，或不然矣。诗三百，一言以蔽曰：思无邪。说者谓诗不尽无邪，而能以无邪之思读之，则无邪矣。吾谓词不尽有托，而能以有托之心读之，则有托矣。是故皋文以寄托论词，山阳潘四农以人品论诗，皆诚为能尊诗词之体者，作家虽不必拘其说，要不可不闻其说也。"[1] 谢章铤指出，常州派论词重比兴寄托，固然有强化文本立意的意义，但这样也会带来穿凿附会的不良影响。如苏轼《乳燕飞》、辛弃疾《祝英台近》皆有本事，而常州词人"今竟一概抹杀之，而谓我能以意逆志，是为刺时，是为叹世，是何异读诗者尽去小序，独创新说，而自谓能得古人之心，恐古人可起，未必任受也。……故皋文之说不可弃，亦不可泥也"[2]。完全抛开作者的原意去"独创新说"是不可取的，那么，应该怎样才能做到既尊重读者的解释权又不致穿凿附会呢？谢章铤说：

> 东坡《卜算子》云："缺月挂疏桐，……"时东坡在黄州，固不无沦落天涯之感。而铜阳居士释之云："缺月，刺明微也。……"字笺句解，果谁语而谁知之？虽作者未必无此意，而作者亦未必定有此意。可神会而不可言传，断章取义，则是刻舟求剑，则大非矣。[3]

这里，谢章铤将读者对文本的解释分为"断章取义"与"刻舟求剑"两种，有似于赫施将文本的意义划分为"意义"（meaning）与"意味"（significance）。不过，他的意见与赫施正好相反，赫施坚持只有作者的意义才是唯一正确的解释，谢章铤则认为读者的解释可以不以追寻作者的原意为终极目的，而是应该积极肯定读者解释的合理性。在他看来，问题不在于作者是否

① 谢章铤《跋周氏词辨二卷》，《赌棋山庄文辑佚》，《谢章铤集》，第 182 页。
② 谢章铤《赌棋山庄词话》续编卷一，《词话丛编》，第 4 册第 3486 页。
③ 谢章铤《赌棋山庄词话》续编卷一，《词话丛编》，第 4 册第 3486 页。

有一个预设的意义亦即寄托，关键在于读者以怎样的心态来理解文本，以有寄托之心析之则有，以无寄托之心读之则无，在具体的理解过程中亦不可作指实之论。

谢章铤所说的"刻舟求剑"，实际就是张惠言"取类比附"的解词方法，而"断章取义"则近似于文本解释的读者中心论，强调读者对文本解释的自主性，谢章铤对这两种文本解释方法是肯定后者而否定前者，但他始终未能说明读者是怎样去解释文本的。近人俞平伯对读者文本解释活动的分析弥补了谢章铤在这方面的不足，他将读者解释文本的活动分为"深思"与"浅尝"两种，所谓"浅尝"就是求文本之"真"即固有意义，所谓"深思"就是求文本之"美"，它是经过读者的解释而呈现的新义。[①]"浅尝"和"深思"都是文学接受活动中不可缺少的，它们反映出文学接受活动中作者、文本、读者三者之间有不可分割的联系。俞平伯认为，"文词之意"并不等于"作者之意"，文本之意有的是"作者之意"的原意复制，有的则是作者"即兴成文"之作，完全依靠读者自己的理解能力去解释它的意义，读者对这种文本意义的解释可"浅尝"亦可"深思"。这样解释读者的文本阐释活动比较符合文学接受活动的实际，如冯延巳的《鹊踏枝》十四章呈现的就是一种"郁伊惝恍"的境界，不同的读者从中得出的感受是大不相同的。刘熙载认为"其词流连光景，惆怅自怜"，冯煦却认为"有家国之感寓乎其中"，谁是谁非是很难作出定论的，只要不像张惠言那样"字字笺其遥旨"都是可取的。即如文廷式所说，"凡读古人文字，心通比兴足矣，不必字字主张道学也"[②]。笔者认为，作者之意、文本之意及读者之意，有着内在联系却也有着外延上的区别，从文学解释学的角度分析，文本之意是文学解释活动的逻辑起点，它连接着作者之意与读者之意的两"轴"。读者对文本的解释，首先应以文本之意的复现为前提条件，这就是俞平伯所说的"浅尝"求文本之"真"。而文本之"意"有的即是作者之意，有的却是作者即兴成文之作，并没有什么深刻的寓意，对于有寄托的作品当然要寻找作者的书写意图，对无寄托的作品则应该任读者作自己的理解、解释，这就

---

① 俞平伯《积木词序》，《词学季刊》第三卷第 2 号。

② 文廷式《纯常子词话》，《词学》第 5 辑，华东师范大学出版社 1986 年版，第 192 页。

是俞平伯所说的"深思"求文本之"美"。"深思"是"浅尝"的深化，"浅尝"是"深思"的先决条件，二者不存在高下优劣的问题，仅仅是读者解读文本过程中的两个阶段而已。

晚清词学围绕文本意义阐释问题展开的理论论争和发表的有关看法，澄清了某些错误认识，也提出了一些很价值的理论见解，对于当前文学解释学的建设仍有重要的参考价值。

第二节　"厚"之意义生成与观念流衍

晚清词坛有一个不同于清初的显著特征，出现了一些带有浓厚理论色彩的词学主张，像张惠言"意内言外"说、周济"寄托出入"说、刘熙载"寄言"说、况周颐"即性灵即寄托"说，与之相应，也出现了一些特有的审美观念，如张惠言的"深美闳约"说、周济的"浑厚"说、刘熙载的"厚而清"说、谭献的"比兴柔厚"说、陈廷焯的"沉郁顿挫"说、王鹏运的"重拙大"说等。这些美学主张贯穿着一个共同的观念——"厚"，它们都以"厚"作为立说之本。晚清词学论词以"厚"为基，是对前代审美经验和创作倾向的理论总结，也是对社会心理需求和时代审美召唤的积极回应，体现出晚清词学的观念进步。过去，有学者谈到古典美学中的"厚"范畴，将其作为词境创造的目标[1]，在笔者看来，晚清对于"厚"之审美内涵的认识是逐步推进的，有一个从单一义旨到多重义旨的演进过程。

一、"厚"之发端：幽约怨悱与深美闳约

词在清初复兴之际，其表现内容是相当宽泛的，有写儿女之私情的，有写百姓生活之贫困的，也有写士人生不逢时、才抱无法施展的穷愁的，更有写

---

[1] 董雪静《中国古典美学"厚"范畴论》，复旦大学博士学位论文，2006年；孙立《"厚"：词境创造的审美规范》，《南通师专学报》1991年第4期；曹明升《厚：清代中后期宋词风格论的核心范畴》，《学术探索》2010年第2期；蒋寅《论中国古典诗学中的"厚"》，《北京大学学报》2019年第1期。

作者自己系怀天下、眷恋故国的情思的。但在浙西词派兴起之后，以雅为尚成为一时之风向标，在清初表现内容非常丰富的词坛，渐转向专以咏物为能事，以搜奇征僻相夸耀，堕入"配黄俪白、摹风捉月"之歧途。

在这样的创作背景下，张惠言起而挽之，通过《词选》的编选，以"意内言外"相号召，以有怀抱、有寄托为旨归，以《国风》《离骚》为宗趋，力除淫艳猥琐、虚枵叫呶之恶习。他在《词选叙》中回顾自唐五代至清代乾隆末的千年词史后，指出南宋以后的词坛："不务原其指意，破析乖刺，坏乱而不可纪，故自宋之亡而正声绝，元之末而规矩隳，以至于今，四百余年。"① 他的学生金应珪在《词选后序》中也谈到后世为词之"三弊"——淫词、鄙词、游词，其中"游词"正是针对浙派而言的。"规模物类，依托歌舞，哀乐不衷其性，虑叹无与乎情。连章累篇，义不出乎花鸟；感物指事，理不外乎酬应。虽既雅而不艳，斯有句而无章。"他认为张惠言编辑此选的目的是"塞其歧途""严其科律"，示学者以正鹄，使初学者能走风雅之正轨，这一作法对转变当时词坛风气可谓是"用意远矣"。②

在张惠言等常州词人笔下，所写多是贤人君子的"幽约怨悱"，是贤人君子的"感士不遇"和"离别怀思"。《词选》附录郑抡元选编的常州派词选，所选之人多为潦倒不偶之贫士：黄景仁乡试八次皆落第，后因生活窘迫，四处谋生，潦倒以终；左辅虽然中进士，却仕途坎坷，屡遭打击，因得罪有司而被革职去官；恽敬在科场上也是每每失利，"八年之间，共颠于举场"③；张惠言生在贫寒之家，却有天下之志，然七试礼部而不第；钱季重为名家子，负俊才，"及壮，屡举不第，浪游四方，……家益落，遂颓然外形骸，垢衣敝履，踽踽行街衢中，夷然不以屑意也"④。一旦他们将自己的生活感慨抒写出来，自然是比较多地宣泄其"穷困潦倒""事多不偶""贫病以终"的个体情怀。张惠言长期踬于场屋，在作品中时常慨叹怀才不遇，或借春逝之伤感表达忧伤凄楚之

---

① 张惠言编选《词选》"词选叙"，第1~2页。
② 金应珪《词选后序》，《词话丛编》，第2册第1619页。
③ 张惠言《送恽子居序》，《茗柯文编》初编，第28页。
④ 李兆洛《旧言集诗人小传·钱黄山》，《养一斋集》文集卷一五，《四部备要》，中华书局1989年版，第88册。

情，或通过表达思乡之苦及对友朋的思念之情，寄寓其作为羁客愁人无法回避的情感之殇。[①] 张琦自谓："琦虽穷困落寞，然不能守枯寂，如穷山野衲。楼馆剧戏，时一至焉，酒食征逐，苟非不可与游者，未尝拒之。穷老抑郁无聊不平之概，触于物而形于言，于是有《蓉影词》及《艳品》之作，盖亦痛哭之不可而托焉者也。"[②] 宋翔凤也说："数年以来，困于小官，事多不偶。既不能骫骳以合流俗，又不能枯槁以就山林。不平之鸣，托之笑傲，一往之致，消以沉湎，略曲谨而思弃，视龌龊而谁与，于是行事之间，动遭蹇难，议论所及，娄丛逸讥。……古之穷士，抚榛莽以兴叹，送回波而欲泣，考吾所遇，一皆备焉，非假涂于填词，莫遂陈其变究。因本师友相益之议，求诸唐宋诸贤之作。称义选辞，审音问律，万未得一，下笔不休。"[③] 他们表现的生活体验，来自"贫困落寞"的生活或"困于小官，事多不偶"的经历，因此其创作目的在于抒写"被压抑"的情感。

据《阳湖张惠言先生手稿》知，张惠言现存46首《茗柯词》作于乾隆五十八年（1793）至嘉庆五年（1800）的八年间[④]，作于嘉庆二年（1797）及之前的即有34首，这说明他的词作主要作于《词选》编纂的嘉庆二年之前。过去人们只注意到易学观念对于其词学思想的影响，却忽略了他的创作对于其词学思想形成的重要意义。笔者认为，恰恰是他在创作上多表达其怀才不遇之思，故而有《词选叙》中强调词是用以表达贤人君子幽约怨悱不能自言之情的。当他用这种观念解读唐宋词，也自然比较重视对相关词旨的抉发，如评点温庭筠《菩萨蛮》："此感士不遇也，篇法仿佛《长门赋》。"评点苏轼《卜算子》引铜阳居士语："'幽人'，不得志也；'独往来'，无助也。"评点王沂孙《庆清朝》："此言乱世尚有人才，惜世不用也。"他还把这一点与《离骚》联系起来，联想到屈原的"忠而被谤，信而见疑"，但仍然不忘"初服"之志。如评温庭筠《菩萨蛮》"照花前后镜"四句："离骚初服之意。"评张炎《解连环·

---

① 王纱纱《常州词派创作研究》，南京大学出版社2011年版，第132~144页。
② 张琦《答吴仲伦书》，《宛邻集》卷三，《续修四库全书》，第1486册第182页。
③ 宋翔凤《浮溪精舍词三种》"自序"，《清名家词》，第7册。
④ 王纱纱《常州词派创作研究》，第131~132页。

孤雁》：“此盖在都时自寓之作。芦花伴侣，画帘双燕，指在山不出者而言，明己之必遂初服也。”他对于其他唐宋词人的品评，也特别重视其忠爱君国的思想，如评韦庄《菩萨蛮》：“此章致思唐之意。”评范仲淹《苏幕遮》：“此去国之情。”评王沂孙《高阳台》：“此伤君臣晏安，不思国耻，天下将亡也。”① 当然，张惠言的评点不免有过度阐释之嫌，但正如叶嘉莹所说，这与中国古典文学的历史文化背景有着密切关系，“兴于微言，以相感动”，读者通过“兴”的方式而生成出许多意内言外的想法和联想。②

张惠言认为这种幽约怨悱之情是深微的，需通过“比兴”“微言”的方式表现出来，在艺术上有一种“低徊要眇”的美感特质。“低徊”语出《楚辞·九章·抽思》“低徊夷犹，宿北姑兮”，有“犹豫”“徘徊”“往还”意；“要眇”语出《楚辞·九歌·湘君》，王逸释为“美好貌”，又《楚辞·远游》有“神要眇以淫放”之语，洪兴祖释为“精微貌”；“微言”语出《汉书·艺文志》，颜师古释为“精微要眇之言”。迟宝东将上述意思综合起来说，张惠言认为“词在表现形式上应具有细致精微之美，而在表意上应以幽微深隐富含言外之意蕴者为美”③。这一解释比较偏向于词的艺术性，强调词的含蓄、幽隐、精微，但是，张惠言论词更有指向个体心性的一面，在词中表达了他身处逆境却自励向上的情怀：“我有江南铁笛，要倚一枝香雪，吹彻玉城霞。清影渺难即，飞絮满天涯。”“百年复几许，慷慨一何多。子当为我击筑，我为子高歌。招手海边鸥鸟，看我胸中云梦，蒂芥近如何！”（《水调歌头·春日赋示杨生子掞》）因此，他对唐宋词的解读也有对阆美境界追求的意义指向，称赞温庭筠所作“深美阆约”，对于张惠言这句评论，周济表示认可，王国维却表示不敢苟同：“余谓此四字唯冯正中足以当之。”那么，什么是“深美阆约”？王国维为什么对张惠言的评论表示不能苟同？有学者解释说：“所谓深美阆约，指内容上的精深宏大，艺术上的简约美赡。”④ 笔者认为应该从对温庭筠词作的

---

① 以上均引自张惠言编选《词选》。
② 叶嘉莹《小词大雅：叶嘉莹说词的修养与境界》，北京大学出版社 2015 年版，第 14 页。
③ 迟宝东《常州词派与晚清词风》，南开大学出版社 2008 年版，第 50～51 页。
④ 彭玉平译注《人间词话》“前言”，中华书局 2016 年版，第 23 页。

认知谈起，过去人们看其"艳"而张惠言重其"丽"，过去人们看其"情"而张惠言重其"怨"，过去人们看其"形"而张惠言重其"神"。张惠言把温庭筠《菩萨蛮》十四章看成一个完整的联章体，显现出张氏对温庭筠词作结构和意境的全局把握，使得他对温庭筠"深美闳约"的评价得到了具体的落实，亦即温庭筠用简约的小令、跳跃的结构、富丽的气象构筑了一个"闳美"的境界，达到了深而幽、约而厚的艺术高度。后来，周济也认为《花间集》极有浑厚气象，温庭筠之作不可以迹象求也，而王国维则以为词当要眇宜修，温词多写青楼歌燕，冯词则能系怀君国，格局更为开阔，故而说唯正中足以当之。

无论"低徊要眇"，还是"深美闳约"，都强调将幽微深隐的情思，用委婉简约的形式表现出来，正如《词选叙》所说"其文小，其声哀"，"然要其至者，莫不恻隐盱愉"，词以婉曲的方式把内在哀怨深刻地表现出来了，给人一种回旋往复的美感和无尽想象的空间。

二、从深厚到浑厚："无厚入有间"与"有厚入无间"

张惠言虽然提出"幽约怨悱""恻隐盱愉"的观念，并将温庭筠作为"深美闳约"的最高典范，但未能对此作理论的阐发。对他这一思想展开系统论述并进行完善的是周济、董士锡、蒋敦复，他们的论述是立足于对幽微深隐情思的表现要"有寄托入，无寄托出"。如果说张惠言为晚清词学植入了"厚"（深美）的基因，那么周、董、蒋则对"厚"的内涵作了丰富和发展，从情感的"深厚"到境界的"浑厚"，从"以无厚入有间"到"以有厚入无间"。

张惠言谈到作者对幽约怨悱之情的表达时，指出："感物而发，触类条鬯，各有所归。""触类条鬯"是指作者的情思因所感触的各种事物而畅所欲言，"各有所归"是指人的哀乐之情与客观事物相对应才能通畅条达地得到表现，"物"与"情"之间有一种对应指向的关系。张琦《古诗录序》中有段话颇能与这段论述相发明，他认为民有喜怒哀乐爱君之情，有君臣朋友家国身世之感，当它们与作者"身之所接""目之所见"相触，便使所接所见之物寓作者不能已之情，这就是人们通常所说的"兴"。"兴者，情与辞比者也，情辞既比而神理具焉，神以浃其情，理以条其辞也。情辞比，神理具，于是铿锵以为音，顿挫以为节，务有以宣其缠绵、郁积、烦冤、悱恻、咄嗟不能已之情，则诗之道毕矣。"① 二张的论述有较强的经学色彩，他们是以经学家的眼光来看词的比兴寄托，周济则是以艺术家（撰有画论《折肱录》）的眼光来看比兴寄托，特别注意词体自身的美学特质，提出了"有寄托入，无寄托出"的要求。他在《介存斋论词杂著》中说："初学词求有寄托，有寄托则表里相宣，斐然成章。既成格调，求无寄托，无寄托则指事类情，仁者见仁，知者见知。"② 所谓有寄托，就是做到情辞相称，形象鲜明生动，作者所表达之情乃有感而发。所谓无寄托，不是要放弃作者的情感，而是要求在艺术形象的塑造上，不能仅满足于情辞相称与形象生动，而应该追求象外有象，言外多旨，耐人寻味，亦即司空图所说的"超以象外，得其环中"，从有限的形象里超越出来，传达一种不尽的意蕴，给读者广阔的想象空间，所以说"仁者见仁，知者见知"。无寄托是高于有寄托的艺术创造，有寄托是二张论述的重点，而无寄托则是周济对二张论述的深化。如果说有寄托避免了浙派的空滑的话，那么，无寄托则改变了常州词派尚意轻格的倾向，这表明周济词论有变革常州派思想的意义，将二张的思想向前推进了一大步。

过去人们对周济关于词学思想的认识至此止步，其实周济还提出了一个很重要的观念："深厚"。他在作于嘉庆十七年（1812）的《词辨序》中说："自温庭筠、韦庄、欧阳修、秦观、周邦彦、周密、吴文英、王沂孙、张炎之流，莫不蕴藉深厚，而才艳思力各骋一途，以极其致。"③ 这一观念是对张惠言词学思想的发展，《词选叙》提到自唐至宋的词史发展时，只提到诸家"渊渊乎文有其质"，独自高标温庭筠的"深美闳约"，周济则总结出唐宋词人的共同特征"蕴藉深厚"。周济在《词辨序》中批评姜夔的"酝酿不深"，在《介存斋论词杂著》中肯定温庭筠"酝酿极深"，又说"稼轩郁勃，故情深；白石放旷，故情浅"。当然，他所说的"深厚"，还是停留在"委曲以致其情"的层

① 张琦《古诗录序》，《宛邻集》卷三，《续修四库全书》，第 1486 册第 183~184 页。
② 周济《介存斋论词杂著》，《清人选评词集三种》，第 193 页。
③ 周济《词辨序》，《清人选评词集三种》，第 143 页。

面，只是在"深"的基础上增加了"厚"的意蕴，即对怨悱之情的表现能曲尽其致。值得注意的是，他这时已初步提出后期的一个重要观念——"浑厚"。"浑厚"较"深厚"要高一层次，它应该是周济推崇的最高境界，如称《花间词》"极有浑厚气象"。尽管还保留有张惠言推尊温庭筠的思想印记，但周济已开始注意到周邦彦的"浑厚"，并把周邦彦词的"浑厚"境界与"钩勒"的技巧联系起来："钩勒之妙，无如清真；他人一钩勒便薄，清真愈钩勒、愈浑厚。"[①] 这引导着后来者转变思路，从词法的角度探讨如何进入"浑厚"的境界。

从"深厚"到"浑厚"，在美学特质上是一大飞跃，即由内容的深厚转向境界的浑厚。如果说"深厚"着重在情感的深沉，那么，"浑厚"则指向内容与形式的高度融合，一种通过艺术锤炼达到的审美至境，它是较"深美闳约"要高一层次的审美境界。张惠言的"深美闳约"主要着眼点在有寄托，是"深厚"，周济的"浑厚"则以无寄托为追求目标。[②] 在《宋四家词选序论》中，"浑厚"又被周济称为"浑化"，如："咏物最争托意隶事处，以意贯串，浑化无痕，碧山胜场也。"又："问途碧山，历梦窗、稼轩以还清真之浑化。"[③] 前者讲到咏物词用事托意当浑化无迹，属于技术层面；后者则讲作者创作的审美追求，把"浑化"作为艺术追求之终极目标。对于周邦彦词"浑化"的认识，并非周济的发明，早在宋代张炎就说过："美成负一代词名，所作之词，浑厚和雅，善于融化词句。"[④] "美成词只当看他浑成处，于软媚中有气魄。采唐诗融化如自己者，乃其所长。"[⑤] 但张炎只是就事论事，而周济则把它与无寄托的目标联系起来，把它与学词途径的"宋四家说"联系起来，使得周邦彦之"浑化"成为诗词创作的终极追求。作者如何达到这一目标？在《介存斋论词杂著》"有寄托入，无寄托出"论的基础上，周济、董士锡、蒋敦复又作了进一步的探索，先后提出了"以无厚入有间"和"以有厚入无间"的创作主张，这

① 周济《介存斋论词杂著》，《清人选评词集三种》，第 194 页。
② 朱惠国《中国近世词学思想研究》，上海古籍出版社 2005 年版，第 106 页。
③ 周济《宋四家词选序论》，《周济词集辑校》附录二，第 150、148 页。
④ 张炎《词源》，《词话丛编》，第 1 册第 255 页。
⑤ 张炎《词源》，《词话丛编》，第 1 册第 266 页。

是一对意思相反且令人费解的理论表述。

如果立足于寄托论去理解，疑难之点或能迎刃而解。上文说过，"厚"是常州派针对浙派为词空滑提出来的救弊之方，正如谭献为徐珂所录周济《词辨》作跋所云："予固深知周氏之意，而持论小异。……而折衷柔厚则同，仲可比类而观，思过半矣！"[1] 蒋敦复也说自己撰写《芬陀利室词话》"举一厚字及练意之法"，可见"厚"是周济、董士锡、蒋敦复三家立论之本。何谓"以无厚入有间"？何谓"以有厚入无间"？蒋敦复《芬陀利室词话》卷二云：

> 壬子秋，雨翁（按，指汤贻汾，字雨生）与余论词，至有厚入无间，辄敛手推服曰，昔者吾友董晋卿每云，词以无厚入有间，此南宋及金元人妙处。吾子所言，乃唐、五代、北宋人不传之秘。惜晋卿久亡，不克握麈一堂，互证所得也。[2]

过去，对这段话的理解只停留在对"以无厚入有间"的语源追溯上，以《庄子·养生主》中庖丁解牛时所说的一句话，来解释艺术创作过程中熟能生巧、游刃有余，却无法解释何谓"有厚"，何谓"无厚"。其实，《庄子·养生主》中这句话运用了战国时期的一个重要命题：有厚与无厚。这是当时名家代表人物惠施提出的五种时空观之一。《墨子·经上》："厚，有所大也。"认为有"厚"才能有体积，才能有物体的"大"。而惠施反驳说："无厚，不可积也，其大千里。"[3] 认为物质粒子（"小一"）不累积成厚度，就没有体积；但是物质粒子所构成平面的面积，是可以无限大的。对于惠施与墨子的辩论，学术界认为可以用几何学的"体"与"面"的关系来解释，平面显然是无厚的，但其面积可以"其大千里"，其体积仍为零。"面"是无形的，无法感知的；"体"是有形的，是可以感知；"面"不能为人所感知，却能成为"体"的镜像，是"体"的观照物。陆机《演连珠》其八："臣闻鉴之积也无厚，而照有重渊之

---

① 谭献《词辨跋》，《清人选评词集三种》，第 190 页。

② 蒋敦复《芬陀利室词话》，《词话丛编》，第 4 册第 3652 页。

③ 吴毓江撰，孙启治点校《墨子校注》，中华书局 2006 年版，第 468、511 页。

深。"刘孝标注曰："镜质薄而能照。"①这有点类似于现代文艺学所说的"镜"与"像"的关系，从这样的逻辑出发，"有厚"是"像"，"无厚"为"镜"。有厚能见其体，是"实"（"像"），让人感受到真实的存在，而无厚为"面"（"镜"），是"虚"，虽无形却无限，它还是有形之"体"的观照物。对于蒋敦复的"有厚"与董士锡的"无厚"，也可以这样理解，蒋敦复所谓"有厚"就是周济所说的"实"，"实"即生动可感知的艺术形象，是"意""象"交融的混合体；董士锡所谓"无厚"就是周济所说的"空"，是指寄寓于有形之"体"上的情思。周济在《介存斋论词杂著》中说："初学词求空，空则灵气往来。既成格调求实，实则精力弥满。"②就是说，初学词要追求"有寄托"（情思），亦即"空"，空则会灵气往来；既成格调之后"求实"，亦即以"无寄托"为追求目标，不执着于实相而求无相，在艺术表达上看不出寄托痕迹，其意思与董士锡较为接近。

确定了"有厚"与"无厚"的义旨后，就能比较清楚地解释何谓"以无厚入有间"，何谓"以有厚入无间"。据蒋敦复《芬陀利室词话》卷二所载，"以无厚入有间"为董士锡之论，但周济《宋四家词选序论》中也有同样的话，可以说它是董、周二人探讨切磋词艺时的共同发明。在《宋四家词选序论》中，周济谈到"非寄托不入"时说："一物一事，引而伸之，触类多通，驱心若游丝之罥飞英，含毫如郢斤之斫蝇翼，以无厚入有间；既习已，意感偶生，假类毕达，阅载千百，謦欬弗违：斯入矣。"③作者创作必须从求有寄托入手，必须借助于对一物一事的摹状刻画，才能达到假类毕达、表里相宜的效果，所写之物与所言之情间形成一种对应性的指向关系。如何做到"假类毕达、表里相宜"？"以无厚入有间。"亦即在创作过程中（由"驱心"到"含毫"），把游动不定的情感定型化（意象化），并通过游刃有余的艺术表达手法（"以无厚入有间"）呈现出来。因为"情"与"物"之间存在一个间隔距离（"有间"），才要求通过比兴手法"入"有间。但周济这句话还停留在《庄子·养生主》的

---

① 陆机著，刘运好校注整理《陆士衡文集校注》卷八，凤凰出版社2007年版，第732～733页。

② 周济《介存斋论词杂著》，《清人选评词集三种》，第192～193页。

③ 周济《宋四家词选序论》，《周济词集辑校》附录二，第148页。

表义层面，不能够明晰地说明"以无厚入有间"的义旨，如果再看董士锡为周济词集所写序文就比较明白了。"周子保绪，工于为词，隐其志意，专于比兴，以寄其不欲明言之旨，故依喻深至，温良可风。"① 董士锡认为周济能把其"不欲明言之旨"，借助比兴的方式"隐"起来，这个"隐"的过程就是"以无厚入有间"，在所写之物与所言之情间构筑一种对应性的指向关系。因此，董士锡所谓"以无厚入有间"，实际上已超出周济指向的技巧性，"而是包括着作者的主观情志、作者所描绘的客观物象以及作者在这一过程中所运用的技巧"②。董士锡所论虽有特定价值，但受张惠言思想的影响，其认识还是局限在求有寄托的层面，蒋敦复则把论述重心放在无寄托上——"以有厚入无间"。他在周济、董士锡"以无厚（主体情思）入有间（艺术形象）"基础上，更深进一层，强调以生气饱满的艺术形象去传达作者无穷的审美想象。所谓"天女撒花，迦叶拈花，是一是二，有花无花，文殊不任问痴，世尊但当微笑而已。"③ 也就是说，董士锡、周济所理解的"有间"是指作品的艺术形象，而蒋敦复所理解的"无间"应该是指读者的审美想象。

何以说"以有厚入无间"之义旨是审美想象？这还得从蒋敦复的填词经历说起。蒋敦复自称少时填词喜豪放，表达比较直露；后受朱绶的影响转而师浙派，"从事南宋，以空灵婉约为主"，有和张炎韵的《山中和白云》，已经注重含蓄空灵，在艺术上又进了一大步，吴中词人戈载称其为"词家射雕手"。不过，因为生活的变故，"中年抑郁无聊"，他转而求有寄托，思想上向常州派靠拢，称扬常州诸公"能瓣香周、秦以上，窥唐人微旨"。这一由南而北的创作经历，使得他对于比兴寄托的理解不满足于托物寄意，而是力追"言有尽而意无穷"的南唐北宋词风。他说："余今日之持论，力追南唐北宋诸家，所谓有厚入无间者，庶几得之。"④ 又云："余何以益玉珊，必进而上之，试取有厚入

---

① 董士锡《周保绪词叙》，《齐物论斋文集》卷二，《清代诗文集汇编》，第 537 册第 458 页。
② 谭新红《"无厚入有间"与"有厚入无间"辨——周济和蒋敦复词学思想比较研究》，《长沙理工大学学报》2009 年第 3 期。
③ 蒋敦复《拈花词》"序"，清抄本。
④ 蒋敦复《芬陀利室词话》卷三，《词话丛编》，第 4 册第 3674 页。

无间之说，由北宋以上溯唐人三昧，即风骚汉魏，其微旨亦不难窥测也。"① 在晚明，陈子龙曾说过南唐北宋词的特点是"境由情生，辞随意启，天机偶发，元音自成"②，在艺术上达到一种自然天成的"高浑"境界。这正是常州派所推崇的，故常州派推崇一种历经人工锻炼的"浑化"，蒋敦复认为这种经人工锻炼而至的境界就是"以有厚入无间"。所谓"以有厚入无间"，按王韬的理解就是做好"炼意""炼辞"的功夫，"炼意所谓添几层意思也，炼辞所谓多几分渲染也"③，所谓"添意"就是复意为工，所谓"渲染"就是形象塑造，它不像周济所说的"勾勒"，而是勾勒之后用侧笔"渲染"以烘托物象，他是把象外之象、言外之旨、文外之致作为追求的目标，这样创造的艺术形象（"有厚"）具有多义指涉性，它来自作者即情即景的审美体认，能引发读者无穷的审美想象（"无间"）。蒋敦复在为陈如升《尺云楼词钞》作序时提到，有必传之词，有必不传之词，而陈如升的词则属于必传之词。"其词务为深沉之思，屏去靡曼之习。镂冰一寸，中具楼台；削华三峰，别施斤凿。袅碧而单丝直上，临镜而万花吐妍。往者余举词以有厚入无间之说告之，同叔不河汉吾言也。"④ 这里提到的"务为深沉之思，屏去靡曼之习"就是炼意炼辞，"镂冰一寸，中具楼台；削华三峰，别施斤凿"是对艺术形象的形塑和刻画，"袅碧而单丝直上，临镜而万花吐妍"则是通过这样的艺术创造之后的审美效果，这一点是蒋敦复与周济、董士锡之间达成的一致共识。因此，他们在求寄托问题上的要求是有差异的，一个重在"勾勒"，一个强调"渲染"，这样创造的艺术形象具有多义指涉性（即寄托不着痕迹，给读者以较大的想象空间）。因此，对于"以有厚入无间"，可以作这样的理解，它超越有形技巧而重在作者即情即景的审美体认，它是五代北宋词的"境由情生，辞随意启，天机偶发，元音自成"。当然，它更是对浙派创作浮滑刻削和吴中词派纤薄无力而言，他说："蒙尝论浙派病刻削太甚，吴音病纤软无力，均归于薄而已。故作词话，特标有厚入无间五字

---

① 蒋敦复《寒松阁词词跋》，《寒松阁词》，清光绪十年江西书局刻本。

② 陈子龙《〈幽兰草〉题词》，《幽兰草》，第 1 页。

③ 王韬《芬陀利室词话序》，《芬陀利室词话》，《词话丛编》，第 4 册第 3627 页。

④ 蒋敦复《尺云楼词钞序》，《清词序跋汇编》，第 1161 页。

为宗旨，欲救薄弱之病。"①

蒋敦复对"以有厚入无间"的体认，是一个从南宋入手求有寄托，到追步北宋求无寄托的过程，一个从"无厚"到"有厚"的过程，一个从单一义旨到多重义旨的过程，最终进入一种"不期厚而自厚"的艺术境界。《芬陀利室词话》卷三谈到南唐、北宋、南宋在词境上的差异时说："然石帚、梦窗尚须加一层渲染，淮海、清真则更添几层意思。加渲染，添意思，正欲其厚也，若入李氏、晏氏父子手中，则不期厚而自厚，此种当于神味别之。"②南宋词意义比较显豁，情与物存在着对应的指向性关系，北宋词的意义有多重指涉，情与物之间浑化无痕，五代宋初词为其典范，这有点类似于况周颐所说的"即性灵即寄托"，是一种"不期厚而自厚"的境界。"从'无厚入有间'到'有厚入无间'，恰恰体现出常州词学从有寄托到无寄托的理论深化过程。"③不仅如此，蒋敦复还将周济、董士锡对寄托的强调由作者创作的维度转向作者、读者的双重维度，由艺术形象的塑造上升到审美想象的境界。

经过周济、董士锡、蒋敦复的阐释，"厚"已成为晚清词学的一个重要观念，"厚"之义旨也从单纯的情感"深厚"，衍化出"有厚入无间"与"无厚入有间"的表现技法，进而发展成为一种艺术追求的境界——"浑厚"。到咸丰、同治年间，随着浙西、常州两派趋向融合，"厚"开始与"清"相结盟，以至在《艺概·词曲概》中出现"厚而清"的新观念。

从周济的"空"与"实"到董士锡、蒋敦复的"有厚"与"无厚"，再到刘熙载的"厚而清"，理论探讨的深度逐层推进。其实，这一思想在董士锡那里开始萌蘖，据周济《词辨序》可知，董士锡初颇好张炎，已不同于张惠言诋斥张炎，后来在与周济抵牾过程中，始厌张炎转而好周邦彦、秦观，但在《餐华吟馆词叙》中也指出姜夔、张炎力矫康、柳之淫靡，提高词体品格的积极意义，实质上也是肯定浙派纠正清初词坛淫靡风气的实绩。他论词以情为主，专于比兴，填词则能兼取周邦彦、姜夔，"玉田所谓清空骚雅者，亦至晋卿而后

① 蒋敦复《篱角闲吟跋》，《篱角闲吟》，清光绪五年餐英馆刊本。
② 蒋敦复《芬陀利室词话》，《词话丛编》，第 4 册第 3671 页。
③ 曹明升《厚：清代中后期宋词风格论的核心范畴》，《学术探索》2010 年第 2 期。

尽其能事"①。其实，周济的"宋四家词说"也表现出对浙、常两派词学观念的调和倾向，他自称在十六岁那年学填词时，"服膺白石，而以稼轩为外道"②。后来，结识董士锡，感到"其词缠绵往复，穷高极深，异乎平时所仿效，心向慕不能已。……遂受法晋卿"③。他论词求有寄托，但认为无寄托才是最高境界，而进入这一境界的路径，先之以王沂孙，次之以辛弃疾、吴文英，终之以周邦彦，是一条由南宋入由北宋出的学词路径，这里就糅合了吴文英之"实"（厚）与姜夔之"空"（清）进而达到周邦彦之"浑化"。蒋敦复的论词主张与创作实践均表现出将浙派之"清"与常州派之"厚"相糅合的倾向，他认为"厚"亦即常州派所言"意内言外"，有补救浙派追步姜、张而造成的"空滑"的意义："若夫南渡后词自与北宋以上截然不同，学者竞尚姜、张，日趋于空滑而不自知，不佞近又著《词话》，举一'厚'字及炼意之法，欲救今日之弊。"④又云："尝论浙派病刻削太甚，吴音病纤软无力，均归于薄而已。故作词话，特标'有厚入无间'五字为宗旨，欲救薄弱之病。"⑤但是，他为浙派词人指出的救空滑之失的路径，不是北宋的秦观、周邦彦，而是南宋的吴文英、辛弃疾。当他的朋友向他请为词之法时，他说："余告以从玉田入手，……第勿专学玉田，流于空滑，当以梦窗救其弊。……有厚入无间者，南宋自稼轩、梦窗外，石帚间能之，碧山时有此境。"⑥这一习词路径正是周济"宋四家词"说。

在这样的理论与创作背景下，刘熙载"厚而清"之论闪亮登场。《艺概·词曲概》云：

> 词尚清空、妥溜，昔人已言之矣，惟须妥溜中有奇创，清空中有沉厚，才见本领。⑦

① 沈曾植《菌阁琐谈》，《词话丛编》，第4册第3608页。

② 周济《介存斋论词杂著》，《清人选评词集三种》，第196页。

③ 周济《词辨序》，《清人选评词集三种》，第143页。

④ 蒋敦复《潘钟瑞香禅词序》，潘钟瑞《香禅精舍集》，《清代诗文集汇编》，第691册第723页。

⑤ 蒋敦复《篱角闲吟跋》，《篱角闲吟》，清光绪五年餐英馆刊本。

⑥ 蒋敦复《芬陀利室词话》卷三，《词话丛编》，第4册第3671页。

⑦ 刘熙载撰，袁津琥校注《艺概注稿》，第561页。

所谓"昔人已言之",是指张炎《词源》之所论"词要清空,不要质实"。所谓"妥溜",是就音律而言的,《词源》:"盖词中一个生硬字用不得。须是深加锻炼,字字敲打得响,歌诵妥溜,方为本色语。"[①] 但是,刘熙载认为张炎这样的看法有些片面,真正的填词高手当"妥溜中有奇创,清空中有沉厚"。所谓"奇创"是相对于妥溜而言的文学性,所谓"沉厚"是相对于清空而言的思想性,亦即沉着厚重的思想内容,也就是说这相对的两者要交融互补。"妥溜中有奇创"是文学与音乐的互补共生,"清空中有沉厚"是思想与艺术的交融结合,过去浙派过于看重词的"清空""妥溜",而忽视了词的"沉厚""奇创",刘熙载则力主将两者统一起来,因而就有了"词之大要,不外厚而清"的主张。这句话是由黄庭坚对于苏轼《卜算子》(缺月挂疏桐)评论引申而来,它强调作者要"胸有万卷书",又主张"无一点尘俗气","似非吃烟火食人语",不能太执着于现实。当然,这是一种比喻说法,它的意义指向首先是思想之"厚"与艺术之"清","厚"指向的是作品思想的沉着厚重。"词导源于古诗,故亦兼具六义","词深于兴,则觉事异而情同,事浅而情深"[②]。这是来自常州派的观念。其次在"厚"之上求"清","清"则使作品有灵动之美,"使下意栩栩欲动"。这是来自浙派的思想观念,张炎谈到白石词清空之美时说:"读之令人神观飞越。"最后在"厚"与"清"是一种对立互补的辩证关系——"厚,包诸所有;清,空诸所有"。这一句话是谈他对苏轼《卜算子》的理解,认为《卜算子》所言情感沉厚,所写词境空灵。对于苏诗,他也有同样的表述,指出:"东坡诗善于空诸所有,又善于无中生有。"[③] 这是一句出自佛经的偈语:"但愿空诸所有,慎勿实诸所无。"这里借以比喻苏轼诗词的美感特征,包诸一切,空诸一切。刘熙载虽非从属常州派,但他的思想吸收了常州派的观念,并糅合了浙西派的思想精华,其"厚而清"之论的意义是把董士锡、蒋敦复的相关思想倾向升华为一种理论主张。

---

① 张炎《词源》,《词话丛编》,第 1 册第 259 页。

② 刘熙载撰,袁津琥校注《艺概注稿》,第 554 页。

③ 刘熙载撰,袁津琥校注《艺概注稿》,第 321 页。

三、"柔厚"与"温厚":"厚"之意义的全面展开

对于"厚"之意义展开系统讨论的是谭献和陈廷焯,前者从作品的角度论述了"比兴柔厚",后者从作者的角度论述了"性情温厚",将"厚"之意义域作了进一步的拓展。他们的相关论述皆立足于周济的"浑厚"论,又对况周颐《蕙风词话》论词以"厚"为本、标榜"重拙大"产生了深刻的影响,是常州词派论词崇厚从周济过渡到况周颐的重要环节。

谭献在评点周济《词辨》所撰跋文中提出过"折衷柔厚"之说,认为自己与周济在论词主张上虽小异却大同。所谓"大同"者,折衷柔厚是也;所谓"小异"者,"大抵周氏所谓变,亦予所谓正也"[1]。他还提到自己和庄棫"以比兴柔厚之旨""相赠处者二十年"[2],又说自己早年初事倚声,以郭麐词颇为名隽,乐于讽咏,但自从"微窥柔厚之旨"后,"乃觉频伽之薄"。这说明他和庄棫的切磋唱和对其思想的转向尤其重要,也就是说"微窥柔厚之旨"是谭献从浙派转向常州派的分水岭,是他获得常州派词学真谛的薪火之传。何以谓之"柔厚"?学术界一般以"温柔敦厚"解释之,如林玫仪说:"所谓'柔厚',就是温柔敦厚的省称。张惠言在《词选序》中曾说词与'诗之比兴,变风之义,骚人之歌'相近,……谭氏拈出'柔厚'二字以为论的标准,显然有心更进一步表明词应以风骚为本旨。"[3]方智范等人说:"柔厚即温柔敦厚,正包含着以理节情的意思,要求主观感情态度有所节制,不温不火,反对感情倾向的强烈鲜明,排斥'犷气''盛气'。"[4]邱世友也说:"复堂所说的词的'柔厚',意指通过比兴,使词含蓄蕴藉,表现深湛之思,抒写深厚之情。""反对'纤微委琐''亢厉剽悍'的词风。"[5]从他们的相关解释看,"柔厚"大约有三层意思:其一,它是对自《诗经》《楚辞》以来传统的发扬;其二,它要求用比兴的手法,具有含蓄蕴藉的美感效果;其三,它在表现形态

---

① 谭献《词辨跋》,《清人选评词集三种》,第190页。

② 谭献辑,罗仲鼎校点《清词一千首·箧中词》今集卷五,第285页。

③ 林玫仪《晚清词论研究》,台湾大学博士学位论文,1979年,第152页。

④ 方智范、邓乔彬、周圣伟等《中国词学批评史》,第346页。

⑤ 邱世友《词论史论稿》,人民文学出版社2002年版,第264、263、266页。

上是排斥"犷气""盛气"。但是，还有一点要提及，所谓"深湛之思""深厚之情"，应该指的是作者满腔的幽怨或悲愤，当其以比兴手法出之，呈现出来的是"含蓄""蕴藉""温厚"的美感形态，正如邱世友所说，"温柔敦厚和怨而不怒、哀而不伤是有其内在联系的"，这也很合乎儒家"温柔敦厚"的诗教传统。

谭献所处时代的是封建社会末世，清朝大厦将倾。他九岁时适逢鸦片战争战火燃起，成年后目睹内乱纷起，太平天国起义爆发，中晚年又经历了中法战争、中日战争及八国联军入侵北京，内忧外患触动这位正直的知识分子，使他把眼光专注于现实，作诗为学意在经世致用。[①] 他对于宋人及清人词作的评价，尤为关注作者的幽怨或悲愤之情。如评江顺诒："江君某赋士不遇，憔悴婉笃而无由自见于世，于是玲珑其声，有所不敢放，屈曲其旨，有所不敢章。……夫声至于不敢放，旨至于不敢章，是亦《离骚》《小雅》之意，而出之劳人思妇之口乎？吾愿世之为词者，同臻斯境也。"[②] 这是写个人之怨诽，还有表时代之悲慨。又如评邓廷桢《双砚斋词》："三事大夫，忧生念乱，竟似新亭之泪，可以觇世变也。""忠诚悱恻，咄唶乎骚人，徘徊乎变雅。将军白发之章，门掩黄昏之句，后有论世知人者，当以为欧、范之亚也。"[③] 因此，他特别强调词与诗在思想内容、表达形式及艺术风格上的一致性，正如沈祥龙所说《国风》好色而不淫，《小雅》怨悱而不乱，《离骚》之旨，即词旨也"[④]。谭献是从学诗入学，后而填词的，他论词标榜柔厚之旨，重视作品传达身世之感与忧生念乱的内容，自然是受其论诗重视诗教、主张反映世变思想的影响。他在《明诗》一文中说："一代政教，一时风尚则可以观焉。世盛则草野皆和平之音，世乱则衣冠皆噍杀之音。流连风月，奔走声气，虽其繁鄙，而可觇灵长；悲悼感愤，穷蹙酸嘶，虽甚迫狭，而可识兵凶。"[⑤] 他认为诗歌能观"一代政教""一时风尚"，世盛则见"和平之音"，世衰则见"噍杀之音"，"诗可以

---

① 陈水云《清代词学思想流变》，社会科学文献出版社 2018 年版，第 183 页。

② 谭献《愿为明镜室词序》，江顺诒《愿为明镜室词稿》，清同治八年刻本。

③ 谭献《复堂词话》，《词话丛编》，第 4 册第 4003、4005 页。

④ 沈祥龙《论词随笔》，《词话丛编》，第 5 册第 4047 页。

⑤ 谭献《明诗》，《复堂文》卷一，谭献著，罗仲鼎、俞浣萍点校《谭献集》，浙江古籍出版社 2012 年版，第 9 页。

观政，可以观化。何以明之？贤士君子，哀乐过人。以诗为史，风喻得失，陈说疾苦，而当时德礼政刑之迹，阅千载而如见。"①这样"温柔敦厚"的诗教实质是强调"于忧生念乱之时，寓和平温厚之教"。②因此，他论词特别推重那些表示"忧生念乱"内容的作品，也把周济提出的"诗有史，词亦有史"创作主张落实到具体的批评实践中。

较之他人而言，谭献所谓"柔厚"多了一份现实关切，确实有"柔厚折衷于诗教"的内涵，但是正如他自己所说的"作者未必然，读者何必不然"，他评价作品的"柔厚"并非全就现实而言。比如他评沈岸登《浣溪沙》（自在珠帘不上钩）："比兴温厚。"评厉鹗《玉漏迟·永康病中夜雨感怀》："柔厚幽淼。"评薛时雨《木兰花慢》（问春风来处）："温厚得诗教。"评乔守敬《点绛唇》（著意寻春）："温厚有余味。"评贺双卿《黄花慢·孤雁》："忠厚之旨出于风雅。"还称顾翰："刻意填词，思旨高迥，声哀厉而弥长，又未尝不折衷柔厚，使人识安雅之君子。"③上述这些作品就不全然是关涉现实的，在大多数情况下，它们更多指向的是作者将个人幽怨或社会悲愤以忠厚蕴藉出之，体现出含蓄蕴藉的美感特征。

在谭献之后，发扬其观念的是陈廷焯，他将"厚"之意义拓展为"温厚""深厚""忠厚"三个层次。陈氏早年习词本来追踪浙派，"一以雅正为宗"，但在光绪二年（1876）结识庄棫后，在思想立场上出现了由浙而常的转变。他说："自丙子年与希祖先生遇后，旧作一概付丙，所存不过己卯后数十阕，大旨归于忠厚，不敢有背风骚之旨。过此以往，精益求精，思欲鼓吹蒿庵，共成茗柯复古之志。"④庄棫是和谭献相唱和的词友，二人并称"庄谭"，他们以比兴柔厚之旨相赠处，推崇王沂孙的忠忱之旨。陈廷焯尽管未与谭献谋面，但在《白雨斋词话》里极推谭氏创作和理论，可以说陈廷焯后期思想是在庄棫和谭献的指导或影响下走向成熟的。

---

① 谭献《稼书堂诗叙》，《复堂文》卷一，《谭献集》，第24页。

② 谭献《明诗》，《复堂文》卷一，《谭献集》，第9页。

③ 谭献《重刻拜石山房词序》，顾翰《拜石山房词》，清光绪榆园刻本。

④ 陈廷焯《白雨斋词话》卷五，《词话丛编》，第4册第3885页。

庄棫和谭献论词以比兴柔厚相赠处，自然会对陈廷焯有深刻的影响，这就是《白雨斋词话》反复提到的"温厚"或"忠厚"。如："撰《词话》十卷，本诸《风》《骚》，正其情性，温厚以为体，沉郁以为用，引以千端，衷诸一是。"①又如："作词之法，首贵沉郁，沉则不浮，郁则不薄。顾沉郁未易强求，不根柢于风骚，乌能沉郁。十三国变风、二十五篇楚词，忠厚之至，亦沉郁之至，词之源也。不究心于此、率尔操觚，乌有是处。"②再如："所谓沉郁者，意在笔先，神余言外，写怨夫思妇之怀，寓孽子孤臣之感。凡交情之冷淡，身世之飘零，皆可于一草一木发之。而发之又必若隐若见，欲露不露，反复缠绵，终不许一语道破，匪独体格之高，亦见性情之厚。"③又如："词至美成，乃有大宗。……然其妙处，亦不外沉郁顿挫。顿挫则有姿态，沉郁则极深厚。既有姿态，又极深厚，词中三昧亦尽于此矣。"④从《词话》的撰写到"作词之法"的论述，从"沉郁"之源的追溯到"沉郁"之义的解释，都指向一个共同的内容——"厚"，或"温厚"，或"忠厚"，或"深厚"，这表明"厚"是陈廷焯词学体系中一个重要的观念。

那么，陈廷焯所谓"厚"，有什么样的理论内涵？首先，"厚"与作者情感之"郁结"关系密切。他评张惠言《水调歌头》："无处不咽住，咽则郁，郁则厚矣。"⑤又《白雨斋词话》卷一论"沉郁"时说："沉则不浮，郁则不薄。"⑥"郁"是指情感的郁结，因为情感郁结在心中，故能见其深厚沉着。陈廷焯这里特别突出了生活中的"悲感""怨绪"，所谓"写怨夫思妇之怀，寓孽子孤臣之感"是也。他评厉鹗《谒金门》（凭画栏）："中有怨情，意味便厚。"⑦又评赵文哲《倦寻芳·送春》曰："意味极厚，词之可以怨者。"⑧又评史承谦《谒金门》："然非其中真有怨情，不能如此沉至。"⑨这一直以来是传

① 陈廷焯著，屈兴国校注《白雨斋词话足本校注》"自序"，第 2 页。
② 陈廷焯《白雨斋词话》卷一，《词话丛编》，第 4 册第 3776 页。
③ 陈廷焯《白雨斋词话》卷一，《词话丛编》，第 4 册第 3777 页。
④ 陈廷焯《白雨斋词话》卷一，《词话丛编》，第 4 册第 3787 页。
⑤ 陈廷焯《词则辑评》大雅集卷六，《词话丛编补编》，第 4 册第 2220 页。
⑥ 陈廷焯《白雨斋词话》卷一，《词话丛编》，第 4 册第 3776 页。
⑦ 陈廷焯《白雨斋词话》卷四，《词话丛编》，第 4 册第 3848 页。
⑧ 陈廷焯《白雨斋词话》卷六，《词话丛编》，第 4 册第 3930 页。
⑨ 陈廷焯《白雨斋词话》卷四，《词话丛编》，第 4 册第 3856 页。

统诗歌的重要母题，钟嵘《诗品序》云："或士有解佩出朝，一去忘返；女有扬蛾入宠，再盼倾国。……非陈诗何以展其义？非长歌何以骋其情？"[1] 又韩愈《送高闲上人序》云："喜怒窘穷，忧悲、愉佚、怨恨、思慕、酣醉、无聊、不平，有动于心，必于草书焉发之。"[2] 张惠言《词选叙》亦云："传曰：'意内而言外谓之词。'其缘情造端，兴于微言，以相感动。极命风谣里巷男女哀乐，以道贤人君子幽约怨悱不能自言之情。"[3] 很显然，陈廷焯对于"怨"的强调，是对张惠言"幽约怨悱"之论的发展。其次，"厚"与作者的"忠爱"之心联系在一起。陈廷焯认为词写怨夫思妇之怀，寓孽子孤臣之感，不是直接的宣泄情感，"发之又必若隐若现，欲露不露，反复缠绵，终不许一语道破"。也就是说，"厚"不仅表现了作品之深厚，而且规范了作品的尺度，发乎情止乎礼。他评苏轼《浣溪沙·游蕲水清泉寺》："愈悲郁，愈豪放，愈忠厚。令我神往。"又云："东坡心地光明磊落，忠爱根于性生，故词极超旷，而意极和平。……和婉中见忠厚易，超旷中见忠厚难，此坡仙所以独绝千古也。"[4] 又评庄棫《蝶恋花》三章："怨慕之深，却又深信而不疑，想其中或有谗人间之故无怨当局之语。然非深于风骚者，不能如此忠厚。"[5] 他认为作者有"忠爱"之心，亦即对于君王的忠忧和家国的关怀，才会有作品之"忠厚"。如评冯延巳："冯正中词，极沉郁之致，穷顿挫之妙，缠绵忠厚，与温、韦相伯仲也。"[6] 评王沂孙："王碧山词，品最高，味最厚，意境最深，力量最重，感时伤世之言，而出以缠绵忠爱。"[7] 如果作者能出乎"忠厚"，那么，其作品风格是可以多样化的。他说："诚能本诸忠厚，而出以沉郁，豪放亦可，婉约亦可；否则豪放嫌其粗鲁，婉约又病其纤弱矣。"相反，对于那些表达过于直露的作品，他持批评态度，认为其不能"厚"也。如评李煜："后主词思

① 钟嵘著，杨焄辑校《诗品》"诗品序"，上海古籍出版社 2020 年版，第 1 页。
② 韩愈《送高闲上人序》，华东师范大学古籍整理研究室选编《历代书法论文选》，上海书画出版社 1979 年版，第 292 页。
③ 张惠言编选《词选》"词选叙"，第 1 页。
④ 陈廷焯《白雨斋词话》卷六，《词话丛编》，第 4 册第 3912、3925 页。
⑤ 陈廷焯《白雨斋词话》卷五，《词话丛编》，第 4 册第 3878~3879 页。
⑥ 陈廷焯《白雨斋词话》卷一，《词话丛编》，第 4 册第 3780 页。
⑦ 陈廷焯《白雨斋词话》卷二，《词话丛编》，第 4 册第 3808 页。

路凄婉，词场本色，不及飞卿之厚。"①评陈维崧："迦陵力量，不减稼轩，而卒不能步武者，本原未厚也。"②又比较苏轼与辛弃疾："稼轩求胜于东坡，豪壮或过之，而逊其清超，逊其忠厚。"③又比较贺双卿与吴蘋香："双卿词怨而不怒，可感可泣。吴蘋香则怨而怒矣，词不逮双卿。"④对于这种不能"厚"的情况，他有一句总结性的话："作词贵于悲郁中见忠厚。悲怨而激烈，其人非穷则夭。"⑤最后，"厚"与比兴的表达方式联系在一起。他在评述姜夔词时说："南渡以后，国势日非。白石目击心伤，多于词中寄慨。不独《暗香》《疏影》二章，发二帝之幽愤，伤在位之无人也。特感慨全在虚处，无迹可寻，人自不察耳。感慨时事，发为诗歌，便已力据上游，特不宜说破，只可用比兴体。即比兴中，亦须含蓄不露，斯为沉郁，斯为忠厚。"⑥他认为词人寄托感慨，不能直接发露，应该借助艺术形象来展现其内在的意蕴。"寄托不厚，感人不深；厚而不郁，感其所感，不能感其所不感。伊古词章，不外比兴，《谷风》阴雨，犹自期以同心，孋诉忍尤，卒不改乎此度，为一室之悲歌下千年之血泪，所感者深且远也。"⑦他在阐述"沉郁"之内涵时也说："而发之又必若隐若见，欲露不露，反复缠绵，终不许一语道破，匪独体格之高，亦见性情之厚。"⑧又在评价曾觌词时说："黍离麦秀之悲，暗说则深，明说则浅。曾纯甫词，……词极感慨，但说得太显，终病浅薄。"⑨他认为"暗说"高于"明说"，因为它能避免直露，有"意在笔先，神余言外"的效果。"所谓兴者，意在笔先，神余言外，极虚极活，极沉极郁，若远若近，可喻不可喻，反复缠绵，都归忠厚。"⑩比如宋德祐太学生《百字令》《祝英台近》两篇，字字比喻，显得过于浅露；而王沂孙咏萤、咏蝉诸篇，低徊深婉，托讽于有意无意之间，这才是寄托深

---

① 陈廷焯《白雨斋词话》卷一，《词话丛编》，第 4 册第 3779 页。
② 陈廷焯《白雨斋词话》卷六，《词话丛编》，第 4 册第 3917 页。
③ 陈廷焯《白雨斋词话》卷八，《词话丛编》，第 4 册第 3969 页。
④ 陈廷焯《白雨斋词话》卷七，《词话丛编》，第 4 册第 3944 页。
⑤ 陈廷焯《白雨斋词话》卷四，《词话丛编》，第 4 册第 3850 页。
⑥ 陈廷焯《白雨斋词话》卷二，《词话丛编》，第 4 册第 3797 页。
⑦ 陈廷焯著，屈兴国校注《白雨斋词话足本校注》"自序"，第 1~2 页。
⑧ 陈廷焯《白雨斋词话》卷一，《词话丛编》，第 4 册第 3777 页。
⑨ 陈廷焯《白雨斋词话》卷六，《词话丛编》，第 4 册第 3926 页。
⑩ 陈廷焯《白雨斋词话》卷六，《词话丛编》，第 4 册第 3917 页。

厚的典范之作。

通过上述分析可以看出，陈廷焯眼中的"厚"是多义的，有主体情感之"深厚"，也有作者性情之"忠厚"，还有作品表现之"温厚"，他将"厚"之意义域大大地拓展了。更重要的是"温厚"与"沉郁"构成了一体两面的关系，"温厚"为体，"沉郁"为用，"温厚"是内质，"沉郁"是外观，"沉郁"与"温厚"一起成了陈廷焯词学体系构建的基石。

"厚"在况周颐的词学体系中也占有特别重要的分量，他说"填词以厚为要旨"，又说"其大要曰雅、曰厚、曰重拙大"，又说"词有穆之一境，静而兼厚、重、大也"。什么是"厚"呢？"'厚'之一字，关系性情。"他认为"厚"有两层意思，一是深于情，二是涵养深。"曰性灵流露，曰书卷酝酿。"[①]"昔贤朴厚醇至之作，由性情学养中出，何至蹈直率之失。若错认真率为直率，则尤大不可耳。"[②]他在评论贺铸词时说："深于情。"又说："东山笔力沉至，满心而发，肆口而成，骤观之甚似意中之言，深求之实有无穷之蕴藏其体。"[③]但他更推崇作者涵养的深厚，认为贺铸所以能"深于情"，盖因其蓄书万卷，得力于酝酿者尤多。如何做到有涵养？"一曰多读书，二曰谨避俗。"[④]首先，他认为"厚"与"朴"有关联，在评周邦彦"多少暗愁密意，唯有天知""最苦梦魂，今宵不到伊行""拚今生，对花对酒，为伊泪落"等词句时说："此等语愈朴愈厚，愈厚愈雅，至真之情，由性灵肺腑中流出，不妨说尽而愈无尽。"[⑤]又评论刘因《樵庵词》时引用王鹏运的话说："樵庵词朴厚深醇中，有真趣洋溢，是性情语，无道学气。"[⑥]其次，"厚"与"雅"相生相成，"厚"是"雅"的前提，"雅"是"厚"的结果。在他看来，填词要天资，更要学力，学力是通向"雅"的必由之路。他说："读前人雅词数百阕，令充积吾胸臆，……其弊也，不能谐俗，与物忤。"[⑦]"厚"的对立面是"薄"，"薄则俗矣"，如高观国"古驿

① 况周颐《蕙风词话》卷一，《词话丛编》，第5册第4410页。

② 况周颐《蕙风词话》卷一，《词话丛编》，第5册第4407页。

③ 况周颐《历代词人考略》卷三〇，全国图书馆文献缩微复制中心2000年版，第226页。

④ 况周颐《蕙风词话》卷一，《词话丛编》，第5册第4406页。

⑤ 况周颐《蕙风词话》卷二，《词话丛编》，第5册第4428页。

⑥ 况周颐《蕙风词话》卷三，《词话丛编》，第5册第4473页。

⑦ 况周颐《蕙风词话》卷一，《词话丛编》，第5册第4410页。

烟寒，幽垣梦冷，应念秦楼十二"，此等词句"钩勒太露，便失之薄"①。还有，"东南操觚之士，往往高语清空，而所得者薄，力求新艳，而其病也尖"②。他有时以"凝重"与"轻倩"代表"厚"与"薄"的对立，指出："填词先求凝重。……凡轻倩处，即是伤格处，即为疵病矣。天分聪明人最宜学凝重一路，却最易趋轻倩一路。"③最后，"重拙大"以"厚"为之基，他对"重"的解释是"重者，沉著之谓"，"沉著者，厚之发见乎外者也"④。不仅如此，"厚"也是"拙"与"大"的根本，他有时径直用"厚重大"代替"重拙大"，"朴厚"与"朴拙"同义对等，所以，唐圭璋说："况蕙风所标重、拙、大之旨，实皆特重厚字。惟拙故厚，惟厚故重、故大，若纤巧、轻浮、琐碎，皆词之弊病也。"⑤

总之，经过常州派几代词人的发展，"厚"从一个单纯表现个体哀乐的范畴，渗透到作者性情、作品形式与意蕴诸多意义域，并成为晚清词学一个极其重要的观念和范畴。从概念史角度看，它只是一个范畴而已，从观念史角度看，它则形成了一个观念集群，通过这一观念集群构建起一个时代的思想。我们通过对于晚清词学"厚"之范畴的观念史考察，找寻"语词背后潜藏的观念"，"去认识作家在字里行间所表达的观念的含意以及观念与观念之间的联系的含意"⑥。作为一种观念"厚"的提出，乃是针对浙派创作的"薄"与"纤"而起的⑦，强调的是作者对于现实感慨与哀乐的表现，反映了常州派在清朝末年政权危亡之际，力图振救衰世的美好愿望和忠爱情怀，这对于提升词的文体地位、拓展词的审美空间、增强词的现实感，都有非常重要的意义。

---

① 况周颐《蕙风词话》卷二，《词话丛编》，第 5 册第 4440 页。
② 况周颐《蕙风词话》卷一，《词话丛编》，第 5 册第 4420 页。
③ 况周颐《蕙风词话》卷一，《词话丛编》，第 5 册第 4409 页。
④ 况周颐《蕙风词话》卷二，《词话丛编》，第 5 册第 4447 页。
⑤ 唐圭璋《论词之作法》，《词学论丛》，上海古籍出版社 1986 年版，第 864 页。
⑥ ［美］阿瑟·O. 洛夫乔伊《观念史论文集》"前言"，吴相译，商务印书馆 2018 年版，第 11~12 页。
⑦ 曹明升《厚：清代中后期宋词风格论的核心范畴》，《学术探索》2010 年第 2 期。

第三节 "重拙大"之论的创立与阐发

"重拙大"作为一个时期特有的词学观念，在晚清民国甚为流行，它从端木埰提出到王鹏运、况周颐推衍，特别是经过况周颐《蕙风词话》的全面阐发，从一个纯粹笔法概念上升为对词之体格、意境、宗尚的审美要求，得到了现代词人夏敬观、赵尊岳、蔡嵩云、刘永济、唐圭璋、俞平伯等的推崇，进入当代以来沈祖棻、朱庸斋、张伯驹等又从不同角度对其意蕴作了进一步的发挥，"重拙大"在20世纪百年时间里是最引人瞩目的词学范畴。

一、创立：从端木埰到王鹏运

过去，人们一般把王鹏运作为"重拙大"之论的创始者，据唐圭璋所言，"重拙大"之论的提出者应该是端木埰。端木埰，字子畴，江宁人。他在晚清词坛有着举足轻重的地位，陈匪石把他比作"清季词派之祖灯"，唐圭璋说："晚清词学大昌，实由端木埰开其端。"卢冀野也说："不独辛勤存碧瀣，百年词运赖支持，一代大宗师。"① 端木埰少有诗才，以弱龄作《梅花》诗有"饱经霜雪无寒相，能返阳和亦大才"之句为江浦韩印所称赏。后从学于金若洲，又受知于祁隽藻，于道光二十八年（1848）结识金鏊而从之习填词，加盟"听松词社"。次年入都，以乡谊结交同里词人蔡宗茂、何兆瀛等，咸丰七年（1857）入馆祁家，并受祁氏之荐，任职内阁中书，先后在祁府居住达二十余年。自光绪十年（1884）以后，他与同僚彭銮、许玉瑑及王鹏运等以词相唱和，光绪十五年（1889）况周颐入任内阁中书，与端木埰、许玉瑑及王鹏运号称"四中书"，次年岁末彭銮刊刻《薇省同声集》五卷，其中包括端木埰《碧瀣词》两卷、许玉瑑《独弦词》一卷、王鹏运《袖墨词》一卷、况周颐《新莺词》一卷。"四中书"以端木埰年最长，为王鹏运、况周颐等填词之导师，唐圭璋在《端木子畴与近代词坛》《朱祖谋治词经历及其影响》中已有论及，更重要的是王鹏运、况周颐倡言"重拙大"之论也是自端木埰而来。"近数十年，词风

---

① 端木埰选录，何广棪校评《宋词赏心录校评》，正中书局1975年版，第111~112页。

大振，半塘老人遍历两宋大家门户，以成拙重大之诣，实为之宗，论者谓为清之片玉。然词境虽愈变愈进，而启之者，则子畴先生。《薇省同声》《碧瀜》居首，非仅以行辈尊也。"①

端木埰填词从创作到思想都深受金鳌的影响。金鳌，原名登瀛，字伟君，一作伟军，江宁人，有《墨石词》《红雪词》等。端木埰在《碧瀜词》自叙中谈到自己为词之初，"茫然不知词为物"，是金鳌略为指示，教他多读宋人词，严奉万树《词律》，以明词曲之别，然后可得填词门径。金鳌生活的道光、咸丰年间，常州派词人周济、汤贻汾、包世臣等正活跃于南京。金鳌与端木埰之父端木煜也是好友，他们填词均受周济"宋四家词说"的影响，以王沂孙《花外集》作为入门阶陛，这一点对端木埰影响很大。他说："初侍金先生，首熟碧山《齐天乐》一阕，吟讽既熟，作辄倚之。于诸名家，又笃嗜碧山。诸君词皆有名，遂僭以《碧瀜》自张其编。露气之下，被者为瀜，以是为碧山之唾余可也，为中仙之药转可也。若以为《花外》嗣音，则不敢也。"② 有学者评价说："金鳌以碧山词开讲，直接引导端木埰接受了常州词派理论，奠定了端木埰偏向常州派的理论趋势。"③

端木埰对于常州词派理论接受的表现，一是批点张惠言《词选》，二是编选《宋词十九首》。通过这一"批"一"选"，可以略窥端木埰思想之梗概。一是他接续张惠言《词选》论词重寄托的观念，对唐宋词作的读解注重抉发其中作者的托意，如称李煜《浪淘沙》（帘外雨潺潺）有"亡国之哀"，王沂孙《齐天乐》（一襟余恨宫魂断）、张炎《高阳台》（接叶巢莺）含"黍离之悲"等。但是，他反对张氏凡词皆求寄托的做法，认为张氏对无名氏《绿意·荷叶》的解读"注释荒唐，甚不足取"，"大约张氏昆弟，薰心两庑，心神瞀乱，故于古人多作妄笺"。所以，对于范仲淹《御街行》，他发表评论说："论者但以本意求之，性情深至者，文词自悱恻，亦不必别生枝节，强立议论，谓其寓言

① 陈匪石《宋词赏心录跋》，端木埰选《宋词赏心录》，开明书店 1933 年版。
② 端木埰《碧瀜词》"自叙"，《清名家词》，第 9 册。
③ 袁美丽《清代金陵词坛研究》，南京师范大学博士学位论文，2012 年，第 111 页。

某事也。"① 二是他从周济以王沂孙为填词之入门阶陛出发，受其父端木煜与其师金鳌的启发，借助《宋词十九首》初步揭櫫"重拙大"之义旨。正如彭玉平所说："王、况二人并师从江宁端木埰氏，而端木埰又借《宋词赏心录》一选及相关评点，已揭出'重拙大'大半要义。王鹏运、况周颐只是光大其说而已。"② 何以说《宋词十九首》初步揭出了"重拙大"之义旨？这是因为王鹏运、况周颐所说"沉著""博大"，已在《宋词十九首》所选作品中初现端倪。"究其所录，大氐伤怀念远、感深君国之作，一种顿挫往复、沉郁悲凉之致，与近日朱古老所选之三百首，消息相通。"③《宋词十九首》所选作品在内容上大多表现伤怀念远、感慨君国之情，在艺术上则有顿挫往复、沉郁悲凉之致，这正是周济倡导的"有寄托入，无寄托出"的具体表现。周济在解释"寄托出入"时，有一句精辟的论述——"以无厚入有间"强调把深厚的情思（无厚）用比兴的手法（有间）表现出来。这种"思与笔谐"的境界最明显地体现在王沂孙身上——"碧山胸次恬淡，故黍离麦秀之感，只以唱叹出之，无剑拔弩张习气。"④ 周济推尊王沂孙对金鳌、端木埰均有深刻影响，金鳌指导端木埰首熟《齐天乐》，以及端木埰晚年以《碧瀣词》命名词集，都是其表现。唐圭璋说："吾乡端木子畴先生，年辈又长于王氏，而其所以教王氏者，亦是止庵一脉。止庵教人学词，自碧山入手。先生之词曰《碧瀣词》，即笃嗜碧山者。王氏之词，亦导源于碧山。"⑤ 周济由王沂孙而"宋四家"，端木埰由王沂孙而"宋词十九首"，他们看重的正是王沂孙《花外集》的"思笔双绝"，"感时伤世之言，而出以缠绵忠爱"⑥，这一点在《宋词十九首》评语中有明显的表现。如范仲淹《满庭芳》"不过借秋色苍茫以隐其忧国之意"（黄蓼园），秦观《满庭芳》"将身世之感，打并入艳情"（周济），周邦彦《齐天乐》"此清真荆南作也，胸中犹有块垒"（周济），姜夔《暗香》《疏影》"寄意言外，包蕴无穷"

① 唐圭璋《端木子畴批注张惠言〈词选〉跋》，《词学论丛》，第 1058 页。

② 彭玉平《中国分体文学学史·词学卷》，山西教育出版社 2013 年版，第 238 页。

③ 唐圭璋《宋词赏心录跋》，《宋词赏心录》。

④ 周济《宋四家词选序论》，《周济词集辑校》附录二，第 150 页。

⑤ 唐圭璋《端木子畴与近代词坛》，《词学论丛》，第 629 页。

⑥ 陈廷焯著，屈兴国校注《白雨斋词话足本校注》卷二，第 174 页。

（周济），高观国《金缕曲》"借梅自喻"（俞陛云），王沂孙《齐天乐》"殆亦黍离之感"（端木埰），张炎《高阳台》"亡国之音哀以思"（梁令娴）等。从这里可以看出，端木埰已突破周济的"宋四家"，也不局限于南北宋，更不受豪放婉约之拘囿，而是以"思"之厚与"笔"之"重""大"为入选标准，因此，像苏轼《水调歌头》、岳飞《小重山》、陆游《百字令》、辛弃疾《小重山》得以入选，而周邦彦《瑞龙吟》、史达祖《双双燕》、吴文英《祝英台近》、王沂孙《眉妩》、张炎《解连环》等名作未得入选，吴梅称端木埰"胸中别具炉锤，不随声附和"①，也就是不苟同张惠言《词选》、周济《宋四家词选》，这表明端木埰已有新的品评标准——"重大"。

值得注意的是，端木埰将这一部手书的"赏心"之编赠予王鹏运，也是别有深意的。端木埰的这部手书颇有魏碑的粗朴厚重气象，据称端木埰书法主攻颜真卿，"能入平原堂奥"，"惟于拙处用功，故笔多板滞"。戴熙云："颜鲁公出而不避复沓，不忌重拙，神味反出其右，殆如水中着盐，其意自在，不问水方水圆也。"②唐圭璋说："颜鲁公书力透纸背就是重拙大，出于至诚不假雕饰就是重拙大。因此真挚就是拙，笔力千钧就是重，气象开阔就是大。"③"重拙大"之义已从端木埰之书法中呼之欲出，蔡嵩云更明确地点明了填词之"重拙大"与书法的这种关系，认为"以书喻之最易明，如汉魏六朝碑版，即重、大、拙三者俱备"④。有学者解释说："六朝碑版书法，笔画厚重，气度庄严，字体以篆隶为主，用笔有拙率而无巧媚，所以观六朝碑版便可知何为'重、拙、大'。"⑤王鹏运正是从这部宋词选本的行墨间悟出了填词之道，指出："宋人拙处不可及，国初诸老拙处亦不可及。"⑥这是谈"拙"，像他评"希真词清隽秀婉，犹是北宋风度"，评"樵庵词朴厚深醇中有真趣洋溢，是性情语，无道学气"⑦，都表明他所谓"拙"指的就是北宋词的真率、自然、朴拙之美，这

① 吴梅《宋词赏心录跋》，《宋词赏心录》。
② 戴熙《习苦斋画絮》卷四，清光绪十九年刻朱印本。
③ 秦惠民、施议对《唐圭璋论词书札》，《文学遗产》2006 年第 6 期。
④ 蔡嵩云《柯亭词论》，《词话丛编》，第 5 册第 4905 页。
⑤ 杜庆英《况周颐"重、拙、大"与晚清碑学》，《文艺研究》2016 年第 10 期。
⑥ 况周颐《蕙风词话》卷一，《词话丛编》，第 5 册第 4406 页。
⑦ 皆引自王鹏运辑《四印斋所刻词》。

一点与颜真卿书或北魏碑书的朴拙厚重之美也是相通的。如果说从端木埰学王沂孙可以看出他们对于周济思想的继承和对于南宋词人的重视，那么，王鹏运特别强调"拙"则表明他们认识到北宋和清初词的重要意义。至于"重""大"之义，王鹏运是借欧阳炯的《浣溪沙》来谈的。据况周颐《蕙风词话》记载，他读欧阳炯《浣溪沙》"兰麝细香闻喘息，绮罗纤缕见肌肤，此时还恨薄情无"句后，发表议论道："自有艳词以来，殆莫艳于此矣！"而王鹏运听后则说："奚翅艳而已？直是大且重。"以称艳之作而谓之"大且重"，这显然是一种过度阐释，但通过王鹏运的点评可悟出"大且重"之义旨。李冰若认为欧阳炯这首词"叙事层次井然，叙情淋漓尽态，而着语尚有分寸，以视柳七黄九之粗俗不堪，自有上下床之别"①。它虽然内容过于淫亵，在叙事抒情上却有可取之处，遣词用语有一定的分寸感，不似柳永、黄庭坚同类词般粗俗。王鹏运对于艳亵之作其实是反对的，还力劝况周颐勿作侧艳语，那么，这里特地拈一"大且重"而褒之，当别有他意。在我们看来，他主要是从笔法而非从内容角度来谈的，讲的是填词当有"分寸感"，有意内言外之旨，亦即言在此而意在彼。刘永济说："尔时作者，竞写闺情。即此一端，而出以无穷之法则。无限之语言，或正或反，或旁见侧出，或托花鸟，或借神仙，或以欢戚相形，或以盛衰互映，或思而至于怨，至于猜疑，或怨而至于怒，怒而仍归于恕。千头万绪，尽态极妍，亦其壮观矣。学者苟捐其淫艳之词，而法其抒写之妙，曷云不宜？此半塘翁所以读'相见休言有泪珠'一首，而称其大且厚也。"②这一解释比较接近王鹏运的原意，况周颐也说过这样的话："苟无《花间》词笔，孰敢为斯语者。"刘永济是况周颐的入室弟子，对于"重拙大"的理解，应该比一般人更接近况周颐的解释。

因为资料匮乏，对于王鹏运之论述，无法作深入讨论，但"重拙大"创立之功当归之于王鹏运。况周颐在《餐樱词自序》中明确表示他是从王鹏运处受法重拙大之论的。

---

① 李冰若《花间集评注》，第 137 页。
② 刘永济《诵帚词筏》，《古代文学理论研究》第 4 辑，上海古籍出版社 1981 年版。

二、正式提出：况周颐的变化与深化

况周颐《蕙风词话》卷一开篇，在谈到"词非诗余"之后，紧接着旗帜鲜明地摆出自己的论词观点："作词有三要，曰重、拙、大。"[1] 何谓"重拙大"？上文王鹏运所论只是"奥窔初判，明而未融"[2]，真正对之作全面论述并深刻影响词坛的是况周颐。

"重拙大"，赵尊岳《蕙风词话跋》称之为"词格"，况周颐《餐樱词自序》称之为"体格"。所谓词格，即词之体格，是指作品呈现出来的总体风貌，它不同于艺术风格之处在其体现着作者的人格。如王鹏运评北宋词人苏轼："苏文忠之清雄，敻乎轶尘绝迹，令人无从步趋，盖霄壤相悬，宁止才华而已？其性情、其学问、其襟抱，举非恒流所能梦见。"[3] 况周颐也说："词学极盛于两宋，读宋人词当于体格、神致间求之，而体格尤重于神致。……神致由性灵出，即体格之至美，积发而为清晖芳气而不可掩者也。"[4] 体格是可以感知的，神致则不易感知，由人之性灵流露而出的神致，就是作品的体格，可见体格来自作者的性情、学问、襟抱，是思想内容与艺术形式的综合表现。当前学术界对"重拙大"论述颇多，各家理解互有出入，应该结合王鹏运的创作经历及况周颐的理论阐释分析之。朱祖谋《半塘定稿序》曾称王鹏运为词："导源碧山，复历稼轩、梦窗，以还清真之浑化，与周止庵氏说契若针芥。"[5] 龙榆生也认为王鹏运中年以后所为词，是由辛弃疾、吴文英，以上窥周邦彦，间出入于《花间》《阳春》。[6] "重拙大"之论是王鹏运对辛弃疾、吴文英、周邦彦及《花间》《阳春》诸家词格体认的结果，即糅合辛弃疾之疏宕、吴文英之密丽、周邦彦之浑厚以及《花间》《阳春》之秾挚而成的，对"重拙大"之意义的把握也应作如是理解。

不过，况周颐对于"重拙大"的理解，却有一个吸收与转化的过程。他说

---

① 况周颐《蕙风词话》卷一，《词话丛编》，第 5 册第 4406 页。
② 孙维城《千年词史待平章：晚清三大词话研究》，第 27 页。
③ 龙榆生编选《唐宋名家词选》引王鹏运语，上海古籍出版社 1998 年版，第 126 页。
④ 况周颐《宋词三百首序》，唐圭璋笺注《宋词三百首笺注》，上海古籍出版社 1979 年版，第 3 页。
⑤ 朱祖谋《半塘定稿序》，王鹏运《半塘定稿》，清光绪三十一年广州刻本。
⑥ 龙榆生《清季四大词人》，《龙榆生词学论文集》，第 476 页。

自己初入词坛好为侧艳之语，后因王鹏运劝诫转向求重大之旨："余自壬申、癸酉间，即学填词，所作多性灵语，有今日万不能道者，而尖艳之讥在所不免。己丑薄游京师，与半塘共晨夕，半塘于词夙尚体格，于余词多所规诫，又以所刻宋元人词属为校雠，余自是得窥词学门径。所谓重拙大，所谓自然从追琢中出，积心领神会之，而体格为之一变。"① 这一转变就是由侧艳转而为沉厚，赵尊岳说："先生初为词，以颖悟好为侧艳语，遂把臂南宋竹山、梅溪之林。自佑遐进以重大之说，乃渐就为白石，为美成，以抵于大成。《新莺》词格之变，草线可寻。"② 这说明，况周颐的理解是经过思想转变后的认识，有王鹏运的启迪，也有他自己的体认，因此，他对"重拙大"义旨的阐释，是在综合了《花间》、北宋、南宋等多种词风展开论述的，因此，表现出糅合《花间》之宏丽、北宋之清疏、南宋之沉挚于一体的倾向。还要明确的一点是，以"重"为先是对常州派思想的继承，是为了转变浙派的空滑，而以"拙"为美是对常州派特别是周济思想的发展，以"大"为旨归则表现出他们对于闳美境界的追求。

何谓"重"？况周颐解释说："重者，沉著之谓。在气格，不在字句。"③ 它有两个关键字义，一是"沉著"，一是"气格"。"重"就是气格的沉着，它不在字句而在笔力的劲健，笔力的劲健则来自主体的"情真理足"。所以，况周颐又说："情真理足，笔力能包举之。纯任自然，不假锤炼，则沉著二字之诠释也。"④"气格"是人的内在生命力呈现出来的精神风貌，"沉著"则是指沉挚的情感与深刻的思想，在劲健的笔力下所表现出来的气格，即"厚之发见乎外者也"，"厚"是思想、情感、学养诸种内因合力的综合表现，所谓"朴厚之作由性情学养中出"是也。在他看来，"沉著"是填词者所追求的理想境界，一般说来，填词者先是求妥帖、停匀，其次求和雅、深秀，终而至精稳、沉着。"精稳则能品矣，沉著更进于能品矣。……沉著尤难于精稳。"⑤ 为了进一步说明"沉著"的具体内涵，他特地选取"沉著"的词史典范吴文英为例说明之，

---

① 况周颐《餐樱词自序》，况周颐著，秦玮鸿校注《况周颐词集校注》，上海古籍出版社 2013 年版，第 534~535 页。
② 赵尊岳《蕙风词史》，《词学季刊》第一卷第 4 号。
③ 况周颐《蕙风词话》卷一，《词话丛编》，第 5 册第 4406 页。
④ 况周颐《蕙风词话》卷一，《词话丛编》，第 5 册第 4409~4410 页。
⑤ 况周颐《蕙风词话》卷一，《词话丛编》，第 5 册第 4409 页。

认为人们通常只注意到吴文英词字句的密丽，其实其词的特色在气格的沉着："即其芬菲铿丽之作，中间隽句艳字，莫不有沉挚之思，灏瀚之气，挟之以流转，令人玩索而不能尽，则其中之所存者厚。沉著者，厚之发见乎外者也"。①这里，他借吴文英之词解释了"沉著"的具体含义，一是有沉挚之思，二是有灏瀚之气，前者指思想的深度，后者指主体的胸襟。吴文英不同于平常词人之处，是把"沉挚之思，灏瀚之气"，以"流转之笔"表现出来，看似"芬菲铿丽""隽字艳句"，其实却意蕴深厚。这样，况周颐就把吴文英之"厚"与常人所说之"密"区别开来，人们通常说吴文英之失在"密丽"，着眼点只在字句，而他所说的"厚"则在情感的深厚和笔力的劲健。"密在字面，厚在意味。"②正因为这样，况周颐才说"梦窗密处易学，厚处难学"。③吴文英这一点正代表着南宋词人的共同倾向，讲求内容的沉厚和笔力的劲健，故求"重"当自南宋入。

所谓"拙"，由内在之意与外在之笔两个方面构成，讲的是词意的朴质（厚）与笔法的真率（拙）。如果说"重"侧重于气格的沉着或笔力的劲健，那么，"拙"则着眼于对沉着气格或劲健笔力的表现，与它相对应的笔法是"尖"或"巧"。如况周颐评李从周《抛毬乐》"绮窗幽梦乱如柳，罗袖泪痕凝似伤"；《谒金门》"可奈薄情如此黠。寄书浑不答"，曰："其不失之尖纤者，以其尚近质拙也。"又评陆钰《小桃红》歇拍"终踌躇、生怕有人猜，且寻常相看"，曰："无巧与尖之失。"《虞美人》"可怜旧事莫轻忘，且令三年无梦到高唐"，曰："余甚喜其质拙。"④但"拙"并非不假雕琢，而是从追琢中来，这也是王鹏运教导他时所说的"自然从追琢中来"。王鹏运认为填词当"恰到好处，恰够消息，毋不及，毋太过"。况周颐阐释王鹏运之意云："词太做，嫌琢。太不做，嫌率。欲求恰如分际，此中消息，正复难言。但看梦窗何尝琢，稼轩何尝率，可以悟矣。"⑤在况周颐看来，吴文英词非琢，辛弃疾词不率，他们有一个

① 况周颐《蕙风词话》卷二，《词话丛编》，第5册第4447页。
② 夏敬观《蕙风词话诠评》，《蕙风词话》附录，《词话丛编》，第5册第4598页。
③ 况周颐《蕙风词话》卷二，《词话丛编》，第5册第4447页。
④ 皆引自况周颐《蕙风词话》，《词话丛编》。
⑤ 况周颐《蕙风词话》卷一，《词话丛编》，第5册第4408页。

共同特点："恰如分际"。这是因为他们功力深厚，故出笔自然，恰到好处。夏敬观认为王鹏运、况周颐两人反复申明的不琢不率之道实乃"炉火纯青之功候也"①。周济曾以吴文英之"奇思壮采"、辛弃疾之"沉着痛快"为填词之词家转境，况周颐则以"梦窗何尝琢，稼轩何尝率"为填词求拙之典范，盖因辛弃疾有性情、吴文英有才力也，故不求工而自工，自然从追琢中来。"性情少，勿学稼轩。非绝顶聪明，勿学梦窗。"② 当代学者孙维城特地拈出"妙造自然"一语以概括之，并引用况周颐对谢懋《杏花天》过拍"双双燕子归来晚，零落红香过半"句的评语，曰："此二语不曾作态，恰妙造自然。"③ "妙造自然"指的就是艺术创造的巧夺天工之境界。王鹏运说："宋人拙处不可及，国初诸老拙处亦不可及。"④ 这里"宋人拙处"实指宋人的真率，纯任性情，自然流露，亦即词意的朴质。如周邦彦"多少暗愁密意，唯有天知""最苦梦魂，今宵不到伊行""拚今生，对花对酒，为伊泪落"，况周颐认为此等语"愈朴愈厚，愈厚愈雅，至真之情，由性灵肺腑中流出，不妨说尽而愈无尽"⑤，亦即北宋词最能作为"拙"的代表。夏敬观说："北宋词较南宋为多朴拙之气，南宋词能朴拙者方为名家。"⑥ 拙朴就是一种本色天然的美，不同于南宋以雕琢为工，北宋以自然高浑为其致，陈子龙《〈幽兰草〉题词》对此有精辟论述。这一点在清初诸家身上也有体现，如王士禛、吴绮、陈维崧诸人所为词实情实色，既有情感的真率，又措辞用语真实朴质，王鹏运所谓"国初诸老拙处"当指此。况周颐认为，"以尖为新，以纤为艳，词之风格日靡，真意尽漓，反不如国初名家本色语，或犹近乎沉著、浓厚也"⑦。清初诸家以写艳词称，况周颐说他们的词近乎沉着浓厚，当是指感情的不加修饰和语言的当行本色。

对于"大"，如前所说，王鹏运、况周颐都没有直接的解释，因此，学术界关于它的意义指向，人说人殊，如果结合王、况两人在具体作品批评过程中

① 夏敬观《蕙风词话诠评》，《蕙风词话》附录，《词话丛编》，第 5 册第 4587 页。
② 况周颐《蕙风词话》卷一，《词话丛编》，第 5 册第 4418 页。
③ 孙维城《千年词史待平章：晚清三大词话研究》，第 33 页。
④ 况周颐《蕙风词话》卷一，《词话丛编》，第 5 册第 4406 页。
⑤ 况周颐《蕙风词话》卷二，《词话丛编》，第 5 册第 4428 页。
⑥ 夏敬观《蕙风词话诠评》，《蕙风词话》附录，《词话丛编》，第 5 册第 4585 页。
⑦ 况周颐《蕙风词话》卷二，《词话丛编》，第 5 册第 4423 页。

运用"大"的语词，可以窥见"大"之具体意义。前引王鹏运评欧阳炯《浣溪沙》"兰麝细香闻喘息，绮罗纤缕见肌肤，此时还恨薄情无"句，曰："奚翅艳而已？直是大且重。"①此词大胆而真实地表现男女欢爱，王鹏运却以"大且重"评之，显然非就意旨而言，主要讲的是它在表达上的"分寸感"。然而，况周颐并不就此而止，而是对它作了新的阐发，其意义指向由笔法转向了意旨和气概——"托旨大"和"气象大"。他评元好问《鹧鸪天·赋隆德故宫》及同调"宫体八首""薄命妾辞三首"诸作，曰："亦浑雅，亦博大。有骨干，有气象。"②又称李治《摸鱼儿·和遗山赋雁丘》过拍"诗翁感遇。把江北江南，风嘹月唳，并付一邱土"句，曰："托旨甚大。"③原因在于他们所为词"蓄艳其外，醇至其内，极往复低徊、掩抑零乱之致。而其苦衷之万不得已，大都流露于不自知"④。据此二则评语，可以知道况氏所谓"大"有寄托（托旨大）和气概（气象大）双重义，它们一致指向作者感情的真挚自然，所谓"醇至其内""万不得已""流露不自知"皆如此。他认为刘秉忠《藏春词》"其厚处、大处亦不可及"，原因就在于刘秉忠的词"真挚语见性情，和平语见学养"⑤，"和平语"见作者学养之"厚"，"真挚语"则见作者性情之"大"，"大"是从表现内容方面对"重"与"拙"的补充与深化，但它更指向的是作品的境界与气象。比如他的《玉梅后词》中《玲珑四犯》云："衰桃不是相思血，断红泣、垂扬金缕。"自注："桃花泣柳，柳固漠然，而桃花不悔也。斯旨可以语大。"原词是说桃花以自己的姿态，为春光将逝而哀泣，词人亦以之表对亡清的哀挽之意，正如"千古忠臣孝子，何尝求谅于君父哉"。赵尊岳对这句的理解是："以此喻家国之大，喻忠孝之忱，同非求知，自尽其我，正复一理，可以举反也。"⑥

当然，对于"重拙大"，还要和其他理论问题一体认识。况周颐早年受王

① 况周颐《蕙风词话》卷二，《词话丛编》，第5册第4424页。

② 况周颐《蕙风词话》卷三，《词话丛编》，第5册第4464页。

③ 况周颐《蕙风词话》卷三，《词话丛编》，第5册第4466页。

④ 况周颐《蕙风词话》卷三，《词话丛编》，第5册第4464页。

⑤ 王鹏运《樵庵词跋》，刘因《樵庵词》，《四印斋所刻词》，第864页。

⑥ 赵尊岳《蕙风词史》，《赵尊岳集》，第1076页。

鹏运影响较深，"重拙大"是和自然从追琢中来相关联的，前者指作品体格，后者指创作技法；到晚年他对这一问题的认识又有深化，在《词学讲义》中指出"重拙大"当以雅与厚为基，"雅"指的是由张惠言而来的"变风之义，骚人之歌"，"厚"当是如前所言的涵养深厚与性情温厚，有了"雅"与"厚"为其基，再而求"重拙大"，进而求"自然从追琢中来"，这样就不只是就"重拙大"求"重拙大"，而是把性情、体格、笔法等问题贯通起来，形成了一个理论体系。

三、全面阐发：夏敬观、赵尊岳、唐圭璋的修正与发展

王鹏运、况周颐倡言"重拙大"，在现代词坛产生了巨大的反响，得到了南北词人的一致呼应。先是夏敬观为《蕙风词话》作诠评，对"重拙大"之意义及其关系作进一步阐发；然后是赵尊岳在《珍重阁词话》《蕙风词史》《蕙风词话跋》中全面阐发"重拙大"之论的现实意义，蔡嵩云、缪钺、张伯驹以自己的理解对之作了新的阐发，最后是王濬、唐圭璋、夏承焘以"重拙大"之论品鉴唐宋词，"重拙大"俨然成为现代词学史上最重要的观念。

首先，较之况周颐，他们更清晰地辨明了"重拙大"三者之关系。夏敬观说："余谓重拙大三字相联系，不重则无拙大之可言，不拙则无重大之可言，不大则无重拙之可言，析言为三名辞，实则一贯之道也。"[1] "重拙大"三者析言之为三要，合言之为一体，是不可分割的整体，其中任何一方都不能缺少另外二者。"这个解释虽然简略，不细致，也不深透，但是他指出这三者原是一个有机的统一体，不可分割。这就超越了况氏的认识，并且为后人的深度研究，提供了一个新的思路。"[2] 唐圭璋谈对"重拙大"三者联系的认识也值得关注，如况周颐在分析"哀感顽艳"中"顽"之字义时说："拙不可及，融重与大于拙之中，郁勃久之，有不得已者，出乎其中，而不自知，乃至不可解，其殆庶几乎。犹有一言蔽之，若赤子之笑啼然，看似至易而实至难也。"[3] 这句话

---

① 夏敬观《蕙风词话诠评》，《蕙风词话》附录，《词话丛编》，第 5 册第 4585 页。
② 曾大兴《20 世纪词学名家研究》，中华书局 2011 年版，第 321 页。
③ 夏敬观《蕙风词话诠评》，《蕙风词话》附录，《词话丛编》，第 5 册第 4597 页。

有两层意思，第一层"融重与大于拙之中"，"重"是内容厚重，"大"指境界大、托旨大，它们都要通过艺术表现的"拙"体现出来。因此，唐圭璋把它们的顺序作了一个调整——拙、重、大，这就较况周颐的解释更为合理。第二层意思是"赤子之笑啼"，它强调"重拙大"的最高境界，是把性情表现得天真烂漫，自然深切，不假雕饰。况周颐还以"哀感顽艳"品评屈大均《落叶词》，此词借叶写人，托深情于艳体，家国之变与身世之感流溢其中，又表现得极为自然，不见雕饰痕迹，情感之"厚"与托旨之"大"皆融于拙致的笔法中，其核心内容就是沉郁的情感出之真率自然。唐圭璋为之解释说："惟拙故厚，惟厚故重、故大，若纤巧、轻浮、琐碎，皆词之弊也。"①

其次，他们认为王鹏运、况周颐标榜"重拙大"，对于明末清初纤弱浮靡、竞为巧饰的词风有救弊意义。夏敬观说："北宋词较南宋为多朴拙之气，南宋词能朴拙者方为名家。概论南宋，则纤巧者多于北宋。况氏言南渡诸贤不可及处在是，稍欠分别。"他认为当将南北宋分而论之，而况周颐只讲南渡，意义还不是太明晰，王鹏运所论亦是如此。夏敬观认为："初为词者，断不可学，切毋为半塘一语所误。余以为初学为词者，不可先看清词，欲以词名家者，不可先读南宋词。"②这一意见，无论就两宋和清初的词史而言，还是就20世纪前半期的词坛创作实际而言，都是非常中肯的，这表明夏氏能从词坛实际出发展开评说，考量"重拙大"之论的现实意义。杨寿楠说："夫重拙大所以救轻、巧、纤之病也，然救轻之失而变为笨滞，救巧之失而变为艰涩，救纤之失而变为廓落，偏胜而弊更甚焉。"③轻者浮靡夸诞之谓也，巧者华而不实之谓也，纤者内容单薄之谓也，这一认识与金应珪《词选后序》所说的淫词、鄙词、游词"三弊"是相通的，虽然张惠言有"意内言外"之说，周济有"寄托出入"之论，谭献也有"比兴柔厚"之说，但王鹏运的"重拙大"之论更具有针对性，即赵尊岳所说将"重、拙、大"与"轻、巧、纤"作为对立范畴来讨论，这样它们之间实际上构成了相反相成的对待关系：重—轻，巧—拙，

---

① 唐圭璋《论词之作法》，《词学论丛》，第864页。
② 夏敬观《蕙风词话诠评》，《蕙风词话》附录，《词话丛编》，第5册第4585页。
③ 杨寿楠《云薖词话》，《词话丛编二编》，第4册第1871页。

大一纤。其纠弊意义就更为明显了。

第三，他们还根据各自创作主张，对"重拙大"之内涵作了新的阐发并进行补充。赵尊岳治词"一秉师法，未尝偭越"①，全盘接受了"重拙大"之论，也对"重拙大"内涵作了精彩的发明和阐说。他主要是从词笔的角度谈如何做到"重拙大"。如果说况周颐论"重拙大"是目标，那么赵尊岳论"重拙大"是实践。比如谈言情写景要求"重拙大"："言情言景，均宜立言重大。重大者易流于拙，须语重大而情有至理。至理所存，自然智慧。怀智慧以言重大必佳，舍智慧以言重大多拙。"这里特地强调了"重大"对于作品的重要性，以及"重大"与"拙"之间相反相成的关系，指出"重大"来自"至理"，是外在的"至理"让主体有了"智慧"，主体有了"智慧"则作品自然"重大"，主体的"智慧"在外在"至理"与作品"重大"之间扮演着重要的角色。正因为这样，他特别强调言情之作要有"重大"之旨。一般说来，"言情之语"有托于物者与传其情者两种情况，但是，"托物易质实，质实则失所以托之者；传情易纤靡，纤靡则卑劣，伤词格矣"。对于托于物者，宜指物以会情，对于传其情者，宜从重拙处落墨，"则庶几可医纤佻之疾"。"重拙大"不仅表现在言情写景上，还表现在用字与立意上。"用字先求精稳，再进于情味，而归结于重大。要使重而不殢，大而不粗，或用粗殢之字，而见其粗殢，期为上上。"这里讲到"重大"的要求从用字开始，后进之以情味，最后才能跨入"重大"的境界。但是，"重大"之字、语、意，却不可轻易得之，关键是作者要有内在的灵气。"能手随意为之，可使词加厚而不见斤斧之迹。此在笔墨灵而气厚，非易致也。"对于"拙"，也是这样，不能过于坐实，当有一二虚字为其传神，有一二新意为其张目。"极拙之字面，得一二虚字为之传神，运一二新意为之张目，则此一二拙字，反能衬出柔情，惟此尚不足语于重大拙之义。"他还谈到"拙"与"方"的关系："词而求拙，拙而能成就，则已届炉火纯青之候矣。拙与方不同，拙者情拙，方者言方。方中亦有优劣，语方则须意圆，语圆则求意方，其并行者，且两失之。"所谓"拙"与"方"，指的就是艺术表达的语言与情思之关系，接着他又谈到

① 赵尊岳《〈珍重阁词集〉自序》,《赵尊岳集》，第926页。

了"拙语"与"慧思"的关系："词固重拙，然拙宜于无字处位置之。若能以拙语申慧思，或语情并拙，而词则特佳，此最难事，非深于学者，不可妄冀。"在他看来，"思"要求慧，"语"当求趣，故而又谈到"智慧之句"与"趣味之语"的辩证关系："智慧所及之句易学，苍劲中见趣味之语难学。寓智慧之心于苍劲之内，使笔力沉潜而重大者，更无可学，当徐徐以襟抱学力鼓济之。"从这些论述可以看出，较之况周颐而言，赵尊岳对于"重拙大"的理解更为全面深刻，实际上是为达到"重拙大"的目标而指示路径。

赵尊岳还在"重拙大"之论的基础上提出了"风度"说。何谓"风度"？"词最尚风度，须摇曳而不轻荡，摇曳于字面音节，而重拙于骨干神理。反其道者，万非佳词。"他认为"风度"乃由"字面音节"与"骨干神理"共构而成，"重拙"为风度的内在神理，"摇曳"是风度的外在姿态，内在的"重拙"与外在的"摇曳"合起来就是"风度"。对赵尊岳而言，"风度"与"重拙大"是其评价作品的重要标准，他认为清初词人专矜风度往往失之纤靡。"自王阮亭以疏秀取胜，风度均近纤懦，重拙之妙，无复偶见。人人设想于清空中作绮情语，摇曳为主，雍容为用，末流之弊，不可胜言。"王士禛虽有"重拙"之妙，"风度"却近于纤懦，后来，以陈维崧为代表的阳羡派起而纠其弊，"盖视阮亭，矫枉过正，其失遂等。于是清词不归绮靡，便归雄犷"。但阳羡派也有不足，到常州词派出来后，"寓疏秀于清雄，曲遂流畅之美，而不使之涉于纤佻，其道稍重"。赵尊岳主张是，为改变绮语与粗犷之不足，当于字面求摇曳时，于骨干宜特求重拙，"使铢两相称于相反之中，若并其骨干而摇曳之，为得不轻不靡"[1]。

在赵尊岳之后，对"重拙大"之论作阐发的还有蔡嵩云、缪钺、詹安泰、张伯驹等，如缪钺提出了与"重拙大"互补的"文小、质轻、径狭、境隐"之论，指出："重拙大之说，所以药浮薄纤巧之弊也。吾之所论（谓词有四特质：文小、质轻、径狭、境隐），就词之本质而言，重拙大之说，就词之用笔而言，二者并行而不相悖。"[2]蔡嵩云则注意到"重拙大"与慢词之关系，并谈到小令

---

① 皆引自赵尊岳《珍重阁词话》，《同声月刊》第一卷第3、4、5、6、8期。
② 缪钺《论词》，《诗词散论》，台湾开明书店1953年版，第10页。

与慢词的不同要求:"小令以轻、清、灵为当行。不做到此地步,即失其宛转抑扬之致,必至味同嚼蜡。慢词以重、大、拙为绝诣,不做到此境界,落于纤巧轻滑一路,亦不成大方家数。小令、慢词,其中各有天地,作法截然不同。何谓轻、清、灵,人尚易知。何谓重、大、拙,则人难晓。如略示其端,此三字须分别看,重谓力量,大谓气概,拙谓古致。工夫火候到时,方有此境。"[①]詹安泰对"重拙大"之论提出了三点意见:第一,像唐圭璋一样,他认为"重拙大"三者当以拙为首,"盖惟拙为能得重且大,能重且大者未必能拙";第二,他不认同王鹏运、况周颐以《花间集》特别是温庭筠为"重拙大"之典范,指出"飞卿词措语下笔,重则有之,大犹可强为傅合,将安得拙耶",在他看来南唐二主及冯延巳"实过《花间》";第三,在"重拙大"之外还有"轻清微妙之境界",也应该予以肯定,"此等境界,不容不用意,又不容大着力也"[②]。张伯驹不但根据自己的理解阐发了"重拙大"的意义,而且注意到况氏之论的不足,认为其所论与其所写有不一致处,对其所言切不可以神秘之论待之。张伯驹指出:"盖拙者,意中语、眼前语,不隔不做作,真实说出来,人人都以为是要说的话而未曾说出,如'别时容易见时难'是也;重者,不作轻浮琐碎语,而所托者深,所寄者远,如'独自莫凭阑,无限江山'是也;大者,有意、有情、有境、有身分,始能作,非是者则不能作,如'故国不堪回首月明中'是也。后之为词者,无境界,无性情,无天分,无才气,无学力,用字生硬,造句雕琢,为长调,不为小令。自首至尾,晦涩钉饳,不知所云。而曰:吾乃'拙、重、大'也。不知其为蕙风所误,抑蕙风为其所卖。"[③]尽管上述这些人对于"重拙大"的理解各有侧重,但在他们心目中,"重拙大"是为词者不可轻视的要素。

"重拙大"作为理论不但意义得到深入开掘,而且被作为词派宗法授受相传,这体现在朱祖谋《宋词三百首》和唐圭璋《唐宋词简释》上。王水照说:"朱氏从重拙大角度肯定常州词派,并把自己侪辈看做常州派传人。……他编

① 蔡嵩云《柯亭词论》,《词话丛编》,第 5 册第 4905 页。
② 詹安泰《无庵说词》,《詹安泰全集》,上海古籍出版社 2011 年版,第 5 册第 58~59 页。
③ 张伯驹《丛碧词话》,《张伯驹集》,上海古籍出版社 2013 年版,第 384~385 页。

选的《宋词三百首》正是实践这一词学思想的标本。"① 在《唐宋词简释》后记中，唐圭璋也提到自己"往日于授课之暇，曾据重拙大之旨，简释唐词五十六首，宋词一百七十六首"②。之前，他曾为朱祖谋《宋词三百首》作过笺注，《唐宋词简释》即是在《宋词三百首》基础上编选而成的，不但编排顺序相同，而且所选宋词 176 首，只有 13 首非出自《宋词三百首》，可见他受朱祖谋的影响是非常明显的。

朱祖谋编选《宋词三百首》是为了传授常州派家法，《唐宋词简释》编选的初衷也是有感于张惠言、周济、谭献等人的选本只有总评，未见有对每一首词作的具体阐述，比如起结、过片、层次、转折、脉络，以及景物之描写、形象之体会，还有语言之凝练、声韵之响声、气魄之雄伟等，他力图通过这些内容的分析和揭示，加深读者对清人论词之理解，并向读者传授填词之技法。唐圭璋对况周颐《蕙风词话》也特别推重，称况氏"标重、拙、大之旨，评论精细，发前人所未发，实千年来之绝作"③。因此，《唐宋词简释》有糅合《宋词三百首》与《蕙风词话》为一体的效果，以选本的形式落实了常州词派标榜的"重拙大"之旨。

对于"重拙大"之含义，况周颐、夏敬观、赵尊岳都有比较多的解说，但对它们是如何体现在作品中的却未见分析，唐圭璋在这一方面花了较大心力。如评温庭筠《南歌子》（倭堕低梳髻）："此首写相思，纯用拙重之笔。起两句，写貌，'终日'句，写情，'为君'句，承上相思，透进一层，低回欲绝。"评李煜《子夜歌》（人生愁恨何能免）："此首思故国，不假采饰，纯用白描。但句句重大，一往情深。"评周邦彦《关河令》（秋阴时晴向暝）："写景抒情，层层深刻，句句精绝。小词能拙重如此，诚不多见。"评姜夔《扬州慢》（淮左名都）："起首八字，以拙重之笔，点明维扬昔时之繁盛。"评吴文英《祝英台近·除夕立春》："'可怜'三句，言人、时、境三层，略同前首歇拍，而笔力之重大，亦俱足以媲美清真。"通过这些唐宋词作与唐氏评语，读者是能

---

① 王水照《况周颐与王国维：不同的审美范式》，《文学遗产》2008 年第 2 期。
② 唐圭璋选释《唐宋词简释》，上海古籍出版社 1981 年版，第 241 页。
③ 唐圭璋《朱祖谋治词经历及其影响》，《词学论丛》，第 1022 页。

细心感受并领悟出"重拙大"之旨的。

但是，唐圭璋没有停留在对"重拙大"的解说上，而是把况周颐之说向前推进了一大步，提出了"雅婉厚亮"的创作主张。在《论词之作法》一文中，他对"雅婉厚亮"有比较具体的解释——雅，清新纯正；婉，温柔缠绵；厚，沉郁顿挫；亮，名隽高华。本来，"雅"与"厚"是况周颐晚年提出的新观点，也是为了补救重拙大的理论缺失而提出来的，唐圭璋又进之以"婉"与"亮"，并论述了四者之关系。"厚与雅、婉二者，皆相因而生。能婉即厚，能厚即雅也。盖厚者薄之反，薄则俗矣。……况蕙风所标重、拙、大之旨，实皆特重厚字。惟拙故厚，惟厚故重、故大，若纤巧、轻浮、琐碎，皆词之弊病也。"[1]本来况周颐只讲过"厚"与"雅"相生相成的话，这里唐圭璋又补充了"厚"与"婉"的相生相成，并把"厚"与词的体性联系起来，也就是说"厚"从"婉"出，两者不能偏废。更重要的是，他认为"厚"就是"重拙大"之说建构的基石，有了"厚"才能克服"纤巧、轻浮、琐碎"，这表明，唐圭璋以一"厚"字囊括了"重拙大"的全部意义。唐圭璋的这一提法，摆脱了对"重拙大"之说的理论依赖，以"雅婉厚亮"作为其词学体系的构建基础，从而形成了自己的理论主张。

总之，"重拙大"之论，从初期的笔法之论，转而为对创作的全面要求，受到了近现代词学家的高度重视，不仅在理论上进行了深化，而且通过具体作品的评析谈到"重拙大"的文本呈现。当然，因为时代变化的原因，"重拙大"是被王鹏运、况周颐作为常州派的审美主张来倡导的，到了近代，像夏敬观、赵尊岳、詹安泰、蔡嵩云、唐圭璋等是把它作为一种创作理论进行讨论，既关注其对创作的指导意义，更强调其对词史的变革意义，这样"重拙大"的审美内涵得到进一步拓展，词史意义也得到进一步彰显，因而成为晚清以来最重要的词学范畴。

---

① 唐圭璋《论词之作法》，《词学论丛》，第863~864页。

第四节　晚清常州词派之"尚涩"

一种新的审美理论的提出，往往是对前代审美偏向的一种反拨，更是对时代呼唤和现实需要的回应，这一点在清代词学里表现得尤为突出。清初出现的阳羡派和浙西派，前者倡言雄健，后者力主清雅，是为了转变明末以来盛行词坛的秾艳风气，但阳羡派主要反映的是明清动乱之际人们的思想和情绪，一旦进入和平发展的清初社会，它倡导的豪迈之音渐渐表现出与时代的不适应性，这时以婉约为外貌、以蕴藉为内质的浙派清雅词风便发展为时代的主潮。嘉庆、道光以后，动荡的社会现实重新呼唤一种经世情怀，晚清词坛也出现了新的审美宗尚"深美闳约""比兴柔厚"，这就是在内容上主张有深厚的寄托，在形式上要求能蕴藉柔厚，在审美上的表现就是"尚涩"，并以吴文英为词史典范。

一、从"清"到"涩"

从清代词学的审美发展史看，每一个发展时期都有这一时期特定的审美风尚。清初词坛沿袭的是晚明云间派崇尚秾艳的风气，如兰陵邹祗谟、董以宁分赋十六艳词，云间宋征舆、李雯拈春闺风雨诸什，遁浦沈雄、癸丹生、汪枚、张赤共仿玉台杂体，还有西泠、柳洲、广陵、松陵等地的作者，也多是步武《花间》、效法《草堂》。但在康熙十年（1671）以后，江南的社会风气有了较大的转变，自晚明以来流行的心学思潮渐趋淡退，正统的儒学取代心学成为思想界的主流走向，这一思想还得到清朝统治者的提倡和鼓励，这时从上到下各个阶层都以清真雅正为美。尚雅的观念是康熙中叶以后的主导倾向，它在文学艺术上的表现是：内容空灵，不着实处，有艺术的含蓄隽永之美，又符合发乎情止乎礼的诗教原则。这时的文坛有桐城派的"清真雅洁"说，诗坛有神韵派的"清远冲淡"说。在词坛最先提出尚雅主张的，是那些曾经有过艳词创作经历的江南词人，如彭孙遹、邹祗谟、贺裳等，以朱彝尊为代表的浙西派，正顺应这一社会需要和审美发展走向，提出"清醇雅正"的审美主张，将康熙以来词坛尚雅的审美思潮推向顶峰，成为在清代地位最重要影响最广泛的词派。

朱彝尊倡导"清醇雅正"，一方面是为了逃避现实，有意识地去写怀古、咏史、咏物的题材，另一方面把主要精力放在字句的雕琢和声律之美的讲求上，使得这一派词人的创作在艺术上达到和谐婉雅的境界。雍正、乾隆时期，随着清廷强权钳制的文化政策的逐步推行，浙派的这一审美倾向得到进一步的强化，在吴中、扬州、杭州都有浙派的追随者。他们悠游在吴越山水之间，陶醉在繁荣富足的温柔乡里，日以图史、金石、笔墨、香茗为伴，以咏物为能事，胪列故实，铺张鄙谚，着意表现自己远离尘俗、"耿介峭冷"的气韵标格。这是逃避现实的一面，另外就是在艺术上求"声律之微""审音之妙"。但文学是人学，要表达人的情感，当文学的基质——情感性——被抽走后，它就只剩下一个没有生命的形式，一种没有灵性的无意味形式。正如谢章铤所说："若徒字句修洁，声韵圆转，而置立意于不讲，则亦姜、史之皮毛，周、张之枝叶已。虽不纤靡，亦且浮腻，虽不叫嚣，亦且薄弱。"[1]当乾隆末年，清代社会走向衰落的时候，经世思潮再度复兴，清空雅正的审美观念已不能适合时代的需要，以雕琢字句为能事、以审音之妙为极诣的"浙派家法"，已成为新兴常州派集矢之目标，他们认为文学创作当感物而发，触类条鬯，"非苟为雕琢曼辞而已"。常州派提倡的是一种新型的审美范型——"意内言外"，"极命风谣里巷男女哀乐，以道贤人君子幽约怨悱不能自言之情，低徊要眇以喻其致"[2]。什么是"意内言外"？宋翔凤解释说，就是"期敛散越之意，约以宛转之言，出之靡尽，而留其有余"[3]。作者不可将意说尽，应做到意余言外，让读者有回味的余地。董士锡进一步解释说，"意内言外"就是"以无厚入有间"，南宋及金元人词的妙处正体现在这里，他借用《庄子·养生主》里的话，意在阐明作者寄意应有艺术上的追求。但艺术表达的蕴藉只是外在的，更重要的是内在的思想和意蕴。后来，陈匪石便说："从骨子里说，意内言外，寄托遥深的是骚选之遗，有温李之面，无骚选之心，

---

① 谢章铤《赌棋山庄词话》卷一一，《词话丛编》，第4册第3460页。

② 张惠言编选《词选》"词选叙"，第1页。

③ 宋翔凤《浮溪精舍词三种》"自序"，《清名家词》，第7册。

其为词也，必浅薄而不深厚。"① 结合宋翔凤、董士锡等人的解释可知，张惠言所说"意内言外"在内容上求意蕴深厚（有骚雅之心），在形式上以雕琢入而以天成出（以无厚入有间），周济更在他们的基础上提出了"寄托出入"说，"问途碧山，历梦窗、稼轩以还清真之浑化"，把"浑成之美"作为常州派的终极追求。也就是说，从乾隆末到道光中，清代词坛的审美思想已从主"清空"转向求"浑成"，这一转向也是整个清代审美思潮发展的共同走向。

但是，周邦彦的"浑成"之美毕竟是常州派的努力目标，怎样才能达到这一目标呢？周济所指的路径是，从王沂孙入手，然后或学吴文英，或学辛弃疾，最后才会有周邦彦之"浑成"。这一常州派家法是否切实可行呢？陈洵在谈到自己的学习填词的经历时说："吾年三十，始学为词。读周氏四家词选，即欲从事于美成。乃求之于美成，而美成不可见也。求之于稼轩，而美成不可见也。求之碧山，而美成不可见也。于是专求之于梦窗，然后得之。"② 王沂孙词有"思"有"笔"，"惟圭角太分明，有水清无鱼之恨"，立意过"清"；辛弃疾词虽有奇思壮彩，但往往锋芒毕露，用笔太"疏"；只有吴文英的词，立意高，取径远，措辞运意，皆有法度，既能补王沂孙过清之缺失，也无辛弃疾太疏之遗憾，初学者从其"密丽""沉厚"入手，最易进入周邦彦浑成之境。正因为这样，在道光以后突然间出现了一股推戴吴文英的热潮，梦窗词在审美上的表现就是"幽涩"之美，这一时期词坛主导的审美倾向就是以涩为美。

二、对"涩"之义涵的阐释

在中国词学批评史上，"涩"最初是以贬义的形式出现的。在南宋，张炎论词标榜姜夔的清空，贬抑吴文英的质实，说质实则凝涩晦昧，如吴文英《声声慢》"檀栾金碧，婀娜蓬莱"八字便太涩。在清初，由朱彝尊引导的咏物之风，曾经盛行一时，这引起了有些批评家的注意。厉鹗说："向来作者以秦黄为法，自竹垞翁标举南渡，为此中别开户牖，或剽拟太过，尚雕绘而乏自然，遂

---

① 成舍我《论词》，《民国日报》1916年9月1日。
② 陈洵《海绡说词》，《词话丛编》，第5册第4839页。

成涩体。"① 储国钧也说："自《花间》《草堂》之集盛行，而词之弊已极，……
我朝诸前辈起而振兴之，真面目始出。顾或者恐后生复蹈故辙，于是标白石为
第一，以刻削峭洁为贵，不善学之，竟为涩体，务安难字。卒之抄撮堆砌，其
音节顿挫之妙荡然，欲洗花草陋习，反堕浙西成派。"② 这说明他们以"涩体"
为填词之大忌，在他们看来，"涩体"是与"雕琢"联系在一起的，"雕琢"通
常是有伤自然之美的，正如吴衡照所说："词忌雕琢，雕琢近涩，涩则伤气。"③

但是，嘉庆、道光以后，过去以涩为填词之大忌的看法，为周济、包世
臣、许宗衡等常州派词人所"解构"，他们对"涩"作了新的阐释，赋予了它
积极的正面的新义。周济在《词调选隽序》里指出，词是用来表现人的感情
的，词调的选择与人的感情表达是联系在一起的。"喜则其调婉，怒则其调
高，哀则其调涩，乐则其调平。"④ 也就是说，涩调通常是表现人之哀感，哀感
又通常来自作者感情的抑郁，比如其叔父周青不得志于时，"怨抑恤然不可以
终日"，故其为词亦多酸涩之味。如果说周济是从作者抒发哀感的角度谈"涩"
之意蕴的话，那么，包世臣则主要从读者接受的角度谈自己对"涩"的理解。
他说："夫感人之速莫如声，故词别名倚声。倚声得者又有三，曰清，曰脆，
曰涩。不脆则声不成，脆矣而不清则腻，清矣而不涩则浮。"⑤ 在他看来，倚声
填词必须具备三要素——清、脆、涩，"清"与"实"相对，其意义指向在词
气，"涩"与"空"相对，其意义指向在词格，所以，他接着说："屯田、梦窗
以不清伤气，淮海、玉田以不涩伤格。"⑥ 在周济、包世臣论述的基础上，许宗
衡对"涩"的审美内涵又作了进一步的阐发，他说：

> 闻之安吴包慎伯丈曰："词不脆则声不成，脆矣而不清则腻，
> 清矣而不涩则浮。"三者余以涩为难。盖不在声，亦不在色。声色

① 厉鹗《半缘词跋》，查学《半缘词》，清乾隆五年砚北诗草刊本。
② 储国钧《小眠斋词序》，《史承谦词新释辑评》，第 430 页。
③ 吴衡照《莲子居词话》卷一，《词话丛编》，第 3 册第 2403 页。
④ 周济《词调选隽序》，《周济词集辑校》附录二，第 156 页。
⑤ 包世臣《为朱震伯序月底修箫谱》，《艺舟双楫》，第 50 页。
⑥ 包世臣《为朱震伯序月底修箫谱》，《艺舟双楫》，第 50 页。

备而后味出焉。则所谓涩者，乃隐隐于齿牙间。自《三百篇》后而有《离骚》，屈宋之言，哀感顽艳，乃至烦冤悁恍，靡可测识，而古人以为清绝滔滔。顾昧者方苦其涩，余又以为涩亦不在字句也。犹之诗也，余味于无极而与为悱恻焉。然则无声非词，徒声亦非词，声统于律也。色者，字与句之有形者也，脆与清兼乎色与声而言也。必归之于涩，而哀感顽艳，烦冤悁恍，口诵而心靡，情古而意柔。既含咀于齿牙，遂震荡其心魄，词即《骚》之具体也。[1]

这里，他特别强调了"涩"的重要性，指出它不在"声"，亦不在"色"，而在"味"，但"味"又必须是"声""色"备而后出的。刘勰《文心雕龙·情采》云："立文之道，其理有三：一曰形文，五色是也；二曰声文，五音是也；三曰情文，五性是也。"[2]许宗衡所说的"声"指的是"声文"（词律），"色"指的是"形文"（辞采），"味"指的是"情文"（意蕴），"情文"是必须建构在"声文"和"形文"的基础上的，"脆"与"清"主要指向的是"声"与"色"两个层面，惟有"味"能将形文、声文、情文三者包蕴其中。但"涩"的具体意义指向是什么？许宗衡认为它指的是"哀感顽艳，烦冤悁恍"，也就是说它传达的是作者的"哀感"（悲剧意识），亦即《诗经》、楚辞及宋玉的《骚》《雅》之旨。他说："词虽小道，果其探始左、屈，旨趣深郁，意内言外之妙，固不在字句间。而俾揣声色，其浓淡清浊，亦必神明契合，自然冥悟，意生于悱恻而情极乎缠绵。兴绪所流，心声互答，哀乐之寄，靡间骚雅。"[3]这一意义不但对"涩"作了新的阐释，而且大大地丰富了"涩"的审美内涵，深刻地揭示了张惠言倡言"意内言外"的内在本质，它是要借男女之哀乐"以道贤人君子幽约怨悱不能自言之情"，他们有拯救危亡时局的良好愿望，但才能和怀抱又无法得以施展，这是一种无可奈何的生命哀感。

---

① 许宗衡《书潘绂庭丈词后》，《玉井山馆文续》卷二，《清代诗文集汇编》，第 640 册第 268 页。
② 刘勰著，范文澜注《文心雕龙注》卷七，人民文学出版社 1958 年版，第 537 页。
③ 许宗衡《诗余自序》，《玉井山馆文略》卷三，《清代诗文集汇编》，第 640 册第 167 页。

晚清常州派尚涩的审美观念在光绪时期达到极盛，当时词坛两大巨子谭献、王鹏运，都是以"涩"为其终极追求的。成舍我说："仲修（谭献）论词主涩，足为特识。近世之词，多流于滑，药滑之法，惟一'涩'字。"[①]谭献论词主涩是从自身学词体验中总结出来的，他初事填词从浙派入手，"以频伽（郭麐）名俊，乐于讽咏"。后来视野渐宽，注意到其滑易之失，"浙派为人诟病，由其以姜张为止境，而又不能如白石之涩，玉田之润"[②]，因此他提出"词尚深涩"的观点，以吴文英之深涩补救浙派之空滑，这也颇合周济的看法："梦窗非无生涩处，总胜空滑。"[③]谭献所理解的"涩"是由"涩意"与"涩笔"两部分组成的，"涩意"是指忧生念乱之感，亦即《离骚》《小雅》之旨。他评邓廷桢《双砚斋词》说："三事大夫，忧生念乱，竟似新亭之泪，可以觇世变也。"又为江顺诒词作序云："江君某赋士不遇，憔悴婉笃而无由自见于世，于是玲珑其声，有所不敢放，屈曲其旨，有所不敢章。……夫声至于不敢放，旨至于不敢章，是亦《离骚》《小雅》之意。"[④]即是此意。"涩笔"是指艺术表达的技巧，谭献认为要传达"涩意"，当委曲其辞，不能平铺直叙，应该有"一波三折"的艺术效果。所谓"一波三折"，是指运意曲折，情感表达在复面上展开，从而形成回旋顿挫之美。如他评欧阳炯《南歌子》（岸远沙平）："未起意先改，直下语似顿挫。认得行人惊不起，顿挫语直下。"又评王允持《解连环》（乱帆零雨）："敛抑断续。"又评厉鹗《齐天乐》（吴山望隔江雾雨）："顿挫跌宕。"又评毛健《疏影》（秦箫怨咽）："玩其断续之妙。"都有这样的意思。王鹏运论他人词，以及自己填词，颇好以"涩"为标准。如评袁去华词说："宣卿词气清而笔近涩，词笔最忌留不住。"[⑤]他的《绮寮怨》小序还说自己是用周邦彦涩体以写呜咽。虽然他对"涩"的审美内涵未作具体阐释，但上述论述也约略透露出其中的消息，大意指的是用笔当"留"，有沉郁顿挫之美。对于这一点，陈洵解释得最为清楚明白，他说："词笔莫妙于留，盖能留则不尽

---

① 成舍我《天问庐词话》，《民国日报》1917 年 4 月 9 日。
② 谭献《复堂词话》，《词话丛编》，第 4 册第 4008 页。
③ 周济《介存斋论词杂著》，《清人选评词集三种》，第 195 页。
④ 谭献《愿为明镜室词序》，《愿为明镜室词稿》，清同治八年刻本。
⑤ 况周颐《历代词人考略》卷二六引王鹏运语，第 1044 页。

而有余味，离合顺逆皆可随意指挥，而深沉浑厚皆由此得。"① 将王鹏运尚涩思想作进一步发挥的，是承传王氏之衣钵的况周颐。他是从词调之涩的角度看"涩"之意蕴的，他认为词无不有谐适之调，只有作词者未能熟精斯调耳。"昔人自度一腔，必有会心之处。或专家能知之，而俗耳不能悦之。不拘何调，但能填至二三次，愈填愈佳，则我之心与昔人会。简淡生涩之中，至佳之音节出焉。难以言语形容者也。唯所作未佳，则领会不到。此诣力，不可强也。"② 何以生涩之调会成为"至佳之音"？原来，生涩之调里有真气贯注其间，也就是有深厚的情感包蕴其中，它是"生涩"其貌与"真气"其质结合的有机整体。"涩之中有味、有韵、有境界，虽至涩之调，有真气贯注其间。其至者，可使疏宕，次亦不失凝重，难与貌涩者道耳。"③ "至涩之调"是况周颐追求的最高境界，它有疏宕而不失凝厚的品格。"盖善作词者，作涩调，务使之疏宕。作滑调，务使之凝重。"④ 在况周颐看来，吴文英之涩尚不足称至涩，只有周邦彦才是至涩之调的典范。"今人以清真、梦窗为涩调一派。梦窗过涩则有之，清真何尝涩耶。清真造句整，梦窗以碎锦拼合。整者元气浑仑，碎拼者古锦斑斓。不用勾勒，能使潜气内转。则外涩内活。……今之学梦窗者，但能学其涩，而不能知其活。拼凑实字，既非碎锦，而又捍格不通，其弊等于满纸用呼唤字耳。"⑤ 谭献、王鹏运等论词主涩在当时词坛有相当广泛的影响力，在清初人们主要是学五代、北宋、南宋，但到道光以后学周邦彦、吴文英者愈来愈多，原因何在？成舍我说："近数十年作者多趋重梦窗，盖因仲修（谭献）有'涩'字之论。"⑥

三、对梦窗的推尊与梦窗词在现代的影响

在清代，一个词派倡导一种审美理想，通常要树立一个它心目中的"典

---

① 陈洵《海绡说词》，《词话丛编》，第 5 册第 4840 页。
② 况周颐《蕙风词话》卷五，《词话丛编》，第 5 册第 4526 页。
③ 况周颐《蕙风词话》卷五，《词话丛编》，第 5 册第 4527 页。
④ 夏敬观《蕙风词话诠评》，《蕙风词话》附录，《词话丛编》，第 5 册第 4596 页。
⑤ 夏敬观《蕙风词话诠评》，《蕙风词话》附录，《词话丛编》，第 5 册第 4592 页。
⑥ 成舍我《天问庐词话》，《民国日报》1917 年 4 月 9 日。

范"。朱彝尊论词主清空雅正，标榜的词史典范是姜夔；张惠言论词倡"意内言外"，标榜的词史典范是温庭筠；晚清常州派论词尚涩，树立的词史典范就是吴文英。

自张炎以来，吴文英词向来被视为"涩"的典范。吴文英在南宋也曾有过很高的声誉，尹焕说："求词于吾宋者，前者清真，后有梦窗，此非焕之言，四海之公言也。"① 清初吴文英重雕琢的作风，亦能得邹祗谟、王士禛、彭孙遹等的好评，自浙派崇扬姜夔、张炎，倡导清空雅正，张炎的"碎拆下来，不成片段"之论，影响日深，都说吴文英"用事下语太晦"，吴文英词在一般人心目中多以"雕琢""琐碎""晦涩"的面目出现。当时学词者有师姜夔者，有法张炎者，有步史达祖之后尘者。"梦窗一种，未见有取途涉津者，亦斯道中之《广陵散》也。"② 但是，在乾隆末年浙派末流已是流弊丛生，意旨不存，语言空滑，词坛上急切地呼唤着一种能转变词坛枯寂空滑风气的新风，吴文英之涩正有补救浙派之滑的重要意义。"夫词莫盛于宋，而粗疏者有之，冶靡者有之，质直者有之，浮滑者有之，梦窗力矫其弊。"③ 认识到吴文英的现实意义，这是一个大的转变，一方面反映了晚清词坛风气的变化，另一方面也极大地提高了吴文英在一般人心目中的地位。如周之琦说："梦窗词，自张叔夏'不成片断'之论出，耳食者群然和之。余谓梦窗格律之细，方驾清真。意境之超，希踪石帚，断非叔夏所能跂及。"④ 戈载说："（梦窗词）貌观之雕绘满眼，而实有灵气行乎其间，细心吟绎，觉味美于回，引人入胜。既不病其晦涩，亦不见其堆垛，此与清真、梅溪、白石并为词学之正宗。"⑤ 一旦跳出浙派"清空"的审美视界，站在以涩为美的立场看吴文英，对吴文英词的认识必然是全新的。那么，道光后的吴文英在人们心目中又是一种什么样的形象呢？

其实，常州派对吴文英的认识也有一个过程，起初张惠言对吴文英是持批

---

① 黄昇《中兴以来绝妙词选》卷一一引尹焕语，本社编《唐宋人选唐宋词》，上海古籍出版社 2004 年版，第835～836 页。

② 先著、程洪辑，刘崇德、徐文武点校《词洁》卷四，第 149 页。

③ 戈载《浮翠阁词序》，朱绶《知止堂文集》，清道光二十二至二十六年刻本。

④ 周之琦《心日斋十六家词录》卷下，清道光二十四年周氏家刻本。

⑤ 戈载《宋七家词选》卷四，清光绪十一年曼陀罗华阁重刊本。

评态度的，说他的词"枝而不物"，所编《词选》亦未收录。他的外甥董士锡、外孙董毅对吴文英也并不看好。他们认识到张氏论词过苛之弊，但提出的救弊策略却是重拾浙派主清的思想。《续词选》补选张炎词 21 首，姜夔词也有 7 首，所选吴文英《唐多令》《忆旧游》实乃空滑之篇。董毅是按照董士锡主清的思想标准选录吴文英词的，没有把握到吴文英词的真正精蕴。真正认识到吴文英词之精蕴所在的是周济，他嘉庆十七年（1812）编选的《词辨》已选有吴文英词 4 首，在《介存斋论词杂著》中还说吴文英词并非只是雕琢曼辞，"君特意思甚感慨，而寄情闲散，使人不能测其中之所有"。道光十二年（1832），周济编《宋四家词选》，便把吴文英从两宋一般词人提升到"宋四家"的位置，指出他与辛弃疾是宋词由南转北或由北转南的关捩。周济认为张惠言之所以未能认识到吴文英的意义，是因为张氏为碧山门径所限，张氏看好的是碧山词的立意——有君国之忧。其实，张氏论词是主张由南宋入门而进入北宋的，《词选叙》中所说的"宋八家"——张先、苏轼、秦观、周邦彦、辛弃疾、姜夔、王沂孙、张炎，虽能兼容豪放、婉约两派，但其主导审美倾向是尚雅。周济的《宋四家词选》尽管也是主张由南入北，但他的"宋四家"分有三个层次：王沂孙为"入门阶陛"，辛弃疾、吴文英是南北两宋转境的"关捩"，周邦彦则是努力的方向和目标。在这三个层次中，第二层次是关键，张惠言的理论认识基本上停留在第一层次，周济则把自己的重心放在第二层次上。一般说来，辛弃疾沉着痛快，有辙可循；吴文英生涩隐晦，人不易知。因此，努力破解吴文英之"谜"也就成为晚清的热门话题。从这个意义上说，周济为人们重新认识吴文英提供了一把入门的"钥匙"。

由于周济对吴文英之门的开启，吴文英词在人们的眼中已是一个全新的世界。陈廷焯初期追随浙派，所编《云韶集》站在浙派立场看吴文英，还只看到吴文英的炼字、炼句、用笔之妙。当他转向常州派后，对吴文英的看法有了很大的变化，后期所编的《词则》注意到吴文英词笔墨之外的立意，说："梦窗长处，正在超逸之中，见沉郁之意。"[1] 这里所说的"超逸"，指的是吴文英词的脱俗，正如张炎所说，如七宝楼台，眩人眼目。不过张炎看到的是辞

---

① 陈廷焯《白雨斋词话》卷二，《词话丛编》，第 4 册第 3802 页。

采，陈廷焯看到的是神态，张炎注意到的是吴文英之实，陈廷焯着眼点在吴文英之疏，他在"七宝楼台"里看到了吴文英的飞动之态，在超逸之中看到了吴文英的"沉郁之意"，正是在这一意义上，他将吴文英推为词中之"逸品"。但是，陈廷焯对吴文英词生涩之美的认识尚有不足，真正从涩的角度全面分析吴文英词的是"清末四大家"。在王鹏运看来，吴文英之"涩"不是晦涩而是深涩，是"以空灵奇幻之笔，运沉博绝丽之才"①，辞采藻丽，措意隐晦，却用笔空灵，运意深远。此论一出，得到朱祖谋、郑文焯、况周颐的认同。郑文焯认为吴文英词的面貌是多方面的，一般人受张炎之论的影响，恒以恢奇宏丽目为惊采绝艳，"学之者遂致艰涩，多用代字雕润，甚失梦窗精微之旨"，其实吴文英也有空灵之篇，既有翻空奇笔，又有灏气流转。况周颐对吴文英的认识，大致与郑文焯相近，他论词推衍王鹏运的"重拙大"之说，以"重"为"拙"与"大"两种体格之本，而"重"之体格于吴文英词表现得最为充分："即其芬菲铿丽之作，中间隽句艳字，莫不有沉挚之思、灏瀚之气，挟之以流转，令人玩索而不能尽。"②他指出，吴文英词是艳字句隽、沉挚之思、灏瀚之气三者的结合，故欲学吴文英之致密，当先学吴文英之沉着，学得吴文英之沉着则自然有吴文英之致密。"清末四大家"中以朱祖谋学吴文英最能得其神髓，王鹏运说："世人知学梦窗，知尊梦窗，皆所谓但学兰亭（王羲之）之面。六百年来，真得髓者，古微（朱祖谋）一人而已。"③朱祖谋一生对吴文英用情最深，曾四校梦窗四稿，时间长达二十余载，晚年编《宋词三百首》，选吴文英词达 25 首之多，居首位。他对吴文英亦有相当高的评价："君特以隽上之才，举博丽之典，审音拈韵，习谙古谐。故其为词也，沉邃缜密，脉络井井，缒幽抉潜，开径自行，学者匪造次所能陈其义趣。"④他在创作上也是以追攀吴文英为旨归，吴梅说："先生得半塘翁词学，平生所诣，接步梦窗。"⑤胡先骕说："盖梦窗胸襟自有过人处，非枉抛心力作词人者比，而百世下，但知其琢句之工，但知学其面

① 王鹏运《校本梦窗甲乙丙丁稿跋》，吴文英《四印斋刻梦窗甲乙丙丁稿》，《四印斋所刻词》，第 890 页。
② 况周颐《蕙风词话》卷二，《词话丛编》，第 5 册第 4447 页。
③ 冒广生《小三吾亭词话》卷三，《冒鹤亭词曲论文集》，上海古籍出版社 1992 年版，第 25 页。
④ 朱祖谋《梦窗集跋》，《四印斋刻梦窗甲乙丙丁稿》，《四印斋所刻词》，第 883 页。
⑤ 吴梅《宋词三百首笺注序》，《宋词三百首笺注》，第 3 页。

目，故终碌碌。独彊村侍郎为能知之，为能学之，得其潜气内转之秘，而尽去其恒钉滞晦之知，遂为一世宗工矣！"①

在20世纪最初的三十年，南北词坛基本上是彊村派的天下，北有吴梅、陈匪石、刘毓盘等，南有胡先骕、陈洵、夏敬观等，还有一大批南社成员也是朱祖谋的忠实追随者。他们对吴文英的看法多受到朱祖谋的影响，或是填词取法吴文英，或是为吴文英词作解说，或是为吴文英词作笺注，他们对一般人以一"涩"字否定吴文英很不以为然："世人病梦窗之涩，予谓不然。盖涩由气滞，梦窗之气，深入骨里，弥满行间，沉着而不浮，凝聚而不散，深厚而不浅薄，绝无丝毫滞相，浅尝者或未知之耳。"②当然，他们对吴文英的认识已超出"涩"的范畴，注意到吴文英词由"深涩"所造成的"浑厚"之美。闻宥说："若梦窗则作词浑厚，遣辞周密，若天孙锦裳，异光耀目，无丝缕俗韵，特学者每以蕴意深邃为憾，于是有以凝滞诮之者矣。要之，皆非其本也。"③在他们看来，吴文英在千年词史上有着极其重要的地位，是一位承前启后式的人物："梅溪轻纤，玉田平俗，草窗机滞，竹屋辞庸，举无足以及梦窗者，要为上接美成，下开清初诸家无疑也。"④在近现代词坛，吴文英已成为一个炙手可热的人物，成为这一时期词坛顶礼膜拜的"偶像"，吴文英词也不是张炎所说的"七宝楼台，碎拆下来，不成片段"，而是一位初学者从登堂而入室必须学习的"第一课"。

由于"清末四大家"在民初词坛的特殊地位，他们的创作偏向也自然而然地影响到其追随者。如庞树柏、成舍我、闻宥、陈匪石、王蕴章、叶中泠等，在《南社》所刊社友词选里便载有他们步和吴文英韵的作品，如叶中泠《点绛唇·原用梦窗韵》《燕归梁·用忍庵韵梦窗体》《莺啼序·寒雨夜游石城，向夕微霁，用梦窗韵》，庞树柏《莺啼序·壬子三月，劫后过吴阊，感赋步梦窗韵》《霜腴花·秋晚泛棹枫桥和梦窗自度曲韵》《西子妆·西湖春泛和

---

① 胡先骕《评朱古微彊村乐府》，《学衡》第10期（1922年10月）。
② 陈匪石《旧时月色斋词谭》，陈匪石编著，钟振振校点《宋词举》，江苏古籍出版社2002年版，第219页。
③ 闻宥《论词杂记》，《民国日报》1917年11月1日。
④ 姚锡钧《潜庵学词记》，《民国日报》1917年9月21日。

梦窗韵》《生查子·过秋社偶题用梦窗秋社韵》《霜叶飞·挽沈职公母夫人赵节孝用梦窗韵》，黄人《霜腴花·重过安定君宅和梦窗自度曲韵》（4 首），陈匪石《水龙吟·蛇莓山公园中峭壁悬瀑，潴为清池，全屿自来水源也，用梦窗惠山酌泉韵》《瑞龙吟·用梦窗韵与中泠中垒联句》《倦寻芳·甲寅元夕和梦窗韵》《水龙吟·寿汪符生丈六十，用梦窗寿梅津韵》，吴梅《霜腴花·步梦窗韵》等。在当时，推尊吴文英之最力者为陈洵和杨铁夫。早在 1917 年，朱祖谋已有作《梦窗词集小笺》之举，大体上依查为仁、厉鹗《绝妙好词笺》之体例，但是这一笺本存在"略而不详"之弊，陈洵和杨铁夫则在朱氏笺本基础上前进了一大步。在朱祖谋的鼓励和促成下，陈洵撰写了《海绡说词》，以示其"推演周、吴"之旨。《海绡说词》分"通论""宋吴文英梦窗词""宋周邦彦片玉词""宋辛弃疾稼轩词"四部分，在"通论"部分，他提出"贵留"之论，认为高明者看吴文英，当看其"贵留"之处："以涩求梦窗，不如以留求梦窗。见为涩者，以用事下语处求之；见为留者，以命意运笔中得之也。以涩求梦窗，即免于晦，亦不过极意研练丽密止矣，是学梦窗，适得草窗。以留求梦窗，则穷高极深，一步一境。沈伯时谓梦窗深得清真之妙，盖于此得之。"[①]也是在朱祖谋的指点下，并得陈洵《海绡说词》之启发，杨铁夫三笺吴文英词，一稿笺词 167 首，二稿笺词 204 首，三稿则笺全集 340 首："盖梦窗之精华毕萃于此，余对梦窗之心得亦抉发无遗矣。"夏承焘评曰"钩稽愈广，用思益密，往往于辞义之外，得其悬解"，其笺释辞义，或据史书，或依地志，"凡此皆互证旁通，使原词精蕴，挹之愈出，较彊村之笺，为尤进矣"[②]。在朱祖谋的影响下，当时致力于吴文英词笺释还有吴梅和夏承焘。1930 年 12 月，大约是在读过朱氏笺本后，夏承焘有意为朱氏匡疏正谬，并得到朱氏允可，嘱为理董其《梦窗小笺》，朱氏去后，他将自己的零散考证汇为《梦窗词集后笺》（载《词学季刊》创刊号）。1931 年秋，吴梅在中央大学主讲词学，曾以毛扆校本为底本，参以杜文澜、王鹏运、朱祖谋等刊本，精勘汇校，附以己见，成《汇校梦窗词札记》（载《文学遗产增刊》第 14 辑）。

---

① 陈洵《海绡说词》，《词话丛编》，第 5 册第 4840~4841 页。
② 夏承焘《杨铁夫梦窗词笺释序》，《词学季刊》第三卷第 1 号。

　　总之，清代词学发展到晚清，其主导审美倾向已由主清转向尚涩，"涩"的审美意蕴是以生涩为其貌，以骚、雅之旨为其质，是"涩笔"与"涩意"的有机结合，而"涩"的典范则是吴文英，在晚清民初出现的浓厚的推尊吴文英的风气是常州派思想发展的必然。

第七章　清代词学观念的集大成

　　清代词学是在唐宋词学基础上发展起来的，也是在清词创作雅化和律化的双重背景下形成的，它既对唐宋词学有继承与革新，也对清代词史有总结与反思，具有集大成的意义。不仅如此，清代词学还是千年词史的终结与集成，清代词学最重要的成就是对传统词学进行了理论体系的建构，也为现代词学的学科建设提供了丰富的思想资源。

第一节　对唐宋词学的继承与革新

　　吴熊和说："清词号称中兴，超轶元明而直逼两宋，由此而带动了清代的词学。清代词学是清代学术繁荣的一支。许多词学家广泛搜讨与利用唐宋词的历史材料，在词学研究的一些重要方面不乏开创之功，取得了可观的成果。"① 这里特地提到唐宋词对于清代词学建构的意义，其实，清代词学就是建基在唐宋词史与词学观念上的，既是对唐宋词史的总结和发扬，也是对唐宋词学观念

---

① 吴熊和《唐宋词通论》，第417页。

的继承与革新。

一、唐五代词与清代词源观

唐五代是词的初创发萌期，保存着这一文体创始阶段的原始风貌和特质，后代文学对词之起源的探讨往往要追溯到唐五代。李清照说："乐府声诗并著，最盛于唐开元、天宝间，……自后郑卫之声日炽，流靡之变日烦，已有《菩萨蛮》《春光好》《莎鸡子》《更漏子》《浣溪沙》《梦江南》《渔父》等词，不可遍举。"① 之后，以唐代为词之源的说法，代不乏人，有的从歌词体式由齐言转向杂言谈词的起源："唐初歌辞，多是五言诗，或七言诗，初无长短句。自中叶以后，至五代，渐变成长短句。"② 有的从文体代兴角度谈到，是近体诗的衰微导致词的兴起："唐自大中后，诗家日趋浅薄，……历唐季五代，诗愈卑，而倚声者辄简古可爱。盖天宝以后，诗人常恨文不迨；大中以后，诗衰而倚声作。"③ 尽管他们分析问题的着眼点不同，但都认定词起源于唐代的说法，宋人的词源观对后世词学产生深刻影响，明人基本上接受了词起源于唐代的观念。如汤显祖说："当开元盛日，王之涣、高适、王昌龄词句流播旗亭，而李白《菩萨蛮》等词亦被之歌曲，逮及《花间》《兰畹》《香奁》《金荃》，作者日盛。"④ 又王骥德说："入唐而以绝句为曲，如《清平》《郁轮》《凉州》《水调》之类，然不尽其变，而于是始创为《忆秦娥》《菩萨蛮》等曲，盖太白、飞卿辈实其作俑。"⑤ 徐师曾说："盖自乐府散亡，声律乖阙，唐李白氏始作《清平调》《忆秦娥》《菩萨蛮》诸词，时因效之。厥后行卫尉少卿赵崇祚辑为《花间集》，凡五百阕，此近代倚声填词之祖也。"⑥ 他们一致认定词起源于唐代开元年间，当时以诗为曲不能变其节，故而创制长短句式的《忆秦娥》《菩萨蛮》等。

① 李清照《词论》，《李清照集笺注》卷三，第 288 页。
② 胡仔《苕溪渔隐丛话》后集卷三九，第 323 页。
③ 陆游《花间集跋》，《唐宋词集序跋汇编》，第 340 页。
④ 汤显祖《玉茗堂评花间集序》，《唐宋词集序跋汇编》，第 341 页。
⑤ 王骥德著，陈多、叶长海注释《曲律注释》卷一，第 20 页。
⑥ 徐师曾著，罗根泽校点《文体明辨序说》，第 164 页。

清人不仅沿袭宋明词起源于"唐代"说，还进一步补证和充实了"唐代"说的史料和理论依据。如张惠言从词的义界分析入手，指出词是唐代诗人采乐府之音，"以制新律，因系其词"，是诗与乐、音乐与歌词的完美结合。[①] 但多数论者从词的历史发展进程入手，指出唐五代是词作为一种新兴文体发展的起点。如曹溶说："诗余起于唐人而盛于北宋，诸名家皆以春容大雅出之，故方幅不入于诗，轻俗不流于曲，此填词之祖也。"[②] 蒋景祁说："词之兴也，源于唐，盛于五季，泛滥于宋元，迨明而桧下无讥焉。"[③] 厉鹗也说："词权舆于唐，盛于宋，沿流于元明，以及于今，门户各别，好尚异趋。"[④] 当然，简单的历史描述，不能代替理论上的逻辑分析，清人在词体起源问题的认识上较之宋明时期多了一份理论上的成熟和自觉。

　　以上所论，都是主张唐代为词之源，但不同人有不同的着眼点和理论视角，归结起来又有"乐府"说和"诗余"说两种见解。[⑤] 所谓"乐府"说，是认为词从楚骚、汉魏及六朝乐府发展而来，强调词作为一种特殊文体与音乐的密切联系。如秦恩复说："词也者，……歌行之变体也。胚胎于唐，泛滥于五代。至南北宋而极盛，作者继踵，皆能精晓音律。"[⑥] 成肇麐说："十五国风息而乐府兴，乐府微而歌词作。……唐人之诗，未能胥被弦管，而词无不可歌者也。五季以逮宋初，沿而勿变，大晟设官，宫调乃备。"[⑦] 所谓"诗余"说，是主张词由近体诗演变而来，认为唐代齐言体的近体诗要入乐歌唱，必须在辞与乐之间不和谐处添入"和声"和"泛声"。"和声"说的提倡者有宋代沈括、蔡居厚和明代胡应麟，泛声说的提倡者有宋代朱熹和清代谢章铤，不过，清代在宋明"和声"说和"泛声"说基础上又提出了"虚声"说和"散声"说，对于以和声之论不能解释传统诗余说的问题予以了新诠。[⑧]

① 张惠言编选《词选》"词选叙"，第 1 页。
② 聂先辑《名家词钞·碧巢词》附评语，《四库全书存目丛书补编》，第 46 册第 239 页。
③ 蒋景祁《荆溪词初集序》，曹亮武、潘眉编《荆溪词初集》，清刻本。
④ 汪沆《籽香堂词序》引厉鹗语，《槐塘文稿》卷二，《清代诗文集汇编》，第 301 册第 452 页。
⑤ 这里吸收了方智范、邓乔彬、周圣伟等《中国词学批评史》上编第五章的有关见解。
⑥ 秦恩复《菉斐轩词韵跋》，《菉斐轩词韵》，清光绪二十六年吴郡顾氏盛山官舍刻本。
⑦ 成肇麐选辑《唐五代词选》"叙"，上海书店 1987 年版，第 3 页。
⑧ 参见刘尊明《唐五代词史论稿》的有关论述，文化艺术出版社 2000 年版，第 287～299 页。

"虚声"说的提倡者是吴衡照，《莲子居词话》说："唐七言绝歌法，必有衬字以取便于歌。五言六言皆然，不独七言也。后并格外字入正格，凡虚声处，悉填成辞，不别用衬字，此词所由兴已。"①"散声"说的提倡者为方成培，《香研居词麈》说："唐人所歌多五七言绝句，必杂以散声，然后可被之管弦，如《阳关》诗，必至三叠而后成音，此自然之理。后遂谱其散声，以字句实之，而长短句兴焉。"②这些为人们探讨词的起源，提供了新的思考路径。

但是，也有少数论者不同意词起源于唐代说，反对把词作为诗之余绪的"诗余"说。持这种看法者在明代有陈霆，在清代有毛奇龄、陆蓥，他们是将词的起源上推至南北朝乐府，认为如果把唐代白居易《花非花》、无名氏《醉公子》、长孙无忌《新曲》视为"词"的话，那么隋炀帝《望江南》、徐陵《长相思》也可以视为"词"，由此上推，梁武帝《江南弄》及鲍照《梅花落》、陶弘景《寒夜怨》、徐勉《迎客》《送客》都可以看作"词"了。③所以，陆蓥说："愚见词虽小道，滥觞乐府，具体齐梁，历三唐五季，至宋乃集其大成。"④

根据这样的理论思路，有的论者从两个方面质疑通行的唐代说，并将词的源头又由南北朝推至上古歌谣和《诗经》。第一种途径是从长短句式的角度探讨词的源头，可称之为"形体说"，它的代表人物有丁澎、朱彝尊、汪森和陈廷焯。丁澎认为，《诗经》已包含后代词所有的长短句式，如三五言调、二四言调、叠句调、换韵调、换头调等，"凡此烦促相宜，短长互用，以启后人协律之原，岂非三百篇实祖祢哉"⑤。汪森认为，词的长短句式（杂言）在上古歌谣里就已有了，所谓"自有诗而长短句即寓焉"，如《南风》之操、《五子之歌》，到周代《诗三百》中《颂》31篇，长短句居十八；汉代乐府《郊祀歌》19篇，长短句居其五;《短箫铙歌》18篇，皆长短句。从这个角度看词当起源于上古歌谣。⑥朱彝尊亦有类似表述，指出："诗不即变为词，殆时未至

① 吴衡照《莲子居词话》卷一，《词话丛编》，第3册第2413页。
② 方成培撰，杨柳校点《香研居词麈》，第1页。
③ 毛奇龄《西河词话》卷一，《词话丛编》，第1册第570～571页。
④ 陆蓥《问花楼词话》，《词话丛编》，第3册第2541页。
⑤ 冯金伯《词苑萃编》卷一引丁澎《药园闲话》，《词话丛编》，第2册第1756页。
⑥ 汪森《词综序》，《词综》，第1页。

焉。"① 也就是说长短句在上古时代渐具雏形，到汉魏六朝乐府已基本成体，但当时诗乐相合、齐言杂言相混，只有到了唐五代，律诗的声韵格律发展完备，这样在古诗齐言演变为近体诗的同时，杂言诗相应地转化为长短句。第二种途径是从词的合乐可歌角度探讨词的起源，可称之为"音乐说"，代表人物有王士禛、宋荦和王昶。"形体"说虽然说明了词之句式来源，却未能道出长短句自身形成的根源，即长短句的出现是适应音声清浊、抑扬、高下变化而形成的，要说清这一问题还得从词的音乐性角度去分析。宋荦说："填词之名，肇于唐李供奉《忆秦娥》《菩萨蛮》二阕，而其实自雅、颂《繁》《遏》《渠》等篇，已具错综抗坠之法，早为温、韦诸君子滥觞已。"② 后代词在音乐上的抑扬顿挫之法，在《诗经》里已大体具备雏形，汪森等人却未能认识到长短句的形成是音乐的抑扬顿挫使然，所以，王昶在汪森将词起源定位于上古歌谣的基础上进一步论述道："盖词实继古诗而作，而诗本于乐，乐本乎音，音有清浊、高下、轻重、抑扬之别，乃为五音十二律以著之，非句有长短，无以宣其气而达其音。"③ 上古时代，诗乐是合一的，乐又是随音乐起伏、抑扬、顿挫而生变化的，声音的起伏转折决定着词之句式有长有短的特征，这样的解释较之"形体"说清晰地说明了长短句式生成于音乐的根本性原因，但忽视了上古歌谣、汉魏乐府和六朝乐府是属于不同音乐系统这一客观事实。

　　很显然，把词的源头追溯到上古歌谣或《诗经》，是不符合词史发展实际的错误认识。有些论者也认识到这点，如朱彝尊一方面说《南风》《五子之歌》为长短句之所由昉，另一方面又说齐梁《江南》《采菱》诸调"去填词一间尔"，词是"萌于唐，流演于十国，盛于宋"④。这表明他还是认为词的起源定位在唐代比较符合实际。那么，为什么要将词的源头追溯到上古歌谣或《诗经》呢？这是因为他们想通过追源溯流的方式，抬高"词"的文体地位，以实现"诗""词"同源同尊的目的，正如刘永济所说："窥其用意，咸欲尊词，故

① 朱彝尊《〈水村琴趣〉序》,《曝书亭集》卷四〇,《曝书亭全集》，第 455 页。

② 宋荦《瑶华集序》,《瑶华集》，第 3 页。

③ 王昶《〈国朝词综〉自序》,《春融堂集》卷四一，第 742 页。

④ 朱彝尊《〈水村琴趣〉序》,《曝书亭集》卷四〇,《曝书亭全集》，第 455 页。

纷纷致诘于名实之间。"① 如汪森通过回顾诗词演进的历史进程指出:"古诗之于乐府,近体之于词,分镳并骋,非有先后。谓诗降为词,以词为诗之余,殆非通论矣。"② 反对以词为诗之余绪,是为了反对以游戏为词的态度,这对挽救明代以来词坛颓败局面有很强的针对性。后来,田同之也正是出于尊体的目的,将人们所说的词为诗余说倒置过来:"词非诗之余,乃诗之源也。……诗先有乐府而后有古体,有古体而后有近体。乐府即长短句,长短句即古词也。故曰词非诗之余,乃诗之源也。"③

笔者认为,清人将词的源头上推到《诗经》或上古歌谣,是因为他们不满于将词视为"诗之余",但词起源于唐代的主张与词的尊体意愿并不矛盾。如张惠言主张词起源于唐代,同时认为词应该是"缘情造端,兴于微言,……极命风谣里巷男女哀乐,以道贤人君子幽约怨悱不能自言之情"④。这实际上是要求词存"比兴之旨",与传统诗学对"诗"的要求一脉相承,是主张词"与诗赋之流同类而风诵之"。因此,尊体与主张词起源于唐代并非绝然对立,应该是以实事求是的态度、科学的方法探究词的起源,认识词在隋唐燕乐消亡后的格律化趋向,它的最终命运就会是像"诗"一样成为抒写性情的载体。

二、宋代"小道"说与清代"尊体"说

正如上文所言,词主要是在中晚唐发展起来的,到五代时渐从民间底层转入文人之手。当时从事创作的文人大都活动在宫廷或行院,表现的主要是男欢女爱的私人化主题。"递叶叶之花笺,文抽丽锦;举纤纤之玉指,拍按香檀。"⑤《花间集》便是这种创作风气的结集。

宋初词坛依然沿袭五代词风,出现了张先及以二晏、欧阳修为代表的江西词派,内容多为"无可奈何花落去,似曾相识燕归来""为君持酒劝斜阳,

① 刘永济《词论》,第14页。

② 汪森《词综序》,《词综》,第1页。

③ 田同之《雨村词话序》,李调元《雨村词话》,《词话丛编》,第2册第1377页。

④ 张惠言编选《词选》"词选叙",第1页。

⑤ 欧阳炯《花间集叙》,《花间集》,第1页。

且向花间留晚照""临晚镜，伤流景，往事后期空记省"等闲情逸致。[①] 但从周敦颐、张载开始，到北宋中叶二程的出现，理学成为主宰人们价值取向的至高标准，作为表现儿女私情的词，自然无法得到道学家和统治者的认可，如柳永以倚声填词称著于时却被仁宗打入另册，并与晏殊之间形成审美观念的直接冲突。当时鸿儒巨卿偶一为之，也多是将词当作日常生活的消遣品，如钱惟演曾自言"平生惟好读书，坐则读经史，卧则读小说，上厕则阅小辞（词）"[②]，表现出对词体价值的极端轻视。欧阳修称自己"因翻旧阕之辞，写以新声之调，敢陈薄伎，聊佐清欢"[③]。晏几道自称"往者浮沉酒中，病世之歌词不足以析醒解愠，试续南部诸贤绪余，作五七字语，期以自娱"，"付诸管弦，持酒听之，为一笑乐"[④]。盖因当时以理学作为一切文艺创作的批评标准，以为作文害道，无益于世事，故而"为洛学者皆崇性理而抑艺文，词尤艺文之下者也"[⑤]。

以词为小道末技的观念，深刻地影响着明代甚至清初词学，如陈霆称："词曲于道末矣。"[⑥]彭孙遹说："词虽小道，然非多读书则不能工。"[⑦]贺裳说："词诚薄技，然实文事之绪余。"[⑧]陈维崧也提到："曾闻长者，呵《兰畹》为外篇；大有时贤，叱《花间》为小技。"[⑨]原因大多是因为填词有碍举业，如沈钟说："余少时好作小词，已积有数百首，……无何，一二先达诃为填词小道，恐妨举业。"[⑩]"小道"的观念使人们在填词时多持游戏态度，缺乏真情实感，只以艳情、丽词、藻采取胜。因此，抨击以词为小道末技的观念便成为清初词学的重要议题。如柳洲词人曹尔堪以欧阳修和苏轼为例辩驳说："欧、苏两公，千古之伟人也，其文章事业，炳耀天壤。夫此地（扬州）独以两公之词传，至今读《朝中措》《西江月》诸什，如见两公之须眉生动，偕游于千载之

① 方智范、邓乔彬、周圣伟等《中国词学批评史》，第33～34页。
② 欧阳修撰，李伟国点校《归田录》卷二，中华书局1981年版，第24页。
③ 欧阳修《欧阳文忠公近体乐府》卷一，欧阳修撰，欧阳明亮校笺《欧阳修词校笺》，中华书局2019年版，第3页。
④ 晏几道《小山词序》，晏殊、晏几道著，张草纫笺注《二晏词笺注》，上海古籍出版社2008年版，第602页。
⑤ 刘克庄《黄孝迈长短句序》，《后村先生大全集》卷一〇六，四川大学出版社2008年版，第2744页。
⑥ 陈霆《渚山堂词话》"序"，《词话丛编》，第1册第347页。
⑦ 彭孙遹《金粟词话》，《词话丛编》，第1册第724页。
⑧ 贺裳《皱水轩词筌》，《词话丛编》，第1册第709页。
⑨ 陈维崧《叶桐初词序》，《陈迦陵俪体文集》卷七，《陈维崧集》，第386页。
⑩ 沈钟《柳外词》"自序"，清稿本。

上也。世乃目词学为雕虫小技者，抑独何歟？以词学为小技，谓欧、苏非伟人乎？"①山左词人王士禛也以晏几道、贺铸之词为证驳证说："填词小道也？然鲁直谓晏叔原乐府为《高唐》《洛神》之流，张文潜谓贺方回幽洁如屈宋，悲壮如苏李。夫屈宋三百之苗裔，苏李五言之鼻祖，而谓晏、贺之词似之，世亦无疑二公之论为过情者，然则填词非小道可知也！"②阳羡词人批评的锋芒更为尖锐，如陈维崧反复陈述"词非小道"，在为曹贞吉咏物词作序时说："仆每怪夫时人，词则呵为小道，倘非杰作，畴雪斯言。"③又评曹贞吉《百字令·咏史》云："置此等词于龙门列传、杜陵歌行，问谁曰不如？彼以填词为小技者，皆下士苍蝇声耳。"④都是主张不要把词视作"小道"，它实可与经、史相提并论。任绳隗认为那种"词者，诗之余也，大雅所不道也"的观点，是"主乎文章风会言之"和"较乎立德与立言重轻之异"，并列举立德立功及勋业大节两成的"出入将相"者仍"斐然作述"为证，力斥视词为小道末技的竖儒之论。⑤经过清初词坛的批评，视词为小道的观念后来基本淡出，尽管还有少数人沿用"小道"之说，也是在肯定词的社会价值前提下来讲的，如朱彝尊说："词虽小技，昔之通儒巨公往往为之，盖有诗所难言者，委曲倚之于声，其辞愈微，而其旨愈远。"⑥清代词学使词这种文体从唐宋时期的卑微状态走向了崇高。

如前所言，以词为小道末技，乃是因为词体不尊，清代反对以词为"小道"，目的在于"尊体"。所谓"尊体"，就是抬高词的文体地位，重视词的社会价值。作为清代词学的重要成就之一，从清初顺康年间开始，再经过浙西派到常州派的几代人，"尊体"的观念在清代得到大家的一致认可，他们主要是从以下几个方面来确立词体的地位、扩充词体的社会意义的：

第一，溯源探本，为词正名。众所周知，词不同于近体诗的最大特点是

① 曹尔堪《锦瑟词序》，汪懋麟《锦瑟词》，清康熙刻本。
② 曹贞吉《珂雪词》附评语，《清代诗文集汇编》，第133册第295页。
③ 陈维崧《曹实庵咏物词序》，《陈迦陵俪体文集》卷七，《陈维崧集》，第365页。
④ 曹贞吉《珂雪词》附评语，《清代诗文集汇编》，第133册第329页。
⑤ 任绳隗《学文堂诗余序》，《清词序跋汇编》，第98页。
⑥ 朱彝尊《陈纬云〈红盐词〉序》，《曝书亭集》卷四〇，《曝书亭全集》，第453页。

句式有长短，这在古体诗尤其是乐府诗里比较普遍，故有论者将词的源头上推到乐府及《诗经》。如前文所论，宋荦、毛先舒、朱彝尊、汪森等都持这样的看法，江顺诒对于这些人的溯源探本之论有一段比较精辟的分析："溯词于乐府，则词为大宗。而古近体诗，乃乐府之变调，不能叶律之乐府耳。诗自唐以后无歌者，词自宋以后无歌者，元曲出而古乐亡。如黄河南徙，今且夺淮入海之路。古近体诗，黄夺淮也，谓之黄而不谓之淮。词则碣石黄河之故道，其踪迹，知之者鲜矣。"① 他认为这样的溯源推本目的在于尊体，树立"词为大宗"的地位，正如黄河之改道，从古体到近体再到词曲，是文体发展的必然，词代诗而起也是历史发展的必然。有了这样的认识，便有了对以"诗余"指代词为不伦的批评之声。如毛先舒说："填词者，填其词也，不得名诗余。……又诗有近体，不得名古诗余，楚骚不得名经余也。"② 顾贞观说："诗之体至唐而始备，然不得以五七言律绝为古诗之余也。乐府之变，得宋词而始尽，然不得以长短句之小令、中调、长调为古乐府之余也。词且不附庸于乐府，而谓肯寄闰于诗耶？"③ 这是从源流角度立论，汪森则从文体分流角度出发，指明："古诗之于乐府，近体之于词，分镳并骋，非有先后。谓诗降为词，以词为诗之余，殆非通论矣。"④ 词不是由诗变化而来，它与诗一样都是从乐府那里发展而来，所以，他认为以词为诗余的说法是站不住脚的，从而批驳了以"诗余"为词命名的习见，也破除了词为诗之附庸的观念，词的自身价值被凸显出来。

第二，批驳"小道"论，倡言"词史"说。如前所言，唐宋以来以词为小道末技不入大雅之堂，这在康熙年间仍然是较为流行的说法，持此观点的人中既有广陵词人群中的彭孙遹、贺裳，也有浙西派宗主朱彝尊这样的大家。真正对之展开猛烈抨击的是阳羡派，像陈维崧、任绳隗、万树都有批驳小道观念的激烈言辞。其中，以陈维崧所论最具理论的深刻性，他认为各种文体之间并不存在什么高下、贵贱、大小之分，词与诗、赋、骚一样都可与经史并驾媲

① 江顺诒《词学集成》卷一，《词话丛编》，第 4 册第 3217 页。
② 毛先舒《填词名说》，《潠书》卷四，《四库全书存目丛书》，集部第 210 册第 676 页。
③ 鲁超《今词初集题辞》引顾贞观语，《今词初集》，《续修四库全书》，第 1729 册第 453 页。
④ 汪森《词综序》，《词综》，第 1 页。

美，所以说："为经为史，曰诗曰词，闭门造车，谅无异辙也。"①在推尊词体的思想指导下，陈维崧提出了"存经存史"的主张，并把这一主张落实到创作实践中。陈廷焯说："其年年近五十，尚为诸生。学业最富，又目睹易代之时，其一种抑郁不平之气，胥于诗词发之，而词又其最著者。纵横博大，鼓舞风雷，其气吞天地、走江河。而其大旨仍不外忠厚缠绵之意。"②后来，经过常州派词人周济的发挥，存经存史说成为"诗有史，词亦有史"的"词史"说，并得到了谭献、谢章铤、冯煦等人的呼应，在晚清词坛产生了深远的影响。谭献认为"诗"与"史"相接相通："诗者，古之所以为史。托体比兴，百姓与能，劳人思妇，陈之太师。"③"贤士君子，哀乐过人。以诗为史，风喻得失，陈说疾苦，而当时德礼政刑之迹，阅千载而如见。"④以诗为史，"诗"即为"史"，"诗""词"又是相通相接的，这样"诗有史，词亦有史"说在谭献那里得到合理的解释。其评范凌双《迈陂塘·癸丑七夕和吴让之》："词史。"评蒋春霖《踏莎行·癸丑三月赋》："咏金陵沦陷事，此谓词史。"评王宪成《扬州慢·壬寅四月过扬州用白石韵》："艖纲既坏，海氛又恶，杜诗韩笔，敛抑入倚声，足当词史。"⑤谢章铤还认为在国势日衰的历史关头，词人当"慨叹时艰，本小雅怨诽之义"，"导扬盛烈，续铙歌鼓吹之音"⑥，这样才能拓展词境，"拈大题目，出大意义"⑦。还有冯煦亦主张借词以表忧生念乱之感，认为"夫诗有六义，词亦兼之"，比如晚唐五代之词，看似皆缘情靡曼之作，实则多感遇怨诽之旨。"晚唐五季，如沸如羹，天宇崩析，彝教凌迟。深识之士，陆沉其间。惧忠言之触机，文俳语以自晦。黍离麦秀，周遗所伤，美人香草，楚累所托。其词则乱，其志则苦。"⑧这种写民生疾苦、社会离乱之声，不仅仅是对词之表现内容的拓展，从文学本位看也消解了小道末技的观念，把词提到与经与史相

---

① 陈维崧《词选序》，《陈迦陵散体文集》卷二，《陈维崧集》，第54页。
② 陈廷焯《云韶集辑评》卷一六，《白雨斋词话全编》，第385页。
③ 谭献《古诗录叙》，《复堂文》卷一，《谭献集》，第16页。
④ 谭献《稼书堂诗叙》，《复堂文》卷一，《谭献集》，第24页。
⑤ 皆引自谭献辑，罗仲鼎校点《清词一千首·箧中词》。
⑥ 谢章铤《赌棋山庄词话》续编卷五，《词话丛编》，第4册第3567页。
⑦ 谢章铤《赌棋山庄词话》卷八，《词话丛编》，第4册第3423页。
⑧ 冯煦《唐五代词选序》，《词话丛编补编》，第2册第1129页。

对等的高度。

第三，提高词体品格，实现诗词一理。"尊体"的观念对于清代词坛最重要的影响是确立了尊雅黜俗的审美旨趣，强调词对古代乐教传统的传承，以儒家的诗乐观阐释他们的尊体主张。如宋荦认为在古代圣人悬六经以垂教，词作为由古乐发展下来的文体样式，在宋代便得到了帝王及胡寅、朱熹等大儒的重视，正说明它是有裨于乐教，有助于感化人心的。[1]清朝皇帝玄烨也把近代倚声之祖追溯到诗乐合一的唐虞时代，认为词虽体殊于乐府但合于古时依永和声之道，由词可上溯到诗到乐，亦即词与诗与乐相通，能继响古代诗乐传统，有助于政教且能裨益身心。这样的思想在张惠言那里有了进一步的充实和发展，认为词可与诗、赋同类而讽诵之，他说："盖诗之比兴，变风之义，骚人之歌，则近之矣。"[2]在张惠言"诗词一理"观念的影响下，晚清学者一般都能接受词从《诗经》、乐府发展而来的观念，认为它不但秉承了《诗经》和乐府的音乐属性，也承传了《诗经》和乐府的精神——"哀而不伤，怨而不怒""缘事而发，感于哀乐"，也当然地沿袭了《诗经》和乐府厚人伦、美教化的社会责任，甚至认为词较之诗更具感化人心的效果。比如，周济认为，"后世之乐，去《诗》远矣，词最近之"，词与《诗经》一样有着"入人为深，感人为远"的审美效果，"有平矜释躁，惩忿窒欲，敦薄宽鄙之功"[3]。从某种程度上说，要想获得传统诗学所说的"乐教"效果，"生今日而求乐之似，不得不有取于词矣"。《诗经》有六义，词则近于小雅，兼有比兴之义。"其感人焉尤捷，无有远近幽深，风之使来。……上之言志，永言次之。志洁行芳，而后洋洋乎会于风雅。"[4]陈廷焯也认为，《诗经》因有比兴之义，故而最具感染力："为一室之悲歌，下千年之血泪，所感者深且远也。"承《诗经》而下，有诗，有文，有词，种类繁富，惟词感人最深："诗有韵，文无韵。词可按节寻声，诗不能尽被弦管。飞卿、端己，首发其端，周、秦、姜、史、张、王，曲竟其绪，而要

---

① 宋荦《瑶华集序》，《瑶华集》，第 13~14 页。

② 张惠言编选《词选》"词选叙"，第 1 页。

③ 周济《词辨序》，《清人选评词集三种》，第 144 页。

④ 谭献纂，罗仲鼎、俞浣萍整理《复堂词录》"自叙"，第 1 页。

皆发源于《风》《雅》，推本于《骚》《辩》，故其情长，其味永，其为言也哀以思，其感人也深以婉。"①

总而言之，词的地位真正得以提高，是在常州词派兴起后的嘉庆道光时期。清初尊体还主要是形式上尊体，常州派尊体则是实质上尊体，它有鉴于浙西词派论词惟雅正是求而忽视性情的偏弊，通过树立以立意为本的思想，"敷假古义以自贵其体"②，从根本上提高了词的文体地位。他们强调词与诗与赋在抒情达意上的同源关系，认为词接续了诗、文、赋所肩负的教化功能，像诗一样美人伦，厚教化，移风易俗。如谭献《复堂词话》云："昔人之论赋曰：'惩一而劝百。'又曰：'曲终而奏雅。'丽淫丽则，辨于用心。无小非大，皆曰立言。惟词亦有然矣。"③认为诗、词、赋只有丽淫丽则之分，没有高下大小之别，它们都具有讽谏、美刺的效果。包世臣对这一点说得最为明白："诗、词、赋三者，同源而异流。故先民之说诗也，曰'微言相感，以喻其志'，其说词则曰'意内而言外'，而说赋既曰'古诗之流'，又曰'诗人之赋丽以则，词人之赋丽以淫'。"④因此，沈祥龙直接以诗之义训释词之义："词者诗之余，当发乎情，止乎礼义。《国风》好色而不淫，《小雅》怨诽而不乱，《离骚》之旨，即词旨也。"⑤在他们心目中，诗即是词，词即是诗，诗词同源同旨，效果一致，所不同者只是外在的格律形式而已，这样就泯去了词与诗与赋的文体界限，它们之间也不存在高下、尊卑、贵贱的地位差别。所以，张尔田说："张皋文氏起，原诗人忠爱悱恻、不淫不伤之旨，《国风》十五导其归，《离骚》廿五表其絜，芟剪美秾，澡瀹性灵，崇比兴，区正变，而后倚声者人知尊体。"⑥

三、宋代本色论与清代正变论

当然，清代词学尊体并不是要完全取消诗词间的文体界限，恰恰相反，

① 陈廷焯著，屈兴国校注《白雨斋词话足本校注》"自序"，第2页。
② 谢章铤《与黄子寿论词书》，《赌棋山庄文集》卷五，《谢章铤集》，第49页。
③ 谭献《复堂词话》，《词话丛编》，第4册第3988页。
④ 包世臣《金筤伯竹所词序》，《艺舟双楫》，第50页。
⑤ 沈祥龙《论词随笔》，《词话丛编》，第5册第4047页。
⑥ 张尔田《彊村遗书序》，《张尔田集辑校》，第152页。

其目的是要维护词作为音乐文学的体性表征。一方面，特别强调填词协律的重要性，先后制作了《词律》《词谱》《词系》等律谱；另一方面，就是着力标举词不同于诗的轻倩、婉曲的体性特征，有了"婉丽流畅""清婉深秀""低徊要眇""折衷柔厚"等美学主张。这两方面的创作要求，唐宋时期体现在本色论上，在明代则表现为正变论，到了清初则把这两者糅合起来，进入清中叶以后本色论逐渐退出词坛，正变论成为有清一代最重要的词学批评标准。

"本色"原指事物最基本、最自然、最原始的色彩，古典诗学往往借之指代文学艺术的自然之美。陶明濬《诗说杂记》云："本色者，所以保全天趣者也。故夷光之姿，必不肯污以脂粉；蓝田之玉，又何须饰以丹漆？此本色之可贵也。"[1] 对于诗、词、曲的辨体批评而言，"本色"的含义已转向指称文体的本性，强调各种文体有其自身的体性。那么，词应该有一种什么样的文体特征呢？一般说来，在词初创期，人们心目中它有两个基本特点，一曰协律，一曰写艳，北宋基本是在这一认知上谈"本色"的。如陈师道说："退之以文为诗，子瞻以诗为词，如教坊雷大使之舞，虽极天下之工，要非本色。今代词手，唯秦七、黄九耳。"[2] 他认为苏轼以诗为词，"要非本色"，言下之意，秦观之词方为"本色"，秦观词的最大特点是用语纤巧，姿态妍丽，有小女子般天真烂漫之态。晁补之说："少游诗似小词，先生（指苏轼）小词似诗。"[3] 不过，这样的认知还是停留在诗词体性之辨上，较为深刻的论述则是把婉约与豪放两种风格相比对，强调婉约才是词家本色："近时作词者，只说周美成、姜尧章等，而以稼轩词为豪迈，非词家本色。"[4] "盖长短句宜歌而不宜诵，非朱唇皓齿，无以发其要妙之声。……长短句命名曰'曲'，取其曲尽人情，惟婉转妩媚为善，豪壮语何贵焉！"[5] 这里已隐含有婉约为正豪放为变之意了，在这一问题上最具理论色彩的当推李之仪和李清照。李之仪说："长短句于遣辞中最为难

① 严羽著，郭绍虞校释《沧浪诗话校释》，第 111 页。
② 陈师道《后山诗话》，《历代诗话》，第 309 页。
③ 王直方《王直方诗话》引晁补之语，《苕溪渔隐丛话》前集卷四二，第 284 页。
④ 陈模撰，郑必俊校注《怀古录校注》卷中引陈谟语，中华书局 1993 年版，第 61 页。
⑤ 王炎《双溪诗余》"自叙"，《四印斋所刻词》，第 793 页。

工,自有一种风格,稍有不如格,便觉龃龉。"① 首先,填词要协律,有不同于诗的音乐要求。其次,词以《花间集》所载为宗(写艳),这就是它不同于诗而自有的"一种风格"。李清照也有类似说法,针对北宋词坛有些词人之所作,"往往不协音律者","皆句读不茸之诗尔",因此,她对于填词在协律之外还提出了五项要求:高雅、典重、浑成、讲情致、有铺叙,这就是人们通常所说的"词乃别是一家"的思想。从对词之音乐性和特有风韵的强调看,他们是在苏轼等试图打破诗词边界的情况下,极力维护词的传统风格,严格区分诗词之间的文体疆界,故当代学者称之为"本色"理论。②

基于北宋的本色论,明代对于词的认知也大抵如此,明确地将诗词两种文体严格区分开来。如王世贞认为,《花间》以小语致巧,《草堂》以丽字取胜,婉娈而近情,柔靡而近俗。"之诗而词,非词也。之词而诗,非诗也。"③何良俊也认为婉畅流丽、柔情曼声才是词的本色,指出:"乐府(诗)以矐径扬厉为工,诗余(词)以婉丽流畅为美。……如周清真、张子野、秦少游、晏叔原诸人之作,柔情曼声,摹写殆尽,正词家所谓当行、所谓本色者也。"④这样的观念使得明代形成了崇婉约抑豪放的正变说,张綖《诗余图谱》"凡例"云:"词体大略有二,一体婉约,一体豪放,婉约者欲其辞情酝藉,豪放者欲其气象恢弘。盖亦存乎其人,如秦少游之作多是婉约,苏子瞻之作多是豪放。大抵词体以婉约为正。故东坡称少游为今之词手,后山评东坡词虽极天下之工,要非本色。"⑤《诗余图谱》刊刻于嘉靖十五年(1536),作为一部填词图谱,它曾广泛流传,它提出的正变说也得到了词坛的普遍认同。如王骥德《曲律》卷四曰:"词曲不尚雄劲险峻,只一味妩媚闲艳,便称合作。是故苏长公、辛幼安并置两庑,不得入室。"⑥王世贞《艺苑卮言》云:"言其业,李氏、晏氏父子、耆卿、子野、美成、少游、易安至矣,词之正宗也。温韦艳而促,黄九精

① 李之仪《跋吴思道小词》,《姑溪题跋》,第49页。

② 方智范、邓乔彬、周圣伟等《中国词学批评史》,第57页。

③ 王世贞《艺苑卮言》,《词话丛编》,第1册第385页。

④ 何良俊《草堂诗余序》,《古今词统》卷首,第12页。

⑤ 张綖《诗余图谱》"凡例",明万历二十七年谢天瑞刻本。

⑥ 王骥德著,陈多、叶长海注释《曲律注释》,第363页。

而险，长公丽而壮，幼安辨而奇，又其次也，词之变体也。"①姚希孟《媚幽阁诗余小序》云："'杨柳岸、晓风残月'与'大江东去'，总为词人极致，然毕竟'杨柳'为本色，'大江'为别调也。盖《花间》《草堂》为中晚诗家镂冰刻玉、绵脂腻粉之余响，与壮夫弹铗、烈士击壶，何啻河汉！"②

清初，以王士禛为代表的广陵词人群，传承了明代婉约为正豪放为变的观念。王士禛《倚声初集序》云："诗余者，古诗之苗裔也。语其正则璟、煜为之祖，至漱玉、淮海而极盛，高、史其大成也；语其变则眉山导其源，至稼轩、放翁而尽变，陈、刘其余波也。"③这句话的意义不仅仅是将唐宋词人划分两种类型，更重要的是将婉约、豪放两派按其发展脉络清理出正变谱系来。依这样的标准来衡量，他认为王世贞把温、韦纳入变体有些不伦不类，从婉约词风发展的角度来看，温、韦之于晏、李、周、秦，就像赋有《高唐》《神女》而后有《长门》《洛神》，诗有古诗录别（指苏李诗）而后有建安、黄初、三唐，"谓之正始则可，谓之变体则不可"④。但是，他的观点也不是明代正变论的简单翻版，而是认为婉约、豪放两者实不存高下轩轾之分，这就改变了明代正变论崇婉抑豪的理论方向。和王士禛在广陵相唱和的词人彭孙遹、邹祗谟、吴绮也都持有相同的体性观。如彭孙遹在赞赏范仲淹能作艳词的同时褒奖其《渔家傲》一词"苍凉悲壮，慷慨生哀"；在肯定辛弃疾词有秦、周之佳境的同时，极称其"胸有万卷，笔无点尘，激昂措宕，不可一世"⑤。邹祗谟论词也赞美北宋词人"人工绮语"，同时颂扬蒋、史、姜、吴"警迈瑰奇，穷姿构彩"，辛、刘、陈、陆诸家"乘间代禅，鲸呿鳌掷，逸怀壮气，超乎有高望远举之思"⑥。他们对南宋的婉约、豪放两派都持肯定的态度，而且和王士禛一样为两派词人梳理出其正变谱系来。

很显然，明末清初正变论是与本色论相关联的，本色论是正变论形成的

---

① 王世贞《艺苑卮言》，《词话丛编》，第 1 册第 385 页。

② 姚希孟《媚幽阁诗余小序》，《响玉集》卷之余，明崇祯刻本。

③ 王士禛《倚声初集序》，《倚声初集》，《续修四库全书》，第 1729 册第 164 页。

④ 王士禛《花草蒙拾》，《词话丛编》，第 1 册第 673 页。

⑤ 彭孙遹《金粟词话》，《词话丛编》，第 1 册第 723～724 页。

⑥ 邹祗谟《倚声初集序》，《倚声初集》，《续修四库全书》，第 1729 册第 166 页。

基础，是基于对词的体性认识而形成的。如果对于"本色"之义的理解发生变化，那么，传统的正变观也会随之颠覆，这表现在明末清初有些论者对于婉约、豪放不再持高下轩轾的偏见。如卓人月、徐士俊所编《古今词统》一书，前有孟称舜序，就谈到词的"本色"问题：

> 盖词与诗、曲，体格虽异，而同本于作者之情。古来才人豪客，淑姝名媛，悲者喜者，怨者慕者，怀者想者，寄兴不一。或言之而低徊焉，宛娈焉；或言之而缠绵焉，凄怆焉；又或言之而嘲笑焉，愤怅焉，淋漓痛快焉。作者极情尽态，而听者洞心耸耳，如是者皆为当行，皆为本色，宁必姝姝媛媛，学儿女子语，而后为词哉？故幽思曲想，张、柳之词工矣，然其失则俗而腻也，古者妖童冶妇之所遗也。伤时吊古，苏、辛之词工矣，然其失则莽而俚也，古者征夫放士之所托也。两家各有其美，亦各有其病，然达其情而不以词掩，则皆填词者之所宗，不可以优劣言也。①

孟称舜从主体抒发性情的角度立论，指出诗、词、曲之本在表现主体之性情，诗、词、曲的文体形式是主体内在性情的外在呈现，主体性情不同，其文体的表现形式亦因之有异，"或言之而低徊焉"，"或言之而愤怅焉"。他的这一思想在当时影响很大，由西陵词人陆次云选编的《见山亭古今词选》就是坚持这样的选录标准，两宋词人中既有婉约词人李煜、欧阳修、秦观、周邦彦、李清照，也有豪放词人苏轼、辛弃疾、陆游、刘过，排在前四位的分别是辛弃疾 17 首、秦观 16 首、苏轼 14 首、欧阳修 10 首，可见其对婉约、豪放不存轩轾之分。

在"本色"问题上，陈维崧与孟称舜有着相似的看法，他认为"夫言者，心之声也"，作品的风格是作者性情的直接流露，不管豪放抑或婉约，只要出

---

① 孟称舜《古今词统序》，《古今词统》卷首，第 3 页。

诸性情，都应予以肯定。在他的影响下，其他阳羡派词人也极力反对崇婉抑豪的正变观，如徐喈凤认为除了美人、春花、夭桃、繁杏，也有壮士、秋实、劲松、贞柏，"选词者兼收并采，斯为大观。若专尚柔媚，岂劲松贞柏反不如夭桃繁杏乎"。人之内在性情决定着作品的外在形貌。"词虽小道，亦各见其性情。性情豪放者，强作婉约语，毕竟豪气未除；性情婉约者，强作豪放语，不觉婉态自露。故婉约固是本色，豪放亦未尝非本色也。"最后他评陈师道说苏轼词"虽极天下之工，要非本色"曰："此离乎性情以为言，岂是平论？"①较之徐喈凤，蒋景祁所论更为彻底。他明确表示不满于专尚柔媚的传统本色观，指出：苏轼、辛弃疾魄力极大，其为言豪放不羁，然细按之未尝不协律。在常人眼中，苏、辛词不能称为本色当行，但在蒋景祁看来："所谓当行本色者，要须不直不逼，宛转回互，与诗体微别，勿令径尽耳。专谱艳辞狎语，岂得无过哉？"②这样的本色当行论使得他的创作风格并不偏守一格，虽也标举豪放，却不废婉约，甚至豪放与婉约兼而有之，如蒋景祁谈到陈维崧创作风格之多样时说："故读先生之词者，以为辛、苏可，以为周、秦可，以为温、韦可，以为《左》《国》《史》《汉》、唐宋诸家之文亦可。……取裁非一体，造就非一诣，豪情艳趋，触绪纷起，而要皆含咀酝酿而后出。"③

以朱彝尊为代表的浙西派，既不同于广陵词人对婉艳词风的积极肯定，也不同于阳羡派对豪放词风的热情鼓吹，而是从南宋词人张炎那里接过其尚清空斥豪艳的主张，以清空雅正为词之正格，把秾艳、豪放统归到变体的范围。如朱彝尊明确标榜以雅正为宗，认为"倚声虽小道，当其为之，必崇尔雅，斥淫哇，极其能事，则亦足以宣昭六义、鼓吹元音"④。他声称自己填词"不师秦七，不师黄九，倚新声、玉田差近"（《解佩令·自题词集》），还积极肯定钮玉樵"厌辛、苏"（《水调歌头·送钮玉樵宰项城》），丁雁水"不事形摹，秦七与黄九"（《祝英台近·题丁雁水韬汝词稿》）。汪森进一步发挥朱氏观点，

---

① 徐喈凤《荫绿轩词证》，《清代词话全编》，第 340～341 页。
② 蒋景祁《雅坪词谱跋语》，陆棻《雅坪词谱》，清刻本。
③ 蒋景祁《陈检讨词钞序》，《陈维崧集》附录，第 1832 页。
④ 朱彝尊《静惕堂词序》，《静惕堂词》，《清名家词》，第 1 册。

他的崇雅黜俗比朱氏来得更为偏激。他在《词综序》一文中指出，从西蜀南唐
到北宋宣和年间，尽管作者日盛，曲调愈多，流派各别，但存在着"言情者
或失之俚，使事者或失之伉"的弊端，只有到南宋姜夔出才"句琢字炼，归于
醇雅"①，树立起的榜样是姜夔清空骚雅词风，对柳永、秦观写艳词及苏轼、辛
弃疾的豪宕作风均持批评态度。浙派笼罩清中叶词坛达百年之久，以雅正为
宗的正变观在人们的思想中始终占据着主导地位。如厉鹗认为，词发端于唐
代，兴盛于两宋，发展到清代已是"门户各别，好尚异趋"，然而豪迈者失之
粗厉，香艳者失之纤亵，唯有姜、张诸人"清真雅正，为词律之极则"②。吴锡
麒说："词之道，情欲其幽，而韵欲其雅。摹其履舄，则病在淫哇；杂以筝琶，
则流为伧楚。"③ 纪昀也说："词自晚唐五代以来，以清切婉丽为宗。至柳永而
一变，如诗家之有白居易；至轼而又一变，如诗家之有韩愈，遂开南宋辛弃疾
等一派。寻源溯流，不能不谓之别格。"④ 经过浙派的倡导和努力，清初词坛存
在的淫哇和鄙俚之弊得到根除，但浙派唯姜、张是尊也给雍乾词坛带来"千面
同声"的负面影响，到乾隆末年人们开始认识到这一弊端。如被称为"吴中七
子"之一的王鸣盛，在《巏堥山人词集题词》中指出："自姜夔、张炎、周密、
王沂孙方开清空一派，五百年来以此为正宗。然《金荃》《握兰》，本属《国
风》苗裔；即东坡、稼轩，英雄本色语，何尝不令人欲歌欲泣？文章能感人，
便是可传，何必净洗艳粉香脂与铜琶铁板乎？"⑤ 文章能感人亦即打动人心的，
不是别的什么东西，正是其中包含的深刻的情感，这正是浙派词人作品中所缺
乏的，王鸣盛提出这样的观点，表明时人在作品中已注重性情的传达，而不满
于徒事字句的雕琢和讲究音节的圆转。

　　嘉庆年间崛起的常州词派也论及正变问题，但其内涵完全不是传统意义
上的以婉约为正豪放为变，而是以词中有立意重寄托为正。在《词选叙》中，
张惠言以尊雅与比兴寄托为标准，以温庭筠及宋人张先、苏轼、秦观、周邦

① 汪森《词综序》，《词综》，第 1 页。

② 汪沆《籽香堂词序》引厉鹗语，《槐塘文稿》卷二，《清代诗文集汇编》，第 301 册第 452 页。

③ 吴锡麒《竹沪渔唱序》，《有正味斋骈体文笺》续集卷二，清道光二十五年刻本。

④ 永瑢等《四库全书总目》卷一九八"词曲类提要"，第 1807 页。

⑤ 王鸣盛《巏堥山人词集题词》，《巏堥山人词集》，清乾隆刻本。

彦、辛弃疾、姜夔、王沂孙、张炎等"渊渊乎文有其质"的人的词为词之正声，认为宋元亡而正声绝，以荡而不反、傲而不理、枝而不物，来指责柳永、黄庭坚、刘过、吴文英等，说他们各引一端，取重当世，以之为变。周济对张惠言的正变观有所修正，在一定程度上重新恢复了传统意义上的正变说，他的《词辨》一书分词为正变二卷，正卷包括温庭筠、韦庄、晏殊、柳永、秦观、周邦彦、李清照、吴文英、周密、张炎等婉约派词人，变卷录李煜、范仲淹、苏轼、辛弃疾、姜夔、陆游、刘过、蒋捷等豪放派或词风接近豪放的词人，他论词强调比兴寄托，却认为作品中的寄托应该是不露痕迹的，因此对张惠言所肯定的辛弃疾、姜夔持批评态度，而对张惠言批之甚烈的吴文英却表示赞赏："梦窗立意高，取径远，皆非余子所及。……若其虚实并到之作，虽清真不过也。"[1] 但他的正变观也不是传统正变观的简单重复，他不以正变作为区分作品优劣的标准，被划入正变范畴中的词人都有他喜爱或不喜爱的，如正卷中的秦观、李清照就不是他所欣赏的，变卷中的苏轼、姜夔也不是他所喜爱的。他晚年所编《宋四家词选》，则基本上放弃了早年的正变理论，而独树一帜地标举"宋四家词"说，为初学者指明一条习词的路径。

通过简要勾勒清代正变观的发展历程，可以清楚地看到各个词派是存在着分歧的，有的倾向于崇豪抑婉，有的倾向于崇婉抑豪，但有一个值得注意的现象是，他们不再像宋代或明代主豪放者则贬低婉约，主婉约者则排斥豪放，他们在坚持一种审美选择的同时，对于其他的风格也能采取包容的态度，这说明清代词学在观念上更趋向成熟，更具有开放性。

第二节　对清代词史的总结与反思

清代是千年词史的"中兴"，也是唐宋词学在五百年之后的"复兴"[2]。这一"复兴"的表现是，各种词选、词学论著、词谱词韵之书大量涌现，也体现

---

① 周济《宋四家词选序论》，《周济词集辑校》附录二，第150页。
② 谢桃坊《中国词学史》，方智范、邓乔彬、周圣伟等《中国词学批评史》都以清代为千年词学的"复兴时期"。

为词学批评表达方式的多元化——词话、序跋、书札、评点、论词诗、论词词等，但这些只是表层现象，更深层的则是批评意识的自觉，亦即对清词的发展持有一种反思的理念，试图在反思中"探本溯源"，在"探本溯源"中推陈出新，从而推动创作的进步和词学批评的发展。

一、词选的编纂与存史的理念

任何理论的反思都是在总结历史的基础上提出来的。一般说来，对于一个时期文学创作的总结，编纂选本是一个比较合适的方式，也是过去人们从事文学批评所热衷采用的方法。自先秦时代《诗经》开始，到《文选》《河岳英灵集》《中兴间气集》等，代代相续，层出不穷，在明代编辑诗选、词选、文选更是蔚然成风，以词选而言有《词林万选》《百琲明珠》《天机余锦》《词的》《古今词统》《精选古今诗余醉》等。这些选本虽然宗旨不同，但有一个共同的倾向，即对历朝历代或一个时期文学创作成就进行总结。

明末清初特别是康熙时期，受明代词坛编纂词选风气的影响，也因为明末清初东南词坛的兴盛一时，词坛曾经涌现出大量地域性选本，如《西陵词选》《柳洲词选》《荆溪词初集》《清平初选后集》《松陵绝妙词选》《梁溪词钞》等。而总结一时创作成就的集成式选本也是层涌迭出，一类为"今"词选，如《今词苑》三卷、《今词初集》二卷、《东白堂词选初集》十五卷、《倚声初集》二十卷、《瑶华集》二十二卷、《百名家词钞》一百卷；一类为通代词选，如卓回《古今词汇》二十四卷，傅燮詷《词觏》二十二卷，孙致弥《词鹄初编》十五卷，周铭《林下词选》十四卷，归淑芬《古今名媛百花诗余》四卷，徐树敏、钱岳《众香词》六集，沈时栋《古今词选》十二卷等。这些选本有的是名家词选（《今词初集》），有的是女性词选（《林下词选》），有的则是"存一代文献"的综合性选本（《瑶华集》）。

对于上述诸种选本，有三种值得一提：一是顺治十八年（1661）由邹祗谟编纂成书的《倚声初集》，二是康熙二十四年（1685）由蒋景祁编选的《瑶华集》，三是聂先、曾王孙编选，刊刻于康熙二十五年（1686）后的《百名家词钞》，它们的一个共同特点是对明末清初词坛创作实绩的展示，体现出浓厚的"存史"意识。《倚声初集》所选以明天启、崇祯和清顺治三朝为主，而且顺治朝词人明显多于天启、崇祯两朝，这当然不排除编选者取近舍远的因素，但也说明顺治朝作者队伍及阵容的庞大与壮观，也就是说进入清朝词体文学很快地步入了繁荣发展的阶段。蒋景祁《瑶华集》乃接续《倚声初集》而来，是对明末迄至康熙二十四年为止约五十年间词坛创作实绩的最全面展示，此集凡二十二卷，有以下两大特点：第一，搜罗丰富，博采众收。"《倚声》《今词》已有'搜罗未富'之讥；《东白堂》采撷虽堪称繁富，亦有'甄录未精''良楛杂陈'之病。《古今词汇》和《词觏》各分三编，前二编皆为古词，至第三编始及清初，选词仅得数百，略备一格而已。"这表明《瑶华集》以清初顺治、康熙两朝词人为主，全集共选词人 508 家，词 2467 首，被称为清初人选清初词的空前巨制。"因之，在清初人选清初人词的选本中，《瑶华集》才显出其出类拔萃。"[1] 第二，既突出大家，又反映实绩，存史意图明显。明末清初词派纷起，词人众多，编者能不持门户之见，力求客观地反映清初词坛复兴之实绩。蒋景祁说："今词家率分南北宋为两宗，歧趋者易至角立，究之臻其堂奥，鲜不殊途同轨也，犹论曲亦分南浙（北），吾皆不谓之知音。"[2] 集中所选基本上涵盖了清初词坛的众多词派，如云间、西泠、广陵、毗陵、梁溪、阳羡、浙西诸词派均有大量词人入选。当然，它也不是面面俱到，而是特别注意突出清初词坛"大家"之成就。"此集专于采词，词工者，一调累至百十阕，而否则阙焉不收。"[3] 集中入选量最多的是陈维崧和朱彝尊，陈氏是阳羡派领袖，引领了清初最有影响的豪放词风；朱氏是浙西派的宗主，倡导的"醇雅"词风，对于清代词坛影响达百年之久。《瑶华集》特地多录朱彝尊、陈维崧之词，就是为了突出他们在词坛的盟主地位。作为清初名家词汇刻的《百名家词钞》也值得一提，它不同于《倚声初集》《瑶华集》等选本，而是一家一集，数量在 10 至 80 首之间，名之为"百家"，实则多达 108 家，从体例上看它是一种介于选集与汇刻之间的词集汇刻。据《名家词钞序》可知，曾

① 黄克《重印瑶华集序》，《瑶华集》，第 2 页。
② 蒋景祁编《瑶华集》"刻瑶华集述"，第 1 页。
③ 蒋景祁编《瑶华集》"刻瑶华集述"，第 2 页。

王孙曾从周筼、朱彝尊诸公往来，"窃窥词学之藩篱，间与考古论今"，但在选词过程中却能超越门户之见，力图做到"汇集海内之词华，表章艺林之骚雅"，"以鸣一代之盛而定千秋之业"①。"《百名家词》，依集录词，量甚大，虽人数不及《瑶华集》，而顺康一时名家，皆已网罗在内。"②所以，严迪昌也说，这是一部最能反映康熙中期以前"英才怒生、作者林立"的词人蔚起盛况的总集。③

随着陈维崧等由明入清之大家的相继离世，王士禛、朱彝尊、查慎行等不再为词，清词发展到康熙中后期渐趋衰落。"自邹、彭、王、宋、曹、陈、丁、徐，以及浙西六家后，为者寥寥，论者亦寡。行见倚声一道，讹谬相沿，渐紊而渐熄矣。"④直到康熙末年厉鹗、郑燮、史承谦等登上词坛，清词才明显有了起色。特别是在厉鹗的引领下，杭州、扬州、沽上等地词人唱和之风大盛，以至形成了"家白石而户玉田"的创作风气。虽然在阳羡、镇洋、西北等地也有特色鲜明的诗社和词社存在，但是当时大江南北基本为浙派词风所笼罩，嘉庆年间更有王昶成为主盟浙派的词坛领袖。他不但引领词坛宗法南宋，而且通过编选大型文献如《湖海文传》《湖海诗传》等，总结有清一代文学创作成就，在词的方面则有《琴画楼词钞》《国朝词综》《国朝词综二集》等。

先说王昶之前出现的两部总结清词创作成就的大型选本——姚阶《国朝词雅》和蒋重光《昭代词选》。《国朝词雅》凡二十四卷，由姚阶初辑于乾隆四十五年（1780），但未及完稿，后其友张春远、汪秋白续成此稿，刊刻于嘉庆三年（1798），王昶为之序。该书共录清初以来百余年间词人492家，其中选录较多的是朱彝尊51首、钱芳标45首、陈维崧44首，超过30首的有曹贞吉、李符、顾贞观、周稚廉、黄之隽、吴绮、赵文哲等。第二十四卷为闺秀、方外、女尼、妓、无名氏等。王昶说："（《词雅》）宗宋而祧明，辑百余年来诸家之作，以续竹垞之后，其功甚伟。"⑤表明它接续的是朱彝尊《词综》的编

① 曾王孙《名家词钞序》，《名家词钞》，《四库全书存目丛书补编》，第45册第503页。

② 李一氓《清康熙本瑶华集》，《一氓题跋》，第191页。

③ 严迪昌《清词史》，第299页。

④ 田同之《西圃词说》"自序"，《词话丛编》，第2册第1443页。

⑤ 王昶《姚莐汀〈词雅〉序》，《春融堂集》卷四一，第740页。

纂传统。但是，作为声名未显的寒微之士，姚阶交游不广，所选以乡邦词人为主，对一些不显于世的人士较多关怀，表露出一定的存人存词倾向。施蛰存说："所得皆三吴两浙词家之作，而乡人之词，采撷特多。"①《昭代词选》刊刻于乾隆三十二年（1767），也是一部辑录清词的"当代"选本。全书凡三十八卷，顺治朝六卷，81人；康熙朝十八卷，270人；雍正朝二卷，28人；乾隆朝（止于乾隆三十二年）十卷，122人；另列闺秀名妓一卷，词僧、羽衣及女尼一卷，合为73人。前后约124年574人的作品。编者自述是书最初编纂动机有二。一是有感于蒋景祁《瑶华集》已过去60余年，而在此前编纂成书的夏秉衡《清绮轩词选》，对《瑶华集》之后的作品只是"稍稍采掇"，"法曲仙音，久恐零落"。二是乾隆一朝尽管作者众多，但正如赵怀玉所说："今之作者，非过为亢激，则失之淫靡，又音节多弗谐，胥失词之本旨。"②特别是作风婉媚乃填词者易犯之常病，蒋氏自称"惧艳词之或涉于淫，于是选防闲惟力"，"校其体之合，择其言之精，以成是书"③。但是，编选者在操持选词过程中也不全以雅为尚，也就是说该书在一定程度上体现了存人存词的意图。以具体作家而论，入选数量较多的词人有陈维崧191首，朱彝尊172首，纳兰性德101首，尤侗74首，吴绮72首，顾贞观68首，王策65首，丁澎51首，沈谦50首，王士禛47首，王时翔42首，李符41首，毛先舒41首，彭孙遹39首，张台柱32首，黄之隽31首，万树25首，杜诏25首。从这个数目清单看，编者基本上是尊重清初词坛创作实际的，既突出了陈维崧、朱彝尊、纳兰性德在词坛的主导地位，又兼顾到清初各词派的主要作家，如浙派的李符、阳羡派的万树及不入派的王士禛、顾贞观、尤侗、王时翔等。当然，有一点应该指出，编者以儒家"孝忠之道"作为辑录标准，故没有收录吴伟业、龚鼎孳、曹溶、梁清标等所谓"贰臣"词人的作品，从反映词史的发展历程来看，作为一部总结清词创作经验的大型选本，这部书毕竟是不完备的。诚如谢章铤所说："其说甚正，然谭艺非讲学比也。诸公在国初实开宗风，不独提倡之功不可忘，而流派

---

① 施蛰存《北山楼词话·历代词选集叙录》，第163页。

② 赵怀玉《花间集序》，《亦有生斋集》卷二，清嘉庆二十年至道光元年刊本。

③ 蒋重光选辑《昭代词选》，清乾隆三十二年刻本。

之考更不可没。……进退之间，动多窒碍，乃知高论，非通例也。"①

《国朝词综》《国朝词综二集》是由王昶主持编选的"清词"选本，他有感于朱彝尊《词综》选辑历代词止于元，故有志于续成朱氏未竟之事业，先后编成《明词综》《国朝词综》《国朝词综二集》三书，与朱彝尊《词综》一起合为历代"词综"系列。

《国朝词综》凡四十八卷，刊刻于嘉庆七年（1802）。选录范围为起自清初顺治、迄于编者同代已故之作者，大约150年间的词。王昶自称："余弱冠后与海内词人游，始为倚声之学，以南宋为宗，相与上下其议论，因各出所著，并有以国初以来词集见示者，计四五十年中所积既多，归田后恐其散佚湮没，遂取已逝者择而抄之，为《国朝词综》四十八卷。……至选词大旨，一如竹垞太史所云，故续刻于《词综》之后。"②《国朝词综二集》则专录编者朋辈及年齿较晚者之词，编者从孙王绍成嘉庆八年（1803）序称："前集四十八卷所收自顺治至同时词人之已故者。书成之后，犹有现存朋游二三十家并零章小集，填溢箧衍。绍成因请于先生，择其尤者编成二集八卷，合刻以传。"③这两部选本的缺点是以朱彝尊宗南宋为标准，遗漏了大量质量上乘却与其旨趣不合的作品，但在存人存词、网罗遗佚、保存文献方面还是有重要贡献的。此外，由王昶编刻的《琴画楼词钞》也值得一提，这是一部类似于清初《百名家词钞》的清中叶词抄本，凡二十五种二十五卷，刊刻于乾隆四十三年（1778），收录张梁、厉鹗、陆培、张四科、陈章、朱方蔼、王又曾、吴烺、汪士通、吴泰来、江昱、储秘书、赵文哲、张熙纯、陆文蔚、过春山、朱昂、江立、朱泽生、吴元润、王初桐、宋维藩、吴锡麒、吴蔚光、杨芳灿等二十五人词。这些作者多是王昶词友，论词旨趣亦与王昶相近，"此其人皆嗜古好奇，性情萧旷，与余称江湖旧侣者。其守律也严，取材也雅，盖白石、玉田、碧山之继别。……而五十年间词家略备于此"④。

---

① 谢章铤《赌棋山庄词话》卷八，《词话丛编》，第4册第3428页。
② 王昶《〈国朝词综〉自序》，《春融堂集》卷四一，第742~743页。
③ 王绍成《国朝词综二集序》，王昶纂《国朝词综二集》，《四部备要》，第97册。
④ 王昶《〈琴画楼词钞〉自序》，《春融堂集》卷四一，第741页。

由王昶发扬朱彝尊《词综》的编选体例，先后辑成"词综"系列的做法，对嘉庆以后词选的编纂产生了深远的影响。如黄燮清《国朝词综续编》二十四卷，就是接承王昶《国朝词综》而来的"国朝"词选，它刊行于同治十二年（1873），前有潘曾莹、张炳堃、胡丹凤、诸可宝四家序。关于它的编选宗旨，潘序称："是编所录，悉以雅丽蕴藉为准，求合乎无邪之旨。"① 但实际上宗旨已有变化，即不再着力张扬浙派的"醇厚""雅正"，而把"存人存词"放在更重要的位置。张序谓："其姓氏已载前编者，概不复列。有补人而无补词，得五百八十六家，凡二十有四卷。甄录澄汰，一踵前规，以继侍郎（王昶）者继检讨（朱彝尊），遂以集千古词学之大成。"② 第一卷所录皆为《国朝词综》未收嘉庆以前之作者，其他则为王昶之后嘉庆至咸丰年间之作者。当时还有丁绍仪《国朝词综补》五十八卷，续编十八卷，据编者所撰"例言"可知，是编原为续补《国朝词综》所未及，已见王昶《国朝词综》初二集者"概不复收"，嘉庆以前为补编，以后为续编，后见黄燮清刊有《国朝词综续编》，遂将辑存各家与之重复者悉行删汰，统名之为"补"。编者自述其编选是书之动机，是有感《国朝词综》所收年代止于嘉庆初年，从那时到他编《国朝词综补》的咸丰时期已逾六十余年。"窃念词多单本，最易散佚，自经兵燹，毁失尤多。故于二十年前，废弃无聊，即拟搜罗续补。"它上起顺治，凡得词人1300余家，最后成此七十余卷之巨帙。虽然亦名之为《词综》，但已脱离了朱彝尊当时编选《词综》之初衷，其甄录标准则主要是以存人存词为主。编者称是选："综一代人词而荟纂之，或以人存，或以词存，或以所咏之事存，或以调僻而存。苟无疵颣，即应甄录，以待后人简择。非若选家宜别宗派，撷清华，严于去取，庶足以昭轨式。"③

从王昶《国朝词综》到黄燮清、丁绍仪的各式《国朝词综》，构成了一个完整的"清词综"系列，2006年10月国家图书馆出版社曾将这三部选本合刻为《清词综》，由这个"清词综"系列可以看出有清一代词史的大致变迁及创

---

① 潘曾莹《国朝词综续编序》，黄燮清编纂《国朝词综续编》，《四部备要》，第97册。

② 张炳堃《国朝词综续编序》，《国朝词综续编》，《四部备要》，第97册。

③ 丁绍仪辑《清词综补》"例言"，中华书局1986年版，第1页。

作风尚的变化。

光绪初年，由谭献编纂的《箧中词》是清末最为重要的清词选本，这是一部以"比兴寄托""意内言外"观念编选而成的弘扬常州派家法的选本。谭献谈到自己编纂是书之初衷，就是因为不满于王昶《国朝词综》给嘉道词坛造成的不良影响，故而立志编选一部能反映清词全貌的选本，于是经过二十多年的穷搜博集和辨源析流，终于在光绪四年（1878）编成这部被视为"金科玉律"的清词选——《箧中词》。他说：

> 阅王氏《词综》四十八卷，二集八卷。王侍郎去取之旨，本之朱锡鬯，而鲜妍修饰，徒拾南渡之沈，以石帚、玉田为极轨，不独珠玉、六一、淮海、清真为绝响，即中仙、梦窗深处，全未窥见。予欲撰《箧中词》，以衍张茗柯、周介存之学。①

尽管如此，谭献的眼界还是比较开阔的，而不局限于一宗一派的"家法"。"凡是清代词坛的名家名作，以至某些地位不高的无名词人以及女词人的优秀作品，他都尽可能搜罗入选。全书一共收录从顺康到当代的三百七十多位词人的作品近一千篇，清词中那些内容充实、感情真挚、艺术完美、风格独特的作品，大体都被包罗在内。"②《箧中词》正集六卷续集四卷，正集前五卷，起自清初吴伟业、熊文举、龚鼎孳，止于同时之张鸣珂、庄棫、冯煦，入选词人212家，入选数量较多的有纳兰性德25首、钱芳标10首、朱彝尊18首、陈维崧9首、厉鹗18首、吴翌凤8首、张惠言10首、周济10首、项鸿祚21首、蒋春霖23首、庄棫12首、冯煦8首、张景祁9首，从这里可看出，编者比较重视浙、常两派和所谓"清词三大家"，当然受"折衷柔厚"观念的限制，他对作风豪迈奔放的陈维崧之作选录较少，但总的来说还是比较真实地反映了清词全貌的。

通观自清初到晚清的各种选本，大致能看出清词的演进历程，特别是在

---

① 范旭仑、牟晓朋整理《谭献日记》卷三，第65页。
② 谭献辑，罗仲鼎校点《清词一千首：箧中词》"前言"，第9页。

嘉庆以后编选的《国朝词综》系列及谭献《箧中词》，更能真实地呈现清词发展的历史全貌。

二、词史的演进与词派的流弊

一般说来，对于清代词史演进的考察，词派是一个比较重要的切入角度。一部清词史其实就是不同词派迭相兴起并不断推进的过程，从明末开始出现的云间派，到清初影响较大的阳羡派和浙西派，再到嘉庆年间才开始形成的常州词派，而后是浙西派之余脉与常州派之后劲并行发展又相互渗透，直至晚清出现融汇两派之长的"清末四大词人"。清词的发展正是在不断反思过程中逐步推进的，当一个新的流派即将兴起，它往往会对其时词坛的发展现状展开反思，或是总结经验，或是指斥时弊，从而为词坛的进一步发展铺平道路。

在清初词坛，影响最大的当推以陈子龙为领袖的云间派，对于云间派的批评也是清初诸词派的重要议题。一方面，他们肯定云间派转变词风的意义，或曰："夫词自宋元以后，明三百年无擅场者。……至于崇祯之末，始具其体。"[①] 或曰："昔天下历三百载，此道几属荆榛，迨云间有一二公，斯世重知《花》《草》。"[②] 另一方面，也指出云间派唯《花间集》为尚存在的不足，或曰："近人诗余，云间独盛。然能作景语，不能作情语。"[③] 或曰："云间数公论诗拘格律，崇神韵。然拘于方幅，泥于时代，不免为识者所少。其于词，亦不欲涉南宋一笔，佳处在此，短处亦坐此。"[④]

然而，云间派的流弊不只是专作景语或摒除南宋的问题，而是始终将古人横亘于胸中，妨碍着作者对性情的直接抒发。所以，清初对云间派后期词人论词只取晚唐五代深表不满，从文学发展的角度反驳说："废宋词而宗唐，废唐诗而宗汉魏，废唐宋大家之文而宗秦汉，然则古今文章，一画足矣，不必三坟八索至六经三史，不几几赘疣乎。"[⑤] "云间诸公，论诗宗初盛，论词宗北

---

① 朱彝尊《〈水村琴趣〉序》，《曝书亭集》卷四〇，《曝书亭全集》，第 456 页。
② 吴绮《钱葆馚湘瑟词序》，钱芳标《湘瑟词》，清康熙刻本。
③ 彭孙遹《金粟词话》，《词话丛编》，第 1 册第 724 页。
④ 王士禛《花草蒙拾》，《词话丛编》，第 1 册第 685 页。
⑤ 王士禛《花草蒙拾》，《词话丛编》，第 1 册第 686 页。

宋，此其能合而不能离也。夫离而得合，乃为大家。若优孟衣冠，天壤间只生古人已足，何用有我。"① 受这样的时代风气影响，像早年师事于陈子龙的毛先舒、陈维崧等，前期论词大都标榜五代北宋，但在后期便放弃了前期的复古论调，反对文学创作拘泥于某家某派，指出："今人论文，每云某家某派某格某调。不知古人始即临抚，终期脱化，遗筌舍筏，掉臂独行，盘薄之余，亦不知其所从出。"认为作者创作是为了表达性情，切不可受表达形式的束缚，"文字以精神所至为主，而格律故不可尽拘也。"② 主张 "别裁伪体，直举天怀；纬昔事以今情，传新声于古意；绝无依傍，略少抚摹"③，并批评当今词坛 "向豪苏腻柳寻蓝本"的模仿习气，极力推崇 "虞卿坎坷，韩非孤愤"这样直抒性情的作风④，扬弃了云间派崇尚五代北宋的复古观念。

到康熙末年，浙西词派已然稳坐词坛盟主的位置，一方面是因为它倡导的 "清雅醇厚"的审美主张，迎合了当时统治者的审美趣味，另一方面则是因为有厉鹗等为代表的中期浙派词人的鼓吹和弘扬，正如储国钧所说："彼浙西之词，不过一人唱之，三四人和之，浸淫遍及大江南北。"⑤ 在对浙西派的认识和评价上，雍正、乾隆词坛是存在着分歧的，有的积极肯定浙派的功绩，这主要是浙派的追随者，如陈皋说："国初以来，江左言词者，无不以迦陵为宗，家娴户习，一时称盛，然犹有《草堂》之余。自《浙西六家词》出，瓣香南宋，另开生面，风气一易。于是四方承学之士，从风附响，知所指归。"⑥ 有的则认为浙派在创作上存在 "抄撮堆砌"之弊，在影响上则是 "人守其说，固结于中，而不可解"，如储国钧虽承认浙西词派是当时影响最大的词派，但认为浙派对雍乾词坛的衰弱不振负有不可推卸的责任。他指出："自《花间》《草堂》之集盛行，而词之弊已极，明三百年直谓之无词可也。我朝诸前辈起而振兴之，真面目始出。顾或者恐后生复蹈故辙，于是标白石为第一，以刻削峭

---

① 田同之《西圃词说》，《词话丛编》，第 2 册第 1453 页。
② 毛先舒《答孙无言书》，《潠书》卷七，《四库全书存目丛书》，集部第 210 册第 738 页。
③ 陈维崧《胡二斋拟古乐府序》，《陈迦陵俪体文集》卷七，《陈维崧集》，第 400 页。
④ 陈维崧《贺新郎·题曹实庵〈珂雪词〉》，《迦陵词全集》卷二八，《陈维崧集》，第 1568 页。
⑤ 储国钧《小眠斋词序》，《史承谦词新释辑评》，第 430 页。
⑥ 陈皋《押帘词序》，查为仁《蔗塘未定稿》，清乾隆精刻本。

洁为贵。不善学之，竟为涩体，务安难字。卒之抄撮堆砌，其音节顿挫之妙荡然，欲洗花草陋习，反堕浙西成派，谓非矫枉之过欤？"①值得注意的是浙派中期领袖厉鹗，一方面积极肯定"浙西六家"的尊体之功，另一方面也注意到浙西六家"流韵少替"的客观现实。他说："自朱竹垞太史尊其（词）源，李秋锦（良年）、魏水村（坤）诸公和之；而柘上二沈，同姓著称，南淳（沈岸登）以秀澹胜，融谷（沈皞日）以婉约胜，于时一篇始出，四方传唱，敏若风雨，虽茶檐酒帜、井眉椒壁间，伟男髫女，皆有道其名字。二十年来，遂无继声者。"②所谓"二十年来，遂无继声者"，指的是从康熙末到乾隆初这二十年时间，浙派的追随者"剽拟太过，尚雕缋而乏自然，遂成涩体"③，这说明厉鹗已认识到浙派自身的不足，他提出的救弊良方是以"清幽深秀"来挽救"枯涩"，这也启迪着后来者吴锡麒、郭麐去寻找新的救弊"良方"。

吴锡麒对于浙派及阳羡派的创作流弊皆有体认，认为浙派有"过涉冥搜"之弊，阳羡派亦有"全矜豪上"之失。他说："词之派有二：一则幽微要眇之音，宛转缠绵之致，夐虚响于弦外，标隽旨于味先，姜史其渊源也，本朝竹垞继之，至吾杭樊榭，而其道盛。一则慷慨激昂之气，纵横跌宕之才，抗秋风以奏怀，代古人而贡愤，苏辛其圭臬也，本朝迦陵振之，至吾友瘦铜而其格尊。然而过涉冥搜，则缥缈而无附；全矜豪上，则流荡而忘归。性情不居，翩其反矣。是惟约精心而密运，耸健骨以高骞。而又谐以中声，调之穆羽，乃能穷笛家之胜，发琴旨之微。飘飘乎如遗世独立之仙，浩浩乎有御风而行之乐。一陶并铸，双峡分流，情貌无遗，正变斯备。"④他所处的时代正当浙西与阳羡两派笼罩词坛，浙西派因过分追求清空，出现"过涉冥搜，缥缈无附"之弊，阳羡派又因过于粗豪直露，导致"全矜豪上，流荡忘归"的不足，所以吴锡麒起而提出"一陶并铸""正变斯备"的主张，扬两派之长，克二者之弊。

郭麐对清词特别是浙派所作的反思表现在两个方面。一方面，他肯定了

---

① 储国钧《小眠斋词序》，《史承谦词新释辑评》，第 430 页。
② 厉鹗《张今涪红螺词序》，《樊榭山房集》文集卷四，第 753 页。
③ 厉鹗《半缘词跋》，《半缘词》，清乾隆五年砚北诗草刊本。
④ 吴锡麒《董琴南楚香山馆词钞序》，《有正味斋骈体文笺》卷八，清道光二十五年刻本。

浙派恢复南宋雅正词统的重要意义，认为："自金风亭长《词综》之出，而倚声者知所趋向，小令非南唐、北宋，慢词非南宋不道也。"另一方面，他又认为南宋词"掩抑屈折"中有其"微旨"，今人必须有自己的生活体验才能了解古人词，必须有与古人相当的心思才力，抒写自己的胸襟，才能称为"作者"。但是今之所谓"作者"往往借"立意"或"守律"文饰其过，"其有谓当以忠孝立意而流连光景者不足与，或又谓必其声调合乎大晟之谱，皆谬论也，过为高论以文其揜陋庸鄙者也"①。他对朱彝尊的后继者厉鹗更是批评多于肯定。在当时，凌廷堪称"词以南宋为极能，继之者竹垞。至厉樊榭则更极其工，后来居上"②。郭麐对凌氏之论颇不以为然，指出："竹垞小令固佳，即长调纡余宕往，中有藻华艳耀之奇，斯为极至。……大抵樊榭之词，专学姜、张，竹垞则兼收众体也。"③他认为厉鹗唯学姜、张，朱彝尊则能博采兼收两宋之众长，也就是说厉鹗的胸襟不如朱彝尊开阔，更重要的是厉鹗偏嗜清空的这一倾向给后来学姜、张者带来不良的影响："国初之最工者，莫如朱竹垞，沿而工者，莫如厉樊榭。樊榭之词，其往复自道，不及竹垞。清微幽渺，间或过之。白石、玉田之旨，竹垞开之，樊榭浚而深之。故浙之为词者，有薄而无浮，有浅而无亵，有意不逮而无涂泽嚣嚣之习，亦樊榭之教然也。"④这表明厉鹗发展了浙派的幽微，造成后期浙派无浮亵而立意浅薄、有意不足而无涂饰粉泽之病。

从郭麐对朱彝尊、厉鹗的评价看，他的论述大致符合两人创作实际，进而他对浙派末流的创作作了反思，认为他们创作之流弊是"多为可解不可解之语"：

> 倚声家以姜、张为宗，是矣。然必得其胸中所欲言之意，与其不能尽言之意，而后缠绵委折，如往而复，皆有一唱三叹之致。近人莫不宗法雅词，厌弃浮艳，然多为可解不可解之语，借

① 郭麐《桃花潭水词序》，《灵芬馆杂著三编》卷四，《清代诗文集汇编》，第485册第529页。
② 张其锦《梅边吹笛谱跋》，《梅边吹笛谱》，《清名家词》。
③ 郭麐《灵芬馆词话》卷一，《词话丛编》，第2册第1509页。
④ 郭麐《梦绿庵词序》，《灵芬馆杂著》卷二，《清代诗文集汇编》，第485册第410页。

面裝头，口吟舌言，令人求其意旨而不得，此何为者耶？昔人以"鼠空鸟即"为诗妖，若此者，亦词妖也。[1]

郭麐认为词当"曲折以达意"，而今人填词专事模拟姜、张之形式，而故作隐晦，为可解不可解之词，没有真情实意，实为"词妖"。他说："今时辈流，嘐然自异，必求分刌节度，无不合于姜、张，非是虽工不足与于此事。吾不知其果能悉合与否？即悉合其律度而言之不工，吾又不知古人肯引为同调赏音否也？"[2]又说："后之学者，徒仿佛其音节，刻画其规模，浮游惝恍，貌若玄远，试为切而按之，性灵不存，寄托无有，若猿吟于峡，蝉嘒于柳，凄楚抑扬，疑若可听，问其何语，卒不能明。"[3]这两段话直斥浙派之末流，分分寸寸，模拟姜张词的音节外貌，"性灵不存，寄托无有"。这种种缺点也说明浙派学姜、张已无发展前途，词坛到了非变不可的地步，常州词派代之而起已是必然。

嘉庆以后，常州派迅速崛起，影响渐广，这一词派就是因为不满当时词坛存在的种种弊端而兴起的。张惠言《词选叙》云："自宋之亡而正声绝，元之末而规矩隳，以至于今，四百余年，作者十数，谅其所是，互有繁变，皆可谓安蔽乖方，迷不知门户者也。"这里所说的"安蔽乖方"指的是什么？其实，就是叙文中所说的"或跌荡靡丽，杂以昌狂俳优"，以及"荡而不反，傲而不理，枝而不物"[4]。他的这段话讲得比较含蓄，没有直接批评"当代"的作者，其弟子金应珪对他的思想作了进一步的阐述，《词选后序》云：

> 近世为词，厥有三蔽：义非宋玉，而独赋蓬发；谏谢淳于，而唯陈履舄。揣摩床笫，污秽中冓，是谓淫词。其蔽一也。猛起奋末，分言析字，诙嘲则俳优之末流，叫啸则市侩之盛气；此犹

---

① 郭麐《灵芬馆词话》卷二，《词话丛编》，第 2 册第 1524 页。

② 郭麐《桐花阁词序》，《灵芬馆杂著三编》卷五，《清代诗文集汇编》，第 485 册第 539 页。

③ 郭麐《梅边笛谱序》，《灵芬馆杂著续编》卷二，《清代诗文集汇编》，第 485 册第 456 页。

④ 张惠言编选《词选》"词选叙"，第 1~2 页。

巴人振喉以和阳春，鼃蝇怒嗌以调疏越，是谓鄙词。其蔽二也。
规模物类，依托歌舞，哀乐不衷其性，虑叹无与乎情，连章累
篇，义不出乎花鸟；感物指事，理不外乎酬应。虽既雅而不艳，
斯有句而无章，是谓游词。其蔽三也。……今欲塞其歧途，必且
严其科律，此《词选》之所以止于一百十六首也。①

序中所说"三蔽"当是张惠言教授词时耳提面命之言，《词选叙》中所言
"跌荡靡丽"即金氏所谓淫，"昌狂俳优"即金氏所谓鄙，"荡而不反，傲而不
理，枝而不物"大体属于游词之类。"荡而不反"即辞浮，"傲而不理"即辞骄
矜，"枝而不物"即辞分散，如"七宝楼台，碎拆下来，不成片段"之类。后
来谢章铤分析金应珪这段话说："一蔽是学周、柳之末派也。二蔽是学苏、辛
之末派也。三蔽是学姜、史之末派也。皋文《词选》，诚足救此三蔽。其大旨
在于有寄托，能蕴藉，是固倚声家之金针也。"② 张、金二氏确实指出当时词
坛学周、柳，苏、辛，姜、史末流之弊，涉及广陵、阳羡、浙西等派别的弊
端，张惠言《词选》正是为了改变这种局面，示学者以正鹄，指导他们走风雅
正轨。

很显然，金应珪所说是站在常州派立场来审视有清一代词史的，因为派
别立场的局限性，自然造成他对自身流派存在问题认识的不足。如何才能公
正客观地评价在清代影响最大的两大词派呢？这就要摆脱批评者自身的派别立
场，就是说唯有派外的学者才能体现出其批评的公正性，莫友芝即这样一位对
浙派和常州派功过得失作出相对客观评价的学者。他说："窃论近日海内言词，
率有三病：质犷于藏园（蒋士铨），气实于谷人（吴锡麒），骨孱于频伽（郭
麐）。其偶然不囿于习气而溯流正宗者，又有三病：专淮海而廓，师清真而靡，
服梅溪而佻。故尧章骚雅，画断众流，未有不摛粗遗精，随波忘返者也。"③
前"三病"是批评阳羡（蒋士铨词风近于阳羡）、浙西（吴锡麒、郭麐师法南

① 金应珪《词选后序》，《词话丛编》，第 2 册第 1618~1619 页。
② 谢章铤《赌棋山庄词话》续编卷一，《词话丛编》，第 4 册第 3485~3486 页。
③ 莫友芝《莳烟亭词草序》，《郘亭遗文》卷二，清同治五年刻本。

宋）两派之失，后"三病"主要是批评常州派追随者的创作过失。在莫友芝看来，常州派提出"意内言外"的创作主张，对提高词体的地位的确发挥了积极的作用，但也往往成为某些人文饰其过失的"口实"。他说："嘉道以来，斯道大畅，几于人《金荃》而户《浣花》。然或意随言竭，则浅而寡蕴；音逐情靡，又荡而不归。其贮兴也风舒，其审味也水别，其引喻不出乎美人香草，而古今升降、事物变态，罔不可以掇诸言意之表，荡湮郁而理性情。"①在常州派风行大江南北的情势下，莫友芝敢于逆流而上，对常州派的流弊提出批评，体现出一种过人的胆识和超越时代的宏阔眼光。

在莫友芝之后，较为客观评价浙、常两派得失的是谢章铤。谢章铤生活于浙派已衰、常州派正盛之际，论词不免受张惠言思想的影响，主张词以立意为本、协律为末，但他对浙派也并非一味骂倒，而是积极肯定朱彝尊《词综》以雅为宗，使词不失于俚，在转变明末清初淫靡词风方面的重要意义。他说："浙西之词，以小长芦钓师（朱彝尊）为职志，其生平减偷（减字偷声，代指词）宗旨，备见于《自题词集》之中。以彼飘零桑海，萧索高门，夜别酒徒，朝瞻兵气，此何景邪？舟唇马背，水曲山椒，北风凄其吹人，饥乌昏而啄屋，此何地邪？引商刻羽，其第求派别邪，其第美音节邪？夫固有迫之于初，干之于内者矣。"②这里提到的"自题词集"，即《江湖载酒集》中《解佩令·自题词集》，谢章铤对朱彝尊词的分析是符合其创作实际的。但是，他认为浙派末流学朱、厉往往不能得其真髓："自浙派盛行，大抵挹流忘原，弃实佩华，强者叫呶，弱者涂泽；高者单薄，下者淫猥；不攻意，不治气，不立格。而咏物一途，搜索芜杂，漫无寄托，点鬼之簿，令人生厌。呜呼，其盛也，斯其衰也！然岂知竹垞、樊榭之所以挺持百辈，掉鞅词坛，在寄意遥深，不在用事生涩。舍其闲情逸韵而师其襞积，学者何取焉求？"③

在谢章铤生活的同治、光绪年间，常州派已影响大江南北，谢章铤却表

① 莫友芝《香草词序》，《邵亭遗文》卷二，清同治五年刻本。
② 谢章铤《张玉珊寒松阁词序》，《赌棋山庄文集》续编卷一，《谢章铤集》，第85页。
③ 谢章铤《张惠言词选跋》，《赌棋山庄文集》卷二，《谢章铤集》，第14页。

示"仆之论词颇与时派（指常州派）不同，甚不欲其汩没于黄茅白苇中耳"。①
这使得他对常州派的得失，比其他派内作者看得更清楚。一方面，他称张惠
言《词选》是"词家正法眼之作"，"读皋文此选，则词不入于浅。且使天下不
敢轻易言词，而用心精求于六义。皋文之有功于词，岂不伟哉？"②《词选》意
义在于拯救当时词坛的游词、俚词、鄙词"三弊"，从这个角度讲《词选》"是
固倚声家之金针也"。他还认为《词选》所附常州词人之作，"其题多咏物，其
言率有寄托。相其微意，殆为朱、厉末派馊饤涂泽者别开真面，将欲为词中之
铮铮佼佼者乎"③。另一方面，他也看到张惠言说词讲求微言大义乃强作解事。
"杜少陵虽不忘君国，韩东郎虽乃心唐室，而必谓其诗字字有隐衷，语语有微
辞，辩议纷然，亦未免强作解事。若必以此法求之于词，则夫酒场歌板，流连
光景，保无即事之篇、漫兴之作，而不必与之庄论者乎？"④他认为常州派论
词重比兴寄托，是正确的，然又不可泥于此说。"皋文之论词，以有怀抱有寄
托为归，将以力挽淫艳猥琐、虚枵叫呶之末习，其用意远矣。虽然，词以温尉
为大宗，温尉之诗靡靡，以彼怀抱较之李、杜，不待智者而知其不似也，而谓
其词皆退稽隐讽，字字有着落，或不然矣。诗三百，一言以蔽曰：思无邪。说
者谓诗不尽无邪，而能以无邪之思读之，则无邪矣。吾谓词不尽有托，而能以
有托之心读之，则有托矣。是故皋文以寄托论词，山阳潘四农以人品论诗，皆
诚为能尊诗词之体者，作家虽不必拘其说，要不可不闻其说也。"⑤

正是因为能反思浙派和常州派的创作流弊，谢章铤才能提出符合文学创
作规律的理论主张，对清词史上出现的众多词派作出合理的评价。他说："国
初诸老奋兴，宗唐祖宋，词学固为最盛，复古不已，继以审音，持论愈精，用
功愈密矣。然渐流渐衰矣，耳食之徒，或袭其貌而不究其心，音节虽具，神理
全非。题目概无关系，语言绝少性情，未及终篇，废然思返。……其时之素
谙声律者如藏园、梦楼诸公，其词又未尝不摆脱一切，言所欲言，乃知诗词同

---

① 谢章铤《答黎生》，《赌棋山庄文集》续编卷二，《谢章铤集》，第 93 页。

② 谢章铤《张惠言词选跋》，《赌棋山庄文集》卷二，《谢章铤集》，第 14 页。

③ 谢章铤《赌棋山庄词话》续编卷一，《词话丛编》，第 4 册第 3484 页。

④ 谢章铤《张惠言词选跋》，《赌棋山庄文集》卷二，《谢章铤集》，第 14 页。

⑤ 谢章铤《跋周氏词辨二卷》，《赌棋山庄文辑佚》，《谢章铤集》，第 182 页。

源。"^① 他不满于浙派以咏物为能事，缺乏主体的内在情思，指出："至今日浙派盛行，专以咏物为能事，胪列故实，铺张鄙谚，词之真种子殆将湮没，不知诗词异其体调，不异其性情，诗无性情，不可谓诗，岂词独可以配黄俪白，摹风捉月了之乎？"^② "至今日词学所误，在局于姜、史，斤斤字句气体之间，不敢拈大题目，出大意义，一若词之分量不得不如是者，其立意盖已卑矣，而奚暇论及声调哉？"^③ 所谓"拈大题目，出大意义"，是指关涉现实民生的内容，是出自作者生活的激发。词向被视为小道，其题材（"词量"）也多局限于"尊前惜别，花底谈心"，所以谢章铤主张适当拓展词的表现范围："自唐以来，词人日兴而词量则犹未尽。夫曲为词之余，乃传奇，诸作佳者纪事言情，外可考世运之盛衰，内足验人物之邪正，而词反靡靡焉。即素讲宗派，亦止争格调声律之幽眇。古云诗史，岂词毫不足以庀史耶？故曰未尽也。"^④ 他认为词应该突破传统的感怀、咏物和言情的题材范围，要像诗一样去表现更为广泛的现实生活。

从清初王士禛、毛先舒等对云间派的批评，到厉鹗、吴锡麒、郭麐对浙派自身创作的反思，再到莫友芝、谢章铤对浙派、常州派创作得失的论述，可以看出清词史的发展是经过一代又一代词人努力之结果，也是清代词学经过近三百年发展越来越兴盛的原因。

三、理论的反思与词史的定位

通过考察大型词集的编纂和重要词派的批评，可以发现清代词坛有一股浓厚的"反思"意识。这种"反思"着眼于推动词坛的发展和进步，通过总集的编纂以总结经验，通过词派的批评以指出症结，进而对于词史发展的内在规律形成比较独到的认识。

在检讨浙、常两派功过得失之外，描述清词之流变，总结词史之规律，

---

① 谢章铤《与黄子寿论词书》，《赌棋山庄文集》卷五，《谢章铤集》，第 49 页。
② 谢章铤《赌棋山庄词话》卷五，《词话丛编》，第 4 册第 3387 页。
③ 谢章铤《赌棋山庄词话》卷八，《词话丛编》，第 4 册第 3423 页。
④ 谢章铤《〈眠琴小筑词〉序》，《赌棋山庄词话校注》，第 437～438 页。

是晚清词学的重要议题。大致说来，当时对于清词史的认识有两种看法：一种是陈廷焯的"五盛"说，一种张德瀛的"三变说"，他们生活的年代已是19世纪末20世纪初，清词的发展进入了它的尾声，因此他们对清词史发展规律的总结具有了一种"定性"的意义。

陈廷焯所谓"五盛"说，是把词史复盛于清划分为五个阶段。第一阶段是在清初康熙年间，以陈维崧、朱彝尊为代表；第二阶段是在乾隆初年，以厉鹗为代表；第三阶段是在乾隆中叶，以郑燮、陈章、史承谦为代表；第四阶段是在乾隆末年，以"吴中七子"为代表；第五阶段是在嘉庆年间，以吴锡麒、郭麐为代表。但这种分期时限是止于嘉庆以前，对于嘉庆以后之百年词坛则未能纳入讨论的范围，而且这样的划分方式主要是以时代的先后为序，再加上一些代表词人，未能反映出词史发展的内在规律。相对说来，张德瀛的"三变说"更为合理。他说："愚谓本朝词亦有三变：国初陈、朱角立，有曹实庵、成容若、顾梁汾、梁棠村、李秋锦诸人以羽翼之，尽祛有明积弊，此一变也。樊榭崛起，约情敛体，世称大宗，此二变也。茗柯开山采铜，创常州一派，又得恽子居、李申耆诸人以衍其绪，此三变也。"[①]这里既注意到时间的发展顺序，又兼顾清代不同时期词风的变化，特别是以"变"来突出词坛大家的历史贡献，这一分期方式更为符合清词发展的实际。胡薇元亦提出类似"三变"说的"三期"说，他说："清初词人，如吴骏公、梁玉立、龚孝升、曹洁躬、陈其年、朱竹垞、严荪友诸家，词采精善，美不胜收。中间先征君稚威、吴谷人、洪北江、钱晓征，均称后劲。嘉道以来，则以龚定庵、恽子居、张皋文辈为足继雅音也。"[②]他虽没有明言"三期"，但以"清初""中间""嘉道以来"作为三个时段，显然是把清词史划为清初、中期和晚清三个时期。另外，陈廷焯在词学立场由浙派转向常州派后，对清词史的认识有了新的变化，也提出类似"三变说"的"三期说"："国初诸老，具复古之才，惜于本原所在，未能穷究。乾嘉以还，日就衰靡，安所底止。二张出而溯其源流，辨别真伪；至蒿庵

---

① 张德瀛《词征》卷六，《词话丛编》，第5册第4184页。
② 胡薇元《岁寒居词话》，《词话丛编》，第5册第4038页。

而规模大定，而词赖以存焉。"① 这段论述的重点是清词的盛衰，也很清楚地将清词分为清初、乾嘉及晚清的三个时段。

不过，当时人们并不满足于对词史流变的简略描述，更想从中探索出清词盛衰变化的规律。如清初顾贞观曾说过词坛兴盛局面的出现，必须"有大力者起而倡之，众人幡然从而和之"②，诚然，以词坛大家作为词史发展的标志，的确是一种比较合适的历史叙述方法，但人们更想从这一表象后面探寻历史发展的规律——"风会"。如顾贞观《与栩园论词书》有一段话，对于词坛大势有提纲挈领的描述，也揭示了清代最初六十年词运之转折。在简略地回顾了清初六十年间词坛发展状况后，顾贞观还提出了一个很有意思的话题，即清初词坛由盛转衰是"风会使然"。何谓"风会使然"？恰好，查嗣瑮《万青阁诗余序》有一段话颇能接续顾贞观论词书没有交代的内容，并对"风会"之义作了解释。他说：

> 康熙戊午、己未以前，士大夫争尚填词。阮亭、羡门两先生含吐风流，讲求声病，大约以《花间》《尊前》诸集为宗。……同时毗陵、魏里、云间数子则宗法《草堂》，滥觞所及，未免太过，叙事则喑哑呱叽，言情则猥琐鄙亵，而词几于亡。……竹垞太史出而推尊南宋，其年检讨鼓吹其间，于是梅溪、石帚、碧山、梦窗、草窗诸集世始竞传之。康、胡之陋一洗，而缙绅酬酢、名流逸士之酬酧，悉见于词，词之学为极盛。嗟呼！词章废兴，如时序消长，晚春之花，暮秋之叶，人之心目既艳，而造化之力且穷。二十年来，销声息影，酒场茶塌，绝口不谈填词矣，而词又几于亡！③

这段话以康熙十七、十八年为界，认为在此之前，王士禛、彭孙遹等以

---

① 陈廷焯著，屈兴国校注《白雨斋词话足本校注》卷五，第 437 页。
② 顾贞观《与栩园论词书》，陈聂恒《栩园词弃稿》，清康熙且朴斋刻本。
③ 查嗣瑮《万青阁诗余序》，赵吉士《万青阁诗余》，清康熙刻本。

《花间》《尊前》为宗，影响所及是词坛唯《草堂》为尚，"叙事则暗哑咄叱，言情则猥琐鄙亵，而词几于亡"。在此之后，陈维崧、朱彝尊接踵而出，特别是《浙西六家词》《词综》的迭相刊出，以南宋为宗，以醇雅为尚，风气为之一变，词坛遂骎骎乎而上之，"词之学为极盛"。最后，他发表感慨说，文章兴废与时序消长是相同的，有盛必有衰，有衰亦有再盛。对于他的这一解说，张祥龄深表认同："文章风气，如四序迁移，莫知为而为，故谓之运。"[①] 词坛风尚的变化就像一年四季有变化一样，创作风气每到一定阶段也要发生变化。

所谓"风会"，就是创作风尚的变化，它与时代、社会、文化等因素密切相关。近人刘永济说："言风会，则国运之隆替，人才之高下，体制之因革，皆与有关焉。"[②]

从清词创作而言，它的创作风气有什么样的变化呢？一般认为，清初学晚唐五代，以婉艳为宗，也有师法苏、辛者，以豪放见长；但是，从康熙十七年（1678）起，以凌厉健举见长的豪放作风和以秾纤婉丽为表征的婉约词风，已不能适应走向和平发展的清代社会新形势，浙西派就是在这样创作背景和时代语境下形成的，在他们的引导下康熙中后期词坛笼罩着一股学南宋尚清雅的创作风气。对于词坛上这一"风会变化"，凌廷堪曾有比较精辟的论述，并谈到浙派对转变自明入清的创作风气有着革命性意义。他说：

> 填词之道，须取法南宋。然其中亦有两派焉：一派为白石，以清空为主，高、史辅之，……扫除野狐（禅），独标正谛，犹禅之南宗也。一派为稼轩，以豪迈为主，继之者，龙洲、放翁、后村，犹禅之北宗也。……我朝斯道复兴，若严荪友（绳孙）、李秋锦（良年）、彭美门（孙遹）、曹升六（贞吉）、李耕客（符）、陈其年（维崧）、宋牧仲（荦）、丁飞涛（澎）、沈南亭（岸登）、徐电发（釚）诸公，率皆雅正，上宗南宋。然风气初开，音律不无小乖，词意微带豪艳，不脱《草堂》、前明习染。

---

① 张祥龄《词论》，《词话丛编》，第5册第4212页。
② 刘永济《词论》，第49页。

> 唯朱竹垞氏专以玉田为楷模，品在众人上。至厉太鸿出，而琢句炼字，含宫咀商，净洗铅华，力除俳鄙，清空绝俗。①

从这段话可以看出，南宗主要是指以婉约典雅见长的词派，而北宗词派则以豪放慷慨为表征。凌廷堪这里把清初词人都讲成上宗南宋，显然不妥当，如彭孙遹多写艳词，曹贞吉词近豪放，宋荦则上溯北宋，陈维崧更是以豪迈奔放见长，这些人都是不能归之于"南宗"的，但这是他重南宗词的一个很好说明。凌廷堪站在浙派立场，指责清初词人不脱《草堂》、前明习染，微带豪（学辛）、艳（学柳），不能如朱彝尊那样清醇雅正，故而以朱、厉为最高，倾向清空与净洗粉泽，较为准确地指出了浙派的创作特征。

但是，正如上文所言，一种风气流传久了，积弊渐显，到了嘉庆时期浙派已呈衰象：

> 近世之为词者，莫不低首姜、张，以温、韦为缁撮，巾帼秦、贺，筝琶柳、周，伧楚苏、辛。一若文人学士清雅闲放之制作，惟南宋为正宗，南宋诸公又惟姜、张为山斗。呜乎，何其陋也！词本近矣，又域于其至近者，可乎？宜其千躯同面，千面同声，若鸡之朋朋，雀之足足，一耳无余也。②

针对这种创作倾向，为了改变唯姜张是尊、千人一面的格局，以张惠言为代表的常州词人，通过倡导"意内言外"，鼓吹《风》《骚》之旨，把词坛重新拉回到清初曾出现过的重风雅的创作道路上。周济说："词之为技，小矣，然考之于昔，南北分宗；征之于今，江浙别派，是亦有故焉。吾郡自皋文、子居两先生开辟榛莽，以《国风》《离骚》之旨趣，铸温、韦、周、辛之面目，一时作者竞出。"③陈廷焯也认为浙派在赵文哲之后，逐渐在走下坡路，"作者

---

① 张其锦《梅边吹笛谱跋》，《梅边吹笛谱》，《清名家词》。
② 周济《宋四家词筏序》，《周济词集辑校》附录二，第154~155页。
③ 周济《味隽斋词》"自序"，《清名家词》。

日盛，而愈趋愈下"。"芝田、晴波、蠡槎、薲渔，间有可观。余则竞尚新声，务穷纤巧，几忘却此中甘苦。唯毗陵二张，溯厥本源，独求风骚门径，不必学南宋，而意境自合。词之不灭者，二张力也。"① 他们都一致提到，毗陵二张对于扭转词坛风尚、转变创作风气有重要意义。

"风会"不仅表现在词坛创作风气转的变上，而且体现在词体自身形体的变化上——由音乐文学向格律文学的转变。清代在词律建设上所取得的成就更是有目共睹：

> 我朝振兴词学，国初诸老辈，能矫明词委靡之失，铸为伟词。如朱竹垞、陈迦陵、厉樊榭诸先生，均卓然大雅，自成一家。阳羡万氏红友，独求声律之原，广取唐宋十国之词，折衷剖白，精撰《词律》二十卷，虽不免尚有遗漏舛误，而能于荆棘之内，力辟康庄，实为词家正轨。我圣祖既选《历代诗余》，复御制《词谱》，标明体调，中分句韵，旁列平仄，俾承学之士有所遵循，词书于是大备。②

这里，杜文澜从"意"与"格"两方面，指出了清初词学的两大贡献：一是"矫明词之失"，一是"求声律之原"，特别是在词律方面为后来填词者指明了方向。他特地称扬《词律》《词谱》的词学成就，实际上也是为词体自身的变革张目。在俞樾看来，万树、戈载、杜文澜等人为清词制谱订韵所作的贡献最大：

> 国朝正学昌明，人文蔚起，实事求是，力追古初。词虽小道，而别裁伪体，矩矱先氏，亦断断然不少假借，剖毫析芒，森然起例，与笺经注史同一谨严，此有明一代诸公所未见及者也。盖自万红友《词律》一书出，而词之道固已尊矣。然万氏之书以

---

① 陈廷焯著，屈兴国校注《白雨斋词话足本校注》卷五，第427页。
② 杜文澜《憩园词话》卷一，《词话丛编》，第3册第2852页。

律为主，而不论词之工拙，故黄山谷《望远行》之俳体，石孝友
《念奴娇》之媟辞，亦具录之，非所以存大雅之遗音，示风骚之
正轨也。戈顺卿先生，万氏之后，持论益精，执律愈细，以词学
提倡江左者数十年，其所选《宋七家词》，无一龃龉之律，无一
觳觫之辞，盖自来宋词选本未有精于此者也。[①]

　　他认为清代词学之所以号称"复兴"，是因为它"力追古初"。在宋代，
李清照所说"词别是一家"，指的是浑成、协律、典重、铺叙、故实，而清代
词学在协律和典雅两个方面可谓恢复了唐宋时期所形成的词统，其成就最突出
者当推万树《词律》和戈载《宋七家词选》，前者为清代填词者树立了词律的
典范，后者为清代倚声者确定了典雅的范式。只是，戈载在创作上未能实践其
理论要求，而能把理论与创作完美结合的首推郑文焯。"铁岭郑叔问孝廉精于
词律，深明管弦声数之异同，以上考古燕乐之旧谱，姜白石自制曲，其字旁所
记之拍，皆能以意通之，余戏谓君真得不传之秘于遗文者也。乃其所为词，又
何其清丽婉转而情文相生欤！"[②]从万树到戈载再到郑文焯，从求协律到求词
律之原再到意格两洽，清代词律之学愈趋于完善，特别是郑文焯不但做到了审
声守律，而且达到了"清丽婉转而情文相生"的境界。据郑文焯自序："余幼
嗜音，尝于琴中得管吕论律本之旨。比年雕琢小词，自喜清异，而苦不能歌。
乃大索陈编，按之乐色，穷神研核，始明夫管弦声数之异同，古今条理之纯
驳，杂连笔之于书，曰《律吕古义》，曰《燕乐字谱考附管色应律图》，曰《五
声二变说》，曰《白石歌曲补调》，曰《词源斠正》，曰《词韵订》，曰《曲名
考原》。"[③]这表明他对词曲宫调之学深有研究，故而其创作亦"情文相生"，据
其兄郑文烺介绍："予从弟小坡，少工侧艳之词，而不尽协律。南游十年，学
琴于江夏李复翁，讨论古音，乃大悟四上竟气之指，于乐纪多所发明。故其为
词，声出金石，极命风谣，感兴微言，深美闳约，如杨守斋所讥转折怪异成不

① 俞樾《杜小舫重刻宋七家词序》，《春在堂集》文三编卷三，清光绪二十年重增本。
② 俞樾《郑叔问瘦碧词序》，《春在堂集》文四编卷七，清光绪二十年重增本。
③ 郑文焯《瘦碧词自叙》，《大鹤山人词话》，第316页。

祥之音者，庶几免欤。"①

从以上叙述可以看出，清人对于"当代"词史的总结，既关注到其盛衰变化，更初步意识到词史变化的规律和原因，认为或是有"一二大力者"的推动所致，或是词坛风会亦即创作风气的变化（包括风格和体格）使然，予后来者以重要的启示。

总之，清人通过词选、词话、词集序跋等方式，对清词的创作成就作了比较系统的清理和总结，对词史发展过程中存在的问题进行了深刻的反思，也对词史发展的一般规律开展了深入的探讨，为确证清代乃词史的中兴时代提供了文献支撑和理论指导。

第三节　清代词学体系的建构与传承

清代词学在道光以后逐渐转入思想的总结阶段，一方面出现了大量集成式的选本和词谱，另一方面则是通过词话的方式建构理论体系。过去，人们比较多地从流派角度关注晚清常州派的词学理论，重视庄棫、谭献、陈廷焯等人的创作主张，其实，从清代词学史的立场看，道光以后在吴中、淮扬、湖湘、岭南、岭西、闽中等地，都出现过审美取向不同、创作风格迥异的词人群体，他们对于推动晚清词学的发展均作出了应有的贡献。在笔者看来，无论追踪浙西，还是步武常州，抑或不能纳入任何词派的理论家，特别是"清末四大词人"，在总结唐宋词学成就的基础上，在反思清代词史存在的诸多问题上，通过选本的编纂、词律词韵的考订、词话的撰写和词籍的评点等，都为传统词学建构了一套理论话语和知识体系。

一、"词学"：概念流衍与意义扩充

一般说来，对于词及其相关问题的研讨，均可称为"词学"。诚如龙榆生

---

① 郑文焯《瘦碧词序》，《大鹤山人词话》，第 434 页。

所说："推求各曲调表情之缓急悲欢，与词体之渊源流变，乃至各作者利病得失之所由，谓之词学。"[1] 这是现代学者从学科建构的立场所下的定义，但在明清时期对于"词学"内涵的认识有一个漫长的过程，一个从专指创作转向研究的过程，一个从含义不清到逐渐明晰的过程。

虽然"词学"一词早在宋代已经出场，但只是泛指一般意义上的文辞，真正与作为音乐文学之"词"发生联系的是明代弘治九年（1496）编纂成书的《词学筌蹄》。[2]《词学筌蹄》是学者周瑛编纂的一部词谱，他所谓"词学"实际上是填词之学，晚明正是在这一意义上使用"词学"一词的。比如在其后最有影响的词谱——张綖《诗余图谱》，前有蒋芝序曰："南湖张子，后少游而生者，其地同，才之赋又同，雅好词学，自得三昧。"[3] 又万惟檀所编同名词谱亦有序云："南湖张子则列以谱法，前具图，后系词，烂若黑白，使填词之客，索骏有像，射鹄有的，委于词学，有裨多矣！"[4] 他们所言"词学"指的就是填词之学，亦称词律之学。

无论《词学筌蹄》还是《诗余图谱》，其初衷都是通过提供最简捷的图谱体式，使填词者"庶不至临时差误，可以协诸管弦矣"[5]。当然，这只是一个初步的认识，其实"词学"涉及的内容非常广泛，人们对它的认识也是一个渐进的过程，如康熙十八年（1679），查继超将《填词名解》《填词图谱》《词韵》《古今词论》合刻，统称《词学全书》，在他心目中"词学"应该包括词调释义、词谱、词韵、词论等，较之明人的认识更为全面。而且，《词学全书》之编刻乃是为了纠正明代对于"词学"含义理解的偏狭而起："填词之家，染毫抒翰，争一字之奇，竞一韵之巧，几于江皋拾翠，洛浦探珠矣。然昧厥源流，或乖声韵，识者病之。此余家仲随庵偕毛氏、赖氏、仲子、王子有词学之刻，厘辨精确，用以鼓吹骚坛，厥功匪渺。"[6] 也就是说，在明代大多着眼于"一字

---

① 龙榆生《研究词学之商榷》，《词学季刊》第一卷第 4 号。

② 据中国台湾学者林玫仪考证，此书编者实为南宋铜阳居士。参见其《词学考诠》，联经出版事业公司 1982 年版，第 343 页。

③ 蒋芝《诗余图谱序》，张綖《诗余图谱》，明万历二十七年谢天瑞刻本。

④ 万惟檀《诗余图谱》"诗余图谱说"，明崇祯十年刻本。

⑤ 张綖《诗余图谱》"凡例"，明万历二十七年谢天瑞刻本。

⑥ 查培继《词学全书序》，《词学全书》，第 1 页。

之奇""一韵之巧",偏于创作,却"昧厥源流,或乖声韵",亦即对于这一文体的源流和体制(声韵)却昧焉不明,查继超想通过这部"词学全书"的编刻,引导人们注意在词谱之外还有词韵、词调释义、古今词论等重要内容,从而对"词学"一词作了知识上的意义扩充。

虽然如此,在人们心目中,"词学"的终极指向还是填词之学,因此,对它的使用就会歧义丛现,或指词律,或指创作。如:"本朝词学,近复益胜,实始于武进邹程村《倚声集》一选。"① "词学盛行,直省十五国多有作者。"② "至今日而词风愈盛,词学愈衰矣!"③ "词学之不讲也久矣,日久相延,失调失韵者不可胜数。"④ "比年词学,以文则竹垞之《词综》,以格则红友之《词律》。"⑤ 无论是"文"(创作),还是"格"(词律),它们都指向的是作者在创作上的表现,而不是后世所谓对词体、词人、词史及其相关问题的理论研讨。这一观念在雍、乾、嘉近百年间并无大的改变,或言声律之学(又称"倚声之学"),如田同之《西圃词说》:"倚声之道,抑扬抗坠,促节繁音,较之诗篇,协律有倍难者。……洎宋崇宁间,立大晟乐府,有一十二律、六十家、八十四调,……迨金、元接踵,遂增至一百余曲。相沿既久,换羽移商,宫调失传,词学亦渐索矣。"⑥ 或是指向词的创作,如孔昭虔《词综补遗序》:"我朝竹垞太史,惜三百年来词学不振,广汇博采,荟萃四代之精华,辨精核,诚集倚声之大成,而为艺苑之盛事矣!"⑦ 又王绍成《国朝词综二集序》:"从祖述庵先生少与吴越诸名士为倚声之学,故搜采古今词集最多,……先补竹垞太史所未及,为补人二卷。……国初至今可以论定者亦厘为四十八卷,盖千余年来精华毕萃,可谓集词学之大成!"⑧

但是,自康熙以降,词坛上关于词的批评与关切之声渐高,涉及龙榆生

① 汪懋麟《棠村词序》,《棠村词》,《清名家词》,第1册。

② 蒋景祁编《瑶华集》"刻瑶华集述",第9页。

③ 万树编著《词律》"词律自叙",第5页。

④ 佟世南选《东白堂词选初集》"小引",《四库全书存目丛书》,集部第424册第516~517页。

⑤ 严绳孙《词律序》,《词律》,第5页。

⑥ 田同之《西圃词说》,《词话丛编》,第2册第1449页。

⑦ 孔昭虔《词综补遗序》,陶樑《词综补遗》,清道光刻本。

⑧ 王绍成《国朝词综二集序》,《国朝词综二集》,《四部备要》,第97册。

所说的目录校勘、词律词韵、创作批评等诸多内容。在目录学方面，由晚明毛晋汲古阁刻词籍题跋发其端，而后有明末清初众多藏书家所编书目著录的唐宋词籍，朱彝尊更在《词综发凡》中叙述唐宋词籍在清初的存佚情况。在校勘学方面，则有朱彝尊、汪森等共同辑成《词综》，不仅对大量的唐宋词作了精删细选，而且对作者的生平作了翔实的考订，对作品的真伪作了认真的辨析。在词律之学方面，则有万树在前人词谱基础上，花费二十多年心血编成《词律》一书，共收660调1180体，每体注明字数多少，旁注韵、句、豆及平仄，每调或每体后有详尽的说明与考校，是一部迄至其时为止体例最为合理、收调最为完备的词律专书。"万氏之书，虽不能谓绝无疏舛，然据所见之宋元以前词，参互考订，且未见《乐府指迷》，而辨别四声，暗合沈义父之说。凡所不认为必不如是，或必如何始合者，不独较其他词谱为详，且多确不可易之论，莫敢訾以专辄。识见之卓，无与伦比，后人不得不奉为圭臬矣。"① 在批评之学方面，具体的表现是涌现了一大批词话之作，如沈谦《填词杂说》、刘体仁《七颂堂词绎》、邹祗谟《远志斋词衷》、彭孙遹《金粟词话》、王士禛《花草蒙拾》、李渔《窥词管见》、张星耀《词论》、徐喈凤《词证》、沈雄《柳塘词话》、董以宁《蓉渡词话》、徐釚《南州草堂词话》等，在清初刊刻的各种选本和词家别集都有一定数量的词作评点，也是批评之学繁盛的具体表现。到清代中叶，上述方面的成果越来越多，体量也越来越大，词韵之作有许昂霄《词韵考略》、吴烺等《学宋斋词韵》、叶申芗《天籁轩词韵》、吴宁《榕园词韵》、谢元淮《碎金词韵》、戈载《词林正韵》等，词谱之作有王奕清等纂《钦定词谱》、许宝善《自怡轩词谱》、叶申芗《天籁轩词谱》、舒梦兰《白香词谱》等，词话之作有李调元《雨村词话》、王初桐《小嫏嬛词话》、王昶《西崦山人词话》、郭麐《灵芬馆词话》、周济《介存斋论词杂著》、宋翔凤《乐府余论》、孙麟趾《词径》等。在词乐方面有凌廷堪《燕乐考原》、秦蕙《词系》和谢元淮《碎金词谱》等，这是以前研究中所没有的新内容，也说明词乐之学走进了人们的视野。

① 陈匪石《声执》卷上，《词话丛编》，第5册第4929页。

从以上所论看，"词学"作为专门之学已经大致成型，只是尚未有人为之作出明确界定。嘉庆十五年（1810）秦恩复刊刻《词学丛书》，辑有《词源》、《词林韵释》、《乐府雅词》、《阳春白雪》、《精选名儒草堂诗余》、陈允平《日湖渔唱》六种，包括词论、词乐、词韵、词集（包括总集和别集）等内容，以丛书的方式展现了"词学"的体系构成。顾广圻为之撰写序文，阐述了"词学"作为专门之学的具体内涵："吾见是书之行也，填词者得之，循其名，思其义。于《词源》可以得七宫十二调声律一定之学，于《韵释》可以得清浊部类分合配隶之学，于《雅词》等可以博观体制，深寻旨趣，得自来传作，无一字一句任意轻下之学。继自今将复夫人而知有词即有学，无学且无词，而太史为功于词者非浅鲜也。"[①]这里特地提到"有词即有学"，认为有"词"这样的文体，就当有研讨声律和创作的学问"词学"，而且特地提到词学的具体分科：词乐、词律、词韵、词集（包括源流、体制、旨趣等），可见是书编者及作序者都有明确的学科意识。到光绪年间，江顺诒、宗山对历代论词之学再一次进行了总结，编成《词学集成》八卷，前四卷是撮其纲，"曰源、曰体、曰音、曰韵"，后四卷是衍其流，"曰派、曰法、曰境、曰品"，突出了音乐与文学、体制与创作的共构性，在词学体系的建构上向前迈进了一大步，也启迪着后来者从上述八个方面来建构"词学"理论体系。

以上从概念史的角度，简略地梳理了"词学"一词的演进史，从中可以看出，"词学"的概念已然明确，作为传统学术门类已经成立。那么，清代词学是怎样建构自身理论体系的呢？

二、从《古今词话》到《词学集成》：词学知识体系的建构

在明末清初，有关词的批评之学已经非常发达，有词话，也有词选，有序跋，也有评点，有论词书札，也有论词诗词。其中词评词话类论著比较突出，大约有两种类型：一类是作者独立创作的自撰型词话，一类是汇纂古今论词之语的汇编型词话。前者有俞彦《爱园词话》、王士禛《花草蒙拾》、刘体

仁《七颂堂词绎》、邹祗谟《远志斋词衷》、李渔《窥词管见》等，后者有沈雄《古今词话》和徐釚《词苑丛谈》等。这两类词话在表现形态上各有侧重，前者以表达思想见长，后者则以汇集史料见长，过去人们对表达思想的自撰型词话比较看重，然而汇编型词话对于"词学"知识体系的建构尤具重要意义。其实，在明代出现的杨慎《词品》即具有汇编型词话的雏形，但《词品》只是按词史顺序考叙各家词，以表其"诗词同工而异曲、共源而分派"的观念，沈雄和徐釚则通过对以往有关词的论说的汇编和整理，初步搭建起了一个有关词学的知识框架。众所周知，清代是一个文化集大成的时代，各种类书、丛书、总集的大量编选和刊刻即是其突出表现。这些图书汇编汇刻带动了知识分类的需求，也推动了清代目录学的高度繁荣，使得目录学在学科知识的分类上越来越层级化和精细化。沈雄《古今词话》、徐釚《词苑丛谈》在清初的出现便是清代知识分类层级化和精细化的具体表现，它们也为清代中后期关于词学理论体系的构想和建设奠定了基调。

先说沈雄《古今词话》，过去对它的评价不高，《四库全书总目》曰："是编所述，上起于唐，下迄康熙中年。杂以旧文，参以近人之论，亦间附己说。分词评、词辨、词品三门，征引颇为寒俭，又多不著出典，所引近人之说，尤多标榜，不为定论。"① 因为清初尚沿袭明代空疏学风，征引文献，"不著出典"，沈雄不免沾染时习，但在笔者看来，它在保存明末清初词学文献上却不为无功，更重要的是他第一次对自唐宋至明末清初的词学史料作分类编排，以词话、词品、词辨、词评四类统纳，每类下设子目，条分缕析，体现了他对词学知识体系建构的意图。次说徐釚《词苑丛谈》，是编成书与《古今词话》大约同时（康熙二十七年），但对材料的抉择和编排与《古今词话》并不相同，它将内容归为体制、音韵、品藻、纪事、辨证、谐谑、外编七类，因其对材料剪裁得当，标注出处，并能申以己见，获得了《四库全书总目》的肯定。像《词苑丛谈》一样汇辑历代论词之语的还有三部官修词书，分别是《御选历代诗余》所附词话、《古今图书集成》"文学典"和《四库全书》集部词曲卷。

---

① 永瑢等《四库全书总目》卷二〇〇 "古今词话提要"，第1834页。

《御选历代诗余》所附词话像《古今词话》一样，按年代顺序排列论词之语，可视作一部简明词史。《古今图书集成》"文学典"和《四库全书》集部词曲卷对于词学知识体系的建构尤具重要价值。作为一部类书，《古今图书集成》对于词曲史料作了如下归类：词谱词韵（《啸余谱》《中原音韵》）、词论词评（总论、艺文）、词林纪事（纪事、杂录），这样的归类大致反映出其时人们对于"词学"知识体系的基本认知。《四库全书》是一套大型丛书，专门收录总集或各家专集，大类上按经史子集排列，在具体子目编排上也颇为讲究，它把词曲类著作按别集、总集、词话、词谱、词韵划分，这样的编排基本上不出《古今图书集成》所划定范围，但有一点是《古今图书集成》所没有的，即《四库全书总目》的词籍提要，提要关于词体的论述、关于词籍版本的考辨，以及词人和创作的评论和分析，代表着官学对于词学的认可和词人的体认。

从以上几部汇编型图书关于词的分类情况看，它们有这样几个特点：一是清代目录学对其内容的编纂有深刻影响；二是反映了其时人们关于词的各类问题的认识水平；三是初步建构起传统词学的知识体系，大致对应着今天的词学体系的体制论、创作论、词史论三大板块。

先看沈雄《古今词话》呈现的这种结构的体系性："词话"部分主要是按年代顺序排列史料，再现词史递嬗变化的历程；"词品"部分则大致根据词的体制和创作两大内容设计细目，体制有"原起""疏名""按律""详韵""本意""虚声"等三十目，创作则有"品词""用语""用事""用字""句法""割裂""禁忌""语病"等十五目；"词辨"部分是对词调的考辨，"词评"部分是对历代词人论评的汇编。这一结构设计有一定的合理性，通过"词话"勾勒词史的变迁，通过"词品"呈现词的体制特征和创作要求，通过"词辨"对于词调的来龙去脉作了比较合理的交代，通过"词评"对历代词人的创作特点和风格作了具体的说明，涉及的内容包括词史、词体、词调、词人等，尤其是有关词体的"词品"部分，可以说是一部初具规模的词学通论了。而徐釚《词苑丛谈》一书在知识分类上，与沈雄《古今词话》有相同也有不同处。相同之处是也有"体制""音韵""品藻""辨证"等内容，如"体制"是荟萃前人关于词之源流正变的论述，兼及词调缘起和词之作法；"音韵"是以沈谦《词韵略》

为基础，间采诸家之说，并区分了诗韵、词韵、曲韵的不同；"品藻"则是历代品评唐宋至清初各家词作言论的汇集；"辨证"重点考证某些有争议之词的作者、词作以及某些词调产生的时代等。其不同之处则是纪事、谐谑、外编三部分为《古今词话》所无，"纪事"汇集词人逸事，"庶足供麈尾闲谈"，有助于读者了解创作背景；"谐谑"搜罗打油、戏谑、蒜酪诸体，"外编"多记齐谐志怪、荒诞不经之词事。① 这些内容被纳入词话与徐釚热衷诗词本事有很大的关系，他先后编有《续本事诗》和《南州草堂词话》，因此这部分内容恰好补足《古今词话》在词林纪事方面的缺失，也是对"品藻"部分的有力补充。

综观上述两书的内容设计，大约知道在清初已经确定"词学"这门学科的体系结构：词调、词体、音韵、词史、词人、词派、词品、词评、纪事等。这一观念和构架经过清代中叶的逐步发展，词坛上关于相关问题的认识越来越细化和深入，到嘉庆十年（1805）冯金伯编成《词苑萃编》二十四卷，综合诸家意见，将词学的知识体系归纳为体制、旨趣、品藻、指摘、纪事、音韵、辨证、谐谑、余编九类，与《词苑丛谈》相比，内容更丰富，归纳更简明，不过知识体系并无大的变化。真正标志着传统词学知识体系得以建立的是刊行于光绪七年（1881）的《词学集成》一书，该书编纂者是江顺诒，校订者为宗山。江顺诒，安徽旌德人，有《愿为明镜室词》九卷。宗山，姓鲁氏，字小梧，一字啸吾，铁岭人，有《啸吾遗著》四卷。宗山喜词曲，曾与江顺诒结词社，合编《词学集成》。这部书稿原编比较杂乱，经宗山校订后，分为源、体、音、韵、派、法、境、品之"八目"。"是书虽由汇集而成，但其所加按语及体系结构，均能体现一定的词学观，可看作是第一部系统整理、研究前人词话且具有一定理论色彩的词话专著，在一定程度上弥补了清代汇编体词话'搜采多而论断少'的缺陷。"② 有学者认为江顺诒原编旨在"偶论作词"，示后学以填词创作之正途，但经过宗山的资料重组，并以《词学集成》为名，将原本的"词话"之流，在理论形态上上升为"词学"之流。③ 这部词话的核心价

---

① 霍松林主编《中国历代诗词曲论专著提要》，北京师范学院出版社 1991 年版，第 471~472 页。

② 朱崇才《词话史》，中华书局 2006 年版，第 302 页。

③ 彭玉平《词学的古典与现代——词学学科体系与学术源流初探》，《中山大学学报》2006 年第 1 期。

值在于它通过对以往词话的去粗取精，凝练思想，建构起传统词学的理论体系——"词学集成"，所谓"集成"就是对古今"词学"论述的集大成。较之《词苑丛谈》《词苑萃编》的罗列材料而言，《词学集成》的理论建构意识更为明确，它将词学体系分为"纲"和"流"两大部类，"纲"的部分专论其体，侧重词的音乐性，包括词乐、词调、词韵、词体；"流"的部分专论创作、批评、鉴赏，偏重词的文学性。这样的结构体系，基本上涵盖了现代词学所涉及的主要内容，已经是一部比较成熟的词学通论著作了，故而对于近现代词学体系的建构有启示意义。该书刊于光绪七年，影响后代甚深，三十多年后，像谢无量《词学指南》（1918）、邹弢《词学捷径》（1918）、王蕴章《词学》（1919），所论及的内容即为词源、词体、词谱、词韵、词派、作法等。

三、《艺概·词曲概》：近代词学的体系性与思想性

前一部分所论，主要从汇编型词话的角度考察了清代词学的体系建构，但是其编者大多并未对具体的词学问题提出自己的见解，或者说他们的"思想"被大量的"知识"掩盖。那么，在这些汇编型词话之外，是否也有其他材料证明清代词学对体系建构的自觉追求呢？

笔者认为，随着汇编型词话影响的扩大，也因为西方近现代文化输入的影响，在晚清出现了吸纳前贤思想、体系较为严密、结构相对完整的新型词话——刘熙载《艺概·词曲概》。一般说来，自撰型词话多是片言只语的兴到之辞，从清初众多词话到清代中叶的《小嬾嬛词话》《西崿山人词话》《灵芬馆词话》《莲子居词话》等，都没有整体的结构意识。但是刘熙载《艺概》以"举少概多""明乎指要"方式，对古代各门类艺术创作规律作了系统总结，而作为《艺概》一部分的《词曲概》，词曲也是被刘熙载作为古代音乐艺术的代表文类来论述的。就像"诗概""文概""赋概""书概"一样，《词曲概》整体结构由总论体制源流、分论作家特色、合论创作要求三部分组成，这样的构体方式对自撰型词话传统来说是一大超越。它一方面在内容上汲取了自撰型词话的思想精华，另一方面在形式上则采取汇编型词话的构体方式，对自撰型词话与汇编型词话两大传统做了一个全面的综合。相比汇编型词话，它思想鲜明，

观点明确；相比自撰型词话，它结构相对完整，具有体系性。

先说它的体系性。从《词曲概》的结构安排看，它有着比较严密的体系。从第一条到第五条是总论，为词下定义，提出"词为声学"、"词也者，言有尽而音意无穷"、词本诸唱和、词导源古诗等观点。从第六条到第五十三条，从梁武帝时代叙起，到元代虞集、萨都刺为止，其中第四十七、第四十八两条总结归纳两宋词的创作特征。从第五十四条到第一百一十六条，都是谈词的具体作法及创作要求、欣赏原则，包括结构、修辞、锻炼、音律、风格、境界等。这样的构体方式有点类似刘勰《文心雕龙》"释名以彰义，原始以表末，敷理以举统"，特别是第二、第三部分分别从"史"与"论"的角度，对词人词作作具体品评和论析，对词的创作与欣赏的理论进行归纳和总结，其目的正如刘熙载在《艺概》开篇"叙"中所说的，就是"举此以概乎彼，举少以概乎多"，通过简明扼要的叙述达到"以艺通道""通道必简"的效果。有学者把它这种结撰方式称为"原始要终"与"执本驭末"①，可以这样理解，第一部分可称为"文体论"，作为《词曲概》主体的第二、第三部分，前者可称为"文学史论"，后者可称为"创作论和鉴赏论"，这些内容也就是上文提到的体制论、创作论、词史论三大知识板块。不过，还应该注意到，《艺概》对历代作家的评论颇多对前人之论的征引，并发表己见，这实际上是一种"借他人之酒杯，浇自己之块垒"的表述方式，就是说，刘熙载的思想是在吸纳前贤思想的基础上才提出来的，在笔者看来，他的思想和体系明显带有总结的意味，他是试图对传统词学思想进行综合和集成，也因之被人称为"传统文艺思想的集大成者"②。

《词曲概》不但在结构上有体系性，在思想上也有体系性。刘熙载关于"词学"有一个基本理念："词为声学。"《词曲概》开篇第一句说："乐歌，古以诗，近代以词。如《关雎》《鹿鸣》，皆声出于言也；词则言出于声矣。故词，声学也。"③过去，对于词之起源有多种说法，有的认为词源于诗，故称其为"诗余""长短句"；有的认为词源于乐，故称其为"乐章""歌曲""乐府"；

① 李清良《从〈艺概〉看古代文论思维方式的现代转化》，《文学评论》2003 年第 1 期。

② 刘熙载撰，袁津琥校注《艺概注稿》，第 4 页。

③ 刘熙载撰，袁津琥校注《艺概注稿》，第 483 页。

刘熙载认为是源于音乐，故有"言出于声"的说法。这是因为自清初以来，人们已经认识到词作为音乐文学，必须以协律为先，所以，刘熙载也说："词固必期合律。"在声韵的选择上当遵循一定的规范和要求——"先观其韵之通别"，平仄、上入、四声的选择要"权其律之所宜""取声取音，以能协为尚"。[①] 但是，刘熙载并不满足于对前人说法的因袭，作为一位有卓识的理论家，对于作为声学的"词学"，他有自己独到的见解："《说文》解'词'字曰：'意内而言外也。'徐锴《通论》曰：'音内而言外，在音之内，在言之外也。'故知词也者，言有尽而音意无穷也。"[②] 本来"意内言外"是张惠言对于"词"的定义，刘熙载又在张惠言之外特地引入"音内言外"的概念，补足了张惠言在定义上对于词律这一方面的缺失，从而反映出他对于"词学"之理解的全面和完整。因此，对于刘熙载词学思想体系的把握，也应该从"意内言外"和"音内言外"这两个方面去理解，"意内"指词旨，"音内"指词律，"言外"指词作为文学文本所表现出来的审美性和艺术性。

在"词为声学"的基础上，刘熙载对词作为文学文本的审美属性作了三个方面的限定，第一"兼具六义"，第二"音意无穷"，第三"厚而清"。所谓"兼具六义"，是他认为词导源于古诗，故应兼具"六义"之旨，把儒家诗教作为立论的出发点。或是要求以儒家的雅正思想来规范词："乐，中正为雅，多哇为郑。词，乐章也。雅郑不辨，更何论焉！"[③] 或是以儒家的诗教观念来规范情："词家先要辨得'情'字，《诗序》言'发乎情'，《文赋》言'诗缘情'，所贵于情者，为得其正也。忠臣孝子，义夫节妇，皆世间极有情之人。"他认为词作为特殊文类具有"风流儒雅"的品格，但反对"以尘言为儒雅，以绮语为风流"。"词家榖到名教之中自有乐地，儒雅之内自有风流，斯不患其人之退也夫！"[④] 他还明确指出要严分雅郑，词讲究协律固然是必须的，但填词当以言志为本，切不可只求律协而不顾对情的规范："《雅》《颂》合律，'桑间''濮上'亦未尝

① 刘熙载撰，袁津琥校注《艺概注稿》，第 553、541、542、547 页。
② 刘熙载撰，袁津琥校注《艺概注稿》，第 483 页。
③ 刘熙载撰，袁津琥校注《艺概注稿》，第 485 页。
④ 刘熙载撰，袁津琥校注《艺概注稿》，第 576~577 页。

不合律也。'律和声'，本于'诗言志'，可为专讲律者进一格焉。"① 正因为这样的观念，他对于词人有较高要求，提出了"词品出于人品"的著名论断。所谓"音意无穷"，是对于文本创作上的要求，即意在言外，蕴涵不尽。他认为苏轼讥讽秦观《水龙吟》"小楼连苑横空，下窥绣毂雕鞍骤"句，实有不妥，其实此词正有"言外无尽"②的美感效果。又称陈亮《水龙吟》"恨芳菲世界，游人未赏，都付与、莺和燕"句，"言近指远，直有宗留守大呼渡河之意"③，所指是家国关怀，表达却合乎艺术要求。因为有这样的认知，故而他提出了"词深于兴""词以不犯本位为高""词之妙莫妙于以不言言之"等重要观点。在上述认识的基础上，在融合浙、常两派思想基础上，他对于词体与词境更提出了"厚而清"的美学要求，把词人情感的深厚、内容表达的雅正、作品意境的清空有机结合起来。

《艺概·词曲概》兼具思想性和体系性，为近代词学确立了一个新范式，在晚清词坛产生了较为广泛的影响。刘熙载的论词观点得到一致好评，或言其"多中肯綮"④，或称为"洞微之言"⑤，或者说"精审处不少，不可废也"⑥，沈曾植更有言曰："止庵而后，论词精当，莫若融斋。涉览既多，会心特远，非情深意超者，固不能契其渊旨。而得宋人词心处，融斋较止庵真际尤多。"⑦ 他对《词曲概》的特色及其词学史地位作了高于周济的评价。而且刘熙载的思想和方法还为沈祥龙与王国维所吸纳，成为《论词随笔》（1898）和《人间词话》（1908）建构自身理论体系的重要资源。沈祥龙是刘熙载的入室弟子，其《论词随笔》对《词曲概》的观点颇多袭用，如说："余素拙于词，后获闻兴化刘先生绪论，始稍稍为论词。"⑧ 比如关于词的起源、词分二派、词重含蓄等，均体现出受刘熙载论词观点影响的痕迹。相对于《词曲概》,《论词随笔》又表现

① 刘熙载撰，袁津琥校注《艺概注稿》，第 553 页。
② 刘熙载撰，袁津琥校注《艺概注稿》，第 503 页。
③ 刘熙载撰，袁津琥校注《艺概注稿》，第 515 页。。
④ 江顺诒《词学集成》卷五，《词话丛编》，第 4 册第 3269 页。
⑤ 冯煦《蒿庵论词》，《词话丛编》，第 4 册第 3586 页。
⑥ 谢章铤《赌棋山庄词话》续编卷三，《词话丛编》，第 4 册第 3513 页。
⑦ 沈曾植《菌阁琐谈》，《词话丛编》，第 4 册第 3623 页。
⑧ 沈祥龙《揖竹词馆词草序》，《清词序跋汇编》，第 2033 页。

出更为浓厚的理论意识，它没有了《词曲概》对于历代词人词作的评论，只有关于体制与创作的论述，这些论述归结起来，包括词源论、词体论、旨趣论、审美论、题材论、作法论、词韵论、词选论等，这些内容指向的是创作，既具有明确的指导性，又具有较强的理论色彩，把传统词学体系的建构提到了一个更高的层次。《人间词话》对于刘熙载思想的吸收，表现为多处引用或化用《词曲概》之说，当代学者已有比较深入的论述①，兹不赘述，这里只就《人间词话》的理论体系稍作一点说明。过去，人们对于王国维新思想关注较多，对于《人间词话》从手稿本到定稿本的变化重视不够，这就是作为定稿本的《国粹学报》本有更严密的体系性。第一则到第九则，王国维提出"境界"说，并对其内涵和类型展开论述；第十则到第五十二则，是以"境界"作为标准，按照时代顺序对从李白到纳兰性德的作品的评价；第五十三则到第六十四则，是关于词的文体论、作家论、创作论。这样的理论体系既不同于刘熙载《词曲概》，也不同于沈祥龙《论词随笔》，它实际上是要建构一座以"境界"说为基石，包括文体论、作家论、创作论在内的理论大厦。

对于以理论建构见长的《论词随笔》和《人间词话》，及其与《艺概·词曲概》的关系，人们过去很少放在一起来讨论，这些论著的相继推出是传统词学向近代转型的重要标志。一方面，《词曲概》是传统词学的集大成，深刻地影响着近代词学；另一方面，《论词随笔》和《人间词话》从不同方面继承与发展了刘熙载的思想，特别是在理论体系的建构上分别树立了两个标杆，一个是传统词学的理论"标杆"，一个是现代词学的理论"标杆"，这两大"标杆"基本上奠定了现代词学发展的大致格局，这就是传统与现代交融渗透的理论格局。

四、民国初年教科书的编写与传统词学体系的现代传承

在晚清民初，词坛上最有影响的是"清末四大词人"，他们是词学从传统向现代过渡的重要转折。相对上述自撰型词话的理论建构和汇编型词话的体系

---

① 孙维城《〈艺概〉对〈人间词话〉的直接启迪——王国维美学思想的传统文化精神》，《文艺研究》1996年第3期。

建构而言，"清末四大词人"把"知识"与"思想"结合起来了，既对传统词学作了归纳和总结，又引领了现代词学的建构方向，在编选词书、校勘词籍、研讨词律、创建新说等方面，为现代词学打下了基石。

过去，关于词学问题的研讨是比较单一的，或主张尊体，或强调守律，多是对词坛创作的纠弊。近代著名学者张尔田在总结清代词学成就时提到"三盛"之说，指出：万树《词律》为词律之学的重要代表，戈载《词林正韵》为词韵之学的最高水平，张惠言为尊体之学的最高典范，朱祖谋则为清代词学之集大成者。"先生守律则万氏，审音则戈氏，尊体则张氏，而尤大有功于词苑者，又在校勘。……盖自王幼遐之校梦窗，叙述五例，以程己能，先生循之，津途益辟。是故乐府之有先生，而后校雠乃有专家，下与陈、晁竞爽，上与向、歆比隆，……呜呼，可谓词学之极盛已。"①虽然只讲到朱祖谋，实际上是以他为代表，来涵盖"清末四大词人"所取得的成就。像王鹏运《四印斋所刻词》之于词籍校勘、郑文焯《词律斠源》之于词乐之学、况周颐《蕙风词话》之于词学批评，均代表着相关领域最高水平，朱祖谋在这三个方面皆取得突出成就，从这个角度看，当之无愧是传统词学的"集大成者"。②

与朱祖谋同时，还有一位僻处岭南的学者也为传统词学的总结作出了突出贡献，他就是张德瀛。张德瀛，字采珊，号巽父，广东番禺人，光绪十七年（1891）举人，著有《耕烟词》《词徵》《中国文学史》等。《词徵》是一部对传统词学进行系统总结的自撰型词话，叶恭绰认为它可与刘熙载《艺概》相媲美③，其实，它就是在承续《艺概》相关思想基础上的再发展。④该书最早有1922年刻本，实际成书时间要更早，相对《词曲概》《论词随笔》的简约而言，它内容丰富，体量较大，结构完整，虽然以分条分目的形式出现，看似散漫不成体系，但确有其内在逻辑性。全书共六卷，约八万言，凡273则，前三卷论词体，后三卷论词家词集。第一卷为通论，总论词旨、渊源、作法、词

① 张尔田《彊村遗书序》，《张尔田集辑校》，第152页。
② 钱仲联《光宣词坛点将录》，《词学》第3辑，华东师范大学出版社1985年版，第227页。
③ 叶恭绰选辑，傅宇斌点校《广箧中词》卷二，人民文学出版社2011年版，第102页。
④ 闫好丽《从书论到词论：张德瀛内抱、外抱二法与咏物词创作》，《理论界》2019年第7期。

调、词籍、词律等；第二卷论声律，包括宫调、音理、管色等；第三卷论格律，包括词律、词韵及特殊个案；第四卷论词籍，包括别集、选集、词谱、词话、词韵；第五卷、第六卷论自唐（起于唐昭宗）至清（截至张惠言）的词人词作，或论一时之风尚，或评一人之风格，或析一词之技巧。这实际上是在建构一套独特的词学理论体系，尤其是对声律和词籍的论述颇有特色，走出了拼合他人论述、间发己见的路数，在上述所涉各个方面均能发表一己之见。而且它迎应了现代社会知识传播的新态势，将讨论重心放在词律、词籍、词史三个方面，如果把它与刘毓盘《词史》、吴梅《词学通论》相比对，可以看出它们之间的暗相隽合之处。众所周知，《词史》《词学通论》都是作者在北大讲授词学课程的讲义，现代学校的知识传授虽然也强调学者自己的思想，但必须有一定的完整性和客观性，《词徵》在上述三个方面也表现出知识的完整性和客观性。

据考，张德瀛曾有在广东法政学堂任教的经历，时在光绪三十一年（1905）。这时，正是清末创办新式学堂的兴盛期，也是新式教科书编写比较突出的时期，各类学校为了适应新教学内容的需要，除了大量翻译西方教科书，就是组织人员编写适合国情的新式教科书，像京师大学堂刘师培就先后编有《经学教科书》《中国文学教科书》《中国历史教科书》《中国中古文学史讲义》等。在这一时代风潮影响下，当时市面上出现了大量由知识型词话转化而来的"词学常识"和"词学指南"，过去只是在文化精英之间交流的"词学"，随着新式学堂的创设而被作为"中国文学门"的重要课程得以广泛传播；过去只是以传授作法为目的的"词学"，逐渐成为一门以知识传授为主要导向的现代学科，知识的系统与结构的完整也就成为其作为现代教科书的重要表征。在这样的时代背景下，为了适应现代学校知识传授的新形势，在1919年前后，相继出现了多部吸取传统词话思想精华、着意建构现代学科体系的新式词学著作——谢无量《词学指南》、邹弢《词学捷径》、徐珂《词曲概论讲义》、王蕴章《词学》。这四部书对于词学体系的建构，基本是在教科书或课堂讲义的框架下展开的，大体内容是：溯词源、论体制、谈作法、评词人、叙词史，附以词谱词韵，有的还介绍入门读物（词籍）。总的说来，这几部书已经是具有比较严密的体系的现代著作，但在知识的整理、材料的引证、结构的编排上多是对传统汇编型词话的继承，这些普及读物最大的不足是依然沿袭前人成说，很少发表作者自己的见解。相对说来，作为《文艺全书》的一部分，王蕴章的《词学》不但有理论深度，而且有自己独到的见解，可称得上是同类著作的佼佼者。它由上海崇文书局 1919 年出版，由溯源、辨体、审音、正韵、论派、作法六部分组成，涉及的内容有：词源、词体、词谱、词韵、词派、作法。这些可以说是对词学这一门学科研究内容的基本界定，大致上囊括了现当代词学论著的主要内容。"这类著作无论是浅显的入门知识，还是精深的系统理论，皆表明著者已经从传统词学中片段的诗词之辨、词曲之辨，提升到系统的词体特征认识和研究，是文体学意识的体现。"①

然而，作为现代学科的"词学"，它真正走向成熟还是在 20 世纪 30 年代以后，通过在当时及后来比较有影响的几部词学通论类著作（基本上是大学讲义），可以考察民国时期"词学"是怎样从知识型向知识与思想并重型转变的。兹将相关论著及其基本内容列表如表 1：

表 1 民国时期词学通论类著作及其基本内容一览表

出版时间	论著	作者	出版机构	基本内容
1925 年	《词学常识》	徐敬修	大东书局	词之意义及起源、词调之渊源及词之沿革、词之体例、词与诗曲之关系、历代词学之沿革、研究词学之方法（手法、格式、词韵、取材）
1926 年	《清代词学概论》	徐珂	大东书局	总论、派别、选本、评语、词谱、词韵、词话
1929 年	《词学肄言》	刘咸炘	未刊	体格、源流、作术、读法
1930 年	《词学 ABC》	胡云翼	世界书局	从诗的时代到词的时代、词的起源、何谓词、以后叙历代词史发展脉络

---

① 孙克强、和希林主编《民国词学史著集成》"总序"，南开大学出版社 2016 年版，第 2 页。

续表

出版时间	论著	作者	出版机构	基本内容
1932 年	《词学》	梁启勋	京城印书局	上篇论体制，包括词的起源、调名的由来、小令与长调之别、断句、平仄、发音、换头煞尾、暗韵、衬音和宫调等；下篇论词的作法，包括敛抑之蕴藉法、烘托之蕴藉法、曼声之回荡、促节之回荡、融和情景、描写物态、描写女性
1933 年	《词学通论》	吴梅	商务印书馆	绪论、论平仄四声、论韵、论音律、作法、概论（通论历代词）
约 30 年代	《词学通论》	汪东	未刊	原名、甄体、审律、辨韵、征式
1933 年	《词学研究法》	任二北	商务印书馆	作法、词律、词乐、词籍（专集、选集、总集）
1944 年	《词筌》	余毅恒	正中书局	词之意义、词之起源、词之体裁、词调、词之歌咏、创作、流派
1948 年	《诵帚堪词论》	刘永济	武汉大学	卷上：通论（名谊、缘起、宫调、声韵、风会）；卷下：作法（取径、赋情、体物、结构、声采、余论）

　　很显然，在 20 年代出版的几部著作还保留有初创期的印记，带有很强的讲义体色彩，到 30 年代出版的几部著作，虽然还有教科书的印迹，但无论体系结构还是思想内容，都具有鲜明的学术个性。正是在这些研究基础上，龙榆生才在 1934 年正式提出了现代词学学科建设的"八科"——词乐之学、词韵之学、图谱之学、声调之学、校勘之学、目录之学、词史之学、批评之学。[①] 笔者认为，龙榆生《研究词学之商榷》一文对现代词学学科体系的规划，是对《词学集成》以来有关词学体系，特别是清末四大家所取得成就的总结，并奠定了这一学科发展的根基，之后，词学研究就是在这一学科框架下展开的。

---

① 龙榆生《研究词学之商榷》，《词学季刊》第一卷第 4 号。

总之，清代关于"词学"的认知有一个深化过程，由专指词的创作转向词的研究，并通过几代人努力建构起由体制、创作、词史三大板块组成的知识体系。这一体系的建构方式大致有知识型和思想型两种类型，前者主要依托汇编型词话，后者见载于自撰型词话，这两类词话在初期是分离的，到晚期逐渐走向融合，并为现代词学学科的建立和发展打下了坚实的基础。

主要参考书目

传统文献

（宋）李清照著，徐培均笺注《李清照集笺注》，上海古籍出版社 2018 年版。

（宋）秦观撰，徐培均笺注《淮海集笺注》，上海古籍出版社 1994 年版。

（宋）周邦彦撰，吴则虞校点《清真集》，中华书局 1981 年版。

（明）陈耀文辑，龙建国、杨有山点校《花草粹编》，河北大学出版社 2007 年版。

（明）陈子龙著，王英志辑校《陈子龙全集》，人民文学出版社 2011 年版。

（明）蒋平阶、周积贤、沈亿年《支机集》，《明词汇刊》，上海古籍出版社 1992 年版。

（明）潘游龙辑，梁颖校点《精选古今诗余醉》，辽宁教育出版社 2003 年版。

（明）卓人月汇选，（明）徐士俊参评，谷辉之校点《古今词统》，辽宁教育出版社 2000 年版。

（清）曹贞吉《珂雪词》，《清代诗文集汇编》，上海古籍出版社 2010 年版。

（清）陈廷焯编选《词则》，上海古籍出版社 1984 年版。

（清）陈廷焯著，屈兴国校注《白雨斋词话足本校注》，齐鲁书社 1983 年版。

（清）陈廷焯撰，孙克强主编《白雨斋词话全编》，中华书局 2013 年版。

（清）陈维崧著，陈振鹏标点，李学颖校补《陈维崧集》，上海古籍出版社 2010 年版。

（清）丁绍仪辑《清词综补》，中华书局 1986 年版。

（清）端木埰等《薇省同声集》，清光绪十六年（1890）刻本。

（清）端木埰选录，何广棪校评《宋词赏心录校评》，正中书局 1975 年版。

（清）龚翔麟辑《浙西六家词》，《四库全书存目丛书》，齐鲁书社 1997 年版。

（清）顾广圻著，王欣夫辑《顾千里集》，中华书局 2007 年版。

（清）顾太清著，胥洪泉校笺《顾太清词校笺》，巴蜀书社 2010 年版。

（清）顾贞观、纳兰性德辑《今词初集》，《续修四库全书》，上海古籍出版社 2002 年版。

（清）郭麐《灵芬馆杂著》，《清代诗文集汇编》，上海古籍出版社 2010 年版。

（清）黄燮清编纂《国朝词综续编》，《四部备要》，中华书局 1989 年版。

（清）江藩著，漆永祥整理《江藩集》，上海古籍出版社 2006 年版。

（清）蒋重光选辑《昭代词选》，清乾隆三十二年（1767）刻本。

（清）蒋景祁编《瑶华集》，中华书局 1982 年版。

（清）况周颐著，秦玮鸿校注《况周颐词集校注》，上海古籍出版社 2013 年版。

（清）李良年撰，朱丽霞整理《秋锦山房集》，上海古籍出版社 2011 年版。

（清）李兆洛《养一斋集》，《四部备要》，中华书局 1989 年版。

（清）厉鹗著，（清）董兆熊注，陈九思标校《樊榭山房集》，上海古籍出版社 1992 年版。

（清）凌廷堪著，王文锦点校《校礼堂文集》，中华书局 1998 年版。

（清）刘熙载撰，袁津琥校注《艺概注稿》，中华书局 2009 年版。

（清）陆进、俞士彪辑《西陵词选》，清康熙刻本。

（清）缪荃孙编选《国朝常州词录》，南京大学出版社 2011 年版。

（清）纳兰性德著，黄曙辉、印晓峰点校《通志堂集》，华东师范大学出版社 2019 年版。

（清）聂先辑《名家词钞》，《四库全书存目丛书补编》，齐鲁书社 2001 年版。

（清）彭孙遹《松桂堂全集》，《景印文渊阁四库全书》，台湾商务印书馆 1986 年版。

（清）宋翔凤辑《浮溪精舍丛书》，清嘉庆二十五年（1820）刻本。

（清）孙默编《十五家词》，《景印文渊阁四库全书》，台湾商务印书馆 1986 年版。

（清）孙致弥辑《词鹄初编》，清康熙四十四年（1705）刻本。

（清）谭献辑，罗仲鼎校点《清词一千首：箧中词》，浙江古籍出版社 1996 年版。

（清）谭献著，罗仲鼎、俞浣萍点校《谭献集》，浙江古籍出版社 2012 年版。

（清）谭献纂，罗仲鼎、俞浣萍整理《复堂词录》，浙江古籍出版社 2016 年版。

（清）佟世南选《东白堂词选初集》，《四库全书存目丛书》，齐鲁书社 1997 年版。

（清）万树编著《词律》，上海古籍出版社 1984 年版。

（清）王昶著，陈明洁、朱惠国、裴风顺等点校《春融堂集》，上海文化出版社 2013
    年版。

（清）王昶纂《国朝词综》，《四部备要》，中华书局 1989 年版。

（清）王昶纂《国朝词综二集》，《四部备要》，中华书局 1989 年版。

（清）王鹏运辑《四印斋所刻词》，上海古籍出版社 1989 年版。

（清）吴锡麒著，叶联芬笺注《有正味斋骈体文笺》，清道光二十五年（1845）刻本。

（清）夏秉衡辑《清绮轩词选》，清乾隆十六年（1751）清绮轩巾箱本。

（清）先著、程洪辑，刘崇德、徐文武点校《词洁》，河北大学出版社 2007 年版。

（清）项鸿祚著，曹明升点校《项莲生集》，浙江古籍出版社 2018 年版。

（清）谢章铤著，陈庆元主编《谢章铤集》，吉林文史出版社 2009 年版。

（清）徐釚著，王百里校笺《词苑丛谈校笺》，人民文学出版社 1988 年版。

（清）许昂霄选辑《晴雪雅词》，清乾隆刻本。

（清）尤侗著，杨旭辉点校《尤侗集》，上海古籍出版社 2015 年版。

（清）查继超辑，陈果青、房开江校订《词学全书》，贵州人民出版社 1990 年版。

（清）张德瀛著，闵定庆点校《张德瀛著作三种》，南京大学出版社 2017 年版。

（清）张惠言编选《词选》，南京大学出版社 2011 年版。

（清）张惠言著，黄立新校点《茗柯文编》，上海古籍出版社 2015 年版。

（清）张思岩（张宗橚）辑《词林纪事》，古典文学出版社 1957 年版。

（清）张渊懿、田茂遇选《清平初选后集》，清康熙十七年（1678）刻本。

（清）周济著，段晓华辑校《周济词集辑校》，华东师范大学出版社 2016 年版。

（清）周铭《林下词选》，《四库全书存目丛书补编》，齐鲁书社 2001 年版。

（清）周之琦编《晚香室词录》，清抄本。

（清）朱彝尊著，王利民、胡愚、张祝平等校点《曝书亭全集》，吉林文史出版社 2009
　　年版。

（清）朱彝尊、汪森编《词综》，岳麓书社 1995 年版。

（清）朱祖谋编，张尔田补录，朱德慈辑评《清代最美的词：词莂》，浙江大学出版社
　　2018 年版。

（清）卓回、严沆编《古今词汇》，清康熙十八年（1679）刻本。

（清）邹祗谟、王士禛辑《倚声初集》，《续修四库全书》，上海古籍出版社 2002 年版。

蔡铁鹰笺校《吴承恩集》，中国社会科学出版社 2014 年版。

陈良运主编《中国历代词学论著选》，百花洲文艺出版社 1998 年版。

陈乃乾辑《清名家词》，上海书店 1982 年版。

陈水云、昝圣骞、王卫星注译《新译清词三百首》，三民书局 2016 年版。

陈洵著，刘斯翰笺注《海绡词笺注》，上海古籍出版社 2002 年版。

冯乾编校《清词序跋汇编》，凤凰出版社 2013 年版。

葛渭君编《词话丛编补编》，中华书局 2013 年版。

龚兆吉编《历代词论新编》，北京师范大学出版社 1984 年版。

郭则沄著，屈兴国点校《清词玉屑》，浙江古籍出版社 2014 年版。

黄兆汉、林立编著《清十大家词选》，稻乡出版社 2003 年版。

金启华、张惠民、王恒展等编《唐宋词集序跋汇编》，台湾商务印书馆 1993 年版。

刘崇德、徐文武点校《明刊草堂诗余二种》，河北大学出版社 2006 年版。

刘庆云《词话十论》，岳麓书社 1990 年版。

刘荣平校注《赌棋山庄词话校注》，厦门大学出版社 2013 年版。

龙榆生编选《近三百年名家词选》，古典文学出版社 1956 年版。

吕贤平辑校《金兆燕集》，人民文学出版社 2018 年版。

南京大学中国语言文学系《全清词》编纂研究室编《全清词·顺康卷》，中华书局
　　2002 年版。

钱仲联选编《清八大名家词集》，岳麓书社 1992 年版。

钱仲联选注《清词三百首》，岳麓书社 1992 年版。

屈兴国编《词话丛编二编》，浙江古籍出版社 2013 年版。

饶宗颐初纂，张璋总纂《全明词》，中华书局 2004 年版。

沈泽棠、黄濬、陈兼与等著，刘梦芙编校《近现代词话丛编》，黄山书社 2009 年版。

施蛰存主编《词籍序跋萃编》，中国社会科学出版社 1994 年版。

宋开玉辑校《曹贞吉集》，人民文学出版社 2018 年版。

孙克强主编《清代词话全编》，凤凰出版社 2019 年版。

孙克强、杨传庆主编《历代闺秀词话》，凤凰出版社 2019 年版。

孙克强、杨传庆、裴喆编著《清人词话》，南开大学出版社 2012 年版。

孙克强、岳淑珍编著《金元明人词话》，南开大学出版社 2012 年版。

唐圭璋编《词话丛编》，中华书局 1986 年版。

唐圭璋编《全宋词》，中华书局 1965 年版。

汪泰陵选注《清词选注》，贵州人民出版社 1992 年版。

王国维《人间词话》，人民文学出版社 2018 年版。

王煜编注《清十一家词钞》，正中书局 1947 年版。

王兆鹏主编《唐宋词汇评·唐五代卷》，浙江教育出版社 2004 年版。

吴相洲、王志远编《历代词人品鉴辞典》，北京大学出版社 1996 年版。

吴熊和主编《唐宋词汇评·两宋卷》，浙江教育出版社 2004 年版。

徐珂选辑《清词选集评》，中国书店 1988 年版。

严迪昌编著《近代词钞》，江苏古籍出版社 1996 年版。

严迪昌编著《近现代词纪事会评》，黄山书社 1995 年版。

叶恭绰编《全清词钞》，中华书局 1982 年版。

尹志腾校点《清人选评词集三种》，齐鲁书社 1988 年版。

尤振中、尤以丁编著《明词纪事会评》，黄山书社 1995 年版。

尤振中、尤以丁编著《清词纪事会评》，黄山书社 1995 年版。

张秉戍《弹指词笺注》，北京出版社 2000 年版。

张秉戍笺注《纳兰词笺注》，北京出版社 1996 年版。

张伯驹、黄君坦选，黄畲笺注《清词选》，中州书画社 1982 年版。

张宏生主编《全清词·雍乾卷》，南京大学出版社 2012 年版。

张璋、黄畲编《全唐五代词》，上海古籍出版社 1986 年版。

张璋、职承让、张骅等编纂《历代词话》，大象出版社 2000 年版。

赵尊岳著，陈水云、黎晓莲整理《赵尊岳集》，凤凰出版社 2016 年版。

朱崇才编纂《词话丛编续编》，人民文学出版社 2010 年版。

朱孝臧（朱祖谋）著，白敦仁笺注《彊村语业笺注》，巴蜀书社 2002 年版。

近人论著

［美］阿瑟·O. 洛夫乔伊《存在巨链——对一个观念的历史的研究》，张传有、高秉江
　　译，商务印书馆 2015 年版。

［美］阿瑟·O. 洛夫乔伊《观念史论文集》，吴相译，商务印书馆 2018 年版。

艾冶平《清词论说》，学林出版社 1999 年版。

鲍恒《清代词体学论稿》，人民文学出版社 2007 年版。

曹明升《清代宋词学研究》，中华书局 2019 年版。

陈匪石编著，钟振振校点《宋词举》，江苏古籍出版社 2002 年版。

陈水云《明清词研究史》，武汉大学出版社 2006 年版。

陈水云《清代词学发展史论》，学苑出版社 2005 年版。

陈水云《清代词学思想流变》，社会科学文献出版社 2018 年版。

陈水云《清代前中期词学思想研究》，武汉大学出版社 1999 年版。

陈祖武《清初学术思辨录》，中国社会科学出版社 1992 年版。

陈祖武、朱彤窗《乾嘉学派研究》，河北人民出版社 2005 年版。

迟宝东《常州词派与晚清词风》，南开大学出版社 2008 年版。

《词学》（1—45 辑），华东师范大学出版社 1981—2021 年版。

戴逸《乾隆帝及其时代》，中国人民大学出版社 1992 年版。

戴逸主编《简明清史》，人民出版社 1984 年版。

邓子勉《两宋词集的传播与接受史研究》，华东师范大学出版社 2015 年版。

邓子勉《宋金元词籍文献研究》，上海古籍出版社 2008 年版。

丁放《金元词学研究》，中国社会科学出版社 2002 年版。

丁放、甘松、曹秀兰《宋元明词选研究》，商务印书馆 2012 年版。

杜维运《清代史学与史家》，三民书局 2013 年版。

范旭仑、牟晓朋整理《谭献日记》，中华书局 2013 年版。

方盛良《清代扬州徽商与东南地区文学艺术研究》，人民文学出版社 2008 年版。

方维规《什么是概念史》，生活·读书·新知三联书店 2020 年版。

方智范、邓乔彬、周圣伟等《中国词学批评史》，中国社会科学出版社 1994 年版。

《风絮》（1—13 号），日本宋词研究会（日本词曲学会）2005—2016 年版。

高翔《近代的初曙：18 世纪中国观念变迁与社会发展》，社会科学文献出版社 2000
    年版。

郭康松《清代考据学研究》，崇文书局 2001 年版。

贺光中《论清词》，新加坡东方学会 1958 年版。

侯雅文《阳羡词派新论》，台湾学生书局 2019 年版。

胡建次、邱美琼《中国传统词学重要命题与批评体式承衍研究》，中国社会科学出版社
    2016 年版。

华东师范大学中文系古典文学研究室编《词学论稿》，华东师范大学出版社 1986
    年版。

华东师范大学中文系古典文学研究室编《词学研究论文集（1911—1949 年）》，上海
    古籍出版社 1988 年版。

华东师范大学中文系古典文学研究室编《词学研究论文集（1949—1979 年）》，上海
    古籍出版社 1982 年版。

黄爱平《朴学与清代社会》，河北人民出版社 2003 年版。

黄爱平《四库全书纂修研究》，中国人民大学出版社 1989 年版。

黄雅莉《明清词学中的体性论：以词派的递嬗为论》，文史哲出版社 2018 年版。

黄雅莉《宋代词学批评专题探究》，文津出版社 2008 年版。

黄志浩《常州词派研究》，中国社会科学出版社 2008 年版。

江合友《明清词谱史》，上海古籍出版社 2008 年版。

江润勋《词学评论史稿》，龙门书店 1966 年版。

蒋秋华主编《乾嘉学者的治经方法》，"中研院"文哲所 2000 年版。

蒋寅《王渔洋事迹征略》，人民文学出版社 2001 年版。

蒋哲伦、杨万里编撰《唐宋词书录》，岳麓书社 2007 年版。

金一平《柳洲词派》，同济大学出版社 2002 年版。

赖贵三《焦循年谱新编》，里仁书局 1994 年版。

李惠玲《清代岭西词人群研究》，广西师范大学出版社 2015 年版。

李康化《近代上海文人词曲研究》，上海人民出版社 2009 年版。

李康化《明清之际江南词学思想研究》，巴蜀书社 2001 年版。

李睿《清代词选研究》，安徽大学出版社 2011 年版。

林玫仪主编《词学研讨会论文集》，"中研院"文哲所 1996 年版。

刘少坤《清代词律批评理论史》，人民出版社 2015 年版。

刘少雄《南宋姜吴典雅词派相关词学论题之探讨》，台湾大学出版委员会 1995 年版。

龙沐勋（龙榆生）编《词学季刊》，上海书店 1985 年版。

龙榆生《龙榆生词学论文集》，上海古籍出版社 1997 年版。

马兴荣《词学综论》，齐鲁书社 1989 年版。

马祖熙编著《陈维崧年谱》，上海古籍出版社 2007 年版。

闵丰《清初清词选本考论》，上海古籍出版社 2008 年版。

明光《清代扬州盐商的诗酒风流》，社会科学文献出版社 2014 年版。

牛海蓉《元初宋金遗民词人研究》，中国社会科学出版社 2007 年版。

钱穆《中国近三百年学术史》，商务印书馆 1997 年版。

邱世友《词论史论稿》，人民文学出版社 2002 年版。

饶宗颐《词集考》，中华书局 1992 年版。

桑兵《历史的本色：晚清民国的政治、社会与文化》，广西师范大学出版社 2016 年版。

沙先一《清代吴中词派研究》，人民文学出版社 2004 年版。

沈松勤《明清之际词坛中兴史论》，上海古籍出版社 2018 年版。

沈文泉《朱彊村年谱》，浙江古籍出版社 2013 年版。

苏淑芬《湖海楼词研究》，里仁书局 2005 年版。

苏淑芬《朱彝尊之词与词学研究》，文史哲出版社 1984 年版。

孙克强《清代词学》，中国社会科学出版社 2004 年版。

孙克强《清代词学批评史论》，上海古籍出版社 2008 年版。

孙克强《唐宋词学批评史论》，河南大学出版社 2017 年版。

孙钦善《清代考据学》，中华书局 2018 年版。

孙维城《千年词史待平章：晚清三大词话研究》，安徽大学出版社 2010 年版。

陶然《金元词通论》，上海古籍出版社 2001 年版。

陶子珍《明代词选研究》，秀威资讯科技股份有限公司 2003 年版。

陶子珍《明代四种词集丛编研究》，秀威资讯科技股份有限公司 2005 年版。

万柳《清代词社研究》，中州古籍出版社 2011 年版。

汪学群、武才娃《清代思想史论》，中国社会科学出版社 2007 年版。

汪中《清词金荃》，文史哲出版社 1971 年版。

王汎森《权力的毛细管作用：清代的思想、学术与心态》（修订版），北京大学出版社
　2015 年版。

王俊义《清代学术探研录》，中国社会科学出版社 2002 年版。

王俊义、黄爱平《清代学术文化史论》，文津出版社 1999 年版。

王纱纱《常州词派创作研究》，南京大学出版社 2011 年版。

王兆鹏《词学史料学》，中华书局 2004 年版。

吴宏一《清代词学四论》，联经出版事业公司 1990 年版。

吴梅《词学通论》，华东师范大学出版社 1996 年版。

吴世昌著，吴令华辑注《词林新话》，北京出版社 2000 年版。

吴熊和《唐宋词通论》，浙江古籍出版社 1985 年版。

吴熊和《吴熊和词学论集》，杭州大学出版社 1999 年版。

肖鹏《群体的选择：唐宋人词选与词人群通论》，凤凰出版社 2009 年版。

谢桃坊《中国词学史》，巴蜀书社 2002 年版。

徐珂《清代词学概论》，大东书局 1926 年版。

徐玮《经典之重写与重探：晚清民国词论集》，中华书局 2019 年版。

徐玮《世变、抒情与晚清词之书写》，中华书局（香港）有限公司 2018 年版。

徐志平《浙西词派研究》，上海书店出版社 2021 年版。

严迪昌《清词史》，江苏古籍出版社 1990 年版。

严迪昌《阳羡词派研究》，齐鲁书社 1993 年版。

杨念群《何处是"江南":清朝正统观的确立与士林精神世界的变异》,生活·读书·新知三联书店 2010 年版。

杨棠秋《陈维崧及其词学》,东海大学博士学位论文 2002 年。

姚念慈《康熙盛世与帝王心术:评"自古得天下之正莫如我朝"》,生活·读书·新知三联书店 2015 年版。

叶嘉莹《清词丛论》,河北教育出版社 1997 年版。

叶嘉莹《清词散论》,桂冠图书股份有限公司 2000 年版。

叶嘉莹《叶嘉莹说词》,上海古籍出版社 1999 年版。

叶嘉莹、陈邦炎《清词名家论集》,"中研院"文哲所 1976 年版。

郁玉英《宋词经典生成及嬗变》,中国社会科学出版社 2016 年版。

袁志成《晚清民国福建词学研究》,福建人民出版社 2013 年版。

岳淑珍《明代词学批评史》,社会科学文献出版社 2014 年版。

张宏生《经典传承与体式流变:清词和清代词学研究》,南京大学出版社 2019 年版。

张宏生《清词探微》,上海古籍出版社 2008 年版。

张宏生《清代词学的建构》,江苏古籍出版社 1998 年版。

张仲谋《明词史》,人民文学出版社 2002 年版。

张仲谋《明代词学通论》,中华书局 2013 年版。

张仲谋、王靖懿《明代词学编年史》,高等教育出版社 2015 年版。

张宗友《朱彝尊年谱》,凤凰出版社 2014 年版。

郑海涛《明代词风嬗变研究》,中国社会科学出版社 2013 年版。

郑炜明、陈玉莹《况周颐年谱》,齐鲁书社 2015 年版。

周绚隆《陈维崧年谱》,人民出版社 2012 年版。

《中华词学》(1—3 辑),东南大学出版社 1994—2002 年版。

朱崇才《词话史》,中华书局 2006 年版。

朱崇才《词话学》,文津出版社 1995 年版。

朱德慈《常州词派通论》,中华书局 2006 年版。

朱德慈《近代词人考录》,中国社会科学出版社 2004 年版。

朱德慈《近代词人行年考》,当代中国出版社 2004 年版。

朱惠国《中国近世词学思想研究》，上海古籍出版社 2005 年版。

朱则杰《朱彝尊研究》，浙江古籍出版社 1993 年版。

卓清芬《清末四大家词学及词作研究》，台湾大学出版委员会 2003 年版。

词人词籍索引

K

后记

　　这是一部在研究计划外写作的书。2016 年 6 月，我回到南开大学参加中国韵文学会第八届年会，先后拜见了在南开读书时的三位老师：罗宗强先生、陈洪老师、张毅老师。他们在不同场合都和我提到南开大学将要主办一场王达津先生百年诞辰的纪念会，当时我想我该以什么样的方式纪念先生呢？经过数月思考，我打算写一本书作为对老师的纪念。

　　1993 年 9 月到 1996 年 7 月，我在南开大学跟从王达津先生学习中国文学批评史，是他把我引入清代词学的研究领域，开启了我对这一领域的探索之旅。后来，我也对现代词学、当代词学、海外词学等领域稍有涉及，但心之念之的还是清代词学，自认为对清代词学的研究尚能代表自己的学术水平，故愿意以这一领域的研究成果作为对先生的纪念。

　　本来，关于清代词学观念我写过几篇论文，形成想法之后，开始着手将论文的思考进一步转化为更系统完整的理论表述。2017 年夏天，我用近两个月时间写了 8 万多字的内容，并整理出来在各种学术会议上宣读或期刊上发表，征求学界同行的意见，得到了他们的回应和肯定。是年 9 月，又以该选题申报教育部哲学社会科学研究后期资助项目，获得立项，最近几年的研究就主要围绕这一选题展开。如今书稿即将付梓，我愿意以这样的方式纪念老师，告

445

慰老师。记得有一次，我向罗宗强先生汇报近期学习和工作进展，罗先生给我回信说："达津师门下，今多已成材，先生天上有知，当可欣慰。"此时此刻，让我最为想念的就是先生那慈祥的笑容！

本书是我二十多年来从事清代词学研究的结晶，各章节内容先后以论文的形式在学术期刊上发表过，如今将它们整合成一本学术专著，一方面对有些标题进行了调整，另一方面对重复的引文或表述作了删改，部分内容根据新的想法作了改写。然而，毕竟是在论文基础上整合而成，各章节结构相对独立，相互之间或有不协调处，况且论文写作时间跨度较长，行文风格也不尽一致，为了体现论述内容的完整性还对我其他著作有所移用，这是需要向读者交代并表示歉意的。

最后要特别感谢尚永亮教授拨冗为本书作序，了却我以此见证我们共事二十余年情谊的美好心愿。本书的出版还要感谢沈壮海教授，是他让我这一选题得以顺利上报并通过教育部专家评审。感谢孙克强、欧明俊、刘锋焘、彭国忠、曹辛华等师友，在项目申报、研究、评审过程中提供的帮助。感谢高等教育出版社相关编辑为本书的出版的辛苦付出，还有博士生张寒涛、白忠俊、王萌的精心校对，使它以比较完美的形态呈现在读者面前。

陈水云

2023 年 1 月 28 日于珞珈山

作者简介

陈水云，1964年生，湖北武穴人。南开大学文学博士。武汉大学文学院教授，博士生导师。中国词学研究会副会长兼秘书长，中国李清照辛弃疾学会常务理事，湖北省古代文学学会会长。主要研究领域为词学、明清文学与文论、中国文学批评史。著有《清代词学思想流变》《二十世纪清词研究史》《唐宋词在明末清初的传播与接受》等。曾获湖北省社会科学优秀成果奖、全国优秀古籍图书奖、夏承焘词学奖。著作《中国词学的现代转型》入选国家哲学社会科学成果文库。

郑重声明